普通高等教育“十一五”国家级规划教材

普通高等院校新闻与传播学精品规划教材
教育部全国特色专业华中科技大学新闻学专业建设成果

现代新闻评论

第三版

赵振宇◎著

WUHAN UNIVERSITY PRESS
武汉大学出版社

图书在版编目(CIP)数据

现代新闻评论/赵振宇著.—3版.—武汉：武汉大学出版社，2017.8(2023.7重印)
普通高等院校新闻与传播学精品规划教材
ISBN 978-7-307-17457-3

Ⅰ.现…　Ⅱ.赵…　Ⅲ.评论性新闻—高等学校—教材　Ⅳ.G210

中国版本图书馆CIP数据核字(2017)第067165号

责任编辑:王智梅　胡国民　　责任校对:李孟潇　　版式设计：马　佳

出版发行：**武汉大学出版社**　(430072　武昌　珞珈山)
(电子邮箱：cbs22@whu.edu.cn　网址：www.wdp.com.cn)
印刷:武汉中远印务有限公司
开本:720×1000　1/16　印张:31　字数:539千字　插页:2
版次:2005年2月第1版　2009年11月第2版
2017年8月第3版　2023年7月第3版第6次印刷
ISBN 978-7-307-17457-3　定价:48.00元

作者简介

赵振宇，华中科技大学新闻学院教授、博士生导师（曾任华中科技大学新闻评论研究中心主任、武汉市人民政府参事）。国务院政府特殊津贴专家、中央马克思主义理论研究和建设工程《新闻评论》首席专家。兼任中共湖北省委和武汉市委宣传部新闻阅评专家、湖北省新闻传播法学会副会长、武汉市社会学会副会长。

2001年以前，曾担任《长江日报》评论理论部主任、《文化报》总编辑，高级编辑职称。在报社工作期间，有多篇作品获全国好新闻一等奖，湖北省好新闻一等奖、特别奖。所组织的策划报道，曾三次受到中宣部的表扬，有的被总结后在全国推广。2001年调入华中科技大学后成立华中科技大学新闻评论团，开办新闻评论方向班，成立华中科技大学新闻评论研究中心，为媒体筹建新闻评论部，实施“评论记者”工作机制，均为全国首创。

撰写的《新闻报道策划》和《现代新闻评论》两书入选全国普通高等教育“十一五”国家级规划教材；讲授的“社会进程中的公民表达”入选教育部视频公开课；领衔主持的《新闻评论人才培养创新体系的构建与实践》获高等教育国家级教学成果二等奖。主持并完成多项国家重点、一般和省部级哲学社会科学基金课题。

从1984年开始研究奖励学，首次提出“建立中国特色奖励学”，出版《奖励的奥妙》《奖励的科学与艺术》和《神奇的杠杆——激励理论与方法》等6部专著。自20世纪90年代起开始关注程序理论，2008年出版国家课题结项成果《程序的监督与监督的程序》（社会科学文献出版社）；2017年出版国家重点课题结项成果《应对突发事件：舆论引导系统论》（中国社会科学出版社）。

教学之余，还应邀在国内外大学、媒体、企事业等单位演讲政治学、管理学和新闻传播学等专题。

目　录

第一章

新闻评论面临的新形势

政治民主化的增量推进，加快了思想解放的步伐。从党的十三大报告提出的“重大情况让人民知道，重大问题经人民讨论”，到 2008 年 5 月 1 日《中华人民共和国政府信息公开条例》的实施，民主政治迈步向前，也日益朝着“重大情况向人民报告，重大问题由人民决定”的方向演进。保障公民讲真话的权利，能增益社会秩序的回归。它是国家民主政治进步的表现，是行政决策科学化的首要前提；它对提升民族的公民素养，也大有裨益。①

进入 21 世纪，在这个新的时代，面对新形势的发展变化，作为反映和报道它的新闻传播实践和教学、研究工作也在与时俱进、日益繁荣。新闻评论是运用概念、判断、推理和论证来说明、解读新闻事实和现象的学科，自然需要关注和研究这一形势。

从 2002 年党的十六大报告确立的全面建设小康社会“三位一体”的发展目标（经济建设、政治建设和文化建设），到 2007 年党的十七大提出“四位一体”，在原来基础上增加了社会建设的重要内容，强调构建社会主义和谐社会的重大任务，从注重物的增长到尊重人的发展，这是在着力解决现代化进程中人与人的关系，为现代化进程提供稳定的社会架构，是科学发展的内在要求。2012 年党的十八大报告指出全面建成小康社会的发展目标，总体布局是经济建设、政治建设、文化建设、社会建设和生态文明建设“五位一体”。从十七大的“四位一体”到如今的“五位一体”，增加了生态文明建设，强调为人民创造良好的生产生活环境，这是在着力解决现代化进程中人与自然的关系，努力使中国的现代化走上可持续发展道路，这是科学发展的本质要求和升华之举。

社会转型为新闻评论的发展提供了契机，而新闻评论的勃兴也必将为经济建设、政治建设、文化建设、社会建设、生态文明建设等社会各领域的转

---

① 赵振宇：《切实保障公民的知情权和决定权——关于修改“重大情况让人民知道，重大问题经人民讨论”两句话的思考》，载《西南民族大学学报》2006 年第 1 期。

型建言献策，凝聚智慧与力量。形势是在不断发展变化的，我们的新闻传播和新闻评论也要与之相适应，这是一个持续发展的课题。

一、经济建设：提升中国实力，步入全球化轨道

2001 年 12 月 11 日，中国正式加入世界贸易组织，成为其第 143 个成员国。这标志着中国的改革开放从此进入了一个新阶段，我国将在更广泛、更深入的程度上参与经济全球化进程。经济全球化将使社会具有高度的流动性和开放性，使得社会文化出现强烈的渗透性，增强经济体之间的相互依赖性并导致全球性垄断。资本、技术、管理的流向则表现出异步性，同时它还超越了国家、民族、信仰和社会制度，也超越了发达国家、发展中国家乃至不发达国家之间的差异。它能加快社会发展进程，促进社会变革，改变人类社会生活。但其缺点也是不言而喻的：它增加了经济安全、信息安全、科技安全、政治安全等方面的风险性；引发了贫富两极分化、国家经济不安全、信息垃圾、发达国家“话语霸权”、网络伦理及道德、文化渗透等问题。可以说，经济全球化是一把双刃剑，用得如何，全要靠作为主体的国家如何把握。

中国加入 WTO，将会促进我国经济步入全球化的轨道，按着世界贸易组织的游戏规则办事，同时，也使人们的观念和文化立场发生着巨变。这种巨变是相反的作用力向两极延伸：一极是不断地融入全球化，一极是民族自我的重新回归。我们在与世界文化交流时应该坚持自己文化的民族性和独立性；但是，这种坚持不应是狭隘的封闭的，否则便会陷入固步自封、井底之蛙的境地。在“取其精华，去其糟粕”的基础上坚持和提升中华文化的特质，科学地借鉴和吸收西方文化中先进成分，这才是中国与世界文化交流中的正确之举。

1. 经济全球化改变人们的思想观念

经济的全球化使“人类历史上第一次出现了任何东西都可以在世界上任何地方生产和销售到世界各地的现象”①。在这种背景下，信息技术和新闻传播在世界各国的文化交流中起着越来越大的作用。“全球化不仅仅是，

---

① ［美］莱斯特·瑟罗：《资本主义的未来》，转引自殷增涛主编：《论 WTO 与政府管理》，湖北人民出版社 2001 年版，第 133 页。

甚至并不主要是一个经济现象，它主要指的是时空转换。”而这种转换靠的就是现代传播手段。这种信息的传播不仅使得各种信息立刻传遍全球成为可能，并且能使这些信息马上进入成千上万人的生活之中。① 全球化是以物为核心的全球化，也可以说是跨国公司在全球范围内以资本增值为目的的一种进程。然而，确保这种进程顺利完成的条件之一便是消费文化在全球范围内的扩散和形成。在这个进程中，媒体发挥着重要作用，它能使受众养成消极抵制或积极顺从的态度。②

经济的全球化是影响和推动我们社会发展的重要因素，这也正如联合国教科文组织报告指出的那样：“当代的经济、政治和社会生活的全球化，已经导致了文化的进一步渗透和重叠，文化在特定的几种文化传统的社会空间中共存以及文化经验和实践更加活生生的相互渗透。现代传媒和运输技术、旅行和旅游业已得到加强，并以从未有过的速度在加速运转。”③

中国加入 WTO，使中国与世界的文化交流更加频繁和广泛，其中新闻传播表现得更为突出。中国的新闻评论对此要有更深刻的认识。

2. 经济全球化促使中国与世界的交往

改革开放 30 多年来，我国在不断提高人民物质生活水平的同时，在精神文化消费方面也有了长足的发展。不论是文化用纸消费、广播电视的发展，还是打开国门接纳外国游客，都远远地超过了发达国家的发展速度(见表 1-1、表 1-2)。

表 1 **2002—2012 年我国出境游人数增长④**

年份	国内居民出境人数(万人次)	因私出境人数(万人次)	因公出境人数(万人次)
2012	8318. 17	7705. 51	612. 66
2011	7025	6411. 79	613. 21

① 杨伯溆：《全球化：起源、发展和影响》，人民出版社 2002 年版，第 37 页。

② 杨伯溆：《全球化：起源、发展和影响》，人民出版社 2002 年版，第 193 页。

③ 联合国教科文组织：《世界文化报告 1998》，北京大学出版社 2000 年版，绪论第 1 页。

④ 数据来源：《中国统计年鉴》，产业信息网，http：//www. chyxx. com/industry/201401/226783. html。

续表

年份	国内居民出境人数（万人次）	因私出境人数（万人次）	因公出境人数（万人次）
2010	5738.65	5150.79	587.86
2009	4765.62	4220.97	544.65
2008	4584.44	4013.12	571.32
2007	4095.4	3492.4	603
2006	3452.36	2879.91	572.45
2005	3102.63	2514	588.63
2004	2885	2298	587
2003	2022.19	1481.09	541.1
2002	1660.23	1006.14	654.09

表 1-2 **2014 年 1—6 月入境旅游外国人人数（按目的分）（亚洲部分）①**

单位：万人

国别	合计	目的				
		会议商务	观光休闲	探亲访友	服务员工	其他
总计	1253.14	263.56	421.02	27.60	156.30	384.66
亚洲小计	771.37	146.59	252.31	7.31	113.57	251.59
日本	129.46	40.74	20.70	2.01	5.50	60.51
韩国	194.08	52.53	83.00	1.08	18.81	38.66
朝鲜	9.18	1.77	0.07	0.00	4.40	2.93
蒙古	51.59	4.45	2.10	0.03	11.43	33.59
菲律宾	47.68	1.40	10.14	0.11	30.33	5.70
泰国	29.79	1.79	17.99	0.11	5.79	4.11

① 国家旅游局政策法规司：《2014 年 1—6 月入境旅游外国人人数（按目的分）》，http：//www.cnta.gov.cn/zwgk/lysj/201506/t20150610_ 18837.shtml。

续表

国别	合计	目的				
		会议商务	观光休闲	探亲访友	服务员工	其他
新加坡	45.77	9.57	13.85	2.27	3.03	17.05
印尼	27.29	1.07	18.02	0.12	5.44	2.63
马来西亚	52.30	5.74	35.18	0.38	4.67	6.32
巴基斯坦	5.46	1.81	1.47	0.03	0.40	1.75
印度	33.59	8.66	8.72	0.15	6.78	9.28
尼泊尔	2.46	0.37	0.61	0.01	0.64	0.82
斯里兰卡	2.22	0.58	0.22	0.01	0.90	0.51
哈萨克斯坦	15.82	2.51	6.57	0.29	2.44	4.01
吉尔吉斯斯坦	2.00	0.06	1.10	0.00	0.64	0.19
其他	122.68	13.54	32.58	0.70	12.35	63.50

虽然2001年发生在美国的“9·11”飞机撞楼事件的影响尚未完全消除，次年我国出境旅游人数仍然达到了1660.23万人次，2005年3102.63万人次，2008年4584.44万人次，2010年5738.65万人次，2012年则超过了8318万人次，比2002年的1660.23万人次增长了419.8%（数据根据表1-1总结）。

这一切都表明中国将会更好更快地走向世界，步入世界大家庭之中。与此同时，形势的发展也对新闻传播提出了更多更高的要求。认真总结和改进我们的新闻传播，是时代赋予中国新闻工作者神圣的职责。

3. 经济全球化对新闻传播提出新要求

党的十八大报告对于我国宏观经济发展现状进行了全面总结描述，对2020年中长期经济发展目标、原则和重大战略进行了科学部署，有针对性地提出了具体的实践措施和政策要求，特别是根据国际和国内经济形势和发展条件的变化，提出了一系列重要的经济思想和决策理念，这些思想和理念是我们研究经济理论和经济现象的基本依据，也是新闻媒体特别是党报党台在报道新闻与发表评论时的行动纲领。

（1）新闻媒介的深度功能之一是推动经济形态的发展。媒体用铁一般的事实揭示经济发展的规律，展示生产力进步的前提和条件。每篇经济报道都是对单一经济现象的披露和说明，各种媒体无数篇经济报道显示经济发展的前景，揭示出经济发展的方向。① 新闻评论为经济建设助力，最主要的是通过经济评论发力。

（2）新闻传播要解读好经济政策。我国正处在社会转型期，既面对着无限机遇，也面临着许多不确定因素。在多变复杂的经济局势下，通过经济政策对市场经济进行调整和规范、以保持其健康良性发展是十分必要和重要的。不论是各级政府，还是广大企业、经营者和普通民众，都希望了解国家相关经济政策的内容和它出台的背景、原因及发展趋势。经济评论正好迎合与满足了受众对信息的这种深层次需求。

2012年8月17日，经党中央、国务院批准，中组部、人社部等11个部门和单位联合印发了《国家高层次人才特殊支持计划》。计划内容包括：用10年时间，面向全国遴选一万名左右高端人才；包括自然科学、工程技术和哲学社会科学领域；分为接触人才、领军人才、青年拔尖人才三个层次。针对此项政策，《经济日报》发表评论文章《为建设创新型国家搭建坚强支撑——“国家高层次人才特殊支持计划”解读之一》、《加快形成我国人才竞争比较优势》等，《人民日报》也发表评论文章《统筹两种人才资源 打造国家创新力量》、《科学发展 成就辉煌：人才大发展 夯筑强国路》、《不拘一格选人才》等文章。这些评论文章，从各个角度解析了“万人计划”的内涵、意义和作用，使受众对这个计划有了一个较为全面清晰的认识。

（3）分析经济现象和经济环境，预测经济发展趋势。新闻传播发挥分析预测功能，以引导消费行为与投资行为，为决策提供参考和依据。2012年9月国家统计局发布数据显示，8月份CPI同比上涨了2.0%，未来几个月，CPI仍面临上涨压力。而同期美国宣布了新的量化宽松政策。伴随着美元的波动，国内的货币调控也势必面临一些压力，而货币政策对于经济可谓是牵一发而动全身。对此，《中国证券报》于同年9月21日发文《货币政策不宜进一步宽松》，认为“当前中国宏观经济调控需要更多以国内因素为主要参照，在稳增长目标下按照既定趋向展开，在保持宽松的基调上适度微调”；而新华财经的记者也对高盛投资管理部中国区副主席哈继铭进行了专

① 刘建明等：《新闻学概论》，中国传媒大学出版社2007年版，第271页。

访，发文《哈继铭：中国经济需加大财政刺激　谨慎货币放松》。数据的统计让各方投资人士对当下经济形势有了一个清晰的了解，而各位专家预测与言论也有助于投资者与决策人员理性分析，多方思考，为做出决策提供多方参考和依据。

（4）监督经济活动，保障有序进行。有学者提出经济新闻对经济活动的舆论监督表现在四个方面：一是对不法的经济活动进行揭露和批评，如基金黑幕、郑百文、银广厦的揭露，显示了媒体的社会责任；二是对不良经济倾向进行针砭，如开发区热、重复建设、行政垄断等，这体现了媒体的前瞻能力；三是对某些经济政策偏差进行评析，促进政策当局即时校正，这显示了媒体的全局观念；四是对经济工作中的认识误区、盲区的校正和点拨，对有害经济思想的批评，这显示了媒体的深度和水平。①

腾讯评论第 2275 期《今日话题》做了一个关于“冬虫夏草”的专题。② 这篇题为“偷 10 斤 10 年牢：虫草为何越来越天价”的评论专题，分析了虫草天价背后的猫腻：事实上，在天价虫草的源头，上山挖草的人们辛苦一天也不过赚 200 元，而他们一年也就能挖很短一段时间，并没有因此致富。可很多当地人还承受着环境恶化的代价。不可思议的天价背后却是凄楚。“虫草是下一个和田玉或者藏獒吗？”这是《今日话题》发出的疑问。不合市场规律的天价背后，总有不为人知的猫腻。经济评论就是要对这些不良或不法的经济现象提出批评，以警示消费者和监管部门。

经济政策关系百姓福祉，往往牵一发而动全身。在这样的背景下，如何保证科学决策，防止决策偏差，如何发现经济问题与错误思想，需要新闻评论的随时关注与介入。另外，经济现象、问题与政策往往比较专业，这就需要新闻评论能够提供平台，让各方专家学者充分论辩，也要培养记者和评论员报道评论经济问题的专业能力。

二、政治建设：有效保障公民权力

从 1978 年开始，我国的改革开放已经进行了 30 多年，经济体制和经济结构已经和正在发生着历史性的变化。经济的发展、社会信息传播方式的变

① 杨继绳：《经济新闻的功能和趋势探讨》，载《中国记者》2003 年第 5 期。

② 《今日话题》第 2275 期，腾讯评论，http://view.news.qq.com/zt2012/chongcao/index.htm。

化导致人们的表达意识空前增强。

1. 保障人民知情权、参与权、表达权、监督权

2006 年 10 月党的十六届六中全会提出了“依法保障公民的知情权、参与权、表达权、监督权”，2007 年 3 月十届全国人大五次会议和 2007 年 10 月党的十七大报告中分别提出了“依法保障公民的知情权、参与权、表达权、监督权”；2007 年 1 月，国务院通过《中华人民共和国政府信息公开条例》，该条例自 2008 年 5 月 1 日起施行，该条例的实施为人民的知情权和表达权提供了制度保障；2007 年 8 月人大常委会通过《中华人民共和国突发事件应对法》，该法自 2007 年 11 月 1 日起施行，规定在重大突发事件发生时相关机构应“定时向社会发布与公众有关的突发事件预测信息和分析评估结果，并对相关信息的报道工作进行管理；及时向社会发布有关采取特定措施避免或者减轻危害的建议、劝告”。并对“编造并传播虚假信息”进行相应惩罚。从而从法律上保证了人们的知情权、参与权、表达权和监督权。从我国的根本大法——宪法条文精神中，可以看到公民享有知情权、参与权、表达权、监督权等公民权利和自由。2012 年党的十八大报告中指出，“健全权力运行制约和监督体系，坚持用制度管权管事管人，保障人民知情权、参与权、表达权、监督权，是权力正确运行的重要保证”，并重点强调了要加强党内监督、民主监督、法律监督、舆论监督，让人民监督权力，让权力在阳光下运行。

列宁曾经说过：“一个国家的力量在于群众的觉悟。只有当群众知道一切，能判断一切，并自觉地从事一切的时候，国家才有力量。”① 可见，公民的知情权对于一个国家来说，是多么重要。

对于公民来说，知情权是公民从事政治、经济、文化和个人生活的必要条件之一，是公民享有权利和履行义务的基本前提。人民要管理国家事务，管理经济和文化事业，管理社会事务，就必须先了解这些事务的相关信息，没有了解就没有正确管理的可能；人民要对国家机关和国家工作人员提出批评和建议，对国家机关和国家工作人员的违法失职行为提出申诉、控告或检举，也必须对他们的行为过程有所了解，以此为前提，才能运用好手中的权利，真正实现监督。所以，知情权是人民实现自我管理、政治参与的前提，是大众监督政府、保护自身利益的重要保障。

---

① 《列宁选集》第 3 卷，人民出版社 2012 年版，第 347 页。

在现代社会，公民对社会公共事务的了解，很大程度上是通过大众传播媒介新闻信息的报道。受众有权要求大众传播媒介提供其作为一个社会成员所应获得的种种真实的信息，有权及时得知政府、行政机构等的有关公共信息和国内外每天发生的重大事件或有意义的事件。①

虽然我国宪法中尚未明确规定知情权的基本权利，但近年来，从理论到实践层面，具有中国特色的知情权制度正处于积极构建的过程中，特别是2003年“非典”（SARS）疫情之后，该项权利更是迅速引起国内各界的广泛关注，许多学者已将之提到了基本人权的高度来看待。而以“矿难”等为代表的灾难事件与新闻报道，电视上民生新闻的大量出现等都表现了对媒体受众知情权的维护。

在具体的新闻实践中，我们可以发现，受众知情权的获得程度，通常与一个国家在一定时期的新闻控制政策有关。所以，从某种意义上来说，受众知情权的维护需要政府和媒体共同努力。首要的是政治条件允许下保证信息的公开。

信息公开的基本原则是：（1）政府信息公开是常规，不公开是例外；（2）公民有权获知政府如何运作、如何行使权力；（3）关于保障官方秘密的法律，应限于合理和必需的范围之内，而政府内部的纪律和处分制度也应该与之配合；（4）公民应有权获知存于政府中的有关他们的私人资料；（5）在确认公民知情权的同时，为保护国家、商业等方面的正当权益，可以制定限制信息发布的规范，但是应有明确、统一和公平合理的准则；（6）当公众与政府对有关信息公开发生争议时，应有一个客观独立的仲裁机构，审核政府的决定和索取信息者的依据，做出有权威性的和约束力的判断。② 不论是哪一种形式的信息公开，向政府索取信息的权利主体都是全体公民，有的还包括在本国国土上活动的外国人，而并非只是特定人（如新闻记者）的特权。

新闻传媒，作为社会的瞭望者和监督者，有责任为维护受众知情权作出自己的贡献，要及时传播信息，传播真实的信息，及时准确地让受众知晓周围世界的变化。新闻媒体应该尊重受众的知情权，对人民群众关心的重大事情，我们的报道不应当置若罔闻，特别是在突发公共危机中。我们的媒体更

---

① 金晓春：《受众知情权保障中的媒体责任》，载《当代传播》2005年第3期。

② 魏永征、张咏华：《西方传媒的法制、管理和自律》，中国人民大学出版社2003年版，第51页。

要把握好舆论引导的“度”，即新闻信息的密度、政府公开声音的强度、对难点焦点关注的热度，做好危机传播中媒体的自我调节，及时发布正确的导向性信息。如果上级政策未明，媒体也应该通过一些不抵触政策的方式发布确定的信息，使我们的新闻传播具有一定的“信息透明度”，起到安定民心的社会“稳压器”和促进社会进步的“推进器”作用。①

知情权是表达权的前提条件，表达权是知情权的延伸和归宿。知情权和表达权是受众的基本权利之一。

首先，受众决定是否接受媒体传播的信息。受众接受，是新闻价值实现的一个重要维度，它贯穿于整个新闻价值实现的过程中，受众接受程度决定着新闻价值的实现及实现程度。而且，新闻价值实现的关键在受众接受。新闻传播活动的最终完成在受众环节而非传播环节。当新闻信息还没有到达受众那里时，新闻信息只是某种附于传媒载体上的物理存在，毫无新闻价值的实现可言。只有当新闻信息到达受众这一新闻传播活动的逻辑终点，新闻价值实现才有了可能。接不接受传播者所传播的新闻信息，决定权在受众手中，受众接受与否，成为新闻价值实现的关键性因素。②

其次，受众对媒体发布什么信息有影响作用。网络出版所具有的交互性，使传播者和受众之间直接进行交流，在使信息的传播效果得到适时反馈的同时，读者（或称受众）也获得了前所未有的自主性。媒体在发布信息时也越来越考虑这一点。受众需要的信息总是有市场的。

再次，受众可以自己发布信息。前面已经讲到，信息社会的发展、受众自主意识日益提高使得他们已不满足于被动地、孤立地接受媒体，他们有强烈的参与意识和表现欲望，他们需要自己发布信息，手机、个人电脑、卫星技术的逐渐成熟使得受众直接参与的空间越来越大，受众拥有了更大的决定权。

2013 年湖南卫视《快乐男声》的火爆与受众的参与是有很大关系的。参加《快乐男声》比赛者加入无门槛、唱歌可以跑调、评委可以尖刻，谁留下、谁走开、谁会夺得冠军的决定权在普通的观众手中。在比赛过程中，有大众评审团，普通观众可以通过短信投票来支持自己喜欢的选手，让他留

① 史玉成：《社会转型期中国电视新闻传播理念的定位》，载《声屏世界》2005 年第 5 期。

② 邓力、何卫东：《受众接受：新闻价值实现的一个重要维度》，载《新闻界》2004 年第 2 期。

下。可以说，《快乐男声》的成功在很大程度上得益于对观众决定权的尊重。自然，我们不可对快男的产生赋予过多的民主色彩，但它却确实给予了人们一个重要的提示，这就是大众在一定程度和范围内可以自己选择和决定自己的喜好。从2012年7月浙江卫视推出《中国好声音》栏目以来，从中央到地方涌现出一大批类似展示声音、舞蹈、演说、小品、喜剧、才艺等真人秀节目。它降低了人们进入的门槛，展现了人们无限的想象力和创造力，同时，它也为人们提供了一个表达思想的舞台。

最后，受众的表达权有政策支持。2012年党的十八大报告明确指出："必须坚持党的领导、人民当家作主、依法治国有机统一，以保证人民当家作主为根本，以增强党和国家活力、调动人民积极性为目标，扩大社会主义民主，加快建设社会主义法治国家，发展社会主义政治文明。"2013年3月17日，在十二届人大一次会议闭幕式上的讲话中，习近平指出："中国梦归根到底是人民的梦，必须紧紧依靠人民来实现，必须不断为人民造福。"紧接着，他强调："我们要坚持党的领导、人民当家作主、依法治国有机统一，坚持人民主体地位，扩大人民民主，推进依法治国。"

2. 宪法赋予人民言论自由权利

我国宪法赋予人民言论自由权，人民有权行使自己的言论自由，人民有权管理、监督、批评政府的行为，并对政府或者社会上的各种侵犯公民利益的事件提出有效的解决办法或建议。在各种政府决策中，人民的声音应该有决定权。我们的国家是人民的国家，我们的人民有说话的权利，我们国家的法律保障人民的话语权，那么就应该给人民充分的说话空间，并保障人民说了不白说。

2008年，第29届奥运会在中国北京举行，这是我国21世纪初期的一件大事，是中华民族的盛事，也是首都北京现代化建设进程中难得的历史机遇。北京奥运会不仅是一场体育的盛会，更是我国继1971年恢复联合国合法席位，2001年加入世界贸易组织后的一次走向世界、参与国际事务和国际竞争的第三个新的里程。

2001年7月13日北京申奥成功之后，我国新闻传媒业从业务重点和发展方向上都发生了一系列的变化。自2008年1月1日开始，中央电视台体育频道正式更名为奥运频道，频道Logo正式与奥林匹克五环标志结合在一起，奥运频道以全新的面貌展示在中国电视观众面前。

各大门户网站也纷纷推出奥运频道：新华网、人民网、新浪网、搜狐网、21CN 等网站即时关注奥运最新动态；地方网站和电视台也积极参与到奥运传播的过程中。全国各地的报纸纷纷在开幕式倒计时一周年、申奥成功纪念日等时期推出奥运专刊，就北京奥运的最新动态进行报道和展望；不少电视台、电台在专题节目和外语栏目上也做了相应的调整和更新，在传播渠道和内容上进行整合，联合境外媒体，以巩固现有市场，开拓潜在市场，在更大范围内增加影响。

在市场开发方面，北京奥运会亦创造历史，第一次引入互联网赞助商——搜狐公司，对此，国际奥委会市场开发委员会主席海博格感到骄傲。网络、移动电话等新媒介的加入为奥运会带来积极的影响，开拓了更为广阔的市场前景，将新闻传播的概念在奥运会的进程中得到进一步深化。

海博格表示："在技术方面，国际奥委会和合作商一直位于合作商的最前沿。互联网和移动电话越来越被人们广泛应用，奥运会的品牌影响力也在不断提高，作为奥运会的所有权人，国际奥委会有责任让奥运会的影响力不仅仅通过广播、电视传播，还要通过互联网和手机以及将来出现的其他媒介传播。对于这一问题国际奥委会非常重视。电视媒体是非常好的传播媒体，为奥运会的发展作出了巨大贡献。电视媒体与网络等新媒介可以通过相互合作，达到与奥运会共赢的目的。而媒体间相互的竞争，对媒体自身和国际奥委会都有积极的作用。"①

面向来自全球的观众，中国作为一个非英语国家，在进行北京奥运报道的时候将面临更大的困难，境外媒体的涌入，将给境内的新闻传播事业带来较大的压力。但是面对这样的挑战，如若能够积极应对，同样是一个极佳的发展契机。

在奥运会期间特别有两件事值得一提。

第一是中国与世界的交往更加广泛，也更加开放。2008 年 8 月 1 日胡锦涛接受外国媒体联合采访，在回答日本富士电视台记者关于奥运之后外国记者在华采访条件的提问时，胡锦涛说，中国对外开放的大门始终是敞开的。无论在北京奥运会期间还是之后，我们都一如既往地欢迎外国记者来华采访，一如既往地为外国记者在华工作提供方便。我们也希望外国记者在华采访期间遵守中国法律，客观公正地报道中国，增进中国和世界各国的相互沟通和理解。

---

① 《专访国际奥委会市场开发委员会主席海博格》，央视网，http：//sports.cntv.cn/20120615/111981.shtml。

2008年10月17日，《中华人民共和国外国常驻新闻机构和外国记者采访条例》已经国务院第31次常务会议通过实施。其中第一条指出，为了便于外国常驻新闻机构和外国记者在中华人民共和国境内依法采访报道，促进国际交往和信息传播，制定本条例。第23条指出，该条例自2008年10月17日起施行。而且，1990年1月19日，国务院公布的《外国记者和外国常驻新闻机构管理条例》即时废止。

新的条例颁布与1990年的条例相比有了重大变化：（1）外国记者来华采访不再必须由中国国内单位接待陪同；（2）外国记者赴开放地区采访，无需向地方外事部门申请。奥运会的召开，使得一个旧条例作废，同时又诞生了一个新条例，而且不仅仅适用于奥运会，而是适用于整个国家的相互交往。

第二是在奥运会期间，北京允许游行示威。据报道：北京奥组委安保部部长刘绍武在7月23日举行的“平安奥运之北京奥运会安保工作”新闻发布会上称，北京奥运会将划定几个公园作为游行示威区域，同时，集会游行示威活动跟其他国家一样，需先提出申请。

我国宪法规定：中华人民共和国公民有言论、出版、集会、结社、游行、示威的自由。和平集会和游行示威的权利是一项普世性的公民权利，也是我们宪法所保障的权利。

此次中国政府指定北京市丰台区的世界公园、海淀区的紫竹院公园和朝阳区的日坛公园等几个公园作为外国和中国公民和平集会与游行示威的场所，既符合国际惯例，能确保奥运会期间整个赛区的交通顺畅、环境优美、秩序良好，又尊重和保障了外国公民的诉求和中国公民的权利，是中国法治进步的体现，也是中国与世界接轨的具体表现。①

《中华人民共和国游行示威法》第二条规定，所谓集会，是指聚集于露天公共场所，发表意见、表达意愿的活动。所谓游行，是指在公共道路、露天公共场所列队行进、表达共同意愿的活动。所谓示威，是指在露天公共场所或者公共道路上以集会、游行、静坐等方式，表达要求、抗议或者支持、声援等共同意愿的活动。综上所述，集会、游行、示威都是人们表达自己意愿的一种方式，虽不是普遍的，但却是不可少的。我们的社会是一个开放的、多元的社会，有些不同意见和反对意见是很正常的事情。全部都“统一思想”了、“舆论一律”了、“万马齐喑”了，那才是不正常的事情。奥

---

① 《北京奥运会将允许游行示威》，新华社2008年7月24日电。

运会是我国重新恢复联合国的合法席位、加入世界贸易组织后的又一个历史性进程。我们在向世界展示我国体育面貌的同时，也展示了我国公民的精神面貌和政府的执政理念。有人申请游行示威，表达自己的意愿，正是反映中国政府更加民主法治，中国公民更加独立自由的表现！

游行示威不是什么不好的事情，没事非要弄出一些事情来游行甚至搞点破坏，那是心怀叵测、居心不良。但是，游行示威确是现代社会调解人与人、人与政府、人与社会矛盾的一种有效方式。人们有了矛盾，在协商不成的情况下，通过游行示威表达意愿，引起政府及有关方面的重视和社会关注，促使问题向着和平的方向解决。游行示威不一定会给政府带来麻烦、造成社会的某种不安定。如果我们能够正确对待游行示威者，又能实事求是地解决他们的问题，这种方式还是值得肯定的，例如，世界上许多国家将“游行示威”写进宪法。前几年笔者在欧洲访问时，曾在巴黎的埃菲尔铁塔下看见一群妇女用手推车带着自己的幼儿在大街上游行，据说是要求政府降低奶粉价格。游行队伍秩序井然，队伍前后都有警察跟着，没有什么人围观，自然也没有闹什么事。

游行示威不是恐怖活动，恐怖活动对人民对社会的危害巨大。对于一个开明的政府来说，宁愿要一点和平的游行示威，也不愿意看到恐怖分子危害人民和社会。奥运期间，我们举行反恐演习，就是为了防患于未然，不使灾难降临到人民头上。奥运会后，应该让游行示威真正走进人们的生活，进入政府的管理程序，成为公民意愿真实表达和政府有效解决问题的一种渠道。自然，公民在行使集会、游行、示威的权利的时候，必须遵守宪法和法律，不得反对宪法所确定的基本原则，不得损害国家的、社会的、集体的利益和其他公民的合法的自由和权利（第四条）。但同时要求各级人民政府应当依照《中华人民共和国游行示威法》的规定，保障公民行使集会、游行、示威的权利（第三条）。这是一部法律的两个方面，不可偏废。①

2012 年 6 月 11 日，新华社发表了由国务院新闻办公室公布的《国家人权行动计划（2012—2015 年）》（以下简称《行动计划》）。《行动计划》指出：“实现充分的人权是人类长期追求的理想，也是中国人民和中国政府长期为之奋斗的目标。”“中国政府坚持以人为本，妥善应对国际金融危机的巨大冲击和重大自然灾害的严峻挑战，积极解决发展中存在的矛盾和问

① 赵振宇：《关于保障公民集会游行示威权的思考》，载《宁夏社会科学》2010 年第 1 期。

题，坚定不移地推进人权事业，人权状况持续改善。……坚持将尊重和保障人权的原则贯穿于立法、行政和司法各个环节之中，加强对权力的监督和制约，中国特色社会主义法律体系已经形成，社会生活的各个领域和人权保障的各个方面实现了有法可依。”

《行动计划》在第二部分“公民权利与政治权利”中提出：“畅通各种渠道，保障公民的表达权利。”“加强对新闻机构和新闻记者合法权利的制度保障，维护新闻机构、采编人员和新闻当事人的合法权益。”“鼓励新闻媒体发挥舆论监督作用。畅通公民对国家机关及其工作人员提出批评、建议、申诉、控告、检举的渠道。”与2009年发布的“行动计划”相比，这次的“行动计划”更加强调了新闻媒体舆论监督作用。可以相信，随着《行动计划》的逐步落实，新闻媒体将在促进社会发展，保障人权上发挥越来越大的作用。

三、文化建设：为人们观念创新提供必要条件

文化，从广义上来说，是指由人类创造的一切物质成果和精神成果的总和，它所涵盖的范畴相当宽泛。而从狭义上来说，文化只包括语言、文学艺术与意识形态的一切精神产品。文化建设就是发展教育、科学、文学艺术、新闻出版、广播电视、卫生体育、图书馆、博物馆等各项文化事业的活动。它既是建设物质文明的重要条件，也是提高人民思想觉悟和道德水平的重要条件。党的十八大报告提出，文化是民族的血脉，是人民的精神家园。全面建成小康社会，实现中华民族伟大复兴，必须推动社会主义文化大发展大繁荣，兴起社会主义文化建设新高潮，提高国家文化软实力，发挥文化引领风尚、教育人民、服务社会、推动发展的作用。从报告中，能体会到文化建设的三重意义：其一，它是民族的血脉；其二，它是国家实力的象征与体现；其三，它是人民的精神家园。

进入21世纪以来，中央决策层相继提出了“和谐社会”、“和谐世界”、“和谐文化”、“共有精神家园”等文化理念，其实质是承认文化多元化。文化多元化既是我们时代的需要，也是我们这个时代现代性、全球化和意识形态相互融合的结果。

文化多元化不仅是文化可持续发展的前提，而且为文化创新提供了可能。时下，网络上各种意见纷呈，各种观点交锋，展现出一幅幅百家争鸣、百花齐放的可喜场景。但同时，也为我们如何保证具有中国特色的优秀文

化，不断提升人们的民族素养提出了许多新课题。1997 年亨廷顿曾著文宣称，美国的文化霸权就是“将本国文化强加于其他国家，实质上就是维护文化一元化”。虽然文化是在斗争中得以长存，但是作为社会主体的国家必须维护主流文化意识，建构社会的主流价值观，增强国家的“软实力”，这是保证一个国家、一个民族在这个世界文化多元化时代得以存在、延续并发展的前提条件。

但是，我国文化整体实力还不强，建设文化大国的目标任重道远。目前，我国文化产业，与世界发达国家相比较，竞争力还处于末位。与一些新兴国家相比，差距也很明显。总之，在国际上我国文化产业整体竞争力尚处于劣势位置。我国文化产业发展与我国经济发展很不相称，文化产业发展与经济发展存在着严重的不协调问题。

经济全球化为中国文化发展提供机遇，同时也为中国文化建设带来很大冲击。全球化趋势下，文明冲突与融合并存，在这个背景下，应科学分析新闻传播和思想文化宣传的合理性和科学性。改革开放中前段，我国一直偏重于经济建设，一切为经济发展让路，国家主流意识形态难以形成全民共识，历史积淀下来的传统文化和民族观念被弱化，人们的生活方式被物质主义和消费主义所裹挟，家庭、学校和媒体导向失范，教育失据。直到改革的后段，我们才意识到文化建设的重要性，但这个转变的过程是由国家单轮驱动。国家通过文化体制改革不断释放文化生产力，但国家意志整体的立足点仍旧是在国家经济发展方式转变的框架下，将文化产业打造成新的经济增长点，文化事业的激活力度不够，文化发展的主体性没有确立起来，文化难以发挥安心定志的作用。从世界范围看，随着经济和科技的发展，属于不同文明群体的人民相互交往增多了。我国应该是坚持开放型的文化，坚持“批判地吸收”的指导思想，积极促进多元文化的发展。

调整文化秩序与文化结构，发展文化产业，形成文化自觉。中国传统文化秩序是以儒释道为基础和核心产生的，这种传统文化影响到中国人的思维方式、行为方式、价值取向等。文化秩序对政治秩序的高度同一与此密切关联，发展文化产业要充分挖掘中国传统文化的资源，发掘民族文化和文化中的民族元素，形成中国文化的民族特色和民族气派。

国家主流文化应该超越各种社会文化的文化形态和文化旨趣，代表普世价值和公共道德。当社会陷入文化失序、道统失衡、价值失调的混乱局面而社会自身又无法自我修补时，就需要国家主流文化在不超越边界，不侵犯其他多元文化的基础上，提供公共价值，凝聚社会共识。

不同的文化解决不同的问题，传统文化主要解决人的生存问题，西方文化主要解决社会的生存问题，主流文化主要解决国家的生存问题，为了避免国家文化建设中出现的简单搬用传统文化、精英阶层的西方自由化思想泛滥和主流文化的权力扩散的倾向，最重要的是形成一个能与社会文化相调适的主流文化的发展框架，在这样的架构中，要确保各种社会文化发展的充分自主权和个体基于自身兴趣的自由文化选择权。一个合理、均衡和有效的文化发展结构，不应该只有一个支点、由一种文化来包办，主流文化强而社会文化弱，其间就会缺少缓冲地带，缺少自下而上的沟通机制，个人多样的文化需求得不到满足，国家的主流文化也得不到认同，整个社会就会因为失去精神支撑而变得浑浑噩噩，中华民族也将丢失共有的精神家园。①

新闻传播和思想文化宣传重视倡导性文化，但是主流媒体声音有被市场化媒体和新媒体边缘化的趋势。目前，互联网已经发展成为影响最广、市场潜力最大的媒介之一。从总体上看，我国大众传媒的发展水平已明显缩短了与发达国家之间的距离，形成了基本覆盖全国城乡并面向世界的传播网络。与此同时，随着新科技革命特别是信息化的发展，我国大众传媒呈现出崭新的发展特点，如产业化发展、全球化发展、数字化发展、多样化发展等。

在大众传媒飞速发展的情况下，我国传统的主流媒体传播面临挑战。改革开放以前，我国主流意识形态宣传是通过国家有效控制的传统媒体，以自上而下的线性模式进行宣传，保障了意识形态一元化至高无上的地位，人民群众和政府在思想上、行动上保持高度统一。随着大众传媒数字化发展，尤其是互联网的出现，打破了以往政府对媒体的控制范围，动摇了传统媒体的“议程设置”地位，信息把关权下放，打破了传者和受者的明显界限，使得传者可以同时是受者，受者也可以变成传者。这样一方面提高了社会组织或个人的传播能力，另一方面也为传播活动的渠道和内容提供了无限可能，增大了思想文化宣传工作的监管难度。

随着媒介的多样化、传播立体化，传播观念和方式要适应新的形势发展。近年来，随着科学技术的迅速发展，传播媒介日益呈现出多样化趋势。电视、报纸、广播电台、网络等媒介间互动、融合的步伐进一步加快，带动了传播的立体化。在此种情况下，做好宣传思想文化工作，应当更加注重传播观念和方式如何适应新的形势发展。据 2016 年 1 月 22 日中国互联网络信

---

① 张殿元：《社会文化自觉：中国文化发展的战略选择》，载《山西大学学报（哲学社会科学版）》2011 年第 6 期。

息中心（CNNIC）发布第37次《中国互联网络发展状况统计报告》显示，截至2015年12月，中国网民规模达6.88亿，互联网普及率达到50.3%，半数中国人已使用互联网。同时，移动互联网塑造了全新的社会生活形态，"互联网+"行动计划不断助力企业发展，互联网对于整体社会的影响已进入新的阶段。

目前，互联网技术的飞速发展，使其大容量、高速度、超文本、互动性、多媒体形态的特点得到了充分的发挥，使新闻传播朝着更加快捷、更加便利、更加多样化和个性化的方向发展。① 而伴随着网络技术的发展，新闻传播更加表现为一种高度全球化和高度自由化的传播状态。在此种状况下，公众可以更加自主地选择信息的收发，不会轻易被新闻传播媒介的舆论导向左右。在网络技术发展中应运而生的微博微信、社交网站等，则凭借其随时关注、即刻评论、自由转发等新的传播形态，受到了更多公众的欢迎。它们这种兼具传播方式简单和传播速度极快的特点，使每位公民都有了成为"传播者"的可能。

为适应新的媒体环境的需求，传媒工作者应把争取网络空间作为重要的目标之一。针对青少年中网络使用者比例较高的客观实际，尤其需要做到亮点，一是要尽可能多地传播公众们所需要的信息，进一步提升相关信息对公众的吸引力及需求的满足度；二是要对公众进行有针对性的传播，通过不同人群"对症下药"的方式，提高信息的传播接受效果。

传播文化知识，提高公民文化素养，是当下和以后一个长时期的历史重任。大众传媒作为具有文化特征的意识形态产品，担当着传播信息、引导舆论、构建文化的责任。从功能上讲，新闻报道与新闻评论是文化构建的一个重要渠道。建设一个面向现代化、面向世界、面向未来的，民族的、民主的、科学的、大众的新型文化，成为文化建设的当务之急。要完成这一要务，就必须重视和发挥大众传媒的作用。传媒不断地向人们传播政治、经济、文化信息，大大加快了社会发展进程。

在思想文化建设方面，大众传媒能肩负起疏解社会情绪、引导正确舆论的重任，在推动社会进步的背景下发展自身，在自我完善的过程中助益发展，形成良性循环。在道德文化建设方面，主流媒介通过新闻传播和正面引导，逐渐构建起健康和谐的媒体道德文化。在制度文化建设方面，这些年，主流媒体在传递正能量方面有效地推动了党务、政务及其他各类信息的公

① 仝新：《新闻传播多样化的利与弊》，载《新闻爱好者》2011年第4期。

开，尊重与满足群众的知情权，及时报道群众想要知道、应该知道的重要信息，产生了较好的传播效果。

人民大众是文化的创造者，大众媒介通过新闻传播有责任帮助群众释放更大的文化创造力，引领社会文化生活。新闻通过传递价值观念、道德体系信息来潜移默化地改变公众的价值观念。在传播内容上，坚持用积极向上的、生动活泼、群众喜闻乐见的形式，把正确的价值体系体现在丰富的新闻报道中，灌输高尚的审美观、健康的财富观以及一切优秀文化，共同构建社会主义文化软实力。

新闻评论的创作过程是精神思维活动的过程，它以多种符号为物质载体，并凭借一定的技术手段得以传播。因此，新闻评论也是一种文化。在现实生活中，人们通过物质交换、人员交流和信息传递进行文化交流。而新闻评论作为新闻媒介的灵魂和旗帜，是媒体用来传播信息、表达观点、打造自身品牌的最重要的方式之一。因此，可以说，新闻评论既是一种文化现象，又是一种传播文化的载体，它能传播文化知识，提高公民的文化素养。

四、社会建设：促进社会持续和谐发展

构建和谐社会是要实现民主法治、公平正义、诚信友爱、充满活力、安定有序、人与自然和谐相处这样一个目标。这是一个庞大的系统工程，需要各个方面相互沟通、理解和配合，需要上下齐心、不懈努力。在此，营造良好的保障公民意愿表达的舆论环境是十分重要的。

社会建设已经引起政府高度重视，我们必须面对如下问题：

(1) 结构性社会问题可能影响社会稳定。人口膨胀问题、失业问题、官员腐败、社会安全、弱势群体问题、贫富分化等，这些社会问题的出现使社会阶层不断细化，出现了许多长期性或一定时期稳定存在的亚文化群。各种亚文化之间竞争博弈、争夺话语权、出现极端思想，极端思想会撕裂社会文化，消解主流文化的整合作用。

(2) 变迁性社会问题可能激化矛盾。农民工问题、留守儿童问题、环境问题、老龄化问题、离婚率上升问题、空村现象等，这些变迁性社会问题是社会发展过程中出现的，它是社会发展无法逾越的阶段，在各个国家一般表现为城市化问题。社会流动加剧，带来各种思想碰撞的机会增加，为社会思想交锋带来更多机会。对文化变迁过程无法适应的群体和个人会带来其他性质的社会问题，比如自杀、精神疾病、犯罪等。

（3）越轨性社会问题可能引发其他社会问题。越轨性社会问题包括青少年问题、黑社会问题、信用缺失和道德滑坡问题等。越轨性社会问题的形成有其深刻的社会原因，例如青少年没有经历过政治化的社会生活，思想自由开放，网络文化的冲击。他们对新鲜事物的好奇心和对主流文化的反叛精神为文化宣传工作的开展提出了一个新的重点和难点。农村留守儿童问题、次生代农民工问题以及由这些问题所引发的教育公平问题、社会福利问题、就业问题等将在更长的一段时间内集中显现。怎样对青少年进行思想文化宣传？怎样在心理上抚平经济社会发展不平衡带来的心理落差？怎样构建社会道德体系？建立社会主义诚信体系？这些都是新闻传播和文化宣传工作急需解决的问题。

（4）病态性社会问题可能侵蚀健康的社会主流文化。病态性社会问题主要包括色情泛滥、吸毒贩毒、艾滋病流行等。这些问题大多由结构型社会问题和越轨性社会问题演变而来，但对社会的危害程度却大大加深。一方面它们严重威胁社会治安和社会稳定，另一方面它们严重威胁部分社会成员的利益，甚至是生命财产安全。病态性社会问题的长期存在将严重影响社会风气，侵蚀健康的社会主流文化。

（5）心理性社会问题可能引发社会突发事件。心理性社会问题包括社会焦虑、精神疾病、自杀行为、迷信盛行等。心理性社会问题可能会造成情绪迁移，造成社会突发事件。面对社会现代化过程中所出现的心理困扰加剧，国民心理健康问题愈益严重的现象，我们不能任其发展，应该通过多种途径开展预防和调适工作。由于影响人的心理健康的因素是多方面的，既有人生观、价值观、气质、性格、认知能力和方式、自我调节和策略等个体因素，又有社会文化的价值取向、社会氛围的社会因素。必须从系统上构建疏导社会心理问题的机制；否则，心理性社会问题势必将愈演愈烈。

加强舆论环境建设，保障公民有序参与管理国家事务，是建设和谐社会的一项重要任务。民主的舆论环境使民众的言语与心愿得到畅通的表达与实现，人民内部矛盾和其他社会矛盾得到正确处理，社会公平和正义得到切实维护和实现。非民主的舆论环境则使群众的积怨不能得到排遣，从而会造成矛盾激化而使群众上访、越级上访，甚至出现过激举动。由此，民主政治就会遭到践踏，法治和人权也会遭到践踏，安定团结的社会局面就会遭到破坏。

2016 年 9 月 29 日，我国公布第三个《国家人权行动计划（2016—2020 年）》，再次提出保障公民的知情权、参与权、表达权、监督权。监督权部分要求：加大对公务员违法违纪行为的监督力度；发挥报刊、广播、电视等传统媒体监督作用，加强传统媒体与互联网等新兴媒体的互动，重视运用和规范网络监督。①

在信息公开、民意疏导的过程中，媒体是一座无法替代的桥梁。譬如，在汶川地震、玉树地震等多次突发事件中，媒体就显示出其强大的力量：信息开放、及时、畅通，对于政府决策、凝聚人心、稳定社会、消除谣言等，功不可没；媒介迅速介入，全方位地展现地震的惨烈、救助的快速、危机的进展，立体化的真实图景呼唤出国人的道义精神和爱国情怀——正因为媒体的巨大现实价值，从国家领导人到各级官员，大多认可媒体的监督功能。

在一个法治完善的国家，民众利益表达和救济途径应是多样化的，如：可以通过选举的人民代表和协商产生的政协委员以提案和议案的方式表达特定利益集团或弱势群体的利益诉求；也可以通过媒体报道，扩大影响以引起上级领导以至中央政府的警示；或者通过诉诸法院以求得法律的庇护；再就是走上街头游行示威以博得社会关注。但是，在当今中国，由于国情的限制，各级人大代表政协委员并不能完全反映特定人群的利益诉求，媒体的舆论监督功能在一些地方常常得不到充分的发挥，司法系统的公平正义还待完善，民众利益的表达渠道并不十分通畅，有的甚至很闭塞。

中国社科院发布的《社会蓝皮书：2016 年中国社会形势分析与预测》指出，中国公众最关心的问题中，“看病难、看病贵”名列第一。短期内城乡之间的收入差距不会出现拐点。从 2000 到 2010 年，城镇居民家庭中 20% 最高收入户与 20% 最低收入户相比，从年收入计算，中间阶层收入是低层的 3.5 倍。② 如果民众利益表达权利得不到尊重，民众的诉求得不到满足，必然会导致群体性事件的集中爆发。

群体性事件的爆发，显然是基层民众意见反映不畅、矛盾长期得不到解决而导致民怨的集中爆发。它也是民众表达权的一种体现，只是这样的表达方式往往会带来严重的财产损失和社会动荡，并不是各级政府所希望看到的。

如果当地政府能够及时应对，听取民众的意见表达，并采取相应的措施

---

① 转引自《社科院发布 2016 年〈社会蓝皮书〉（全文）》，中国网，http://news.china.com/domestic/945/20151224/21007545_all.html。

② 中华人民共和国国务院新闻办公室：《国家人权行动计划（2016—2020 年）》，新华社 2016 年 9 月 29 日电。

跟进，往往这样的群体性事件会比较圆满地解决，不会造成较大的破坏和影响。如重庆出租车司机“罢运”事件中，当地主政官员与当事者面对面沟通，了解出租车司机的实际诉求，并通过电视将全部对话内容现场直播，让民众享受到充分的知情权，也将政府解决问题的善意和诚意完整地传达给重庆市民，收到了良好的效果，使得事件完满解决。

新闻评论为社会建设献计献策的案例不胜枚举。正是这些来自中央和地方媒体的评论，从人民关注的教育、就业、收入、社会保障、健康和社会管理等方面发挥着重要作用。

五、生态文明建设：努力建设美丽中国

“把生态文明建设放在突出地位，融入经济建设、政治建设、文化建设、社会建设各方面和全过程，努力建设美丽中国，实现中华民族永续发展。”党的十八大报告首次论述生态文明，首次把“美丽中国”作为未来生态文明建设的宏伟目标，把生态文明建设摆在总体布局的高度来论述，表明我们党对中国特色社会主义总体布局认识的深化，把生态文明建设摆在五位一体的高度来论述，也彰显出中华民族对子孙、对世界负责的精神。

2016 年 2 月 16 日《人民日报》发表述评文章对党的十八大以来加强生态文明建设的形势进行了回顾：

生态文明理念深入人心——从顶层设计到全面部署，从最严格的制度到更严厉的法治，生态文明建设扎实有序推进，越来越多的人深刻认识到：保护与发展并不矛盾，青山和金山可以“双赢”。

环境保护合力集聚形成——生态文明体制机制日趋完善，“生态”、“环保”、“绿色”成为人们关注的热词，广泛的生态共识落地生根，转化为积极的行动和巨大的合力。

绿色发展底色日益亮丽——优化国土空间开发格局，全面促进资源节约，加大自然生态系统和环境保护力度，加强生态文明制度建设，美丽中国的绿色底色，一天天愈发清新养眼。

2015 年 5 月，中共中央、国务院发布《关于加快推进生态文明建设的意见》，这是继党的十八大和十八届三中、四中全会对生态文明建设作出顶层设计后，中央对生态文明建设的一次全面部署。该意见首次提出“绿色化”概念，并将其与新型工业化、城镇化、信息化、农业现代化并列，赋予了生态文明建设新的内涵，明确了建设美丽中国的实践路径。

2015年9月，《生态文明体制改革总体方案》印发，明确提出到2020年，构建起由自然资源资产产权制度等八项制度构成的生态文明制度体系，推进生态文明领域国家治理体系和治理能力现代化，努力走向社会主义生态文明新时代。

严厉法治重拳出击。2015年元旦开始实施的新环保法，被誉为“史上最严”。“公益诉讼”、“按日计罚”、“查封扣押”等杀手锏，成为沉重打击环境违法者的有力武器。据环保部统计，截至2015年11月底，全国实施按日连续处罚案件611件，实施查封、扣押案件3697件，实施限产、停产案件2511件；环保与司法部门通力合作，移送涉嫌环境污染犯罪案件1478件。2016年1月21日，备受关注的江苏泰州“天价”环境公益诉讼案尘埃落定。最高人民法院裁定驳回泰州一家企业的再审申请，被告企业被要求赔偿环境修复费用1.6亿余元的审判结果维持不变。社会各界拍手称快：新环保法，确实有“钢牙利齿”！

“生态文明建设”的提出，有其深刻的现实背景。近年来环境污染群体性事件呈多发态势。仅从2007年算起，引起较大舆论关注的，就有：2007年6月福建厦门PX项目引发“集体散步”事件；2008年8月云南丽江兴泉村水污染引发村民冲突事件；2009年11月广东番禺兴建垃圾焚烧厂引发群众抗议事件；2011年8月辽宁大连PX项目引发群众抗议事件；2011年9月浙江海宁丽晶能源公司污染环境引发群众抗议事件；2011年12月福建海门华电项目污染引发群众堵路事件；2012年4月天津PC项目污染引发群众“集体散步”事件，然后是2012年7月初的什邡事件和7月底的启东事件。

分析这些事件可以发现，因环境污染引发的群体性事件相较于其他群体性事件，人数众多、声势浩大，政府的应对和控制能力薄弱。而且最终解决无一例外都是以当地政府迅速宣布停建污染项目，事件才得以平息，这样的演变模式可能会“鼓励”今后更多的此类群体性事件。

这些事件应该引起我们的许多思考：相关项目的污染到底有多严重？地方政府是否存在重经济轻环保的倾向？这些项目当初的环境影响评估是否完善？政府的决策是否公开透明？与其事后维稳，为何不事先让公众充分参与？公众的群体行为是否全都理性、合法？为何群体性事件总是夹杂着“打砸抢”行为？政府对突发事态应如何应对？“一闹就停”是否会进一步丧失政府公信力？

在生态文明建设中，新闻评论同样大有可为：

第一，守望环境。媒介以源源不断的信息反映社会各方面的变动，延伸人的耳目。人们从新闻传媒上了解各种新信息，扩展视野，随时知道周围环境的变动，预防或应对可能遭遇的不幸事件，这就是媒体守望环境的功能。新闻报道与新闻评论对自然环境、社会环境、政治环境、经济环境和国际环境的突变作出及时、全面的反映，把骇人听闻的事件迅速告诉人们，对监视人们的生存环境有特殊的警示意义。它让人预防自然的灾变，把握经济资讯以应付经济危机，防止和应对社会动荡，对政局的突变做好心理与行动准备，等等。人类借助传媒观察身边的一切，成为生存环境的主宰者。

目前，我国已进入环境问题敏感时期。作为一个发展中大国，经济发展快，环境污染严重，而群众的环境意识有了很大提高，依法维护自身环境权益的愿望日益强烈，两者矛盾不断累积。再加上政府处理这些问题不论从制度上、认识上和应对实践上，都准备不足，难以适应形势需要。

从认识上来说，有些地方政府长期以来重经济、轻环保，为体现政绩招商引资往往降低环保门槛，在环境问题上自觉不自觉地站在人民群众的对立面，成为企业的代言人。很多污染问题直接影响群众健康，突破了人民群众的心理底线；而有的领导同志没有坚持以人为本，忽视民意，对群众依法维护自身环境权益的强烈愿望，认识严重不足。

例如“什邡事件”，2012 年 4 月底就有网民开始关注钼铜项目，什邡官方却没有引起高度重视。其后三个月面对网络上汹涌的民意，官方仍然没有做多少情绪疏导、信息沟通的工作，直到发生了严重的群体性事件，也应对失当。7 月 2 日晚发射完催泪弹后，立即让大批警察冲过去，结果警察也受不了催泪瓦斯的强烈刺激，不得不又急忙退回来。7 月 3 日晚又使用强光震爆弹，是否确有必要，使用方法是否正确，没有看到进一步的分析。事件发生前思想准备严重不足，发生后在处置上又很不得当，以至于两三天内人群越聚越多，事态一直得不到有效控制。什邡事件也反映出当地政府公信力的缺乏，与群众的有效沟通不够。除了在环评环节，在项目立项及审批后，一直到开工建设，在环境问题上都缺乏与当地群众的及时沟通。

现在最核心的问题，是要将环评的过程进行根本的调整，能够与国际接轨，让它变成一个利益各方充分参与的过程，用民主的选择去保证科学的决策。通过媒体的报道，新闻评论的阐释与呼吁，生态环境所面临的状况，如何解决这些问题，无疑能不断地被发现、被深入，推动政府与公众对于生态环境的重视，并从各方面采取措施解决相关问题。

第二，实现舆论监督。媒体向大众揭露背离生态文明准则的倾向，动员公众采取一致行动反对官僚主义、社会腐恶和不良风气。媒体将社会丑恶的事实公布于众，产生抑制丑陋行动的作用，称为新闻监督或媒介监督。在民主社会里，媒介揭露错误和丑恶已形成制度，成为社会抵御伤害、进行自我保护的利器。“公众参与是解决环境问题不可替代的力量”，这个共识正在形成。2009 年，最高人民法院在《关于依法保护行政诉讼当事人诉权的意见》中坦率地说：“只有畅通行政诉讼渠道，才能引导人民群众以理性合法的方式表达利益诉求，最大限度地减少社会不和谐因素，增进人民群众与政府之间的理解与信任。诉讼渠道不畅，必然导致上访增多，非理性行为加剧。”

在我们建设法治社会的今天，“司法诉讼渠道解决的环境纠纷不足 1%”的现实让人震撼。对于这样的选题，有良知与责任感的媒体当然不能无视。事实上，在生态文明建设中，新闻评论监督的范围是广泛的：监督法律条文的制定和政府的各项决策，监督国家法令的执行和政府的施政行为；监督国家公务员的一言一行；监督市场运行的违法现象，等等。通过这些监督，生态文明建设中的法律缺位、执法犯法、违法不究等现象，才可能得到有效遏制。

六、转变观念促建设：新形势下的新举措

第一，要全面正确地认识中国，确保中国的文化精粹不受辱损，把中国最优秀的文化报道给世界。在与世界的交往中，各国都有权利保护本国的利益不受侮辱和损害。在加入 WTO 的历史进程中，加拿大、法国、德国等不少国家有过这样的经历，特别是在与美国的对抗中。法国前总统希拉克说，“当今世界正面临着单一文化的威胁”，这是一种“新形式的殖民主义”。法国政府和文化界宣称，要在互联网上打一场“文化战争”，以阻止法国语言文化在网上萎缩的态势。法国决定，凡有关法国信息的主页必须使用法语，并提倡在以英语为主要语言时也要与法语并用。还为此通过了一项法律，要求在法国互联网上的广告宣传文字必须译成法语。1997 年以来，德国和荷兰都在进行德语网络的研究，试图将德文打入国际互联网络，占有这个前程无限的市场，同时与美国文化对抗。①

对此，中国政府和新闻传媒单位也该研究相应的对策，以保证中华五千年文化不受辱损。

① 华凌：《警惕，网络上的文化殖民》，载《中国记者》2002 年第 3 期。

中国是一个多民族、地域广、历史悠久的文化古国。在中华文化的形成和发展中，必然有其精华和糟粕。在对外报道时，应把握两个基本原则，即时代性和优秀性，也就是说，要把当今时代反映中华民族正在发扬光大的优秀的文化精粹报道给世界。对此，政府和有关部门应该制定一些强制性的法规，以保护中国人民的利益不受损害。新闻评论应在此发挥独特的作用。

第二，加强学习，转变观念，努力提高和改进传播技术，增强传播效果。我们的一切努力都是以最佳的传播效果为出发点的，它也应是检验我们一切新闻传播工作好坏的重要标准。新中国成立以来，在对外报道中，我们在广播、电视、报纸和网络媒体的建设和开发方面做了很多工作，但是，目前世界上能听到看到中国的新闻和其他报道还是十分有限的。在世界性的文化交流与合作中，差别过于悬殊和弱小是不利于将自己的特色展现出来的，以此来实现中国走向世界的目标也就成了一句空话。

为了保证我们的传播收到良好的效果，当我们面向西方的受众时，要注重他们的思维习惯，并由此改变我们的文字表达方式。我们应学会适应西方人那种直露的、喜欢自我披露的表达方式，而不要简单地推断他们自大或看不起我们。

第三，全面正确地介绍世界，不卑不亢地守住自己的阵脚，为实现“和而不同”的文化交流作出中国人的贡献。中国在与世界的交往中有过太多太多的经验和教训，我们应予认真地总结，以适应新形势发展的需要。世界是多棱的，要使国人对其有深刻的了解，必须将其放在一定的历史背景下进行剖析，进行研究。在对其报道时，不仅需要一面宣传，在很多情况下是需要两面宣传甚至是多面宣传的。中国加入了 WTO，我们对世界的报道不能仅仅停留在一般的时政和风土人情上，而应在更广的范围内，特别是对经济领域的诸多现象和问题，有我们中国人的自己的声音。而且，这种声音是理性的、是分析的，有的甚至是可以和应该引起国人和世界舆论关注的。在这些声音里，在不违反国家有关政策的前提下，应允许有更多的不同的声音出现，以便给中国公民以更广泛、更多样的思考空间和选择的自由度。这对提高中国公民的认识水平和与世界的交往能力是大有好处的。

在中西文化交流中，除了各取所长，相互学习对方的精华外，有时，消极的文化习俗也会对对方产生负面影响。对此，新闻工作者必须保持清醒的头脑，分清是非，针砭时弊，为纯洁世界文化作出自己的贡献。在与西方文化的交流中，我们既要学会发扬，也要学会舍弃，其着眼点在于中国文化在与西方文化的交流中既改造着自己，同时又促使世界文化上一个新台阶，这就是我们新闻传播工作者的神圣职责。新闻评论是一种表达思想和观点的形式，更应在这方面做得更好。

第四，增强人民主权意识，加快民主建设步伐。中国是一个有着两千多年封建专制历史的国家。民主，对于中国的民众来说，是一项十分艰巨的任务，特别是在我国已经加入 WTO 步入全球化之时。网络媒体的发展从一个科学的角度帮助我们找到加速之路：首先，传统媒体必须冲破“左”的束缚，学习、借鉴和引进世界上一切优秀的科学文化，创造科学的民主理念用以指导我们传播实践；其次，在管理体制和管理思想上，破除封建的等级观念、权力膜拜和官本位思想，增强受众的权力主体意识、平等意识、政治参与意识等现代公民意识；最后，在传播方式上，在原有的“实话实说”、“读者来信”、“听众信箱”等基础上开辟更广泛更深入的对话通道，提供更多讲心里话的时间和空间。在传播实践中培养受众的民主习惯和民主能力，增强他们的民主和法制意识。

第五，增强公开意识，提高媒体传播的透明度。“公开、公平、公正”是人们孜孜以求的民主权利，而“公开”是人们实现民主权利的首要前提。人们不仅要求公开结果，而且要求公开过程，即对实现结果的每个程序都需要有所了解。知情权是公民权中的一项重要内容，一个“民可使由之，不可使知之”的国家是不能称为民主法制国家的；公开，可以防止因暗箱操作带来的消极作用；公开，可以防微杜渐，将一切违法乱纪行为消灭在萌芽状态；公开，可以对不成熟方案进行早期补救，减少损失；公开，同时也是对人们进行科学文化知识和民主意识的一种良好的教育形式。

面对网络媒体的挑战，传统媒体需要更加增强透明度，除了那些涉及国家和集体机密、个人隐私和某些特殊的内容不能公开外，受众有权了解一切他们应该知道和希望知道的活动过程和结果。“大道不通小道通”引起社会的混乱，这是历史的教训；在信息开放的社会，对于受众想知道该知道的信息想捂也是捂不住的。受众知情愈细愈广，表明我们国家的民主程度愈高。同时，知情是公民参与管理国家和大众事务的首要前提，一项事务，只有大家都知道了，都来参与了，这项事务才能办得更好。公民的这种知情权和参与权有的是通过大众传媒直接实现的，有的则是通过人民代表或其他形式来代替行使的。不论哪一种，公民都既要了解结果，同时也要了解结果产生的过程。2015 年 12 月 20 日 11 时 40 分，广东省深圳市光明新区凤凰社区恒泰裕工业园发生山体滑坡，此次灾害滑坡覆盖面积约 38 万平方米，淤泥渣土厚度达数米至十数米不等，造成附近的恒泰裕、柳溪、德吉成三个工业园

33栋建筑物被掩埋或不同程度损毁，涉及企业15家。其中，包括14栋工业厂房，2栋办公楼，1间饭堂，3栋宿舍楼，其他低矮建筑物13间。

灾害发生后，党中央、国务院高度重视。中共中央总书记、国家主席、中央军委主席习近平立即作出重要指示，要求广东省、深圳市迅速组织力量开展抢险救援，第一时间抢救被困人员，尽最大努力减少人员伤亡，做好伤员救治、伤亡人员家属安抚等善后工作；注意科学施救，防止发生次生灾害。中央有关部门指导地方加强各类灾害和安全生产隐患排查，制定预案，加强预警及应急处置等工作，确保人民群众生命财产安全。近百名受灾群众临时安置在光明新区群众体育馆，安置点为每位受灾群众提供被子、席子、八宝粥、热水、饼干、方便面等生活物资。①

2016年2月17日，新华社播发由中办国办印发的《关于全面推进政务公开工作的意见》。该意见旨在部署全面推进各级行政机关政务公开工作，指出，公开透明是法治政府的基本特征。全面推进政务公开，要坚持以公开为常态、不公开为例外，推进行政决策公开、执行公开、管理公开、服务公开和结果公开，推动简政放权、放管结合、优化服务改革，激发市场活力和社会创造力，打造法治政府、创新政府、廉洁政府和服务型政府。可以相信，在中央高层的强力推进下，我国政务的“公开、公平、公正”将会加快行进步伐。

第六，增强参与意识，为受众提供更广泛的对话空间。参与权是公民权利的最终实现。对此，我国的宪法和我们党的文件都有过明确的规定。我国宪法在第27条、第41条中，确立和规定了公民作为国家的主人，对国家和社会事务的管理具有知情权和表达权，对国家机关及其公务员的活动具有监督权和批评权。党的十四大报告就指出，要“强化法律监督机关和行政监督机关的职能，重视传媒媒介的舆论监督，逐步完善监督机制，使各级国家机关及其工作人员置于有效的监督之下”。党的十五大报告又进一步指出：“把党内监督、法律监督、群众监督结合起来，发挥舆论监督的作用。”党的十六大报告再次强调：“健全民主制度，丰富民主形式，扩大公民有序的政治参与，保证人民依法实行民主选举、民主决策、民主管理和民主监督，享有广泛的权利和自由，尊重和保障人权。”“加强组织监督和民主监督，发挥舆论监督的作用。”2007年召开的中国共产党第十七次全国代表大会，再次强调“保障人民的知情权、参与权、表达权、监督权”。2012年召开党

① 数据来源于中央电视台：《新闻联播》，2015年12月20日。

的十八大更是强调“推进权力运行公开化、规范化，完善党务公开、政务公开、司法公开和各领域办事公开制度，健全质询、问责、经济责任审计、引咎辞职、罢免等制度”。舆论监督是监督机制中的一种，而群众监督很多情况下是运用舆论来发挥作用的。没有受众参与传播的时间和空间，或者说这种时间和空间很有限或环境不好，就不可能真正实现群众参与的舆论监督。在传播全球化时代，网络的发展改善了民主参与的技术手段，使公民的参与权更直接更便捷地实现了。传播学学者麦克卢汉面对20世纪60年代大规模发展的电视就曾经预言：“随着信息运动的增加，政治变化的趋向是逐渐偏离选民代表政治，走向全民立即卷入中央决策行为的政治。”①

而网络作为新的政治参与手段较之传统媒体无疑更具威力，网络使信息传播不受时空限制乃至政治控制的特点以及网络交往的高度随意性和隐匿性，使人们在感知与介入世界方面获得了前所未有的畅快淋漓的感觉，从而提高了他们参与政治及国家各项事务的兴趣。当网络被广泛应用于政治，则必然会推动公民与政府官员的直接对话，政府官员可以及时看到对公众意见的调查，网络则成为人们进行政治对话，参与国家事务管理的一条主要且有效的途径，切实提高民意在政府运作中的分量。舆论监督是监督机制中的一种，没有受众参与传播的时间和空间，或者说，这种时间和空间很有限或环境不好，就不可能真正实现群众参与的舆论监督。当今时代，传统媒体应就更多的内容，采取更广泛的形式吸引受众参与节目的制作和播放。在传播的过程中，应少一点“导演”的痕迹，多一些“原汁原味”的真实，这对受众和传者都是有好处的。

当然，网络媒体的发展也有它的弱势和不足，如大量的信息轰炸可使受众不知所措，“人机交往”的虚拟化可能削弱人的主体性，败坏社会风尚和危害国家安全的内容可能引起道德沦丧和社会安定，等等。这些都是需要传统媒体认真对待的；思想观念的转变，管理体制的重构，传播方式的创新，这是传统媒体迎接挑战并取得胜利的重要保证。在稳定中求变革，在发展中求进步，这是传统媒体迎接挑战的基本原则。

---

① 唐魁玉、贺芳：《网络传播与生活方式的现代性》，载《哈尔滨工业大学学报（社会哲学版）》2000年第12期。

第二章 新闻评论的时代特征

在政治民主化、经济全球化和信息网络化的新形势下，新闻评论也形成了自己的时代特征和发展走势，了解这一现状对于我们正确认识和发挥新闻评论的作用是十分有益的。

一、重视评论成为媒体自觉

目前的中国，正处于信息大爆炸的时代。传统媒体与新媒体异彩纷呈、交相辉映，尤其微博等社交媒体的强势崛起，令我们置身一个万花筒似的信息世界。在这样人手一个麦克风、多元信息以惊涛拍岸之势冲击人们的视听与头脑的时代，传统主流媒体，在设置议程、引领舆论、塑造核心价值方面，面临前所未有的巨大挑战。

开放的时代，必然会出现多元的信息与观点。这是社会进步的表征。然而，信息的流荡、观点的芜杂，亦会给社会造成价值观、是非观的摇摆。此时，主流媒体必须适时站出来，以权威、理性、建设性的意见与观点，为迷惘的时代指明前进的方向。为此，笔者调查了国内 36 份报纸评论版发刊词。这些发刊词凝聚着编辑多年来对新闻评论的思考，充溢着对新闻评论的热爱之情，从中也可以发现新世纪新闻评论的媒体特色和发展规律。①

此次调查研究 36 份报纸分布在全国各地，具体情况如表 2-1 所示：

表 2-1　**36 份报纸评论版创办情况列表**

	报名	评论版创办时间	评论版名称	出版地
1	深圳特区报	1998. 9	群言	广东

① 杨娟、赵振宇：《新世纪中国新闻评论的发展与变化研究——以 36 份报纸评论版发刊词为例》，载《新闻大学》2015 年第 4 期。

续表

	报名	评论版创办时间	评论版名称	出版地
2	中国青年报	1999.11	青年话题	北京
3	工人日报	2000.11	新闻评论	北京
4	北京青年报	2000.11 2002年停办	每周评论	北京
		2006.1	每日评论	
5	南方周末	2001.7	视点	广东
6	广州日报	2001.9	追说新闻	广东
7	南方都市报	2002.3	时评	广东
8	羊城晚报	2002.9	七日时评	广东
9	齐鲁晚报	2002.12	新闻评论	山东
10	新快报	2003.1	新快评论	广东
11	燕赵都市报	2003.7	时评	河北
12	京华时报	2003.11	声音	北京
13	新京报	2003.11	社论	北京
		2008.5	评论周刊	
14	重庆晨报	2004.1	时评	重庆
15	重庆日报	2004.2	时评	重庆
16	潇湘晨报	2004.4	湘江评论	湖南
17	武汉晚报	2004.11	声音	湖北
		2006.9	说吧	
18	成都晚报	2006.3	锦江评论	四川
19	新民晚报	2006.4	来信来论	上海
20	燕赵晚报	2006.7	燕赵时评	河北
21	嘉兴日报	2007.3	嘉兴评论	浙江
22	华西都市报	2007.4	观点	陕西
23	长江日报	2008.3	长江评论	湖北

续表

	报名	评论版创办时间	评论版名称	出版地
24	上海商报	2008. 7	评论	上海
25	楚天都市报	2009. 1	时评	湖北
26	华商报	2009. 2	评论周刊	四川
27	华商晨报	2009. 2	华商论见	四川
28	湖南日报	2011. 1	每周评论	湖南
29	福建日报	2011. 1	评说	福建
30	泉州晚报	2011. 9	评论	福建
31	楚天金报	2011. 11	今日评点	湖北
32	人民日报	2013. 1	评论	北京
33	湖北日报	2013. 1	时评	湖北
34	甘肃日报	2013. 6	评论	甘肃
35	绍兴日报	2013. 6	评论	浙江
36	青海日报	2015. 1	江源评论	青海

根据这 36 份报纸创办评论版的时间和数量，可以制成评论版创办情况趋势图，反映了新世纪初新闻评论的发展走势。如图 2-1 所示：

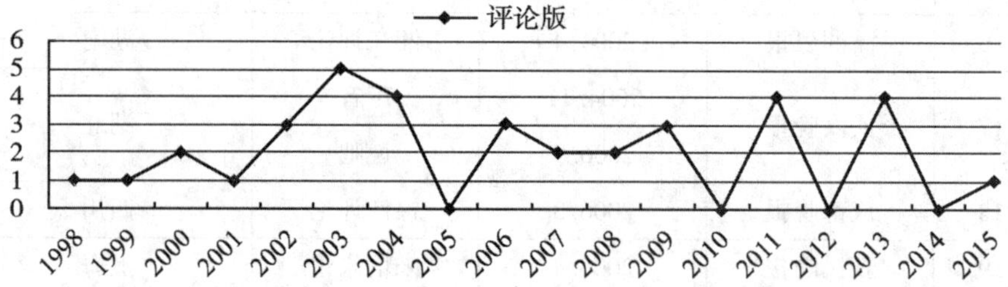

图 2-1 本章所研究的 36 份报纸评论版开版时间和数量分布

这 36 份报纸评论版发展趋势图有没有代表性呢？笔者根据所掌握的 60 份报纸评论版开办情况，又制作了一张评论版开办趋势图，如图 2-2 所示：

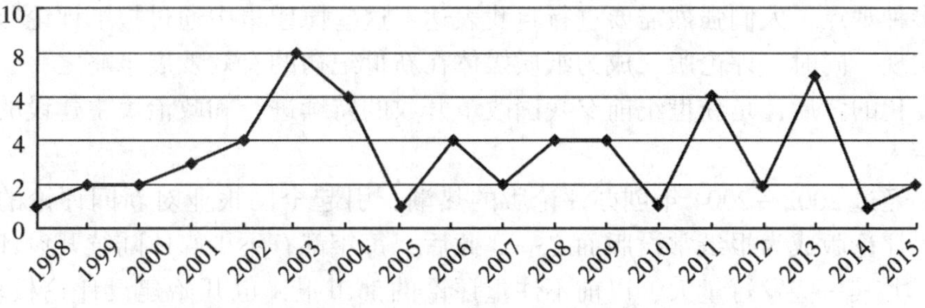

图 2-2　全国 60 份报纸评论版开版时间和数量分布

两张图相比较，曲线起伏程度接近，说明发展趋势接近，图 2-1 和图 2-2都反映了我国评论版的发展趋势。从图 2-2 可以看出我国评论版发展的如下规律：

第一个评论版创办高峰期是在 2002—2004 年，开版数量剧增。从开版地点来看，最初在广东、北京两地兴起，带动上海等其他地区相继创办评论版。虽然位于广东的《深圳特区报》第一个于 1998 年 9 月 4 日推出评论版"群言"，北京的《中国青年报》也早已于 1999 年 11 月 1 日创办评论版"青年话题"，但并没有得到迅速广泛的响应。在《南方周末》于 2001 年 7 月 12 日创办"视点"版，《南方都市报》于 2002 年 3 月 4 日创办时评版之后，掀起了创办评论版的热潮：《南方日报》2002 年 8 月 6 日改版，增加"观点"专版；《羊城晚报》于 2002 年 9 月 16 日起，每周一推出"七日时评"评论版，《新快报》于 2003 年 1 月 20 日推出评论版……一时间，形成了南方议论风生的热闹场景。

广东创办评论版的潮流迅速在全国蔓延开来。南方报业集团北上参与创办《新京报》，推动北方的评论氛围升温。《新京报》2003 年 11 月 11 日创刊同时推出"社论/来信"版，《京华时报》早于《新京报》6 天推出评论版。《齐鲁晚报》2002 年 12 月推出时评版，《解放日报》2003 年 5 月 19 日开创"观点"版，《东方早报》2003 年 7 月 7 日创刊并推出时评版，《燕赵都市报》2003 年 7 月 31 日推出时评版，《南京日报》2003 年 12 月 22 日推出时评版。接着，《钱江晚报》、《重庆日报》、《重庆晨报》、《潇湘晨报》等相继在 2004 年创办评论版。正如笔者所言，自 2002 年起，报纸言论版进入了一个新的快速发展期，并从党报、机关报向都市类报纸扩展，全国上百家都市报先后开设了言论版。

这股创办评论版的热潮，显示了新世纪的新变化：人们渴望听到多种声音多种观点，人们强烈需要进行自我表达，这些愿望集中通过报纸评论版得以实现。同时，评论版又成为纸质媒体在新世纪初的有效发展策略之一。这个变化的背后，是新世纪前夕我国改革开放的持续进行和政治民主建设的不断深入。

经过2002—2004年创办评论版的热潮，引起全国报业对新闻评论的重视，评论版成为报纸常设版面之一。此后，每年都有不少媒体陆续开设评论版，尤其一些发行量大、以前不注重评论的都市报，也开始建设评论板块，如《楚天都市报》、《华商报》、《华商晨报》等纷纷开设时评版。

第二个创办评论版的高潮出现在2011—2013年，尤以2011年和2013年最为突出，这次主要是各级党报掀起办评论版的热潮。一直以来，省级党报虽然有重视评论的传统，无奈版面都比较紧张，开设评论版殊非易事。2011年，《福建日报》开设评论版。2013年1月4日，《人民日报》历史上第一块新闻评论版问世，标志着评论版走上“普及”的轨道，《湖北日报》、《甘肃日报》等省级党报纷纷整合评论资源，推出评论版。

新闻评论一直受到媒体的重视，特别是报纸更把它誉为“灵魂”和“旗帜”。虽然在报纸改版中一度出现过有的报纸取消或减轻新闻评论，但是，大多数报纸以不同的方式加强了对评论的重视。这种重视不仅表现在纸媒，同时也表现在其他更为广泛的广播、电视、网络和新媒体方面。

《人民日报》一直以它的社论和评论员文章取胜，在全国新闻媒体中处于领先的地位。它的《今日谈》、《人民论坛》等专栏先后多次获得中国新闻名专栏奖。除此，他们还开办了《人民时评》等有影响的评论专栏。除了上述评论文章外，在经济版、社会版、法制版、军事版、国际版、体育版、文艺版等众多版面上还有不少的专业评论。如文化版的《新语》，国际版的《大千絮语》、《国际论坛》等栏目都刊载了大量的评论文章。

2013年1月4日《人民日报》开辟了评论版。评论版着力打造干部论政的平台、学者争鸣的空间和大众舆论的广场，在交流、交融、交锋中谋求最大公约数。1月4日，评论版首期刊出头条言论《改革，回应人民的强烈期待——深化改革方法论之一》，并触及异地高考、“黄灯困境”等热点话题，文笔犀利，思想性和启迪性强，中央电视台等媒体予以摘播。

《新华时评》专栏是新华社着力打造的首个时事新闻评论专栏，由新华社国内部于2001年2月创办。专栏创办以来，以其评说热点新闻、准确阐释中央精神、敢为民众利益鼓与呼的特色，成为媒体和受众欢迎的新华社权威言论栏目。《新华时评》专栏的宗旨是，及时跟进重要新闻事件，紧紧抓住中央工作的重点、实际工作的难点、群众关心的热点问题，运用新华社社评、新华社评论员文章、新华社特约评论员文章、新华社记者署名评论等形式，本着“缘事而发、寓理于事、目光四射、扣人心弦、反应敏捷、针对性强”和“生动犀利、深入浅出、平等交流、以理服人”的原则，对新闻事实深度剖析，解疑释惑，弘扬正气，针砭时弊，据以维护人民利益，推动实际工作。全国多家报纸以固定《新华时评》栏目标志连续刊用“新华时评”稿。

早在1993年，中央电视台就在全国最先组建“新闻评论部”，推出了《焦点访谈》、《新闻调查》等一批至今有影响的评论专栏。2011年8月1日起，新闻频道《新闻1+1》栏目全新改版。节目在形态上改为由主持人承担评论员职能，对新闻热点展开个性化的评论与报道：在报道风格上，新版栏目强化“丰富的信息量”、“明快的报道节奏”与“鲜明的主题性”的融合；在关注题材上，栏目将进一步强化热点新闻的跟进，依托各地应急报道点资源，第一时间采访新闻当事人，突出热点新闻的即时延展。改版后的首期节目是《红十字会：为了100%的信任》，最明显的变化就是白岩松的身份由新闻观察员变为评论员，直接承担评论员的职能，对热点事件进行点评与报道。节目播出后，众多媒体在显著位置进行了报道，并给予好评。中国红十字会会长在之后也表示，节目剖析的理性、客观，并且不回避问题，体现了央视媒体的责任感与舆论导向功能。

2010年，《光明日报》逐步完成改版扩版，确立了差异化竞争策略，回到了“知识分子的精神家园”和“权威的思想理论文化传播平台”的正确定位。改版后的《光明日报》关注社会生活的热点问题，而且善于在报道中体现出理性、建设性。《光明日报》评论·观点专版，从样态来看，不失大气雍容，符合人们对大报主媒的潜在期许；从形式上看，评论栏目丰富而多样：《文化评析》继承了《光明日报》一以贯之的知识精英传统，关切国家文化、思想、文明的赓续与上升，成为本版一个特色；《光明时评》合时而著，犀利点评当下国家大事；《光明论坛》久负盛名，在新的平台上更是显出勃勃生命力；《时事图说》小栏目别致生动，诙谐中见锋芒，更有一番韵味。从内容上看，《光明日报》评论锐利中有审慎、激情中有冷静，勇于和善于触碰社会热点，以温和的建设性独树一帜；从表达上看，其文往往短小精悍，文风清新隽永，回味悠长；从写作主体来看，不仅有本报评论员文章，还有政府官员以及各个方面的社会人士的来稿，体现了“开门办评论”

的旨趣，在党报的历史上，这其实是不多见的。

《中国青年报》一直重视新闻评论，该报不仅刊发大量本报评论员文章，还开辟了不少发表评论文章的专版和专栏。如受到广大读者喜爱的“青年话题”专版，2012年1月至6月共发表各种评论文章508篇。其《青年话题》自1999年11月1日创办以来，是一个广泛受到好评的名牌专栏。《青年话题》谈论的话题相当广泛，政治、经济、文化均有所涉及，既有社会各界的“热点”，也有其他媒体未曾察觉或虽有察觉却未曾敢言的“冰点”。作为国内报业较早出现的言论版，《青年话题》带动了“时评”这一新的评论写作方式的兴起与繁荣；它所秉承的“公民发言”的办刊理念，被受众和业界广泛认可。时至今日，这一原则依然是版面坚持的方向。

《北京日报》评论版《七日谈》于2008年3月正式创刊，评论选题涉及国际视野、治国理政、经济市场、社会法治、文化世象、媒体舆论等各方面、各领域的新闻热点，目前设有“长安观察”、“学者观潮”、“热点论坛”、“世象杂谈”、“一线回声”、“首都之声”、“社会广角”、“八方论道”、“群言众议”、“一周回眸”、“热点留声”等栏目及板块，文章追求观点理性独到、视角宏大独特、论述深入透彻、文字清新大气。《七日谈》已经成为《北京日报》的品牌产品，成为首都党报唱响主旋律、打好主动仗，引导社会舆论、参与舆论斗争的一个重要平台。创刊初期，《七日谈》为每周日第5版刊出；2014年下半年起，进一步增加刊发频次，并于2015年起固定为每周两块版，分别于周三、周五刊出。接下来，《七日谈》将保持扩版节奏，争取在近两年内拓展到工作日每天一个版，一周出5期。

上海是我国新闻媒体竞争激烈的一个城市，它的新闻评论也凸显特色。《文汇报》在第五版每周一至周五，均有“文汇时评”的专版，同时还摘编全国各媒体的最新评论。

《新民晚报》评论版创办于2008年3月全国两会召开之日，最初是每周刊出6次，周一至周五每次半版，周六整版。数年后扩为每周刊6次，均为整版。

《新民晚报》评论版多以专栏组成，头条为《今日论语》，是《新民晚报》一个老牌评论栏目，原刊于头版。此栏目以时效见长，紧盯新闻热点，目前的主要作者是全国主流媒体的知名评论员；《新民随笔》被评为上海市新闻名专栏，由报社中层干部和骨干担纲，以观点独到、深刻见长；《新民新语》是由报社“80后”编辑记者撰写的，意在为版面注入活力并培养队伍；《自由谭》则以自由来稿为主，意在扩大版面的关注层面。《新民晚报》

评论版还约请主流媒体的资深评论员、专家、学者开设个人专栏，在周六轮流刊出。周六的头条篇幅较长，曰《新民时论》，以深度见长。值得一提的是，《新民晚报》的头版上有一个刊发三四百字短评的专栏叫“微评”，主要作者即评论部主任李天扬，笔名江砚。这使得《新民晚报》成为全国晚报都市报中唯一一家坚持在头版上刊发评论的报纸。

作为中部地区的特大城市，武汉也是新闻媒体竞争激烈的城市。随着2009年1月《楚天都市报》《楚天时评》的创办，武汉地区的七家报纸均有评论版，分别为《长江商报》的《长江评论》、《武汉晚报》、《武汉晨报》的评论版和《长江日报》的《长江评论》，还有《湖北日报》和《楚天金报》的评论版。《武汉晚报》从2009年5月，与华中科技大学新闻评论研究中心联合开办一个《博士论事》专栏，约请大学的新闻学和其他专业博士生撰稿，突出了这一特殊群体的优势和特点。近年除了版面头条评论外，还推出了《观点直播》、《时事快评》和《有啥说啥》等专栏。如2015年7月8日《有啥说啥》专栏就刊发了山东省烟台市原副市长王国群落马后的反思、部分地方政府正在收购一些商品房并将其转化为公共住房的显示数据、工信部通信发展司司长对当下流量不清零、国内漫游费取消的期盼，等等，以期引起人们的关注和评论。

作为一张武汉独家地铁报——《武汉晨报》开辟《群聊》评论专版，其特点是以本报采访一线的记者担纲对该报当日报道的武汉事和天下事进行及时评论。

《湖北日报》在大量刊发《三楚放谈》、《大家谈》（均系中国新闻名专栏）等专栏评论的同时，还注重肩负着从政策上阐释、从思想上动员的使命，评论文章选题针对实际，立意深，重点突出，较好地发挥了省委机关报的舆论引导作用。

1980年7月12日，中央电视台《观察与思考》开播，这个节目开播标志着中国出现了区别于报纸和广播的一种新型的新闻评论体——电视述评。

20世纪90年代是中国电视新闻评论节目一个辉煌发展期。1993年5月1日，杂志型新闻节目《东方时空》开播，包括《东方之子》、《东方时空金曲述》、《生活空间》和《焦点时刻》4个子栏目，其中评论板块《焦点时刻》最为引人注目。1993年年底，中央电视台把《东方时空》栏目组、《观察思考》栏目组和《今日世界》栏目组合并，将评论组扩建为新闻评论部。从此，中国电视新闻评论节目进入了一个快速发展期，电视评论节目逐渐成为中国最“通用”的节目形态，释放最有力量的声音。

进入21世纪，尤其是2010年以后，微媒体、自媒体的广泛应用使电视新闻评论的媒介环境发生了一定的变化。2013年年初，中国标志性评论节目《焦点访谈》改版，媒体将这一改变与《人民日报》改版推出评论版相提并论，认为是新媒体时代电视改革的信号。①

在传统媒体高度重视的评论的同时，网络媒体评论也以迅速发展的势头引起社会的关注。自20世纪90年代中期开始，作为“第四媒体”的网络媒体在日趋激烈的媒介竞争中逐渐获得了自身的地位，也显示出传统媒体所无法具有的传播优势。由于网络传播的自由性、交互性和开放性，使以往在传统新闻传媒上无法实现的个人表达自由和言论自由得到空前的展现，任何人进入网络，只要不违反国家的法律法规，都可以畅所欲言，甚至无所不言。这种前所未有、相对自由的表达平台和表达方式，对一直生存于传统媒体的新闻评论来说，是一种极大的冲击与挑战。

与网络媒体的特征与传播特征密切相关，网站评论的表现方式与传统的报纸评论有着很大的区别。几乎没有直接代表网络媒体的评论，而更多是以网络从业者（网络编辑、版主等）在引出话题、组织讨论等情况下发表的类似于编者按语或短评的言论形式，网络上的权威性言论更多是由专家、意见领袖等以个人名义发表。

网络论坛是最具代表性的网络言论类型之一，无论是利用BBS开展多对多的互动还是将网友意见以论坛的形式发表，网络论坛为现实社会中的公众提供了前所未有的言论空间。在我国大陆地区，第一个设立网络论坛的是《人民日报》网络版。1999年5月9日，《人民日报》网络版开设了“强烈抗议北约暴行BBS论坛”（简称“抗议论坛”），6月19日改版为“强国论坛”。除人民网的“强国论坛”外，新华网的“发展论坛”、东方网的“东方评论”等都是知名度较高的网络论坛。此外，人民网开设的“观点频道”，新华网开设的“新华言论”，以及新浪、搜狐、网易等各大门户网站的新闻跟帖中，网民们每天都会就刚刚或正在发生的新闻事件以及当下的热点问题展开激烈的讨论，来自BBS论坛、新闻讨论组的言论和观点，经常对有关部门的决策和施政产生直接的影响。随后，网络博客兴起，博主们在自家“客厅”贴出的博文中，有大量评论性文章，其中一些每天会与网络论坛中的言论一起，被各网站的新闻频道直接推荐到首页评论栏目中，博客

① 贾毅：《中国电视新闻评论节目35年回顾与思考》，载《编辑之友》2016年第2期。

已成为意见性信息新的集散地。①

现如今，中国新媒体传播整体态势呈现出“两微一端”的形式，即微信、微博与今日头条客户端并驾齐驱。当前，微信与 WeChat 的合并活跃用户数已破 8.06 亿，日登录用户人数达到 5.7 亿，在“北上广深”等一线城市的渗透率超过 93%，堪称当代国人的“超级 APP”，通过微信公众号看新闻、接受观点已成国人的普遍习惯。②

新浪微博则由原本的 UGC（用户生产内容）平台向“大媒体”方向转型，通过邀请名人大 V、传统媒体、意见领袖等进驻平台，逐渐形成新时代的传播形式。截至 2014 年，新浪微博日活跃用户数超过 1 亿，并保持不断增长。在一线城市，年轻白领们利用上下班通勤时间刷微博来消磨时间已成为一种普遍的习惯。

由中国记协主办的第二十四届中国新闻奖评选工作于 2014 年 9 月 3 日结束，2013 年共有 6 件网络评论作品分别获得一、二、三等奖以及特别奖。一等奖为人民网石铭（吴焰）的《中国改革“再出发”的总宣言》；大众网韦国蹇的《让我们在网声喧哗中践行彼此的责任》和中国新闻网马学玲的《十一届三中全会今开幕 全球关注中国改革再出发》两篇作品荣获二等奖；中国台湾网赵静的《政治破题是两岸划过“深水区”的必备船桨》和南方新闻网张伟雄、谢晓、蔡茜的《敏感项目：如何避免中国式“邻避运动”》两篇作品荣获三等奖。中国经济网的子房先生（年巍）的《限制“公款消费”本质是制约权力寻租》荣获特别奖。

中国新闻奖网络评论获奖总体形势看好，但遗憾之处在于在媒体工作的编辑、记者、评论员包揽全部或大部奖项，未能体现出网络网聚各方人才的魅力。能否把媒体外的网络评论写手纳入评奖轨道，是一个值得重视的问题。网络评论中，还有因消息报道失实而抢发评论失实的状况，需要研究改进，网络评论中存在其他问题也需要从管理上予以完善。

网络媒体的迅速发展，更使世界变成了地球村。随着中国加入世界贸易组织，与世界融合度的不断加深，扩大与世界各国各地区各组织的交往与沟通和将有效信息在第一时间传递便成为一件十分重要的事了。

---

① 涂光晋：《多媒体生存 · 多功能延伸 · 多主体参与——改革开放 30 年新闻评论的发展与变化》，载《现代传播》2008 年第 6 期。

② 数据见腾讯公司 2016 年第二季度财报及中期业绩报表。

二、时效性日益增强

新闻评论区别于其他文字评论的最大特征就在于新闻评论是依赖于新近发生的事件、现象和问题，在这里时效性是十分重要的。早年徐宝璜先生在其所著《新闻学》一书中就说过："社论须以当日或昨日本报所登之新闻为材料而讨论之，此理甚明。"① 在报界更有"看完大样写社论"的说法，其意思就是强调评论的时效性。

西方媒体对时评包括对社论的重视由来已久。早在1908年，美国报业巨头普利策在其制定的《编辑纲领》中就曾经规定，社论版的内容应包括以下五点：（1）社论，一篇或两篇，乃至三篇不等；（2）专栏；（3）读者投书；（4）书评或其他；（5）政治性漫画。现在，《泰晤士报》、《纽约时报》、《华盛顿邮报》、《洛杉矶时报》等欧美报纸都有一些及时的新闻评论版面和专栏。日发行量达到1400万份，号称世界第一的日本《读卖新闻》报也一直重视时评。在该报的一版上，有一个刊载多年的评论栏目《编辑手记》。该栏目的文章短小，大多是针对当日或前几天的新闻由头评说。②

对于中国的时评发展，也有学者做过研究：1896年8月9日上海创刊的《时务报》，促进了中国第一次"时评热"；到20世纪40年代，以《大公报》"星期社评"为代表形成了第二次"时评热"；2002年，中国入世后的第一年起，有人称之为中国媒体的第三次"时评热"。③

现代社会，网络媒体迅速发展，人们获取信息的渠道越来越通畅，越来越快捷。当一个新闻事件发生后，人们对此的认识和评价是不一样的。谁能在众多意见中提出新见或真知灼见，谁就能在众多的媒体中显示自己的力量；谁能在众说纷纭莫衷一是的议论中阐明真理、廓清大义，谁就能起到引导舆论的作用。这对一家主流媒体来说显得尤为重要，特别是在突发事件爆发后显得尤为重要。正因为如此，现在不少的媒体都开辟了"今日时评"、"新闻时评"、"时评"一类的评论专栏或专版，以强调评论的时效性。由于评论写得有力量，发得及时，对于解决一些社会突发热点问题起到了积极作

---

① 徐宝璜：《徐宝璜新闻学论集》，北京大学出版社2008年版，第98页。

② 杨彬：《报纸社论版简析》，载《新闻记者》2003年第11期。

③ 朱健国：《"时评热"与"民主泡沫"》，http：//www. bbs. cyol. com，2003-02-17。

用。例如，2014年3月1日云南昆明火车站暴恐案发生后，3月3日《云南日报》便发表了《全力维护社会稳定民族团结大局》的新闻评论。该评论表达了对暴恐分子破坏民族团结的愤怒，并指出要予以坚决打击。在当时惨剧发生后，起到了安定人心的作用。该文章也提出了一些建议，对政府及公安部门打击犯罪分子具有借鉴作用。

2014年3月8日凌晨2点40分，马来西亚航空公司称与一架载有239人的波音777-200飞机与管制中心失去联系，航班号为MH370的这艘飞机原定由吉隆坡飞往北京。该飞机应于北京时间2014年3月8日6:30抵达北京，但在马来西亚当地时间2014年3月8日凌晨2点40分与管制中心失去联系。飞机载有153名中国人。事件在国际上引起重大关注。对此，新闻评论风起云涌，国内媒体纷纷发表评论。3月13日《京华时报》特约评论员顾昀发表《马航客机失联事件开不起国际玩笑》，对马方在马航事件之后的不专业的表现进行评论。评论认为："首先，马方应及时公开失联航班相关信息，不能有所隐瞒，更不能敷衍了事。其次，马方应统一信息发布渠道，对相关信息进行整合分析，对外发布经过确证、可靠的消息。像目前这样不同部门缺乏协调的信息发布机制，显然非常不靠谱。再次，马方应全力配合中方以及其他搜救力量，以提高搜救和调查工作的效率，减少马航事件可能造成的伤害。"人民网舆情监测室助理分析师赖龙威发表评论《马航失联报道，有所为有所不为》，则是对某些媒体对马航事件的不专业不准确的报道进行了批判。作者提出："媒体报道要用事实说话，宁愿慢半拍，让子弹再飞一会儿，也别为了跟互联网'自媒体'抢时间，跟网友比正义感和想象力，而搭进媒体的公信力。引导公众尊重科学，尊重事实，等待科学调查结果，是网络'自媒体'八面来风、乱箭齐发的舆论场上，专业媒体的责任。"分析这些评论，标题简洁有力，主旨一目了然。评论没有停留在"马航失联"事件本身，而是能够发散到事件的周围，提出了冷静而独特的看法。正是由于新闻评论的及时跟进，发挥了特殊的舆论导向功能。

新华社《新华时评》作为一个评论栏目，在全国众多的评论栏目中特别是与报纸相比，是一个后起之秀。但是，该栏目自2001年开办以来，已有多篇作品获中国新闻奖，该栏目也获得中国新闻名专栏奖。

2014年9月28日，我国香港特别行政区发生"占领中环"非法集会，主要由血气方刚的青年学生参与，严重影响了香港广大市民生计及正常生活，甚至引发暴力及违法行为。新华网发表多篇评论《"占中"让香港法治蒙羞》、《中环是香港心脏 怎可瘫痪?》、《国平：占中多一天，香港法治少一分》等，并转发了港媒评论《港媒评论：香港社会对占中已忍无可忍》。评论不仅要求提供理性的分析和判断，而且给大家提供了有利于认识深化的事实材料。《新华时评》努力将“不为人知”事实和“不为人识”的判断融为一体，是值得称道的。正是由于新闻评论的及时性，它在阐明政治立场，引导公众舆论等方面发挥了强大功能。

中央电视台“纯粹的电视新闻评论性栏目”《新闻 1+1 》十分重视评论的时效性。如 2014 年 7 月 17 日，马来西亚一架波音 777 客机在乌克兰靠近俄罗斯边界坠毁。7 月 18 日，《新闻 1+1》推出了当天节目《马航 MH17，谜一样的坠落!》。2015 年 6 月 29 日晚，人力资源社会保障部、财政部会同有关部门研究起草了《基本养老保险基金投资管理办法》，正式向社会公开征求意见，迈出了养老金入市的第一步。6 月 30 日《新闻 1+1》即推出《养老金入市 救命钱不能当“救星”》的节目，对养老金入市及其作用进行了解读。节目很好地抓住了新闻的时效性，为观众答疑解惑。

在笔者调查 36 份报纸评论版发刊词中，可以看到各媒体对于新闻评论时效性的重视。第一个评论版——《深圳特区报》的《群言》发刊词宣称，“关注最新发生的政治、经济、社会事件”。《南方都市报》评论版在 2002 年开版和 2003 年扩版时，都提出点评要“及时”。《羊城晚报》评论版在 2004 年扩版时，强调“时事评论希望做到两个‘新’字，一个是新闻的‘新’，即时效性；另一个是观点的‘新’”。

这种对时效性的重视和追求，相应地表现在对“时评”这种文体的偏爱。在这些发刊词中，“时评”一词出现频率高达 65 处，还有 7 个评论版名为“时评”。这种在新时代新语境中媒体的文体偏好，实质上反映了时代对新闻评论时效性的要求。新闻评论的属性之一就是时效性强，而时评是其中对时效性要求最高的文体。

相比之下，时效性不强、在 20 世纪 80 年代兴盛一时的杂文，则受到冷落被遗忘一旁了，甚至不少发刊词中明确拒绝杂文。《南方都市报》2003 年 4 月时评版扩版时的发刊词：“我们拒绝杂文和随笔。在评论风格上，理性和建设性是我们的追求，我们不赞成尖酸挖苦的文风。”《新京报》在征稿启事中也强调：“我们拒绝杂文和随笔，不欢迎尖酸挖苦、冷嘲热讽的文章。”对此，只能慨叹“此一时彼一时”也，评论版的兴起催生了时评热，并同时将杂文等其他文体远远抛下。2015 年 1 月 1 日，创办了 31 年之久的《杂文报》停刊，再次印证了时评的兴起和杂文的衰退。

为什么新世纪来临，人们青睐时评？

21世纪来临前夕，我国政治民主的进步、新闻竞争的加剧、个人意识的觉醒等因素，促使时评回到媒体，并迅速成为媒体宠儿。时评之兴盛，一是因为它代表个人发言，写法随意自由，成为人们实现自我表达的最佳方式；二是因为时评强调时效性和针对性，紧跟社会热点问题，及时发表意见、进行解读，能满足受众议论热门事件、把握社会发展的需要。时评兴盛的背后，是快节奏的现代生活，人们需要更新、更快、更多的观点性信息。

所以说，是时代选择了"时评"，评论版应运而生，促进和推动了时评的兴盛。

自然，凡事都不是一律的，对新闻评论的时效性来说也是如此。有的新闻事实反映的问题比较明确，而且作者又能很好地把握问题的实质，这样的评论当然宜快；但是，有的新闻事实报道后还不是很明了，或该事件涉及许多我们一时无法弄清的问题，或写作者还不能准确地把握事物的本质，此刻就不宜迅速配发评论；有的是新闻报道后还需要观察各方面的动态、听取各方面的意见，这样的报道也不宜及时配发评论。

2013年10月18日，《新快报》记者陈永洲因报道上市公司中联重科财务作假内幕被长沙警方跨省刑事拘留。《新快报》表示记者的报道没有问题，不存在虚假报道的情况，并在其10月23日其头版刊文呼吁"请放人"，就此事发表声明。第二天许多媒体刊发了诸如《铮铮"穷骨"请放人 依法办事莫智昏》评论，谴责警方抓记者的行为，并对《新快报》的行为表示支持。但在10月26日的央视报道中，陈永洲对自己的涉嫌犯罪事实供认不讳并深刻悔罪。27日，《新快报》在头版的左下角发布了致歉声明，承认报社对稿件的审核把关不严。

根据现实生活中我们常遇到的情况，一般来说，新闻评论讲究及时性是不错的，凡是能做到的尽量争取做到；同时，新闻评论还需要讲究时宜性，即把握新闻评论发表时间上的度，这是一个"该不该发，该何时发"的问题，写作者和组织者都要因时因地因问题而宜。

三、内容、形式多元化

新闻评论是依新闻事实而生存而发挥，新闻事实千奇百怪、绚烂多彩，新闻评论也应百花齐放、万紫千红，这是顺理成章的事。但是，在很长的时间里，中国的新闻评论大多是围绕着"中心工作"而展开的。在"文化大革命"时期是"以阶级斗争为纲"，批封、批资、批修，后来有了"抓革命、促生产”。那个时期的新闻评论自然也就不能离开那个“纲”了；粉碎了“四人帮”，以经济建设为中心的旗帜越来越鲜明，越来越高举。这无疑是一件好事情。但是，新闻报道的新闻评论如果仅以此为全部内容，时间久了，受众看了也会觉得乏味。随着改革开放和现代化建设的发展，人们关注和评论的话题也越来越丰富了，这里不仅有经济建设方面的话题，还有更多的人关注经济生活和政治、文化、社会、生态文明以及军事、法律、国际等方面的话题。以国内的话题为例，现在不仅有了对经济建设、经济形势的评论，还有对政府机构设置、精简、转变领导作风，反对官僚主义、形式主义和反对腐败的评论文章，还有对人的权力、人的生存环境、人的医疗、保健、锻炼和对弱势群体保护等方面的评论；以国际方面的话题为例，原来内容不多，版面也少，而且对这个领域的报道和评论大多是新华社等几家中央新闻媒体的事，地方媒体几乎没有介入。现在，不仅专门设立了国际新闻奖，评奖范围既包括消息、通讯，也包括新闻评论，既包括中央媒体，也包括各部门、各行业和各地方的媒体。在评论的内容来说，也比以前丰富得多。有说好的，也有说坏的，同时还包括分析研究探索一类的评论。

在这里，需要特别提及的是新闻评论的论题与民众的联系越来越密切了。长期以来，新闻评论都是作为媒体的灵魂和旗帜出现，发挥着引导舆论的作用。对此，领导机关和媒体自身都是十分重视的。但是，对于广大民众而言，在很多情况下对于媒体上的评论却是有一种高高在上、敬而远之的感觉，很难达到入耳入眼入心的效果。现在，不少媒体特别是一些专版、专栏评论，除了继续发挥传达精神、部署工作的作用外，更多地关注了广大民众关心的话题，更好地发挥着释疑解惑、安抚民心的作用。如关于城市修建厕所问题，一直是困扰城市居民的大事，而城管部门却说公厕没少建，并举出国家规定每平方公里应建的公厕数来说明已经达标。参加座谈会的一位市领导听到后却说，老百姓说厕所不够，那就是少了。厕所是多是少要听老百姓的意见。他要求市政府认真研究这一问题。《人民日报》据此发表了一篇《多听老百姓的意见》的评论。文章说，一个城市的总体规划，当然需要经过专家们科学论证，有的还需要报请上一级领导机关甚至国务院，通过一定的程序讨论批准，这是十分必要的。但是，在市政建设中，有很多设施与老百姓的日常生活密切相关，对此，老百姓最有发言权。市民们有什么反映和呼声，有关部门需认真听取，以此来修正和完善我们的标准和规划。多听老百姓的意见，不仅应表现在城市公共厕所的多少上，举一反三，它还应表现在我们城市建设的方方面面，涉及老百姓生活的时时事事。在这些问题上，老百姓最有发言权。老百姓需要不需要、满意不满意、高兴不高兴，应成为检验领导机关、有关部门和领导工作好坏的一个重要标准。

人民群众的冷暖特别是弱势群体的疾苦，不仅成为评论的重要内容，而且它还成为媒体社会的关注点。请看2013年12月8日《南方都市报》发表的一篇社论：《让回到地面的“井居”者好好活着》——

> 爸爸去哪儿？来自河北滦平的打工者王秀青的回答是去井下。继群租、蜗居这些司空见惯的生存方式之后，最近北京又爆出“井居”一族，据媒体报道，在朝阳区丽都广场南门附近，住着一批白天外出谋生、晚上下井居住的人，他们生活在不足3平方米的简陋空间里，当中有像王秀青这样的洗车工，还有以捡废品为生的独居老人。
>
> 这种让人触目惊心的活法，当前已成为舆论焦点，它不是反抗高房价的行为艺术，而是打工者原生态的生活方式，呈现的是大城市光鲜亮丽背后的另一面，自媒体曝光以来想必已激发无数人的怜悯与同情。然而最新的消息是，当地执法者已用水泥将住人井的井口封死，住井者已陆续离开。显然对于“井居”一族而言，这并不是什么好消息，回到地面后，他们的境况未必会得到改善。
>
> 他们又将上路，寻找新的活法！
>
> 在这样的节点，执法者的管控思路难免受到批评，毕竟无论生活环境何等恶劣，对于“井居”一族而言，那些冒着热气的井都是他们的生存之所，眼下正值寒冬，王秀青接受记者采访时曾感叹：“相比外面的冷，井下太幸福了。”接下来他们何去何从，这一问题可能不在执法者职责范围内，但“井居”群体的生存已作为一个公共议题被提出，各方不能视而不见。”
>
> 民政部门的救助只能缓解一时之需，“去了救助站，一家就没吃喝”的说法看似耸人听闻，实则反映了“井居”一族的困境。事实上，不仅民政部门临时性的救助不能解决他们的问题，甚至连稳定的低保也无济于事。对他们来说，接受民政部门的救助反而可能断送前程，他们更需要的是稳定的工作和价格相对低廉甚至免费的住所。
>
> 这是当前社会救助面临的新问题，过去的社会救助主要关注的是缺乏劳动能力的群体，救助主体是政府部门，资金来源则靠财政支出。相对而言，由于救助对象特征明显，因此开展救助并不复杂，而“井居”一族显然并不适合临时性的救助，他们更需要的是帮扶，这部分工作政

府固然有一定的责任，过去也有所尝试，但经验表明，若单纯寄希望于政府这一主体，恐怕不能解决实际问题。考虑到这部分群体较为分散，识别较为困难，在政府提供一定支持的基础上引入NGO组织，发挥其精细化服务的优势，或许是应对“井居”一族现实困境的可行办法。

文章关注了居住于井下的弱势群体“井居”一族，阐述了“井居”一族真正需要的并不是社会救助，而是价格低廉的住所以及一份稳定的工作，并对此提出了自己的意见和解决方案。

这里没有过多的理论阐述，更多的则是评论员对寒冷气候下特殊人群的体察和关爱。但是，正是这种体察和关爱体现我们这个社会对人们权利特别是生存权的重视。

类似这样关乎民众日常生活和普通劳动人民的评论还有很多。它表明我们的评论作者时时刻刻没有忘记他们，把为民众鼓与呼作为自己的神圣职责。同时，也表明我们的大多媒体是关注和关心老百姓利益的，把对上负责和对下负责的一致性体现在自己组织编发的评论中。随着形势的发展，我们相信，这样为民众谋利益的评论将会越来越多。

随着思想的交流、信息的沟通，人们对复杂多变的社会有着不同的看法和认识，这是十分正常的事。多年来，我们的舆论宣传大多是一面宣传法，即只按照领导机关和宣传者的旨意进行新闻报道和宣传，受众接受的信息大多是一面的意见，而不知道和很少知道另一面意见和其他意见。这种方法对于现代社会的受众来说显然是不行了。人们需要知道外面的世界，需要了解各种不同的意见，需要通过相互的比较自己抉择。新闻评论指向的多元化正好适应了民众的这种要求。

新闻评论指向的多元化，不仅包括指向不同的对象和内容，还包括对同一事件同一现象同一问题有不同的评论。

党的十八届五中全会2015年10月29日在京闭幕。会议公报提出，促进人口均衡发展，坚持计划生育的基本国策，完善人口发展战略，全面实施一对夫妇可生育两个孩子政策，积极开展应对人口老龄化行动。这是继2013年，十八届三中全会决定启动实施“单独二孩”政策之后的又一次人口政策调整。此消息一出，各大报纸便刊发了多篇评论。《21世纪经济报道》发表评论认为，这是一个众望所归且振奋人心的消息，20世纪80年代以来，中国执行严格的计划生育政策，逐步形成独生子女一代，不仅产生了一些社会问题，扭曲了人口性别比例，也让“人口红利”在2010年左右就出现拐点，老龄化时代提前到来，考虑到独生子女将要养育四位老人，不仅是家庭沉重的负担，而且中国养老体系也难以承受。全面二胎将逐渐改善中国的家庭结构，有机会恢复到一个正常的社会状态。①《北京青年报》的评论认为："全面放开二胎政策，是对公众生育权的尊重，也是契合中国经济社会发展和人口结构变化的状态，意义深远，值得点赞。但是应看到，全面放开政策在五中全会审议通过后，还需经全国人大表决，以及各地相关部门调整，离真正落地尚需时间。更应该看到，政策落地后，那些符合条件的家庭是否有意愿生二胎。"②

而发表在四川在线《天府评论》上的评论《全面放开二孩或喜或忧》则发表不同的意见，评论认为："目前的大学生几乎都是计划生育政策下长大的那群人，也就是说，这部分人是独生子女的概率是各种年龄层中最高的，但现在，每年毕业生已经多达700多万，每年却没有相应数量的职位提供给毕业生们，再加上社会闲散求职人员，完全是供过于求的状态，全面放开二胎之后，毕业生数量可能会更多，就业竞争压力更大。"③

对于政府部门的决定有如此不同意见的评论，对于日常工作中的问题也有不同的意见发表在新闻传媒上。

如2013年国务院法制办就商务部起草的《沐浴业管理办法》征求意见中拟规定，沐浴场所应在显著位置设立禁止性病、艾滋病患者入浴的警示标志。该征求意见稿公布后，公共浴所对艾滋病人"说不"有没有必要，也引发了业内人士和社会公众的争议。有论者认为："与艾滋病人一同沐浴有被传播的危险。因为如果沐浴时，恰逢艾滋病人伤口出血，而其混入水中的血，又恰好被其他人摄入，那么，其他人真的有可能染上艾滋病。既然有此风险，那么，限止艾滋病人进入公共浴所就是必要的。因为在传播风险存在的情况下，允许艾滋病人随意进入公共浴所，就是对其他人群健康利益的蔑视和损害。"但也有评论认为，"禁止艾滋病人入浴带有严重的歧视色彩，且艾滋病病毒通过呼吸道、消化道和完整皮肤的接触是不会传播的"。

---

① 林铉：《"全面二胎"政策将减缓老龄化进程》，载《21世纪经济报道》，2015年10月30日。

② 王石川：《全面放开二胎，你准备好了吗》，载《北京青年报》，2015年10月30日。

③ 苗凤军：《全面放开二孩或喜或忧》，四川在线-天府评论，http：//comment.scol.com.cn/html/2015/。

为了满足人们发表不同意见，不少的媒体还专辟“正方”与“反方”、“不同观点”、“不敢苟同”、“有此一说”、“相关评论”等栏目。

1980年，联合国教科文组织国际交流问题委员会在其报告中指出：“负责管理交流工具的人应该鼓励他们的读者、听众和观众在信息传播中发挥更加积极的作用，办法是拨出更多的报纸篇幅和更多的广播时间，供公众或有组织的社会集团的个别成员发表意见和看法。”① 新闻评论指向的多元化，是我们时代发展进步的一个象征，各种媒体要根据自身的特点各有侧重，争取做得更好。与此同时，我们也必须注意，这种指向的多元化必须考虑有利于社会的稳定，有利于配合党和政府的中心工作。越是人们的思想解放、活跃，我们的编辑在处理稿件时就越要谨慎从事，该发则发，该舍则舍，一切从全局出发，一切从有利于社会发展出发。

一定的内容需要一定的形式与之相适应，新闻评论也是如此。长期以来我们的新闻评论大体上形成了这样一些形式，如社论、本报评论员、本报编部文章、编者按、编后、短评和一些专栏评论等。随着时代的发展，中国新闻评论的形式也越来越多，越来越丰富，评论形式的多样化从一定程度上反映了我国新闻评论事业的发展。

从新闻评论的时效性上来看，现在不少的传媒都推出了“时评”、“今日社评”等栏目。这些栏目的文章，大多是对最近几日发生的新闻事实进行评论，有的还是与当日见报的新闻相联系，是当日新闻事件的深入。有的还随着新闻事件的继续，刊发系列评论。这类评论时效性强，与新闻报道同时刊发，有助于提高新闻报道的影响力，也能更好地吸引广大受众的注意力。

从新闻评论的内容指向来看，除了歌颂和批评的稿件外，还有不少稿件是建设性评论、研究性的评论、争鸣式的评论等。评论的内容除了经济建设方面的文章外，还涉及政治社会、文化教育、体育卫生、国防军事、世界外交等。特别是国际和军事评论原来一直是中央新闻单位的“专利”，现在不少的地方媒体也都开辟了这样的专栏，刊发普通受众的自由来稿，满足了这方面受众的需求。

从图文配合的形式来看，现在的评论特别是报纸的评论版，更关注摄影和漫画与评论的配合，形成相得益彰的结合优势。如《新民晚报》、《羊城晚报》、《北京晚报》、《南方日报》等报纸评论专版都有配评论刊发

---

① 转引自胡正荣：《传播学总论》，北京广播学院出版社1997年版，第289页。

的漫画和单发的漫画。漫画本身就是富有哲理的表现形式，不论是配发或单发的漫画都能引人思考，给人启迪。《检察日报》的法治评论周刊还在版面上安排了一个“老姚观相”的漫画专栏。该专栏以主持人“老姚”的名义观察社会众相，用幽默的语言、生动的画面揭示大千社会的一个问题，给人以畅快过后的思考。在一个评论专版里，这样的安排是十分有效的。除此，还有《齐鲁晚报》、《深圳商报》、《楚天都市报》等媒体运用新闻摄影这一形式，推出了诸如“看图说话”、“看图说理”和“望图生议”等栏目。这类专栏的摄影照片，都是新闻事件的图像反映，它以清晰的画面和具体的事实作为评论的基础，能帮助受众更深刻地认识和理解作者要表达的意见和思想。

从评论专版的栏目设置来看，栏目多，话题多，图文并茂，长短搭配。评论专版，一般来说，头条为主打评论，刊发社评、本报评论员文章等。其他还有热门话题，就一个问题约请有关方面的专家或作者各抒己见，给大众一个更广泛更全面的认识。为了吸引更多的受众参与，不少的媒体在开辟“专家论坛”和“专家视点”外，还辟有“百姓说话”、“大众话题”、“读者发言”和“你说我说”等栏目。这类栏目作者层次各异，话题众多，文字短小，具有生活气息，很受读者欢迎。为了增大信息量，不少媒体还开设了“新闻快评”、“圈点新闻”、“传媒观点”等栏目，由本版编辑负责编辑和撰写短评。

新闻评论形式随着时代的发展而不断使自己出新。一般来说，传统的晚报大多是不发评论的，更没有“评论版式”一说。现在不仅有了，而且在形式上更有新有创造。

新闻评论是以一定的思想和理论见长的，而这些东西对于一般的受众来说，又有一种居高临下、敬而远之的感觉。作为一种大众传媒要使自己发布的信息为更多的受众所接受并喜爱，除了思想理论的深刻外，还必须注意自己的表现形式。随着新闻传媒的改革与发展，报纸、广播、电视的评论形式一定会有大的改变和进步，反过来，形式的变化对于促进媒体新闻评论的发展也是大有好处的。

通过对 36 家报纸评论版的发刊词调查，可以看出现在的评论氛围更加宽容，评论取向趋于多元和开放。这从“不同”、“多元”、“宽容”这些词语的使用频率可以看出来。在这 36 篇发刊词中，“不同”出现了 11 次，“多元”出现了 8 次，“宽容”出现了 8 次。

对“不同”的肯定，1999 年首次振聋发聩地出现在《中国青年报》栏目——《青年话题》2009年9月25日发刊词中说："'不同'的价值在于，它不仅包含着思想解放和论争的正当秩序，包含着新闻媒介求新求异的运作规律和读者求新求异的阅读规律，更重要的意义是：思想进步可能就孕育在'不同'之中，而相同只能使我们停在原地。"这则发刊词标题为"倾听"，将自己放在一个倾听者的角度，尊重、并谦虚地聆听不同意见和观点。这对于之前惯于用一元思维进行取舍的评论界来说，不啻一种颠覆。

倾听"不同"，带来思想界的激荡、对民主的反思。正如《新京报》评论版发刊词所说："只有一种声音、一个主张的世界是危险的。……宽容异见是社会成熟的标志。"①

对"不同"的尊重，也是对"多元"的尊重，是宽容的一种体现。《燕赵都市报》评论版发刊词的标题是《零度　情怀　宽容　建设》，对于宽容，他们有更深的感触："宽容，以温和态度容纳不同群体不同意见。审视时代，任何人都承认，我们正处在告别一元，进入多元的阶段。不同的价值观都应得到同等的尊重，不同的声音都应得到平等的表达。好与不好、消或长，只有在碰撞和深入之中才能彰显其意义。"

从这些表述可以看出，新世纪的新闻评论具有了全新的品格——独立、尊重、宽容。评论版对"不同"的鼓励，促使新闻评论成为独立思考、勇敢发声的结晶，赋予新闻评论以独立品格。评论版对"多元"、"宽容"的追求，意味着拒绝"一言堂"，反对一元价值观，告别非黑即白、非左即右的简单粗暴判断；意味着对不同意见、对人们表达权利的真正尊重，意味着更具包容精神，这些都赋予新世纪新闻评论以宽容品格。

在追求"和而不同"的文化交往中，坚持"各美其美，美人之美，美美与共，天下大同"的原则是十分重要的。"各美其美"是承认文化皆有其美，而且应该保持其独特性；"美人之美"是承认别人的文化也有优点，并能欣赏和接受；"美美与共"是大家能共有共荣，并不以消灭对方为目的，惟其如此，方能实现"天下大同"。②

在新闻评论中，既有尖锐的批评，也有热情的讴歌，更有理性的研究和建议。赖有宽容才能促使社会和谐、可持续发展，这才是新闻评论的根本目的所在。

---

① 《新京报》评论部：《评论周刊》发刊词，2008年5月10日。

② 赵振宇：《新闻评论通论》，清华大学出版社2014年版，第16页。

四、作者队伍专业化和学者化

新闻评论的发展离不开新闻评论队伍繁荣。从我国新闻评论作者队伍的发展来看，大体可以表现为以下两个方面的特点：一是新闻评论作者队伍专业化倾向在加强，另一个则是新闻评论作者队伍学者化的倾向已经凸显。

新闻评论是一种对新闻事实或社会现象的理性的深刻的分析，需要一定的思想素养和理论知识素养。作为在新闻出版文化影视界工作的人士，一般来说对写作新闻评论有一定的基础和便利条件，特别是在新闻单位工作的编辑记者们，他们天天与新闻打交道，有可能接受可以和应该评论的话题。随着媒体对新闻评论的重视，不少媒体加强了对新闻评论队伍的配备，鼓励评论员和本报编辑记者为本单位写评论。如《工人日报》的时评版，《中国青年报》的青年话题版，《北京青年报》的今日社评专栏，新华社的新华时评，还有《人民日报》的"叶伴"点评专栏等，大多是本报的评论员和记者、夜班编辑、值班老总等负责撰写和点评。

这里要特别介绍一下我国女性评论员的情况。她们英姿飒爽，已成我国媒体评论界一道靓丽的风景线。中国新闻评论的历史上大多以男士居多，在20世纪的80年代，有武汉、天津女评论员的骄人业绩曾引起过人们的关注。今天，在评论员的队伍里已经有了更多的女性身影。在报纸、电视和网络中，我们经常可以看到她们的作品及身影，在中国新闻奖的评选中也有她们的名字，她们是卢新宁（《人民日报》），董倩（中央电视台），冯雪梅（《中国青年报》），刘文宁（《工人日报》），秦平（《法制日报》），徐玢（《科技日报》），刘婵（《河南日报》），李琼（《湖北日报》），肖扬（《楚天都市报》），鲁珊（《武汉晚报》），郭钦、徐璐（《武汉晨报》），胡洁（《长江商报》）等。评论给大众传播的是观点信息，表达着对事实的一种性质和价值判断，是一种需要思考的表达形式。女性评论员的出现，以她们特有的女性柔情融于概念、判断和推理之中，让人们在拜读精粹的说理文章之时，也感受到一种情感的力量。"逝者如斯，不舍昼夜。这一年，我们承受改革的震荡，我们品味收获的喜悦，我们体验鼎新的艰难，我们期待盛世的荣耀。一如既往，似又不同寻常。那么，能否找到一个汉字，一个词语，以魅力汉语为过去的一年光景绘一幅素描。"这就是卢新宁的心声，读了这样的文字还会对评论和评论员产生畏惧感么？

新闻评论作者队伍的学者化是近些年特别是网络媒体发展和中国加入世

界贸易组织后出现一种新的景象。参加新闻评论写作的学者中，既有从事新闻教学和新闻研究的专家学者，也有从事人文社会科学研究的专家学者，还有从事自然科学研究的专家学者。他们涵盖了大部分的科学领域，涉及的问题关系到人们的方方面面，他们的知识功底深厚，他们的评论方式也因各人的学科和专业背景有不同。拜读他们的大作，就好好像与大师晤面，聆听了大师的一堂课，受益匪浅。他们的文章不仅发表在一些专业性、学术性较强的媒体，同时，他们也开始为发行量大、收视率高的大众媒体撰稿或发表评论。

两会期间是我国新闻媒体高度关注的时期，自然也有许多新闻评论关注的重要话题，而且这些话题大多具有较高的知识含量，需要一些有着专门知识的人员撰写。如2013年3月8日，《中国青年报》就刊发了几篇这样的评论。

据报道，全国政协委员、中石化董事长傅成玉在面对社会上对成品油质量的质疑时说，大城市中车多，所以我们感觉到污染大部分来自汽车尾气，其实最大的杀手是煤炭，在我国的能源结构中，70%的能源靠烧煤获得。他说："现在大家都骂雾霾是因为我们油质不过关所致，我们也很无奈。"对此，唐卫毅撰写评论《争相整改比纠缠谁是污染罪魁更有意义》予以驳斥——

> 大气污染的罪魁祸首究竟是"煤"还是"油"？对于这个问题，我想，还是不要过于纠缠为好，更没有必要因此引起"煤企"和"油企"之间的互相抨击、掐架，继而变成推卸责任。在造成大气污染的罪魁祸首里，"煤"和"油"都榜上有名，难辞其咎。至于谁是"罪魁祸首"中的"老大"、"老二"，这并不重要。重要的是，我们的"煤企"和"油企"都能够主动认真地检讨自己存在的问题，诚恳虚心地接受公众的质疑和批评，并且施以诚意和高招，为减少大气污染尽一分责、努一把力。如果大家都只站在自己的角度而非国家社会的利益去看问题，注重强调客观理由，努力推责于他人，岂不是会显现出这些大企业老总责任意识淡薄？

全国人民热切期盼，各级政府不懈努力，终于在2012年实现了国家财政性教育经费支出占GDP比例达到4%的目标。原定在2000年梦想成真的计划延迟到几个月前才实现，真是来之不易，弥足珍贵。如何看待教育支出所占比重迟迟未能达标这一问题，信力健在评论《后4%时代要减少教育经费浪费》中指出：

> 我认为主要有两个原因：一是税收收入和预算外收入增长太快，年年实收超计划；二是中国所属的儒家文化圈，国民非常重视教育，家庭为此投入巨大，政府于是当了甩手掌柜。这说明在一段时间里，政府将物质生产的权重摆在了人力资源的积累之上。

评论还指出：

> 4%是上世纪八十年代的国际平均水平，现在，经济合作与发展组织国家的平均水平已达到6.1%，所以说，4%还只是一个新的开始，未来还需要继续提高比重。
>
> 对高校过量的财政投入，带来的问题值得重视，在某种程度上还扭曲了学校的价值取向。而在基础教育领域，教育主管部门权力太大，校长们职能被虚化，热衷于抢夺优等生、创办装点门面和利用关系的示范学校和示范班，难以安心从事教育普及和改善教育质量方面的改革。为减少教育开支浪费，必须改革现行教育体制。

张玉胜在评论《心里有底才敢花钱》中，针对国家发改委主任张平在日前的两会记者会上表示，扩大居民消费要在提高消费能力、稳定消费预期、增强消费意愿、改善消费环境上下工夫，提高消费能力就是意味着要增加居民的收入，让老百姓有钱花；稳定消费预期，就是要让老百姓敢于花钱。他在评论中写道：

> 中国老百姓为什么有钱不敢花？这究竟是缘于民众长期以来近乎固化的热衷攒钱的理财观念，还是因为人们对未来的生计有所顾虑？人们的看法多倾向于后者。
>
> 要让老百姓敢于消费，不仅需要丰足的经济实力作后盾，更需要坚实的社会保障为支撑——解除后顾之忧的社会保障就是敢于花钱的消费底气。只有开源增收与兜底保障并举，以消费拉动内需的引擎作用才能得以可持续发挥。

这些评论不仅能紧紧围绕两会发生的事件和问题，提出质疑、驳斥或提出建设性的意见，不仅在于它们大多由报纸专栏评论员发布，而且由某些领域的专家或对其有较深入研究的评论员发布。社会的发展，越来越需要一大批专业型的评论员队伍。

《文汇报》改版后推出了一个有影响的评论专栏《文汇时评》。该专栏每天一篇，每周五篇，已经获得中国新闻名专栏奖。下面是2016年1月份为该专栏撰稿的作品及作者：《开局之年要有“那么一股劲”》（周锦尉，上海市马克思主义研究会副会长）、《供给侧改革向世界释放新的中国红利》（王中美，上海社会科学院世界经济研究所研究员）、《供给侧改革应把握好五大关系》（王彬彬，中共中央党校经济学教研部）、《政府治理创新的三个关键主题》（孙彩红，中国社科院政治学研究所副研究员）、《改革创新引领，化解刚性约束》（左学金，上海社科院原常务副院长、研究员）、《用“互联网+”催生统计变革》（王志平，上海市委党校经济学教研部主任、教授）、《亚投行成立为世界经济注入新活力》（石建勋，同济大学财经研究所所长、经济与管理学院教授）、《百度贴吧过度商业化是杀鸡取卵》（顾骏，上海大学教授）、《互联网企业应该要有正确的价值观》（金元浦，上海交大人文学院特聘访问教授）、《以协同创新牵引城市群发展》（张学良，上海财经大学城市与区域科学学院副院长、研究员）、《重视创新环境这一“软投入”》（吴建中，上海图书馆馆长、上海科技情报研究所所长）、《“问题导向”的关键是抓住关键问题》（童世骏，华东师范大学党委书记、哲学系教授）、《大家来写历史，留下城市文脉》（陈保平，上海市人大代表、上海报业集团高级编审），等等。

从这些作者的身份上就可以看到，他们大多是研究员、教授和学者型的文化管理者。他们以专家的身份，运用本专业熟知的知识，阐释社会大众关心的问题。由于他们的加盟，读者不仅可以感受评论的力量，更可以扩大自己的知识面。从某种意义上说，新闻评论学者化也是一种新鲜理论、深奥理论的普及化，这对于提高中华民族的科学文化素质是大有好处的。

五、媒体融合，促使评论生产之变

进入移动互联时代，我国网络入口、网民的阅读习惯等发生了重大改变，门户网站也越来越成为了移动互联时代的传统媒体。微博上“意见领袖”即“大V”群体的活跃度明显下降，并出现部分向微信公号迁移的现象。而随着微信公众账号影响力的扩大，“自媒体人”正逐渐取代微博“大V”并被赋予新的民间舆论场话语权。①

在这样的背景之下，国内新闻评论界也发生了一些重要而深刻的变化，包括评论布局从微博向微信及客户端的延伸，评论员个人微信公众号的开设，传统媒体评论版面及评论队伍的调整等。2015 年 1—2 月间，来自中山大学的陈敏带领学术团队通过电话、邮件、微信、QQ 等方式，访谈了国内 17 家主要纸媒及网站评论部的负责人及评论员，梳理新闻评论生产发生的变化，把握新闻评论未来的发展趋势。②

微博式微，微信崛起，是移动互联网平台的一个重要变化。在这样的背景下，传统媒体评论部在新媒体平台上的布局也发生了变化，不少媒体评论部放弃或削弱了微博账号的运营，而将更多的人力投入到微信公众号上。

微博方面：除了《北京青年报》、《东方早报》、《长江日报》、《重庆日报》、《海峡导报》、《河南商报》、《燕赵都市报》7 家从未专门开设过评论部微博账号的媒体外，另有 8 家曾开设过微博的评论部，都在 2014 年前后停止更新。只有 2 家媒体评论部仍坚持运作该部门的微博账号，分别是“新京报评论”，至今已发布微博近 1 万条，有近 9 万粉丝，据了解，《新京报》评论部仍安排一个专职编辑负责微博账号维护；另有“凤凰网评论”，至今已发布微博近 4000 条，粉丝超过 9 万人。

微信方面：在接受访谈的媒体评论部中，有 10 家媒体开设了 11 种新闻评论类微信号，没有开设微信公众号的媒体有 5 家，分别是《东方早报》、《长江日报》、《重庆日报》、《羊城晚报》、《燕赵都市报》，主要原因都是人手不够，其中《重庆日报》表示近期准备投入人力开始做。而《新快报》虽已开设微信公众号，但久不更新、基本处于闲置状态。此外，《华商报》

① 李未柠：《中国开始进入互联网“新常态”——2014 中国网络舆论生态环境分析报告》，新华网，http://news.163.com/14/1225/20/AEBBSCD200014JB5_all.html，2014-12-25。

② 陈敏：《媒体融合背景下中国新闻评论之变——以 17 家媒体评论人访谈为基础的研究》，载《新闻记者》2015 年第 5 期。以下媒体评论部的评论员接受访谈，他们是《北京青年报》张天蔚、《长江日报》刘林德、《重庆日报》单士兵、《东方早报》沈彬、凤凰网高明勇、《海峡导报》庄华毅、《河南商报》王攀、《华商报》曹旭刚、《晶报》赵周贤、《南方都市报》苏少鑫、《南方日报》周虎城、《人民日报》李浩燃、《新华每日电讯》易艳刚、《新京报》王彦飞、《新快报》张凯阳、《燕赵都市报》陈方、《羊城晚报》张齐（按媒体机构的拼音排序）。

早前开设过微信公众号“华商评论”，但由于多种原因停止更新，直到2015年1月28日，《华商报》深度评论部的微信公众号“深度评论”再度上线，主推独家深度报道和评论作品。《海峡导报》则因为报社本身没有评论部，只是在“知厦论坛”微信公众号中推出该报评论。

开设了微信公众号的媒体评论部大多安排专人予以维护，其中《北京青年报》专门成立了微信公众号“团结湖参考”编辑部，有六七个人参与运营；《人民日报》2013年即组建了新媒体评论室，目前日常也有六七个人参与微信公众号的维护。其他媒体则多是安排一两个人维护。

评论员为多家供稿或兼职，开设个人微信公众号。传统媒体的评论部规模普遍较小，它们往往将无法开设微博和微信公众号的原因归咎于人手不够；但与此同时，几乎每一家受访媒体的评论员都存在向其他媒体供稿的现象，另有部分媒体的评论员在高校、公益组织、智库兼职，或运营着个人的微信公众号。

可以理解的是，媒体评论员向其他媒体供稿是长期形成的路径依赖，在新媒体平台没有如此火爆之前，评论员可以较为轻松地完成编版和写稿任务，有余力向外供稿，但随着微博、微信平台的兴起，传统媒体评论面临着转型挑战，此时有必要思考如何重新调配评论部人员力量，推动纸媒评论在新媒体平台扩大影响力。

不同媒体对于评论员对外供稿和兼职的规定是不同的。比如《晶报》规定本报评论人员未经允许不得向外供稿；《华商报》曾专门出台制度鼓励评论员向其他媒体供稿，认为这有利于《华商报》评论的品牌传播，也是同外界保持畅通交流的渠道；《羊城晚报》则同意本报评论员在时间允许的情况下，接受外部约稿，并允许评论员将某些在该报发不出的评论另投他处；《人民日报》评论员也可以给其他媒体写稿，但只能以个人身份，一般用笔名。

兼职方面，《华商报》有制度规定，不允许评论员接受兼职；《羊城晚报》同意并鼓励评论员在外受聘参加各种活动，如高校授课、担任评委、嘉宾等；《南方都市报》评论部则一直跟公益组织有比较紧密的合作，部门评论员及北京的评论记者都有参加公益组织。

评论员开设个人评论类微信公众号方面，在接受采访的17家媒体评论部中，《北京青年报》、《长江日报》、《东方早报》、《南方日报》、《华商报》、《海峡导报》6家媒体没有评论员开设个人微信公众号，其他11家媒体都有，其中《南方都市报》最多，有5个；另有2家媒体的评论员开设了非评论类的个人微信公众号。

在多家媒体评论部表示人手不够导致部门的微信公众号无法开办的情况下，评论员个人的微信公众号却相对活跃，这显然说明，部门开设微信公众号之难背后远不仅是“人手不够”问题，而是有着其他复杂的原因：很多媒体机构本身就不鼓励评论部开设微信公众号。多数媒体没有建立起明确的有关微信公众号运营的奖惩制度，导致开设及运营的动力不足。和传统评论版的编辑不同，微信公众号的运营要在选稿、写稿之外，考虑新媒体平台的话语。对评论员个人而言，他们更愿意通过个人微信公众号发表言论，这样灵活度更高，也更有利于个人品牌的塑造。不过，相比个人评论类微信公众号，机构评论类微信公众号也有其自身优势，如文章品质较为稳定，资源相对充裕，发布周期有保证等。在言论主体极大丰富、多元，自媒体兴起的情况下，媒体机构通过评论发声仍有其意义所在，媒体评论部应认识到这一问题，并思考如何让机构声音、机构立场影响更多的受众。

自媒体人大量涌现，评论主体和评论标准日益多元化。在访谈中了解到，很多评论员并不会特别去关注那些评论类公众号。通过访谈可以看出：首先，开设时间越早的微信公众号，在影响力方面越有优势，因为它们在其他微信公众号未出现之前，已积累了一定的影响力，并在后续运营中相对稳定地保持了这种影响力，如“团结湖参考”、“旧闻评论”。

其次，微信公众号进一步抹平了个人运营和机构运营的差别，所有微信公众号都是平等地被“折叠”在微信用户的“订阅号”里，并按推送的先后顺序呈现，不像微博平台为机构用户提供认证或推广等服务。而且对很多网友来说，他们并不在意公众号背后是个人运营还是团队运作，他们更看重的是微信公众号提供的内容、观点。

再次，新媒体平台上，有关新闻评论的定义进一步模糊，很多文章并不能称为严格意义上的新闻评论，它们的言论尺度更大、个人色彩更为鲜明，更擅长使用图片、视频、漫画等手段增强说服效果。

此外，评论人给出微信公众号的推荐理由，主要提及的几个因素是：观点的深度、观点的稀缺性、表达的时效性、表达风格、传播的便捷性等。

人员安排，从传统媒体向新媒体倾斜。传统媒体评论部的规模并不大，除《北京青年报》、《长江日报》、《南方都市报》、《人民日报》这四家媒体的评论部人员在10人以上之外，其他媒体的评论员和评论编辑人数均是个位数，最少的如《海峡导报》（没有评论部）、《新快报》评论部均只有1名专职评论人员。这样的评论队伍规模，在完成日常纸质版的评论版面编辑和写作任务之外，确实很难再安排足够的人力将该媒体评论部的声音传递到互联网上。

从2014年的情况看，传统媒体评论部的人员流动情况总体比较平稳，有较大动作的是《北京青年报》评论中心新增2名评论员和2名评论编辑，专门服务于评论部的微信公众号“团结湖参考”。《北京青年报》评论中心2014年年底因为《评论周刊》停刊，将原有的两个部门：每日评论编辑部和评论周刊编辑部，调整为每日评论编辑部和微信公众号“团结湖参考”编辑部。

同样加强传统媒体在新媒体平台上评论力量的是东方早报评论部，共调出3人去做新媒体项目“澎湃”，其中2人在“澎湃”做评论，1人做记者；《羊城晚报》评论深度部调出1人去报社的新媒体部；《华商报》深度评论部调出1人去做报社的APP。凤凰网评论部2015年也拟专门安排一人去做APP里的评论内容。

传统媒体评论部另一个值得关注的变化是评论与深度报道的融合：《羊城晚报》和《华商报》分别于2014年、2015年将报社的评论部与深度部合并，组成“评论深度部”和“深度评论部”。“评论”和“深度报道”这两个被视为传统媒体在新媒体时代主要竞争利器的融合，将发生怎样的化学反应、又会对评论产生怎样的影响，还有待进一步观察。

评论周刊取消，原创评论增加。纸媒评论版面有较大变化的主要是几家在评论领域有影响力的媒体，如《东方早报》自2014年3月起，将每天两个评论版改为周一至周五每天一个版；《南方都市报》的个论版和众论版从原来各一个版缩减为各半个版，周日见报的《评论周刊》从8个版缩减为4个版，有时甚至更少。

《新京报》和《北京青年报》的评论周刊则分别在2014年年初和年底停刊，不过《新京报》的日常评论版由原来的两个版扩到3个版，其中周一到周五3个版，周六周日2个版。

评论版面增加的还有《晶报》，每周多了两个整版的评论；《新快报》增加每周六一个漫评版；《燕赵都市报》每周二至周五，增加一个评论版。此外，凤凰网2015年拟重点打造凤凰评论，进一步加大原创评论力度。

各媒体原创评论的增加是新闻评论生产中值得关注的现象，如新华每日电讯评论部逐渐放弃了新华社播发的“新华时评”等通稿，增加了约稿及原创评论比重，版面构成变为每天“7篇原创评论+1幅漫画”；凤凰网评论负责人更是提出“2014年是‘门户网站评论原创元年’”，并于2015年年初以“千字千元”的稿费标准在网络上张贴征稿启事。

纸媒空间受限，自媒体言论勃兴。新媒体时代，对评论的需求不是少了反而是多了，但现在纸媒的评论很难适应网络传播的要求。无论是议题设置，还是话语尺度，都受到太多限制。在这样的环境之下，很多评论员认为纸媒已经很难吸引到高水平的评论文章，纸媒在告别评论，评论在告别批评。

与纸媒评论空间收紧、版面萧条的情况形成鲜明对比的，是自媒体言论的勃兴，很多评论员注意到了过去一年发生的这一变化。自媒体言论的勃兴也在多个方面对整个新闻评论界产生了深刻的影响，比如：在表达效率和言论尺度方面，一方面新媒体从整体上冲击了传统媒体评论；另一方面，新媒体中的中央媒体又对地方媒体形成了进一步的冲击。

当然，自媒体言论在尺度方面相对于传统媒体的宽松并不意味着它的失控，有评论员注意到了相关的管理措施正在向新媒体平台延伸，转型应该是一种折中式的转型，因为舆论环境是没有变化的，不可能让你像一匹脱缰的野马，不受任何约束。需要在新媒体和传统媒体之间，在新媒体形态之下的评论和管制之间取得一种平衡，最终可能是一种折中的。

对于年度评论评选所持的消极态度，一方面是情理之中，另一方面或也说明，在价值观多元、舆论场声音复杂的时代，确实很难有某一篇评论能够收获一致的好评并产生深远的影响力了。而在由凤凰网资讯中心评论频道组织发起，清华大学、中国人民大学、中山大学等八大高校新闻学院院长亲自评选的“2014 年影响中国的十大评论”中，虽然有媒体官方微信公众号刊发的原创评论也首次正式参评，但最终选出的十篇评论仍以刊发在纸媒评论版的文章为主；值得关注的是，作为传统言论重镇的南方报业集团旗下媒体发表的评论无一入选。①

在上述研究的基础上，陈敏认为，未来对中国新闻评论的研究，可在进一步分析传统媒体评论部和评论员转型的基础上，增加对有影响力的自媒体的访谈，思考新媒体环境下评论主体、话语表达、言论尺度等方面发生的变化，如何共同作用于舆论的形成，以及深入研究言论表达与线上社会动员、线下网民行动之间的关系。

---

① 熊志：《2014 年影响中国的十大评论揭晓》，凤凰网，2015 年 2 月 11 日，http：//news. ifeng. com/a/20150211/43156628_ 0. shtml。

第三章
新闻评论的属性及作用

一、新闻评论定义

时代不断发展，促进着新闻评论的实践和研究。

什么是新闻评论，它是我们学习新闻报道过后遇到的又一个课题。如同什么是新闻，什么是报道一样，它也是一个仁者见仁、智者见智的话题。为了说清楚“评论”是什么，我们有必要对“新闻”作一番新的探究。

根据科技进步和媒体发展的情况，本书认为，新闻是对正在、新近发生或发现有价值事实及意义的信息传播。它通过报纸、广播、电视、互联网和新兴媒体，运用对事实过程的描述和对该事实性质判断、价值意义的评论（含深度报道）让大众更深切地感受和领悟该事实。此定义前一句是对新闻的性质判断，后一句是对其外延的描述。

伴随着网络等新兴媒体的出现，承载新闻的主体出现变化，因此传统以报纸等媒体为主体的新闻定义便自然而然地退出历史的舞台。但是媒体带来的不仅仅是传播手段的变化，它更带来传播方式和传播理念的变化。在传统的新闻传播过程中，由于媒体的限制，新闻的数量极少，相对来说，承担信息梳理功能的文体并不多见。但在现在，由于信息量的骤增，人们对信息的选择便出现较大的困难，因此，另外一种体裁——评论和深度报道，在新闻中的份额便极大地增多了。因此将“运用对事实过程的描述”和“对该事实性质判断、价值意义的评论”包含在新闻的定义之内，不仅有利于新闻操作，更有利于受众对新闻的理解，因为它能“让大众更深切地感受和领悟该事实”。消息与评论（含深度报道）两种新闻体裁的并驾齐驱已是多年新闻操作的事实。自然，也有人反对将评论包含在新闻之中。喻国明就提出：“新闻是什么？新闻是对于事实的报道。新闻不是评论。发现事实，描摹事实永远是第一位的，离开了事实，再好的议论也变得无价值；如果我们把新闻比作水，把评论视为引水之渠，那么，离开了水，评论便不过是那些七横八纵的干涸的河床。新闻是一种以人的观察和发现为中介的事实报道。”① 在这里，喻国明提出了“新闻不是评论”的结论，但是，并没有对此判断进行阐述。后面以水与河床为例，讲到了新闻（报道）与评论的关系，这是不错的。但是，说评论离不开事实的报道，并非说明新闻不能以评论的形式来表现。就像鱼儿离不开水，水也离不开河一样，评论恰恰与报道一起，共同构成了新闻的丰富内容。

目前媒体的实践表明，人们对评论的需求达到了一个空前的高度，从理论上为新闻评论正名具有重要意义，它能提高受众的信息接受效率，从而增强新闻的影响力。新闻在传播的过程中有两种信息，一是传播事实信息，一是传播观点作息，两者合一才是新闻的真正完整的含义。人们接受信息，不仅需要及时了解该事实的发生过程，同时也想知道该事实发生的性质和意义。随着信息传播的广泛和及时，一般来说，在短时间里掌握某一事实并不是什么困难的事情。但是，如何评判这一事实，这一事实的性质、意义如何，却如同天底下没有两片相同的树叶一样，必定是因人而异、千姿百态、千差万别的。而且，人们通过对这些“不一样的树叶”的识别，不仅可提高自己的观念意识和主动参与、表达意识，同时也有利于帮助人们更深切地感知和认识该事实。同时，一家媒体评论水平的高低，也是人们鉴别或偏爱某一媒体的重要尺度。媒体的评论水准如何，已成为人们选择或购买某一媒介的重要因素。正因为如此，当下，不少的媒体都在重视和加强新闻评论，推出了大量的评论专栏、专版和专刊，不仅吸引了大批精英人士加盟，而且，大众评论、公民评论的趋势已渐高涨。媒体的竞争，从某种意义上说，更是思想的竞争。谁想在竞争中处于领先地位，精心打造评论，扩大评论队伍，提高评论素质，扩充评论版面或时间，改革评论生产方式等，已经成为媒体新一轮改革和发展的重要内容。我们完全有理由相信，随着对新闻定义的全面认识，在新的时期，中国的新闻业界和学界都会有新的亮点和增长点。

时代是在发展的，特别是当网络媒体迅速发展之后，我们或可对新闻评论作一番新的定义（“定义”实为不定之义，作为“表述”可能更准确）：所谓新闻评论是传者借用大众传播工具或载体，对正在、新近发生或发现的有价值新闻事实、问题、现象直接表达自己意愿的一种有理性有思想有知识的论说形式。新闻评论在报纸、广播、电视和网络等媒体上有不同的表现方

① 喻国明：《第一天职与新闻立台》，载《现代传播》2004年第4期。

式，或文字、或声音、或音像结合、或图文并茂，在新闻传播中发挥着重要作用。

在这个定义中，以下几个词需要解读：

“正在”——说的是我们需要评论的事实以运动的方式在进行中或持续中，它是一个事实的过程和延续，而不是它的终结。以前的评论都是在事实发生过后再予评论，现在由于传播工具的更新和传播渠道的畅通，好多评论是评论员（或称评论记者）在现场将报道与评论同时进行和完成的。如广播、电视、网络等评论就有这样的特性。

“发生或发现”——发生，说的是原来没有的东西现在有了；而发现，则是经过研究、探索和挖掘，看到或找到前人没有看到的事物或规律。由于新闻定义的拓展，新闻评论也由之扩大：新闻评论的对象不仅仅是针对某一件具体的、事件，它也可能是一类事实所反映的问题，也可能是经过探索和挖掘而发现的新的潜藏的问题。由此而进行的评论在新闻评论的选题所占的比例不少，这也是近年来媒体评论策划的一个重要方面。

除此，提出这样的定义还基于如下考虑：

第一，如今的新闻评论大多是借助于大众传媒来实现的，这里的作者不仅仅是写作者，他更是一位传播者。传者与写作者是有很大区别的。作为一位现代传播者，他不可能“两耳不闻天下事，一心只读圣贤书”，在家“闭门造车”；而是需要“眼观四面，耳听八方”，学习和接受广博的知识与信息，同时他还需要掌握和了解大众传播的一般规律。只有这样他的生产产品才能做到“适销对路”。这和旧时的文人已经截然不同了。本定义中特别提到“借用大众传播工具”，这是因为，人们随时随地都可以发表意见，但这些私下议论不是我们新闻学研究的对象；只有那些在大众传媒上公开发表的意见（通过一定的文字、声音、音像等信息符号表现）才算得上是我们所研究的新闻评论。这是当今传媒时代的新要求。

第二，新闻评论是一种传者意愿的直接表达，或代表传媒单位，或代表传者个人，他的所文所言所行，都是一种有形意见的表达：反对什么、批评什么，赞成什么、表扬什么，都是主观反映于客观的一种直接的真实的思想表白。它比消息报道更深刻、更理性，因而也能更好地揭示事物的本质和属性，从而更能打动人说服人和给人以启迪。这是新闻评论的本质属性使然。

第三，新闻评论必须依赖于正在、新近发生或发现的事实、问题或现象，它有别于小说家的创作和理论家的演绎。新近发生或发现的事实、问题和现象是第一性的，新闻评论是第二性的，后者是对前者的一种思想反映。

新闻评论的生产不能同于文学艺术的创作，它不能杜撰事实，也不能夸大或缩小事实，丁是丁，卯是卯，在新闻评论依赖的事实上来不得半点虚假。同时，它也不是理论家纯粹的逻辑演绎和推理，仅仅研究和传播一种理论。新闻评论需要有理论作支撑，但是，它必须反映事实、反映时代，以活生生的社会生活为依托，具有强烈的时代性和针对性。这是新闻评论有别于文学创作和理论研究的根本所在。

第四，新闻评论是一种说理的传播知识的表现形式，在现代传媒发展的形势下，它的表现形式也日趋丰富多彩、生动活泼了。新闻评论早先是从报纸上的政论文开始的，所以很多的教科书把新闻评论称作“政论文”，它是一种文字的书面表达形式。一般来说，这种认识是不错的。但是，时代发生了变化，现代科学技术的发展，已经使新闻评论走出了报纸的版面。广播里有它的声音，电视里有它的音像，网络里更是有众多的网民发议论，跟帖子、漫画；新闻评论已经成为一种传者和受众相互交流思想、传播知识、沟通有无的论说形式了。这种形式的广泛多样性的变化，对从事新闻评论事业的工作者和工作部门来说，提出了更多更高的要求，我们应该在内容和形式、设备和技术上作相应的调整，以适应形势发展的需要。这是时代对新闻评论发展提出的要求。

第五，新闻评论要有作者深入独到的见解和观点。当下，新闻评论之所以越来越受到媒体和大众的重视，就在于评论不仅有敏锐的观察力和对事物的理解力，更有独家的或有新意的见解。新闻评论的发展越来越要求人们特别是职业评论者更注重深入采访，在采访中发现问题、提出问题，从而更好地发现选题和阐释论题。这是广大受众的希望，更是媒体差异化竞争的必需。

二、新闻评论属性

由于对新闻评论的定义不同，因而对新闻评论的属性理解也就有不同——

范荣康：“新闻评论是一种具有新闻性、政治性和群众性等显著特征的评论文章。……离开了新闻性、政治性和群众性，都不成其为新闻评论。”①

秦圭、胡文龙：“新闻评论的主要特点为：鲜明的政治性、强烈的新闻

① 范荣康：《新闻评论学》，人民日报出版社 1988 年版，第 5 页。

性、广泛的群众性和严格的科学性。”①

于宁、李德民：新闻评论“应该有这样四个特点，即：鲜明的党性、较强的时间性、明显的指导性、广泛的群众性”②。

邵华泽：“党报的新闻评论，究竟有些什么特征？……我想有这么五条。第一条是导向正确，第二条是有的放矢，第三条是讲究科学，第四条是平等待人，第五条是简短生动。”③

吴庚振：“新闻评论的主要特点可以概括为四个方面：新闻性、政治性、群众性和指导性。”④

丁法章在他的著作里将新闻评论的属性归纳为三点，即论题的新闻性，论理的思想性和论说的公众性。⑤

看看上面关于新闻评论属性的种种说法，我们可以发现，因受时代的影响、自身工作传媒的限制，以及各自不同的看法和认识，产生差异是很自然的事。所谓新闻评论的属性，实际上就是要找出它与其他新闻形式的本质属性上的区别或需要特别强调的地方。这种属性要从新闻评论一般的广泛的表现形式（如报纸、广播、电视、网络等）来讲，而不能只讲刊登在党委机关报上的社论或评论员文章的属性；这种属性要从新闻评论论题的广泛性（如政治、经济、社会、生活、文化、体育等）来讲，而不能只举带有强烈政治色彩的评论员文章。

综上所述，从新闻评论涉及的政治、经济、社会、文化、教育、生活、国内、国外等广泛内容上看，从新闻评论传播的报纸、广播、电视和网络等媒体的多种形式上看，笔者以为，新闻评论的属性大致有以下几点，即：新闻评论依赖事实的新闻性，新闻评论传播的时效性，新闻评论论说的理论性，新闻评论内涵的思想性和新闻评论传播知识的有益性。

1. 新闻评论依赖事实的新闻性

新闻评论，顾名思义，就是评论文章中所涉及的事实具有新闻性，这也是区别文学创作和理论研究的根本属性。

---

① 秦圭、胡文龙：《新闻评论学》，中国人民大学出版社 1987 年版，第 8~15 页。
② 于宁、李德民：《怎样写新闻评论》，中国新闻出版社 1988 年版，第 10~20 页。
③ 邵华泽：《新闻评论探讨》，人民日报出版社 1993 年版，第 4 页。
④ 吴庚振：《新闻评论学通论》，河北大学出版社 2001 年版，第 22 页。
⑤ 丁法章：《新闻评论教程》，复旦大学出版社 2002 年版，第 28 页。

2014年，中国保监会正式下发通知，对住房反向抵押养老保险进行试点。这是继2013年国务院在《关于加快发展养老服务业的若干意见》中，明确提出“开展老年人住房反向抵押养老保险试点”之后，政策层面的进一步具体执行和落地。2015年3月，经过中国保监会批准，首款保险版“以房养老”产品由幸福人寿正式推出，这也是目前仅有的一家保险公司推出的以房养老保险产品。四大试点城市为北京、武汉、上海和广州。争论已久的“以房养老”问题再次被推到风口浪尖。

有评论文章表示：

在传统观念中，子承父业、父业子传已经渗透到国人的血脉中，而所谓的“父业”主要就是指房产和田地。历朝历代的民间，“卖房卖地”即是家境没落的体现。在这种固有的传统观念支配下，老人往往宁愿自己晚年凄惨，也要将自己一生打拼的房产，拱手送给哪怕是对自己没尽任何孝道的子女，而不会轻易将房子抵押来换取晚年的享受。而作为老人的子女，同样宁愿自己多尽义务、多赡养，也不会同意父母去“以房养老”。有儿有女的老人如此，无儿无女的孤寡、失独老人也并非都是“以房养老”的支持者。出于传统观念和现实的某种考虑，他们也不愿看到自己尚活在人世，房子就已经属于“他人”，这与“生前遗嘱”难以被社会普遍接受甚至让人“忌讳”，其实是一个道理。①

还有人说：

在应对老龄化的问题上，我们应该鼓励包括“以房养老”在内的所有改革探索。因为只有积极探索，才能找到应对之策，才能惠及更多老人。当前，我国60岁以上老年人口超过2亿，平均50个老人“摊”1张养老床位，城乡居民基本养老金月人均81元……不知不觉中，老龄化的“银色浪潮”已经袭来，养老保障面临的压力也越来越大。老何所依？这个问题不仅牵动着每个家庭，更考验着政府的智慧和决心。“以房养老”就是一种创新型养老保障制度设计——拥有房屋完全产权的老人，将其房产抵押给保险公司，继续拥有房屋占有、使用、收益和

---

① 韩云：《“以房养老”何以水土不服》，载光明网，2015年8月5日。

> 经抵押权人统一的处置权，并按照约定条件领取养老金直至身故；老年人身故后，保险公司获得抵押房产处置权，处置所得将优先用于偿付养老保险相关费用。这样一种养老方式，可以为老年人养老提供更多的资金保障，也有助于缓解持续上升的社会养老压力，在制度设计上首先应该予以肯定。①

关于以房养老的评论还有很多。不管是认为以房养老不能从根本上解决问题，还是认为以房养老实施要有观念改变和资金支持，这一新闻事件都在社会上引起了轩然大波，促成了一场有关社会各个方面的大讨论。评论所依赖的事实是中国保监会对住房反向抵押养老保险进行试点，没有这样有代表性事实发生，就不可能有这各种各样的评论文章。先有事实，后有评论，这是新闻评论的根本属性所决定的。

新闻评论所选用的事实除了要有新闻性，还需要有典型性和代表性，只有这样才有针对性，才有说服力。选择有典型意义的新闻事实作评论，是写好一篇评论文章不可少的基本前提。

不论是正在、新近发生的事实，还是新近发现的事实，我们在确定选题时，都要从读者市场的需求来判断。一般来说，有以下几个方面的因素可予考虑：（1）受到这一事件影响的人数。不论是自然事件还是社会事件，都会或多或少地影响一部分人或大多数人。那么，我们在选择评论的事件时，涉及的人越多，越是评论者首先考虑的选题。如火灾、水灾在一个城市来说，都会涉及不少人，选择这样的话题做文章，就会受到读者的欢迎。（2）关心这一事件的人数。有些事件影响的人数可能并不多，但由于事件的恶劣或特殊，人们关心的很多，这样的事件也应予以考虑。如恶性车祸事故，多胞胎平安降临人间等。（3）和大众利害关系的密切程度。生死存亡是这种关系的最高表现，其他涉及人们生活、享受和发展的事件也是人们普遍关心的。如环境污染问题，售假打假问题，吸毒贩毒问题以及社会治安问题等。这些问题与人民群众的生活、利益关系密切，是评论的好选题。（4）促进社会进步的作用。新闻评论作为一种社会舆论它总要对社会的发展和进步起到一定的积极作用。这种作用越大，它价值就越大，这种评论就越有意义。对于那些预示着一种社会方向，代表着一种时代进步趋势的事物，新闻评论

---

① 丁建庭：《鼓励“以房养老”的改革探索》，载《光明日报》，2014 年 6 月 25 日。

应予关注。(5)在决定某一事实是否予以评论时，还必须考虑它的宣传效果。这是我们的新闻传媒性质所决定的。

这里讲的大多是新闻工作的一般规律，凡是新闻人都不能例外，做新闻评论也该遵守这一法则。

2. 新闻评论传播的时效性

所谓新闻评论传播的时效性，包含以下两个方面的意思：

一是新闻事实与新闻评论生产（写作或制作）之间的时间最短，也就是说，当新闻事实出现后，评论者要在最短的时间里完成评论生产。大千世界，社会现象纷纭复杂，变幻多端，其中有很多事件、现象和问题是可以和需要评论的。但是，只有那些最近发生或发现的事实才是新闻评论需要写作的对象。只要是条件允许，新闻评论都要追求这种最快的新闻事实。

二是新闻评论生产与传播之间的时间最短，也就是说，评论者写出（或制作）的作品能够在最快的时间里传播出去。随着信息传播速度的加快，现在不少的著作能在十天或一周内抢印出来成为畅销书。新闻传媒更需要在时效性上大做文章，如不少报纸都开辟了“新闻热线”等直接与读者联系的栏目，尽快将新闻发布出去；广播、电视更是开辟了现场直播等节目，将正在发生的事实告知大众。

2014 年 8 月 15 日，西安凤城医院的几名医务人员在完成手术后，拍摄了自拍照并上传到网络上，此事在网络上引发网友热议。随后的几周内，针对手术室自拍事件在网上展开了一场持久的大讨论，随着事件真相、当事人各方采访的不断曝出，于是评论者也在每天的第一时间根据已知事实发表自己的观点，以便让读者及时了解事情的真相和把握事情的发展趋势。

> 几张手术室自拍的不妥照片曝光，为何会迅速扩散，并招致对医务人员和整个医疗卫生行业的强烈质疑，把整个医疗卫生系统再次推到风口浪尖，值得深思。这可能是当前医患关系困境的真实写照。在体制、机制、社会等多重复杂因素交织下，目前的医患关系被严重扭曲，医患之间被一道看不见的“玻璃墙”阻隔。医患一旦有问题发生，医务人员往往会被首先贴上“恶”的标签，进行舆论“拷问”，舆论在过度解读中脱离事实真相，医生和医疗卫生机构成了社会负面

情绪的宣泄口。①

真正值得我们反思的恐怕还在于：互联网信息传播和接受的特点是快，但“快”的背后，也意味着被传递的信息往往是碎片化、单维度的。如此一来，就很容易形成这样一个局面——公众将对某个个案甚至是极端案例的情绪，扩展为对某个群体、某个行业的情绪；而这种情绪被累积之后，又成为一种预设立场，投射到下一个事情上。一旦大家都失去了等待真相的耐心，原本存在的割裂感只会被不断拉大，难以弥合。②

这几天，“手术室自拍”一直是舆论场的热闹话题。在“手术室自拍”的舆情上，出现了很反常的转折。照片刚一亮相，几乎是一边倒的指责；尔后，随着真相的公布，剧情开始了转折；最后当事病人出来表示知情，并且疑惑“医生辛苦那么久保住了我的腿，想不通为啥大家要批评他们”，整个剧情完成了大逆转，开始转向对报道伦理的关注，并且反思要“警惕不信任情绪泛滥”。③

从各大媒体的报道中可以看出，每当事件发展到一定阶段，评论工作者都会在第一时间发表言论。所以，正是有很多即时发表的评论，才为很多事件增添了更多的充实性，引发对热点事件背后的思考。

3. 新闻评论论说的理论性

新闻评论常被人们称为新闻传媒的灵魂和旗帜，足以说明它的重要地位和作用。特别是在目前改革开放的形势下，媒体特别是党委机关报、电台、电视台通过有效的新闻评论，阐述党的方针、政策，帮助人们把分散的、个别人的议论，化为系统的、集中的、科学的意见；把人们创造的改革形式上升到理性的高度去认识、执行和推广，从而形成一种能联系和调动全体人民奋发向上的社会舆论，为人们的改革实践提供科学的理论指导，创造良好的社会环境。只有这样才能真正地动员群众，团结群众，扫清一切阻碍人们前

① 青云：《手术室自拍事件，热点还需冷思考》，载人民网，2014年12月23日。

② 肖金：《“手术室自拍”事件问题出在哪儿》，载《新文化报》，2014年12月23日。

③ 毛建国：《“手术室自拍”的舆情逆转值得反思》，载《北京青年报》，2014年12月25日。

进的思路障碍，提高人们对改革的心理承受力和投向改革的自觉性、积极性，将改革顺利地推向前进。

我们说新闻评论的重要，并不完全是因为它代表传媒的立场和态度。不可否认，这些评论中一部分是代表传媒，甚至是代表部门、地区、国家的立场和态度的，但是，也不可否论有不少评论只是作者个人的意见（当然是得到传媒认可的）。新闻评论的重要，其根本原因在于它是根据现实中反映的问题，运用一定的理论知识，采取论理、分析的方法来反映作者的有形意见（即通过对事实的分析、说明、论证，揭示事物的本质，解决现实所提出的问题，直接表达作者的思想观点，提出希望、意见和要求），达到明辨是非、释疑解惑、相互交流、为受众服务之目的。而消息报道，则是依靠事实，运用感性、叙述的方法，来反映作者的无形意见（即思想观点包含在事实的叙述之中）。相比之下，新闻评论的理论性和深刻性要强于一般的消息报道。

新闻评论告知大众的有的是改造社会的具体方法，但更多的是一种理念，一种思维，一种思想，一种观念。比如，发展社会主义市场经济，我们还在探索之中；面对的世界金融危机，以前没有碰到过；如何有效地扩大内需，也是一个全新的课题。怎样解决这些问题，教科书上找不到答案，其他国家也无现成的经验可资借鉴。解决这些问题，只能在科学理论的指导下，发扬创新精神，结合中国的实际，结合本地的实际努力探索。在探索中创新，在创新中探索，在这个不断努力的运动之中成熟起来，成长起来。

新闻评论为人们提供鉴别是非、善恶、美丑的思想准则，激发人们追求高尚的理想和情操，既影响现实生活中人们的行为和整个社会的风尚，又会以潜移默化的方式提高整个民族的思想道德素质。它可以使人的精神充实，视野开阔，情操净化，进入新的境界。新闻评论主要靠理性的力量、真理的力量。一种理论要能说服人，必须讲出道理，使人信服，它不像法制和行政命令，强迫人们接受。为了说服人，就要使理论符合实际，理论自身更加科学、更加完善。

2014 年 10 月 24 日，中国共产党十八届四中全会“决定”强调：“制度化、规范化、程序化是社会主义民主政治的根本保障。”在谈到“健全依法决策机制”时提出：“把公众参与、专家论证、风险评估、合法性审查、集体讨论决定确定为重大行政决策法定程序，确保决策制度科学、程序正当、过程公开、责任明确。”这些程序的设置，保障了行政决策文件出台的科学性和法规性，但是，要真正让每一个环节落到实处，还需要对这些上位法定程序作出更加具体可行的下位操作程序（也称保障程序）。笔者根据多年研究的程序理论撰写评论指出，要为“集体讨论决定”这个法定程序设置科学有效的保障程序。

为“集体讨论决定”设置保障程序，大体包括以下几个内容：

其一，将决策讨论件提前送达讨论者手中。这里强调的是时间程序：大家临时发挥，很难保证对所需讨论问题的科学全面认识，这样的决策虽经“讨论”，但它的科学性是会受到影响的。

其二，应有两个以上可供讨论或有不同意见的决策方案。这里说的是空间上的程序：在提供多个或不同意见方案时，可发表主持方的意见，这样既保证了方案的多样性和可选择性，也体现了主持方的意见，使讨论更加集中更有成效。

其三，对特殊领域或专业的问题，拟请相关专家到会解读。这里讲的是人员选择的程序问题。如果主持人请了不是这方面的专家开会讨论，他们又很踊跃地“畅所欲言”，那样是得不到真正好效果的，有时还可能把事情办砸。研究什么样的问题请什么样的专家（可根据情况适当放宽人选），这是保证讨论会科学高效的又一个程序。

其四，记载参与讨论者的不同意见，以便根据档案资料追究责任或奖励功勋。

最后，设立监督反馈机制，随时调整和修改决策。

“集体讨论决定”是个重要法定程序，让我们为它设置更加科学有效的保障程序，使其更好地发挥作用。①

新闻评论论说的理论性包括两方面内容，一是它的论说要有科学性，即符合历史唯物主义和辩证唯物主义的观点，在论述时遵守论说的一般规律；二是它的论说要有理论根据，而这种理论也是经过历史的检验，是科学的。对此，范荣康先生深有体会：“努力用历史唯物主义的观点来分析各种纷繁复杂的社会现象，从中得出必要的结论，而决不允许对所要评论的问题作主观、唯心、随心所欲的分析。这也是中国共产党党报的性质所决定的。我们党以马克思列宁主义、毛泽东思想作为自己的行动指南。马克思列宁主义、

① 赵振宇：《为“集体讨论决定”设置保障程序》，载《学习时报》，2015年6月8日。

毛泽东思想要求我们用历史唯物主义的观点来分析问题、解答问题。这样的分析，才是科学的分析。这样的解答，才是有力的解答。"① 新闻评论说的理论，不仅包括革命导师、经典著作里的科学理论，同时也包括经过人类社会的实践检验被认为是正确的自然科学理论、社会科学理论和人类思维科学理论。新闻评论论说的理论性，不仅对是对党报新闻评论的要求，对其他的新闻评论也该有这样的要求。

4. 新闻评论内涵的思想性

我们常说新闻评论是媒介的灵魂。所谓灵魂，就是思想，在一篇文章、一块版面、一个媒体中起主导地位、起决定作用的东西。一篇新闻评论哪怕它的新闻性再强，它的时效性很快，也很有文采，但是，空洞无物，没有思想或思想观念错误，干瘪无味，也是没有益处，甚至是有害的。新闻工作者时常想抓一些有深度的报道。什么叫有深度，说白了就是有思想，有见地，能够一语中的，能够技高一筹。在新闻评论中就是要敢说别人不敢说的话，会说别人不会说的话，善于说别人说不好的话。评论的力量不在于它在版面上的位置高低或篇幅大小，而在于它字里行间所渗透出的思想性和这种思想的深刻性。

坚持正确导向，提高新闻传播力，是当下媒体关注和研究的重要课题。《人民日报》发表的一篇评论较好地阐明了这一内容，该评论引用了马克思的名言："人们要求新东西——形式和内容都新。"从而说明：在舆论生态、媒体格局深刻变化的形势下，要从媒体竞争中突围，在舆论引导中制胜，空洞说教、生硬灌输不行，追求猎奇、编造故事不行，刻意迎合、取悦受众不行，庸俗媚俗、极端表达也不行。创新理念、内容、体裁、形式、方法、手段、业态、体制和机制，才能提高媒体对受众的"黏度"。

该评论讲了一个故事：一位盲人站在路边，身前放块牌子，写着："自幼失明，沿街乞讨。"过往行人很多，却没人在他面前驻足。一位诗人路过此地，在牌子上加了一句话："春天来了，可我却看不见。"结果，过路之人纷纷解囊。是打动人心的文字，触动了人们心里最柔软的地方，让人们不由地伸出援手。

该评论通过导师的名言和通俗故事，表达了作者的思想，这就是：自说自话、不讲方式，传播效果就会大打折扣。作为新闻舆论工作者，不赢得认

① 范荣康：《新闻评论学》，人民日报出版社 1988 年版，第 96 页。

同不足以引领导向、成风化人，非表达创新不足以争取认同、凝聚共识。只有不断增强受众意识，春风化雨、引人入胜，才能让我们的文字打动人心、深入人心。①

这篇评论是在习近平总书记2016年2月19日调研中央三大媒体后主持舆论工作座谈会上发表重要讲话后撰写的。习近平讲话的内容很多，涉及的问题也不少，用一篇千字评论是无法完成的。作者选择了一个小切口，运用大家都能感知和接受的名言和故事，在此基础上再论述提高传播力的重要性和如何有效提高传播力，从而达到学习和贯彻中央新闻舆论工作会议精神之目的。

2016年3月3日，全国政协新闻发言人王国庆在接受媒体专访时表示："越是敏感问题，越要想办法说清楚。"4日，《长江日报》发表本报评论员文章《直面敏感问题需要内在自信》。面对敏感问题，为什么会躲躲闪闪，遮遮掩掩，或者干脆就不让说，谁说跟谁急，关键在于说话者不自信——

> 把敏感问题说清楚，需要内在自信。改革开放以来，我国经过了一个观念更新、体制变革、对外开放的长期过程，国家步入法治轨道。政务公开、信息透明，成为我国基本的政治原则。除法律规定外，党和政府不想对外隐瞒什么，有了这样的底气，我们可以理直气壮。
>
> 不回避敏感问题的最高境界，是心中没有敏感问题。只要我们心中还有某种敏感问题意识，就会有问题来困扰我们，我们就会在潜意识里担心可能的负面影响，担心谈论它对我们切身利益的影响。敏感问题是一种心理包袱，现在是我们彻底脱敏的时候了。
>
> 把所谓敏感问题说清楚还有一个前提，就是熟悉情况。有了调查，就有了发言权，也有了说的分寸感。
>
> 把敏感问题说清楚，其中自然就有是非对错判断，有明确的主张，而且可以以理服人。对于对的东西，当然要理直气壮地坚持；对于负面消极的东西，也要理直气壮地批评。

敏感问题在我们国家的存在是一个客观现实。正因为如此，所以才在全国两会期间时常被记者提起，有时也因此受到有些人的不解甚至非议。这篇评论敢于就此发表意见，说明作者对于敏感问题想明白了，想清楚了，写作

① 李斌：《创新表达也是传播力》，载《人民日报》，2016年2月24日。

者本身就有了一种内在的自信！评论从敏感问题的产生以及对待敏感问题的敏感处理，指出了问题的实质在于人的不自信。而要解决这一问题，当然只有从树立自信开始。接着，评论从为什么要自信，能否自信，如何自信，怎样调查研究回答民众和记者的提出的敏感问题等入手，层层递进，逐步深入，表现出评论者的思想智慧！这就是评论的力量，这就是评论中内涵思想的力量。

5. 新闻评论传播知识的有益性

新闻评论以理论以思想凸显它的属性，这是它有别于消息和通讯报道的根本所在。与此同时，在当今信息传播迅猛发展的时代，新闻传播还有责任和义务在自己的工作中传播知识、传播有益的知识。这是时代对新闻评论提出的新要求。

2014 年 12 月 17 日，教育部、国家民委、公安部、国家体育总局、中国科学技术协会五部门 17 日联合公布《关于进一步减少和规范高考（课程）加分项目和分值的意见》，根据意见，高考将取消体育特长生、中学生学科奥林匹克竞赛、省级优秀学生、思想政治品德有突出事迹等加分项目。

12 月 18 日，多家报纸对此发刊登相关评论。其中，《新京报》发表社论《剩余高考加分项也应改革监督机制》。对于五部门发表的意见，评论员更多的是对于新变化的解读，而这可以使民众对于这一意见文本更加了解。这时的新闻评论就应该侧重于在民众还未了解足够深入的情况下为其解读和分析，以达到一种传播有益知识的作用。

这次规范高考加分，是在 2014 年高考加分项目“瘦身”基础上，进一步“瘦身”——2015 年 1 月 1 日后获得的学科特长、体育特长、荣誉奖励和思想品德奖励几乎均不再具备高考加分资格。这回应了社会舆论对高考加分泛滥、加分造假的关切。不过，要让加分项目“瘦身”之后的高考更加健康，还取决于各地对国家加分政策的执行，以及在高校招生中，能否切实建立多元评价体系。

高考奖励性质加分会在今后几年逐步取消，但需注意的是，2015 年 1 月前，考生获得的高考奖励性质加分还会保留，只不过分值要控制在 5 分以内。因此对于这部分短期保留的加分，应该坚持透明、公开操作，避免在过渡阶段，再出现加分造假。另外，在实行加分新政后，照顾、扶持性质的加分会长期保留，这部分加分也必须防止弄虚作假，以往在高考加分造假中，就有变更民族身份骗取加分的丑闻。

在对取消高考加分政策进行解读之后，评论作者还针对这一新变化提出了问题以及改进方法。

> 避免加分政策走样，最合适的办法是，在加分具体操作中，引入民主管理和专业监督机制，不能只由各地政府部门说了算。对保留哪些加分项目，应该进行公开讨论、审议，同时在加分认定过程中，引入社会专业监督，做到所有加分信息全部公开。一旦出现加分造假，应该由司法机关介入调查，而不是就由教育行政部门主导调查。
>
> 另外，在取消奖励性质加分之后，要引导学生个性和特长发展，必须深入推进高校自主招生改革。从教育部公布的规范自主招生的意见看，调整到高考之后的自主招生，只有13天时间对学生进行笔试、面试考察，同时还要给学生高考录取优惠，这意味着，一定程度上高校的自主招生空间被压缩。另一方面，构建高校结合统一高考成绩、中学学业水平测试成绩、大学考察成绩、中学特长表现综合评价、录取的方式，也要进一步扩大学生的选择权。

此篇评论文章在给读者阐述自己的论点的同时，对取消高考加分政策的意见进行了详细的解读和分析，为民众提供了需要的知识和信息。

当今时代是一个信息骤增的时代，各种信息、知识扑面而来。这是一种机遇，同时也是一种挑战。新闻媒体有责任有义务将一些现代的或过去的，自然的或社会的，人类的或思维的知识信息有选择地传播给大众。

在目前知识骤增的时代，新闻评论在运用知识时，一定要慎重，不可将那些已被实践检验是错误的东西误传给大家，也不要将道听途说未经认可的东西论说给大家。知识的力量是巨大的，巨大的力量是有方向的。新闻评论一定要选择那些有益于大众，有益于社会，有益于长远的知识作为自己的论据，精心选择，有效使用，同时加强自身的知识修养。这是时代对新闻评论的新要求。

三、新闻评论作用

我们说新闻评论重要，是因为能够引导社会舆论，促进社会进步，对民众、对社会起着安定团结，积极推动作用。一般来说，新闻评论有着宣传鼓动，配合中心工作的作用；释疑解惑，研究社会问题的作用；针砭时弊，促进社会进步的作用；提供讲坛，增强公民参与意识的作用。

1. 配合中心工作，阐释文件讲话精神

新闻评论特别是一些党报机关报和一些重要媒体的新闻评论，要时刻传达上级领导的指示和意见，领会党政机关的思想和政策，这对于贯彻落实中央的精神，指导本地区的工作是有好处的。

2014年9月5日，中共中央、全国人大常委会在人民大会堂隆重举行庆祝全国人民代表大会成立60周年大会。中共中央总书记、国家主席、中央军委主席习近平在大会上发表重要讲话。9月6日，《人民日报》发表评论员文章《人民民主是中国共产党始终高举的旗帜——论贯彻习近平在全国人大成立60周年大会讲话精神》。评论说，“人民民主是社会主义的生命”，“人民民主是中国共产党始终高举的旗帜”。习近平总书记在庆祝全国人民代表大会成立60周年大会上的讲话，回顾了人民代表大会制度建立和发展的历程，为我们在新的历史起点上坚持和完善人民代表大会制度、推进社会主义民主政治建设，指明了正确方向。接着，评论描述了习近平总书记讲话中的重要内容，阐述了人民民主对于中国共产党的重要性。最后，评论写道：“60年前，毛泽东同志在第一届全国人民代表大会第一次会议上说：‘我们正在做我们的前人从来没有做过的极其光荣伟大的事业。’历史接力棒交到了我们这一代人手中，不断发展具有强大生命力的社会主义民主政治，我们就能凝聚起最广大人民的智慧和力量，共同创造更加幸福美好的未来。”

中央在部署各项工作外，有时还发布一些文件和规定，通过组织全民学习来提高整个民族的思想道德和科学文化素质。为了让这些文件精神更好地贯彻落实，新闻传媒有时也需要撰写评论进行阐释。

类似这样的评论有每年全国和各地举行的“两会”，大多需要配发一些评论。还有中央和各地召开的各种重要会议，作出的重要决定，颁布的重要法律、法令以及重要的节日、假日、纪念日等，都需要根据不同的要求和不同的规格撰写不同的评论。

媒体的评论一般来说可分为两大类，一是指定题目评论，二是自选题目评论。对于宣传鼓动，配合中心工作的评论大多属于指定性评论。这一类评论在媒体中特别是党委机关报和担负着传达领导机关精神的媒体显得尤为重要。这是因为党报作为舆论宣传的主阵地，担负着传达党的路线方针政策和工作部署的任务。对大政方针尤为关注的党的各级干部和工作骨干群，构成了党报的基本读者群。作为党委机关报的言论之长，就在于其舆论导向的先声性、主导性和权威性。做好了指定题目，唱响主旋律，是凸显党报言论优势的首要一环。说是“指定”，其实也只是指的某一个大的方面的选题，具体题目是什么，如何做，还必须深入研究。在此，还必须充分发挥评论者的主观能动性。要吃透“两头”，准确、全面地把握上面精神，又熟悉下情，了解群众的思想状况，选择最佳的结合点，做到有的放矢。指定性评论是媒体的一项常见和重要的组成部分，只要用心下气力，将上级领导的意图与民众的需求结合起来，就一定可以写出受到领导肯定、广大民众欢迎的好评论。

2. 研究社会问题，释疑解惑服务大众

我们的社会处在一个改革开放的发展进程之中。在这个进程中，我们的人民会遇到一些从前未曾遇到过的事情，他们有许许多多不明白不清楚的疑惑需要有人给他们释疑解惑；发展的社会有许许多多的问题摆在我们面前需要研究，只有探索解决这些问题我们的社会才能进步和更快的进步。新闻评论对此负有不可推卸的责任。

根据《经济参考报》的报道，目前我国公积金管理各自为政、低水平重复投资问题严重。目前全国有各级公积金管理机构606个，各地自行开发出上百套系统，单个系统投资动辄数百万元乃至上千万元，每年还有几十万上百万元的升级维护费，浪费惊人。于是有人写了评论文章，对我国住房公积金现状进行了分析。评论指出：2010年和2012年，中央确定两批利用住房公积金贷款支持保障性住房建设试点城市，先后涉及92个城市的400多个经济适用房、棚户区改造安置用房、公共租赁住房建设项目。将住房公积金贷款用于保障房建设，已经突破了住房公积金法定的用途范围，出现了偏离住房公积金本位的倾向。此外，有关方面建议将住房公积金管理中心改造成为“住房保障银行”，相当于把属于职工个人所有的住房公积金，变成住宅政策性金融机构的资产，仍然存在着挪用职工财产、侵犯职工利益的政策风险，不可不慎。随后，作者提出了解决问题的办法：“要从根本上遏制愈演愈烈的住房公积金管理乱象，必须从国家创制的高度对公积金制度进行改革完善，实现住房公积金管理系统一体化、标准统一化、运行制度化、监督常态化。有关部委组织的《住房公积金管理条例》修改已历时数年，至今仍未完成草案稿。无论如何，住房公积金制度的任何改革，都不能偏离住房公积金的本位——住房公积金是国家机关、国有企业等单位及其在职职工缴存的长期住房储金，属于职工个人所有，任何单位和个人不得挪作他用。"①

2014 年 2 月，人民网舆情监测室发布《2013 年中国互联网舆情分析报告》，第一次对有关网络"意见领袖"进行了成规模调查。调查发现，在近年一些突发事件和公共议题上，网络"意见领袖"的影响力常常超过媒体和政府在微博中的传播力。平时大约 300 名全国性的"意见领袖"影响着互联网的议程设置。在这个颇有影响的特殊群体中，往往具有文科生、高学历、男性、中年人、阅历丰富、高收入等共同特征。

人民网舆情监测室分析，网络"意见领袖"在一定程度上成为民意代言人，但又经常放大某些超越现实可行性的偏激诉求。客观评估他们的建设性和合作精神，是社会建设、社会管理创新的一个重要方面。

据统计，全国 103 家微博客网站的用户账号总数已达 12 亿个，其中新浪微博用户账号 5.36 亿个，腾讯微博用户账号 5.4 亿个。随着微博客用户群体的迅速扩大，产生了一批粉丝（听众）数大于十万的"大 V"账号，这些"大 V"账号在互联网上发挥着越来越大的影响力。电影《蜘蛛侠》中有一句经典台词，"能力越大，责任越大"。微博"大 V"就是这样一群"力量强、能力大"的特殊网民，他们不但具有较高的社会知名度、广泛认知度，而且还拥有数以万计的"粉丝"。他们在微博上发布的每一条信息、评论的每一件事情，都会立即且同时被大量的网民收听，如果再加上相互间的转发和传播，其影响力、覆盖面更大得惊人。但是既然身处舆论场，就必然会有清爽嗓音，也不乏杂乱噪音。有些"大 V"在网络表达时，动辄搞诛心论、阴谋说，或人身攻击，渲染暴戾氛围；有的则有意无意中散播流言；有的在"名人光环"下，泄私愤、打击或骚扰他人等。这类行径，背离了公序良俗，也在自毁声誉。有人写评论文章分析道："如果说，微博是个众声喧哗、消息芜杂的广场，那'大 V'们则是意见领袖。他们粉丝成堆、拥趸甚众，比普通网民拥有更高的话语分贝。基于其影响辐射力，他们的言论，往往能收获海量转发、裂变式传播。"有什么好办法呢？首先，要端正"大 V"们的看法和态度："大 V"们应珍惜公信力羽翼。在微博平台

① 周之地：《住房公积金管理乱象何时休?》，载《北京青年报》，2014 年 9 月 21 日。

上，他们应更具公民精神，理性发声、笃行示范，努力充当法治倡导者、伦理坚守者，而不是被浮躁情绪裹挟，成谣言的“扩音器”。评论指出，对“大V”来说，权责对应，是网络表达时的必要顾忌：他们享誉遐迩，就必须受到对应的约束。也只有在守则基础上，引导网民遵循理性的表达路径，方能发掘更多“善的可能”。①

研究社会问题，释疑解惑服务大众，是新闻评论的一项重要任务。在这个过程中，选择哪些问题作选题才能说得清楚，才能有利于社会的发展和进步，这是很重要的；否则，问题不仅没有解决，反而引起人们心理的震荡，引起社会的不安定。这是新闻评论的写作者和组织者所要注意的。社会现象纷纭复杂，社会问题千奇百怪，哪些问题需要讨论，哪些问题可以讨论，哪些问题经过讨论可望解决，这一切，撰稿人和策划人都应有所掌握。如果只选择那些看起来有新意，登出来有读者，但就是无法或较难解决的问题做文章，于我们的社会和人民是不利的。吊起了群众的口味，又不能实现，时间长了便会失去群众，甚至还会影响社会的安定和和谐，这于我们的传媒事业也是不利的。

在问题的选择中，还要注意领导和群众之间的关系。一般来说，人民群众希望解决的问题也是各级领导机关希望解决的问题。选择了这样的问题做文章，就可能受到两个方面的欢迎。如果只选择了一方面关注的话题做文章，在阐述时又没有顾及另一方面的实际，就有可能造成另一方面被动或不满。虽然我们常说要以人民群众答应不答应、赞成不赞成、满意不满意，作为我们的处事原则；但是，在实际工作中却要复杂得多，这是一切从事新闻评论写作和编辑工作的同志们所要注意的。选择那些领导和群众都关心，且又经过舆论宣传有可能较快解决的问题做评论，这是上策；尽量避免在领导和群众的矛盾中选题做文章，以免引起不必要的对立和加剧矛盾；同时也要避免因选题不妥而引起一部分人对另一部分人的不满，引起不必要的社会麻烦。

3. 促进社会进步，舆论监督针砭时弊

新闻评论作为一种舆论监督的工具，它以理论的深刻、意见的直接、态度的鲜明比消息报道能更有效地发挥对社会腐败、落后、陈旧、保守东西的

---

① 仲鸣：《“大V”的微博不仅是个人麦克风》，载《新京报》，2013年8月12日。

批评和鞭笞。它是我们实行社会监督的一个重要传播形式。

随着人们的生活水平日益提高，奢华浮夸之气也逐渐泛滥，甚至连礼盒上的包装也不能幸免于难。在日常生活中，过度包装的现象很常见，有时候人们搞不清楚到底是买礼物还是买包装。一支蜂王浆，不仅外面有塑料隔板、纸盒，纸盒外还要套上纸袋。一瓶红酒，常常搭配着酒杯、开酒器，有的甚至配着温度计、白手套。就连水果也有礼盒装，想吃苹果，先得从纸袋里抽出礼盒，然后打开盒盖，掀开绢绸垫，撕开塑料网。我国已经成为豪华包装情况最严重的国家之一，包装废弃物体积占固体废弃物的一半，有调查显示，城市生活垃圾里有1/3是包装性垃圾，而这些包装性垃圾中，一半以上是豪华包装。另外，过度包装也增加了产品成本，损害了消费者利益。过度包装使得一些消费者盲目攀比，形成注重外表、忽视实质的消费心理，反过来又刺激生产商提供更多华而不实的商品，造成恶性循环。长此以往，吃亏的还是消费者。针对这一社会不良风气，有人写了评论文章。文中写道：

> 根据消费经济学的原理，消费者在购买某种商品之前，已在心中产生了商品造型期望。这种对形式美的期望值，实质上是一种购买心理基准。如果现实商品的造型美超过消费者对它的期望水平，就会对消费者的购买心理产生正刺激。商家正是瞅准了消费者的这一心理，通过不断"升级"包装获取高额利润。过度包装使得一些消费者盲目攀比，形成注重外表、忽视实质的消费心理，反过来又刺激生产商提供更多华而不实的商品，造成恶性循环。长此以往，吃亏的还是消费者。
>
> 治理过度包装，政府部门一方面要加强对商品生产的监管，加强对违反规定商品的打击力度；另一方面要治理公款消费，遏制公款送礼之风，防止三公消费助长奢靡包装之风。要真正移风易俗，还需要消费者转变消费观念，崇尚"薄礼重情"。须知，奢华包装只是无谓的"面子"，真情厚谊、低碳生活、简约态度才是真正的里子。①

社会的进步与我们的领导机关、政府形象、干部素质关系极大，反腐倡廉，加强政府机构改革，加强党的组织和思想作风建设至关重要。这些都是新闻评论涉及的重要话题。

---

① 赵九如：《过度包装的"面子"不要也罢》，载《光明日报》，2013年4月18日。

如在我们的干部队伍中，在节日假期里公然利用公款送礼、公款吃喝的不良作风还很浓厚，因其壳太硬，其根太深，其弊甚烈，须以重锤击之。于是有人写评论予以抨击：

> 节日腐败现象的出现是党员干部贪图享乐和为人民服务的意识的淡化，“官本位”思想的流行导致的。党员干部要自觉执行中央《八项规定》，反对“四风”，严格按照党的群众路线教育实践活动要求，继续狠抓干部作风建设，自觉抵制“节日腐败”。只有把握根本，筑牢广大干部的思想道德防线，增强廉洁自律意识才能彻底遏制这种不正之风。
>
> 党员干部要在脑子里时刻绷紧抵制节日腐败这根弦。在纷繁复杂的人际交往中，要以身作则，坚持公平公正的做事原则；从端正自己的处事和工作态度做起，不以礼小而收之；从管控自己的钱权欲望做起，正所谓“君子爱财，取之有道”；从不断加强自身的党性修养做起，做到清正廉洁，不给“有心人”可乘之机。①

坚持走中国特色社会主义政治发展道路和推进政治体制改革，是全面建成小康社会的重要目标，也是党的十八大提出的新任务。在政治文明的建设中，要特别注意加强对权力的制约和监督。建立结构合理、配置科学、程序严密、制约有效的权力运行机制，从决策和执行等环节加强对权力的监督，保证把人民赋予的权力真正用来为人民谋利益。重点加强对领导干部特别是主要领导干部的监督，加强对人财物管理和使用的监督。强化领导班子内部监督，完善重大事项和重要干部任免的决定程序。加强组织监督和民主监督，发挥的舆论监督的作用。

不是所有的新闻评论都有舆论监督的作用。新闻评论是否发挥舆论监督作用，与评论针对的新闻事实有关，也与作者的态度、倾向有关。但毫无疑问，在很多情况下，新闻评论是可以发挥舆论监督作用的，新闻评论的舆论监督作用是对新闻报道的舆论监督作用的一种深化。

时代的发展，民众的权利意识不断觉醒，法治观念逐渐增强，这些体现在与权力部门的关系上，就是民众对权力部门的政策、规定越来越关注，越来越敏感，对其中妨害民众正当权益、不符合法律规定之处及时提出尖锐的批

---

① 周舟：《党员干部应该带头拒绝“节日腐败”》，东北新闻网，2014 年 12 月 29 日。

评，新闻媒体的从业人员也同样如此。应当说，这是社会发展进步的大趋势。

这些年，一些城市每逢举办大型赛事、展会、会议，就会出台一些非常规的举措。这些举措，有些是好的，比如为了让空气好起来而限制重污染企业的生产，有一些却可能是出于权力的率性，对此，民众和媒体都在密切关注。

新闻媒体承担着尊重新闻事实和维护正义的神圣职责。媒体监督，是指报纸、刊物、广播、电视等大众传媒对各种违法违纪行为所进行的揭露、报道、评论或抨击。党的十八报告指出："加强党内监督、民主监督、法律监督、舆论监督，让人民监督权力，让权力在阳光下运行。"媒体监督，由于其自身所特有的开放性与广泛性，为我国的监督体系注入了新的活力，在促进公平公正、遏制腐败等方面发挥了积极作用。新闻的舆论监督功能主要体现在对政治民主的监督、对领导机关提高办事效率的监督、对以权谋私为主要特征的不正之风的监督等方面。如 2013 年 1 月 20 日，央视《焦点访谈》以"这里的冬天有点渴"为题，对黑龙江省双城市磷肥厂家属区的居民没水喝进行了报道。各种托词让村民们等水等了 8 个多月，而记者采访报道之后不过一天，在上级领导的高度重视下，所有的困难都迎刃而解，村民的吃水问题也立刻解决了。①

2015 年 11 月 9 日，《新京报》报道，当天上午，备受关注的世奢会（北京）国际商业管理有限公司（以下简称"世奢会"）与新京报社、派博在线（北京）科技有限公司（负责新京报网运营）及《新京报》记者刘刚名誉权侵权责任纠纷一案在北京市第三中级人民法院宣判。法院终审判决世奢会败诉。

由于是终审，意味着被告胜诉。特别引人注目的是，判决认为：新闻媒体有权利亦有责任对其进行批评监督。争议文章通过记者调查并引用多方意见参与对世奢会现象的关注和讨论，是行使媒体舆论监督的行为。这是对新闻媒体监督权的正视。

批评监督是媒体的权利，也是媒体的责任。当然，监督需要依法依规，而不能乱挥大棒子，挟私报复，但监督本身，有理由存在。正如法院判决所称，媒体有权利有责任批评监督。有时监督的手段或许严厉点，语气或许尖锐点，但是不能因为这些就否定监督的意义，甚至否定监督本身。对此法院已指出："文章整体基调是批评的，部分用语尖锐，但这正是批评性文章的

---

① 马洪香：《新闻媒体的舆论监督作用》，载《青年记者》，2013 年 4 月。

特点，不应因此否认作者写作目的的正当性。”这一观点同样值得激赏，它传递了两个信号：一是对媒体监督的肯定和尊重；二是对批评性监督的宽容和理解。

回到世奢会一案，法院判决还称：“新闻媒体进行揭露式报道，符合公共利益需要，由此形成了新闻媒体的批评监督责任。”这一定位，势必激励更多的媒体履行监督责任。为了公共利益，媒体应勇敢承担监督的责任。而在法治轨道内，高扬监督旗帜，有利于塑造媒体的公信力。①

我们相信，随着我国政治文明建设步伐的加快，新闻评论中关于针砭时弊，促进社会进步的文章将会越来越多，涉及的面将会越来越广，论述的问题将会越来越深刻。

4. 增强参与意识，推进社会前进步伐

发展社会主义民主政治，建设社会主义政治文明，是全面建成小康社会的重要目标。在这个建设过程中，最根本的是要把坚持党的领导、人民当家作主和依法治国有机统一起来。党的领导是人民当家作主和依法治国的根本保证，人民当家作主是社会主义民主政治的本质要求，依法治国是党领导人民治理国家的基本方略。共产党执政就是领导和支持人民当家作主，最广泛地动员和组织人民群众依法管理国家和社会事务，管理经济和文化事业，维护和实现人民群众的根本利益。利用新闻媒体发表自己的有形意见，是扩大公民有序的政治参与，保证人民依法实行民主管理和民主监督的重要形式。现在，不少的媒体除了开辟社论、本报评论员、本报编辑部文章等栏目外，大多开辟了有群众广泛参与的评论栏目。这些栏目的开设，使群众有机会对发生在自己身边的事，或自己经历的事，或自己接触的事，或自己接受到的事进行评论，发表意见。这对于提高公民的参与意识是大有好处的。

1980年1月2日，群众参与性的栏目《今日谈》在《人民日报》头版问世了，至今已经走过30多个春秋。30多年来，《今日谈》以其“短、新、快、实”的特点一直经久不衰，深受广大人民群众的喜爱。作为一个资格很老的新闻评论栏目，《今日谈》成功最大的原因就在于它的群众性，全国人民的积极参与是其永葆活力的源泉。由于人民日报面对的是全国人民，再加上社会生活的丰富多彩，这就决定了《今日谈》选材的广泛性。大至国家大事，小至个人见闻，只要有价值都可以被人民群众拿来议论议论。

① 王石川：《世奢会败给了媒体监督》，载《中国青年报》，2015年11月10日。

《今日谈》不仅代表人民说话，还组织人民自己说话。从工人、农民、战士、基层干部，到专家、学者、领导干部，纷纷在《今日谈》里各抒己见。《今日谈》是真正的“群言堂”，在这里不分老幼尊卑，大家可以平等地交流思想看法，这正是它最大的魅力所在。《今日谈》的文章从小处着手，以小见大，或者是小题小做，或者是大题小做，或者是小题大做。这些小事发生在群众的身边，具有真实性和接近性，又平易近人，很容易打动读者的心。而这种小事又不同于信手拈来的鸡毛蒜皮的小事，而是站在全局的高度、时代的高度，从纷纭的大千世界和瞬息万变的事物中撷取出来的、最能引起读者兴趣、便于挑起话题或者宜于论证论点的事例。它将有限的篇幅和笔墨集中于一小点上，力图在要害处展开议论。因此微观上每篇“今日谈”都有自己的内容和角度。“或为褒扬，或为针砭；或为倡导，或为劝勉；或为解惑，或为释疑；或为当头棒喝，或为灌顶醍醐，均能言人之所欲言，而且立论精当，居高声远，每每不同凡响。”① 从宏观上看，选材上的多小事、切入上的多角度，汇总起来，却又增强了《今日谈》总体上的分析问题、认识事物的全面性与视野的广阔性。

2015 年，《今日谈》相继推出“抓作风不放松”、“‘实起来’难在哪”等专栏征稿，要求作者更好地结合当前的实际问题，撰写一事一议的小评论。2016 年又组织策划了一组“春节文明七日谈”的系列评论：《每一个公民都是“中国名片”》、《让“文明列车”更欢畅》、《“文明提醒”可以更多些》、《做“文明旅游”志愿者》、《文明也需“日拱一卒”》、《让“文明”带来快乐》、《最是“细处”见文明》。这组评论从春节人们常常遇到的小事论起，紧紧围绕“文明”这个主题展开，伴陪南来北往、匆匆行走的人们，提醒春节中的人们时时处处注意文明举止，在一点一滴小事中提高文明素养。

新闻传播的实践告诉我们，当舆论主体以一种批评的眼光指向舆论客体时，舆论便呈现出监督的态势。

新闻媒体不仅通过新闻报道反映社会舆论，而且还刊登社会各界的来信、来论、杂文、漫画、微博等直接表现社会舆论。此外，新闻媒体还通过社评、评论他人评论等方式发表自己的观点，发出自己的声音，形成独立的舆论个体。新闻评论把新闻事实信息转化为观点信息，直接告知受众事情的真相、本质，以便受众在存在诸多不确定性的环境中做出正确的判断、采取

---

① 张璀、宁耕：《谈‘今日谈’和群众性》，《新闻与写作》，2003 年第 1 期。

合理的行动，从而吸引广大受众的关注，提升媒体的影响力。新闻媒介正是凭借其强大的影响力和独特的社会地位，代表舆论主体即社会公众，并作为一个独立的舆论个体，“对社会生活中存在的有违于党和人民利益以及社会规范的思想和言行”进行舆论监督。由此可见，新闻评论是媒体实行舆论监督的一个重要手段。①

媒体的发展，从某种程度上也加快着我们国家民主政治的进程。

党的十八大以来，以习近平同志为核心的新一届中央领导集体高度重视新闻舆论工作。习近平在2013年“8.19”讲话中曾对宣传思想工作提出要求，一定要把围绕中心、服务大局作为基本职责，胸怀大局、把握大势、着眼大事，找准工作切入点和着力点，做到因势而谋、应势而动、顺势而为。

在2014年的中央网络安全和信息化领导小组第一次会议上，习近平强调网上舆论工作要创新改进网上宣传，充分运用网络传播规律。他说：“做好网上舆论工作是一项长期任务，要创新改进网上宣传，运用网络传播规律，弘扬主旋律，激发正能量，大力培育和践行社会主义核心价值观，把握好网上舆论引导的时、度、效，使网络空间清朗起来。”

2016年2月19日，习近平总书记在对人民日报社、新华社、中央电视台三家中央新闻单位调研后，在北京主持召开党的新闻舆论工作座谈会时强调，党的新闻舆论工作是党的一项重要工作，是治国理政、定国安邦的大事，要适应国内外形势发展，从党的工作全局出发把握定位，坚持党的领导，坚持正确政治方向，坚持以人民为中心的工作导向，尊重新闻传播规律，创新方法手段，切实提高党的新闻舆论传播力、引导力、影响力、公信力。

中央领导对媒体的重视和提出的改进传播思路，既是社会发展的需要，也应是新闻媒体组织策划新闻报道和新闻评论的最高境界。

政治体制改革的一项重要任务，就是要扩大公民的有序政治参与，尊重和保障人民充分发表意见的权利。媒体开设新闻评论版面和栏目，为公民的这种参与提供了方便。随着网络媒体的迅速发展，以及我国加入世界贸易组织与各国人民的交往增多，人们看问题的视野将会越来越广阔，人们思考问题的角度也会越来越丰富，人们发表意见的趋向也会越来越多样，人们认识问题的层次将会越来越深刻。这一切都将有力地推动我们的社会进步，同

---

① 刘家林、廖媛：《新闻评论在公共决策中的作用——以〈南方都市报〉番禺垃圾焚烧事件为例》，载《新闻爱好者》2012年第4期。

时，也对新闻传媒开设新闻评论栏目提出了新的更高的要求：既要满足人民群众参政议政的需要，同时又能要正确予以引导，使公民在有序参与的轨道上充分行使自己的权利。这是一项积极而慎重的工作，需要有关方面相互配合，相互促进，同心协力，把这件好事做好。

第四章
论点、论据、论证

评论是一个运用概念、判断和推理的论证过程。所谓概念，它反映客观事物的一般的本质的特征。人们在认识过程中，把所感觉到的事物的共同特点抽象出来，加以概括，这便成为概念。比如说桌子，它是一种家具，上有平面，下有支柱，在上面存放东西或做事情。“桌子”是一个概念，凡是符合这个概念的东西我们都可以称为桌子，如饭桌、茶桌、书桌等。在使用概念时，我们要将此概念的内涵和外延搞清楚，否则就会闹笑话了。所谓判断，是肯定或否定某种事物的存在，或指明它是否具有某种属性的思维过程。如我们常说的“改革开放是中国可持续发展的必由之路”、“腐败岂能有理”等。一篇评论总要对所论之事发表意见，是赞成还是反对，是表扬还是批评，哪怕是研究和建议类评论也有自己的意见，这就是判断。一篇评论不能什么都说，什么都不能确定意见，那是不行的。肯定或否定某种事物的存在，构成事实判断，如“GDP 是国力的体现”；指明某种事物具有某种属性，则构成价值判断，如“实践是检验真理的唯一标准”。所谓推理，它是由一个或多个已知的判断（前提）推出新的判断（结论）的过程。在推理过程中，必须要求前提的真实和推理形式的正确。概念、判断和推理都是思维的基本形式，运用得是否正确和好坏，关系到一篇评论文章正确与否和水准高下，我们需要在理论上和实践中不断学习和提高自己的这种思维能力。如前面讲的“改革开放是中国可持续发展的必由之路”，这是一个总论点，首先要明确“改革开放”这个概念，接着用一个肯定判断“是”连接后面的结论“中国可持续发展的必由之路”。为了说明这个总论点，文章可分成几个小论点进行论述。而“腐败岂能有理”则是一个否定判断，说什么不是什么。为此，也必须搞清楚什么是“腐败”这个概念，接着就从“腐败没有道理”的几个方面进行论述，最后得出结论。

一般来说，写评论要把握好以下几个基本要素，这就是新闻评论的论点、论据和论证。论点是提出观点，表明评论者的看法和观点。论据是为了说明自己的看法和观点而进行的举证。论证是将论点与举证相联系，使其得以成立的一个论述过程和方法。下面我们逐一进行介绍。

一、论 点

所谓论点，即一篇新闻评论的中心观点和思想。它表明作者对所要评论客观对象的一种立场、观点、态度和主张。它表达了作者的是非观、价值观和创造观。

胡乔木在《人人要学会写新闻》中说：最有力量的意见乃是一种无形的意见——从文字上看去，说话的人只是客观地朴素地叙述他所见所闻的事实（而每个叙述总是根据着一定的观点的），这样，人们就觉得只是从他那里接受事实，而不是从他那里接受意见了。① 有了新闻报道，为什么还要写新闻评论呢，就是因为报道是一种无形意见的表达，受众不能或还很难把握对它的本质的认识。而新闻评论是一种有形意见的表达（直接通过文字和语言表达意见），它明确直白地反映了作者对该事物或现象的赞成或者反对，褒赏或者批评的态度，通过评论中的语言可以给受众一种明确的信息传送；它反映了作者对该事物或现象的认识的角度和重视的程度。世界上的事情是复杂的，复杂的事情不都是仅凭是非判断，赞成或者反对、褒赏或者批评就能解决问题的。不同的事物或现象需要我们运用不同的价值标准来衡量、来分析。只有这样才能正确地反映客观世界，也只有这样才能发挥新闻评论有效的引导作用；它反映了作者对该事物或现象所提出的一种意见和建议。一篇评论是否有新意，就是要看文章中是否有创造性的思想和智慧。一般来说，新闻事物的千差万别是由它的客观规律性决定的。但是，如何描述它，特别是如何评论它，却有着千差万别。人们常说，不怕不识货，就怕货比货。新闻评论也是这样，判断一篇评论文章是否为上乘佳作，一个重要因素就是看它是否闪烁着创造性的思想火花。它所传达的观点、意见或建议是否为大众人群所没有考虑，或考虑得没有那么新颖、深刻、独到。

一般来说，论点有两种，一种叫总论点，一种叫分论点。总论点，可以称作中心论点或基本论点，也就是通常我们所说的文章的主题。我们常说的一事一议的评论，是一种小评论，因而只有一个总论点，没有分论点，论述时举例时说明也不需要太多的事例和理论。

---

① 转引自董书华、陈绚：《胡乔木写的社论〈人人要学会写新闻〉》，载《新闻前哨》2013 年第 1 期。

对于社论、评论员文章和一些大的选题评论，由于论述的内容比较多，如果把想法都写进评论中，不按照一定逻辑，会使文章充满思想的碎片，缺乏条理。为了更好地阐明总论点，往往需要从几个方面（横向）或层层深入地（纵向）来论述，提出一些证明、补充或者发挥。这样就有了多个方面的论点了。

总论点的从属论点，也叫做分论点或子论点。它们都是派生于总论点并为阐明总论点服务的。可以说，总论点是纲，分论点就是目；总论点统率分论点，分论点说明总论点。

一篇评论，一般只有一个总论点。下面我们来分析一下《中国青年报》上的一篇评论《不要配合恐怖分子传播仇恨》①：

（第一段）无法理解，怎么能忍心对那么多无辜的平民下手；无法理解，罪恶的刀怎么忍心砍向老人和孩子；无法理解，怎样极端的仇恨才让屠杀者这么丧心病狂——这是许多人看到昆明血案的照片和新闻后愤怒的追问。是的，这就是恐怖主义的特征：暴徒用我们正常人无法理解的残暴、对无辜平民的疯狂杀戮向社会输入恐惧、制造恐怖和传播仇恨。

（第二段）面对这血腥的屠杀，相信很多人都跟我一样，根本无法抑制住内心强烈的愤怒，都有一种想说点什么、想做点什么来表达愤怒的冲动。这时候，我们需要警惕自己内心的愤怒感和仇恨感，不要滑向恐怖分子所希望达到的效果。舆论应该选择理性的克制，不要配合恐怖分子去传播他们想制造的仇恨。

（第三段）昆明市民在表达愤怒的同时，还在用爱心弥补暴行给这座城市带来的剧痛，有人去广场献花，有人排队献血，有人去医院看望伤者，有人去捐款。千里之外对灾难感同身受的我们，应该怎么表达正义的愤怒感呢？

（第四段）当然应该谴责制造这起暴力恐怖事件的分裂势力，谴责屠杀平民的恐怖主义。这种谴责虽然听起来没有直接的用处，却是基本的是非。这样的基本常识和是非，强调一万遍也不为过，这是作为一个人、一个公民在面对罪恶时应有的责任，我们没有权利保持沉默。一个人的谴责听起来无力，但数千万人、十几亿人的谴责，就能汇聚成对社

① 曹林：《不要配合恐怖分子传播仇恨》，载《中国青年报》，2013年3月3日。

会底线和共识价值观的捍卫和强化。

（第五段）不过，这种指责应该指向具体实施恐怖行径的施暴者，指向策划暴行的恐怖组织，而不应该标签化地将矛头指向一个民族和一个地区，将一个民族和地区当成我们的敌人，从而激起民族的对立和区域的对抗。分裂势力的恐怖暴行血迹斑斑，新疆人民也是恐怖主义的受害者，他们也对这些惨无人道的暴徒深恶痛绝。

（第六段）还有，我们应该无视网络上个别人为暴徒暴行辩护的声音，否则，就等于放大了这种声音。这些极端声音在舆论场中并不具有代表性——无论怎样的悲剧和血案，这种极端声音都会跳出来，无视罪恶而高谈阔论分析其后的社会原因。对待恐怖主义，社会需要凝聚共识，而不必因为小分歧彼此撕咬，使恐怖主义在杀戮生命、破坏稳定的同时，还带来阶层情感的撕裂。

（第七段）当然，我们也应该拒绝使用“报复社会”这样的字眼去描述血案，避免进入恐怖主义的逻辑。“报复”这样的字眼正是恐怖主义所希望使用的：自以为受到了不公正的对待，就可以去屠杀平民报复社会。暴徒与“报复”毫无关系，就是恐怖主义可耻的屠杀。

（第八段）最后想说的是，我们可以用各种方式表达愤怒，但不要传播仇恨。不要沉浸在“代表正义消灭你”的优越感在网络上发泄仇恨，这只会传播戾气和仇恨。这也是恐怖分子所希望看到的，用恐怖煽起仇恨，在集体对抗的仇恨中走向混乱。被愤怒感主宰的我们，很容易认为我们怎么骂、怎么发泄、怎么对待“某个想象中的敌人”都是正当的，这极易滑向与恐怖主义一致的极端逻辑。公众越是正义凛然慷慨激昂的时候，越需要一种冷静的能量。

这篇评论发表于2014年3月3日，是针对3月1日新疆分裂势力组织策划的昆明火车站暴力恐怖袭击案件而发表的。它表达了对恐怖主义的谴责和愤慨同时也告诫民众要警惕这种愤慨和仇恨，不要配合恐怖分子传播仇恨，尤其是舆论要做到理性克制，维护社会稳定。这篇评论的主题即总论点是：不要配合恐怖分子传播仇恨。

为了将总论点阐述清楚，文章的第一段首先通过一段抒情的排比交代了评论的背景，指出无数民众在知道了昆明暴恐案后都会发出愤怒的追问，同时也定义了该案件的性质：这是恐怖主义事件，通过对无辜平民的疯狂杀戮向社会输入恐惧、制造恐怖和传播仇恨。

第二段随即提出评论的总论点：面对残忍的恐怖行径，民众不可避免会有愤怒，但我们要警惕这种愤怒感和仇恨感，特别是新闻媒体作为舆论的代表，更不能配合恐怖分子传播仇恨。

第三段是一个过渡段，它没有直接说明为什么不要传播仇恨，而是对昆明市民当灾难降临时所表现出来的爱心表示肯定，而这正是我们所需要的。因为只有这种爱心和救助才能弥补暴行给这座城市带来的剧痛。

后面的第四、第五、第六和第七段分别从不同的方面对总论点进行论述。

第四段对谴责暴力恐怖事件和谴责屠杀平民的恐怖主义的言论表示肯定。虽然这种谴责不能直接打击敌对势力，但正是这种谴责表达了一个民族的力量，汇聚了对社会底线的共识和捍卫。

第五段告诉人们对谴责的对象要有所区分，只能谴责具体实施恐怖行径的施暴者和策划这次暴行的恐怖组织，而不能把矛头扩大到一个民族和一个地区，从而激起民族的对立和区域的对抗。在现实生活中常会遇到这样的情景，如参与暴力事件中有人是少数民族，人们就会联想到谴责对象所属的那个民族；如是某个地区特别是边远地区的人参与恐怖事件，受到谴责的也就扩大到这个地区的所有人群。评论告诉我们在谴责时一定要区别对待谴责的对象。

第六段是对当下网络声音的关注。网络是新形势下一种快捷有效的传播工具和渠道，网络发出的声音反映了人们的意愿；但是，并不是所有的网络声音都是人们的声音，特别是那些极端声音更不能代表人民。评论还指出，当人们表达不同意见时（这是正常的允许的），一定要求大同，存小异，凝聚共识，这样才能维护社会稳定。

第七段接着指出，我们的谴责应该拒绝使用“报复社会”这样的字眼去描述血案，好像恐怖主义的事端是因为受到不公正的待遇而表达的一种不满。这正是我们的敌人所希望的：“因为我不满，所以我要报复。”在社会群体事件中，确有因受到不公正待遇而报复社会的，这些人也应接受法律和制裁的道德的谴责。但是，此次事件中的暴徒与“报复”毫无关系，他们就是恐怖主义可耻的屠杀。这一点说明是十分重要的。

第八段则是对上述论述的一个总结，提出“我们可以用各种方式表达愤怒，但不要传播仇恨，否则很容易滑向与恐怖主义一致的极端逻辑”。整篇评论围绕“不要配合恐怖主义传播仇恨”的总论点，首先指出面对这种暴行，每个人都会有愤怒和仇恨情绪，但我们要理性克制，提出要选择正确正义的表达方式的观点；随后论述在谴责恐怖主义的同时要认清分裂势力与少数民族的区别，不能因此导致民族对立；最后论述不要理会为暴徒辩护的声音，更不要因此陷入恐怖主义的逻辑，认为这是“报复社会”。三个分论点的论述并行为总论点服务，最后总结陈词：“公众越是正义凛然慷慨激昂的时候，越需要一种冷静的能量。”与开头的总论点相呼应。

一篇评论有总论点和分论点。分论点之间，有的是平行的关系，即各个分论点的地位是一样的，它们共同构成总论点的方方面面。有的则是递进关系，即一个分论点证明了，才能进入第二个分论点，一层层分析下去，最后才能得出结论。

但有时在一篇评论里，对有关的几个问题，分别提出论点加以论述。它们之间各有相对的独立性，这样的文章就不只有一个总论点了。如毛泽东的名篇《关心群众生活，注意工作方法》就是讲两个方面的问题：一是群众的生活问题，一是领导的工作方法问题。如果将这篇文章改成两篇单独的评论，则可以写成《关心群众生活，调动群众积极性》和《注意工作方法，改进领导作风》，也可以改成其他的内容。

如果现在要写《关心群众生活，调动群众积极性》这篇评论，就会涉及当前群众生活中存在的一些问题，它们是怎样发生的，如何解决，解决了这些问题就能调动大家的积极性，有利于我们开展工作。关心群众生活是各级领导机关和领导干部时时刻刻不可忘记的事情，现在为什么要写这篇评论呢？这可能是元旦、春节快要到了，或是遇到什么天灾人祸，或是饮食卫生方面出了什么事故、问题，等等。这篇评论从关心群众生活的大前提出发，结合本地区出现的有关问题进行评论，就可以做到有的放矢，卓有成效。《注意工作方法，改进领导作风》也是可以单独成篇的。工作方法是领导作风的一个方面，这篇评论也是一个论点。现在为什么要写这篇文章呢，自然也是由于本地区出现了什么新的情况和问题，或中央提出了什么新的要求或新的决定。这一类的评论只要结合实际，也是可以常做常新的。

那么，能不能将上面两篇评论或者说将两个论点融到一篇文章里面，变成一个论点的两个部分呢？这样写也是可行的。如果这样考虑，则可将评论的标题改为“提高领导者素质”或“值得领导者思考的几个问题”，等等。这么一改，这篇评论的论点就成了如何提高领导者素质的问题了。在这个总论点下面，可以涉及许许多多与领导者素质有关的问题，这些问题就是总论点下面的分论点。

一般来说，一篇评论需要确定一个论点，如果论点很大，里面可以由几个分论点组成。但作为一篇小评论，则只需要有一个论点，而且论述时举例说明也不要有太多的事例和理论，这就是我们常说的一事一议的评论。

论点是一篇文章的灵魂，它统率着整篇文章的结构、布局、论理和文字；它决定着一篇评论的生命力，事关重大。一篇评论首先要求它的论点要正确。只有论点正确的文章才可能发表，发表了才可能取得好的社会效果。评论员是社会中人，他也会受到社会方方面面的影响，也会因自己与评论对象的某种关系而产生特殊的喜怒哀乐。这些都是正常的。问题在于，作为大众传媒特别是党报、党刊等主流媒体上的评论文章，就不能只从个人一己私利出发，倾诉自己的意愿，而且这些态度和看法与整个社会的主旋律不合拍。一篇评论文章，所谓论点正确，就是要求它必须符合时代的要求，符合大众的要求，符合长远利益的要求。对于不同的媒体，还有不同的具体要求。其次，论点还必须有新意。新闻评论是对新闻事实的一种判断、一种解读、一种阐释，它是对基本事实的一种延伸。如果新闻报道都很清楚了，而新闻评论却没有什么新意，谁还来读评论文章呢？一篇好的新闻评论一定是能从大家司空见惯的事实中，挖掘出大家都不曾想到或想到了说不出来或会说但说不好的观点或意见来。论点正确，而且又有新意，再加上其他方面的配合，就可以成为一篇好评论文章。

二、论　据

所谓论据，是指评论文章中使论点得以成立和促其深入的相关材料。一篇评论的观点为什么是正确的，为什么能说服人，一定要有相关的材料来说明它，没有这些真实有力的材料，这篇评论文章的论点就可能是人为杜撰的或经不起别人批驳的。

一篇评论文章的论点，是人们的主观世界对客观事实的反映和判断。评论作者为什么会作出这样的判断而不作出那样的判断，产生这样的命题而不产生那样的命题呢？重要前提就是作者掌握了一些基本事实和理论。这些事实和理论就是一篇评论的论据。没有没有论据的论点，论点一经产生，它就必须以一定论据为前提。同时，论点也不是孤立的，一经提出它就能很好地说服人。一篇评论文章要说服人，引导人，特别是把那些不同意见或反对意见者拉到自己一边，没有充分的事实和理论，也是不能奏效的。

论据一般来说包括两类，一类是事实论据，另一类是理论论据。

1. 事实论据

人们常说“事实胜于雄辩”，这说明事实在论说中的作用。这种作用表现在事实中所蕴藏的道理是十分深刻的，只要这样的事实一出现，就毋须饶舌者再去花费工夫了。比如说知识改变命运，在这里不用详细地从理论上论述知识的作用，只要举上十个八个因为知识而改变命运的实例，就足以使这个命题成立。如果说吸烟有损健康，只要是得肺癌者大多有吸烟史，难道这个道理还不明白么？

现实中的事实是很多的，作为新闻评论论据的事实选择是有讲究的：

首先，这个事实要与本论题相关。天下的事实有很多，但是，一篇评论要选择哪一个事实作为论据呢？作为论据的事实，必须与评论的论点有直接的联系。也就是说，这个事实对于证明评论作者的观点要有强有力的说服力。要达到此目的，就需要在众多的事实中进行挑选，选出一个最典型，最具说服力的事实，而且这个事实能够很好地说明该论点。

其次，事实必须真实。新闻评论不同于文学创作。文学创作，可以虚构、可以想象、可以“张冠李戴”、可以“无事生非”，只要能吸引人就行。但是，新闻评论不行。新闻评论要评论的事实必须真实，新闻评论用以论证的证据也必须真实。时常会遇到这样的情况，有的评论用的事例看起来很典型也很生动，具有较强的说服力。但是，事后发现，这个事例是假的，是评论作者自己虚构的。或许这篇评论的观点是正确的，但就因为用了一个虚假的事实而将整篇文章给否定了。想想看，连文章中的事例都是假的，有谁还相信你的观点呢。所以，评论作者在选择事实做论据时，必须审慎，找出事实来源，认真甄别核实，不可麻痹大意。

再次，事实必须新鲜。为了说明一个观点，评论者可以举出许许多多的事例，而且这些事例也都是典型的真实的，但是，它们都太陈旧了，这样的事例也不要用。新闻评论讲究一个新字，不仅要求新闻评论的事实和观点要有新意，而且也要求新闻评论中选用的事例也要有新意。我们都知道事物是不断发展的，用以前的事例来说明现在新近发生的问题，必然少了一些说服力。如果一个本来论点不错的评论，却用了大家都知道的陈旧事例，尽管它也能说明问题，但是会让人觉得人少了一些新意。一篇好的新闻评论需要作者新鲜、新活的观点，也需要作者用新近的事实去证明自己的观点，这样才能说明作者的观点在现阶段是站得住脚的。所以，新闻评论在选择事实论据时，尽量选择那些既能说明主题，又是新近发生的事实。

当然，我们也不能排斥另一种事实，那就是在历史上曾经产生过重大和重要影响的历史事件，它虽然过去久远，但今天重提仍然具有启示作用，这样的事例也是十分宝贵的。

2010年12月29日，《梧州日报》发表了一篇评论《食品安全就该“人命关官”》。这篇评论的背景是：12月20日，全国人大常委会审议的刑法修正案（八）草案，新增了食品安全监管渎职犯罪，修改了食品安全犯罪的刑罚条件，负有食品安全监管职责的国家机关工作人员要担刑责，后果特别严重的要处5年以上10年以下刑期。

食品安全一直都是群众非常关心的问题，尤其是近年来，豇豆残留农药、玉米奶含三聚氰胺、地沟油进餐桌、火锅底料满是化学剂、蘑菇漂白、葡萄酒勾兑等食品安全事件层出不穷，老百姓用跑不赢CPI的微薄收入购买食品，但最终却付出了身心俱损的代价，这何其让人心寒。每年全国“两会”，很多代表会为此纷纷建言献策，但依然未能阻止后来一系列食品安全事件的发生。为此，作者在评论中指出——

> 关于食品安全，慨叹“人命关天”是没用的，关键还是要“人命关官”。为什么食品安全监管总是屡屡失手，究其原因，不难发现，就是失职的成本太低了。现成的监管要大有作为，首先要厘清基本的权责利关系。
>
> 目前，法律对食品生产、经营等人员明确了刑事处罚，但对监管人员失之于宽。2009年6月1日起施行的《中华人民共和国食品安全法》，对重大食品安全事故中相关监管人员，只是规定了行政问责，而不是更严厉的刑事惩罚。也许正因如此，不少监管人员避重就轻，对食品安全问题睁一只眼闭一只眼，出了食品安全事件，除了生产和销售的相关人员被惩处外，负有直接监管之责的国家机关工作人员往往逃脱刑罚，即便被免职也只是走过场。
>
> 因此，此次刑法修正案草案新增了食品安全监管渎职犯罪，明确渎于职守的监管人员将要承担刑责，将“人命关天”与“人命关官”结合起来，无疑令人十分期待的。但是，话又说回来，唯有法律得到真正执行，将问责刑罚落到实处，群众心头之虑的食品安全也才会有保障。①

---

① 张渊腾：《食品安全就该“人命关官”》，载《梧州日报》，2010年12月29日。

食品安全是个老话题，每次出现一例安全事故就会一些评论涌起。但是，这一次不同，全国人大常委会审议了刑法修正案，新增了食品安全监管渎职犯罪和犯罪的刑罚条件，后果特别严重的还要处5年以上10年以下刑期，这在以前是没有的。正因为如此，评论发表后引起反响，获得好评，还得了中国新闻奖二等奖。

2015年2月6日，《中国青年报》发表了一篇评论——《公众打分决定官员去留，步子迈大了》。其由头就是该项报前一天报道的湖南祁阳县重点股室中层干部民主测评中，由于排名靠后，县环保局钟伟民、张旭将面临被免职调离的命运，由于该局有两个股室排在测评最后5位，局长李晓华同样要受到免职处分。

以公众参与者决定干部的去留，是一项改革举措，应该受到好评。为什么作者认为祁阳的这一步迈大了呢？评论中写道：

> 打分定去留的做法虽在一定程度上体现了民意，但并非科学的干部考核机制，其带来的负面效应不容忽视：测评员对被测评岗位和人员真正了解多少，有没有人打人情分、印象分。如果测评员平时对被测评对象了解不多，对其工作能力、工作岗位要求以及其工作职能发挥所面临的制约因素等没有足够的认识，那又如何能保证测评的公正性？在公众对环境污染日益担忧的过程中，有不少人把矛头对准了环保局，把环境问题全部归咎于环保局，由此带来的局面是，公众对环保局的整体评价确实不高。在这种大环境下对环保局官员进行测评，不排除测评员把对环境问题的担忧转化为对环保局的不满意，进而把这种不满意具体量化到了被测评的环保局官员身上，使得被测评人员“躺着中枪”。①

环境保护是一个系统工程，不仅仅是一个环保局就能解决问题的。在测评中，把社会问题、综合因素作用下形成的问题和不满，转化为对测评对象的不满意，对被测评人员来说就是一种不公，这种已经承载不公因素的结果最后又用于决定其去留上，进一步放大了测评的不公效应，会打压干部工作的积极性，也与中央改革精神背道而驰。文中作者还列举了2014年8月，

---

① 许辉：《公众打分决定官员去留，步子迈大了》，载《中国青年报》，2015年2月6日。

中央政治局通过的《深化党的建设制度改革实施方案》，文件中指出，要深化干部选拔任用和考核评价制度改革，解决“唯票、唯分、唯 GDP、唯年龄”取人问题。祁阳用测评打分决定干部去留，就是“唯票、唯分”取人的症状，不值得提倡。

这篇评论运用的事实是《中国青年报》前一天的报道，而且事实还引起人们的围观，而作者又发表了不同以往的意见，自然会受到大众的关注。

2. 理论论据

新闻评论要说服人，除了事实外还需要有理论的论据作支撑。这些理论论据大体可以包括以下内容：

第一，马克思主义的基本原理、党和政府的方针政策和领袖人物的思想和言论等。

马克思主义是科学的世界观和方法论，它通过大量的事实材料和严密的逻辑论证，阐明了自然界、人类社会和思维发展的普遍规律。它以辩证唯物主义和历史唯物主义、政治经济学、科学社会主义宏大的科学体系提示了人类社会的发展规律，是指导我们工作、学习和生活的科学指南。

党和政府的方针政策是一个时期整个国家或一个地方的行动准则，它对于整个国家或一个地方来说关系重大。它在思想上提示人们，在行动上指导人们，它给人们以远景的展望，它对人们施以政策的服务。一般来说，一个国家或一个地方的方针政策都是经过一定的程序，经过反复研究推敲而定的，具有一定的科学性和权威性。

领袖人物，不论是国家的还是各个部门或各地的，他们大多是从群众中来，得到群众的认可和拥戴，具有一定的思想素质、理论素质、技术素质和领导才干的。他们在一个国家或一个地方或一个单位或一个方面具有很高或一定的权威性。他们的言谈举止有时也传递了这样的信息。国家领导人的言论可以明确体现出国家下一步的发展方向与战略，能够帮助国民解读政策，分析其在实践中的运用情况。

名人名言，指的是一些在各个方面取得巨大成就的大家，他们所提出来的具有深刻含义并且精炼的话语，不但简洁并且十分有力。比如说，鲁迅的“希望本是无所谓有，无所谓无的。这正如地上的路，其实地上本没有路，走的人多了，也变成了路”①。列夫·托尔斯泰的“一切利己的生活，都是

① 鲁迅：《故乡》，见《鲁迅小说集》，万卷出版公司 2013 年版，第 54 页。

非理性的，动物的生活”等等。这些都可以作为有力的理论论据。

一般来说，上面的这些内容都可以作为新闻评论的理论论据来使用。但是，要注意，在引用这些理论论据时，一定要全面正确地领会这些理论精神。不可断章取义，片面理解；也不可机械照搬，不顾本篇评论所涉及的事物和和问题。同时注意，任何理论都是随着一定的时间和空间而发展和变化的。我们在引用一些理论作为评论论据时，要注意它的时代性和国际性。

第二，科学的定义、规律、公理和常识。

这些定义、规律、公理和常识，既包括社会科学领域也包括自然科学领域。如关于物质是一种客观实在，它不依赖于人的感觉，但可以为人的感觉所感知，即可以被人所认识的定义；关于意识的起源、本质和作用的定义；关于自由是对必然的认识和对客观世界的改造的定义；社会实践与社会理论相互制约，相互促进的规律；社会需要与内在逻辑辩证统一的规律以及常规性发展与革命发展相互交替的规律；在自然科学领域里，关于大地环境、自然气候、生物防治等方面的定义、规律和常识等，如物理学中的万有引力规律，化学中的分解与合成，数学中的平面两点间直线距离最短，等等。

不论是社会科学还是自然科学领域的理论论据，都是以一定历史条件和一定的活动空间为适用范围的。离开了一定时间和空间，这些定义、规律和常识就可能要作一些修改和调整。完全一成不变的东西是不存在的。例如：自从克隆动物出来之后人们就像看待异类一样看待它们。可是，2008 年 1 月 28 日美国的《TIME》（《时代周刊》）里面有一篇文章指出，美国食品和药品管理委员会的学者经过很多年的研究之后，在 1 月 15 日发表声明，食用克隆动物的肉和奶和食用非克隆动物的肉和奶一样安全。关于转基因食品是否有害学界长期没有形成定论。可是，2014 年 10 月 18 日《新京报》一篇文章指出，10 国学界专家在武汉发表声明，转基因食品无害。随后关于转基因食品是否无害的讨论铺天盖地。不论是自然科学还是社会科学，都是迅猛发展、变化无穷的。我们的新闻报道和新闻评论也必须与时俱进，关注和运用这些日新月异的新进步，不断更新论据，使新闻评论文章更有生气更有新意也更有力量。

第三，被实践证明是正确的理论。

实践是检验真理的唯一标准。人们在长期的社会生产生活实践中，经过反复的实践，有很多东西被检验后证明是正确的，是有利于社会和人类的。这些理论也可以作为评论的论据来使用。如大自然的春夏秋冬带来的四季变化，白天黑夜周而复始的有规律活动，人们生老病死的肌体变化，社会发展中的矛盾冲突，人际关系中的伦理道德，等等。所有这些都是人们在长期的社会实践中感受到体验到领悟到的，一经指出，人们就会接受，不需要有人去作专门的说明。中国的社会主义现代化建设经历了30多年的改革开放历程，在其间也创造和诞生了许多可以作为真理的科学理论。我们在写作这方面的评论时，就可运用它作为自己的理论依据。这样既有说服力，又具有时代特征，使受众感到亲切。

理论依据是一篇评论文章立得起来、引人入胜的重要因素，在选择和运用时要审慎注意。首先，要求正确，只有正确的理论才能保证整篇文章的论点不出问题，同时，也才能使整篇文章的论点更加深入；其次，要求全面。理论是对客观现实的概括和总结。不论是哪个理论，它总是针对某一个或某一类事件、现象、问题而作出的。写评论文章选择论据时，一定要注意该理论的运用条件，不要使其产生片面性。那样，越是运用了理论，危害性越大；最后，要精心选择那些与本论点结合最紧密的理论论据。一篇评论可以运用多个理论依据，但只有选择那个与本论点关系最紧、说理最深刻的理论，才能最好地发挥评论的效果。

2016年5月30日，全国科技创新大会、两院院士大会、中国科协第九次全国代表大会在北京召开。大会吹响了建设世界科技强国的号角，开启了中国科技创新的又一个春天，也让广大科技工作者看到了广阔的蓝海。怎样才能在重大科技领域跨越发展，抢占新一轮世界科技前沿？如何才能克服体制机制障碍，最大限度地激发创新活力？为此，《人民日报》在评论版推出“开拓科技创新的蓝海”系列文章，6月7日发表了第一篇南开大学校长龚克的评论《让创新就要让思想冲破牢笼》——

(第一部分) 评论以近日召开的三个科学大会为由头，引用习近平同志讲话和《国际歌》的一句歌词引出了本篇评论。

> “思想冲破牢笼”，这是《国际歌》中的歌词。习近平总书记日前在全国科技创新大会、两院院士大会、中国科协第九次全国代表大会上指出，“一切科技创新活动都是人做出来的”，并强调要激发各类人才创新活力和潜力，使谋划创新、推动创新、落实创新成为自觉行动。听到这些话，我不由得想到了这句歌词。

(第二部分) 提出了评论要阐述的主题。

思想解放是创新创造活力迸发的前提。要激发全社会尤其是广大科技人员的创新活力，必须冲破种种有形无形的束缚。有形的束缚，主要是不合时宜、不切实际的体制机制、规章制度等的束缚。无形的束缚，主要是思想的束缚。在向世界科技强国进军中，必须用思想解放和体制改革两个轮子一起驱动创新，让思想冲破牢笼，从种种不合时宜的观念中解放出来。

(第三部分) 是论述的主体，又分为三个小的话题进行深入论证。
第一，要从“跟踪思维”定式中解放出来。

比如，要从“跟踪思维”定式中解放出来。由于长期落后而且至今仍在许多方面处于落后，“赶上世界先进水平”一直是我们的奋斗目标。然而，在长期“追赶”中，我们习惯于走模仿跟踪的路，在管理和研究人员的思想上形成了一种“跟踪思维”定式。国家确立“自主创新、重点跨越、支撑发展、引领未来”的基本方针至今已经10年，但我们仍然未能真正冲破这一思维定式。一个突出表现，就是在提出和确定科技立项、设计和审定研究方法、论证和验收攻关目标成果等环节中，总是在追问“发达国家怎么样”。当前，“从总体上看，我国在主要科技领域和方向上实现了邓小平同志提出的‘占有一席之地’的战略目标，正处在跨越发展的关键时期”。“如果我们不识变、不应变、不求变，就可能陷入战略被动，错失发展机遇，甚至错过整整一个时代”。所谓“面向世界科技前沿”，恰恰是要超越或者开辟科技创新方式和领域，冲破“跟踪思维”的牢笼已是当务之急。

第二，要从“行政思维”定式中解放出来。

又如，要从“行政思维”定式中解放出来。由于长期实行对科技研发的泛行政性管理体制，造成了一种在科技研发上的“行政思维”定式，管理机关习惯于居高临下，以长官意志行事，科研人员无从主动作为而只能“等靠要”。这正是总书记批评的，“实际存在的部门领导拍脑袋、科技专家看眼色行事等问题”。解决这样的问题，首先要靠体制改革，同时作为创新主体的广大科研人员也要解放思想、冲破“行政思维”的牢笼，成为推动科技体制改革的积极力量。

第三，要从“学科思维”定式中解放出来。

再如，要从“学科思维”定式中解放出来。学科是随着科学研究的发展而变化的，创新往往就意味着对既有学科的突破和跨越，意味着新知识甚至新学科的诞生。然而，由于我国长期过度偏重专业教育且学科划分过于狭窄，加之学科管理与行政管理交织，近些年来，频仍的“学科”评估排名更与资源行政性分配相挂钩，加重了画地为牢的“学科思维”。学科边界无形中成为视野和思想的边界，进而成为束缚创新的边界。这个“学科思维”的牢笼若不冲破，必然成为日益严重的创新障碍，应当引起从中央到地方、从管理部门到高校和科研院所、从广大科技人员到全社会的高度重视。

(第四部分) 文章的结尾，与题目相呼应。

思想是不能有边界的，“让思想冲破牢笼”，才能让创新振起翅膀。

创新是一个老话题。这篇评论结合三个科学大会的召开有新闻性；文章中列举了三方面的问题进行论述，有较强的“问题意识”，使这篇评论不同于以往的创新文章；作者为南开大学校长，特殊的作者身份使文章更有深度和说服力。

事实论据和理论论据都是新闻评论中不可缺少的论据材料，在使用时要注意处理好两者关系。不能因为“事实胜于雄辩”，就在论述时大量罗列一些事实。简单的事实堆积，不仅是新闻报道中的败笔，更是新闻评论中的大忌。既然是评论，说理的成分自然要多一些，不然就成了消息和通讯了；同时，也要注意，不能因为是评论文章就大量引用经典著作和领导人的讲话，以为这样就能显出理论水平，这同样也是错误的。评论既然是说理的形式，在一篇文章里就不能只是抄别人的话（尽管这些话也可能是正确的）而少了自己的意见和论述，那样，不成了领导人的语录摘抄了么？这些都是我们要注意的。选择新颖真实典型的事例，引用深刻富有启迪的理论，相得益彰，配以精辟的论证，就可能成为一篇好文章。

三、论　证

所谓论证，就是揭示论点与论据之间逻辑关系的过程，论证的好坏是保证论点能否成立和说服人的重要环节。论证的作用好比厨师的功能，一次家庭宴会，有好的主题（或是为老人祝寿，或为小孩庆生，或为新人贺喜，或为朋友聚会），也具备精心挑选的食材（根据不同的主题有不同的食材挑选与搭配），这个时候就需要厨师来烹饪。厨师水平不同，做出的菜肴味道自然就不一样了。在这里，厨师的烹饪水平直接影响到宴会的质量。论证的作用也是如此，它要将一篇评论的论点和论据有机地结合起来，用论据提供的事实或理论说明文章的中心观点，使受众看得明白，并且觉得回味无穷。

论证的过程，既是将文章的材料、文字巧妙地结合的过程，同时也是一个逻辑思维的过程。在新闻评论的写作中，论点、论据和论证是一个完整的统一体，相互依赖，相互作用，彼此不可分割。如果说论点是一篇评论文章灵魂的话，那么，论据就是一篇文章的肌肉，而论证就好比是肌体的血液和骨骼。因为有了骨骼和血液，肌体才有生命，有生命的肌体才能体现灵魂。灵魂离开了肌肉和血液、骨骼也就不复存在，同样，血液、骨骼离开了肌体，没有灵魂的支配，它也不能发挥作用。在新闻评论的写作实践中，我们常会发现这样的情况：有的评论的论点很好，论据也不错，但就是因为论证不到位，而使论点显得不那么有力量，论据的使用也未显出它应有生命力。有时候，论据差一点，但论证很有力，结果也能说服人。由此可见，论证在一篇评论中的作用是十分重要的。

新闻评论的三要素是一个整体。当然，有的新闻评论很简单，只包括一个主题、一个观点、一个事实，并且这个事实简单而又能很好地说明观点，此时就不需要展开全面地论述了。这类的小评论，如果是人们所关心的、与人民群众的利益密切相关的，受众还是比较欢迎的。

下面引用一篇第24届中国新闻奖评论获奖作品《突破法律的改革需授权》①，简单说明新闻评论三要素及其之间的关系。

（第一段）党的十八届三中全会开启了改革新时代，《中共中央关于全面深化改革若干重大问题的决定》的出台，为改革设定了明确目

① 秦平：《突破法律的改革需授权》，载《法制日报》，2013年12月9日。

标，也激发了社会改革的勇气和活力。人们坚信此次改革与35年前的改革一样，必将为中国的经济发展和社会进步带来一次新的飞跃。

（第二段）今天的改革虽然与35年前的改革有很多相似之处，但差异也十分明显，其中最突出的一点就是，与35年前相比，当前中国特色社会主义法律体系已经形成，法律制度更加健全，改革需要依法稳步推进，不能一讲改革就要突破法律禁区。

（第三段）如果说35年前的改革更多地体现为摸着石头过河，而如今的改革更多地强调顶层设计。不久前，习近平总书记在山东考察时指出，"要准确推进改革，认真执行中央要求，不要事情还没弄明白就盲目推进。要有序推进改革，该中央统一部署的不要抢跑，该尽早推进的不要拖宕，该试点的不要仓促推开，该深入研究后再推进的不要急于求成，该得到法律授权的不要超前推进"。

（第四段）习近平总书记的讲话有两层意思非常明确：第一，改革不能拖宕，但也不能抢跑，要有序推进。也就是说改革要加强顶层设计，避免由于盲目改革给国家社会和人民带来不必要的损失。第二，改革需要研究和试点，而且一些改革需要得到法律的授权。而这一点至关重要。

（第五段）不可否认，有些时候改革与现行的法律制度的确是一对矛盾。一些法律法规修改不及时，一些法律法规在制定的时候保护了某些部门的利益、扩大了某些部门的权力，这都可能导致部分法律规定成为改革的阻碍。例如，我国现行的土地管理法与推进农村土地流转、增加农民财产性收入改革的目标就有一定差距，但这并不意味着因此就可以违法买卖农村集体土地、承包地、宅基地。事实上，在现行土地管理法没有修改之前，任何借口改革而违反法律的行为都是不允许的。

（第六段）解决法律与改革冲突的问题，应通过有计划、有步骤的试点，深入研究、积累改革经验，取得成功后再适时全面推开。对此，我国宪法第89条有明确规定，一些突破现行法律的改革试点需要全国人民代表大会和全国人大常务委员会授权进行。

（第七段）2012年5月，广东省人民政府向国务院呈报了关于深化行政审批制度改革先行试点的请示，请求国务院授权该省调整由法律、行政法规和国务院文件规定的部分行政审批。这些行政审批中有25项是由有关法律规定的，要由全国人大常委会授权国务院暂时进行调整。在2012年年底的十一届全国人大第三十次会议上，全国人大常委会授权国务院在广东省暂时调整部分法律规定的行政审批。由此，广东深化行政审批制度改革试点才规范有序推开。

（第八段）必须承认，只要是改革就会有风险，这种风险包括国家社会的风险，也包括个人的风险。虽然风险也是改革的题中之义，但是依法进行的改革会使风险大大降低，减少由于改革盲目性带来的各种损失，使改革在合法、理性的轨道上进行。依法、依规全面深化改革，任何突破现行法律的改革都要得到法律授权，这是新时期改革应当遵守的基本原则。

这是一篇关于全面深化改革和改革与法律的关系的评论文章，由《法制日报》撰写更有专业性的权威性。它的论点是：改革需要改革需要研究和试点，依法稳步推进，而且一些改革需要得到法律的授权。这篇评论是围绕全面深化改革的力度和底线展开论述的，党的十八届三中全会后，我国进入全面深化改革时期，人们觉得本次改革应该和35年前的改革开放一样带来新的飞跃。但事实上，由于社会法律背景的不同，现在的改革不能像之前一样凭着热情和勇气“摸着石头过河”，而必须是加强顶层设计。健全的社会主义法律体系，要求改革必须在法律许可范围内。不可否认的是，一些改革往往会和法律相冲突，也不能因为法律不许可就止步不前。最好的办法就是在基层进行小范围的研究和试点，在一些涉及根本法律的问题上，必须得到法律机构的授权。这样才能保证改革的稳中求进。

第一段主要描述了党的十八届三中全会后，我国进入了全面深化改革的新阶段，中央的决定也给社会的改革注入了勇气和活力。各方都蓄势待发，准备大干一场。这次改革和35年前的改革一样具有历史意义。这里交代了评论的背景。

第二段提出问题：虽然这次改革力度广度超前，但不能像35年前那样毫无顾忌，什么事都敢做、都能做。现在，我国的法律体系已经形成，法律制度更加健全，那么，我们的改革就需要依法稳步推进，任何改革都要在法律许可范围内。这虽然没有完全提出本文的论点，但采用“先破后立”的手法，提出了“改革不能违法”的分论点，为后面的“立”打好基础，明确了评论的立意和观点。

第三、第四、第五段开始就每个分论点做论述。

第三段强调改革要跟着中央的步伐走，引用了习总书记在山东考察时说的一番话作为强有力的理论论据。一方面要“准确推进改革”，另一方面要

“有序推进改革”。

第四段则是就习总书记的话作进一步的解读和观点的概括，为评论所用。将习总书记的话概括为两层意思，第一层意思为“改革要加强顶层设计，避免盲目改革，造成不必要的损失”；第二层意思为“改革需要研究和试点，而且一些改革需要得到法律的授权”，文章强调：“这一点至关重要。”第二层意思是作为评论的中心观点的，有习总书记的原话作为理论论据，这个论点就更具有权威性。

第五段就改革与现行法律制度的关系作进一步的分析论证。首先承认“有些时候改革与现行的法律制度的确是一对矛盾”，法律若没有及时跟上时代的步伐，会成为改革的障碍。接着便举出一个事实论据：我国现行的土地管理法与推进农村土地流转、增加农民财产性收入改革的目标也是相矛盾的。该事实论据既论证了前面法律会阻碍改革的观点，也为接下来的“这并不意味着因此就可以违法买卖农村集体土地、承包地、宅基地”提供了佐证，道出“在现行土地管理法没有修改之前，任何借口改革而违反法律的行为都是不允许的”这一观点，为分论点服务，证明分论点的成立。

第六段开启了“先破后立”中的“立”环节。提出解决改革与法律许可矛盾的办法，即评论的另外一个分论点。段首便明确提出了论点：“解决法律与改革冲突的问题，应通过有计划、有步骤的试点，深入研究、积累改革经验，取得成功后再适时全面推开。”然后用宪法第 89 条的明确规定作为理论依据，宪法中清楚地写道：“一些突破现行法律的改革试点需要全国人民代表大会和全国人大常务委员会授权进行。”这和该文的论点是完全符合的，同样是一个具有权威性、经得住发问的论据。

第七段用广东省深化行政审批制度改革的事实论据来详细分析论证了文章论点。广东省在改革前，事先“向国务院呈报了关于深化行政审批制度改革先行试点的请示”，请示中清晰地列出了改革中与现行法律法规相冲突的地方，必须通过全国人大常务委员会授权国务院进行相关调整，一切都协调到位之后，广东省才能作为试点正式实施改革。这一事实论据充分说明和展示了正确的改革道路，为以后的改革作出了良好的示范。

最后一段作总结，“改革就会有风险”，但“依法进行的改革”会大大降低风险，避免不必要的损失。评论最后再次提出论点“任何突破现行法律的改革都要得到法律授权”，并将此作为新时期改革的原则，强调其重要性。

2013 年，党的十八届三中全会拉开了全面深化改革的序幕，会议结束后各领域开始了强有力的改革。在改革的过程中不可避免地会出现这样或那样的问题，其中整个改革的步伐和底线是至关重要的一点。如果不加约束地乱改，以改革之名突破法律法规的界限，极有可能产生意想不到的损失。整个改革也会陷入混乱当中，没有章法和方圆。所以在这个时候应该有一个声音作为改革的导向，引领改革正常有序地进行，充当调节剂的作用。这篇评论正是很好地担任起了这样的角色，在改革浪潮里形成一股良性的舆论推力。

评论发表后，收到了良好的社会效果，各大网站和媒体纷纷转载，认为评论点到了改革中存在的关键问题和人们的思维误区。这篇评论也获得了2014年第24届中国新闻奖的二等奖。

我们常说“题好一半文”，说的是题目选择好了，就等于做好了一半文章，强调的是要选择一个好主题，做一个好标题。那另一半呢？就要靠论证来发挥作用了。在评论写作实践中，经常会发现这样的情况，有的评论主题不错，材料也还行，但是因为论证不到位，有的甚至出现逻辑错误，使一个好主题浪费掉了，这是很可惜的。那么，为什么会出现论证不到位的情况呢？除了对论点、论据的把握不到位外，很重要的一点就是论证时对理论的阐述不透彻。

《人民日报》曾发表过一篇《理论之美在透彻》① 的评论，作者在文中写道：

> 透彻之于理论的要义，在看透、想透、说透。
>
> 看透，就是洞彻客观对象及其关系。
>
> 宋代张载曾言：“须透彻所从来，乃不眩惑。”看透了，澄明了，自然“不眩惑”。看不透，“眩惑”中，贸然为论，倚重本本主义，纸上来、纸上去，容易“假、长、空”；看不透，即使“假、长、空”，也解决不了“不眩惑”的问题。自己“昏昏”，岂能“使人昭昭”。
>
> 想透，就是想明白、想得深、想得远。
>
> 何谓想透？毛泽东在《改造我们的学习》中给出明确答案，就是有的放矢，合规律合目的；从实际情况出发，“从其中引出其固有的而不是臆造的规律性，即找出周围事变的内部联系，作为我们行动的向导”。毛泽东对马列主义与中国革命关系是想透了的，认为两者必须结

① 张首映：《理论之美在透彻》，载《人民日报》，2013年6月5日。

合，结合最好，结合有利于马列主义在中国的传播与对中国革命和建设的指导，有利于克服教条主义和经验主义，有利于中国共产党夺取胜利。这么想透了，形成了当时中国的马列主义即毛泽东思想，解决当时困扰党内的教条主义和经验主义问题，赢得政权，取得新中国一个又一个成功。

说透，就是说清楚，说明白，让人一听就茅塞顿开，一看就豁然开朗，从茫然或知其然到以为然、深以为然。关于计划同市场的关系，这个20世纪最大难题之一，邓小平是看透、想透、说透了的。"计划多一点还是市场多一点，不是社会主义与资本主义的本质区别。计划经济不等于社会主义，资本主义也有计划；市场经济不等于资本主义，社会主义也有市场。计划和市场都是经济手段。社会主义的本质，是解放生产力，发展生产力，消灭剥削，消除两极分化，最终达到共同富裕。"社会主义的本质与计划和市场作为手段的关系，他彻底地说清楚、道明白了，为破解这个世纪难题画上圆满句号。

看透是根本，想透是树干，说透是枝叶。理论达到透彻境界，深刻、精辟、新意跟着就到，准确、鲜明、生动随之而来，如同常青树，根深蒂固，枝繁叶茂，四季清爽，历久弥新。

在新闻评论写作中，论点、论据和论证是一个完整的统一体，相互依赖，相互作用，彼此不可分割。论点是灵魂，提供思想、观点和方向；论据是肌肉，它的存在使得论点丰富、正确、充实；论证是血液和骨骼，只有它才能使肌肉充实，有生命。有了骨骼和血液，肌体才有生命，有生命的肌体才能体现灵魂。灵魂离开肌体和血液骨骼不可能存在，血液骨骼离开肌体，没有灵魂的支配，也不可能发挥它的作用。这三个基本要素因不同的主题存在不同的运用，需要写作者在实践中学习和掌握。

第五章
新闻评论选题

一、新闻评论的选题及价值

新闻评论的选题，说的是新闻评论要评说和论述的对象，它可以是我们生活中的事物和现象，也可以是我们需要研究和解决的事件和问题。通俗地说，它是新闻评论要涉及的领域或范围，即一篇评论要论及什么方面的问题或对象。天下的事多得很，世上的问题复杂得很，一篇评论不能什么事情、什么问题都涉及，那是不可能的，也是做不好的。所以，我们在开始写作前，必须首先考虑选题，也就是说做哪一方面的文章。

选题的内容是多方面的，从学科领域上分有政治、经济、文化、军事、体育、外交，等等；从研究领域上看有党的建设、依法治国、经济发展、三农问题、军事强国、科技革命、反对腐败、深化改革，等等；从地域上分有中国的外国的，有本省的外省的，有本市的外市的，有北方的南方的，有东边的西边的，等等；从人群上分有年纪大的有年纪小的，有男士有女士，有年轻力壮者，有老弱病残者，等等。每一领域有许许多多的评论对象，也就是说有许许多多的选题。评论者只有确定了选题，才可能最终确定写作的题目，有了题目才可能有的放矢，做出好文章来。我们常说“题好一半文”，这里有两层意思，一是说标题好，二是说选题好，也就是说选择了某一方面的内容进行评论。比如说，在高考改革成为社会关注热点之时，复旦大学、上海交通大学两所大学自主招生，这被许多媒体称为大胆创新的“破冰之举”。这条新闻引起了广大的考生以及他们的家长的注意。如果用这个由头作为选题，无疑可以吸引住大部分人的眼光。因为复旦大学、上海交通大学的举动让那些考生以及他们的家长找到了除去高考之外的另外一条进入高等学府的道路，它给了考生许多的希望。但选题确定了“复旦、交大两所大学自主招生”，这还只是一个大致的评说范围，并不是说写它就可以写出好的文章。同样的选题，由于人们思考的角度不同，可以做出不同角度的评论文章。由此可见，选题和标题是不同的。选题是从更大范围和领域里确定评论要论述的对象，而标题则是在更具体更直接的事物或问题上确定写作的内容。有了好的选题，才有可能写出好文章，但要注意确定具体的文章内容和标题；没有好选题，很难产生好的标题和文章，尽管有的文章看起来有文采很精美，但没有针对性，没有吸引力，不可能是一篇好评论。

如何确定一个选题，这里有一个价值取向问题，也是选题的价值前提。

所谓选题的价值前提，说的是我们确定一个选题的意义、目的或目标是什么，也就是我们通常说的这个选题该不该不做，值不值得做的问题。该不该做，讲的是是与非的问题，是一个原则问题，它决定我们在一个选题面前是动手还是不动手的问题。而值不值得做，是一个意义大小或投入多少的问题。这个选题可以做，怎么做呢，是按社论要求去写，还是只发一个短评，这都有一个价值取向问题。

价值取向一般来说有两个，一是新闻价值，一是社会价值。

所谓新闻价值，讲的是新闻评论中可能给人们的信息量的大小，它包括评论的观点、理论、思想和知识等。一篇评论给人们的信息量大，它的价值就大，反之就小。信息量大的选题我们就应该重视它，花大气力去做，把它做好；信息量小的选题，就要考虑是否要写评论文章，花多大的气力去做它。这里说的是新闻评论选题必须遵循新闻规律。

所谓社会价值，讲的是新闻评论发表后对社会的影响力和震撼力，也就是我们常说的社会效果。评论是一种有形意见的表达，提倡什么，反对什么，歌颂什么，批评什么，想说点什么，文章一发表就会对社会产生影响或表达自己的意愿。一篇评论文章发表了，社会上根本没有人理睬它，很难说它有什么影响力，自然也算不上什么好文章。但是，如果一篇评论文章发表了，引起了社会的过度震荡和人们的强烈不安，对解决问题和促使政府工作没有好处，这样的评论也很难说是好文章，有的还很可能是不好的文章。评论文章为什么如此重要，从社会价值的角度来认识它，对于一切从事新闻评论写作的人来说都是一件重要的事。这里讲的是新闻评论选题必须遵循事物发展的规律。

从事新闻评论的生产，也是一种脑力和体力劳动的投入。是劳动投入，就要考虑投入和产出的关系，也就是效率问题。评论生产也要讲效率，讲效率就要处理好新闻价值和社会价值的关系。一般来说，我们要选择既有新闻价值，又有社会价值的选题做文章；有新闻价值但社会效果不好，这样的选题不宜做；有社会价值但新闻价值很小，这样的选题也最好不做；如果新闻价值和社会价值发生了矛盾，必须以社会价值作为选题的标准，特别是党委机关报、电台、电视台的新闻频道和主流媒体。如果因不慎发表了这样的评论，在条件许可的情况下，应对前期发表的效果欠佳的评论采取补救措施。

二、评论选题的来源

新闻评论是人们的主观世界对客观存在的一种反映，它是人们的大脑对客观对象思考的结果，它是一种主观行为。但是，这种主观意识是不能脱离客观实际的，是不能脱离我们活生生的客观现实的。那么，我们的评论选题从何而来呢？

人民网于1997年1月1日正式上线，起初是《人民日报》以新闻为主的大型网络信息交互平台，借助《人民日报》的资源优势，人民网逐渐发展成为国际互联网上最大的综合性网络媒体之一。被誉为“网上第一评”的“人民网评”是人民网于2001年3月21日推出的网络时事评论，一直以来是人民网与《人民日报》共享的栏目。自2011年5月起，人民网进行新一轮的改版，在人民网观点频道推出专属于自己的网络评论专栏“人民网评”。

笔者对2013年5月1日到10月31日人民网“人民网评”所刊登的183篇评论文章作为分析对象，可以看到它的选题情况如表5-1所示。

表5-1 **“人民网评”网络评论的选题材分析**

类别	政治	社会民生	经济	科技教育	文化娱乐
数量	93篇	51篇	9篇	28篇	2篇
比例	50.8%	27.9%	4.9%	15.3%	1.1%

由表5-1数据可以看出，人民网观点频道“人民网评”的评论选题的范围较广，在内容倾向性上以政治题材为主，体现了人民网作为党和国家的“喉舌”，宣传党和国家的政策和主张，积极引导社会舆论的重要作用。其次为社会民生题材，体现了人民网“权威、权力，源自人民”的理念。

《中国青年报》的“冰点时评”1999年11月1日由“冰点”版移至“青年话题”专版。它的选题主要集中在以下几方面内容：

一是政府执政。“冰点时评”对政府在制定、执行政策中出现的问题表现出极大的关注，对政策的合理性与合法性、吏治水平、政府职能转变等问题有经常性的探讨，涉及面广，包括违法行政、地方保护主义、形式主义、贪污腐败等。

二是社会生活，涉及人们日常生活中遇到的一些现象问题，尤其是青少年的居多。

三是法制治安。这主要涉及一些立法和司法的问题，尤其是司法正义问题，具体包括执法机关的效能、执法人员的素质、执法程序的公正等。

四是反腐倡廉。这类选题主要涉及干部们的腐败问题，倡导干部们提高自身的素质等。

人民日报社《环球时报》的新闻评论从2009年3月25日开始创办，从当年5月18日起更名为“社评”，时至今日，《环球时报》的新闻评论已经发展成为一个专版。其中周一至周五为第14、第15两个整版（周一至周五总共16版），周六为第7版整版（周六总共8版），除了每期一般有两篇“社评”之外（周六为一篇），每期还有数篇国内外权威专家就新近发生事件的权威新闻评论。

《环球时报》新闻评论的选题涉足面广，不仅涉足国内题材，也涉及国际题材，涉及政治、经济、军事、社会民生等无所不包的领域。选题的丰富性，使《环球时报》有“写不尽的话题，不断变换的视角”①。政治题材如2013年11月9日社评《三中全会将塑造未来十年中国竞争力》，2013年10月22日社评《俄印蒙总理同时访华，奢侈的巧合》等；经济题材如2013年10月23日《迎接好金融危机第三波洗礼》，2013年10月18日《减持美债，并非像喊的那样容易》等；军事题材如2013年10月29日《中国核潜艇露面，战略威慑力更强》，11月1日《日舰机闯我演习区，既危险又愚蠢》等；社会民生题材如2013年10月31日《落实保障房建设，才能居者有其屋》，10月30日《城市不能让市民感到冷漠》等。选题的丰富性提升了读者阅读的兴趣和关注度，各行各业的读者都能从中找到自己喜好的话题和角度。

其中尤其是国际题材的评论，是国内其他报纸无法比拟的。如2013年10月25日《默克尔批美国应顺便“骂醒”中国人》，同日《利比亚惊人混乱被西方集体忽略》，同日《希望美对亚太表现出灵活度》等。《环球时报》涉及国际题材的新闻评论，不仅从量上大大超越国内其他媒体，而且评论上

① 李希光：《理性的社评造就新主流品牌》，载《新闻与写作》2011年第5期。

大都很尖锐，“国内外都有人就此批评我们‘民族主义’”①。但这恰是《环球时报》秉承自己的思想，树立自己的品格，表达中国声音的舞台。《环球时报》基于客观事实，就国际舞台的诸多大事件发表自己严肃而权威的声音，是中国立场的一种阐述。在很多国际性话题上，在《环球时报》的新闻评论里，我们能听到主流的声音，看到大众的诉求。

媒体的新闻评论作为公共领域参与者的一个重要发声平台，它可以传递党和政府的声音，也可以表达自己，或传递民众的声音，促进所有参与者的沟通与表达。随着市场化媒体的大力发展，越来越多的媒体在探寻不触碰政治红线的前提下尽最大努力发出自己的声音、展示自己个性，聚焦公共问题、讨论公共政策，展现现代公共精神，赢得了受众的关注与信任。媒体的新闻评论，尤其是社论，是其个性与特色的最好表达、公共精神的最好展示。《南方都市报》社论的宗旨是“不陈腐，不八股，不空洞，不自我议论国家大事，绝非策论颂词，诉求启蒙公民，拒绝说教布道，像公民那样去关心，像公民那样去发言”②，这样的诉求和理念，是《南方都市报》的价值所在，是对公共精神的坚守。

政府权力监督、土改、养老制度改革、食品卫生安全、交通、住房、户籍、教育、就业、慈善事业、社会公平、社会信用体系建设、言论自由等问题都在《南方都市报》社论的议题范围之内。不管是收入分配、土地政策等宏观问题还是休假安排、车检、小区物业等微观问题，都没有重要不重要之分，都是牵涉民众切身利益的重要话题，具有公共性。

以2013年1月1日至2013年11月16日《南方都市报》的321篇社论作为研究样本，关于法制建设或牵涉法治问题方面的社论有44篇，经济体制建设改革方面的有19篇，政治建设改革方面的（牵涉权力监督、行政审批、公共财政、反腐、官员监督考核、三公消费、信访、城管等问题）有94篇，医疗卫生方面的有17篇，教育科研方面的有17篇，公共服务/社会保障方面的有19篇，食品卫生安全方面的有4篇，住房/房价的有10篇，交通方面的有6篇，慈善方面的有7篇，环保方面的有14篇，言论问题方面的有10篇，其他方面的（关注点较细小，篇幅通常为1篇或2篇，难以归类）有60篇。如图5-1、图5-2所示：

① 胡锡进：《〈环球时报〉社评是怎么写出来的》，载《新闻与写作》2011年第5期。

② http：//corp. oeeee. com/weibo. html#。

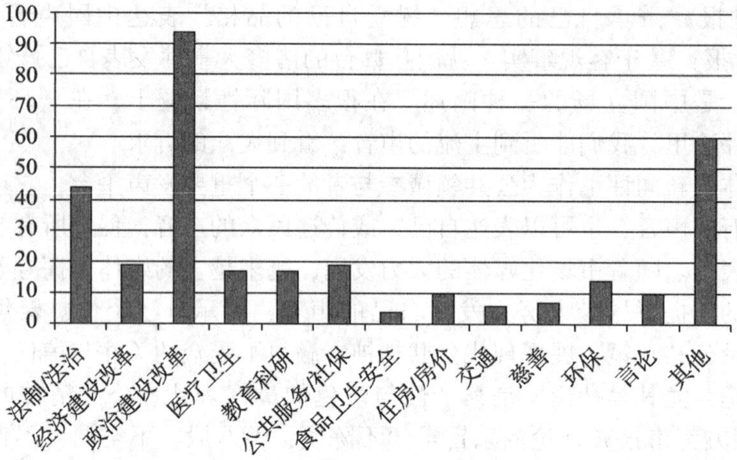

图 5-1 《南方都市报》社论评析

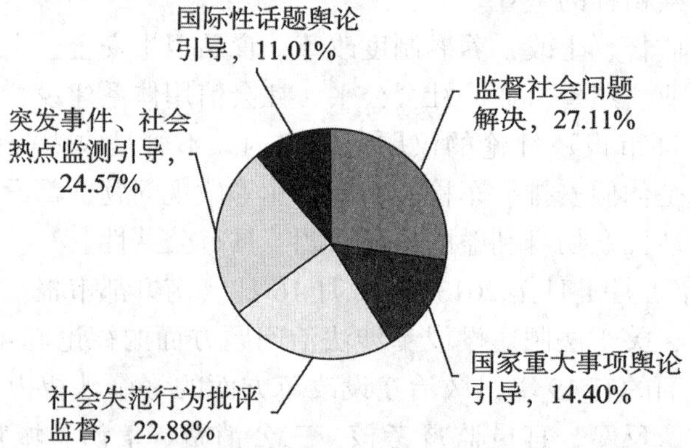

图 5-2 《新闻 1+1》选题研究分析

《新闻 1+1》是中央电视台开办的一档电视新闻评论节目。与传统媒体纸媒的新闻评论相比，《新闻 1+1》受地方政府和广告商的依赖更小，对社会问题揭露评论监督力度更大，它的选题更有其舆论监督特点。

通过对 2013 年 5 月 28 日至 11 月 22 日共 120 期《新闻 1+1》选题研究分析，该栏目舆论监督选题可归为五大类：监督社会问题的解决；国家重大事项舆论引导；社会失范行为批评监督；突发事件、社会热点监测引导；国际性话题舆论引导。

（1）涉及社会问题，着重分析寻求问题的解决办法。此类选题是为社会中存在的问题提出解决办法，为决策层提供一种思路和参与。选题体现节目舆论监督作用的社会调解功能。

在 2013 年 10 月 25 日，“浙江温岭杀医案”发生后，《新闻 1+1》对此事件先后进行了两期节目的报道，分别是《医院，救人命不该出人命——医院如何保安全》和《救医生的命；治医生的心病》。第一期节目是对事故的报道，第二期节目是对事故调查结果的分析评议。节目让公众了解了整个事件的真相。但最终目的不只是让公众了解真相，而是进一步通过节目发表公开的评论，促进同类问题的解决。专家对“日益严重的医患矛盾怎样解决”提出解决措施。要求公安部门依法严惩，昭告天下。医疗机构作为公共场所进行管理，在全社会理解医学不是万能的，允许失败的社会环境，是科学发展的必要条件。加快医疗步伐，让医疗人员成为医改的主力军等。在 120 期节目的统计研究中，此类选题内容占节目内容的 27. 11%。

（2）涉及国家重大事项、制度改革、政策变动等内容的分析引导。此类选题主要是通过对国家发生的有重大影响的新闻公开报道并进行解读，引导正确的舆论方向，为公众提供一种指向作用。

在十八届三中全会闭幕当天（2013 年 11 月 12 日），做了一期《十八届三中全会特别节目全面深化改革全面启动》，对十八届三中全会进行解读。此期节目围绕十八届三中全会将如何推进改革开放进行这一问题，进行分析。对十八届三中全会公报中的“推进国家治理体系和治理能力现代化”、“成立深化改革领导小组”、“顶层设计与摸着石头过河”的新提法进行分析解读，从而让公众可以更好的理解十八届三中的意义。在 120 期节目的统计中，此类选题内容占节目内容的 14. 4%。

（3）涉及社会中存在的乱象、权力异化腐败行为进行揭露批评。此类选题以新闻调查加评论的形式，探究事件背后的制度漏洞，抨击制度中存在的弊端，遏制背后的腐败，对相关职能部门问责，促进民主和法治的建设。

此类选题具有典型代表的是 2013 年 11 月 1 日《小镇“大污染”谁来管?》。该期节目讲述在河南省南阳市的蒲山镇，13 家水泥坐落在此，违法运营给环境造成巨大污染却无人问津这样一个事实。在蒲山镇，空气能见度极差，整个村庄都被粉尘笼罩着。记者经过调查发现，不符合环境规划、无证生产的小厂在蒲山镇长期存在。而记者举报，取缔文件下来却无人执行。最终，此事在央视平台曝光之后，相关单位强制关闭违法违规的厂子，记者电视台的借入，整治得以明显提速，问题得以解决。在 120 期节目的统计中，此类选题内容占节目内容的22.88%。

(4) 涉及社会热点、突发事件，进行深度的分析，帮助公众了解真相。此类选题涉及人民切身利益的社会热点、突发事件，是百姓最关注的话题，也是极易造成谣言泛滥、社会恐慌、社会动乱。对问题的深入解读体现了舆论监督对社会发展的监控。

《新闻1+1》此类选题的代表是2013年10月9日《台风下的“余姚样本”》，这期节目内容是浙江余姚在台风“菲特”强势侵袭下，带来百年不遇的自然灾害。在该期节目中，对灾情原因和救援工作进行权威的解读，站在更高角度对接下来暴风雨后带来的次生灾害（防疫情况、山体滑坡）进行预警和分析。评论引人深思：灾难往往以一种百年不遇的方式出现在人们的面前，对于余姚这样的城市，我们让它具备百年一遇的抗灾能力也不现实，但我们可以灾前做一些防御工作，灾中可以做些自救工作。余姚提供了一个样本，让我们每一个城市反思，当灾难来临时候，我们应该怎么做？在120期节目的统计中，此类选题内容占节目内容的24.57%。

(5) 涉及在世界范围内有较大影响的国际问题。此类选题涉及国际问题，眼光更广。选题帮助公众去了解与我国国家利益息息相关的国际事务，帮众公众准确把握新形势下国际新变化新趋势。不熟视无睹、不主观武断，不盲目跟风，在看待国际事务上更科学。

此类选题的代表是2013年10月30日《美国监听中国?》，该期节目主要讲述的是德国《明镜周刊》报道美国对默克尔总统的监控这一事件，揭露了许多不为人知的事情。美国不仅对德国，也对整个世界都进行监控，其中也涉及中国的北京、上海、成都等城市。监听丑闻给中美两国建立新型合作关系带来负面的影响。针对“棱镜门”事件给中国带来启示，节目呼吁中国政府要高度重视。无论从技术上还是防范上都要做好准备。并呼吁各国行动起来，制定一套各方普遍遵守的行为规范。在120期节目的统计中，此类选题内容占节目内容的11.01%。

不同的媒体，在评论选题上有不同。一般来说，新闻评论可以从以下几个方面来规划选题：

1. 从上级精神中选题

能够体现上级精神的有中央和地方经常召开的各种党的会议、政府的会议、各种工作会议，颁布的各种法律、法令、条文和文件，还有许多领导人的讲话，等等。一个地方，一个国家，时常要召开这样的会议和颁布这样的文件，它体现了管理者对这个地方或国家的思想、理念和方法。作为一家地方或中央媒体，有责任将这种领导意见宣传和落实下去。只有这样，才能有效地促使地方和国家的管理，提高领导和管理成效。

从上级精神中选题，首先是要深刻学习和领会中央的文件。“以其昏昏，使人昭昭”是不行的。只有自己把中央的精神学习领会了，并找出自己特别有体会和认识的话题做文章，才可能写出好评论。

2014 年 10 月 23 日，中国共产党第十八届中央委员会第四次全体会议通过了《中共中央关于全面推进依法治国若干重大问题的决定》，指出：实现立法和改革决策相衔接，做到重大改革于法有据、立法主动适应改革和经济社会发展需要。实践证明行之有效的，要及时上升为法律。实践条件还不成熟、需要先行先试的，要按照法定程序作出授权。对不适应改革要求的法律法规，要及时修改和废止。

11 月 11 日，光明网发表了曹阳撰写的时评《让法制建设和改革决策有效衔接》。评论首先指出：改革与法治，犹如车之两轮、鸟之两翼，全面深化改革需要法治保障，全面推进依法治国亦需要深化改革。全面深化改革是在中国特色社会主义法律体系已经形成的基础上进行的，因此，应当在法治轨道上推进改革，要坚持重大改革于法有据。要通过法定程序，用法律、法规的“立、改、废、释”，来依法保障和推进改革的顺利进行。评论从“加快制定和修改重大改革事项涉及的地方性法规、政府规章和规范性文件”和“推进重点领域的改革立法，充分发挥地方立法对改革的引领和推动作用。”两个方面进行了论述，最后统一于“加强党对法治建设工作的领导”，“在党的领导下发展社会主义民主、建设社会主义法治社会，实现坚持党的领导、人民当家作主和依法治国的有机统一”。法治体系是最重要的国家治理体系，法治能力是最重要的国家治理能力。评论员文章的发表有利于建立健全法律体系，维护社会公平正义，全面深化改革，保障改革决策实行。

其次，从上级文件和领导人讲话中选题，要结合宣传对象的实际情况，选择他们熟悉的话题。从上级精神中选题自然是不能离开上级的文件和讲话；否则，就成了假传圣旨和贩卖私货，那是不允许的。但是，上级的文件、讲话往往很长，也有很多重要的内容，我们不可能面面俱到，也不可能写很长很长的系列评论。目前，有一种状况，大凡中央或地方召开了重要会议，报纸都要刊发系列评论，以示重视。有时，一个版面上同时刊以几个系列的评论，让读者抓不住要领。对此要作具体分析，不可一概而论。该长则长，该短则短，不是什么会议都要刊发系列评论的。找出要点，突出重点，单篇突破，选择其中一句话、一个标题、一个观点、一个提法都可以做文章。关键在于写作者对此要有深刻的理解，并要紧密结合人民群众的实际，这样才能做到有的放矢。

2014 年 10 月 28 日《人民日报》发表了一篇《让文化民生成为治理追求》的评论（作者：詹勇）。该评论就是根据 10 月 15 日习近平总书记在文艺工作座谈会上的一次讲话，结合从文化部传来的关于国家基本公共文化服务保障标准将公布的消息而作。

评论中说：

> 这个保障标准对于人民群众究竟意味着什么？如何才能正确把握文化发展的未来方向，提供令人民群众满意的文化资源？

作者提出：

> 对广大群众来说，这个保障标准意味着文化权利的“底线标准”。
>
> 与人们迅猛增长的文化需求、多元多样的文化选择相比，公共文化服务供需矛盾和结构性短缺还比较突出，公共文化领域还存在缺位、越位、错位等现象。
>
> 群众路线教育实践活动收官之际，人们发现，全国叫停的 663 个形象工程、政绩工程中，涉及文化领域的不少。云南河口 2.7 亿元建设的文化长廊、广西柳州 7000 万元建设的柳宗元雕像等，都把巨大投入打了水漂，成了败家子工程、文化烂尾工程。在一些地方，一方面是投入巨资搞文化设施建设，另一方面又是群众文化活动难开展；一方面是各种文化资源源源不断地提供，另一方面又是群众有兴趣、有共鸣的内容太少。问题症结固然很复杂，但不以人为本、不问民所需，往往是通病。

作者强调：

> 文化发展一旦沾满了铜臭气、浸染了官气，就会在“为什么人”的问题上发生偏差，在市场经济大潮中迷失方向。只有把群众利益、社会效益放在首位，公共文化的前行，才能把准方向、走对路子。

作者总结说：

古代政治家常有“文以载道，以文化人”的抱负，共产党的干部要做到“为官一任、造福一方”，改善“文化民生”应是必修课。这是一种不可懈怠的治理追求，更是我们赢得未来的重要支点。作者以自己的亲身经历，阐释了中央文件和领导人的讲话精神，做到有的放矢，收到了好的效果。

“两会”是我国的一个重要会议，会议期间，除了报道和评论许多重大的方针政策外；针对会议期间出现的新动态，也是可以产生富有新意的评论的。如2015年3月5日，《长江日报》发表肖畅的一篇评论《新词汇涌现是政治自信的表现》。该评论的由头是在全国政协十二届三次会议在人民大会堂召开的新闻发布会上，一句“大家都很任性”的翻译广为传播，引起了很多人的兴趣。

近年全国“两会”，新词翻译往往成为话题。“两会”上，经常有一些新颖、好玩或者蕴意深厚的词汇出现，这些词汇在翻译的过程中，政治含义逐步地加深、放大。人们对翻译产生兴趣，正是因为从中可以看见中国政治语言表达的微妙变化。

综观近些年全国“两会”发生的变化，尤其是新闻发布会等场合，发言人对敏感问题的作答越来越出彩。照本宣科的语言公式少了，敢于直面问题，堂堂正正作答；在语言方面，轻松、活泼，很多新词频频涌现。新词，或是口语化的创造，或是网络语的引用，体现了个人风格，也显现一种兵来将挡水来土掩的果敢之气。没有不能面对和回答的问题，语言就有更多的表达可能性，政治智慧就能挥洒。

作者认为：

政治语言是世界上最难把握的东西，学问都在一字增删之间。惟其如此，一个国家的政治语言出现增量，说明政治的变动调整巨大。这种变动调整，一定是循着国家社会日渐开放的方向。僵化封闭的时代，甚至举国人的谈吐都只有一个句式。今天，国家政治舞台上，有一种不怕话多的气氛，讲话者放得开，语言调动从容而灵活，也可以看到他们内心里有想法、有见地。

这种变化，来自于国家底气。准备好，就能充分应答，不藏着掖着，也不被牵着鼻子走。中国人热衷于国家领导人谈笑风生的历史场景，不外乎渴望国家实力强大，在世界舞台上能够挺直腰杆。我们所处的世界格局之中，已经渗透着不可忽视的中国影响力，中国在向世界输出发展的力量，很多国家议题，我们说话算数。今天的“两会”舞台上，面向西方媒体，那种模棱两可的语言少了，很多事情就是开诚布公。

有了十足底气，不再有无力招架的问题，不再有悬而未解的疑问，政治语言推陈出新，是因为各种问题有了解决方案，现在可以和盘托出，敢于正面作答，能够见招拆招。我们告别了力求稳妥、刻意周全的陈旧治理方式，迎来现代国家治理体系的全面构建阶段，政府面对人民群众关心的各方面利益问题，有办法直接作答，能够从制度层面上予以回应。没有太多好回避的，就不必有太多的语言游戏，这或许才是新闻发言人能够博出彩的时代。

评论最后写道：

或许“两会”舞台将源源不断贡献更多的新词、新话，那是因为有太多的政治讯息需要表达。一种陈旧和公式化的语言机制，已经跟不上这个巨大变动调整着的时代。

2016年3月，又一届全国两会在北京召开。3月11日，中青在线“两会快评”刊发王钟的《两会上怎么“谈生意”才不引人反感》的评论，就是从会议发现的现象而写的评论——

政府工作报告中出现的“工匠精神”是今年的两会热词，与“工匠精神”密切相关的来自企业的代表委员，在两会上也受到越来越多的关注。从过去的“不敢讲”、“不想讲”，到现在“踊跃发言”，企业家代表委员参政议政的意识和能力提高了，一些企业家在这几天还成为了明星代表委员。公众也得以从产品之外，从不一样的角度认识了这些企业家。

但是，有的企业家借着两会之机宣传自己的企业与产品，在属于全国人民的两会场合，开了一场自己的产品发布会，就难免引人反感了。

评论在列举种种令人反感的表现后指出：

> 能走上两会舞台的企业家，都是所在行业的精英，也是公众眼中的“大腕儿”，他们不会不明白，与其在两会上纠结各自企业的那点眼前利益，不如结成行业共同体，共商促进民族产业发展的制度和政策，收获更长远的利益。常常有人说，当下的中国还很少有伟大的企业。伟大的企业需要伟大的企业家，他们经营企业的一大目的是推动社会进步。这些年，中国企业的社会参与意识提高了，敢在公众平台发言了，这是好事，但也要感谢人民给你说话的机会，给人民交出一份合格的参政议政的答卷。
>
> 这，才是更大的“生意”。

2. 从社会实践中选题

社会实践是丰富多彩、千变万化的。在社会实践中有很多新的事物、新的经验需要发现、需要总结，有很多新的问题、新的矛盾需要解决，有很多新的疑点、新的困惑需要阐释，这些都是新闻评论的选题产生之处。

质疑古诗文无用，要求将古诗文从课本当中删除的声音，在近几年时有听闻，并且每每引发广泛讨论甚至是激烈争论。那么，我们应当如何看待当前的基础教育及家庭教育中，古诗文的作用及地位呢？2014 年 9 月 11 日，《人民日报》发表了李泓冰《请呵护孩子们的文化基因》的评论。作者用优美的语言概括了我国博大精深、源远流长的文化传统，深情地赞颂了古诗文之美以及其对我国国民精神的滋养和熏陶。在这个基础上，作者感叹道：

> 眼下的国学的浸润不是太多，而是太少。……曾被“文革”撼动的国学根基，如今又被各种诱惑渐次蚕食。除了语文课本中的零星古诗文，中小学生已经鲜有亲近国学的机会，上了大学，术业有专攻，离国学更为遥远，他们对诗词、书法、雅乐的隔膜，就不足为奇了。这样的现状，颇令人扼腕。要知道，那些美妙蕴藉的诗词诵读，不独培养出中国孩子典雅的表达，更能滋养出峨峨兮若泰山、汤汤乎如流水的文化基因。

作者认为，当物质生活渐次丰盈，对文化基因的追寻甚至重建就迫在眉睫，必须从孩子开始。否则，一代在基础教育中被疏离于中华文化之外的孩子，等于被文化之母遗弃。“无根”，则必有文化抑郁与惶惑，那么我们民族的后代将很难以健康包容的心态，坦然自处于世界文化之林。

教育的功用，是在持续的格物致知中，更好地认识文明的价值，为文明的传承和创造服务。在时代的新进步中，新一代肩负重任，要推动中华文明创造性转化和创新性发展，要让中华文明同世界各国文明一道，为人类发展提供强大的精神动力。

作者在此表达了自己的观点：

> 古诗文是我国民族文化的精华，作为当前国学教育中重要和为数不多仅存的内容，在社会教化和文化传承中具有重要的地位，非但不应该删去，反而应该被更加地重视和强调。我们应当认识到本国文明的价值，在接受世界各国文明的时候，勿忘中华文明的根本。

评论结合当前教育实践中存在的问题，从中华文明的传承性和重要价值出发进行论述，及时引导了当前教育界针对国学教育的态度，给人以启示。

从社会实践中选题，要注意两点：一是选题反映的问题具有典型性和紧迫性。社会实践中的问题很多，不能什么事情都发评论，而只能选择那些反映一般，而且问题比较严重或影响面比较广泛的问题做文章。这样才能起到有的放矢、举一反三，发一篇而促全局的作用。二是选题阐述的道理要有正确性和指导性。事件是典型的，问题是严重的，这就要求我们在分析和阐述这些问题时运用正确的理论予以说明。理论不对，越说越糊涂。加强理论修养，特别是加强对新学科、新知识、新观念的学习，对于一个评论工作者来说是尤为重要的。

3. 从新闻报道中选题

新闻评论很重要的一项任务，就是要对已经或正在发生的新闻事实进行评论说，而新闻报道恰恰提供了这种途径。纵观我们的新闻评论文章，有很多就是属于这一类的。

2013 年 4 月 20 日芦山地震发生后，《中国教育报》4 月 22 日报道，在芦山地震发生时，该县在汶川地震后修建的校舍无一垮塌，有效保障了在校师生的生命安全。4 月 25 日，《人民日报》报道，针对一些媒体在芦山灾区拍到的汶川地震后重建房墙体开裂、脱皮等情况的照片，记者就此进行了采访和求证。专业人士表示，对有些校舍墙体的开裂、脱落要科学认识，主体结构受损才能算危房。芦山县初级中学部分建筑物的墙体受破坏在预期之内，达到《建筑抗震设计规范》要求的小震不坏、中震可修、大震不倒的抗震设防目标。这两篇报道均是震区校舍的新闻，引发了人们对校舍建设的强烈关注。

4 月 26 日，《中国教育报》发表了一篇评论《把校舍真正建设成第一避难所》（作者：刘涛）："要把学校建成最安全、家长最放心的地方。"中国政府于 2009 年实行中小学校舍安全工程，在全国范围内开展了新一轮的校舍安全排查工作，对校舍安全做出了明确的防震级别和安全指数要求，以期推进农村中小学标准化建设。在这次芦山地震中，新建校舍承受住了七级地震的摇晃，它托起的不仅仅是生命本身，更是一种新的希望。

该评论写道：

学校是孕育理想和希望的地方，保障校舍安全，关乎民族的未来。在校舍安全问题上，如何强调都是理所当然的。在地震频繁的日本、智利、美国等国家，政府不遗余力地推动校舍安全的民生保障立法进程，学校被列入了紧急避难场所的建设范畴，校舍的安全标准因此更为"苛刻"。

在校舍安全问题上，每一次灾难发生，总是促使我们重新审视相关的法律或政策保障问题。然而回过头来才发现，相关的政策并不是没有，也不是很少，而是早早地搁在那里。在如此之多的政策框架内，为什么校舍安全事故无法根除？原因当然是多方面的，除了政府投入不足、政策制定时对现状估计不足、对校舍抵抗自然灾害的能力认识不足、校舍安全的责任主体比较模糊之外，更为关键的是，相应的监管机制未能跟上。许多政策依然停留在"规范"和"呼吁"层面，虽然对校舍安全指标给出了明确界定，但鲜有惩治性的监管措施。

在坚固的混凝土结构深处，把校舍建设成真正的第一避难所，同样意味着要赋予校舍一个特别的人文关怀维度。在牢固的建筑中间，流动着的是某种暖人心扉的细节，这才是安全的全部真谛所在。在美国加州，校舍规划之初，就划定了存放求救哨、安全帽、应急水、耐火救生绳、逃生呼吸器等防震设备的特别区域，以备紧急之需。教室墙壁和课桌外侧都增设了特殊的储藏装置，那里存放着花生、牛肉干之类的高能量食品。显然，这些人性化的细节设计，不仅给了孩子们紧急求生的希望，还给了孩子们日常生活中的淡定，因为“心中有数”，所以不再惧怕地震，这种可贵的从容恰恰是校舍安全在人文关怀维度上的微妙注脚。

这篇评论刊出后在全国形成极大反响，随后获得了 2014 年第二十四届中国新闻奖一等奖。

2013 年 8 月 31 日，黑龙江省委常委会议讨论通过省纪委省监察厅关于坚决刹住中秋国庆两节期间用公款送月饼送节礼等不正之风的通知，通知指出要切实做到“五个严禁”，坚决刹住公款吃喝送礼和奢侈浪费等不正之风，推动反“四风”、查“四风”、改“四风”深入进行，过一个欢乐祥和、风清气正的中秋和国庆佳节。这条通知见报后，不少媒体就通知的具体内容写了不少评论，对于黑龙江省的这个规定予以肯定，如《黑龙江日报》9 月 2 日发表评论《一块月饼的分量》对这一通知予以肯定，并指出处理“四风”问题要高度重视，是党和政府改变作风的关键切入点。

新闻工作者的职责不仅在于描述事实，还要学会对其中需要深刻挖掘内涵的报道进行评论。新闻媒体的报道是很多的，自然不是每篇都需要评论的。只有选择那些事件重大，或能够引起人们广泛关注，或不为人们所重视但反映的问题却很严重的报道进行评论。

选择这一类的评论写作，首先，要把握好事实的准确性。只有那些客观、准确反映事实的报道，才能成为我们进行评论的素材。现在媒体发展迅速，各家媒体都在寻找自己的独家新闻，这是一件好事情。但是，在其中也难免会出现一些虚假报道和失实报道。如果报道是虚假的或失实的，那么，我们为此而做的评论即使写得再好，也是白忙活。

其次，要注意新闻评论的时效性。即是新闻评论，就应该在新闻事实发生后，及时予以评论，以帮助人们能更快更好地认识和分辨事实。这是新闻评论区别于其他评论的一个重要特征。

再次，要注意新闻报道与新闻评论写作的区别，不要将二者混为一谈。新闻报道是讲清事实的，新闻评论是提示事实的，两都既有联系，又有区别。从新闻报道中选题，说的是我们的评论依据是新闻报道，我们的论述都是在此基础上展开和深入。但是，新闻评论绝不能将新闻事实再重复一遍或进行重新的排列或组合，没有自己的观点，没有深入的论述。那样的文章是不能称为评论的。

4. 从自己亲历的事件中选题

人们在社会实践中，会经历许许多多令人鼓舞、令人难忘和令人深思的事情。回顾这些事实，将其中的道理说明白，对自己是一种提升，对大家对社会也是一种帮助。

时下，各地经常会举办一些诸如经验交流会、典型报告会、理论研讨会和决策咨询会等一类的会议。这些都是很重要的会议。这样的会议，有关方面的领导也都是十分重视的：主席台上有他们的身影，会议日程上有他们的致词，与代表合影的照片上有他们的形象。一般来说，会议的举办者和与会者对此大多是欢迎的。一个会议受到领导重视总是好事情：好的经验可以推广，困难的问题可以促进解决，创新的理论能够传播，科学的知识能够普及——有了领导参加的会议，连新闻单位都会重视报道，给予好的版面和好的时间刊播。

笔者应邀参加一个关于和谐社会与媒介责任的学术研讨会，在作大会发言时无意中发现，台下前排的座位席上整整齐齐地摆着一些参加大会领导人的台签，却没有他们的身影。于是，笔者就此发表了一点感慨，问了一句："前排就座的领导哪去了？"结果引起与会代表的一阵共鸣。会后笔者就此写了一篇评论《前排就座的领导哪去了》。① 评论写道：

> 会议既然如此重要，作为一个地方的主要领导者和有关方面的负责人自始至终参加会议，认真听取专家的建议和与会代表的意见，我以为是十分必要的。现在好了，会议的主持者请来了有关方面的专家、学者和成功人士相聚一堂，相互研讨，相互切磋。作为一个领导者，参加这样的会议，听听大家的发言，参与代表们的讨论，不论是对提高自身的理论学术修养，还是对掌握一个地方或一个方面的舆情动态来说，都是大有好处的。领导者参加一些会议，不仅仅是一种形式，一种姿态，更重要的在于，这样的会议往往能为领导者提供一个紧张有效的学习和掌握民情实情的好机会。既然如此，我们的各位领导同志，有什么理由只出席开幕式与代表合影后就离会了呢？我不解。
>
> 领导人一般都很忙，这是大家都知道的。领导人很忙，平时就很难有时间坐下来系统学习、听取和思考一些问题。我们常说，大将军运筹

---

① 赵振宇：《前排就座的领导哪去了》，载《解放日报》，2005年8月9日。

帷幄、决胜千里，靠的就是对情报的掌握和对情报的分析判断。在我们这个信息骤增异常、世态变化多端的高科技时代里，少了耳听四面，眼观八方的能力和机会，再高明的领导者也是难以驾驭自己领导的那一方面工作的。即使是自己不分管不熟悉的工作，通过参加一些高层次会议的机会，接触一些新人，接触一些新观点，接触一些新知识，对于提高自己的领导能力和领导修养也是有益处的。参加会议是一种很好的学习方式。应邀参加会议的专家和代表，一般来说都是这个方面的专门家。他们有这方面的专门研究和意见。听听他们的报告和讨论，直接参与和他们的对话或请教，这比自己一个人在家里关起门独自学习的效果要好得多。凡事我们都讲效率，讲投入和产出之比，在学习和掌握实情方面我们也要提倡讲效率。有选择地参加一些高质量的会议，自始至终把会议开完，也是一种讲效率、求真务实的表现。我们应该提倡这种工作和学习方式。

评论的最后还说了一下关于会议的新闻报道问题：

大凡这样的会议，我们看到的报道都是某某领导参加了大会。一般来说，这样写是不错的。但是，根据严格的新闻的真实原则来要求，这样写是不够的。领导者参加了会议，这是事实。但是，领导者是全程参加了会议呢，还是只参加了开幕式；领导者是只参加的上午的大会，还是又参加了小组的讨论会；会议上专家们讲了什么，领导者参加讨论又讲了什么，等等，所有这一切都应有个清清楚楚明明白白的交代。对于参加会议报道的记者来说，也有一个积极学习和善于学习的问题。有的记者只是跟着领导人跑，领导们走了，记者们也就没有了身影。关于会议的内容，除了领导人的名单和领导人强调的重要性外，就没有什么新的内容了。为什么呢，因为记者们也没有自始至终参加这些很重要的会议——自然他们也是很忙。

这里讲的是那些很重要的会议。对于那些只需要领导者上台剪剪彩、照照相的会议不在此评论之列。

从自己亲历的事件中选题，写起来有真实感和亲切感，这类评论不是"大路套"，而是独此一家的特色产品，写得好更容易引起人们的关注。但是，在写作时也该注意：独此一家的新闻事实不可虚构造假和违背事物发展规律；不能借机倾泻自己的私愤；由此发表的评论要有从社会发展的大局出发，总要给人们有所遍启迪和帮助。

5. 从探讨争鸣中选题

社会现象纷繁复杂，变化多端。人们因生活经历、职业位置、文化素养和思想观念的不同，常常会对同一件事情有不同的意见和看法，这完全是正常的现象。随着科学技术的发展和民主政治的完善，议论纷纷、众说纷纭的气氛将越来越浓，这是一件好事情。由此产生一些新闻评论的选题也就是十分正常的事情了。

根据新华社消息，2013年1月14日政协第十届广东省委员会第二十二次会议在广州召开。会议审议通过了十一届广东省政协委员名单，周星驰等几位香港影视界知名人士当选香港政协委员。此消息引发人们热议。表面上，争论的焦点是：娱乐明星是否应担任政协委员？而潜在的争议则是，国家的统战工作是否能起到理想的效果。

对于“明星应否担任政协委员”的争议，正方的观点是：通过让各行各业的精英加入政协委员的行列，踏上参政议政的舞台，有利于扩大社会主义民主，加强社会团结。周星驰长期活跃与荧幕有很大的影响力，因此吸收周星驰这种“明星委员”加入政协之后，创造各种条件，让他们能够履行好参政议政的职能，发出符合公众利益的正能量。

反方的意见是：政府利用明星效应，来吸引“眼球”，有浪费政治资源之嫌。虽然明星当委员并不是什么新鲜事，但政协不是娱乐圈，政协会议也不是电视海选节目，政协会议对国家与民族的前途负有重大使命。娱乐明星有没有参政议政的意愿，是不是有足够的担任政协委员的能力，另外，他们担任之后是否能够实实在在地说到做到，这一切都未可知。

关于政协是否应该审议通过娱乐明星担任政协委员，正方：政协工作人员称，广东省政协委员都是经由广东省统战部门协调有关界别提名推荐产生的，这些界别涵盖各个党派、团体和各族各界人士。政协委员的当选，除须本人愿意，还应在所在界别具有代表性。港澳知名人士担任政协委员有其独特优势：一是作为公众人物具有一定的社会影响力，二是作为专业人士在本领域具有代表性，三是作为港澳人士有助于推动内地与港澳地区的合作共赢。广东省政协也曾拿“不作为”的“明星”

政协委员“动真格”，以“请辞”方式撤销了部分长期不履职的“明星”政协委员的职务。反方：一是明星们实在太“忙”了，他们是否真的有时间和精力来“为民请愿”呢？二是明星们经常飞来飞去满世界跑，怎么保证他们正常参加政协活动呢？三是不少“明星”委员对履职地各方面的发展情况不甚了解，很难在政协中发挥作用。

“中国之声”特约观察员杨禹认为：公众对明星有更高的期待、也有更高的关注，一个明星委员，他是不是在政协的岗位上履行了责任呢？公众会特别关注，议论也会特别多。比如周星驰，他有没有参政议政的意愿，政协的按照相关程序认为他是不是有足够的担任政协委员的能力；另外，他担任之后是否能够实实在在地说到做到，这一切都非常重要。所以像这样的明星刚刚成为或即将成为政协委员的时候，我们谁也不要下定论，说他一定能过好或一定不能做好，政协恐怕要和明星本人，大家要有足够的共识，要努力地在这个岗位上把责任履行好。①

长期以来，人们形成了这样一种认识，以为凡是报纸上特别是党报上刊发的言论都是代表一级党组织或政府的，是绝对正确不可动摇的。实际上，哪有一成不变的东西呢？即便是党的文件和决定，经过一定时间的实践如果发现了问题也是可以讨论或修改的。2003 年 11 月 11 日创办的《新京报》，不仅重视新闻评论，专门辟出专版刊发社论和读者评论，还特设“社论批评”专栏，欢迎读者在此栏目对该报所发表的社论文章提出批评、质疑、补充、反对等意见。可以说，《新京报》此举开了一个新闻界广纳群言的先河。《新京报》的同仁不仅将自己的评论放在了广大读者面前任人评说，这对提高评论员多方面素质是大有好处的；同时，此举也能更好地吸引受众对该报的关心和支持，扩大了读者的购买量。真是一举数得的聪明行动。

从探索争鸣中选题需要注意以下几点：

第一，要有新闻的敏锐性。随时注意发生在我们身边的事实和言论，培养和训练自己独立思考的能力和品格。遇事要有自己的主见，不要跟风随大流。只有这样才能写出具有独见和新意的评论来。

第二，要有较为深厚的理论功底，善于从细微处发现问题，明辨问题。探索和争鸣不是一件容易的事情，它需要胆量和勇气，但它更需要深厚的理

① 《学者谈明星当选政协委员：和老百姓离得有点远》，中国广播网，2013 年 1 月 17 日，http：//politics. people. com. cn/n/2013/0117/c70731_20239584. html。

论知识。你要探索一个新问题，你要和别人讨论或反驳别人的观点，首先需要将这个新问题和人家的观点所涉及的相关理论搞清楚。没有理论作后盾，这种评论是站不住、立不稳，也是没有力量的。

第三，要有宽厚大度的气量和修养。特别是和别人探讨争鸣，即使发现对方的评论有错误，自己写反驳文章，也要讲究方式方法，不可颐指气使，不可盛气凌人，不可把话讲绝对了。要留有余地，友好探讨，平等交流，哪怕是别人错了，可以写文章予以批评，但一定要尊重对方的人格。这是为人的基本准则，是评论者须臾不可忘却的。

6. 从历史事件中选取选题

历史上总是有许多著名的事件，而这些事件往往能够成为评论的选题。

2008年是改革开放30周年，作为我国发展的重要过程，自然是有许多的言论产生。《人民日报》在2008年12月25日刊发了《深入把握30年改革开放的宝贵经验》，这也是从历史事件中选取的选题。中国的历史、世界的历史，可圈可点的东西太多了。从历史事件中选取选题必须与时俱进，不能说只是怀念过去而忘了现在，我们要将现实与历史事件相联合，这样才能写出好的评论来。历史上总是有许多著名的事件，而这些事件往往能够成为评论的选题。2011年是中国共产党成立90周年，90年风雨峥嵘走到今天，确实值得纪念。《人民日报》在6月27日发表了《选择，凝聚在信仰的旗帜下——写在中国共产党成立90周年》。评论写道——

> 德国，摩泽尔河畔特里尔古镇，一座灰白色三层楼房里，常会出现一些黑头发黑眼睛的游览者。他们虔诚地拜谒，深情地凝望，上万条中文留言中最多的字眼是，“伟人长逝，思想永存”。
>
> 一个多世纪前年轻的马克思未曾想到，他与他的思想会成为一面旗帜，导引一个东方大国近百年波澜壮阔的挺进，红色狂飙席卷960万平方公里土地，世界五分之一人口的命运就此改变。
>
> 在这面信仰的旗帜下，中国共产党，这个曾被讥为“山沟里的马克思主义”的政党，创造了“地球上最大的政治奇迹”，它感染、鼓舞、召唤一代又一代人舍命相随，将信念的力量嵌入古老中国的历史命脉，推动这个曾经山河破碎、几近亡国灭种的国度走向独立、走向富强、走向复兴。
>
> 在这面信仰的旗帜下，社会主义中国，这个曾遭遏制、封锁、包

围、孤立的新型社会制度，刷新了当代国际政治的版图，以其势不可挡的崛起开辟出一条举世瞩目的“中国道路”，被马克思眼中那些与无产阶级“势不两立”的人们，不无敬意地称为“一个崭新时代的黎明”。

评论接着细数共产党90年峥嵘岁月留存下的感人事迹和撼人精神。包括以下几个部分：纪念为共产党的发展事业而献身的共产党人，回忆他们的光辉事迹；共产党在革命年代之所以成为拯救中国的最终力量，源于最初的梦想和旗帜；马克思眼中的信仰；共产党发展各阶段的艰苦岁月和其中迸发出的共产党精神；在国际视野上看中国共产党的发展；共产党是人们的选择；现今社会的中国同样需要共产党这种“纯粹的理想”；90年后的今天，共产党迎来新的一切，展望充满希望的未来。

文章发表后，受到读者和网民的普遍好评：

——一口气读完《人民日报》的评论《选择，凝聚在信仰的旗帜下》，仿佛一瞬间阅尽了党的九十年光辉历程，令人感慨万端、回想无限。一切一切的成就，都是在信仰的强力推动下，无数的共产党人通过艰苦卓绝的斗争、奉献、坚守而一步步取得的，经历了无数次的失败、成功、低谷、高潮，直到现在。

——《人民日报》以上和下两次连续发表了任仲平写在中国共产党成立90周年的文章《选择，凝聚在信仰的旗帜下》，《选择，奋斗在复兴的征程上》，读后给人以鼓舞，也给人以精神的养料，也给人以力量，更给人以信仰凝聚。

——九十年历尽沧桑，九十年叱咤风云。100年的风雨历程，100年的伟岸风姿，中国共产党，您是我们华夏儿女的骄傲！七月一日党旗飘扬，八千万党员祝福伴您一路前行！——献给中国共产党90华诞。①

这就是从历史事件中选取的选题。不过其文却并不是完全的写共产党的发展历史，更是把党的90年辉煌历程放入近两百年来的历史视野中，放入中国与世界的空间视野中考察，显示出对未来的深切思考。由此该文获得2012年度中国新闻奖特别奖。

2015年5月9日，当国家主席习近平出席在莫斯科举行的俄罗斯纪念

① 《信仰的坚守是伟大的命题》，载千龙网，2011年6月30日。

卫国战争胜利70周年庆典之际，《人民日报》发表重要评论：《让我们挽紧和平的臂膀》。文章说，感天动地的反法西斯战争，把全世界正义的力量团结在一起，在最黑暗的岁月中坚守和平的希望。今天，我们纪念世界反法西斯战争胜利70周年，不仅仅是为了慎终追远，更是为了让和平常驻、正义长存，与全世界人民一道挽紧和平的臂膀。

文章指出，反法西斯战争的胜利告诉我们，不同文化、不同历史、不同社会制度及意识形态的国家和地区完全可以携手合作，共同捍卫人类和平。

从历史事件中选题，除了从国家或地区层面考虑，也可以自己亲身经历或他人经历的事件中选题。这样的选题，视角可以小一点，但是，因是自己或他人经历，故事性强，能够吸引受众，说得好也能引人入胜。

三、评论选题的基本原则

2016年2月19日，习近平总书记在党的新闻舆论工作座谈会上提出希望："广大新闻舆论工作者做党的政策主张的传播者、时代风云的记录者、社会进步的推动者、公平正义的守望者。""要提高业务能力，勤学习、多锻炼，努力成为全媒型、专家型人才。要转作风改文风，俯下身、沉下心，察实情、说实话、动真情，努力推出有思想、有温度、有品质的作品。"这既是对新闻工作者的整体要求，同时也应成为新闻评论选题的指导思想。

新闻评论是对发生在我们身边有价值事实或现象发表的意见和看法，它是一种主观的有形意见的表达，它是人们主观能动性的一种反映。在选题的实践中，要遵循贴近实际，贴近生活和贴近群众的基本原则。

1. 贴近实际，与时俱进，促进社会协调发展

所谓贴近实际，就是立足于社会主义初级阶段这个最大的实际，始终坚持解放思想，实事求是，与时俱进，紧跟时代步伐，适应现阶段经济、政治、文化发展的实际状况和要求，适应不断发展变化的客观现实，反映改革开放和现代化建设的实际，坚持把发展作为第一要务，更好地为党和国家的中心工作服务，为大局服务。把回答和解决实践提出的巨大课题作为我们新闻评论选题的一个重要方面，使新闻评论更加具体实在、扎实深入。

要贴近实际，必须首先认识我们面临的形势。当前，我国已经进入了落实"全面建成小康社会、全面深化改革、全面依法治国、全面从严治党"即"四个全面"战略布局的新时期。国际局势正在发生深刻变化，世界多

极化和经济全球化的趋势在曲折中发展，科技进步日新月异，综合国力竞争日趋激烈。我国的国民经济持续快速健康发展，改革开放取得丰硕成果，社会主义民主政治和精神文明建设成效显著，国防和军队建设迈出新步伐，人民生活总体上达到小康水平，祖国统一大业取得新进展，对外工作开创新局面，党的建设全面加强，等等。与此同时，我们还必须清醒地看到，我们工作中还有不少困难和问题。农民和城镇部分居民收入增长缓慢，失业人员增多，有些群众的生活还很困难；收入分配关系尚未理顺；市场经济秩序有待继续整顿和规范；有些地方社会治安状况不好；一些党员领导干部的形式主义、官僚主义作风和弄虚作假、铺张浪费行为相当严重，有些腐败现象仍然突出；党的领导方式和执政方式与新形势新任务的要求还不完全适应，有的党组织软弱涣散，等等。

这就是我们整个国家面临的形势。作为一家地方媒体，评论工作需要宏观把握国家发展趋势，了解经济社会生活各领域的深刻变动，知晓民众关注的热点和难点，只有这样，写出的评论作品才能跟得上国家发展的大势，跟得上时代的节拍，扣准民众的心理。也只有这样，评论作品才能接上地气，与现实发生紧密的联系，从而促进社会的协调发展。

安徽的《江淮晨报》2012 年 8 月 28 日进行全新改版并推出言论版，一开始，该报就着眼于国家大局，关注时事发表评论。如 8 月 31 日评论员文章《欢呼大病保障同时需做有益补充》就是对国家发布的《关于开展城乡居民大病保险工作的指导意见》进行政策解读、形势分析的评论——

> 首先从中受益的当然是城乡居民。指导意见规定大病保险的保障对象是城乡居民医保、新农合的参保人，所需要的资金从城镇居民医保基金、新农合基金中划出，交由商业保险机构承办，参保者抵御大病的能力明显提高，其个人缴费负担却未增加。而如果运用经济学“正外部性”的理论，又会发现，从大病保障制度中受益者多多，这包括扩展了新业务的商业保险机构，因为商保机构的介入而渐趋规范的医疗单位，还有那些针对恶性肿瘤、肾脏衰竭、心脑血管重症等病种的制药企业，过去受患者支付能力限制，部分重大疾病治疗需求实际被人为抑制。而最大的受益者则当推作为整体的社会。
>
> 作为新鲜事物，商业保险参与社会保障体系建设早已是国际潮流，因此，问题的关键在于采取什么样的监管制度和防范风险的措施。指导意见对商保机构的资质提出了明确要求，这是办好大病医保的前提，除

此之外，也需要对权力寻租拉高医保基金风险的可能抱有高度警惕。

发改委官员表示，“由于每个家庭能够负担的医疗费用有所差异，开展大病保险，并不能完全确保每一位大病患者都不发生灾难性支出。极少数低收入或发生巨额医疗费用的人，还有可能面临困境”。

这句坦诚的话提醒我们，在为大病保障制度确立欢呼之同时，也不妨为其做些有益的补充，就像邓飞等人发起的“中国大病儿童医保公益基金”项目，旨在为城镇居民医保、新农合这两项制度辐射之外的贫困儿童提供大病救助那样。而这些有益的补充更多地寄望于公益组织，寄望于民间蓬勃的活力。

评论指出，《关于开展城乡居民大病保险工作的指导意见》的出台标志着我国大病保障制度的正式确立，是办好大病医保的前提，但同时我们也要认清权力寻租拉高医保基金风险的可能性，因此面对该项政策我们还需继续努力为其做出更多的有益补充，评论清晰透彻地解读了当前民众面临的医保形势，认识全面又不失亮点。

《深圳特区报》在评论操作中一直注重本地性，特别是在社会关注、市民关切的话题上及时介入发表评论，让评论和实际贴得很紧。从网络点击量、转载量来看，这类紧贴实际的评论拥有较高的阅读量，为扩大媒体影响力加分。

例如，《深圳特区报》2013年9月26日刊发评论《法治为轨　未来方可预期》。文章写道——

在深圳近日召开的建设一流法治城市专题议政会上，市委书记王荣谈到，人们期待建设一个“有序安全可预期”的社会环境，这就是对法治化社会的要求。这一观点引起学者、市民热议和共鸣。

稳定而合理的预期，来自于法治。刚性的法治，比铁腕的人治更稳定，不会陷于人走法变的无序局面。法治的刚性彰显了法律运作的可预期性，使得人们在依照法定的“游戏规则”行事的同时，望得见结果与前途，使得社会生活各个方面在法治轨道运行的时候，能够奔向明确的目的地，如此，最终营造出一个人人靠本事、尽本分、守规矩的和谐社会。

看一个地方的法治水平，不妨走街串巷问一问，生活、工作于此的人对自己的发展机遇和向上流动的空间，有没有满满的信心。足够的信心，就是因为法治带来了稳定而良好的预期；反之，“两眼一抹黑”，辛苦打拼却看不到生活改善的可能，兢兢业业却无望于发展提升，这往往就是因为法治不彰，导致社会生活中的规矩乱了，人们的行为与结果之间失去了稳固的联系。试想一下，朝着山巅奔跑，却不仅没法登顶，反而可能堕入泥淖，让人如何是好？

给人稳定、良好的心理预期，需要建设一流法治。实现一流法治，既需良法又需善治。拥有较大市立法权和特区立法权的深圳，在因应经济社会发展实际、打造良法上具有更灵活的身手，理应在制约权力运行、保障社会公平、突破改革障碍等方面率先发力，构建起不负民望的法律体系。良法之良，在于执行有力。“红头文件”多发滥发、生态控制线一度失守等等乱象，就在于良法未能严实落地。动真碰硬，让手握权力的人接受法律的束缚，就能充盈起民众对法治、对社会、对个人前途的希望。

评论论述的是“安全有序可预期”的社会环境与法治之间的关系，是为了推动形成“一个人人靠本事、尽本分、守规矩的和谐社会”。在依法治国成为治国理政的基本方略、成为社会各界共识与追求的当下，这篇评论提到的途径“法治为轨”、目标“安全有序可预期的社会环境”以及指向：“一个人人靠本事、尽本分、守规矩的和谐社会”，都与实际紧密相连，与社会发展进程合拍，与民众反对不公、需要更多公平正义的心理相合。从选题上看，是来自地方领导的讲话，而由于讲话中的相关内容紧扣实际与社会发展形势、社会心理，因此很适合作为评论的选题，选题体现出了评论者与时俱进、根据时代发展的重大趋势来寻找选题的追求。

要贴近实际，必须从实际出发，研究和解决实际中的问题。认识形势的目的，在于帮助人们更好地把握自己，从自己身边的事物和现象入手，研究它，解决它。新闻评论不是包治百病的天使，不可能要求一篇评论就能解决许多问题。但是，我们写作评论，发表评论，如果不从自己身边的实际出发，不关心我们周围时时处处发生的问题和矛盾，哪怕文章写得再漂亮，理论讲得再深刻，也是无济于事的。自然，这样的评论也是不受群众欢迎的。

要达此目的，第一，必须坚持马克思主义的认识论，实事求是，讲真话，讲实话，不讲空话，不讲套话，反对一切形式主义的繁文缛节。一篇评论不要求多，只要能讲清一个问题，能对解决一个问题提供一种思路一个方法，这篇评论就是有益处的，它就可能受到人们的欢迎。第二，必须从大局出发，指导整体。特别是地方媒体，搞报道、写评论，都要从全国的整体利益出发，有的甚至还要着眼于国际形势的大背景。第三，必须从受众的需要和接受能力出发，促使社会的安定团结、可持续发展。我们的报道对象是我们写作评论的最大实际。他们需要什么，有什么疑虑，接受能力怎样，这些都是我们评论选题的重要前提。只有考虑和满足了受众的要求，我们的评论才可能做到有的放矢，才可能更好地为受众服好务。

2. 贴近生活，服务生活，引导受众积极向上

所谓贴近生活，就是深入到火热的现实生活中去，深入到社会经济、政治、文化生活和人民群众的日常生活中去，反映客观现实，把握社会主流，解决具体矛盾，更好地融入生活、服务生活、引导生活。要把我们的评论视点对准火热的生活，关注朴素平凡的生活细节，聚焦丰富多彩的生活场景，从现实生活的生动事例中剖析深刻的道理，展示未来生活的美好前景，给人民以鼓舞。

人们的生活是丰富多彩、千变万化的，人们的生活需求也是多种多样的。新闻报道应该反映这种现实，新闻评论也该对这些内容发表评论。新闻评论是一种意见的表达，自然要强调它的指导性，这是完全正确的。但是，新闻评论与媒体上的其他内容一起构成了一种特殊的精神产品，它的有用性决定了它的指导效果。人们只有喜爱它、接受它，媒介的导向功能才能发挥出来。所以，在考虑新闻评论选题时，在注重导向价值的同时，千万莫忘了它的服务价值。而衡量服务价值大小的唯一标准就是人民满意不满意，高兴不高兴。只有人民满意了高兴了，媒介的服务价值才能最大地体现出来，同时媒介的导向价值也才能最终地表现出来。即使是个人署名的评论，也要考虑宣传正能量。

新闻评论的服务性可以从思想观念、方针政策、科学知识、生活消费等方面考虑。我们的评论只有为读者考虑得越广泛、越仔细、越体贴，它的价值才越高，这样的评论才越会受到读者的欢迎。在考虑新闻评论的服务价值时须处理好以下几个方面的关系：广泛性与特殊性关系、通俗性与高雅性关系、权威性与多样性关系、现实性与超前性关系、批评性与建设性关系，等等。现在，不少读者对报纸上的信息有了自己的选择和理解，他们已经不满足于报纸上提供的一家之言，还需要多方面的相似或相反的信息比较。“百花齐放，百家争鸣”，是繁荣社会科学文化事业的基本方针，也是新闻评论应掌握的一条基本原则。特别是在人们的衣食住行，吃喝玩乐，卫生保健等生活服务上，更不必搞“一言堂”，在坚持主旋律的前提下，提倡多样化，以满足不同人群、不同层次、不同方面的需要，获取服务功能的最佳效应。

中秋佳节至，“天涯共此时”。皓月当空，浓情如醇，怎能不令人感怀万千！此刻，也是公款送月饼送节礼的高峰期。在中央“八项规定”后的第一个中秋节来临之际，自然，也成了评论的好选题。2013 年 8 月 22 日（农历二〇一三年七月十六）中秋节前夕，《人民日报》发表评论员文章《过一个风清气正的中秋节》。评论写道——

> 中秋佳节就要到了，这是人情往来的时节，也是公款送月饼送节礼的高峰期。中央纪委日前作出部署，要求坚决刹住中秋节、国庆节公款送月饼送节礼、公款吃喝和奢侈浪费等不正之风，这是深入落实中央八项规定精神的重要举措，是纠正“四风”的实际行动，它释放出执纪必严的强烈信号。

中秋是我国的传统佳节，正常的礼尚往来并非不可。但是近年来挥霍公款、奢侈腐败之风愈演愈烈。群众批评“吃的人不买，买的人不吃”，商家感慨“月饼越贵越好卖”，媒体曝光“送礼车导致大中城市逢节必堵”。这种行为已严重败坏党风政风和社会风气，是“四风”的表现。作者指出，“清风明月不用一钱买”，奢侈的利益输送不是中秋节的本义，任由豪华月饼因公款送礼大有市场，既使得中秋佳节的韵味和人情变味，更重要的是败坏风气，损害党和政府的形象。

2012 年 12 月 4 日，中共中央政治局会议审议通过了中央政治局关于改进工作作风、密切联系群众的八项规定。2013 年的中秋节，是八项规定出台后的第一个中秋节，群众既盼望八项规定显出成效，也对中央继续“动真碰硬”地纠正“四风”寄予厚望。对此，该评论指出：

> 中央纪委提出的明确要求，正是以解决突出问题为抓手，即查即纠，立行立改。各级领导干部一定要律己以严、从我做起，坚决不用公款送礼；同时，要敢抓敢管，坚决禁止公款送月饼送节礼。各级纪检监察机关对中秋公款送礼要加强执纪监督，督促广大党员干部把中央八项规定精神内化于心、外化于行。
>
> 习近平总书记强调，改进作风要以踏石留印、抓铁有痕的劲头抓下去，善始善终、善做善成。作者在中秋节这样一个纠正“四风”的重

要节点，借中秋之题，重申反腐正风之义，更加体现出中央坚决刹住公款送礼奢靡浪费之风的决心，并提出了深入落实八项规定的新要求。这样一个欢乐祥和、风清气正的中秋节，也是人民群众所乐于看到的。

新闻评论要反映活生生的现实，为达此目的，第一，必须真实地反映生活，从中国和本省、本市、本地的具体情况出发。只有这样，新闻评论才能更好地反映人们的实际生活，这样的道理人们才能更容易接受。第二，必须提倡积极向上的生活方式。随着我们与外界交流的扩大，人们接收的外部信息也越来越多，好坏参半、良莠不齐的情况也时有发生。新闻评论应选择那些反映人们良好精神状态，提倡积极向上生活的内容做文章，这是我们新闻评论工作者的职责。第三，普及科学知识，满足人们日益增长的新需求。时代的发展，科学技术的进步，为人们提供了一个更加广泛的学习空间。新闻评论应运用新知识、新思想、新方法去反映和阐释我们周围的一切，给人们以新的满足。

3. 贴近群众，反映群众，代表群众的根本利益

所谓贴近群众，就是深深扎根于群众之中，想群众之所想，急群众之所急，办群众之所盼，充分体现群众意愿，满足群众需求。新闻评论要把握群众脉搏，说群众想说而说不出的话，讲群众能懂的而又喜欢听的话。以群众满意不满意、高兴不高兴、赞成不赞成、答应不答应作为我们新闻评论选题的出发点和落脚点。

新闻媒体的受众是广大群众中的一部分，特别是各级党报和面向大众的报纸及媒体，在考虑新闻评论选题时，必须时刻把握群众的脉搏，了解群众的喜怒哀乐，知晓群众的酸甜苦辣。作为一个评论员，只有知道群众在想什么，为什么这么想，才可能选择群众欢迎的选题做文章，这样的文章发表了，群众才爱看。

群众的利益是多方面的。既有个别的，也有普遍的；既有眼前的，也有长远的；既有局部的，也有整体的；既有正当的，也有不那么正当或虽然正当但由于种种原因现在还实现不了的利益，等等。贴近群众，反映群众，就是要选择那些反映代表群众根本利益的问题做文章，对于那些虽然正确但一时还解决不了的问题也能讲清道理说明原因，这样的评论越多，群众越欢迎。人上一百，形形色色，他们都有自己的利益和需求。新闻媒体不是福利机构，不可能什么事情都能帮助他们解决；但是，新闻评论是一种说理顺气的形式和途径，我们应该学会掌握它，让它更好地发挥引导和疏通功能，更好地体现它的服务价值。

2013 年年底，中国官方高层智囊机构——国务院发展研究中心首次向社会公开了其为十八届三中全会提交的“383”改革方案。《新京报》“京报调查”（《新京报》子刊《评论周刊》与优数咨询联合推出）为此展开名义调查。调查结果显示，93.4%的受访者表示关注当年要召开的十八届三中全会，仅 6.6%的受访者表示不好说。此次国务院发展研究中心（国研中心）公开的“383”改革方案，涉及八个方面的改革。大家关注的分别是哪些方面呢？数据显示，67.9%的受访者关注土地制度改革；62.6%的受访者关注行政管理制度改革；60.6%的受访者关注金融体系改革；58.6%的受访者关注垄断行业改革；57.9%的受访者关注财税体制改革；44.8%的受访者关注“国有资产管理体系改革”；39.7%的受访者关注“创新体制改革”；1.1%的受访者关注“对外开放改革”。由此可见，土地、行政管理及金融是大家最为期待进行改革的领域。此外，交叉分析发现，关注三中全会的年龄阶层呈现中间大两头小的特点。即最为关注三中全会的人群为“70 后”和“80 后”，分别为 94.8%和 94.1%，而“90 后”和“50 后”关注人群下降了近 6 个百分点，分别为 89.3%和 88.4%。为此，“人民网评”在 11 月 8 日刊发了《读懂三中全会社会期待，激发改革正能量》（作者：严力）的评论——

> 十八届三中全会召开在即，从海外媒体到国内报刊，再到各类新媒体，改革话题成为最大焦点。这次历史节点上的关键性会议，既是国之大事，也与普通百姓息息相关，因而引起了广泛的关注。在一项媒体的调查中，高达 93.4%的受访者表示关注十八届三中全会。
>
> 改革，到底对普通百姓意味着什么？全面深化改革，老百姓的红利又在哪里？这首先需要从社会期待中去寻找答案。日前，在人民网开展的“你最关心哪些改革关键词”的网络调查中，收入分配改革、行政体制改革、民生保障制度改革、医药卫生改革、户籍制度改革等得票数位居前列。

数据的统计可能过于模糊，如果多倾听个体的诉求，这种期待之强烈与迫切，会让人有更深切的体会。从合同工对同工同酬的期盼，到超市里邻家大妈对放心食品的追求，从北漂、新生代农民工们的城市梦想，到居民们对天蓝地绿水净的渴望……经过 35 年的改革开放与勤奋努力，今天国人的生活从温饱不足迈向全面小康，城镇居民人均可支配收入从343元增加到24565元，增长了71倍；农民人均纯收入从134元增加到7917元，增长了59倍。但正像马斯洛曲线所提示的，越是向前发展，人们就会有更多、更高的期待：不仅要提高物质生活水平，追求精神生活的丰富，还希望实现社会公平正义。为此，评论指出——

> 从近期的舆论热点来看，无论是关于“延迟退休”的争议，还是对养老金双轨制的讨论，都反映了人们对社会不公的敏感、对社会公平的瞩望。如果说改革开放以来我们把经济增长的“蛋糕”做大了，那么现在如何把“蛋糕”分好、分得公平的问题日益凸显。二元结构的顽固、户籍制度的藩篱、阶层固化的担忧，让不少人的梦想步伐举步维艰，也对社会创造活力形成了抑制。不管是改革发展的客观趋势，还是亿万群众的热切呼应，都要求今后的发展更加突出民生导向，大力促进社会公平正义，为更多人创造人生出彩、实现梦想的机会，使改革红利惠及13亿人。
>
> 与人民心心相印、与人民同甘共苦、与人民团结奋斗，这是执政者的为民理念，也是改革发展的前行动力。当前中国改革已进入攻坚期和深水区，新一轮改革需要解决的矛盾和问题繁重艰巨。只有读懂社会期待、回应社会关切，才能进一步凝聚改革的共识与力量，不断啃下硬骨头，顺利穿越急流险滩，为我们的国家赢得更好的未来，为每一个人的生活创造更幸福的图景。

新闻评论要贴近群众，反映群众，代表群众的根本利益，为实现这一目的，须注意以下几点：第一，必须深入群众，调查研究，掌握实情。当记者，不深入采访，不可能写出好报道；当评论员，不调查研究，不到选题产生的地方跑一跑、问一问，不真切地了解实际情况，也不可能产生好选题，也不可能写出好评论来。第二，在调研和确定选题时，要处理好民众与政府、下级与上级、地方与中央、眼前与长远的关系，既反映群众的呼声，又促进社会的稳定和发展。这是我们新闻评论工作者的职责。第三，加强与受众的互动和沟通，逐渐形成一种平等交流的良性模式。新闻评论要传达中央的精神，要对群众进行引导，但是，这种传播和引导只有在一种相互信赖、相互理解的基础上才可能实现。不论是哪一级的党报和传媒机构，都要时刻把受众放在心里，运用一定的形式，创造一种融洽的气氛，吸引更多的受众参与进来。只有当我们的受众都关心，都帮忙出谋划策时，我们的传媒才能有更强的说服力，也才能树立自己的权威性。新闻评论应在这方面做得更好一些。

四、评论选题的标准

评论选题是决定一篇评论文章好坏的关键，怎样才能产生一个好的选题呢？除了上面介绍的选题来源和选题原则外，在实际操作时，还应考虑以下几点：

1. 富有新意，出奇制胜

对于新闻报道的事实进行评论可能是很多的，但是，只是泛泛而谈、一般化，是不可能写出好文章，打动受众的。那么，我们在确定选题时，必须审视这个选题是否有新意，是否能做到人所欲言而不敢言和不善言的我们不仅说了，而且掷地有声，读有韵味，促人深思。这就要求我们写作者有新的视角、新的方法、新的理论、新的知识、新的例证、新的文字和新的标题，等等。我们常说的新闻评论要“敢放第一枪”，这第一枪，不仅要求快，更重要的是要有思想，而且这个思想要有新意。

2. 立论正确，有的放矢

新闻评论要有新意这是不错的。但是，有新意的东西不一定都是正确的，都是能指导实际的。而新闻评论的重要任务首先就是要立论正确，只有这样才能有的放矢。所谓立论正确，既包括宏观的，也包括微观的；既包括理论的，也包括观点的；既包括新闻事实，也包括社会现象；既包括出发占，也包括结论或结果。总之，一切用来为评论服务的材料，评论的一切组成部分，都必须是正确的，是经得起历史的检验的。新闻评论不同于事实报道：一篇消息错了，影响的只是一件事；而一篇评论错了，影响的却是一个面。所以，我们在追求新闻评论选题的新意时，千万不可掉以轻心，把握住它的正确方向是选题的重要一环。

3. 论理深刻，指导一般

评论是说理的一种表现形式。一篇文章，它不讲道理，或道理讲得不深刻，就不是评论文章或不是一篇好的评论文章。一篇评论文章论理是否深刻，包括着很多环节，有立意、推理、论述，自然还有它的评论技巧问题。但是，一篇好评论，论理是否深刻，在很多情况下是由它的选题决定的。一个大家都明白的事情，要选择做评论，哪怕写作者的本事再大，也很难做出好佳肴。所以，在选题时，一定要选择那些蕴含着十分丰富道理而又能深入阐述的选题做文章，就可能出新意。也只有在这种情况下，新闻评论才可能去指导一般。即便是个人评论，也要尽力发出一家之言，或给大众某种启示和精神的享受。

4. 宏观把握，超前预测

我们常说，大将军运筹于帷幄之中，决胜于千里之外，常能打大仗，打胜仗。秘诀何在，就在于他们经过长期有战斗实践，又通过科学总结，能够在变幻莫测的事态中把握宏观大局，在时间的一维性中超前预测。

日本上智大学武市英雄教授在《新闻的现代涵义》一文中，呼吁人们注意新闻的“先见性”。他说：“迄今为止，我们对于新闻的看法过于拘泥于单发消息，将类似交通事故、火灾这样突发性、一过性报道作为新闻，而忽略了日常性。像公害和城市问题，平时它们悄悄逼近，一发现，往往为时已晚。现在需要对那些潜在的、尚未表面化的问题及早予以注意。不要待新闻的到来，而要考虑以什么为新闻。当代社会要求记者具备提前获取新闻的主动精神。”他还说：“对那些数年以后可能成为大问题的潜在性题目，尽早接近，同受众共同思考，这种预见性姿态今后对记者来说是不可缺少的。”① 武市英雄教授的意见，不仅有利于我们认识和把握好新闻的报道，同时也有利于我们把握好新闻评论的选题。

---

① ［日］武市英雄：《新闻的现代涵义》，载上智大学《传播研究》第 6 号，第 116、117 页。

第六章
新闻评论立意

一、立　　意

所谓立意，是作者对所评论的对象，包括人物、事件、现象及问题提出自己的看法，表达自己的意见，确定评论的主要思想，它是评论的灵魂。宋代大文豪苏轼对于“意”有过很精辟的论述：“天下之事，散在经、子、史中，不可徒使，必得一物以摄之，然后为己用，所谓一物者，意是也。不得钱，不可以取物，不得意，不可以用事，此作文之要也。”（《韵语阴秋》卷三）这里讲的是意在一般作文中的作用，在新闻评论的写作中也是如此。在新闻评论的写作中，我们经常会发现这种情况，虽然大家都对某种现象进行了评论，但有的文章读起来有深度、有韵味，使人豁然开朗，过目不忘；而有的文章，讲的道理是对的，论述也不借，但就是没有什么新意，也没有深度，自然不会引起人们的注意。我们说，一篇评论文章，高低优劣，除了评论的对象的特殊性外，很重要的一个环节就是它评论的角度和深度。这个角度和深度就是我们要讲述的立意。

那么，立意与选题是什么关系呢？

选题讲的是文章涉及哪一个方面的内容，它是决定评论文章好坏的一个关键。但是，同是一个选题，也会因写作者有不同的视角和论述方法，导致结果有所差别。同一个选题可以有不同的立意，这种不同立意，可以从纵向和横向两个方面给人们以启示：有的可能产生高低优劣差别，有的则能帮助人们扩大视野，从不同的角度看问题，都是好事情。

2013 年 10 月 19 日，《新快报》记者陈永洲因涉嫌损害企业商誉的罪名被长沙市公安局拘留。2013 年 10 月 24 日，《新快报》再度在头版显著位置登出《再请放人》。《新快报》相关负责人表示，陈永洲的报道属于正常职务行为，报社核查过陈永洲对中联重科所发的所有报道，没发现陈永洲有违背职业道德和法律的事情。

此事报道后社会的强烈反响，新闻评论紧跟其上发表了不少“声援”的评论，如《南方都市报》社论《跨省刑拘记者，警察执法意图引关注》、《新京报》社论《以“损害商业信誉罪”抓记者滥用警权》、《上海商报》社论《媒体监督权涉及全体社会成员福祉》、《21世纪经济报道》述评《“损害商业信誉罪”边界之辩》、《齐鲁晚报》评论员文章《跨省抓记者，别跨出法律框框》、《长江日报》社评《区分记者的职务行为和个人行为》；另外，《钱江晚报》发出了两篇本报评论员文章：《备齐手铐，更需备齐真相》和《此门一开，有多少恶涌来》，《河南商报》整个评论版都用于评论陈案，配发编者按，发表署名“头条评论”《动辄拘留记者，你的理由充分吗?》，《环球时报》发表社评《依法保护记者，依法维护企业》……

10月26日，中央电视台在早间新闻中播出了长达9分钟的《新快报》记者陈永洲受人指使收人钱财发表失实报道的节目，陈永洲承认收受他人50余万元“好处费”发表针对中联重科的失实报道。

11月1日，羊城晚报报业集团宣布了对此次事件的处理结果：免去新快报社社长、总编辑李宜航以及副总编辑马东瑾的职务。此时，舆论与此前陈被抓时相比发生戏剧性的转变，但仍然可以有不同的立意，做出不同的文章。一篇《有职业操守才有媒体公信》① 的评论写道：

> 100年前，一位著名报人说：一个愤世嫉俗、唯利是图、蛊惑民心的媒体，最终会制造出像自己一样卑劣的民众。两年前，《世界新闻报》因严重违反新闻操守而遭到同行与公众的“零容忍”，停刊。《新快报》在为陈永洲鸣冤叫屈的声明中，用到两句古诗：“养活一团春意思，撑起两根穷骨头。”如今这两句诗，成了对作虚假报道、行新闻敲诈者的一种反讽。但诗的本意是不错的：新闻界尤须铭记自身使命、恪守职业操守，清理门户、整肃力量。如此，才守得住铁肩道义的媒体风骨，当得起时代赋予的庄严使命。

此篇评论通过陈永州事件看到职业操守的重要性以及其问题。

另一篇《舆论场像舞台，一些人入戏太深》② 的社评则从陈永州事件的整个过程来分析整个舆论场的走向：

---

① 陆侠：《有职业操守才有媒体公信》，载《人民时评》，2013年10月28日。

② 《舆论场像舞台，一些人入戏太深》，载《环球时报》，2013年10月28日。

> 中国舆论场现在有些像舞台，震撼的戏剧一幕接一幕，高潮连着高潮。中国社会其实没那么壮烈，具体的爱恨情仇能陡然迸发成惊涛骇浪，是不是因为很多人入戏太深了，或者受周围环境感染，不跟着入戏都难？

文章还就此发表了深深的忧虑：

> 如果《新快报》几乎“倒射点球”的乌龙都不能带来些稍微像样点的反思，那么中国舆论场可就真是病入膏肓了。当然，社会和官方也需加入反思的行列，后者成为舆论场那么固定的靶子，岂能仅仅归咎于他人。如果所有人都固守自己的意识形态城楼，不肯将思想角度挪动半步，那么我们就只能为今后不断纷至沓来的新公共危机事件一次次喟然长叹了。

这篇评论的角度显然与上篇不同，关注点不一样。

还有一篇评论《打击虚假新闻 捍卫舆论监督》① 则是在舆论瞬间倒戈，面向媒体极其从业者时，发出了理性中立的声音，不仅谴责了陈永洲收受钱财的行为，同样表达了对新闻舆论监督作用的重视，一个陈永洲绝不能毁坏一个媒体的作用。文章这样写道：

> 打击虚假、有偿新闻，也正是对舆论监督的捍卫。毕竟打铁还需自身硬，舆论监督的公信力依赖于媒体报道的水准，而这样的水准，靠的是从业者的素质和严格的新闻管理流程。媒体以及从业者需要遵守法律和行业伦理规范，也同样需要来自社会和法律的监督。
>
> 但是，也不必因此看轻甚至否定舆论监督。不可否认，一个行业中，个别违法行为往往会影响甚至重创这个行业的形象和公信，但是，由此而否定一个行业，以及这个行业从业者的存在价值，并不会让事情变好，反而有可能变糟。否定媒体的作用，否定舆论监督的必要，公众不会从中获益，真正获利且暗自高兴的，正是那些肆无忌惮侵犯公私合法利益的违法者。

① 《打击虚假新闻 捍卫舆论监督》，载《新京报》，2013年10月28日。

这一篇评论与前两篇又不同，批评陈永洲行为的同时，站在一个更加理性和中立的角度审视了这一事件。

这里还有一篇评论——胡舒立的《新闻寻租不可恕》①。这篇评论直指陈永洲事件凸显的一个重要问题——新闻寻租。当就这一个问题进行细致深入的分析，中外之间的对比，也是一个很好的角度。

> 如果放任这种寻租行为蔓延发展，则无法期待中国新闻业的健康成长，还会给整个中国社会、特别是市场体制建设和商业文化培育，带来极大破坏。财新此前曾发表长篇报道等，引起巨大震动和广泛回应。此次陈永洲事件若能深入调查、完整披露、严肃处理，将是更为可贵的反面教材。
>
> 目前，陈永洲已因涉嫌损害商业信誉罪被批准逮捕，《新快报》领导班子也被调整。巧合的是，英国窃听案刚刚开审。在记者节即将来临之际，发生丑闻令人格外遗憾，不过，对丑闻的应对和处置对未来更有意义。经济学证明，消除“价差”才能杜绝寻租。中国媒体缺乏独立客观的土壤，导致价值混乱，逆淘汰现象突出，除行业自律，最终还是需要健康的法律和竞争环境发展成长。政府应当给予媒体更多的空间，对记者的合法权益给予充分保护，使新闻人自尊自持。
>
> 无疑，这有赖于新一轮全方位改革。而我们，则应从自己脚下做起。

上面几篇评论都是评陈永洲事件的。但是，每篇评论的角度都不相同，有的从职业操守，有的从舆论场，有的从舆论监督，各有所长。由于立意不同，文章各有侧重，引人思考的问题和角度也不尽相同。正是有了这些不同，才激发人们对相同问题的多种思考，不论哪方面来说，这些评论都是有好处的。

对于陈永洲事件，这里只选取了陈永洲事件的后期的评论，即陈永洲承认收受金钱后的评论。其实，前期与后期有着天壤之别的评论与舆论也是值得深思的。这里告诉我们，评论是建立在坚实的事实基础之上的，切忌在事情没有弄清楚前妄加评论，这不是对评论的束缚，而是对其的规范。

---

① 胡舒立：《新闻寻租不可恕》，载《财新网》，2013年11月4日。

下面再举一组实例。

2006年10月，湖南永州发生一起“11岁女孩被逼卖淫”案，受害者之母唐慧要求严惩犯罪嫌疑人并获得经济赔偿。经一审、二审法院审理判决，有2名被告人获一审、二审死刑判决并正在最高人民法院复核，4名被告人获无期徒刑，1名被告人获有期徒刑15年。

2012年8月2日，永州市劳教委以唐慧闹访、缠访严重扰乱社会秩序为由，决定对唐慧施以劳动教养1年6个月处罚。唐慧不服，向湖南省劳教委申请复议。同年8月10日，省劳教委作出行政复议决定，撤销永州市劳教委对唐慧的劳动教养决定。

2013年7月15日上午，备受社会各界关注的上诉人唐慧与被上诉人永州市劳动教养管理委员会劳动教养行政赔偿一案，在省高级人民法院第二审判庭公开宣判，唐慧胜诉。法院经审理后认为，对于上诉人提出的书面道歉申请，没有法律条款予以支持，故法院予以驳回。对上诉人提出的精神损害抚慰金1000元和要求永州市劳教委赔偿侵犯人身自由的赔偿金1641.15元，予以支持。

央视网鲁杨评论《唐慧胜诉获赔体现司法正义精神》① 写道：

> 虽然这一判决仍有遗憾，劳教委没有做出书面道歉，赔偿金数额也不大，但仍然意义非凡。作为一种随意性过大的司法惩罚方式，劳教制度在国内已经造成了许许多多的错误案例。这一判决使人看到，公民即使遭到错误的对待，依然能够通过正常的司法救济渠道获得迟来的正义和应有的赔偿。当然，我们不能仅仅满足于此。司法正义需要众多方面共同进步来构筑，今天的公正只是其中的小小一步。

这篇评论主要是站在“上访妈妈”唐慧千辛万苦打赢官司的角度来看，其最终体现除了司法的公平正义。这一角度是很平稳安全的，因为的确唐慧的胜诉体现着中国司法的巨大进步。

《北京青年报》评论员张天蔚的一篇《唐慧胜诉了，正义还在路上》②则在肯定的同时，也对更广意义上的司法和正义表示了忧虑：“但是，舆论

① 鲁杨：《唐慧胜诉获赔体现司法正义精神》，载《央视网》，2013年7月15日。

② 张天蔚：《唐慧胜诉了，正义还在路上》，载《北京青年报》，2013年7月16日。

之所以始终对唐慧保有最大的同情和支持，恰恰在于对劳教制度的根本质疑。舆论的逻辑是，不管唐慧在上访过程中采取过什么样的方法，有过怎样的“过激行动”，都只能在程序合法的前提下接受法律的审判，却不该被劳教。”作者更是希望唐慧的胜诉能够推动中国劳教制度的改变，像孙志刚事件对收容遣送制度的改变一样：“如果不出意外，唐慧有望顺利回归正常生活，回到永州开她的花店，或带着女儿到美国治病、生活。但更多‘唐慧们’回归正常生活的愿望，还需要他们自身和舆论继续锲而不舍地努力，更需要决策者拿出勇气，对劳教制度作出根本的改革。”

《南方周末》“方舟评论”的一篇《新闻报道告诉我们什么》① 则完全与前两篇视角迥异。这篇评论是在《南方周末》刊出争议性新闻《唐慧赢了，法治赢了没?》后发表的。而评论内容对象是所有关于唐慧的报道，以及媒体报道对唐慧案的一个隐形的助推力。

> 但我们仍然乐见这样的讨论，相信参与意见市场的民众会借这样的表达逐渐发现，有效讨论和沟通必须以“我认为的事实”为基础。道德并不以社会阶层、身份为衡量尺度。有时候，尝得“权力”滋味的弱者在道德上并不比当权者更高尚。
>
> 自然，我们依然坚持对公权力拥有者保持高度警惕。即便现实中存在不少寄希望于从权力运行的错位与不规范中为自己争取“超权益”的“弱势”出格者，这也不应成为权力专横的借口。不能寄希望于“弱者”的行为没有一丝瑕疵，在一个法治尚不完善的社会，更加不能用理想中的法治标准来对弱者提出过高的要求，不能苛求弱者成为完美的守法者。所有人必须牢记：现代社会实现秩序的唯一基准，是人人对规则的共识。

以上三篇评论都是评论唐慧案胜诉的，但是角度和立场的不同明显表现出评论水平的高低，深入浅出立显。这就是立意，角度的变化与立场的不同。

2013 年 12 月 28 日，全国人大常委会通过了《关于废止有关劳动教养法律规定的决定》，这意味着已实施 50 多年的劳教制度被依法废止。该决定规定，劳教废止前依法作出的劳教决定有效；劳教废止后，对正在被依法

① 史哲：《新闻报道告诉我们什么》，载《南方周末》，2013 年 8 月 9 日。

执行劳动教养的人员，解除劳动教养，剩余期限不再执行。这也是在唐慧胜诉5个月后的决定，这也说明了评论的作用。对一件事情起着正面的推波助澜的作用，这也是评论的意义所在。

二、立意的要求

立意是评论的灵魂，是表现一篇评论文章优劣高下的关键所在。要达此目的，需注意以下几个方面的问题。

1. 立意务必正确

评论是表达一种意见、一种观念、一种思想、一种方法的，它传达给受众的一定是一种正确的信息，否则就有导向之误了。这是从事新闻评论写作者必须时时提防的。立意要正确，需要切合实际，要以实事求是的科学态度，对事物作出客观、中肯的评价，避免主观性、随意性。

2013年6月6日，《中国青年报》发表文章《评论永远不能跑在新闻前面》①。评论写道：

> 复旦投毒案刚曝出的时候，基本的事实还不清楚，不了解作案者的动机，事实远未浮出水面，可在过度追求时效的判断节奏中，各种“根本不关心事实”的评论立刻粉墨登场，竞相表现自己对此事的“深刻思考”和“人文关怀”。有的反思中国的功利教育让人没了灵魂，有人反思被忽略的大学寝室关系，甚至有人讨论起独生子女政策对青年人格的影响。这些可能都是真问题，但拜托，这些讨论跟眼前发生的这起投毒案有什么关系呢？当时事实还不清楚，凭什么就判断投毒跟独生子女政策、大学教育、大学寝室关系异化有关系呢？这是典型的新闻事实不足下的过度反思，评论跑在了新闻前面。
>
> 这两天另一案例更为典型。频发的性侵案激起全民愤怒，有人以“开房找我，放过学生”的行为艺术表达不满，“开房找我”一时成为热词。有网友便PS了一张日本AV女星苍井空举着“开房找我”的照片。一个媒体人不辨真假，见风就是雨，未去女星微博作基本的求证和核实，就义愤填膺地对着一张PS照批评“苍井空‘开房找我’违反了

① 曹林：《评论永远不能跑在新闻前面》，载《中国青年报》，2013年6月6日。

商业道德”，指责日本女星消费中国问题。媒体未作基本核实，就将此篇论据明显有误的文章刊发出来，在网络上成为笑话。

简短的几段话指出了评论界的现状。评论接着指出：

这也是让评论跑在了新闻的前面。那只是一张PS照，而不是新闻事实，起码首先判断那是一个事实时，才去评论。仓促判断的结果，只能是丢人。

有个很俏皮的说法，叫过去的“笔者”如今都成了“键人”和“鼠辈”。从“笔者”到“键人”，不只是称呼的变化，更是思维方式的变化，对我们的判断提出了很多挑战。用笔写字，有思考的空间，到最后发表在报纸上，更有把关空间。而如今在电脑上打字，快得没有了思考的空间，情绪、偏见和浮躁轻易就会输入电脑，加上便捷的、没有把关的发表平台，更没有了距离去思考。这种浮躁很容易让评论跑在新闻的前面。

避免这类问题有三种方法。其一，要克制冲动，事实不清时不要仓促作出判断，有时保持沉默也是一种理性，要有等待事实的耐心；其二，克制自己的偏见，想着要去批评苍井空，看到一条对其不利的消息时，很容易就不辨真假而猛扑上去；其三，要克制自己的偷懒，核实需要时间和精力，可这是做新闻和评论所必需的功课，你写的是新闻和评论，不能把自己的层次降低到普通无脑跟帖的层次。

文章指出了评论界应有的态度，也体现了正确的立意。

近来，不时在报刊上可以读到否定某个历史人物、否定某个历史结论的文章，写作者自以为很前卫、很时髦，其实其中许多观点是错误的。如某知名教授认为：一个姚明，一个章子怡，比一万个孔子都有效果，还要像重视孔子一样重视章子怡，中国文化才会有未来。理由是：世俗文化的能力是非常重要的，是一种低端、丰富的文化资源。传统文化的精髓要通过大众文化的出口才能流传出去。与孔子一样，章子怡也是中国人的代表，在当今国际电影圈内很有影响，既然这样，我们也要像尊重孔子一样尊重章子怡。随即有人提出反对意见：

孔子是经过几千年的历史积淀后被后人世代供奉的圣人，他的思想、他的儒学等等影响了几千年的中华历史文明，直到现在这些仍被我们所用，他对中国乃至整个世界文化都作出了巨大贡献，而这贡献在浩如烟海的历史中是能够被沉淀的，被后人所铭记的。那么作为名人的章子怡呢？从某方面讲，她也在推广中国文化，因为她的电影，她的名气，她为外人打开了一扇窗，让他们认识中国并得到人们的认可。但这个推广，只是某一方面的，不能与圣人相比。①

立意的正确性，不仅表现在有关国家政治形象等方面的大是大非的问题上，有时在对日常生活中的问题也要把握好。如有一篇《老年人才“献余热”的提法不妥》的评论谈到老年人才的提法问题：

一段时间以来，社会上对发挥离退休科技工作者的聪明才智的流行提法是“献余热”。笔者认为，这种提法不太科学，没有反映出老年科技人才的本质特征，也容易误导，从而影响老年人才资源的开发和利用。正确的提法应该是“奉献老年人才的光和热”。为什么这样说呢？因为，“余热”是“炭火将尽”、“余温尚存”的形象比喻。其弊端有三：一、容易使人才的管理者忽视老年人才的巨大能量，不重视开发利用老年人才资源。二、容易给老年人才心理形成一道阴影，消沉、萎靡不振，不利于激发老年人才的积极性和进取精神。三、老年人才贡献越来越少，而养老费年年上涨，养老金缺口越来越大，国家每年要拿出570多亿元补缺。长此下去，易于形成中青年与老年的社会性的矛盾，不利于安定团结、建设和谐社会方针的贯彻和落实。②

我们言论是开放的多元的，但是，这并不意味人们所说的一切都是正确的，作为写作者来说要注意；媒体也要坚守职责，选择那些正确的言论发表；同时也告诉我们对于那些不正确的言论，应该勇于和善于发表意见，提出批评。这样才有利于言论向着正确和有益的方向发展，这也正是我们鼓励人们畅所欲言、各抒己见的目的所在。

---

① 胡晓、马丹、杨帆：《孔子不如章子怡》，载《中国青年报》，2013年6月6日。

② 曲文勇、高去雷：《老年人才“献余热”的提法不妥》，载《光明日报》，2006年10月16日。

2. 立意力求全面

为了保证立意的正确性，在论述时，我们还须注意它的全面性。世界上的事是很复杂的，当我们看到它的好的一面的时候，不可忘却可能它有不足的一面；当我们论述它的危害性的时候，也要考虑到它可能有利的一面；事物发展的偶然性中，是否还有它的必然性；评论涉及运动的一般性时，是否还有它的特殊性；当我们论及特殊人群问题时，是否考虑到它与一般人群的关系；当我们论及长远发展时，是否考虑到眼前的利益，等等。类似这样的问题，在我们写作评论时都不可掉以轻心。一篇评论，不可能时时处处、方方面面都照顾到，即使做到也未必是一篇好文章。但是，在可能的情况下，写作者务必在考虑问题时做到全面，只有全面才可能保证评论的立意正确。

《人民日报》原副总编辑于宁先生在总结评论写作时说过，要努力做到“八个统一”：一是坚持一致性与发挥创造性相统一；二是传达中央精神与表达群众心声相统一；三是下面讲与反面想相统一；四是坚持重点论与防止一点论相统一；五是适当重复与力求出新相统一；六是以理服人与平等待人相统一；七是严谨准确与生动活泼相统一；八是做好一篇文章与做好一组文章相统一。①

所谓立意力求全面，讲的是在一篇评论文章的论述中，要兼顾各方面的利益，要讲清各方面的道理，要协调各方面的关系，要将辩证统一的思想融入整篇文章之中。立意力求全面就要力避片面，避免偏激的思想和言论。把具体事件放入它所处的“时空”去考虑，横向纵向都要思考到位，只有定位准了，才能够保证评论立意的正确。在对数字材料进行处理时特别要注意全面性，考虑到相对数与绝对数。

浙江嘉兴日报社组建新闻评论部招聘期间，一改“四问”、“五问”的惯例，实行“四不问”：不问学历高低，不问学科背景，不问年龄大小，不问性别。

根据这一新闻事实，笔者写了一篇评论《人才招聘“四不问”》②，对该报的创新意识表示称赞。评论引用了新闻报道中的统计材料：

---

① 参见辛华：《留下真诚从头说——访人民日报副总编辑于宁》，载《新闻与写作》2002年第9期。

② 赵振宇：《人才招聘“四不问”》，载《人民日报》，2007年6月18日。

如此“四不问”，让人有耳目一新之感，引起了人们的浓厚兴趣，来自全国各地的500多人踊跃应聘。他们中既有60岁以上的老者，也有即将毕业的大学生，既有从事新闻评论多年的行家里手，也有其他学科背景的人才，有大量男士报名，也有不少女士应聘。经过初选，邀请国内同行专家面试，最终招聘了一位主任和四位评论记者，其中博士生1人、硕士生2人、本科生2人；年龄最大者39岁，最小者23岁；男士3人，女士2人。对未入选者，报社一一给他们寄发了感谢信并汇报了招聘详情。

评论接着论述：

《嘉兴日报》的“四不问”，就是“不拘一格降人才”。说是不问，实际上还要问，只不过和通常意义上的问不一样，区别在于他们问的不是虚而是实，即真才实学。说是“不拘一格”，其实也有“格”。但这个“格”不是那些对实际工作毫无用处的“格”，而是实事求是的“格”。

学历、学位、年龄和工作经验，当然重要，有了这些条件有助于把工作做好；但没有这些条件，是否就不能把工作做好呢？不一定。事实上，在实践中成长起来的、没有高学历、高学位的人才很多，而从名校出来的高学历者，其中也不乏平庸之辈。惟学历是举、惟文凭是举、惟经验是举，都不是真正意义上的选贤任能。按照现在一些部门、一些高校流行的用人原则，比尔·盖茨当不了工程师，鲁迅、郭沫若当不了语文老师，柏杨当不了媒体评论员。这些僵化、教条的用人原则，不知让多少英才俊杰失去了用武之地，这不仅是他们个人的厄运，更是国家的损失。

最后，评论从科学人才观的角度说道：

科学人才观是科学发展观的体现。这种人才观认为：具有一定的知识和技能，能够进行创造性劳动，为社会作出贡献的就是人才。它同那种惟学历是举、惟文凭是举、惟经历是举、惟性别是举的人才观是根本不同的。我们选拔人才，不是为了装潢门面，不是为了以统计表上有多少博士、硕士来显示领导重视人才、选拔人才的政绩，而是为了干事，为了推进我们的事业。只要有一技之长，只要是能把事情办好，就应该给他们以合适的岗位，这样才能聚集人才，充分发挥人才的作用，扎扎实实推进我们的事业。

笔者参与了嘉兴日报社组建新闻评论部的全程工作，提出并实施了“四不问”的招聘原则。说是不问学历高低，不问学科背景，不问年龄大小，不问性别，但是，在每一个不问的背后，都有一个相对的要求，这就是：对时政、社会、民生有细致的观察；有新闻的敏锐；具备较好的知识结构，挚爱新闻事业；能克服困难、奔赴新闻一线，完成采访报道和评论写作任务；善于协作、具有团队精神。我们不能因为有了“四不问”，就什么人都可以应聘成为报社的评论记者，那样恰恰犯了片面性的错误。在实际工作中要注意它的全面性，在评论写作中也该如此。

立意力求全面，不仅表现在一篇文章中，有时也可以通过版面多篇文章的安排达到这个目的。《中国青年报》的“青年话题”专版是一个受广大读者欢迎的言论阵地，来稿也很多。在处理这些来稿时他们遵循这样的原则：观点应客观、公正、不偏激；所提出的看法不能和常识、理性相冲突，经提起其他读者的质询和批驳；由于我国媒体一直遵循着党性原则，因此发表的任何意见看法，都不能背离国家意志和主流意识形态。所提看法应有利于解决问题而不是与之相反，将问题搞乱搞砸。①

2014 年 4 月 15 日，网上流传一条短片，内容为一对内地夫妻在香港街头让小孩在路边小便，引来一名香港男子不满，举机拍摄，引发双方推撞冲突，推着婴儿车的是内地一对去香港旅游的夫妻，他们的孩子被别人看到在香港旺角街头小便，于是遭到了路人的拍照，激怒了这对夫妻。孩子的父亲先是上前抢小伙的相机，母亲则拉扯小伙，不让小伙离开，情绪非常激动。双方争执了 5 分钟后，警察来了，经过现场调查，父亲被无条件释放，而母亲却因涉嫌袭击被捕。

事件在内地和香港引发争论，有人指责当街小便行为不文明，有人替年轻夫妇辩说这是“出于无奈”，还有人认为内地游客在港不文明行为被放大镜检视，是一种歧视。

香港以及内地各方媒体就此事发表了不同的观点。《北京青年报》2014 年 4 月 23 日刊发记者孙静《内地幼童香港街头小便真相调查》一文，提出

① 何颖：《一个理性化的交流平台》，载《新闻与写作》2003 年第 12 期。

对视频的质疑——

在“凤凰视频”发布第一段视频后，立刻引起微博网友关注。北青报记者看到，第一段视频的内容以孩子父母与对方发生冲突部分为主，画面中孩子父亲抢相机卡，母亲推着婴儿车想走被拦，她随后打了对方的手臂。

著名记者、主持人闾丘露薇在其个人认证微博上称：“孩子当街便溺，有路人拍照，遭孩子父亲抢走相机和记忆卡，孩子母亲打了路人一耳光。警察到场调查后，父亲无条件释放，母亲涉嫌袭击被捕，准予保释，5月中需到警局报到。”

但随着第二段视频的出现，令发布者的言论倾向受到质疑，有网友认为闾丘露薇有偏见，要求其道歉。

因为在最早版本中，该事件直接被描述为内地幼童当街便溺，遭路人拍照，孩子父母与路人发生争吵并抢夺相机、打人。但第二段视频显示，孩子父母反复向拍摄者及围观者解释，曾主动带小孩去厕所排队，但厕所人太多。

“去过洗手间了，排队，难道让孩子憋着吗?”被拦下后，孩子父亲曾反问围观者。孩子母亲也几次提及曾去过洗手间，但人多孩子等不及了。

另外一个细节则是，第二段视频最开始显示，在孩子小便时，其母用一片尿不湿接着，小孩站立后，地面并无湿迹。即使争吵间隙，在很混乱的场面中，孩子母亲还将尿不湿放进黄色纸袋。

另有评论认为，不应该只把焦点落在讽刺内地游客素质差，而更应该观察到“个人行”导致内地游客大增后，香港相关设施配套的滞后——

香港分析人士表示，虽然冲突事件是个案，对内地人怀有敌意的港人是少数，但是其暴露的深层次问题，比如来港游客过多影响港人生活、旅游配套设施滞后等，特区政府应予重视并寻求解决。

香港明爱屯门马登基金中学署任校长袁国明说，在公众场合小便确实不雅，内地夫妻当然是有问题的。但是，如果能就近找到厕所，他们还会让小孩当街小便吗？他说，并不认为内地同胞在个人卫生习惯上会有太大问题，其背后折射的深层次矛盾，是开放“个人行”导致内地游客大增后，香港相关设施配套的滞后。

游客在洗手间前大排长龙、普通市民生活受到游客影响……袁国明表示，这些问题出现时，仅将矛头对准内地游客，抨击其素质低，或指责内地文明礼仪的宣传力度不够，有失偏颇。他认为，特区政府应反思在制度建设上的缺失。例如，增加公厕的数量，尤其是游客常去的地区，并做好相关的指示与指引。

还有评论从侵犯未成年人隐私权的角度发表意见。香港人指责内地游客随地大小便属于违法行为，就拿出手机拍摄视频发布到网上，但是未经小孩父母许可拍小孩大小便的行为，作者认为拍照的香港人侵犯了未成年人隐私权，而被香港民众因抢夺他人手机视为“盗窃行为”的幼童父亲情有可原。

香港媒体人张倩烨则从文化背景理解该矛盾与冲突的产生原因，认为香港与内地游客之所以产生这么大的冲突，是因为思想上的隔阂而借题发挥，宣扬自己狭隘的理念——

当街小便自然不雅，可放在任何一个公认文明的国家里，似乎也可归入“人之常情”。若有欧美醉汉在香港街头呕吐，恐怕不会有人上纲上线，扣上素质、文明乃至人性的帽子。因此，争论的本质不在于幼童当街小便本身，而在于香港与内地民众在行为方式与思维方式上的隔阂，以及不同立场的人抓住一切机会借题发挥，将隔阂加以炒作与消费，从而宣扬自己褊狭的理念。

作者回忆道，九七回归之初，当内地游客遇到类似的情况，港人定会出手相助，而非冷眼旁观甚至拍照上网。一个两岁女童的自我控制能力是无法与成年人相比的，在这一点上，香港人也不会例外。陆客的行为自然违反了香港的管理条例，但是，未经允许私拍儿童便溺的照片同样违反香港法例，并且，在内地和香港的文化背景中，这同样是不文明的行为。

更激烈的行为是，在港人常用的社交网站 Facebook、高登等平台上，激烈声音不绝于耳。内地游客在香港的处境渐趋艰难，就从今年开始，几乎每个周末，在内地游客聚集的尖沙咀到旺角一带，都有大大小小的反对内地自由行同胞的游行。不时有内地游客在香港街头遭到这样的游行参加者的“围观”，感觉自己从内地来，就像带着原罪。最令人难以接受的莫过于去年，一位来自内地的女生在香港遭遇车祸遇难，网上竟有不少激进的本地人拍手称快。

冰冻三尺，非一日之寒。那个昔日曾被无数内地人憧憬为文明与法治的天堂的“东方之珠”，正在经历一次重要蜕变。回想过去几年，从内地游客港铁进食风波、D&G拒绝市民拍照，到孔庆东辱骂港人事件、“双非”事件，直到去年闹得沸沸扬扬的“奶粉荒”，“内地因素”无一不在陆港矛盾中起到根源与催化剂作用。

保持理性的香港媒体人和知识界不禁自问：昔日那个曾在饥荒年代救济同胞、在开放初期敞开胸怀的香港，从何时起变得如此暴戾、情绪化、冷漠了呢？①

对待同一件事情，站在不同的视角，看到的侧重点不同，就会有不同的看法。媒体通过发表各种意见，让思想进行碰撞，让更多的受众学会从不同的角度看待问题，从中得到知识，扩大视野，受到启迪。从整体上说，这样的处理方式，有利于全面反映社会大众的意见，也有利于协调各方面的利益和认识关系，促进社会的和谐，使人们更加全面客观地看待事物。

3. 立意追求深刻

所谓深刻，就是要揭示事物表象与本质之间的关系，揭示事物运动过程中的发展、变化的规律性，使读者能从评论中感悟出一些深刻的道理。评论的深刻是评论文章有别于其他文体的本质所在，也是评价一篇文章水平高低的重要标准。

1990年颁布的《中华人民共和国国旗法》第十四条第二款规定：“发生特别重大伤亡的不幸事件或者严重自然灾害造成重大伤亡时，可以下半旗致哀。”作为一项国家法令，应该有它的严肃性，即符合情况者均应照此办理。但是，在我们国家常常会发生这样的情况，即便有了很好的法律文件，人们执行起来还是不那么自觉，这里面更多的是人们特别是有关执法者的法制观念问题。1998年，中国大陆发生了百年罕见的大洪水，使我国北起松花江、中部长江、南至珠江等大面积地域受灾，致使3656人死亡，这是新中国成立以来少见的洪涝灾害。根据《中华人民共和国国旗法》的规定，死亡如此之多的人员，是可以为他们下半旗致哀的。但是，没有人执行，也

① 参见张倩烨：《一泡尿引发的“口水战”》，载《新京报》，2014年4月23日。

没有人提及此事。为此，1998年12月2日《中国青年报》发表了评论《国旗为谁而降》。作者郭光东从三个方面进行了论述：第一，从民族尊严的角度进行了论述。每个中华人民共和国的公民，都有遵守国家法律的义务，同时也有享受国家法律的权利。国旗法中既然有“发生特别重大伤亡”时，“可以下半旗致哀”的条文，就应该在实践中得以体现。第二，从“法律面前人人平等”的角度进行了论述。这是一个老话题，但作者在这里选用了一个很有说服力例证：杨尚昆主席的逝世。这里没有否定国家领导人逝世后应该下半旗的意思，而是想指出，在法律面前，即在执行国旗法的规定面前，国家领导人和普通老百姓都应该是一样的。为什么国家重要领导人去世后可以下半旗，而那么多的普通百姓遇难却不能为他们依法下半旗呢？选择了一个新的事实进行论述，增强了立论的力度。第三，举了德国为100个铁路事故死难者降半旗的例子，从中国和外国的相似事实的比较中论述。按照国际惯例办事是我们一直强调的行为准则，既然我们在法律的制定上已经制定了相应的条款，那么，在实际行动上就应该照此办理。扩大视野，将中国的问题放在世界的范围内来思考，来比较，更能说服人。

多年以后，郭光东谈到他当时的写作过程：

> 1998年的9、10月间，我作为华东政法学院的一名三年级法学硕士生，为挣点零用钱，正利用课余时间为自考生讲授“宪法学”课程，有节课就专门讲国旗、国徽、国歌。那节课上，当我讲到“对于严重自然灾害造成重大伤亡时，也可以下半旗志哀”的一瞬间，脑子里突然联想到当时最大的新闻事件——抗洪救灾，对呀，“九八洪灾”死了几千人之巨，国家难道不该按照“国旗法”的规定为他们下半旗吗？
>
> 记得那天下午给自考生上完课，我难掩这一“重大发现”的兴奋，几乎是一路小跑赶回华政的。当年互联网还远不像现在这么普及，我就奔到校图书馆查报刊资料，希望能找到准确的洪灾死亡人数。结果没有找到，直至10月7日，确切死亡人数才汇总公布——3656人。那几天，我在图书馆遍查下半旗的相关资料，其中包括当年6月德国为100个铁路事故死难者降半旗以及当年9月我国对已故国家主席杨尚昆下半旗志哀的新闻。经过对照，更觉得国家该马上为3656名洪灾死难者下半旗。
>
> 怎么才能促成国旗第一次为普通民众而降呢？当时，我的第一想法就是尽快给朱镕基总理写信提建议，因为国旗法规定由国务院决定何种

情况下该对严重自然灾害造成的重大伤亡下半旗；另外，全国性的抗洪抢险表彰大会已于确切死亡人数公布的次日即10月8日召开，下半旗的有利时机眼看着就要丧失。于是，我熬夜写就给朱总理的一封信，于10月11日特快专递寄往国务院。信中，我以一位公民的身份建议国务院决定为“九八洪灾”死难者下半旗志哀，除简要陈述理由外，我还在信尾具体建议：“由于洪灾死亡人数的确切统计数字10月7日刚刚汇总公布，所以近期内下半旗为时不晚。至于下半旗的日期，可选在党的十五届二中全会闭幕之日或次日，当然亦可选在朱总理认为合适的其他日期。”

快件寄出十多天后，仍无半点回音，我想这信多半到不了朱镕基手中，每天给他写信的人肯定多如牛毛。怎样才能引起他的注意呢？我想到了发公开信。把信件的内容寄往一家报社，结果可想而知，石沉大海了。现在想来，当时的做法无疑是极其幼稚的，哪家报社敢登这样的公开信？

无奈，又等了十多天后，我想到该把给朱总理的信改写成评论，尽管下半旗的时机已过，但如果评论能发表，将来国家仍有为普通民众下半旗的可能。这样，我在原信基础上，增加了德国为100人下半旗的事例作为例证，对下半旗的法理做了进一步的阐发，并从历史、文化方面进行开掘，形成了后来的见报稿。

把这篇评论寄给一家报社后，我又若等半个月无音信。沮丧之下，我想到了当时渐成气候并有杰出表现的《冰点时评》栏目，或许《中国青年报》值得最后一搏。就这样，我的“重大发现”在历经两个月后公之于众了。

郭光东的原文标题为“被遗忘的法条”，后经《中国青年报》编辑李大同改为“国旗为谁而降”①，这样一来，文章更有气势，传播效果因此而大大提高。

1999年，当美国轰炸我国驻南斯拉夫大使馆，3名记者殉职，我国政府第一次为普通人降下了国旗致哀。

2006年是中国邢台地震40周年和唐山地震30周年，中国政府举办一系列相关纪念活动，缅怀那些难忘的日子和因灾害而逝去的人们。在唐山地

① 参见曹林：《时评与写作十讲》，复旦大学出版社2011年版，第247页。

震中有 24.2 万多人死亡，重伤 16.4 万多人。邢台地震有 8064 人丧生，3.8 万余人受伤。(2006 年 5 月 23 日新华社电）其实，在上述各项纪念活动中，有关部门可考虑增加一项内容，即为曾经在那场灾难中逝去的同胞下半旗，以表达全国人民的缅怀之情。以此为契机，形成一个制度，凡是达到“可以”下半旗的事件或时机，或是中央，或是地方，或是单位或部门，都举办这样的仪式。也希望我们新闻单位的记者们，创造性地工作，选择合适的事件和时机，促成和报道这样的仪式，以便更好地学习和落实国旗法。

2008 年 5 月 12 日，四川汶川发生了 8 级特大地震。国务院决定并实施全国为汶川死难者下半旗三日以示哀悼。此举受到举国上下和国际社会的高度评价，这是本届政府以人为本、执政为民的最好体现。但是，国旗法颁布至今才为普通公民之死而降，也表明我国法律规定和人们的思想观念中，还存在一些落后和陈旧的东西需要革除。为此，笔者再次撰稿和上书，呼吁全国人大修改国旗法，恳请有关方面在“可以”下半旗的时刻和地方实施国旗法。①

立意的深刻要以新闻的敏锐和浓厚的理论知识为前提，同时还要有对事物的一定把握和胆略，这些都是需要我们在实践中学习和提高的。

4. 立意需要新颖

求新创新是新闻工作的普遍原则。这一原则不仅要求新闻报道要求新创新，对于新闻评论来说，也要求如此。一篇好的新闻评论，它要求观念新、角度新、概念新和论述新。只有立意新颖的文章，才能打动人，吸引人，只有这样才可能说服人。

农民问题、农村问题和农业问题（简称“三农”问题）是关系到我国全面建设小康社会的一个重大问题，而随着时代的发展，“三农”问题也出现了一些新情况。

《广州日报》于 2014 年 9 月 15 日发表了一篇评论。在评论中，作者指出了“三农”问题中出现的新情况：“在高考改革背景下，各地重点高校招生政策通过多种方式向贫困地区农村学校倾斜。海南一贫困县老师称，越来越多县城领导不再送子女到省城读书，而是送往贫困县高中就读，与农村孩子争夺政策照顾机会。”

---

① 赵振宇：《吁请全国人大尽快修改〈国旗法〉》，2008-09-25 11：10，荆楚网，东湖评论。

作者首先指出，重点高校扩招农村学生的合理性：“在城乡基础教育差距不断拉大的背景下，重点高校扩招农村学生是促进教育公平、机会公平的良好举措，有助于拓宽农村孩子成材的渠道，推动社会阶层合理流动。换言之，向贫困地区定向招生，是对教育资源严重不公的一种再矫正。其中的积极价值，怎样强调也不会过。”

接着，作者表示了对官员子女靠关系抢夺农家子弟名额的愤怒和忧虑：“官员将子女送到贫困县的超级高中读书，再通过关系给子女改回农村户口，就能享受面向贫困地区的定向招生专项计划，与农家子女争夺高招扶贫名额——谁都看得出来，这是巨大的不公。但是我们除了骂某些官员厚颜无耻之外，也不得不承认‘只要有漏洞，就会有人去钻’，本就是常识。不止某些官员会这样做，有钱有势者皆看得见钻空子的机会。更可怕的是，我们除了谴责不道德，除了呼吁严监管之外，似乎根本没有堵漏的良方。”

最后，作者指出了可行的解决方案：“定向不准的问题，是定向招生制度最大的问题所在。要解决这个问题，根本的办法还是要改善贫困地区的教育资源，尽最大努力实现教育均衡，让哪怕是最贫困的地方也有全国统一标准的教育硬件和师资力量。这个目标肯定无法一蹴而就，所以定向高招扶贫计划眼下仍需维持；作为配套举措，有必要实行对相关录取情况的全面公开，以便接受社会监督。与此同时，要尽可能具化定向招生的针对性标准，减少被钻空子的可能。”

新闻评论要求出新，表现是多方面的，但是，能够发现新问题，提出新举措却是最为重要的。社会科学是以研究社会为己任的，它的一切努力就在于能够发现新的问题，提出新的解决思路和方法。新闻评论作为一种干预生活、干预社会的形式，它应在对社会的促进上发挥自己的特有功能。上面那篇评论，它的最大成功就在于它提出了“三农”问题中出现的“新动向”。

2014 年 8 月 4 日，《环球时报》的一篇评论《90 后有着独特爱国主义》，就是具有新闻敏感、立意新颖的一篇佳作。

“90 后”是个性张扬的一代，是注重自我的一代，那么这一代人会怎样处理自己与国家的关系呢，又拥有着怎样的爱国主义精神呢？作者在评论中肯定了“90 后”的爱国热情，提出“90 后”所持的是“辩护性爱国主义”——“90 后”承认中国没有想象中的那么好，在很多方面跟发达国家有差距，比如环境保护、贫富分化、食品安全、社会保障等。调查中甚至有 64%的“90 后”表示“当今中国的某些方面让我感到很惭愧”，但这是中国自己的事情，中国可以也有能力自行解决这些问题。“90 后”反对对中国做简单的好坏定论，反对单方面对中国的恶意嘲讽。他们认为很多问题在国外同样存在，如堕胎、枪支泛滥、政客丑闻等。因此，当别人抨击中国的时候，“90后”特别容易变成爱国主义者。①

作者肯定“90后”的爱国热情，又指出“90后”所持爱国主义的特殊性。相比其他笼统谈论爱国主义的评论，紧跟时代步伐，选题精准，角度新颖。

2014年，飞机失事成为全球人民关注的焦点。3月8日凌晨2点40分，马来西亚航空公司称一架载有239人的波音777-200飞机与管制中心失去联系，该飞机航班号为MH370，原定由吉隆坡飞往北京。该飞机应于北京时间3月8日6：30抵达北京，马来西亚当地时间3月8日凌晨2:40与管制中心失去联系。让全国人民获悉飞机失事最新消息、安抚人民焦灼情绪也成为媒体各界与政府的工作重点之一。然而，网络上却充斥着许多不实传言。《中国青年报》评论员冯雪梅从全国人民迫切关注飞机失事情况入手，揭露了各种不实传言充斥网络的现象，剖析了肆意散布谣言对公众的伤害与对社会治安稳定的危害，呼吁媒体在进行报道时坚守新闻伦理，减少不实报道的发声，顺利完成了评论《失联客机事件：造谣和隐瞒同样可耻》②。该作品见报后，先后被多家报刊和门户网站转载，许多读者和新闻同行也给予了充分肯定。

评论首先给大家介绍了一个现象：一架载着239名人员的马来西亚MH370航班，在飞往北京的途中失去联系，飞机上有154名中国人。飞机为什么突然失踪，它在哪里，是否已经坠落，航班上的乘客都是谁，他们为什么乘坐这架航班，他们的亲人朋友是何等焦虑？所有这一切，是每个关心MH370航班事件的人想要知道的。电视、广播、网站、微博、微信，快速刷新着各种信息，突发事件面前，焦灼之情可想而知。人们在传递各种信息的同时，也在祈祷，希望奇迹能够出现。事发之后，网络上却流传着许多失事飞机已经被找到的假消息，一次又一次刺激着全国人民的绷紧的神经。

评论指出：

> 事发突然，人命关天，人们急于了解情况，难免出现各种揣测性信息；在缺少权威信息的情况下，信息滞后、信息混乱也很正常。不正常

① 参见姜健健：《90后有着独特爱国主义》，载《环球时报》，2014年8月4日。
② 见《中国青年报》，2014年8月4日。

的是，借机传递不实信息，造谣、起哄，进行毫无依据的猜测，以及对一些信息的故意隐藏。

重大事件发生而又信息不明，是人心比较脆弱之时，焦虑、惊恐、等待、不安，很容易形成一种具有传染性的集体情绪。谣言也会乘虚而入，让人真假莫辨，进而加剧人们的不安。此时，尽可能快地突破阻碍，尽可能多地报道信息，是媒体的职责所在。对于其间可能出现的信息失误，不该过于苛责，只要随着报道的不断深入，原先的失误得以纠正，就是无心之失。

评论接着说：

网络时代信息传播的最大不同，在于越来越多的人加入到信息的传播中。飞机失联事件，网友发出的各种信息，数量远远超过媒体报道。大多数信息都表达出人们的关切之情，但也有一些格外刺眼的传言和围观：对飞机失联的原因作出“又是某地人恐怖袭击”之类毫无事实依据的揣测，制造虚假信息四处散播，甚至没心没肺地瞎起哄，说出“变身潜艇”、“不用买墓地”之类的妄语。

作者在指出突发事件中不可造谣、发布虚假信息外，还特别强调：

信息不明之时，故意隐瞒是可耻的。乘客信息的披露，大可不必对个别乘客的信息加以隐瞒；飞机失联过程中的种种细节，以及相关方面应急行动的迟缓，都有必要作出解释。信息越公开，越有助于发现真相，安抚人心。故意造谣同样可耻。别有用心的谣言，不仅人为制造恐惧和不安，而且是对失踪乘客及其亲人的侵犯。以虚构的媒体名义，发布“飞机已经找到，乘客海中等待救援”之类的虚假消息，更是对所有关注者的挑逗。焦急的亲友，在一次次不实消息的冲击下，会是怎样的心理感受?!

在突发事件传播中，媒体的责任重大，但是，常有媒体在突发事件中表现得不那么称职。评论指出：

媒体需要坚守的是突发事件报道中的新闻伦理。比如不要对惊恐悲伤的乘客亲人死缠烂打，逼他们对着镜头表达心情和感受；不要为吸引眼球，置他人的隐私于不顾；核实自己发出的信息，尽可能保证信息源的可靠，不为抢独家而“发了再说”。

我们常说，新闻报道是靠记者的脚走出来的，同样，一篇好的新闻评论也是离不开实践的。邓拓同志曾经说过这样的话：“对一个问题没有研究清楚就不能写文章，这不仅是政治责任心的问题，同时也是思想作风的问题。如果对情况不了解，就要去调查研究，把它弄清；如果把握不大就应该继续进行研究，直到把问题弄清为止。”① 对于从事新闻评论写作的同志来说，这点尤其重要。

从事新闻评论写作只有重视调查研究，只有关注社会现实，才可能不断地出新思想，写出新作品来。《南京日报》的刘根生同志，是一位长期从事新闻评论写作和教学的优秀评论员，对此，他有着深刻的体会。他认为，第一，新思想是集思广益的产物。议论是代表编辑部发言的，是党报的声音。党报的言论与纯个人创作不同，离不开集思广益。其要点一是“议”，二是“集”。议者，集体讨论；集者，融会贯通、加工提炼。“议”到位，“集”到点子上，才会有引发人共鸣的新思想。第二，新思想是调查研究的产物。如今不少地方报的大言论，威信似乎不高，为什么？主要就因为远离实际。人家伸着耳朵要听的，你偏偏不说；你拼着老命宣传的，人家往往又不爱听。再往深里究，还是调查研究不够。总是“坐在家里定盘子，关起门来想点子”，自然很难说到点子上。没有调查研究，不仅无法出新思想，还带来了坏文风；通篇是大话、套话、官话，居高临下，面孔死板，弄得读者歪眉斜眼，好不气闷。新思想不会从天上掉下来。只能从实际中来，从调查研究中来。第三，新思想是反复提炼的产物。古人言：凡作文发意，第一番来者，陈言也，扫去不用；第二番来者，正言也，停止不用；第三番来者，精言也，方可用之。古人讲的“精言”，实际上就是新思想。从“扫去不用”到“停止不用”再到“方可用之”的过程，就是炼意的过程。不经过这番“苦炼”，新思想是难以产生的。② 刘根生的此番心得体会是真切的，也是有利于我们从事新闻评论写作者的。

说真话是当下的一个重要课题，这方面的评论和研究也颇多。但是，讲

---

① 邓拓：《新闻工作者红专的道路》，载《新闻战线》1958 年第 8 期。

② 刘根生：《新思想也是新闻》，载《新闻广场》2002 年第 1 期。

真话为什么不能得到有效的推广，这和如何听真话有关。2013 年 3 月 14 日，《人民日报》刊发邓伟志先生的评论《真话要讲，更要听》，就从一个新角度论述了这个话题。评论写道——

> “支持讲真话、道实情。”新任全国政协主席俞正声在政协闭幕会上的这番话，引起了广泛共鸣，再一次让人们感受到“讲真话”的可贵。
>
> 今年两会上，领导人让基层代表“把话讲完”，为的是听听他们的“锦囊妙计”；不少代表委员在讨论中纷纷抢话筒、争发言，为的也是把自己的真实感受、深刻思考说出来，以发挥积极作用。从这些场景中，不难发现，讲真话、道实情，其实关系两个方面：一是倾听者要有听真话的雅量，二是说的话要有过硬的质量。

作者在文中论述到，讲真话很有用，可为什么有人还要说假话呢？就是因为在不爱听批评的人面前，说真话比说假话更难。要营造讲真话的环境，就要有听逆耳之言的气度和智慧，关键是创造包容的氛围、宽松的环境。

> 很多时候，诤言与批评之中，包含着现实问题、突出矛盾，甚至是容易忽视的另一面。善于听真话，鼓励道实情，就能多一些发现的眼睛、思考的头脑，帮助决策者查找问题、分析问题、解决问题，从而改进工作、推动发展，这正是真话的最大价值。

这篇评论的最大价值在于“要听真话”，这从另外一个角度论述了公民意愿表达中的新问题，给人以启示。

三、立意的过程

立意的过程，是一个不断思想的过程，是一个反复比较的过程，是一个否定之否定的螺旋式上升的过程。

新闻评论是一种有形意见的表达，它是通过一定的概念、判断和推理而完成的。一般来说，新闻评论是建立在一定的新闻事实的基础上的，先有事实，后有对这种事实的判断和评论。在评论的立意中，一般要经过以下几个阶段：

1. 由感性认识上升到理性认识

人们的思维都是由对一定的具体的事物和过程的接触从而形成一定的感觉、体验和认识的。新闻评论的立意，一般来说也是离不开新闻事实的。但是，新闻评论与新闻报道不同：新闻报道是用白描的方式记录发生在我们眼前的事实，给人们以重温历史的感觉，从而来揭示报道的主题；而新闻评论，它是将蕴藏在事实中间的道理、本质和规律直接明白地告诉给大家；新闻报道传递的是事实信息，新闻评论传递的是观念信息。一篇好的新闻评论，必须首先要掌握所评论的事实，其次是对掌握的事实进行理性的分析和推理。评论写作是需要感情的，但是，这里需要更多的是对已经掌握的感性材料的判断、分析和推理。我们只有完成了这种由感性到理性的转变才可能产生好的立意，也才可能写出有见地的新闻评论来。对于初学者来说，学习写作评论，首先要写的是一篇评论，而不是消息和通讯。这个话的意思就是说要写成的文章一定是理性思考的产物，一定是讲道理的文章，这才是我们定义中的新闻评论。

2. 由个别事实到一般概念

新闻报道是对具体事实的记载和描述，在文章中离不开时间、地点、人物、过程、原因和结果等，这就是我们通常所说的新闻的几个要素。新闻报道离开了这些基本要素，就可能出现虚假新闻和失实报道。这是新闻工作者的大忌。一般来说，新闻报道是对某一个具体事实的描述或对一些具体事实描述的综合。这些都是对新闻报道的一般要求。新闻评论离不开新闻事实，这是它赖以生存的前提。但是，新闻评论不是对某一个具体事实的总结和评点，它需要在对一个或一些具体事实的高度概括后，提炼出对这一类事物的判断和推理。新闻评论的立意，要以事实为基础，同时又要跳出对具体事实的依赖。从个别到一般，从具体到抽象，透过现象看本质，这是评论立意的真谛。在立意过程中，要注意把握两点：一是不能就事说事，继续重复事实的具体情节和细节，没有从本质和规律上给人们更深刻的道理；二是不能完全离开事实，所进行的推理与本事实毫无关系。新闻评论离不开事实，但又不能仅仅谈及某一具体事实，一定要从该项事实出发，引申出令人思考、发人深省的道理来。

3. 由隐性蕴藏到显性公开

新闻报道也能反映思想，但是，这种思想是蕴藏在具体的事实描述之中；新闻评论作为一种有形意见的表达，它是将要说的道理直接表达出来。我们在报道中，经常可以读到这样的话，某某事情太令人激动或者太令人气愤了，简直无法用语言来表达！写消息通讯或许可以这样说（严格来说，媒体也不宜使用和提倡这种表述，它会影响人们表达的思想性和独特性）。但写评论就不行了。新闻评论必须将作者要说的话，要表达的思想、观念和意见完整地有条理地阐述清楚。一篇评论要让读者去揣摩去猜测（有时还可能产生歧义），至少不是一篇好评论。据此，来检查一下评论的立意：结论是否反映所举之例，条理是否清楚，论述是否合乎逻辑，再加上是否有新意有文采，答案如果是肯定的，那么这就是一篇好评论了。

第七章
新闻评论论证

论点、论据和论证是一个整体，环环相扣，论证是这个系统中的重要一环，它是通过论据说明论点的一个过程。在这个过程中，通过事与理的结合，具体与抽象的结合，典型与一般的结合，立论与驳论的结合，表达作者的思想、观点和意见。一篇评论，不仅要有好的选题和立意，还要求评论者将其有机地联系起来，用概念、判断、推理和论证的方式将蕴含其中的道理讲清楚，说明白，触动受众，引导受众，给受众留下深刻的印象，以达到评论之目的。

一、论证中的两个误区

新闻评论是“摆事实”和“讲道理”，这如同人的两条腿，缺一不可。我们在论证中选取的论据也包括两大方面：事实论据和理论论据。然而不少评论的初学者往往不会使用这两个论据，从而陷入论证的两个误区。

1. 对事实把握不准，致使论证无力

新闻评论时常是要用事实说话的，一个好的事实确实能胜过一打真理的作用，所谓“事实胜于雄辩”就是这个道理。事实在新闻评论的论证中是十分重要的，既是由头又是论据，有时甚至是一个必不可少的一个环节。中央电视台的《焦点访谈》就是“用事实说话”，而新闻频道的《央视论坛》则是“透过现象说本质”，《新闻 1+1》的宗旨是“同样的新闻给人不一样的解读”，在这里都少不了事实。

论证中有关事实论据运用中存在的主要问题有事实论据的选择和应用上出错。

在事实论据的选择上，恰当是最重要的要求。恰当是什么含义呢？说的是选择的事实在这里运用最有力量，最有说服力。事实是为论证服务的，也就是说，我们所选取的事实论据，要成为观点的有力助手，这就要求评论者心里有数，知道选择什么样的事实可以“为我所用”，而不是“牵强附会”。我们说“事实胜于雄辩”，这里的事实都是为论证服务的，都是经过精心挑选的。评论者不是“嘴上功夫”，想到哪说到哪；相反，评论讲究的就是精当。事实不能不用，没有事实作为论据的文章不是好文章，但事实也不能用太多，尤其不能不恰当地使用。事实论据选取不恰当不仅不会使文章添色，反而对文章的说服力产生负面影响，让读者一头雾水，不知所云。

在新闻评论的写作中，对事实把握不准主要表现在以下两方面：一是大量罗列事实。为了说明论证的观点，作者不仅列举了大量的事例，而且在引用时，又不厌其烦地详细介绍事实的过程。在结尾处用上一句“综上所述……”，文章的结论就出来了。这样的文章，事实或许是清楚的，情感也是丰富的，但就是没有说理的成分。在论证时，一定要将蕴藏在事实中的道理点出来，说清楚，只有这样，才能起到“事实胜于雄辩”的作用。这样的事实是经过认真挑选的，事实中蕴含着深刻的道理，经过作者的论述，比单纯的逻辑演绎的效果要好要大。而不是只将事实一摆，道理就自然而然地明白了。或许作者自己是明白的，但受众并不明白。如果简单地罗列事实就能说清道理，还需要论证干什么呢？

二是杂乱无章。在论证中，事实与事实之间也是有联系的，先用什么事实，后用什么事实，这也是有讲究的。不分时间的先后，不讲事实之间的逻辑联系随意列举，这就是“杂乱无章”，只能表示作者思维的混乱，于评论的论证是没有好处的。

如何正确认识和选择事实，怎样搜集事实，怎样确定事实之间的联系和相互依存性呢？学习列宁同志的这段话对我们是有帮助的：“在社会现象方面没有比胡乱抽出一些个别事实和玩弄实例更站不住脚的方法了。罗列一般例子是毫不费劲的，但这是没有任何意义的或者完全起相反的作用，因为在具体的历史情况下，一切事情都有它个别的情况。如果从事实的全部总和、从事实的联系去掌握事实，那么，事实不仅是‘胜于雄辩的东西’，而且是证据确凿的东西。如果不是从全部总和、不是从联系中去掌握事实，而是片断的和随便挑出来的，那么事实就只能是一种儿戏，或者甚至连儿戏也不如。”①

我们所撰写的新闻评论，一定要从新闻事实出发，这是评论的基础；如果事实不真实、不典型、不能为评论服务，这样的事实是不能作为评论的论

---

① 《列宁全集》第28卷，人民出版社1990年版，第364页。

据的。

2. 对理论认识不清，讲不明白道理

评论是以说理为其特征的。既然要说理，就少不了运用一些社会科学和自然科学方面的理论知识，包括引用一些理论家、领导人和经典著作的讲话或文章，这是需要的。但是，所有这一切都是为我所用，为论述所用。

在现实的评论写作中，对理论认识不清主要表现在以下两个方面：一是频繁引用经典，失去了自己的主张。有人在评论的论述中，为了证明自己观点的正确和有力量，常常在文章中引用一些革命导师、领袖人物、权威人士的讲话或文章。一些初学者，以为写评论就要引经据典，好像谁引用得多，谁的评论就有说服力似的。这就犯了“频引经典”的毛病，结果呢，一篇评论文章，除了引用大量别人的语录和文章外，完全没有自己的东西。这种别人的语录和文章的摘抄堆积能算新闻评论么？我们引用理论论据不是为了拉大旗作虎皮，装潢门面，故作声势，去吓唬人，而是为了更好地展开论证、说明观点。

更大的毛病还表现在：很多初学者在引用他人文章时，有时并不了解被引用文章的历史背景和其真正含义，只从表面上领会，就加以运用，有的论证不了解引用断落在整篇文章或著作中的完整意思，曲解了作者的思想，犯了“断章取义”的错误。理论论据在评论论证中的运用展示了作者的理论素养和评论素质，其作用是十分重大的；但由于断章取义，歪曲和错误地理解了原文和原作者的本义，就有可能使整篇评论的文章发生偏差或背道而驰，这是初学者特别要谨慎对待的。

在评论的论述过程中，选择有权威有代表性的理论和观点作论据，是有说服力的。但是，有评论初学者往往盲目迷信、崇拜权威，将权威的意见放到不恰当的位置，就影响到论述的力量了。有的初学者在选取理论论据的过程中，绞尽脑汁想运用学术理论，想引用名人名言，不管这个理论是否与自己论证的观点契合，都想扯来用一用。似乎学术语言的大量运用，摆摆学术高深的架子就可以使人刮目相看。他们在评论的写作过程中往往不能摆脱这样的模式：用成篇大段的理论往想要论证的观点上套，先介绍某某理论，再写上“根据这个理论，我们应该……”，最后一个总结。这种对于权威囫囵吞枣的迷信，不仅不会使文章增加深度，反而会造成评论论点不清晰、评论语言晦涩难懂，评论格式僵化死板，无法受到读者的欢迎。

在评论写作中，引用的讲话或文章或许都是不错的，在历史上或许也都起到过一些革命的和积极的作用。但是，历史是发展的变化的，不同地方的情况也有不同。那种永恒的一成不变的真理和放之四海皆准的真理是不存在的。新闻评论的论证当然可以引用一些经典著作和文章，用得好，还能深化自己的评论，有的还能起到画龙点睛的作用。典故在评论中用得好不仅能提神，还能普及知识，传播文化。但是，凡事不能一律，篇篇评论都用典。要根据文章的需要和自己的表达风格，来决定是否用典和如何用典。大量的、生搬硬套的引经据典是新闻评论论证中的一个大忌。

上述两个毛病，一是对事实在论证中作用的理解有误，一是对理论运用的认识偏差。要进行评论写作，或要写出一篇好的新闻评论来，必须克服认识上的片面性，走出上述两个误区。这就要求评论者，一是，下笔前做到胸有成竹，心中有数，这样有利于克服事实论据引用的繁冗混乱。二是，加强人文社会科学理论的学习，吃透理论，这样才能做到深入浅出，克服频引经典、摆学术架子的毛病。说到根本，评论的初学者还是应该多读、多写、多想，只有这样才能克服论证上的两个误区，写出成熟的评论。

二、用好事实论据

物质是在一定的时间和空间中运行的，我们所感受到的一切都离不开活生生的事实，事实是我们赖以生存的基础。我们的思想、观念和意见，所有一切概念的东西，抽象的东西，都离不开事实。典型的具有说服力的事实是新闻评论论证中常用的材料。

如有一篇《网络流行语折射的社会文化心理》的评论为了说明网络语言是值得关注的现象和当前社会文化心理的投射，作者列举了“屌丝”这个词在互联网上迅速走红，其含义变成混迹于底层的“草根”们自嘲的指称。“高富帅”、“白富美”这两个和“屌丝”相对立的词语也一起走红，而这两个词的关键在于是否“富”——这里的“富”指的是资本的占有量，而不是精神心灵层面的富有与阔达。“土豪”一词在2014年迅速蹿红，“土豪，我们做朋友吧”一时间成为朋友圈热句，大有将“高富帅”、“白富美”取而代之的势头。“打土豪，分田地”的昔日政治口号当年对老百姓的吸引力是不言而喻的，今天的“土豪”则指的是有稳定房产、资产的人，这和由草根升级而成的“高富帅”有所不同。另外，自诩“草根”的年轻人们所指代的群体在历史和现实中往往以“底层”、“穷二代”、“无产者”等概念来呈现，这些词汇都属于社会学等学科考察的政治性概念，也折射了青年内心抗争精神的消退与“去政治化”的时代思潮。有了这么多的实例，所以作者认为：“这不仅是网络语言中值得关注的现象，也是当前社会文化心理的投射，由此或许可以看到互联网世界借助语言打开的另一扇窗户。”①

人们接受信息大体上有两类，一类是事实信息，一类是理论信息或观念信息。一般来说，事实信息容易理解和接受，特别是那些新颖的前所未闻或很少知道的事实信息，能够满足人们的求知欲望，从而引导人们接受理论信息。自然，事实的选择也不是一件容易和随便的事，需要把握以下几个方面的问题。

1. 怎样选择事实作论据

新闻事实是新闻评论之“本”，如何选择新闻事实关乎评论论证的深度和广度。

1）事实要真实

新闻是对正在、新近发生的事实的报道，如果没有事实或事实是假的，那么，这个新闻报道也就是不真实的了。写新闻评论也是一样，如果评论所列举的事实都不存在或是虚假的，那么，这个评论怎么能经得起检验呢。2014 年 10 月 23 日，一名自称“95 后萌妹”的女网友，在网络上发布《用身体旅行：95 后萌妹向全国征集各地临时男友陪游啦!》一帖，公开宣布了自己“0 元游中国”的计划：面向网友展开“临时男友”的征集。②

站在传统观念和个人价值判断的立场上，这个话题在互联网上无疑激起了热烈讨论。反方“沙发客不等于不劳而获，更不等于身体交易”意见占大多数，认为这完全扭曲了穷游的意义，本质上是“拜金、贪慕虚荣”。也有不少人持这样的意见：只要当事人双方没有做出违法犯罪的行为，这也算是一种生活方式，旁人干涉不了。

随后该网帖被网友指认是为一款社交软件宣传炒作，原因是有网友发现网帖中的联系方式仅有该社交软件号码。至此，不少网友纷纷表示：“原来是软文广告”。至此，“95 后”用身体换旅行事件炒作真相大白。此消息最终被证实是上海某网络科技有限公司社交软件“友加”利用色情恶劣营销

---

① 黄帅：《网络流行语折射的社会文化心理》，载《中国青年报》，2014 年 10 月 24 日。

② 《用身体旅行：95 后萌妹向全国征集各地临时男友陪游啦!》，腾讯新闻，2014-10-23 10：23：54。

的产物。

在“人人都是麦克风”的时代，大家都可能成为传播的主体，加之传播工具的快捷便利，更可以使一条消息在短时间内以几何级扩散。“用身体换旅行”迅速传播的背后，客观上助长了谣言的传播。新闻评论当然要对一些有悖社会的行为和现象予以批驳，但是，这里有一个基本前提，就是这个新闻事实必须是准确无误的。面对扑面而来的可疑消息，我们应该用理性的思辨和负责的态度，在评论举例时慎用“转发”键，以免以讹传讹。

新闻评论在引用例子时，要留意并且核实事件的真实性，确保新闻的真实性，才能写出有说服力、有影响力的新闻评论。

2）事实要新鲜

新闻评论的新，除了要求文章的观点新外，评论所依赖的事实也应该是尽量的新鲜。新鲜的事实本身就有很强吸引力，再加上由此引发的评论，就能更好地感染、说服或引导受众。互联网金融是互联网与金融业结合的新生事物，政府欲出台相关政策法规对其规范，为此《南方都市报》发表了一篇社论 。文章从专业角度剖析了 P2P 及其发展现状，运用了大量翔实、新颖的一手数据——

> 这里所说的 P2P，指的是 P2P 网络借贷平台（peer to peer lending），即由具有资质的网站（第三方公司）作为中介平台，借款人在平台发放借款标，投资者进行竞标向借款人放贷的行为。实质上，这是一种利用互联网优势对民间借贷进行发展的新兴金融模式。自 2007 年第一家 P2P 平台诞生以来，P2P 发展迅猛，尤其是近两年在金融改革助力下，P2P 平台如雨后春笋般出现，更不乏 PE（私募股权投资）、VC（风险投资）资金进驻。根据网贷之家的数据，截至 8 月末，全国正在运行的网贷平台有 1357 家，预计年底平台总数或增至 1800 家，亦有指平台数量已逾 2000 家。但随之而来的，是从未停歇的财务风波、老板跑路甚至蓄谋诈骗等乱象环生，据零壹财经数据显示，截至 8 月末，问题平台总数已达 195 家，占平台总数的 17%

在后面的论证中，论证了互联网金融急需法律规范：

> 而同样不可忽略的一点是，对于互联网金融没有可适用的法律，所有 P2P 跑路案都是按非法吸收公众存款罪来立案。但是，随着金融改

革推进，民间借贷被正名，这项罪名是否应该继续存在都备受争议，否则几乎所有互联网金融产品都可以以该罪名入罪。

对互联网金融进行适度监管非常必要，亦有利于行业健康发展。但何为适度仍需斟酌，此前二维码支付被突然暂停惹争议，正是因为该举动引发了会否以简单粗暴的叫停代替监管的忧虑。互联网金融虽本质上亦为金融，但在监管方式上或与传统金融大有不同，至少互联网平等与去中心化的精神应得到尊重。①

这篇评论运用大量新鲜事实论据，权威、可信，有效地辅佐了论点。

一个新鲜的事实，一个近期身边发生的事实，它与受众在时间和空间接近性上最快和最短，容易引起人们的共鸣，这样的评论也容易引起人们的关注。自然，在引用新鲜事实时，要特别注意它的真实性和准确性，不能因为强调了评论的时新就忘记了新闻的根本。

3）事实要典型

评论是对事实的抽象，是对某一个或某一些具体事实的高度概括和总结，从而形成观念和意见。但是，这些事实并不是随意拿来就用的，而是在多个事实的基础上选取典型的事实。

曾经有消息报道，某个地方的社科院在人事制度的改革中，使得教授看大门，研究生收发报纸杂志。当时的评论有两种声音，一种痛骂社科院的人事制度改革，另一种说高知看大门有何不可。但《中国青年报》的时评版对此没有发表文章。他们认为，这件事情本身没有太多可以评论的空间，说到人事制度改革，有太多的事件和文章可做。为什么一个在全国引起沸沸扬扬的新闻，而《中国青年报》的时评编辑却认为没有什么评论的价值呢？在他们看来，此新闻事例没有评论的典型性。所谓典型性，它一定要同时具备两条件，一是突出性，二是代表性，二者缺一不可。教授看大门，和前些年有报道说教授卖烧饼一样，看起来很新鲜很典型，但是，像这样的事例全国有几个呢？可能不多，它们的出现只是个例，虽然突出但不具备代表性。

一般来说，新闻评论中的典型事实选择可考虑以下几点，一是它的时代性，即该事例的运用反映了当今时代的特征和特点，它能激起人们的共鸣；二是它的针对性，即该事实的运用既能反映该类事物的现状，又能促进该类

---

① 《互联网金融亟待监管，何为适度需斟酌》，载《南方都市报》，2014 年 10 月 24 日。

事物的改变和促进它的发展；三是它的独特性，即该事例是其他场合所没有或很少见到的。此类事例的运用能够引起人们的注意和兴趣；其四是它的新闻性，即该事例是最近出现的事物，与评论写作的时间距离较短。越是新近发生的事情，对受众来说，越有吸引力。

2015年10月5日，瑞典卡罗琳医学院宣布将2015年诺贝尔生理学或医学奖授予中国女药学家屠呦呦以及另外两名日本及爱尔兰的科学家，以表彰他们在寄生虫疾病治疗研究方面取得的成就。2015年10月6日，《环球时报》发表社评①——

> 瑞典卡罗琳医学院5日宣布，将2015年诺贝尔生理学或医学奖授予中国女药学家屠呦呦，以及另外两名日本及爱尔兰的科学家，以表彰他们在寄生虫疾病治疗研究方面取得的成就。屠呦呦有“青蒿素之母”的美誉，她一人将分得所受诺贝尔奖的一半奖金，另两人分享另一半。由此看出屠呦呦是本年度诺贝尔生理学或医学奖的第一主角。
>
> 屠呦呦已年届85岁高龄，她2011年获得拉斯克奖，那时起就被认为是最接近诺贝尔科学类奖项的中国人。今天她获得诺贝尔奖终于成为现实，我们向她表达诚挚的祝贺和敬意。她在中国现代科学走向世界的路上树立了一块里程碑。
>
> 这一世界医学界最高荣誉奖给中国科学家，可谓实至名归。上世纪六七十年代，为了对付疟疾，中国发动了国家级别的科研攻关。屠呦呦和她的团队对发现青蒿素以及对它的有效提纯做出先驱性贡献，回头看，正是这一了不起的成就挽救了非洲及东南亚等地至少数百万疟疾患者的生命。

2014年11月4日，《华西都市报》详细报道了2008年“汶川抗震小英雄”雷楚年涉嫌诈骗46万元，已被绳之以法的消息。为读者呈现了他“内心的虚荣与失衡”的过程，种种迹象表明，雷楚年不仅被外界视为英雄，他本人也早沉溺于这种荣誉不可自拔。从“抗震小英雄”到诈骗嫌犯，雷楚年无疑具有典型性。据此，光明网评论员发表了一篇评论《“汶川抗震小英雄”毁在了哪里》② ——

---

① 《屠呦呦获诺贝尔奖的4点强烈印象》，载《环球时报》，2015年10月6日。

② 光明网，http：//guancha. gmw. cn/2014-11/03/content_ 13741102. htm。

从上述报道中，人们可以看到雷楚年从救人英雄至犯罪嫌疑人的滑落轨迹。这条轨迹，是雷楚年自毁的轨迹，但又何尝不是一个英雄毁灭的社会悲剧！在天崩地裂的时刻，英雄降临了。在英雄稀缺的社会，英雄毁灭了。英雄，毁在了哪里？

自成为英雄始，雷楚年的人生平台迅速抬升到了其成为英雄之前所不可能有的高度。

从某种角度而言，英雄是一个社会的公共物品。一个社会提供这种公共物品的能力，既是社会品质的说明，也是英雄品质的限定。在英雄相对稀缺的社会中，人们为英雄搭建更高的人生平台，用以回报英雄的英雄行为，这当然是社会加强英雄产出能力的一种正向激励。因此，那些加诸英雄身上的荣誉与利益，也大多无可厚非。

但是，从雷楚年涉嫌犯罪的行为看，其存在的社会，不仅为其搭建了更高的人生平台，也在其身上寄予了不当的期望。看看雷楚年涉嫌诈骗所犯下的罪行：帮人找空姐工作、读成都市重点中学、上户口、购买驾照等、发包工程……在一个正常的社会中，任何思维正常的人，都几乎不遑多想就可以知道，上述这些事情是一个青少年所不可能办到的，即使这个人是一个英雄。

评论还指出：

为英雄所骗的受害人，其实也构成了毁灭英雄的社会环境之一部分。社会中存在甚至流行的把权力与非法所为联系在一起、把英雄与非法成就一些事情的能力联系在一起、把占有一些社会资源的人与一些特权联系在一起进而认为特权就是法外之权的思维定势，就是英雄毁灭的滑铁卢。

评论最后写道：

权力没有限制，英雄没有规矩，这其实都是法治不行的外在表现。一想办超越法律的事，一想办越过规矩的事，就想到了权力，想到英雄，如此环境，也必毁了权力，毁了英雄。

4）选择变化中的事实

事物都是发展变化的，新闻评论也需要根据变化了的事实发表意见，这样才能跟上时代的步伐，从某种意义上来说，这样的评论才符合与时俱进的要求。

2013 年 6 月 13 日，余额宝作为新兴的互联网产品上线，冲击了传统的金融格局。余额宝是由第三方支付平台支付宝为个人用户打造的一项余额增值服务。截至 2014 年 11 月底，余额宝规模已超过 2500 亿元，客户数超过 4900 万户，天弘基金靠此一举成为国内最大的基金管理公司。福布斯中文网刊发了评论员易欢欢的评论——

> 余额宝的案例给传统银行业带来了什么新思想？我认为余额宝的成功告诉传统金融机构一个重要的观点，即金融服务的核心对象应该是用户！提升客户体验、打破物理边界以服务用户才是经营关键。余额宝的鲶鱼效应正是促进传统银行业进行变革的动力。
>
> 余额宝作为互联网金融创新中的一种，从提高效率和服务质量的角度进行了创新，在保证流动性的前提下提高收益性，是服务用户最简单明了的创新方式，也是互联网金融创新中的一小部分。资本市场资金成本高不是余额宝类产品导致的，是银行通过影子银行把资金高价转售给房地产和地方融资平台导致的。发达国家很早实现利率市场化，由于没有银行垄断，国外之前也出现过 paypal 的类余额货币基金，后来由于收益率下降清盘。所以，这不是余额宝的问题，是利率市场化加互联网普及造就了余额宝。宝类颠覆了垄断的银行活期存款，这是互联网思维颠覆传统金融的胜利。①

选择变化中的事实，要求评论员一定要关注我们身边发生的事件和这个事件发展的趋势，深刻认识其事件中隐藏的本质及规律性的东西。在某些情况下，作者还需要作一些超前预测，这些分析和判断都需要作者具有一定的理论知识和广泛地社会调查。

5）选择亲历的事实

新闻评论要以新闻事实为基础，而这个事实如果是自己亲身经历的，那么感受会更加亲切，论述也会更加深刻。而且，在众多事实的运用中，唯有

---

① 易欢欢：《余额宝刺痛的是金融业的傲慢》，福布斯中文网，2014 年 2 月 24 日。

这一个是独家的，那么写出的评论也更具独特性。所以，在事实的选择中，如有自己亲身经历且与选题相吻合，那么，这样的事实应该是首选对象。

2011 年 4 月 27 日，《中国青年报》曾发表过一篇作者亲身感受的评论《乡村小学，拿什么拯救你》。

作者王丽是一位教育研究者，在一年前她曾在《中国青年报》写过一篇教学调查研究的文章《一座村庄的教育血脉》（载《中国青年报》2010 年 1 月 27 日《冰点》周刊）。从此，她便与福建连城县培田村——这个闽西山村结下了难解之缘。当地的村小只剩下 24 个学生、4 名教师和三个年级，濒临关闭边缘。为了挽救村小，重振乡村文化教育，她所在的 21 世纪教育研究院设立了一个项目，项目目标为“依托福建培田村历史文化资源，延续乡村文化教育血脉，影响地方政府的教育政策”，作者担任该项目负责人。

培田村只是众多乡村教育的一个缩影。近几年来，教育部门大力推行以寄宿制为主体的乡镇中心小学，大量村级小学被撤并。许多六七岁的孩子被送到离家较远的乡镇中心小学寄宿读书。其实，村小不仅是让孩子可以在父母身边完成学业，也是乡村文化的一个传承点。

作者在文中写道：

> 我和村里两位耆老——退休的中小学校长，还有村书记一道，去乡政府及县教育局游说。村里为此还专门向主管部门打了报告。可能是考虑到培田村作为国家级历史文化名村的特殊情况，连城县教育局破天荒批准了村里的报告，同意恢复四年级。2010 年 9 月份，新学期伊始，培田村小在中断三年后，重新有了四年级，共八名学生。为了能留住这 8 个学生，我们机构还招募了一名志愿者去村小支教，根据各年级情况，开设了英语课、国学课及乡土教育课等辅助课程，还建立了图书室。
>
> 可我没高兴多久。今年一月，我去村小考察志愿者工作，与校长及村民座谈，发现情况不妙。因学校师资老化，有几位四年级家长担心孩子学业，下学期打算将孩子转到乡中小去上学，可孩子们并不乐意。这件事令我意外，也令我颇感受挫。为了这个项目，研究院耗费了不少人力和财力。我前后去了培田村五次。而这个结果似乎告诉我们：我们无力回天。
>
> 失落之余又反躬自省：问题究竟出在哪里？校长告诉我，要想挽救

> 这所学校，首先要“换血”，即派年轻有能力的教师来。不过我想，这恐怕只有省一级教育行政部门才有权利决定。因为这意味着将培田村作为农村教育发展特区，给予特殊政策照顾。我还设想，教师可以采用全国招聘的方式，签订工作合同。倘如此，培田村小庶几能保住。不过，我不知道这是不是又“想得挺美”？

写罢此文，4 月 23 日《中国青年报》报道：针对部分农村中小学校布局调整给一些地方学生带来餐困难、上学远、上学贵等问题，教育部基础教育一司司长高洪近日在杭州市召开的义务教育均衡发展座谈会上说：“要本着实事求是的态度，慎重、稳妥地推行。”讲话中还强调：“对于没有学生的教学点坚决撤销；对于现在有学生就读的学校与教学点的撤并调整，一定要慎重行事，公开征求群众意见后再决定。”

对此，作者在评论最后写道：

> 我不知道，高司长的讲话，对于像培田村这样的村小，是不是福音？

这篇评论没有多少纯教育理论的论述，更多的是从调查实践中提出的问题和思考。但是，文章中经过精心选择的事实和数据，不仅可以给人们许多思考，更会对教育当局有益的参考和启示。这种深入实际调查研究的作风是值得提倡和学习的，这种以自己亲身经历来写作评论的方法也是值得点赞的。

2. 怎样运用事实论据

论证中的事实是很重要的，当我们选择了真实的事实、新鲜的事实、典型的事实和变化中的事实后，要学会运用好它们。论证中的事实选择大体上有以事论理、以理说事和夹叙夹议等方式。

1）以事论理

所谓以事论理，就是在论证中，先列举事实，再对该事实进行分析和评论。以事论理也称作为事例论证，它是指在论证中运用某个典型事例，说明该事例所反映的一般道理。2014 年 2 月 25 日，新浪专栏发表一篇评论《绵

阳“走廊医生”事件如何终结?》①。评论一开始就提供了一份资料:

> 绵阳市人民医院职工兰越峰跑到领导面前反映,不该花高出市场近一半的价格买了一个淘汰设备。据全国多家媒体报道,2014 年 2 月 19 日上午,绵阳市人民医院 100 多名医务人员“罢工”,引发数百名民众围观,造成交通受阻。他们是在表达两个意图:一是要求主管部门开除他们当中的一名职工兰越峰!二,此前,该市卫生主管部门已经把“绵阳市人民医院”,改为“涪城区人民医院”,也就是医院“降级”了,要求恢复。中国的医院“等级”,涉及医疗收费,医院等级高,收费标准高,医生的各种收入和福利也就高。

有了这份背景资料,作者希望给大家提供一个法治和公德的视角——

> 如果这个社会不能容纳兰越峰,一定不是她个人的悲哀,而是这个社会太坏了。可悲的是,兰越峰事情已经进入不可解的死结。

为此作者耐心地分析了呈现在网络上的资料,写出了这一份“报告”,给大家提供一个公德和法治的视角。

> 这两件事情怎么裹在一起?因为大家认为这名同事是害群之马,上级主管部门给这家医院降级,是这名同事引发的。那么这位同事做了什么?她是如何伤害大家的利益的?为什么上级要给这家医院降级?上级做得对不对,如果上级有错,为什么他们不抗议上级,只抗议同事?
>
> 在当前的语境下,罢工是何其敏感的事情,居然有人为了挤兑一位同事而成功地行使了这项权利,这就有点怪了。这名同事不是麻风病人,只是她的存在,被大家确认妨碍了他们的福利。他们的判断没错,根据上级部门对待这件事的来龙去脉,确实是她妨碍了大家。但是,这里透露了一种很恐怖的群众运动的逻辑。

① 何三畏:《绵阳“走廊医生”事件如何终结?》,新浪网,http://sc.sina.com.cn/news/r/2014-02-25/1047182340.html。

以事论理，要求一定是和本篇文章的道理相关的事例。这个事例可以是一个具体的事件，也可是一组新统计的数据，还可以是一系列为人所知的现象。在所举事例时，要围绕线主题简明扼要，不可过于冗长啰唆。

2）以理说事

以理说事也称为事理论证，它是用已经证明是正确的理论来说明某个尚未被证明的具体论点，也就是我们常说的大道理说明小道理。这个理要说清楚，它可以是独立的，不依赖其他的东西而存在；我们所列事实是对它的补充，能更加深受众对它的认识。此刻的事实一定要为主题服务，还要符合评论所阐述理论的要求。不能道理上说的是这个意思，而事实反映的又是一个意思甚至是相反的意思。

"荒谬言论"能否享有言论自由呢？您如何判定一个还没有说出来的话，是'荒谬'言论，使您能事先就剥夺他的言论自由？只有一种声音，真理是不能认识和发展的。一切言论在言论的层面上（而不是付诸行动和实施），都享有自由表述和发表的权利。《北京日报》曾发表过一篇《追求真理离不开言论自由》① 的评论——

> "言论自由"，是被写进我国宪法的。但很多同志对此理解并不深入。比如，"荒谬言论"能否享有言论自由呢？这个问题，是人们常问的一个问题。如果您不假思索地回答："荒谬言论哪能给言论自由呢！"恕我直言，您立刻掉入了"陷阱"——这"陷阱"是一个难以回答的问题："请问，您如何判定一个还没有说出来的话，是'荒谬'言论，使您能事先就剥夺他的言论自由？"我想，除非您能大言不惭地宣布自己是"洞察一切"的神仙，尚未说出就能判定言论荒谬。否则，您只能掉入无法自圆其说的"陷阱"。

作者在提出问题并进行论述之后，提醒人们注意一个常识：某一言论（这里指的是言之成理，持之有故的言论，而非狂喊乱轰的攻击谩骂）在没有公之于世以前，无法判定其荒谬与否，无法判断其是进步还是反动。为了追求真理，唯一的办法是让它公之于世，在阳光下，让大家来思索、来辨别，才有可能认识它的本质。循此要引出的一个相关的常识：某一言论出来了，大家也着意思索了、努力辨别了，却常常仍然看不清本质；尤其是那些

---

① 沈敏特：《追求真理离不开言论自由》，载《北京日报》，2009年1月3日。

当时看来有点另类，或为当时的多数人所不能认可的言论，常常需要一个或长或短的历史过程，才能成为大家心悦诚服的真理，或成为大家痛心疾首的谬说。在这个过程中，大忌是有“权威”出来当“ 真理裁判”，用一锤定音的方式作出所谓是与非的结论，然后大家响应号召，一哄而起地“热烈颂扬”或“口诛笔伐”。之所以称为“大忌”，是因为对此常要付出巨大的，包括鲜血和生命的代价。

在进行这样的理论阐述后，作者列举了两个大家都知道的事例——

> 永该铭记的突出例证之一是马寅初先生的人口论。若不是迅速判定其为“反动的马尔萨斯人口论”，若不是一拥而上的大批判，人口增值至少可以减去三亿；而由此带来的人口压力也许要延后承受一个世纪以上。如今每日每时要面对的就业安排、教育普及、医疗保障等等，无不和人口压力相关。
>
> 永该铭记的又一个突出例证是张志新对于“文革”置疑的言论。若不是有关领导判定为“恶毒攻击文革的现行反革命言论”，若不是当时盛行的以言治罪的“条例 ”，造成割喉枪决张志新的旷世悲剧，而是每个中国人享有言论自由，同时上与下的关系不是“最高指示”和“紧跟照办”的关系，而是被监督和监督的关系，那么，这样的悲剧是可以避免的。十年浩劫造成的影响，如文化断裂，道德缺失，以及专制主义的种种惯性，至今在一些领域还处于艰难消除的过程之中。

以理说事，首先，要将说明的道理说清楚，而且这个道理还是当下许多人不甚明白或混乱模糊需要甄别阐明的理论；其次，说的事情中，又能很好地反映前面讲的那个道理。这是一个问题的两个方面 ，需要评论者认真思考，整体把握。

3）夹叙夹议

所谓夹叙夹议是评论中常用的一种方法：它可以是先举事例，后进行论证，再举实例和议论；也可以是先论证，再举例说明，接着又议论和举事例。一般稍长一点的评论文章，时常用夹叙夹议的方法。

《中国青年报》发表过一篇《谁说“养老没存百万免谈”》① 的评论，

① 惠铭生：《谁说“养老没存百万免谈”》，载《中国青年报》，2014 年 10 月 28 日。

作者在进行论证时，首先用自身的例子直切主题：

> “养老没存百万免谈”，听到这种论调，我笑了，因为我的家乡地处穷乡僻壤，我父母亲今年都76岁了，至今守着几亩薄田过平淡的日子；我二伯父今年89岁了，但身体硬朗，精神矍铄，至今自己种粮种菜、生火做饭，自食其力。他们一辈子生活得恬静安然，虽然贫穷，几无存蓄，但除非病老到卧床不起，他们一生堪称生命不息，劳作不止。
>
> 再说城镇普通退休职工。经过连续十年的调整，企业退休人员基本养老金，一般也就两三千元，但他们现在不照样生活安逸，洒脱自如吗？

在进行过这段现实的陈述后，作者进行了议论：

> 更要看到的，一是，养老并非仅是国家和社会的事，也是个人的事。即便在西方富庶国家，养老金来源也是多样化的。以美国为例，整个养老保险体系分为4∶4∶2结构，其中40%是国家出，40%靠企业年金等，20%靠个人商业保险。二是，我国仅是一个发展中国家，让政府对公民的养老、医疗保障实现“全兜底”，这种想法恐怕过于“乌托邦”。三是，追求理想的养老方式没错，但须符合现实。我们不是生活在“理想国”里，财富也非天降。丰厚的养老金，是建立在社会经济高度发达、财政充盈、企业高效益的基础上的。

评论通过中外养老金发放的对比，说明中国目前实施的养老金制度是符合中国国情的。同时也对那种在养老金上存在的“乌托邦”和“理想国”的想法予以批驳，展示了评论的力量。

夹议是对事实和论述的交叉使用。在使用时，要注意所举事实与论证的紧密结合。如在上面的评论中，作者首先介绍了他的老年父母的情况，经过论述之后得出结论：“再说城镇普通退休职工。经过连续十年的调整，企业退休人员基本养老金，一般也就两三千元，但他们现在不照样生活安逸，洒脱自如吗？”紧接着用了一系列数据，进行各方面的对比，从而得出“养老没存百万免谈是不对的”结论。

三、用好理论论据

评论文章的论证，除了需要事实论据外，更多的则是需要运用理论论据阐述自己观点的。理论论据，即用人们熟悉的普遍真理和经典论述及经过实践证明的可以信赖的格言、谚语等来做根据。

1. 理论论据的选择

理论论据的选用是在资料收集和研究的基础上，最终确定在评论中所要使用的材料。它包括两部分，一是确定要使用的量。论据绝不是越多越好，需要使用论据的量是一个恰好能充足说明或得出论点的量。二是确定要使用的地方。钢要用到刀刃上，论据的选用必须注意其使用的先后次序，绝不是将论据随意安排，适时适地的运用论据会收到极好的效果，相反会给人一种牵强附会的感觉。选用论据的原则概括起来，主要有以下几点：

1）典型性

选用理论论据时一定要注意做到“去粗取精，去伪存真”，必须有代表性，能反映事物的本质和规律。理论论据有很多，但是，只能选择那些与主题相关而且最能说明主题的理论论据，才是我们所需要的。一定要在多个论据的比较中选择最具典型性和代表性的论据。

2014 年 12 月 20 日，《人民日报》发表社论《“一国两制”事业具有强大生命力——祝贺澳门回归祖国 15 周年》，文章用澳门特别行政区这一典型的案例来印证一国两制的强大生命力，论证了“一国两制”方针和基本法顺利实施使得澳门经济、社会等各项事业取得长足发展，也使得这座历史悠久的商埠名城焕发出前所未有的生机活力。这篇评论选择了澳门这个反映了“一国两制”理论的典型地区，同时又选择了 12 月 20 日这个澳门回归的纪念日，使评述更加有力量。

2）真实性

评论的一个突出的表现就是选用论据的真实性。强调事实的真实性，这是大家都明确的，因为，如果评论的对象都是假的、错误的，那么我们的评论还有什么意义呢？对于理论依据来说，也存在这个问题。科学的发展和学科的剧增，有很多以前被认为是正确的理论，到了现在却已经过时了；或在彼地是适用的理论，但是到了此地却不能用了。评论的论述一定要用那些经过实践检验，是真实的是正确的理论做论据。

2014年12月18日，《环球时报》发表社论《中国给俄国当冤大头？这是常识错误》，文章强调了卢布大跌使得中国无异于向俄罗斯“直接送钱”这种说法是胡说八道。评论中写道：“多名经济学家接受《环球时报》采访时，怒斥送钱机器之说是胡说八道。他们共同强调，货币互换协议不是实际货币交易，而是规定了两国货币互换的最大金额。”关于中国是否给俄国当冤大头，众说纷纭，特别是国际社会，仅靠评论员自己发声是不够的，这里选择了“多名经济学家”的意见就更具说服力了。

3）充足性

一篇评论之所以令人信服，除了它的论点是正确的能够牢固确立外，关键在于它有足够的说服力。而说服力不是来自于论点本身，它主要的是来自于充足的论据。所以，在评论的论述中，在使用理论论据时，一定要将它的科学性和有用性充分表现出来。

2014年7月7日，《人民日报》发表社论《历史悲剧决不允许重演》，其中运用日本政府否认野蛮侵略罪行，参拜二战战犯亡灵，解禁集体自卫权、架空和平宪法等翔实的事例论证日本右翼势力有扩展泛滥的趋势，日本军国主义有死灰复燃的危险。

4）统一性

统一性说的不仅是论据与论点的统一，同时也是各个论据之间的内部统一。不同的理论说明不同的事物和问题，而说明不同事物和问题的理论有时又是不完全一致的甚至会出现相悖的情况。在运用这些理论时，要注意这些理论的适用范围，特别要注意它的统一和相融。

2014年12月15日，人民论坛发表评论《可以“低头”，别丧失专注》。作者在评论中首先指出今日中国的一大景观，就是人人成为“低头族”。无论在地铁里、马路上，还是在大学的自习室、医院的候诊区，到处都是低头看手机的人。这就是互联网带来的新变化。作者在文中引用了专家的研究成果：人类从直立行走到2003年所创造的知识，总计才5艾字节（1艾字节$=10\times10^{8}$GB）；而2015年，全球网络数据流量每年就达到966艾字节。当信息的汪洋大海呈现在方寸之间的手机上，势必带来生活方式改变。同时，作者又在评论中用了《庄子·达生》里记载的一个小故事，讲了孔子说的一句流传久远的话：“用志不分，乃凝于神。”指出专注力是健全人格得以发展的前提，也是人类创造任何一项文明的基础。评论最后写道：迄今为止，尚未有哪种技术像移动互联一样，对人们的注意力产生如此大的影响。拥抱新技术，同时捍卫我们的专注力，是移动互联时代降临时需要一起出击的两条战线。

5）新颖性

理论也是在不断创新和发展的，理论论据也必须做到与时俱进，这样写出来的评论才更鲜活有吸引力。

随着中央“八项规定”的执行和“三严三实”（严以修身、严以用权、严以律己，谋事要实、创业要实、做人要实）专题教育的开展和深入，在官场上出现了一种“为官不为”的现象：多干事不如少干事，少干事不如不干事，干事有事，不干事没有事。对此，不少人写评论对此进行了多方面各层次的批评，是对的，也是有一定成效的，但出新意很难。2015 年 11 月 17 日《人民日报》刊发顾伯冲写的《警惕滑吏的“反作为效应”》，却给人以新颖的感觉。新颖之处在于他在各类不作为现象中发现了一个“反作为效应”，认为它的危害比不作为更甚——

> 何谓“反作为效应”？简单说，就是为官者常常事不尽做，功不全用，保存一块“自留地”，以作为“立于不败之地”的资本。一些主管部门和业内官员对自己分管领域存在的问题，不是凭着高度负责的精神去最大限度地解决，而是人为地留些“尾巴”，养灾自重、养难自重、养患自重，以图得到重视、得到经费、得到擢升。就像古代一些治水官吏，从来不是三下五除二堵好决口，而是不断挟水患邀功，逼迫朝廷调拨更多银钱。
>
> 为官从政，实在是第一位的，老百姓看干部就看实在不实在。做人做事既要考虑上级怎么想，更要考虑群众怎么看。让群众满意，才是对本职工作的最大尊重。“反作为效应”造作取巧，为党的纪律所不容，与“三严三实”要求格格不入。

评论接着指出：

> “反作为效应”之所以受推崇，一个重要原因就在于官员职责不明确，失职没追究，渎职无处理。有鉴于此，当充分发挥群众监督的重要作用，让群众知晓干部在做些什么、完成得怎么样，让百姓积极参与监督、批评。也要从制度上厘清权力清单和责任清单，制定明确详细的行政流程，并辅之以科学严谨的绩效考核，加大问责力度。尤其是，对办事拖拉、推诿塞责、失时误事的干部要坚决问责，隔断他们的上升空

间。“反作为效应”并非是吏治的不治之症，完善群众监督、坚持制度治本和深度问责，给它釜底抽薪，让它失去市场，就能把它彻底扫入历史的垃圾堆。

该篇评论的新颖不仅在于发现和引入一个新的概念“反作为效应”，还指出它的危害，更重要的是阐述了产生的原因和整改的建议，是篇好评论。

2. 理论论据的运用

说理是评论的特点也是对它的要求，一篇评论不说道理或不用它的道理说服人，那它就不是新闻评论或不是一篇好评论。

论证是一个运用概念、判断和推理的过程，在这个过程中运用逻辑的力量来论证自己的观点或驳斥对方的观点，从而达到表达自己的意见或说服、引导受众的目的。为达此目的，在论证时应注意以下几点：

1）讲清道理

论证是一个逻辑思维的过程，在这个过程中作者要运用事实和理论阐述主题。那么，首先要把你说的道理讲清楚。在新闻评论的写作中，时常能发现这样的情况，有的作者自己就对某一问题和理论没有搞清楚，结果文章说了半天，别人也没有弄明白。评论既然是说理，就要把这个道理讲清楚，特别是在错综复杂的事物和问题面前。

2014 年 10 月 17 日，《南方都市报》发表社论《回归法治是避免征地拆迁暴力唯一途径》。文章首先简单陈述新闻事实：“10 月 14 日晚，一组云南昆明市晋宁村民与开发商大规模械斗的现场照片在网络流出，网友们看到了卡车装着成群穿着黑衣制服的人，街头有人被村民捆绑手脚，有人戴着警用头盔，手持警用盾牌、木棍、石砖，有人点燃了汽油。”并亮出作者的核心观点：10 月 14 日的群体暴力冲突固然有其具体的导火索，但背后的根本性冲突是什么更值得关注。这样开头便把自己要论证的观点表明，使得下面的“木”有了“本”，简单明了。

随后，作者推而广之，指出：“昆明晋宁的征地拆迁暴力事件，与此前已经令我们颇为熟悉的拆迁暴力剧码毫无二致。在土地这一财富载体的博弈中，现有的制度框架并没有提供一个足够公平的规则，负有地方发展之责且握有暴力资源的政府，在土地产权、处置权方面都拥有很强的主动性。对于资方来说，资本的效力令他们足够自信，可以调动的力量常常超过市场本身。反观农民，他们除了用于土地的承包经营权，在博弈能力方面存在太多的短板。”

紧接着，作者回溯了类似的时间的发展逻辑——

当然，具体事件的发展逻辑，并不总是如强弱分明显示的那么简单。但是，博弈规则层面的失之公允，使得暴力的因子不断被埋下，一旦触及具体的导火索，暴力冲突便不断被引爆。10年前湖南嘉禾商贸城的暴力拆迁事件，2009年成都金牛区“唐福珍自焚事件”，以及2010年借助微博瞬间传播的宜黄暴力拆迁事件，无一不是建立在博弈框架失衡的前提下。

作者层层剖析，将复杂的问题抽丝剥茧。之后，作者提出解决问题的思路——

中央的态度很明确，必须谴责一切暴力拆迁举动，然而，针对现行征地拆迁博弈规则的小修小补却未必能获得良效。从实操的角度来看，目前赋予地方政府在征地拆迁中太多的行政权力，必须得到整改。为利益而博弈，分歧或许不可避免，但有了分歧之后，从行政高压的轨道转入法律博弈的轨道，是规避事态暴力化发展的最重要甚至可能是唯一的途径。

这篇文章不算长，却讲清楚了如何规避征地拆迁暴力，逻辑清晰，论证有据。

2）讲深道理

道理不仅要让人明白，还要说得深刻。只有深刻的东西才能触动人使其信服并记得牢固。

打的难是每个城市都会出现的问题，的哥随意拒载、提价的做法屡禁不止，对市民出行带来很大不便，也会对一个城市形象造成很大影响。

2012年12月30日《京华时报》发表社论《破解打车难还需激励机制》。评论通过层层递进，剖析解决该问题的措施。

日前，北京市交通部门对出租车违规行为推出“史上最严”处罚措施，对于出租车司机拒载、砍价等行为将停岗1年至3年，进入行业“黑名单”的驾驶员不得被录用。这一系列举措，在“打车难”问题凸显的背景下推出，引起了人们的热议。

对拒载等行为进行严惩，并建立相关的行业准入、内部考核、信息化叫车等机制，表明了北京出租车业以管理升级来提升服务的思路，无疑是必要的。从国际经验看，严管理才能出好服务。

评论先对现象进行了初步的分析，为了整治拒载砍价等不良行为，北京市交通部门出台“史上最严”处罚措施。接着分析和论证这种措施是否能够治理相关情况：

但是，对这一“治拒”严规人们也有疑虑。首先是对举证难、执行难的关切。新规之下，上车不去、问完不走等都算拒载，但在认定程序上，乘客除了要记住出租车车牌号，最好还能提供司机姓名、服务监督卡号。但实际上，多数情况下乘客还没上车就被拒载，看不到司机姓名和服务监督卡号，就算记下车牌号，将来需要提供更多拒载证据时，也是各执一词。类似这种情况下，严规如何落实而不落空，对乘客和司机都体现公平正义，还有待在实践中检验和调整。

评论分析这种现象屡禁不止的原因，不仅有“司机自身素质差”，还有“利益机制失衡等问题”：

拒载行为发生，并非只是一些司机自身素质、服务能力的原因，还涉及利益机制失衡等问题。在媒体多次关于打车难的调查中，“不拒载赚钱太难”、“正常跑活赚不到钱”等现象值得关注，折射出的哥的生存困境。份钱、油钱居高不下，洗车费、保养费、修车钱自己掏，各种收费也不少，使得的哥拉活赚钱不容易，扭曲的利益机制冲淡了服务意识，这正是挑活拒载行为的深层症结。

作者在论述两方面存在的问题后指出：

因此，治理拒载，板子不能都打在的哥身上，更不能仅仅依靠惩罚机制。如果说严罚设置了服务的底线，那么提升服务水平还需要调动的哥积极性，以良性的利益激励机制来激发爱岗敬业精神。管理固当严字当头，但如果多听听的哥的心声，多考虑他们的难处，改革管理运营机制让他们更多地分享出租车红利，那么规定再严，也会让人打心底认同并自觉遵守，为市民服务的出租车才能有不竭的动力。

解决打车难的问题当然需要出台严厉的管理和处罚举措，但是，打车难不仅仅是司机的问题，还涉及城市的方方面面，评论涉及这些问题，提出思考和解决的思路，将讨论和解决打车难的问题引向深入。

所谓讲深道理，就是不仅要分析和阐述事实表面存在的问题，还要从这些问题存在的原因、背景和趋势上进行深究。“去伪存真，去粗取精，由此及彼，由表及里”、“透过现象看本质”就是评论中常用的方法。自然，要能够讲深道理，讲好深道理，必须以深厚的理论和深邃的思维为前提，这也是需要评论者在实践中不断加强和提高的。

3）讲新道理

我们时常讲要与时俱进，为什么，就是要跟上历史发展的形势，跟上时代前进的步伐。新闻评论也是如此。世界发生了变化，我们身边的事物也发生了变化，我们的评论能够“以不变应万变”么？显然是不行的。评论在论证时就要论出新意来。

在中共中央、全国政协举行庆祝中国人民政治协商会议成立65周年大会上，习近平发表了重要讲话，其中“在中国社会主义制度下，有事好商量”这句话引发关注。新华网2014年9月23日发表孙铁翔的评论《习近平为何要提出“有事好商量”?》。评论中写道：

“商量”，交换意见、商讨之意。早在三国时期的《易·兑》中第一次出现——“商，商量裁制之谓也。”商量一词，直到今天都是科学决策的重要手段。老一辈革命家也多次强调过在决策中“商量”的重要性。毛泽东同志说过：“国家各方面的关系都要协商。”“我们政府的性格，你们也都摸熟了，是跟人民商量办事的”，“可以叫它是个商量政府”。周恩来同志说过：“新民主主义的议事精神不在于最后的表决，主要是在于事前的协商和反复的讨论”……

俗话说：众人拾柴火焰高。习总书记对“有事好商量”做了注解。他说，中国共产党领导人民实行人民民主，就是保证和支持人民当家作主。保证和支持人民当家作主不是一句口号、不是一句空话，必须落实到国家政治生活和社会生活之中，保证人民依法有效行使管理国家事务、管理经济和文化事业、管理社会事务的权力。人民当家作主必须具体地、现实地体现到中国共产党执政和国家治理上来，具体地、现实地体现到中国共产党和国家机关各个方面、各个层级的工作上来，具体地、现实地体现到人民对自身利益的实现和发展上来。

"有事好商量"不仅是对人民民主提出了更具体的要求，也是国家在发展中进一步完善政治参与、持续互动沟通对话，形成广泛共识，从而科学决策必不可少的论断。

党的十八届三中全会指出："全面深化改革的总目标是完善和发展中国特色社会主义制度，推进国家治理体系和治理能力现代化。"然而，新时期新形势下，国家治理体系怎样完善？治理能力从何而来？实践告诉我们，就是要在治国理政时在人民内部各方面进行广泛商量。

这里，评论与时俱进，强调了时代发展的新变化，阐释了习近平总书记关于政协实施民主协商的新理念。当前，改革已进入攻坚期、深水区，触及深层次矛盾和重大利益调整，一些地方改革久议不决、一些部门改革决而难行、一些领域改革行而难破等情况屡见不鲜。这需要我们进一步解放思想，以更大的勇气和智慧全面深化改革开放，做到改革不停顿，开放不止步。

习近平提出"有事好商量"，就是要"在中国社会主义制度下，有事好商量，众人的事情由众人商量，找到全社会意愿和要求的最大公约数，是人民民主的真谛"。

"有事好商量"本是我们自古以来的俗语，该篇评论将这句话和深化改革以及人民当家作主联系起来，融古贯今，读出新的意味。这篇评论紧扣深化改革时代主题，其论证的新颖度不言自明。

论证中要讲新道理一般有两种情况：一是对过去传统的理论和条文作出新的理解和说明；二是运用新近出现的理论和条文解读以往存在的老问题。现实中时常会出现一些新问题，它需要我们运用新的理论进行说明。新闻评论是一种理性思维的表现形式，它应负起这样的责任；对已经公布和发表的正在实施的有关理论、条例、规定做一些新的理解和说明——它是一种新思想的表现，也是新闻评论的力量所在；注意观察和收集新近出现的新动态，找到新闻评论的由头。上面两篇评论就是根据新近发生和报道的事实来进行新的论证的。

四、立论和驳论

在新闻评论的论证中，一般有两种方法：一种是立论，一种是驳论。

1. 立论

所谓立论，是作者从正面直接表达自己的观点、意见和态度的论证方法。在立论中常用的方法有事例论证、事理论证、比喻论证和比较论证等方法。

1）事例论证

事例论证，顾名思义，是指在论证中运用某个典型的事例反映一般道理的方法。

《人民日报》发表过一篇《换位才不会缺位》① 的评论，文章一开始就用了两个典型事例——

> 最近有一个小视频流传很广。一位普通人接受街头采访，在被告知当地每年车祸死亡200多人后，记者问他能接受交通事故死亡的最多人数，他答道差不多70人吧。然而，当他看到走过来的70人都是自己的亲人时，他的眼睛湿润了。此刻，他能接受的人数是0。同样是交通事故，从旁观者的位置换成了自己亲人的角度，看法就完全不同。

> 女儿五六岁时，有一次带她在商店闲逛，不意她突然就跑了出去。我耐心问她为何？原来，孩子个子小，在人多时，看不清爸爸的面孔，通常都是根据裤子的颜色来辨别。那天天色较暗，她旁边的人裤子颜色和我穿的差不多，便把他当成了我。后来看到有位母亲在大声责骂孩子为什么喜欢跟陌生人跑，孩子委屈得直哭，我把这个故事讲给她听，这位母亲才恍然大悟。蹲下来处在孩子的位置上，才能看清孩子眼里的世界。

这两个故事，一个是社会流传很广的视频，一个是作者自己女儿的故事，说起来真实可信。接着，文章就指出：

---

① 纪东冲：《换位才不会缺位》，载《人民日报》，2015年12月10日。

工作中，有的干部很苦恼，为什么自己辛苦为百姓办好事，百姓却不领情？化解矛盾纠纷，该做的工作都做了，为什么个别群众仍然揪着不放、闹个没完？具体原因可能各不相同，但与缺乏换位意识不无关系。不去换位思考、将心比心，那么好事虽好却未必是群众所需要的，表面矛盾化解了群众心结却可能还在。因而，很多人看起来忙忙碌碌、勤勤恳恳，但因为少了换位，事实上仍然在缺位。

2）事理论证

事理论证是指用已被证明是正确的一般理论来说明某个尚未被证明的具体论点，即用大道理说明小道理的方法。以《南方都市报》2014 年 11 月 5 日刊发的《别给个别“非改农”戴上“逆城镇化”的帽子》为例，文中写道：

城镇化理论表明，当城镇化率达到 30%时，城镇化进程驶入快车道，当城镇化率达到 70%时，其脚步又会自动放缓。也就是说，逆城镇化是都市化进程中的必然产物，我们不需要惊讶，也无需过分担忧。

……

2012 年，我国城镇化率已达到 52. 57%。在这种情况下，我国局部地区出现“逆城镇化”的现象，是十分正常的。“非改农”获利的根本驱动力是城市化。目前，千方百计将户口“非改农”的，第一种情况是改到城郊的农村，而这里即将被城市化。第二种情况是有的地方已将部分户口城镇化了，但也还保留了部分农村户口。这两种情况“非改农”的目的，其实就是看中这些地方最终必然会被城市化，只是想通过拆迁、征地等方式，在再次“农改非”的时候得到更多的利益。第三种情况是改到富裕的农村，如华西村、南街村，这些地方由于富裕，公共基础设施和福利都较好，人们的生活方式与价值观念与城市实际上已无差别，在本质上就是城镇，而非农村。

为了证明我国局部地区出现“逆城镇化”的现象是十分正常的，作者引用了城镇化理论，十分具有说服力。

3）比较论证

比较论证是指将不同性质或差异性质有事物相互比较，或将相同的、类似的事物在不同的时间、空间、环境下进行比较，来证明某个论点的正确或错误的方法。比较论证有两种，一种是类比，即将不同时间、空间的相同类型的事物进行比较；一种是对比，即将不同的事物进行比较。

在对比中又有两种，一种是横比，即在同一时间，不同地域，一事物与另一事物进行比较；另一种是纵比，即在同一地域，不同时间，现在事物与过去事物进行比较。

前几年有一篇获中国新闻奖的评论作品《大桥坍塌的中美调查之别》①，就很好地运用了对比方式。

中国塌桥，美国也塌桥；中国要调查原因，美国也调查原因；中国用的是火箭速度，美国用的是蜗牛速度。

8月1日，美国明尼苏达州密西西比河桥梁发生结构性坍塌，可谓坍塌得一塌糊涂。除了布什视察塌桥现场、国会拨2.5亿美元重建桥梁之外，美国有关方面立刻进入调查。“调查人员警告说，调查坍塌原因的工作费时费力，可能需要长达18个月的时间。”（8月7日新华网）

长达18个月，还是在高科技帮助下的时间估计。他们动用直升机，配备高分辨率摄像器材，到现场展开仔细调查；用激光导引探测设备，绘制出大桥残骸的全方位图像；水下复原小组则使用水下摄像机来观测废墟的情况；利用计算机成像技术，在电脑上重构呈现灾难全过程的软件，当前的分析已经纳入了一整套数据，包括天气、经过汽车的数量和速度以及坍塌时桥梁上的建筑设备的重量……要是在无高科技的过去，“他们差不多得把坍塌桥梁的残骸拼装起来”。

美国塌桥一个半月前的6月15日凌晨，广东佛山九江大桥被一艘装载河沙的船撞了23号桥墩，大桥第23号、24号、25号三个桥墩倒塌，约有200米桥面坍塌，桥上4辆汽车（共有司乘人员7人）及2名大桥施工人员坠江。6月19日，九江大桥坍塌事故技术安全鉴定专家组成立，由10位“国内知名桥梁专家”组成，他们从全国奔到广东佛山，对塌桥事故进行鉴定。6月20日，也就是次日，他们召开了九江大桥技术评估通报会，正式公布了鉴定结果：九江大桥的设计和质量均没有问题！

作者在列举了中美两国不同的调查材料后指出：

---

① 徐迅雷：《大桥坍塌的中美调查之别》，载金羊网，2007年8月9日。

> 我们只有“官员”与“专家”，而没有真正的“调查人员”。美国这次塌桥后，调查人员计划“把坍塌桥梁的录像放大后逐帧观看”，既然我们没有“调查人员”，你能指望那些高地位的官员与高身份的专家去干“把坍塌桥梁的录像放大后逐帧观看”这样的繁琐之事吗？

在此，作者要表达的观点是：

> 有了专家鉴定做挡箭牌，官员自己就能够关起门来“沾沾自喜”了。技术层面的专家与责任层面的官员如果结成“利益共同体”，那么，各种事故就不可能真正找到原因，悲惨经历就不可能真正成为教训，今后类似的事故就可能一再出现。

桥塌的问题，中国有，美国也有；中国要调查原因，美国也调查原因。怎样来说明美国人就比中国人要认真负责对待桥塌的问题呢？作者没有多讲调查的重要意义和美国人的负责精神，仅仅列举了两个国家的不同调查方法，介绍了一点实施细节，就将两国对待事故的态度昭然于天下了。文章抓住事故鉴定这一关键环节进行论述，重点突破，透过中美调查对比，从中一窥中国事故调查之荒谬，文章最后落点在官员与专家的“严重腐败”上。这篇评论虽然发表多时，但是，在当下，当事故发生后，人们还是愿意迅速地知道事故原因，以为这才是负责的态度，才是信息公开的表现。实际上这是一个认识误区，认真读读这篇评论对我们是有好处的。

这里再举一个近期发表的对比论证的例子。

2015年6月19日，《环球日报》刊发社评《法国出租与专车司机冲突的启示》。依据就是，法国巴黎的出租车司机与优步（Uber）专车司机16日发生冲突，出租车司机向专车投掷石块，最后防暴警察出动才得以制止事端。这是世界范围内出租车与专车司机因利益发生纠纷的最新例子。优步公司2010年在美国旧金山成立，如今它的经营扩展到世界上百个城市。然而它每到一地，都会与当地出租车行业冲突，欧美大城市不断出现出租车司机的抗议活动。优步带来的“专车现象”合法吗？应当禁止还是放开，成了全球性难题。

> 由法国发生的冲突联系到中国出现的矛盾：优步技术已经不再是唯

一的。中国近几年演化出各种打车软件，但引发最大争议的也是专车。整体看，专车是互联网技术对人们出行需求的“黑马”式介入，是互联网技术全面影响现代生活的新标志。它带来的方便和好处显然受到普通消费者欢迎，同时它自身的管理漏洞，以及它对传统出租车行业的冲击也是明显的。

专车与出租车之争让各国的管理机构头痛，一些国家和城市采取了禁止专车发展的断然措施，但也有很多国家和城市表现出犹豫，把防止出租司机和专车司机直接冲突作为管理重点，采取了模糊政策。那么，中国该怎么办呢：

中国是互联网大国，智能手机拥有量全球第一。中国同时是出租车大国，由于打车相对便宜，普通人使用出租车的活跃度也属世界上比较高的。这样一来，中国肯定绕不过专车带来的这轮冲击。

首先要看到，这决非政治问题，而是互联网冲击传统行业的一部分。

互联网造成了利益的重新洗牌，这就是问题的实质。出租车司机及出租公司牌照拥有者利益受到冲击，采取了与其他受损行业相比较为激烈的反应，对此社会管理机构大概不需有“重大维稳”那样的紧张，而应在技术层面认真研究对策，慢慢加以解决。

现在全球都没有好的办法，默许专车和禁专车的西方城市遭遇到来自不同方向的压力，对这一现实我们一定要予以正视。当前情况下，中国各地管理者或许应首先致力于缓和两类车的矛盾，为最终的彻底解决积累经验，争取时间。

为了缓解双方矛盾，评论还提出了建议：

比如，专车的发展速度至少不应太快，避免出租车行业受到无法承受的冲击。此外要加快研究出租车司机们感到相对于专车“不公平”的那些问题，比如出租车承受的社会管理成本一直被认为“比较高”，等等。

由于这是全球性管理难题，中国社会应以世界上正常的整体心态来对待它。政府和公众都不应对这一领域的摩擦大惊小怪，我们要认真化解它，也要有能力承受它。

互联网的优势就是技术先进，使用成本极低，它对所有行业的冲击

> 从本质说都是社会前进中的问题。专车问题迄今为止主要是“发达社会病”，在欧美和亚洲现代化城市里比较突出。中国是最早受其所困的发展中国家之一。我们跑得快，烦恼就多。有什么办法，这就是生活的规律。

专车与出租车之间的利益纠纷事件层出不穷，作者从法国发生的突发事件，世界存在的普遍难题，联系中国的租车大国现状，在对比中告知人们必须更加理智科学地对待才能解决这一问题，这样更具说服力。

在比较论证中，除了上面的事实比较外，还有一种是观点认识的比较。

2013年5月20日，《人民日报》刊发编辑部评论《有“问题意识”，也要有“过程意识”》，获第24届中国新闻奖二等奖。今日中国，仍在穿越历史的三峡。这样的阶段，水域开阔也暗流涌动，大河奔腾却泥沙俱下。如何准确把握时代方位、辩证看待社会发展，认识论与方法论的问题，从未如此迫切地摆在我们面前。从辩证法的角度看待我们所处的世界，本身就是一个不断发现问题、解决问题的过程。关键是要把问题放在中国的现实语境中观察，与国情对接、跟现实对表。该文紧扣习近平同志关于增强辩证思维能力的要求，针对社会转型期存在的“问题焦虑症”、“问题悲观症”，指出对于我们时代的问题，既要不回避不掩饰，也要看到问题的解决需要一个过程，提出了看事情、想问题的科学认识论和方法论。这篇评论用“对接现实”提高针对性，以改革等问题为现实论据，立足国情讲道理，达到了既与现实对接、又与中央精神对表的“顶天立地”。评论首先提出：如何看待我们时代的问题——

> “问题是时代的声音”，30多年改革开放历程，可以说正是在解决问题中步步向前。如果眼里没有问题、心里没有期待，也就不会改革、难言发展。有“问题意识”，是认识能力提升的表现；能畅所欲言直面问题，更是时代社会的进步。
>
> 然而，过犹不及。如果“唯以问题识天下”，群情激愤中，任“问题焦虑症”裹挟成极端情绪，固化为狭隘认识，演变为偏执思想，将人人变成易燃易爆品；如果“只让问题遮望眼”，心灰意冷间，让“问题悲观症”驱逐社会自信心，抵消发展正能量，吞噬我们的幸福感，“问题意识”本身就也成了问题。

今天的中国，发展很快，矛盾高发，问题不少。我们固然要有“一万年太久，只争朝夕”的紧迫感，但也不能期望万年之事、朝夕解决。将问题拖成历史问题诚不可取，毕其功于一役也绝不现实。任何时候不能忘了，我们还处在社会主义初级阶段。面对各种问题，不切实际的空头支票，超越阶段的夸张口号，或是“一招就灵”的万能良药，不是天真幼稚，就是轻浮狂躁。评论接着提出了“过程意识”及与“问题意识”的辩证关系——

解决问题的愿望迫切，可以理解，更应该重视。不过，如果能多点“过程意识”，会更有利于看到主流、形成共识。比如教育公平。北京、上海的常住人口中，非户籍人口占三分之一强。异地高考理应破冰，可如果不加任何限制地开闸放水，城市的优质教育资源即使翻番，也无法满足如此激增的就读需求。近日，国务院常务会议决定进一步提高重点高校招收农村学生比例。不正是在这样的日拱一卒中，才逐渐逼近问题的最终解决？

风雨多经人不老，关山初度路犹长。有时候，我们的确感到被问题“追着走”、“推着走”。这可以理解，转型期中国问题一大堆，公众和舆论更加敏感，未来的改革之路肯定也充满挑战。但也要看到，正是在对问题的不断突围中，国家社会得到了实质性改善。既有“问题意识”，也有“过程意识”，才能让改革者有更多回圜余地，才会对未来更有信心。

4）比喻论证

所谓比喻论证，是借用人们熟知的一些事实来论证一个道理的方法。

2015 年年底，在武汉市电视问政短片中，聚焦了部分村级组织软弱涣散问题。武汉东湖风景区湖光村两次换届共花费 40 多万元，村民纷纷质问这些钱都干什么用了。已担任村支书 10 多年的李宏念在 2014 年再获连任，一些村民表示不满，还有村民反映：“李宏念曾在公开场合说：‘村支书永远是老子搞，老子不搞儿子搞，儿子不搞孙子搞！’总之，湖光村由他们家说了算。”据此，《中国青年报》刊发评论《不能让村干部成为“土皇帝”》。文中的“土皇帝”显然只是一个比喻，这是从历史上确有的真皇帝引申而来——

自辛亥革命推翻我国最后一个封建王朝以来，官员世袭制成为人人喊打的过街老鼠。在此后100多年的现代中国历史进程中，尽管出现过短暂的复辟闹剧，也一度有过个人崇拜之风，但是哪怕再大的“老虎”，也没有胆子公开宣扬搞世袭制的想法。武汉这位村支书的说法无疑让人大跌眼镜：小小村官，有什么能量在村里搞“世袭制”，“子子孙孙都要当村支书”应该只是一句酒后妄言吧？

那么，皇帝的最大权力是什么呢，就是“世袭制”，即一人当上皇帝，子孙后代都是可以世袭当上皇帝的。当今时代真的皇帝是没有了，但是，像电视问政中那样的村支书在中国农村确确实实存在着。评论接着指出：

我们可以看到，在出现村干部“世袭”现象的地区，既有经济实力雄厚的富村，也有经济基础薄弱的穷村。有的“世袭”破坏了选举的规矩，涉嫌违法；有的“世袭”则假借民主之名，行专权独断之实。这些村基本面貌不同，共同特点则是权力运转的封闭——村民自治变成村支书、村委会主任的治，村民无法有效地表达、组织自己的意见，个别“爱挑事”而实际抱有政治参与热情的普通村民，却被村干部所打压。

尽管村官不是国家公务员，但是一般人们还是将之视为村里的官员，至少他们一定程度上掌握了官员才有的公权力。那么，对村官的要求，就应该参照官员的标准来看。村官也应该具有现代的政治素养，敬畏手中这点不大但是对村民来说也很重要的权力。同时，村官决不能是村霸，对那些口吐狂言、手段毒辣的村官，纪检监察部门应该及时介入。不管如何，那些像“土皇帝”一样的村官，哪怕其治下的乡村发展再好，也是不适宜留在村官队伍中的。①

我们再来看一篇发表在央视网上的思想评论《习近平反腐疾行“打虎捕蝇”警醒谁？》② ——

① 王钟的：《不能让村干部成为“土皇帝”》，载《中国青年报》，2015年12月29日。

② 李春：《习近平反腐疾行 “打虎捕蝇”警醒谁？》，央视网，2014年3月24日。

“既打老虎，又拍苍蝇”、“重速度、要广度”、“标本兼治”是本轮反腐最醒目的三大特点。事实上，早在2013年1月22日，习近平就在十八届中央纪委二次全会上发出反腐“动员令”——从严治党，惩治这一手决不能放松。要坚持“老虎”、“苍蝇”一起打，既坚决查处领导干部违纪违法案件，又切实解决发生在群众身边的不正之风和腐败问题。

“老虎”、“苍蝇”一起打，充分表明了党中央对腐败的“零容忍”。那些贪污受贿动辄千万上亿的大官高官，那些损害群众切身利益的小官小吏面对新一轮的反腐风暴将无处遁形。

“老虎”固然可怕，但毕竟总是少数。小官小吏的不正之风和腐败，群众看得一清二楚，感受更加真切。“抓大不放小”，统计显示，截至8月底，全国共查处违反中央八项规定精神的问题12099起，处理13999人，其中给予党纪政纪处分2814人。查大案、纠歪风、治标促治本，中共反腐新格局渐渐成型。

在这里，老虎和苍蝇显然是一个比喻。这个比喻，大家一听就知道是什么意思。采取比喻论证的方法要注意以下几点：一是这个比喻要为大众所知晓。既然是比喻，就是要借用一个事实或典故来说明问题。如果这个比喻所举之例大家都不熟悉，就起不到论证的作用。二是这个比喻一定要和所论证的道理很贴切。一个道理常常可以用多种事例来说明，这时作者要选择那个与主题，与论证关系最密切，最能说明问题的比喻。三是指出比喻的某种不足。大家都知道，任何比喻都是不可能完全代替理论的，它总有不周全的地方。所以，作者在使用某个比喻时，一定要强调该比喻的适用范围和它的不足之处。最终还是靠论证来解决问题。

2. 驳论

所谓驳论，是指作者通过指出对方文章中论点或论据或论证的错误，从而来批驳对方，同时表明自己意见的一种论证方法。驳论的方式一般有两种，一种是从事实上指出对方的错误，另一种是从论证的逻辑上指出对方的错误。

据《新京报》报道，2014年2月21日，财经观察人士、央视证券资讯频道首席新闻评论员钮文新发表《取缔余额宝!》一文，称余额宝会提升企业融资成本，影响实体业发展，所产生的恶果最终要由全社会买单。钮文新还对余额宝作出了更严厉的评价：吸血鬼与寄生虫。

随后，FT中文网、财新网专栏作家刘胜军发表文章予以反驳：《四大行封杀余额宝　徒劳且不智》。刘胜军认为，四大银行封杀余额宝之举，既不高明，也是徒劳，实属不智——

> 第一，四大行限制的不是支付宝，而是支付宝的用户的权利和利益。考虑到余额宝8000多万用户、支付宝3亿多用户的规模，四大银行此举，无异于自绝于网民。一旦成为“网民公敌”，四大银行的品牌形象将严重受损。众所周知，“国有”银行长期低效、服务差、靠垄断利息差获取超额利润、排斥小微企业融资，已成人人喊打的对象。四大行不仅不闭门反思、思而奋进，如今反而把自残当成小聪明。
>
> 第二，四大行的行为涉嫌违反《反垄断法》①。2008年中国颁布《反垄断法》。首先，四大银行对用户购买与额宝的转账额度进行限制，这涉嫌违背了《反垄断法》第十七条：“禁止具有市场支配地位的经营者从事下列滥用市场支配地位的行为：（五）没有正当理由搭售商品，或者在交易时附加其他不合理的交易条件；（六）没有正当理由，对条件相同的交易相对人在交易价格等交易条件上实行差别待遇。”其次，四大银行在非常接近的时间内出台极为类似的限制性措施，违背了《反垄断法》第十三条：“禁止具有竞争关系的经营者达成下列垄断协议：（二）限制商品的生产数量或者销售数量；（四）限制购买新技术、新设备或者限制开发新技术、新产品；（五）联合抵制交易。”从动机上看，四大银行的举动明显是为了排除、限制竞争。四大银行的规模优势，赋予了他们滥用市场支配地位的空间。依据《反垄断法》，市场支配地位是指“经营者在相关市场内具有能够控制商品价格、数量或者其他交易条件，或者能够阻碍、影响其他经营者进入相关市场能力的市场地位”。
>
> 第三，四大行的行为背离十八届三中全会改革精神。中共中央《关于全面深化改革若干重大问题的决定》提出：“允许具备条件的民间资本依法发起设立中小型银行等金融机构。推进股票发行注册制改革。发展普惠金融。鼓励金融创新，丰富金融市场层次和产品。加快推进利率市场化。”……李克强总理在两会重申：对市场主体，是“法无

---

① 应为《中华人民共和国反垄断法》，此处从略。

禁止即可为”；对政府，则是“法无授权不可为”。四大银行联手封杀余额宝之举，是公然对抗改革精神。

第四，四大行之举亦是徒劳。金融市场化与互联网金融不可抵御的两股洪流。四大行的举动其实是螳臂当车。即使没有余额宝，影子银行的迅速膨胀也早已经表明金融消费者在以实际行动对银行说不；即使遏制了余额宝，但不可能遏制互联网金融强大的创新能力。如果四大行之举，意在延缓余额宝的冲击，为银行的变革赢得更多时间，尚情有可原；如果是幻想巩固金融管制的城堡，那只能成为“温水中的青蛙”。①

作者首先表明四大银行封杀余额宝之举既不高明，也是徒劳，实属不智，其次摆出四个重要的原因来说明，论证了自己的观点。在这里，作者特别发挥了自己的知识所长和对时局的关注，大量运用了已经公布的《反垄断法》条文和中央十八届三中全会的精神及总理的讲话，使反驳更具权威性和说服力。

用事实驳斥对方，一定要选择有代表性的事实，与本论题密切相关的事实，真实可靠的事实。在可能的情况下，还要请出原始证人、证据等材料。

驳论的另一种方式是从论证的逻辑上指出对方的错误。

与上例相同，面对同一事件，齐鲁证券研究所马刚在《上海证券报》上发表文章《为余额宝正名：推动利率市场化的鲶鱼》②：

余额宝的“高收益”其实是个误解，因为它并不“高”。人们对余额宝的种种质疑和好奇，绝大部分来自其“高收益”，即年化超过6%的收益率。这个收益高还是不高，当然要分跟谁比。跟活期存款利率比当然是高的，因为它的便利性和门槛等同于活期存款，人们当然要跟活期比。但如把视野放的更远一些，你就会发现，这个收益根本就不高，至多属于正常范围。

文章一开始说列举了央视评论员钮文新的观点，看起来很有道理。但

---

① 刘胜军：《四大行封杀余额宝　徒劳且不智》，载财新网，2014年3月24日。

② 马刚：《为余额宝正名：推动利率市场化的鲶鱼》，载《上海证券报》，2014年3月10日。

是，这些“道理”却是站不住的——

从去年7月至今年2月25日，余额宝平均收益率为5.293%，只排在第57位，居前4位的国寿安保货币B、国寿安保货币A、南方现金通C、广发天天利B收益率均在7%以上；自年初以来，其平均收益率6.436，排名第31位；自2月以来，平均收益率6.208，排名跌至48位。如此来看，它的收益率在279只货基中，算高的，但绝对不是最高的，至多算中等偏上。

与其流动性相仿、具有高度替代性的其他理财工具相比，这个收益率更显一般了，如逆回购利率，无论是门槛适中的上交所逆回购，还是门槛低至1000元的深市逆回购，我们轻易就可以以7%、8%甚至10%以上就把钱借出去，而且能轻松成交，持续好几个月。总之，余额宝没啥神秘的，它的收益也谈不上有多高，那些困惑其高收益的人往往是此前对货基不了解，不知市场利率走势，缺乏金融常识的人。所以，从某种程度上说，余额宝的最大意义在于启蒙，使人们知道还有货基便利性高又收益比活期存款高出很多的理财工具。

为了说明自己的观点，作者也列举了一些数据来说明余额宝相对于银行因期限错配所带来的利润来说，收益并不是很高：

截至2012年年底，商业银行各项贷款余额为71.9万亿元左右，而活期存款为16万亿左右，这是一个惊人的数字和比例，也就是说，所有银行贷款中，超过五分之一的比例用的是活期存款。如果考虑法定准备金率和存贷比指标限制，这个比例也是很高的。与其相比，余额宝区区几千亿简直就是九牛一毛。可见，银行利润很大程度上是因活期存款用于期限错配业务所带来的巨额利润。货币基金的利润来源正是来源于此，这在一定程度上可以视为储户的团购，集小钱为大钱，来跟银行讨价还价，虎口夺食。

本文也是反驳钮文新的观点的。但是，它的论述却主要是从道理上进行反驳，批驳对方逻辑上的错误：“总之，余额宝的真正意义在于启蒙，在于让更多的老百姓认识了货币市场基金，它进一步的影响则是推动了利率市场化进程。如果真有这个效应的话，则是对银行的真正威胁，它的区区几千亿甚至未来可能的上万亿的资金规模，都不可能撼动整个银行、金融体系，对经济全局的影响更是微不足道。”从逻辑上指明了对方的错误，对方结论的错误也就不言而喻了。同时，也列举了余额宝和银行的数字和情况来印证自己的观点，使自己的立论更加有说服力。

下面再举一个驳论的例子。

2012 年 5 月 28 日报道，铁道部原部长、党组书记刘志军被宣布开除党籍，其涉嫌犯罪问题移送司法机关依法处理。这一消息再次触动了公众关于腐败那根最敏感的神经。从全国范围看，腐败官员落马的消息的确不断冒出，给人贪腐者“前赴后继”之感。没少抓，但像是抓不完。这究竟怎么回事？第二天，《环球时报》发表社评《反腐败是中国社会发展的攻坚战》。此文一发立刻引起社会的强烈反响，有不少媒体发表评论表示了不同意见。在这篇文章里有这样几段话尤其引人关注——

> 腐败在任何国家都无法“根治”，关键要控制到民众允许的程度。而要做到这一点，对中国来说尤其困难。
>
> ……
>
> 新加坡和中国香港地区实行高薪养廉，美国的参选者很多是富人，一般人当了官后积累名望和人脉，卸官后可以通过各种“旋转门”把这些积累全变成现金捞回来。
>
> ……
>
> 民间须坚决加强舆论监督，提高官方推进反腐败的动力。但民间也要在大道理上理解中国无法在现阶段彻底压制腐败的现实性和客观性，不举国一起坠入痛苦的迷茫。

随即，2012 年 5 月 31 日《中国青年报》发表《舍制度和民主之外，反腐无解》① 评论，对上述意见予以反驳。文章一开始就列出了要驳斥对方的主要观点：

> 看这个题目，本以为是批评腐败、倡导反腐，可透过评论中那些浮在表面上关于反腐败的官话套话大话空话，却能发现不少让人目瞪口呆

① 曹林：《舍制度和民主之外，反腐无解》，载《中国青年报》，2012 年 5 月 31 日。

的谬论，比如评论称："腐败在任何国家都无法'根治'，关键要控制到民众允许的程度。"还有："民间也要在大道理上理解中国无法在现阶段彻底压制腐败的现实性和客观性，不举国一起坠入痛苦的迷茫。"中国显然处于腐败的高发期，彻底根治腐败的条件目前不具备。

接着就直接、明确地表达了反对意见：

剥去粉饰于其观点之表的文字游戏，究其实质所指，正是让人大跌眼镜的"宽容腐败论"：腐败无法根治，民众允许一定程度的腐败，现实必须要面对适度的腐败。这样反法治、反常识的论调，与当年臭名昭著的"腐败是经济发展的润滑剂"论如出一辙，无非是论证腐败存在的合理性与正当性。真的如此吗？如果老百姓能真正做主的话，谁会容忍腐败存在？

何其大谬的观点。

在明确表达自己反对意见后，作者从以下三个方面进行反驳：

第一，坚持"腐败零容忍"，反对"腐败容忍论"。

如果我们的反腐败真的接受了这样的谬论，不是去致力于制度反腐，不是以零容忍的姿态去严打严控严治腐败，而是让民众在心理上降低期待，接受适度腐败，以此换得"皆大欢喜"，那我们的反腐大业必将走入非常危险的境地。这样荒唐的观点，不是真正爱护官员，不是真正地为这个国家的前途着想，而是祸国之论。在"腐败零容忍"的追求下，腐败都如此猖獗，如果开了口子，力挺"腐败容忍"论，那么，有了理论支撑和借口，腐败又将猖獗到何种地步？

这里从社会发展的角度论述了反对腐败的重要意义。如果能够容忍适度腐败，而且还有媒体理论上的支持，那么，腐败必将猖獗！

第二，批驳"民众允许论"。

反腐败不容妥协。天真地以为将腐败控制到的利益赎买和妥协让步，可以换得政治清明，可以用"容忍小腐败"换得"不去大腐败"，纯粹是痴人说梦自欺欺人。

老百姓如果能适当容忍一下小的腐败，腐败分子就可以不去大腐败，这完全是一种"天真"的笑话！腐败分子的奢望是无止境的，不可能出现民众允许了小腐败，他们就不去大腐败。

第三，“发展”不能根本解决腐败问题。

腐败问题无法通过“发展”来解决——正如经济发展了，并不能带来社会文明和道德素养的全面提升，同样，经济发展也不能解决腐败问题。腐败不是经济发展的润滑剂，同样，发展也不是终结腐败的推进剂。舍制度之外，舍民主之外，反腐无解。

经济发展、政治文明和道德素养是社会发展的统一体，相互依存、相互促进、协调发展。经济的发展当然可以有效地促进国家政治文明的昌盛和民众道德素养的提升，但是，这绝不是一个必然的联系；不能因为某一项事业发展进步，就必然引起其他方面的跟进，经济建设的发展也不可能有效地完全在杜绝政府官员的腐败。这是本篇评论中一个重要观点。文章最后亮出了结论：反对腐败，必须加强反腐败的制度建设，必须加快国家的政治文明建设。

在评论写作中，立论和驳论是经常交错在一起使用的。在驳论时，一要找准目标，击中要害。驳斥对方，可能涉及的问题比较多，一篇评论不可能方方面面都俱到。这时，写作者要头脑清醒，找出本篇评论要说明的主要问题，找准对方问题的要害所在，这样批驳起来就会有力量，有成效。二要讲清道理，以理服人。评论写作也是有感情的，特别是看到对方所举事实或逻辑错误时。但是，评论是一种说理的方式，任何谩骂和宣泄都是无济于事的，相反它倒显出了自己的无能和幼稚。批驳对方是需要的，但它需要更多的是理论的清晰和深刻、论述的清楚和明白。评论的力量在于说理，这是我们任何时候都不能忘却的。

第八章

新闻评论标题制作

一、评论标题的重要性

标题是文章的眼睛，是文章的有机组成部分。而评论的标题是论题范围和中心论点的概括。胡乔木说，有了一个好标题，评论也就写出一半了，至少写出三分之一了。这说明了评论标题的重要。标题是一面旗帜，它鲜明地标志着评论的政治方向。读者看报纸，谁也不会篇篇必读，都要作选择。往往是标题有“魅力”，能“勾”住读者，读者才进入正文，对评论尤其如此。

1. 评论标题的职能

评论的标题承担非常重要的职能，一般而言，不外乎以下几种：

1）表明论题的范围

例一：《从热播剧中读出反腐启示》（《齐鲁晚报》2014 年 10 月 27 日）

热播剧《北平无战事》画上了句号。有了民国、谍战等关键词，再加上刘烨、廖凡等大牌的出演，这部历史剧有了庞大的观众基础。当然，这部剧的热播或许也跟另外一个元素密切相关。这个元素就是“反腐”。虽是艺术化的表达，但对于身处当代的观众，从中还是不难看出反腐的艰难。具体的环境虽有不同，但无论身处哪个时代，以权谋私的潜规则、负隅顽抗的既得利益者，都是反腐所必须面对的。我们越是感喟剧中那些力图反腐却一无所获者的悲凉，就越为当前中国的反腐斗争感到振奋。这篇评论就是围绕着《北平无战事》这部电视剧而展开，突出“反腐”的启示。

这个标题就定下了这篇评论的范围——说的是《北平无战事》这部电视剧中的反腐主题。

例二：《法治政府的花钱和问责》（财新《新世纪》周刊，2014年11月3日）

2014年6月30日，中共中央政治局会议审议通过的《深化财税体制改革总体方案》，明确2016年基本完成深化财税体制改革重点工作和任务，2020年基本建立现代财政制度。8月，全国人大常委会完成预算法修订。10月，国务院发布关于地方债管理、预算管理改革的意见和决定，一连串配套制度已经或即将出台，预算制度新格局初定；财政部、国税总局出台资源税费改革一揽子方案，揭开完善税制改革序幕。

改革的整体安排，正合10月28日公布的十八届四中全会《关于全面推进依法治国若干重大问题的决定》所言："实现立法和改革决策相衔接，做到重大改革于法有据、立法主动适应改革和经济社会发展需要。"决定重申建设法治政府。

11月3日，这篇社评针对地方政府按任务征收税费的做法与对政府行为尚无问责先例的现象进行了详细的分析，认为各级政府如何花钱并问责，将成为法治政府建设进程的精准标尺。标题告诉我们的是，整篇社评论述的范围是法治政府的如何花钱与怎样问责。

一般而言，这类标题并没有直接标明具体的观点和意向，只是告诉人们评论所要论述的对象和范围，欲知内容和观点，需要看了正文才知道。

2）体现中心论点

例一：《三公支出超预算不应成为常态》（《羊城晚报》，2014年11月7日）

69个广东省级部门官网中，仍有14个局办未公开2013年"三公"经费决算。在同时公布"三公"经费预决算的32个单位中，公务出国与公务接待两项支出总体减少，公车支出则超预算总计1269.19万元。此外，还发现43个部门共有超过61亿元预算资金"睡大觉"的情况。这篇评论则很鲜明地指出，预决算公开本质上是透明财政，是建设阳光政府、责任政府以及依法行政的必然选择。因此，政府部门的预决算账本不仅要按要求不折不扣地公开，而且要细化明晰，以规范化与提高透明度接受社会监督，不允许存在超时限公开或不公开的自由度。这篇评论的标题就体现了评论的主题：

例二：《甄选代表是听证正义的第一步》（光明网，2014 年 10 月 25 日）

评论说的是，一名被推荐的北京市公共交通调价听证会消费者代表，因日常出行的交通工具是私家车，其代表资格未审核通过。据悉，人选更换在北京市消协代表选取中尚属首次。

一些听证会群体的选择往往不是随意的，而是指定的，很多虽是消费者代表，但其实背后都有利益集团或部门背景。这些人选上的“偏好”，导致听证程序被架空，演技当道，听而不“正”。民生新政履行听证的意义，在于保障民意在决策中的议事权，谦抑权力，尊重权益。还原听证会的程序正义，民意历练才更趋理性，权力公信才更为可期。而评论的标题则很鲜明地提出甄选代表是听证正义的第一步，使人一读标题就知道评论将要表达什么观点。从这个意义上说，北京市消协首次“临场换人”，初衷可嘉，值得点赞。

这一类标题和上一类不同的是，这类标题直接亮出作者的论点，一目了然。

在表达评论主题，反映作者意见的评论中，还有一种是针对已有的言论，发表不同意见的。如——

《“门窗大战霾伏”换不来天蓝蓝》（《中国青年报》，2014 年 11 月 7 日）

江苏省发布《绿色建筑设计标准》，规定新建设的房屋必须提高门窗技术含量，要能隔离雾霾。室外空气质量下降了，但采用气密性优越的门窗，仍然可以保证室内空气良好。在绿色建筑大潮来临时，江苏提高建筑的设计和建设标准，让新建筑的房屋门窗都能抵御雾霾，这当然是积极的担当。表面上看，这样的办法会起到一些作用，因为玻璃密度大了，玻璃更厚实了，封闭得更严实了，外面的雾霾就没那么容易进到屋子里，室内的空气因雾霾而带来的危害就相应减少了。但这种方法使得门窗必须保持关闭，市内空气无法流通，也容易产生空气危害，且遭遇连续性雾霾天气则没什么效果。这实际上就表明了作者对“门窗抵御雾霾”这种“治标不治本”的行为的不满。这个标题，就是针对江苏省发布的《绿色建筑设计标准》所发表的反对意见。

3）吸引受众，发人深省

例一：《“交警罚款任务表”中的荒诞与真相》（《北京青年报》，2014年11月3日）

西安交警雁塔大队给各中队下发专项整治量化任务，每名交警要作出多少次处罚，要“挣”多少罚款收入，都规定得清清楚楚，一目了然。这个标题是由评论的基本事实所引起的议论，引人注意。这是因为事实本身就是一则很吸引人的新闻。

例二：《“民告官”胜诉率何以不升反降?》（《中国青年报》，2014年11月6日）

十年前的行政诉讼中，作为原告一方的老百姓还有30%的胜诉率，这个比例其实并不算高。遗憾的是，十年后，这个比例居然降至10%以下，甚至有些地方是2%。与此同时，行政诉讼的上诉率是最高的，申请再审率也是最高的，大概是民事和刑事的6倍和8倍，一些地方甚至出现了行政案件件件上诉。这篇评论的标题抓住了反常现象，正是因为数据所反映的现象与人们想象中的不一样，所以对读者而言具有新奇性。

例三：《别逼着莫言“躲”起来写作品》（人民网，2014年10月27日）

由北京师范大学国际写作中心举办的“莫言与中国当代文学国际学术研讨会”闭幕式上，莫言提到自己第二年上半年可能会找一个地方“躲起来”写一部作品。获诺奖之后的莫言，不仅要应付记者采访，而且还要应付各种各样的会议。莫言只有一个，可各种各样的活动却有很多个，许多活动恐怕是莫言自己想推都推脱不了的。本已经是很忙的莫言更忙了。写作恐怕是莫言最主要的“生活主题”，也恐怕是莫言最想做的，但在“活动”的驱使下，很难抽出更多的时间写作，而写作显然最需要的是心静，现在的莫言可能并不具备“写作的精神条件”。这类标题鲜明地标明了作者的意向和价值取向，态度鲜明，褒贬分明，带有动员和鼓动的力量。

一般而言，这类标题着重提示读者，评论所论述的是什么，表示为何要写作此文。只要评论所触及的问题是众所关心的，读者自然会对正文有阅读的兴趣。

2. 评论标题与消息标题的区别

研究评论的标题，有必要对评论的标题和消息的标题作一个对比，注意两种标题之间的区别。请看下面几组标题：

（1）消息：（引）一场关于中医诊脉验孕的“战火”在微博上引发关注

（主）医生质疑中医诊脉验孕不靠谱 悬赏10万约战

评论：“切脉验孕”之争，别陷“医者相轻”怪圈

——2014年11月8日《新京报》

（2）消息：（引）非本单位职工前来如厕，导致厕所使用频率高，卫生状况差，加大了保洁人员的工作强度

（主）南京一民政大楼厕所装密码锁　回应称上厕所的太多

评论：“密码厕所”背后是公共服务缺位

——2014年11月9日，齐鲁网

（3）消息：（引）重庆一高校开课讲DOTA

（主）教师：电子竞技≠网络游戏

评论：该怎么样看待“高校开课讲DOTA”？

——2014年11月8日，光明网

（4）消息：（引）墨西哥宣布取消高铁投标结果，决定重启投标程序

（主）墨西哥为何取消中国高铁投标？

评论：中国高铁莫因墨西哥变卦而灰心

——2014年11月8日《环球时报》

比较以上消息和评论的标题可以看出，两者的主要区别主要有四点：

1）标题的任务不同

由于消息与评论这两大类题材肩负的任务不同，其标题承担的任务也有所不同：消息标题以具体的新闻事实为根据，目的在于提示新闻中最主要和最值得注意的事实；评论标题以标明论题范围和作者的态度、见解为目的，即使以评论中由头或论据的主要事实为内容做题，也是为引发议论服务。

2）拟题的手法不同

消息标题往往采用客观叙述或描写的方式，作者的态度和倾向蕴含于事实的概括与叙述之中，即使对新闻事实做出评价，一般也较为含蓄，旨在帮助受众理解新闻；在评论标题中，作者的立场、观点、态度、意向往往直接表现出来，除叙述、经常采用提问、感叹、反诘、商榷等方式做题，具有较为强烈的理性色彩。

3）标题的结构不同

新闻（特别是消息）的标题结构较为复杂，一般由主题和辅题组成，辅题又包括引题和副题，主题与辅题间的配合与补充，使新闻要素在标题中得以充分传达；评论标题的结构比较简单，通常只有一行主题，表明作者观点，极个别情况下才有辅题（多为副题）出现，显得一目了然。

4）写作的要求不同

作为对事实的高度概括和集中体现，新闻标题在简练的前提下一般较为具体，句式上也较为完整；评论标题则相对显得抽象，虚题较多，句式上也较为灵活，可以是一个完整的句子，也可以是一个词组、一个词语，甚至是一两个字，显得简洁、精练。

评论经常要重复地写一个主题，今天讲群众路线，明天还讲群众路线；今天要反腐倡廉，明天还要反腐倡廉；重大问题还要反复做文章，比如“改革开放”、“一国两制”等。同时许多媒体还会就同一主题做文章，比如“思想解放”、“全面建成小康社会”等。我国现在有报纸、广播、电视几千家，还有众多的新媒体，而中心工作、重大任务又是党中央和国务院统一部署的，凡重要的会议，重要的政策，重大的活动、事件，甚至重大的典型，各报同时都在进行宣传。在这种情况下，谁的评论写得好，谁的标题拟得好，也就有比较，有竞争。有些主题很难做出新文章，讲来讲去都是老话，标题也容易老一套。好的评论标题就像有神韵的眼睛一样，富有吸引力，引发受众欲望。因此，精心制作标题，是新闻评论写作的一个重要环节。

二、评论标题的分类

新闻评论的标题一般需要侧重阐述文章的中心思想，发掘主要问题的深刻哲理和思想意义。用语逻辑性强，能够准确、扼要、鲜明地体现作者和编者的观点、立场、态度，一般以一行式标题为主，讲求推理正确、论证严密，富有鼓动性。由于新闻评论对所论及的问题及其角度、方式的不同，其标题也就具有不同的特色，大致区分有以下一些类型：

1. 立论型

这类标题大多为那些以倡导某种思想、观点、道德风尚、工作作风和工作方法，正面论述先进人物的先进思想和先进事迹，以及各个领域的重要成就和新经验、新事物的评论的题目。这种类型的评论，是新闻评论的主题，其标题的特点多为支持、扶植和倡导性的明确论断。比如：

《APEC反腐网络是中国反腐新利器》（《新京报》社论，2014年11月7日）

这篇评论写于2014年北京举行APEC会议期间，作者要倡导的观点是：APEC反腐网络框架为中国与这些国家沟通司法差异、互通信息、加强合作提供了新的渠道，有助于提高反腐效率，进一步切断贪腐者外逃之路。一旦得到落实并且机制化，在亚太地区乃至更大范围内都将形成放射效应。标题就是本篇评论的论题，看了标题就知道作者想要表达的思想了。

《日本切莫赌气粗暴对待中国渔民》（《环球时报》社评，2014年11月6日）

日本媒体4日称，目前仍有大量中国渔船在小笠原群岛附近捕捞红珊瑚，而这一海域可能受到20号台风影响。日本国土交通大臣表示，日本会采取措施协助中国渔船到港湾避难，但不会允许中国渔民登岛。正是在这样的事实前提下，作者得出了“日本切莫赌气粗暴对待中国渔民”这个观点，同样也就成了这篇评论的标题。

《治网络“晒毒”还需立法“清毒”》（《京华时报》，2014年10月7日）

这篇评论是从立法角度看，迫切需要改变当前重毒品源头清理、轻毒品消费打击和重现实压制、轻网络遏制的刑事政策，加强对网络“晒毒”等行为立法，为人们编织一件更放心的“防毒衣”。标题是一个对立法“清毒”的论断。

2. 阐释型

这类标题大多用于专门说明、解释党和政府的某项政策、决定、法律、政令，或论述对某条战线、某个地区、某项工作的部署与要求等的评论，其内容，多为所要论及的问题或者要求。比如：

《“占中”是在开民主的倒车》（《人民日报》，2014年10月6日）

对待香港“占中”事件，作者提出香港回归后民主政治的发展给香港社会带来了稳定与发展，但也对一些继续保持殖民地心态、仇视民主政治的少数人带来了思想和感情上的巨大冲击。这些人要跳出来对抗香港的民主进程是不可避免的，毕竟英国在香港150多年的殖民统治还是种下了一些仇视民主政治的种子，这些种子不可能随着香港回归中国而消失。但是，这些反民主的“占中斗士”终究是逆历史潮流而动，最终会被历史抛弃。而标题则标明这篇评论意在阐释“占中”是民主的倒退。

《协商民主是人类民主政治文明的一朵奇葩》（央视网，2014年10月5日）

现在，人民政协创造的协商民主已经被拓展到人大、政府和社会，正在按照党的十八届三中全会的要求，形成纵向从中央到地方直到社会基层，横向从立法协商、行政协商、参政协商、民主协商到社会协商，这样一个网状的协商民主体系。这个体系将和选举民主体系进一步结合在一起，形成富有中国特色的社会主义民主政治体系。这个标题阐释了中国的“协商民主”的现状，而且对其细节做了进一步阐释。

《“敢”字为先，贵在有担当》（《人民日报》社论，2014年10月2日）

“对上级放礼炮，对同级放哑炮，对自己放空炮”，群众路线教育实践活动中，有人给那些提意见躲躲闪闪、开展批评畏畏缩缩者这样画像。躲什么，畏什么？“自我批评怕丢面子，批评上级怕穿小鞋，批评同级怕伤和气，批评下级怕丢选票”，寥寥数语，将那种顾虑重重、患得患失的心态揭示得淋漓尽致。作者在阐释一种担当。

3. 论辩型

这类标题大多用于那些锋芒直指一切违背时代潮流，阻碍社会进步的思想和行为的评论，它以尖锐而鲜明的语言，直截了当地对需要匡正、辨明或批驳的认识、看法、论点或行为进行否定。因为是以“说服他人”为目的，所以它的语言就不能四平八稳，平平淡淡。它要批驳错误观点，为正确的观点辩护，故而具有“论辩性”。比如：

《领导拍的照片真的更好吗》（《光明日报》，2016年1月8日）

据《光明日报》2016年1月7日报道，四川省阿坝州小金县摄影大赛评奖引发争议，来自主办、承办单位的3位主要领导获得了包括一、二、三等奖在内的19个奖项，另有多名无法核实具体身份的参赛者也重复获得多个奖项。有参赛者质疑“比赛太歪了”。但很快，当地相关部门便给出了回应，称比赛流程公正，获奖个人与所在单位“没有关系”。此篇评论用了一个质疑的标题，说明在一个单位既当运动员又当裁判员还是规则制定者的环境里，怎么圆场都是可以的。正像比赛举办的时候外界无法监督一样，事后的强词夺理，公众也只能听着，即便一肚子怀疑又能如何？面向公众的摄影比赛，自然是重在参与，获奖与否并不需要太多纠结；但对于宝贵的财政经费来说，一笔一项、一毫一厘都应当是细致严格、容不得任何马虎的。

《莫让“活动情场”成“官员秀场”》（《新京报》，2014年10月2日）

“当官不为民做主，不如回家卖红薯”的谚语道出了领导干部与群众之间的服务关系，领导干部不能因为手中的权力而凌驾于群众之上。地方职能部门的责任是为群众服务，而不是领导干部的“家臣”。只有进一步加大监管和打击力度，才能让地方政府形成风清气正的工作作风，才能真正赢得群众的尊重。

《马云能行，凭啥我不行?》 （《环球时报》，2014年9月25日）

马云赶上了全世界电商崛起的大潮，他起家的时候，全国真正成气候的电商只有易趣。所以他是在几乎一片空白的领域里，没有经历太多竞争就获得了成功。换句话说，他眼光好，敢下本钱赌，而且赌对了。如果您觉得自己不能赶上那么好的时机，还是稳扎稳打吧。有人总觉得，马云“矮矬穷”都成功了，我凭什么不能？其实马云不光脑子聪明、眼光独到、坚韧不拔，而且获得了千载难逢的机遇。论辩的意味十足。

4. 比喻型

这类标题一般是用形象、通俗的修辞手法，通过比喻表达深奥、抽象的事理，以加强标题的表现力、说服力。比如：

《“双11”走出“骗价怪圈”需“三驾马车”》（《南方都市报》，2014年11月5日）

在“双11”网购促销大战来临前，不少商家又玩起了“先涨价后降价”的花招，部分商品提价20%后准备再六折七折销售。有商家表示，除了追求“双11”单日销售业绩好看之外，“先涨价后降价”也是商家们应对营销成本高涨的无奈之举。最近，工商总局约谈了10家大型电商，要求全面梳理近期网络商品价格，防范“先涨价后降价”。先涨价、后降价的怪圈，已经是当前节日销售的一个通病，而且，有泛滥蔓延之势，如何走出这种“骗价怪圈”呢？关键是需“三驾马车”，这个标题设计得恰到好处。

《央企薪改，“长子”就该有担当》（《人民日报》，2014年9月3日）

向来改革，总是几家欢乐几家愁。比如近几年来，中央政治局审议通过了《中央管理企业负责人薪酬制度改革方案》、《关于合理确定并严格规范中央企业负责人履职待遇、业务支出的意见》。一时间舆论点赞纷纷，为改革举措叫好。当然，也有人惴惴不安，叫屈连连。作为“共和国的长子”，央企在新一轮改革中，该有怎样的担当？把央企比作“长子”，不仅贴切而且有趣。

《安全生产没有“冲刺期”》（《人民日报》，2015 年 12 月 10 日）

冲刺，指在比赛或者运动过程中全力拼搏的一种表现形式，一般来说表现在赛跑临近终点时的最后努力。但是，作者去基层走访，发现一些单位忙着年底生产冲刺，有的员工不戴安全帽，有的干脆赤膊上阵，疏忽安全者不在少数。

但凡好的标题，多能以炽热的感情来拨动读者的心弦，因此在制作标题时，除了要告知以事、晓之以理，还要动之以情。

5. 述评型

这种标题适合那种夹叙夹议、边述边评，介于新闻和言论之间的一种边缘文体。常见的有新闻述评、记者来信、采访札记等。它是针对现实工作中的某一方面的形势或某一重要新闻事件，用边述边评的方法，对当前形势、事态、思想、工作进行分析，或总结经验，研究动向，指明方向，解释意义；或提出亟待解决的现实问题，以期引起重视。其标题的特色就是据事立论，以叙事为主，论叙结合，带有提问题、指方向，兼有评论性的特点，标题的形式也多样化。比如：

《女神已届花甲，窗外云去云来》（《南方都市报》，2014 年 11 月 5 日）

这篇对林青霞的极富诗意的评论标题也是采用述评的形式。前半句“女神已届花甲”是客观描述，后半句“窗外云去云来”是对林青霞生活状态的评论。

《改革加速更要强调“蹄疾而步稳”》（《长江日报》社评，2016 年 2 月 2 日）

评论一开始就引用了国家最近出台的一系列政策：从公安部部署全国公安机关扎实有力推进户籍制度改革，到个人所得税改革方案的完成，从国务院常务会议提出再压缩粗钢产能1亿~1.5亿吨的目标，到人社部研究取消高校和医院编制，一系列大动作的酝酿与实施，再次将“改革”这一关键词推向了新的高度。

评论从我国制定的“两个100年”的奋斗目标着眼，谈到这些举措的加紧密集推进，让人们感受到时间的紧迫感。文章论述了顶层设计向着具体环节落实，阐述改革必有阵痛，但要消化和减缓阵痛，加速推进，却要有序，层层递进，以求在最大限度上考虑周全，以最小的代价换取尽可能大的效益。

三、评论标题的基本要求

《人民日报》原总编辑范敬宜曾经在1996年1月5日的“值班手记”上批示：

> 标题是文章的眼睛，眼睛无神，内容再好也吸引不了读者，何况内容本身就差，加上眼睛无神，就无吸引力了。现在的通病是一般化，大量的是：“加强……建设”、“……明显进展”、“明显提高”、“又结硕果”、“又创佳绩”、“成效显著”、“开拓前进”、“反响强烈”、“再造辉煌”、“又圆……梦”，都属“磨秃了的五戈比”（爱伦堡语）。我在夜半不得不把大量的时间用在改标题上。（当然，不一定改得都好、都对）因此，我想抓精品首先要从标题抓起。这是一项实实在在、又能立竿见影的工作。第一步是消灭陈词滥调，消灭“放之四海而皆准”的没有特点的标题。第二步是虚实结合，不拘一格。第三步是讲究文采。走这几步必须破除束缚我们思路的某种传统观念，如主题必须是实题，单位、人名必须上主题等等。一切要从实际出发，从有利于增强文章的吸引力、感染力出发。此事请部主任们一定重视起来，并率先垂范，亲自动手。①

那么究竟什么样的评论标题是好标题？前面我们提到，评论标题和新闻

---

① 转引自李德民：《评论写作》，中国广播电视出版社2000年版，第105页。

标题是有区别的。评论是发表意见，阐明道理；标题要概括地表明立场、观点、态度和主张。因此，一般而言，评论标题应该满足以下几个基本要求：具体、鲜明、精当、引人。

1. 具体

具体就是以小见大。评论标题即使写重大题目的评论也应当具体，题目小些、窄些、具体些，往往容易使论题明确、角度集中，写得深刻，有助于防止题目大而无当，或题文不符的情况发生。比如：

《“小英雄”违法尴尬了“脸谱化宣传”》(《中国青年报》，2014年11月4日)

从昔日的抗震“小英雄”雷楚年因涉嫌诈骗而被捕这件具体的事入手，批判中国媒体惯用的“脸谱化宣传”。汶川抗震时勇救7名同学的雷楚年因涉嫌诈骗而被捕。据悉，雷楚年被成都一所重点高中免试录取，却经常逃课打牌，月花销万元以上。由于“名声在外”，雷楚年吹嘘有“关系”，以帮人当空姐、进重点中学、买驾照等为名，诈骗包括女友在内的21人共46万元。当雷楚年成了英雄之后，曾在媒体上曾经风光无限的榜样，突然之间就掉下神坛，让人唏嘘不已。对于榜样的走样，有人质疑其人品是不是被媒体夸大宣传了，有人质疑是过早成名害了本来普通的孩子，但评论认为，一些榜样频频走样，首先要追问他为什么会成为“高大全”的榜样。将一个人“脸谱化”的宣传方式是否需要反思和改进？标题中使用了“小英雄”和“脸谱化宣传”两个关键词，使问题更加明确具体。

《网络世界的恶俗歌曲理当拉黑》(《楚天都市报》，2015年8月12日)

该篇评论的由头是，文化部将120首网络音乐产品列入黑名单，要求集中下架。文化部相关负责人表示，“拉黑”歌曲的原因为涉及淫秽、暴力、色情内容，根据相关规定今后任何单位和个人均不得提供，否则将依法查处。

自由、快捷、无垠的网络空间，给文艺作品的创作提供了一片沃土。近年来，网络音乐如雨后春笋般发展起来，不仅歌曲形式多样、风格独特，也涌现出一批人气超高的歌手。诚然，网络音乐的出现，丰富和补充了常规音乐市场，注入了新鲜血液。但网络歌曲也带来了泥沙俱下、鱼龙混杂等弊端。仅从歌名来看，《自杀日记》、《狗男女》、《北京混子》等，已经透露出庸俗和低级趣味的倾向。以恶俗当卖点，拿浅薄当有趣，目的在于博取眼球效应和商业效应，却是以践踏道德文化作为代价。

这篇评论在标题里点出了“恶俗歌曲”，在文章里面列举了一些恶俗歌名，上下呼应，指向明确具体。

2. 鲜明

鲜明指的是突出评论的主旨要义。评论都要有鲜明的主题思想，即作者要表达的主张和观点，评论的题目就要使作者所表达的主张观点突出和集中，使读者看了标题，即可大致了解这篇评论说的是什么，同时还要表明鲜明的立场和态度，使读者知道作者的鲜明态度，然后决定取舍。如：

《中国高铁莫因墨西哥变卦而灰心》（《环球时报》，2014 年 11 月 8 日）

墨西哥通信与交通部长埃斯帕萨北京时间 7 日下午突然宣布，墨西哥总统培尼亚“数分钟前”撤销了 11 月 3 日的一项投标结果。这个项目是中国公司在海外设计、承建并完全采用中国标准和设备的首条时速 300 公里高铁，是中国高铁“走出去”真正意义上的“第一单”。而如今这一盆冷水迎头浇下来，对中国高铁建设来说是一个不小的打击。该评论鲜明地指出，中国铁建、中国南车等参与投标的公司首先应拿起法律武器，争取对自己最有利的情况。这一突然变故生动展示了中国高铁以及其他中国优势项目向外走的现实环境：它们的起步点大多要选择发展中经济体乃至欠发达经济体，那些地方的政策法规往往缺少稳定性，甚至朝令夕改。这些构成了中国企业前往投资的不确定性和风险。文章观点立场明确，标题就已经很鲜明地亮出了文章的中心论点。

《环卫工雇临时工替干活 同工不同酬何等不公》（《法制日报》，2013 年 8 月 15 日）

据了解，郑州有正式环卫工雇一些年老的农村人替他们干活。正式工有编制，月工资为4000元左右；而雇一个临时工，每月只需1240元。在编与不在编的巨大差异，让在编环卫工有了当“二老板”的可能。就不合理的薪酬制度，作者在标题用“同工不同酬”、“何等不公”，表明了作者鲜明的立场，凸显社会矛盾和存在的问题。

这两个例子从论点和态度两个角度为我们提供了标题鲜明的范例。但评论标题的鲜明性，方法可以多样：

一是可以直接说明，如：

《“占中”者欲上京闹APEC休想成功》(《环球时报》，2014年11月5日)

这篇评论的论点是：香港学联拟在APEC会议期间上京闹事，重振他们的影响力，香港激进泛民议员和其他反对派人士之前多次有过上京见官的表示，他们大多没能成行，有的来到北京，也只能把“意见信”交予信访部门。但香港具体事务需就地解决，要向中央申诉，是经过中央人民政府驻香港特别行政区联络办公室（中联办），中央其他部门无直接接待香港市民“上访”的义务。而且，“占中”的影响在近40天里基本被限定在香港范围内，没能搅动内地社会，内地民众对它表现出几乎一边倒的反感，这是“占中”闹不下去的重要原因之一。无论从哪个角度讲，他们都没有权利要求直接会见中央政府或人大领导人。

二是采用假设题，如：

《如何看待中国GDP屡被“世界第一”》(《中国青年报》，2014年10月20日)

中国GDP屡被“世界第一”已经不是一次两次。据国际货币基金组织（IMF）在最新的研究报告中预测，中国2014年的GDP将达17.6万亿美元，超过美国17.4万亿美元，从而成为世界第一大经济体。同时IMF还指出，到2019年，中国经济规模将超过美国20%。作者指出，即便是中国GDP超越美国而成为“世界第一”，同样不能改变中国发展中国家的事实。观察与比较2013年世界各国GDP的排名，虽然中国位居第二，但按人均算，中国GDP排在了世界诸国的第99位，人均工资甚至低于名不见经传的国家，如何能接受“GDP世界第一的殊荣”？文章通过“汇率法与购买力平价法”、“购买力平价法也有自己的软肋”和“客观看待中国GDP屡被‘世界第一’”三个小标题层层递进来阐述观点。假设题适用于性质复杂，中心论点由多个分论点组合而成的评论。

三是采用反问句，如：

《谢师为何非要“宴”?》(《燕赵都市报》，2013年7月23日)

反问能够起到强调的作用，并且比一般的陈述句更有力度。这篇文章针对目前时兴的高考成绩出来后花大价钱举办谢师宴答谢老师的行为，建议学生及家长：报答老师的机会还很多，切莫为了面子而拘泥于这种单一形式。这个标题如果改成陈述句应该是《不一定要“谢师宴”》，其力度就大大减弱了。

以上列举的只是最基本的几种让标题鲜明的方式，具体用哪一种，需要根据评论的类型与内容而定，但标题要响亮明朗，坚定有力，应是共同的要求。

3. 精当

说评论标题要求精当，就是要求精练恰当，避免俗套，人云亦云，也要注意不要使用一些容易引起歧义和使人费解的词句。评论的标题以一句话为宜，特别的情况下可以用主标题加副标题。

一般来说，评论标题为做到精练，就要简短；但究竟是长题好还是短题好，或者短到几个字才算好，这是很难说的。短有短的好处，长也有长的好处。目前一般认为短题为好，恰当的做法是一句话为宜。如：

《为“贵宾厅”退场鼓掌叫好》(《新华日报》，2014年7月21日)

《慈善需要作秀 但不能止于作秀》(《南方都市报》，2014年8月29日)

此外，我国报纸的评论，尤其是社论和评论员文章，常在主标题以外，另加副题。副题的作用，在于补充说明主题的意义，或说明主题的内容，或者是主标题不宜直接说，另加副标题点明，如：

（主）正风反腐，打好自身这块铁

（副）二论在新常态中激荡中国梦（《人民日报》，2014 年 12 月 25 日）

如果仅仅有主标题，可能读者很难知道文章要表达什么内容，因此需要副标题来加以限定。这也是由评论的内容决定的。

4. 引人

评论标题不但要旗帜鲜明，而且还要引人。含而不露也有它特殊的魅力。为了做到准确生动引人，可以讲一点形象性，巧用修辞手法，或用提问句、设问句，也可以引用成语、俗语、谚语，甚至化用之，如：

《部分贪官“西门庆化”》（《中国青年报》，2014 年 12 月 24 日）

这个评论的标题用到了一个大众熟知的人名，抓人眼球，让读者一目了然地清楚评论的主要内容，又具有警示讽刺意味。

《传播少女被辱视频，真的合适吗?》（《京华时报》，2014 年 12 月 24 日）

很典型的反问句，但在反问的同时，暗含评论员的观点，只是运用反问加深印象，强化观点。

《用客观眼光看待“漂洋过海去看病”》（《广州日报》，2014 年 12 月 9 日）

李宗盛的一首歌名《漂洋过海来看你》，标题化用这一歌名，带有娱乐意味的同时令人印象深刻，也契合当下网络化的评论。

四、评论标题的制作方法

在实际的写作中，我们在拟评论标题的时候，有以下方法可循：

1. 突出"信息亮点"，明示评论对象

新闻评论，顾名思义，即以新闻事实为评论对象。也就是说，新闻评论是对正在、新近报道的新闻或虽未见诸媒体却有新闻意义的事实的基础上，着重从政治思想和社会意义上对其有所评、有所论。评，就是要对新闻事实进行评判；论，就是要对新闻事实做出论断。不管是评判还是论断，都是作者在对评论对象进行思考、分析、论证后所做出的判断。因而判断在新闻评论中处于核心的地位，是新闻评论得以存在并向公众传播、发生社会作用不可或缺的"信息亮点"。在突出标明评论的"信息亮点"的同时，标示出所评论的新闻事实，这是新闻评论标题制作最基本的要求。如：

《不必把"APEC 吐槽"太当回事》（《环球时报》，2014 年 11 月 7 日）

"APEC 吐槽"的段子走进互联网也没什么大不了的。确实有一些人不喜欢中国热情待客的传统，甚至会有人习惯性对此做政治解读。这样的争论反映了在一个小范围内流行的新型待客观，那就是不主张对大型国际活动做什么准备，希望展现中国"最真实的一面"。这篇评论就直接用事实作为标题，这也是评论的信息亮点所在。即便不知道新闻事实的人读了这个标题之后，也会被深深吸引。

《公共利益是拆迁的前提而非补白》（《南方都市报》，2014 年 10 月 16 日）

在城市转型过程中，公众非常关心拆迁问题。早在《国有土地上房屋征收与补偿条例》征求意见的过程中，即有法律界人士认为公共利益界定不易，如果不进行明晰或将产生无穷纠纷。而今老城区政府拆迁 300 多户房屋，自诩缘于公共利益的需要，而拆迁户对此不予认可，并要诉诸法院，似乎证明当年法律界人士的担忧不无道理。行政立法不作为。这篇评论就以此作为评论对象，由于与公众利益息息相关，故称为评论的"信息亮点"。

2. 因文制宜，方式多样

如果说标题如同新闻一样都是信息的载体，那么新闻评论中最重要的信息是判断。新闻评论是对评论对象的一个由浅入深、由表及里的再认识过程，而判断就是认识过程的成果。普通逻辑学告诉我们，判断就是对思维对象有所断定的思维形式。在新闻评论中，所谓的“思维对象”首当其冲指的就是新闻事实。至于“有所断定”，则指运用概念对思维对象（即新闻事实）的性质、价值或关系等情况不可回避地作出旗帜鲜明的评判，即要么肯定，要么否定其具有的某种性质、价值或关系等。判断在新闻评论中的核心地位，也就决定它在标题中的不可或缺的核心作用。因而最佳的评论标题就是对判断的精当概括。

一般来说，陈述句和反问句最能直接、鲜明地表达作者的判断，是新闻标题中选用较多的判断句式。“是”或“不是”、“要”或“不要”、“该”或“不该”等是最典型的判断动词。如：

《不接地气的教改是条不归路》（《中国青年报》，2014 年 1 月 3 日）

《公开签名要让大众认得》（《光明日报》，2015 年 6 月 24 日）

《我们该为早到人做点什么？》（《新民晚报》，2015 年 1 月 9 日）

《汽车召回该不该“痛打落水狗”？》（《中国青年报》，2014 年 1 月 2 日）

前两个标题就是带有判断词“是”和“要”的陈述句。而后两个则是反问句。前面我们说过，反问句有强调的作用。

此外还有加上性质判断词的，比如：赞、颂、提倡、弘扬；驳、斥、评、不能、切忌、莫要……这一类的评论标题，同样观点鲜明，鼓动性强。

《电视问政 莫成表演》（《人民日报》，2016 年 1 月 10 日）

评论的由头是作者应邀参加了某地省、市两级电视台担任电视问政媒体提问代表。对方要求：其一，明确限定了提问的内容，且要求不更改；其二，被提问部门来电公关，请求问政时“高抬贵手”。

前者要求按照“节目流程”走，其实是怕部门领导被问到尖锐问题“下不来台”；后者则表明，相关信息有所泄露。如此一来，电视问政俨然成了一个“舞台”，不管是提问者还是被问者，都成了按照既定“脚本”表演的“演员”。

当电视问政在全国形成气候之时，笔者以自己的亲自经历提示了“问政”的内幕，并希望电视问政少一些作秀，真正成为官民良性互动的桥梁。这个标题就十分恰当地突出了这个主题。

当评论对象为同一事物的两个侧面或两个互相联系的不同事物时，要对这两者之间的关系做出判断，而这种“关系判断”又是难以用一两句话说清楚的，标题常常就是同时并列在一起将两者明确标出，并限定其间的评论范围。比如：

《网民都是热血的，路人都是冷漠的?》（《中国青年报》，2014年12月11日）

2014年12月5日下午，在河南南阳通往社旗县的一辆大巴上，22岁女孩刘乐在车上遭一男子猥亵。在女孩反抗并向司机求救并要求其报警时，司机没有及时施救，导致女孩被犯罪嫌疑人拖下车殴打。事件曝光之后网友义愤填膺，强烈谴责司机与乘客的冷漠无情。网友的热血沸腾与路人的冷漠无情，二者形成了鲜明的对比。但无法用一句话说清楚这二者的关系。所以这里用一个并列式的标题，用一个对比，巧妙地为本文划定了评论的范围。

再比如，有些针对性强，指导性强的专题评论，论题重要，内容丰富，不用说只言片语，就是几句话也难以将其认识成果——判断说清楚明白，也就只能把评论对象如实标出来，以其自身的重要性去吸引读者。

社会中有些问题并不都是一面意见，常常会出现正方和反方的观点。据智联招聘2015年3月底发布的《2015春季人才流动分析报告》显示，新一波公务员跳槽热已开启。据媒体报道，自当年2月25日至其后的三周时间内，全国范围内有超过1万多名公务员、事业单位工作人员通过该网站投递出求职简历，跟2014年同期相比增幅达34%，位居跨界跳槽者中的“最活跃群体”。根据这一新闻报道，4月9日，《楚天金报》组织了两篇观点不一的评论，在标题上也就有了这样的形式：

《公务员“跳槽热”是个好现象》

《“跳槽热”或许想象大于实际》

两篇评论从不同的角度来解读同一个报告，自然在标题上也就有了各自不同或对立的观点。

评论的标题有多种多样，需要根据本文论述的问题、对象灵活运用，标题起得好，对于深化评论的主题，吸引受众是大有好处的。看看以下几例：

《“反对”与反“对”》（《三峡晚报》，2011 年 8 月 30 日）

在现实生活中，“反对”与反“对”是不可以画等号的。按中国的语意表述，对同一事物持不同乃至相反观点、主张，统称为“反对”。而“反对”这个词本身容易引起误解，以为凡持相反相异看法者都是在对“对”进行挑战、质疑乃至否定，似乎“反对”就是反“对”，二者是一回事。其实这是大错而特错的。

评论作者正是从这一角度出发，用大量事实来证明，“反对”不一定就是反“对”。相反，不少时候是反“错”，是对“对”的维护、捍卫、坚守与伸张。比如当年“绝不向专以力压服不以理说服的那种批判者们投降”的人口学家马寅初，正是在反“错”而不是反“对”；清华教授黄万里，面对黄河上游泥沙淤积、黄水回流、土地碱化、河床升高、水库变“泥库”的前景，力排众议反对修建三门峡工程，却因此蒙冤 23 年，同样是反“错”，而不是反“对”。彭德怀通过正常组织程序如实反映“大跃进”的“浮夸风”，最后都遭到了灭顶之灾，被归入反“对”派、“反动派”行列，正是历史留给国人必须永远记住的教训，等等。这个标题为评论添了彩，评论在这个标题下论出了新意，由此获取中国新闻奖。

关于一把手的评论写了不少，但下面这篇评论却在标题上出了新：

《写好一把手的“一”》（《人民日报》，2015 年 12 月 30 日）

所谓一把手的“一”，排在数字首位。这意味着一把手居于“头羊”“首雁”位置。羊群领路靠头羊，大雁无首难成行。一把手往哪儿领、怎么领，大有讲究。

评论从一把手的“一”字出发进行论述：单独看显得形单影只，只有与其他数字组合在一起，才会产生“倍增效应”。

一把手的“一”，竖起来看就是标杆。要成为一个班子及一个地区、一个单位的旗帜、标杆，敢于向同级、下级、群众喊出“向我看齐”。

一把手的“一”，横着看像根扁担。这意味着一把手要勇于担当、敢于负责，绝不能握着一把手的权力、丢了一把手的责任。

评论从一把手的"一"出发写了一篇好评论，这与标题的功劳分不开。

《"积"与"绩"》（《光明日报》，2016年1月8日）

岁末年初，无论个人还是单位，都要总结一下过去一年的成绩。有些人已然成绩满满，有些人虽未收获，但成绩已经呼之欲出；有些人无所成绩却充满快乐，有些人"业绩"卓著却茶饭不香。世间百态，此时尽显。

评论从"积"与"绩"的辩证关系出发进行了论述："积"是"绩"的准备、前提和基础，是量的积聚。"绩"是"积"的成绩、成效和成果，是质的变化。不"积"肯定无"绩"，小"积"只会得到小"绩"，常"积"才可能拥有大"绩"。要想"绩"必须"积"，是一条最原始也最简单的真理。

3. 紧扣新闻事件，力求生动活泼

长期以来，提起新闻评论及其标题，人们总愿意把它同"庄重"、"严肃"等字眼联系在一起，仿佛新闻评论及其标题必须一副古板面孔，只能与生动活泼无缘，更谈不上要讲究什么文采了。其实，这是一种误解。实践证明，在新闻评论标题的制作中，在凸显新闻性、信息性的同时，力求言语和形式的表现美，往往就会收到意想不到的社会效果。

新闻评论及其标题是说理的艺术，也是语言的艺术。要把思想、观点表达得生动、新颖、锋利、幽默、深刻、隽永、引人，巧用修辞格是一个好方法。修辞的运用，可使标题形象生动，达意传情，恰到好处，以增强标题的表现力和吸引力。如：

《反腐要有"刑上大夫"的气魄》（《中国青年报》，2014年2月27日）

春节刚过，两位省部级高官——海南省副省长冀文林、陕西省政协副主席祝作利相继落马。与此相伴的一系列反腐动作：东莞扫黄剑指执法渎职腐败，四川黑老大刘汉案正深挖背后"保护伞"，中央纪委第二轮巡视6个组5个查出腐败……中国网的调查数据显示，反腐成为最受网民关注的两会议题。这里巧妙地化用了刑上大夫的典故，非常犀利地指出了反复需要有力。

在标题中引用典故，不仅可以言简意赅地表现新闻的内涵，还能够增加标题的文化含量，使标题富有审美情绪，体现民族语言的魅力。

此外，还要善于使用疑问句。将陈述的句子，针对具体的思想矛盾改换语气，采用提问、疑问或反问的表达方式，也容易激发人们的思想火花，突出矛盾的焦点，有利于从感情上引人注意、诱人联想，从而吸引读者去阅读正文，寻找答案。如：

《整天算计利害　哪来科学精神》（《人民日报》，2016年1月14日）

作者反思当下，虽然有一部分人在书斋、在实验室，恪守求知态度，真诚地研究着科学问题，但多数科研活动功利导向鲜明，这或许并非坏事，但假如科研成为一种任务，求知精神必然受损。当前我国科学发展还不尽如人意，或许并不是投入的钱不够，也不全怪评价体系走偏了，根本在于科学精神的缺位。

评论指出：

我们如今身处物质丰富、科技昌明的时代，和以往相比，我们应当更有闲暇也更有条件来探索世界，追求科学，获得最高的“知”。可实际中，更多的是“算计利害”而非“不计利害”，科学精神不仅没被继承反倒遇到严峻的生存危机。这才是这个时代科学发展面临的最大挑战。

关于标题的制作，还有很多很多。需要指明的是，以上探讨的和列举的，只是制作新闻评论标题的一般原则和很少的例子，万不能当做公式，否则只会束缚了自己的手脚。评论需要与时俱进，评论标题也该如此。

第九章
新闻评论篇章结构

一、新闻评论的结构要求

所谓结构，讲的是系统内各部分的搭配和安排次序，它关系到该项系统能否和谐与高效。评论写作既要“言之有物”，又要“言之有序”。“言之有物”强调的是内容，评论文章没有内容就像画饼充饥，一点用都没有；“言之有序”指的是结构，评论作品不讲结构就跟一个高烧病人说胡话一样，难以让人明白。

结构也有好坏之分。不是说做到“言之有序”了，结构就好了，这只是结构的最低要求。好的结构除了“言之有序”外，更重要的还在于能让读者能跟着你设定的程序，循序渐进地读下去。由于历史方面的原因，我国的新闻评论，尤其是政治性的新闻评论在结构上经常表现出一副居高临下的态势，好像是在逼着读者跟你走。因此有的评论工作者一提笔就想到“我是代表编辑部讲话的”，一上来立刻摆出毋庸置疑的观点（往往是引用某某权威人物的讲话），接着根据观点需要挑选出具体事例分析一下，然后是“必须怎样，否则怎样”的结论。这样做或许是“言之有序”了，但面目可憎，没人愿意看。所以有人说这种评论可谓“三大一少”：口气大、帽子大、架子大，读者少。

社会正朝着多元自由的方向发展，读者挑选的余地越来越大，即使形式上我们也许仍然可以——但实际上已经做不到——强迫读者接受某种主张观点，哪怕这种主张观点真的是无比正确先进的，但从传播效果看，无疑是要大打折扣的。

所以，新闻评论工作者要想自己的评论作品获得公众注意以至喜爱，产生广泛影响，就应该从评论写作方式上动脑筋，结构则是不可忽视的一个方面。

评论的结构，即谋篇布局，是对评论的总体构思和谋划，包括其逻辑思路与层次安排。按评论文章的结构顺序，可以将其分为开头、中间和结尾三部分；在具体的结构布局中，则分别称之为引论、本论和结论。

我们知道，在写作一篇文章的时候，作者笔下的各种材料不能胡乱地堆放在一起，因为杂乱无章的一堆材料不可能表达一个集中鲜明的主题思想。因此，我们必须根据主题思想的要求，紧密围绕一个中心线索，把有关内容主次分明、有条有理、有前有后、有开头有结尾地组织成为一个有机整体，从而构成一个完整的篇章。

文章的结构安排并不是一个单纯的方式方法问题，其实质是如何认识和反映客观事物的问题。也就是说，它是根据客观事物、客观事物本身的内部联系，经过作者头脑思维加工所形成的思路在文章中的具体体现。

所谓思路，就是作者的思想脉络、线索，是作者对所反映的客观事物的认识顺序。是作者根据写作的目的要求，对大量材料进行创造性的思索加工之后所形成的对客观事物的一条认识路线。因此，思路是结构的基础，欲求完美严谨的结构，必先求清晰缜密的思路。要使文章的结构合理，有逻辑性，必先厘清思路。而清晰合理严密的思路，建筑在作者善于观察事物，准确地理解和深刻地认识客观事物上。因此，只有从锻炼观察能力和理解认识事物的能力入手，才能培养出既活跃又严密的思路，写出的文章才会有好的结构。

1. 新闻评论结构布局的原则

新闻评论的结构有自己的要求，由于评论以分析、议论、评价、说理为主要任务，因而其结构布局应注意以下几条原则：

1）依文章内容而定

评论的结构布局应考虑文章的具体内容，根据评论所要分析的事物或所要论述问题的实际情况、内在逻辑联系和发展变化规律，围绕论题和中心论点组织安排评论的观点、材料和先后顺序。这主要是针对不同的文章内容选择不同的结构。这一原则将在后面的几种不同的评论结构中有所体现。

2）依受众需求而定

评论的结构布局应考虑受众的实际状况，根据他们的文化水平、接受能力、认识规律和心理需求安排评论的逻辑思路和前后布局。这一点主要是根据媒体的不同性质来决定的。如果是一般的都市报，就不适合写《人民日报》社评类的评论。而《人民日报》的头版头条的位置，也不适合写一般的小时评。

3）依自身风格而定

评论的结构布局应反映自己的特色和风格，在遵循评论结构总体框架和基本规律的同时，在开头、结尾和层次安排上应体现自身的个性特征。这一点在《南方周末》的《方舟评论》栏目中体现得比较到位。

2. 新闻评论结构布局的要求

我们先阅读下面这篇评论，以此来分析新闻评论在结构布局上有哪些具体的要求。

环保立法越来越多 环境何以越来越差①

（第一段）“多年来，我国有关环境保护的立法数量不少，但环境质量越来越差，就是因为违法成本太低。”4月22日上午，十二届全国人大常委会分组审议《环境保护法（修订草案）》，全国人大常委会法工委副主任信春鹰表示，“按照我们调研了解的情况，一个10万千瓦的发电机组，每天的环保成本大概是五六十万元，如果不开环保设备就等着罚款1万元，谁不会算这个账？运行环保设备比违法罚款，每年要多支出上亿元。”

（第二段）没有相关法律，污染企业的一些行为似乎可以找到借口，而有了环保法律，污染企业却不遵守，这戕害的不只是法律尊严，更会造成恶劣的“示坏”效应。环保立法越来越多，环境质量却越来越差，这不外乎两点原因：其一，即信春鹰副主任提到的“违法成本过低”，污染企业不把法律放在眼里；其二，执法者睁一只眼闭一只眼，无意严格执法。

（第三段）环境违法成本过低，早已不是新闻。去年5月9日，环保部通报的华北六省市地下水污染专项检查结果表明，受检查的2.6万多家企业中，55家企业存在利用渗井、渗坑或无防渗漏措施的沟渠、坑塘排放、输送或者存贮污水的违法问题。目前，各级环保部门对424家企业责令限期改正；对88家企业处以罚款，总额达613万余元。消息传出，舆论大哗。88家排污企业被罚款613万元，每家平均只有7

① 王石川：《环保立法越来越多 环境何以越来越差》，载《中国青年报》，2014年4月24日。

万元左右，这简直太温柔了！但不能归咎于执法部门，即便按照《水污染防治法》第七十六条规定，对违法企业处以50万元的最高额罚款，也高不到哪里去。

（第四段）只有规定最严格的处罚制度，才能让企业树立“不是企业消灭污染，就是污染消灭企业”的环保意识，真正履行企业的环保责任。相应的，应建立污染评估机制，根据治污成本确定处罚数量。污染容易治污难，罚款须远超于治污的成本。比如治污成本是1亿，对排污企业就应该处罚翻倍，这样才能使排污企业权衡利弊，有所忌惮。除了经济处罚，更需让污染企业的责任人承担刑事责任，否则他们会认为交了“保护费”就可安心排污。

（第五段）据信春鹰介绍，解决环境违法成本过低的问题，是本次修法要着重解决的问题，希望修改后的环保法通过之后，相关部门能抓紧解决企业和公众反映的执法不公、选择性执法等问题。必须注意到，一些执法者由于收了好处，或在地方保护主义支配下，故意睁一只眼闭一只眼，甚至包庇违法企业。

（第六段）日前，媒体披露了去年环保领域的一些腐败案件，比如，安徽检察机关立案侦查环保领域大案窝案共查办133人，包括厅级干部1人、处级干部20人、区县环保局局长8人；福建环保厅原副厅长王国长因收受巨额贿赂，被开除党籍、开除公职，其涉嫌犯罪问题日前被移送司法机关处理；2013年7月，广东省东莞市环保局原局长袁绍东因收受两家公司老板的贿赂共870万元，而被依法惩处。可见，腐败和监管缺失是一些环境问题造成重大影响的幕后推手。法律应该约束违法企业，更应该约束违法的环保官员。

（第七段）“治污先治官，治官先治人”，防治污染，必须双管齐下，一方面惩处那些把法律不当回事的污染企业，另一方面加大对违法环保官员的惩处力度。惟有如此，才不会环保立法越来越多，环境却越来越差。

这篇评论的结构非常具有代表性。我们来分析一下这篇评论的结构特点，这也是评论结构的一般要求。

1）布局合理

评论一般由开头（引论）、中间（本论）和结尾（结论）三部分组成，先说什么后说什么、详说什么略议什么、如何安排观点和材料、如何安排各部分占的比重、三部分之间如何衔接和过渡等，都应注意其协调性和合理性。

在上述这篇评论中，第一段是引论，即引用新闻事实，把要评论的事情简单展现出来。接下来的五段都是文章的本论部分。这部分是评论的重点内容。一般而言，论点、论据、论证在这一部分都会有涉及，故而篇幅也较长。在这篇评论中，第二段提出了论点，找出环保立法越来越多，环境质量却越来越差的原因，随后第三段补充了论据。第四段和第五段都是在论证。第六段再次提出论据，佐证“法律应该约束违法企业，更应该约束违法的环保官员”的观点。第七段是文章的结尾，再次点明论点，这也是在整篇评论论证结束之后的结论，即“治污先治官，治官先治人”。事实上，我们看到这三大部分之间的衔接过渡非常自然。从第一段引论中总结归纳出第二段的论点，然后对论点进行论据的补充和展开论证，最后得出了结论。这是符合人们的认识过程的，因此这个结构安排得很好。

2）层次清晰

评论的结构从总体来看可分为三部分，但从各部分（特别是中间的本论部分）来看，又可以分为不同的层次。每层运用什么材料、提出什么见解，都应由一个先后的顺序，也都应有或不同方面或不同深度上的差别，使评论的议论借此由点及面、由此及彼或由表及里地层层展开。

我们来看这篇评论的本论部分。第二段是该文的论点。这一段从两个方面找出了环保立法越来越多，环境质量却越来越差的原因，一是“违法成本过低”，二是“执法人员无意严格执法”。第三段是新的论据，并以此证明“违法成本低”的论点。第四段和第五段是进一步论证“环境质量越来越差”产生的原因，以及针对两个原因的解决方案。第六段，列举更多的论据证明环保领域腐败现象的存在，进一步提出用法律约束违法环保官员的必要。而第七段作为全文的结尾，提出“治污先治官，治官先治人”，和开头遥相呼应。从论点到论据到论证，这篇文章的层次感非常强。

3）逻辑顺畅

写任何文章都要讲求逻辑，以逻辑思维见长、以逻辑推理为主要手段的新闻评论，更要注重结构的逻辑性，即谋篇布局要符合事物发展的内在逻辑和人们认识事物的思维逻辑。一般来说，任何事物的变化都经历了一个由产生、发展到出现结果的过程；人们认识事物的思维逻辑大都是从具体到抽象 从现象到本质、从个别到一般；评论的结构也大多是从提出的问题到分析问题最后提供解决问题的意见和办法。在评论中，应将这几种逻辑顺序协调一致，借助于顺畅的逻辑结构，使受众更易了解和理解评论的内容。

以这篇评论为例，从材料中得出观点，然后再补充材料进一步强化观点，接着阐释产生这种现象的原因，最后呼吁从原因出发解决问题，这是符合人们认识事物的思维逻辑的。只有符合人们思维逻辑的评论，才能如同行云流水，令人赏心悦目。

二、新闻评论的结构方式

写文章要讲究逻辑，就是要注意整篇文章、整篇说话的结构，开头、中间、结尾要有一种关系，要有一种内部的联系，不要互相冲突。这就是说，作为包括评论在内的所有文章，都要讲求其内在的逻辑性。在评论中，其内在逻辑性集中体现在文章三个组成部分的有机联系上。

新闻评论的结构方式，是指将引论、本论与结论组合起来的方式。这种组合方式有很多，常用的大体有以下六类：

1. 归纳式结构

这是一种从材料到观点，先分论后结论的结构方式，即在开门见山、挑开话题后，围绕论题，逐层运用材料证明论点，最后归纳出总论点。以这种方式写作的评论，比较符合人们认识事物的规律（即思维活动的逻辑顺序）。下面这篇评论就是很典型的归纳式结构：

支持给市场松绑，反对托市与刺激①

历史在重复？2014年楼市，酷似2008年。市场走弱，像；地方政府的反应，更像。一些城市房价有下跌苗头，地方政府沉不住气了，各种“救市”政策次第出台。仅4月底5月初，即有无锡、南宁、杭州萧山、天津及其辖下滨海、安徽铜陵、宁波及郑州等多地跳将出来。想必有意跟进的为数不少吧？此情此景，相比2008年，也就差个“四万

① 陈斌：《支持给市场松绑，反对托市与刺激》，载《南方周末》，2014年5月15日。

亿”了？

不少媒体把地方政府的相关政策一律称为“救市”，包含了一个三段论：“救市”是不好的（大前提），相关政策是“救市”（小前提），相关政策是不好的（结论）。都定性为坏了，还有研判这些政策的必要吗？还是先看一看吧。

情况一：放松限购。南宁规定，广西北部湾经济区范围的户籍居民家庭，均享受南宁市户籍居民家庭的同等资格。……

情况二：减税。安徽铜陵规定，2014 年 5 月 1 日至 12 月 31 日，在铜陵市购买家庭唯一普通商品住房，由同级财政按房价 1%的比例给予契税补贴。这种契税补贴，名为补贴，但迥异于一般补贴，其实是减税。……

上述两种情况，本质是给市场松绑。什么时候搞都值得赞，不管地方政府出于什么动机搞都值得赞。如何能泼以“救市”的“污水”？再说，限购措施本就反市场，领导层誓言要“让市场在资源配置中起决定性作用”。

情况三：放松房贷的风控标准或给房贷提供增信措施。安徽铜陵规定，公积金贷款首付降至两成。……

情况四：限制降价。2014 年 4 月 23 日，杭州市发改委宣布，房企大幅调整价格前，需向政府通报。背景是杭州一些楼盘降价。这显然不是为了限制涨价。政府牵头搞类似欧佩克的价格联盟，能成事吗？

上述两种情况，是成色十足的救市托市，应该鲜明反对。

不过，地方无论是退出还是推出反市场的调控措施，都很难撼动房市大势。2003 年至 2013 年，楼市十年九调，越调越涨。“屌丝”盼望降房价，上头口径是“控制房价过快上涨的势头”，只是希望房价涨幅小一点，可没说房价跌。2008 年，“屌丝”的愿望伸手可及，惜乎开闸放水，“四万亿”来了。现在房价下调趋势已成，只要不出现 2008 年那样的大放水，就无需担心地方的小动作。

问题在于，从 2008 年大刺激中玩嗨的势力又造势了，无非说再不刺激楼市就要崩盘了，危及 2014 年 GDP 增幅 7.5%左右的目标。市场化改革是要防范系统性风险，但得首先搞明白中国目前的系统性风险在哪儿吧？

其一，目前的建设用地指标由行政决定，其分配偏重于城市的行政级别与户籍人口，导致人口净流入的大城市尤其一线城市指标匮乏而房价飞涨，人口净流出的二三线及以下城市指标泛滥而鬼城迭出，给金融系统不断累积系统性风险。

其二，2008年大刺激，货币定向超发，导致房地产与基建行业畸形繁荣，在进一步放大第一种系统性风险的同时，又导致了不利于实体经济的资源配置与财富分配：既提升了实体经济的成本，又降低了实体经济的收益，令实体经济难以为继、升级乏力，这也是系统性风险。

两个系统性风险当头，不能再搞大刺激了。一是刺激效用递减，要达到同等的效果只能加大剂量。二是刺激只是求得一时姑息，只能延迟系统性风险的爆发，代价是进一步累积上述两种系统性风险。为救房市而冒着金融崩溃与实体经济崩溃的风险，这是没算大账。

习近平说要“适应新常态”，李克强说不搞“短期刺激”，已然表明了态度。这正是为长远考虑的董事长心态，而非“医得眼前疮，剜却心头肉”的职业经理人心态。

这篇评论的结构属于归纳式。第一部分展示众多城市房价下降的事实，这是评论最为常见的开头方式。但是相比其他评论，这篇评论的特色在于：在提出了新闻事实后，将各城市针对房价下降不同的政府政策措施分类为不同的情况。在罗列了情况一和情况二之后，归纳出这两种情况的本质是“给市场松绑”、“值得赞”；同样，在列出情况三、情况四之后，也归纳出应该鲜明反对托市行为。之后，针对以上情况总结出市场化改革的系统性风险，提出全文的论点，即：“两个系统性风险当头，不能再搞大刺激了。”从这篇文章我们可以看到，在材料较多且复杂的时候，将材料分类并从中归纳论点的方式能够迅速理清文章的思路，这也是归纳式结构的优点所在。

2. 演绎式结构

这是一种从观点到材料，先结论后分析的结构方式，即先以鲜明的观点开宗明义，然后以相应的材料为论据证明论点。这种结构方式与人日常的说理习惯相适应，对于强调评论的主旨、突出评论的中心思想有所帮助。《人民日报》的《今日谈》栏目常常使用这样的结构。我们看下面这个例子：

诚信要倡导也要培育①

信贷，有信才会有贷。农民之所以申请农村小额信贷难，贷方有顾虑，关键的短板还是一个“信”字。在金融机构眼里，小额信贷还贷率低、坏账率高，贷款农户的信用难以把握。

海南农信社6年来发放小额信贷63万多笔、近130亿元，惠及农户51.8万户，富了穷人，勤了懒人，覆盖面广，激励效果好，坏账率极低，贷款农户信用良好，借方和贷方实现了双赢。一条重要的经验，就是进行诚信倡导和培育。

倡导和培育诚信不是一句口号。海南农信社在小额信贷工作中，一是延伸服务链，“帮借钱的人先赚到钱”，解决“还不起”的问题。二是采取利息奖励、贷户联保等方式，建立诚信利益导向机制，解决“不愿还”的问题。三是正人先正己，彻底堵住信贷员吃回扣等漏洞，根除“可以不还”的负面效应。三管齐下，海南农信社将信用至上的理念落到实处，形成了贷款双方利益共享、诚实守信的良好机制。

海南农信社的经验说明，诚信作为社会主义核心价值观的一个重要内容，既需要倡导也需要培育。倡导明确方向，培育重在机制。实实在在地构筑起守信者受益、失信者吃亏的机制保障，敬业诚信等社会主义核心价值观所倡导的善行美德必能蔚然成风。

这篇文章在第一段就提出了问题的关键——“农民之所以申请农村小额信贷难，贷方有顾虑，关键的短板还是一个“信”字。”然后用了海南农信社的例子作为论据，论证“进行诚信倡导和培育”很好。对于《今日谈》这样的以三四百字的评论为主的栏目而言，演绎式的结构由于其简单明了，能够很快突出论点，颇受青睐。

3. 并列式结构

这是一种将总论点分解为两个以上并列的分论点，然后分别进行论证的结构方式。如果说前两种是纵向展开的结构方式的话，那么这种结构方式以横向展开为主。一般来说，对内涵较为丰富的事件或问题，采用这种结构方

① 陈述：《诚信要倡导也要培育》，载《人民日报》，2014年6月3日。

式，有助于议论的全面与周密。

年度收支现赤字，养老保障体系须重构①

政府应当以税收为来源，建立广覆盖、均等化、低水平的养老保障，让居民在不缴费的情况下，也可以领一份微薄的低保，只是待遇没那么体面。

近年养老保险可持续性被社会关注，日前刚公布的2014年全国社保基金决算数据显示，基本养老保险费的收入，首次低于基本养老金支出，差额达319亿元。从2012年起，城镇职工养老保险基金支出增速就开始高于收入增速，增速差额持续扩大到2014年的6.7%。

中国社保收支经历了十几年的好年头。这主要受益于两点：持续的城市化，贡献了大量的社保缴费人群；持续的经济繁荣，保证了社保缴费基数可以不断上调。

问题也在这里。城市化已经放缓，今年前三季度的外出农民工数量增速为零，缴费人群增速将进一步放缓。此外，职工工资经过多年增长，即使在次贷危机后美国等国家职工工资下调时也没有停止。相比劳动力的生产率，中国职工工资已经处于高位，上调空间不大，调高存量社保缴费人群的缴费金额的难度很大，社会各界都在呼吁降低费率和基数。

但养老支出的增速是刚性的，除了物价上涨、退休金要提高外，伴随着老龄化，退休职工数增长也会越来越快，可见养老基金支出增速很难放缓，养老保险基金收支失衡的格局会越来越差。如果再考虑到个人缴费标准极低的城乡居民和机关事业单位，其历史窟窿都很大，未来在各体系养老融合并轨过程中，养老收支的压力是可以想象的。

危机触手可及，关键是怎么办？首先，目前养老体系存在马太效应，过于强调政府在高水平养老保障人群的责任，如机关事业与城镇职工，而漠视低水平保障人群的诉求，如城乡缴费水平低的居民。未来各层次养老保险在融合的同时，厘清政府的责任与个人的义务是前提。一

① 聂日明：《年度收支现赤字，养老保障体系须重构》，载《新京报》，2015年11月20日。

般来说，政府应当以税收为来源，建立广覆盖、均等化、低水平（但高于目前农村居民水平）的养老保障，让居民在不缴费的情况下，也可以领一份微薄的低保，只是待遇没那么体面。这也要求每个公民应该未雨绸缪，为自己未来的养老早做打算。

其次，明确政府责任以后，政府应当调整在目前养老保险中的定位。现有养老统筹缴费比例太高，政府为此也承担了太大的兜底义务。重构后的养老保险制度，应当做大个人账户、大幅调低统筹账户，允许机关企事业及其职工依保障目标确立缴费标准，缴费收益尽可能归职工本人，提高单位和个人缴费的积极性，降低政府兜底带来的财政风险。考虑到单位与职工可能少缴、不缴的期望，养老保险政策可以规定费率的底线，但应当以立法形式明确。

最后，做大个人账户后，会出现严重的养老保险收支窟窿无法填补的问题。这个窟窿是1998年的国企改制，轻装上阵，把退休职工的养老义务推向社会，没有补缴历史欠缴的社保。回到1997年那个时点，绝大多数在职与退休职工都是国企的职工，今天其巨额的国有资产中的一部分对应的就是社保转轨的历史窟窿。因此，可划拨国有资产充实养老，补齐现有的窟窿，履行当年国企欠下的义务。

该文旨在分析养老结构体系的问题，是一篇非常典型的并列式结构评论文章。一般而言，对于重大的经济与政治问题，并列式结构是常采取的方式。本文先分析说明我国养老体系面临危机，进而引出自己的论点，即该怎么办。作者提出，首先，要厘清政府责任和个人义务；其次，要调整政府在当前养老保险中的定位；最后，建议可划拨国有资产充实养老。条理清晰，一点一点地呈现。

4. 递进式结构

这是一种对论题进行逐层分析，使议论由此及彼、由表及里、由浅入深的结构方式。它把每一层分析都建立在上一层分析的基础之上，既是上一层意思的补充，又是上一层意思的深化。通过逐层分析，帮助受众对事物或问题的实质有更为深入的认识。

我们拿什么让“坏社会”变好?①

（第一段）最近，“蓝翔体”的老梗在微博上越玩越疯——正襟危坐地讲完一个故事后，突然以一句“挖掘技术到底哪家最强”收尾，总能让人笑到吐槽无力。我想起了两年前微博上曾流行的另一个梗——在每条微博后面加一句“这个世界会好吗”，哪怕再平淡的内容也能陡然变得深沉起来——熊培云后来甚至以此为题出了一本书。“这个世界会好吗”的潜台词，显然是说我们正生活其中的社会还不算好。

（第二段）这个判断引起不少人的共鸣，是因为现实确实常常让不少人感到不安、无力甚至绝望。以前很多人以为等自己更有钱了就能活得更有尊严，后来却发现一些富可敌国的企业家可能比普通人更没安全感，说不定哪天就会千金散尽；以前很多人以为做个只关心柴米油盐的小老百姓，就能安居乐业，后来却发现有资格欺负自己、践踏自己权利的人太多，连居委会大妈都可能会把自己骂得像个孙子。

（第三段）我们的社会是如何变坏的？专门写一本书都未必能说透，但最核心的一个因素是权力日益嚣张而权利不断缩水。曾经的湖北首富、原中国最大民营航空公司东星航空总裁兰世立，出狱后曾不无感慨地说，“老板再大，一个处长都能把你搞死”。话很重，现实同样如此沉重。如果说，在北上广深这样的大城市尚有一些规则可言，越深入三线以下城市尤其是基层农村，权利被权力碾在脚下的情况就越是屡见不鲜。

（第四段）依照我们的立国理想，依照白纸黑字的法律法规，我们是这个国家的主人，每个人都享有很多权利，拥有很多自由。但现实的复杂性在于，一方面权利与自由在增进，另一方面，仍有很多权利没有兑现。如果想要主张那些权利，合理诉求被置若罔闻的情况并不鲜见，被权力之手揍得鼻青脸肿的情况亦非个别。现在想想，中国很多电视剧中都有“你们还有没有王法?”“我就是王法!”这种对话，还真是“艺术源于生活”。

（第五段）不过，要让社会变好，在顶层推动的同时，也离不开每个人自己去较真、去抗争。日常生活中，很多人在合法权益遭侵犯之

① 汤嘉琛：《我们拿什么让“坏社会”变好?》，载《新华社每日电讯》，2014年9月25日。

后，连站出来维权的意识都没有，反倒忍气吞声，还以“就当自己运气差”、“倒霉的不止我一个”、“吃亏是福”等进行自我麻醉。个体的沉默变成了对“利维坦”的纵容，其结果必然是权力更加肆无忌惮地突破边界，必然是我们离“好社会”的理想越来越远。

（第六段）胡适有一句被广为引用的名言：“争取你自己的权利，就是争取国家的权利；争取你自己的自由，就是争取国家的自由。”其实，如今很多我们习以为常的权利，都是一些“较真”的人在与权力博弈的过程中争取而来的。比如，那些与违法者“死磕”的律师，那些冒险“扒粪”的媒体人，那些为公民权利鼓与呼的学者，他们如同古希腊神话中的西西弗斯，孜孜不倦地滚着巨石。

（第七段）从某种意义上说，不管是社会的发展，还是国家文明的提升，常常都是那些较真者推动的。他们努力用权利驯化权力，以实际行动推动权利意识启蒙，千千万万的国人因此而受惠，权利也一点点被落实。正因如此，我们非但不应嘲笑那些主张权利的行动者，不应让他们感到孤立无援和心寒，而应常怀感恩之心，大方点赞或默默支持。如果更多的人都关心自己的权利，都来为权力编织更细密、更坚固的笼子，社会就有变好的希望。

（第八段）相反，社会变坏，每个逆来顺受的沉默者都有一定责任。让社会变好，归根究底需要众人的觉醒和行动，需要我们每个人多一些“主人翁意识”，多一些“较真”精神，起码在自我权利实现的道路上挺起脊梁。毕竟，“你所在的地方就是中国，你怎样，中国便怎样”。

采用递进式结构的评论，很多都是对一个问题的阐释，这样可以达到并列式结构达不到的一种效果——层层推进，甚至是柳暗花明。上文第一段用时下流行的“蓝翔体”引出关于“这个世界还好吗”的思考，提出“我们的世界明显还不算好”的判断。第二段用现代社会的典型现象举例，证明该判断，引起读者的共鸣，也是大多数人觉得“社会不好”的原因。第三段剖析社会变坏的原因，提出“权力日益嚣张而权利不断缩水”的核心观点，同时举了一系列例子来证明“权利被权力碾在脚下的情况屡见不鲜”。第四段紧承第三段，进一步剖析“权利被权力碾压”的原因，上升到国家法律法规方面的问题，直指问题核心。然而作者看问题的角度很全面，造成社会变坏的原因不仅是宏观层面上的管理问题，还有微观层面上的个人维权意识问题。第五段是一个递进式的转折，用日常生活的例子指出“个体的沉默”是我们离“好社会”越来越远的原因，所以第六段，作者用胡适鼓舞人心的话语激励读者要用于争取自己的权利。第七段和第八段继续深入剖析，点明“好社会”是“较真者”推动的，“坏社会”是“沉默者”导致的。最后一句升华了主旨，“你所在的地方就是中国，你怎样，中国便怎样”。社会是由每个人组成的，只有你变好，社会才会变好。

5. 箭靶式结构

箭靶式结构的评论往往是论战型的驳论，评论员以正面论点的支支利箭，射向反面观点的箭靶，争取射中靶心，驳倒反面论点。当然，这种结构的评论射出的箭靶不只限于摆出事实，还包括射出“道理之箭”，用一条条无可辩驳的道理，同样可以洞穿靶心。在革命战争年代和政治动荡时期，箭靶式评论是常见的评论，因为它是对敌斗争的有力武器。我们来看下面这篇评论：

日本没有穆斯林乃无稽之谈①

近几天来，微信朋友圈中流传一篇题为“日本，一个没有穆斯林的世界”的文章，文中把日本描述为一个极力排斥伊斯兰文化影响的国家，称日本几乎没有清真寺，日本政府尽最大的努力阻止穆斯林进入；日本公司会特别标注不需要穆斯林工人；日本女人嫁给了穆斯林，将被她所在的社群和家庭抛弃。文章最后称“日本给其他国家上了一课，如果人民的民族传统和身份认同薄弱易碎，那么面对着外国文化的入侵将毫无应对之力”。然而，事实果真如此吗？

其实在日本大城市穆斯林文化也不鲜见，据统计，目前在日本生活的穆斯林（含信奉伊斯兰教的日本人在内）共有约 13 万人。近年来日本大量接纳伊斯兰国家的留学生，观光来日的穆斯林也大大增加。在东京、大阪这样的国际大都会，清真料理和礼品屋也很多。也许是受“建筑基本法”的影响（抗震和防火要求十分苛刻），日本国内没有世界各地常见的圆顶的“清真寺”，但是由在日本国内注册的宗教法人管

① 岳光：《日本没有穆斯林乃无稽之谈》，载《环球时报》，2015 年 11 月 19 日。

理的“清真寺”达80多处，外观就是常见的钢混结构建筑，“清真寺”门口挂着阿拉伯文招牌。伊斯兰文化在这里都是静悄悄，一切自成体系。日本人在将其作为文化消费时，并不存在戒心。

近年来日本人在中东北非地区常常成为恐怖袭击的对象，这让普通日本人大为不解。而文化的背后如果有政治因素操控，问题就不简单了。冷战结束后，日本支持美国发动的所有针对中东国家的战争，某主流媒体甚至将美国攻打伊拉克的道理做成动画讲给小学生听。这有意无意地混淆了文化与政治的界限，将政治与文化要素相连，这就是从“疏远”到“戒备”再到“敌意”转化的开始。举例文章中说日本人对伊斯兰文化“持负面态度”，原因恐怕就在这里。

……

这是一篇典型的驳论性文章，针对的是另一篇文章《日本，一个没有穆斯林的世界》。作者岳光首先指出日本是有穆斯林文化的，并举例予以说明。其次，他说日本人在中东也遭到袭击，可见，日本人并不是没有穆斯林阴影与情节。该文作者系旅日学者，他将自己在日本的亲身经历和观察写出来，就是很好的例证，也很有说服力。

6. 波浪式结构

波浪式结构是种正正反反、起起伏伏的结构，往往有疑问，有辩论，有迂回，有悬念，很能“吊”起读者的胃口，可以避免论证中的片面性，把道理讲得比较透彻。

1958年第13期《新闻战线》上，胡乔木以“本刊评论员”名义发表了一篇《关于评论写作的几个问题》。他认为：

每篇文章都有它的结构，也就是形式。形式注意不要平淡。发展农业生产，平原最好，因为平原上庄稼容易生长，容易机械化。但是文章不要平原，画家也怕平原。这地平线不好处理，画得太靠上了吧，天就显得太小，不像样子；画得靠下些吧，天太大了，空荡荡的，只能画人、鸟，很单调。地平线上，无非画些庄稼、房舍、牛吃草，很难有多少变化。文章最大的弱点就是平原——平铺直叙。许多社论都是第一、第二、第三、第四，这一二三四又不是四层楼梯，而是平原上的四道线。这样的文章不生动，没有吸引力。文章虽然是逻辑思维的表现，也应该生动。

要生动，就得有变化。怎样变化呢？无非是说了正面，又去说反面；说了这一面，又去说那一面；用了肯定的语气，又用怀疑的语气。一篇文章，如果从头至尾都是句号，连一个问号和感叹号也没有，大概不会很好。说书的人喜欢卖官子，弄个悬案：欲知后事如何，且听下回分解，就是为了让听的人发生兴趣。

海里面的浪，远看是平的，近看却不平。因此海浪给诗人很大的灵感，因为它奔腾澎湃，象征着生命的激烈的冲击。为什么海浪能引起诗人的灵感呢？就因为它有高有低。它卷得那么高，使人担心它跌下来，不能不紧张地期待着它的变化。文章也应该这样，有变化，有波浪。文章没有冲激，只有句号，绝不是好文章。句号是表示平稳的，人说话如果老用这种平稳的腔调，就可以起安眠药的作用，文章也是这样。一篇社论如果从头到尾都是句号，句号前面都是“的”字：“这些困难是应该充分加以考虑的”、“这些倾向是必须克服的”、“我们认为错误是很明显的”。“的”、“的”、“的”，一篇社论共有十段，每段结尾都是“的”字，这样一个劲地“的”下去，不是会叫人打瞌睡吗？

句号和“的”字并没有过错，问题不在于句号和“的”字本身，而在于没有变化。

我们写这篇社论，提出这个问题，就应当有相当的感情，表现在文章，也就会有疑问，有惊叹，而不是始终平稳的。如果作者没有什么特别的激动，也不大清楚为什么任务而斗争，那就只有像钟表的摆一样，的的的地摆下去。

文章有无变化，不仅是个心理问题，也是一个逻辑问题。因为客观事物都是矛盾的，反映客观事物的文章也必然有矛盾。把矛盾展开来，文章就必然有变化。所以写评论，必须提出反面的意见，充分地予以批驳。如果根本没有反面意见，何辩之有？任何评论，都无非是要支持一种意见，反对一种意见，有点乍看不那么明显，但实质上总是这样的。所以写评论而没有变化，没有辩论，就反映了逻辑上的贫弱，因为它没有反映出生活中的矛盾，当然也就不能解决它。这样的文章必然是片面的，不生动的，同客观事物运动的状况极不相称的。

所以，写评论文章的要点，就在于要有波澜，有辩论，有激荡，有疑问。疑问也是一种批驳的形式。如果没有这些问题，就是没有对客观事物作解剖工作。

原《人民日报》总编辑范敬宜在论述新闻评论写作时，也强调结构要有起伏，文章要有气势。他欣赏苏东坡的“文如观山不喜平”、龚自珍的“喜汝文无一笔平”。在评论中，讲究文章的波澜，并不意味着观点的不鲜明，而只是说，我们在表达观点的时候，更注重矛盾冲突，让矛盾的双方交错出现，这样就能够让文章充满一种波澜的张力，更加吸引读者。我们来看下面这篇评论：

为什么年轻干部的提拔常遭质疑①

（第一段）牟阳，25岁，3年前毕业于中国传媒大学，她不但年轻，而且还是女性，更兼貌美，故而她镇长还没正式当上，已经成了网络焦点。9月12日，一条“湖北宜都将现25岁美女镇长”的消息在网上流传，引发热议。媒体跟踪发现，与牟阳一起出现在乡镇领导班子换届公示候选人名单中的，大多是60年代和70年代出生，只有她在不足两年的时间内，从一个刚入职的应届毕业生，升迁为宜都市统计局办公室副主任，半年后又任红花套镇党委委员，副镇长；再经8个月，升任五眼泉镇党委副书记，并获提名为镇长候选人。

（第二段）这个升迁路径时间间隔短，涉及职务多，乍看不免给人突兀之感，引起关注和质疑倒也在情理之中。如果关注点不拘泥于升迁提拔的表面，而是扩展至因此引发的社会反响这一现象上，我以为大致能发现两个特征。其一，网络时代，源自公众和舆论对公权力的监督，已经有了提前量和纵深度，敏锐地关注起“风起于青萍之末”的末端了；其二，相较于结果，公众或许更关心升迁提拔的过程。疑问集中在升迁的各个环节，25岁的公务员牟阳可能当镇长自然是不可否认的亮点，但是至于她最终能否当上，似乎并不在考虑之列。

（第三段）众所周知，发生在湖北宜都市这事，因有“美女镇长”之名，新鲜抢眼，故而广为传播，热议鼎沸，但究其本质，却只是热辣

① 令狐补充：《为什么年轻干部的提拔常遭质疑》，载《华商报》，2011年9月16日。

而并不新鲜。前年，也在湖北，29岁的周森锋晋升为宜城市代市长曾招致热议，还顺带牵扯出硕士论文涉嫌抄袭的质疑。去年2月，山东新泰市23岁的王然被提拔为副局长，也身陷舆论漩涡，父母是否是官员成为焦点；4月，海南临高县29岁的“美女副县长”李梅，也是当时网络热点话题的一时之选，尤其是她的性别和美貌，在网言网语中让人浮想联翩。

（第四段）从公务员行政级别上看，相较于周代市长的处级、王副局长的副科级、李副县长的副处级，“将现的美女镇长”牟阳，充其量也不过是副处级或者正科级而已，她的升迁轨迹，在按常理讲究论资排辈的官场，虽然显得太过轻松和十分快捷，但并非全无道理，也未必有什么难以见光的猫腻。问题在于，呈现在公众眼前的升迁轨迹太过简略，看不到足以支撑她升迁而又能服众的丰功伟绩。老出于知情的冲动和参与的热情，公众群起质疑，自然无可厚非。尽管，这样的质疑和叩问，在有评论所称的“官场潜规则”和“对公权力的不信任”之外，也不乏起自周代市长的“青萍之末”以及接踵而至的几个实例，交互作用所形成的未必正确的刻板印象。

（第五段）值得一提的是，这样的刻板印象怪不得公众，一个显而易见的事实是，上述这几例年轻干部提拔任用引起的疑问，得到的大多是不了了之的结果，至今依然给人以混沌不清之观感——分明强化了公众对“将现的美女镇长”的刻板印象。这些事例可提供的启发是，针对年轻干部提拔和任用的工作中，应当在信息公开和信息透明方面加大力度，严格遵守相关程序；尤其值得注意的是，相关工作应该有一定的提前量，如果做到了对公众舆论的反应有一个预计和预期，并有因应之策，就可以从容应对质疑，消除这一类网络热点所带来的不利影响。才不至于只能以“网络转发牟阳任职一事，已向领导汇报，领导在外地开会，无法回应”来面对质疑，雪上加霜，被动消极。

读完这篇评论，相信读者都能感受到这其中的波澜起伏：第一段以牟阳的事例作为引子，通过“年轻大学毕业生”、“美女镇长”作为热点字眼，吸引读者的眼球，让读者对年轻干部的提拔问题有足够的关注度。第二段话锋一转，由事例转为“论理”，作者认为，公众关注的并不是破格提拔问题，而是这种现象背后反映出来的公众对公权力的不信任，在网络时代，舆论对公权力的监督变得空前强大。第三段再次通过引用类似的事例，用周森锋论文造假、王然“官二代”疑问，李梅“美女副县长”身份这些反面事例表明舆论的热点并不新鲜，其实就是换汤不换药的热议而已，这其中的焦点人物几乎都有着相似的舆论困境。第四段指出，这些所谓的年轻干部的级别其实算不上“大官”，但是在目前的舆论环境以及中国现实的官场生态中，如此顺利的提拔总会让公众把他们和官场的潜规则联系起来，从而形成这种逢“年轻官员”必反的舆论态势。最后一段，把矛头对准了人事选拔制度，意义更加深远。整篇文章读下来，让读者感到作者给我们展现了对立的两面的交锋，但是在交锋中我们又能很清楚地读出作者的倾向。这是波浪式结构的难点，但也是其魅力所在。

写评论，一百个人有一百个写法，一百篇评论有一百种结构，一百个样子。这里介绍的只是千变万化的结构中的主要几种，其他结构自然还有不少，就是这六种，也很难说它们之间有多么严格的界限。“文无定法”。选用评论的结构，一是要有利于阐明论点，什么样的结构有助于阐明论点，就采用什么样的结构，求得论点和结构的统一；二是要结构清晰，眉清目秀，有条有理，力避杂乱，乱了逻辑，观点就会被湮没了。

需要特别强调的是，写评论，首先要考虑的不是结构，而是内容，是基本观点，结构是为内容、为观点服务的。结构服从内容，一切为了阐明论点。讲结构，不是设“框框”，划“禁区”，评论员不能被结构束缚住手脚。怎么顺当就怎么写，怎么自然就怎么写。

此外，除了解和掌握评论的结构方式外，了解和把握评论开头与结尾的手法也相当重要。评论的开头方式有多种，包括开门见山、提出论题；开宗明义、亮出论点；摆出由头、引申生发；凸显矛盾、展开交锋等。总之，评论的开头应简明扼要、落笔切题、新鲜活泼，以引人入胜。评论的结尾也有多种方式，如提炼归纳、关照呼应、启迪思考、引发联想等。结尾应要言不烦，简洁凝练，给人留下回味与思考的余地。

总之，评论的结构要从写作目的、写作对象、写作内容和问题特点等各个方面作综合考虑。但还需要注意以下三点：

一是连贯。每一篇评论是一个有机的整体，在处理其内部关系时，句与句之间，段与段之间，开头与结尾，主体与上下文，意思都要连贯，不能前言不搭后语，上气不接下气。

二是统一。主题思想要一以贯之，不能中途转换主题；主题与材料要统一，不要用与主题无关的材料，所有的段落与材料都要在主体的统帅之下；作品的风格要统一，笔调要一致；文中的人称要统一，叙事的角度要统一，如果确需转换角度的应作暗示或做出交代。

三是自然。就是文理要自然，能反映客观事物和人们的思想认识规律，不要矫揉造作，而要像苏轼说的，行文“大略如行云流水，初无定质，常行于所当行，常止于所当止”（苏轼《答谢民师书》）。

第十章
新闻评论语言运用

一、评论语言的重要性

新闻评论是一种对新闻事实的思想和观点的表达，要表达就不能不讲究语言的运用。毛泽东在《反对党八股》一文对此有过深刻的论述，指出，“语言乏味，像个瘪三”，是党八股的罪状之一。这句话其实也指出了新闻评论写作的大忌。

语言没有灵气，再正确的思想、再有道理的观点也会黯然失色，无人喝彩；反之，一些歪理谬见，一旦披上了神圣华丽的语言外衣，也会在社会生活中产生大的影响甚至会迷惑一些人。作为人类思想和交流的工具，语言具有超出工具之外的价值和意义。20世纪末期语言哲学领域的一个发现是：语言的力量不仅在于“说什么”，更在于“怎么说”。因此，每一位评论者都要紧握手中的这个语言工具，谨慎、娴熟地使用它，尽量让它在人类社会生活中发挥正能量的积极作用，而不是起相反的副作用。

汉语是全世界使用人数最多的语言，在新闻评论发挥着越来越重要作用的今天，评论语言起着巨大的示范作用。就像某县委书记曾说“我是从《人民日报》社论学讲话的”一样，一些年轻的评论工作者通常也有自己的模仿对象，他们也许会说是哪能一家报纸的评论或哪一位作者的评论影响了他。

语言是评论的一道难关，而一旦努力越过了这道难关，就像从茫茫荒漠步入了五彩缤纷的花园。

一篇评论，论点要正确，论据要扎实，论证要充分，这是必需的。但论点、论据、论证这一切都要用语言表达出来。遣词造句，很有讲究。要实现评论的社会效果，语言作为一个载体和一种表达方式，要讲究。“一句话，千样说。”怎样说，才能入耳、入脑，其中大有学问。古人说，“言而无文，行而不远”，就是这个意思。

对于评论的语言，新闻评论学者是重视的。范荣康认为："遣词造句，语言修辞，是新闻评论写作中的一个大问题。一篇评论的语言好不好，不仅关系到它能不能很好地表达评论的内容，达到预想的效果，而且关系到一代人的文风。这是因为新闻评论天天同读者见面，而新闻评论的语言在读者中，特别在青年中有一种无形的示范作用。"① 对评论的语言，他提出四点建议：

①最重要的是深入浅出。

②评论语言的形象化。

③白话文、文言文和口语化。

④讽刺、幽默和趣味。

于宁、李德民提出了评论语言增色八法②：

①多用口语。

②把抽象的道理形象化。

③注意句式的变换。

④用好排比句。

⑤巧用疑问。

⑥引用一点人家的话。

⑦用一点古诗词。

⑧锤炼警句。

这些宝贵意见对于我们学习和提高新闻评论的写作是大有好处的。今天的评论员为什么很难写出恩格斯的《论权威》、列宁的《天上的仙鹤不如手中的家雀》、毛泽东的《别了，司徒雷登》，也很难写出王韬的《变法》、乔冠华的《条条道路通往柏林、罗马和东京》，分析原因，除了理论思想认识上的差距外，还是因为对于语言的认识和掌握不够，习惯于使用"通用"、"官方"语言，用多了，也就成为陈词滥调；也因为评论特别是党报重要评论精雕细琢，逐级送审，有些"个性语言"、"特色语言"，生动活泼、风趣幽默的语言被划掉了；还因为社会环境影响，崇洋、法古，特别是媚俗，以及一些对社会、对人民极不负责任的"文化人"大量生产"文化垃圾"、"语言垃圾"，污染了语言环境，直至污染了新闻评论包括党报重要新闻评

① 范荣康：《新闻学评论》，人民日报出版社 1988 年版，第 277～291 页。

② 于宁、李德民：《怎样写新闻评论》，中国新闻出版社 1988 年版，第 284～307 页。

论。“冰冻三尺，非一日之寒”，要突破语言的难关，尚很艰难。

语言特色是评论者个性特征的鲜明体现。每一位优秀的评论工作者都应该做到，人们读你的作品，不用看作者署名，就知道这样的文章非你莫属。就像20世纪五六十年代《人民日报》社论一登出来，尽管署名是“本报编辑部”，一些有心的读者却能马上辨别出哪些文章是毛泽东亲自执笔的，哪些是经过了他的笔修改成章的。因为在那个年代，毛泽东的语言是十分独特的。当然，这是一个很高的要求，一般的人是做不到的。但是，在较为长期的写作训练中，逐渐形成自己的语言特色和风格，还是应该作为评论作者的一种追求。

什么样的语言是最好的？这个问题没有标准答案，也不可能有。因为不同的人会有不同的见解，不同的评论者都有各自的语言风格，这也正是评论语言的魅力所在。

二、形象性语言

新闻评论的说理侧重于以抽象道理和逻辑力量启迪和说服读者。同记述事实、靠事实说话的新闻报道比较起来，写作难度更大。在评论写作中，善于运用形象的语言进行说理论证，可以使评论增强可读性。形象性语言的形式很多，包括比喻、类比、对比、讽刺、幽默，在广播电视评论中还包括声画等。

1. 比喻的方法

比喻说理，就是运用日常生活中人们看得见、摸得着的事物作为喻体，来说明某一个抽象的道理、论点或概念，从而使抽象的概念、论点具体化，使深奥的道理浅显易懂。比如2015年12月16日《南方都市报》王捷的《“权力掰手腕”岂能让考生受害？》中的一段：

> 原因在哪儿？有人认为，双方都过于“任性”。但更多像是在争取制定分数线的话语权。通常，高校分数线由省教育考试院公布。但在实际操作中，这个分数线的制定体现得更多的是高校的话语权。对于以清华大学为代表的高校而言，自恃有最后决定权，难免有人藐视省教育考试院的权力，疏于沟通，拖延时间，以至于省教育考试院非常被动，有的省教育考试院受够了高校的“任性”，于是也决定“任性”一回，希

望给高校一点儿颜色看看，于是矛盾暴露了。这时，亟待“中间人”出来调停，避免考生成为“权力掰手腕”的牺牲品。解决了个案之后，还要从制度层面对分数线的划定立下铁规，避免再次发生类似的事情。

这段文字用“掰手腕”比喻清华大学和江西省教育考试院之间关于分数线的较量。“掰手腕”是日常生活中人们熟知的用于休闲娱乐的一种游戏，用这样的喻体来说明高校与考试院之间的权力博弈，使得原本抽象的行为具体化，使得深层的权力对峙变得浅显，易于读者理解。

比喻说理的功能及影响力主要表现在以下三个方面。

首先，比喻有助于说理幽默、形象，富有感染力。新闻评论是说理文，讲明道理是它的最终目的和根本任务，所以撰写新闻评论不能像诗歌、散文那样工描细刻，刻意求美。但是，丝毫不讲求艺术性，不追求美感，为说理而说理，是不能达到好效果的。比喻由于具有一定的形象性，是新闻评论具有可触可感的艺术美的重要条件。新闻评论以比喻烘托理境，把道德艺术化地呈现在手中面前，可以使读者在理解道理的同时，获得美感。我们来看下面这个例子：

假如“出头鸟”面临许多的不理解不支持，甚至特别大的人生风险，谁又愿意去对社会道义有所担当呢？于是，在“枪打出头鸟”的警诫俗语之下，更有“多一事不如少一事”、“身稳嘴稳到处好安身”之类的警句风行于世。前述调查正好佐证了这类现象：78.8%的受访者认为社会需要“出头鸟”，也有83.0%的受访者认为“出头鸟”有益于社会，但更愿意选择做安享“出头鸟”成果的“九头鸟”。这也恰恰体现出了转型期做人的悖论，明明是自己人格分裂，安享“出头鸟”的成果，却只想当“九头鸟”，总是笑话“出头鸟”不善处世、不会做人。①

这段文字用“出头鸟”和“九头鸟”来比喻两种不同的人，“出头鸟”是用来形容各行业都涌现出的很多敢于打破传统束缚的人，或者敢于出头主持公道，敢于在公众沉默时说出真相。“九头鸟”则是自己不主动却只是安

① 严辉文：《破解“出头鸟”困境在于构建良性社会规则》，载《中国青年报》，2014年10月29日。

享“出头鸟”成果的人。这段文字所用的喻证材料，使人在感悟深刻道理的同时，能为构建良性社会规则起到启示作用。

其次，比喻有助于深入浅出、引人入胜。喻体材料必须通俗、浅显，易为人理解，这是运用比喻的一条重要原则。新闻评论运用比喻的目的是为了说明某些深奥的不易讲清楚的道理，或使某些概念性的东西形象化、具体化。这样就使得评论深入浅出、引人入胜。

比如《新京报》发表的评论《“零食通报”是“大炮打蚊子吗”?》，文章分别以“大炮”和“蚊子”来比喻地方通报的价值和诸如“办公桌上放零食”等事件：

> 作为中央通报的辅助，地方通报有着不可忽视的现实价值，本来应该在“三公消费”等市民更加关切的话题上发挥其重要作用。里面出现“办公桌上放零食”等略显“鸡毛蒜皮”的内容，虽然不能称其为“凑数”，但也难免有“大炮轰蚊子”之嫌。
>
> “玩手机、放零食”的行为的确应该批评，但是否有必要这样大张旗鼓地通报，则值得商榷。在公众看来，纪委通报违纪问题是件比较严肃的事情，而通报“办公桌上放零食”恰恰是以琐碎消解了严肃，也伤害了通报的权威性。这样的通报貌似当地相关部门管得事无巨细，却让公众担心，其把精力没有用到正地方，管多了“零食”，是否就意味着管少了腐败等民众真正关心的问题。①

这篇评论读后给人留下深刻的印象。评论取得成功的很重要的一个原因，是评论者慧眼独具，选用“大炮”和“蚊子”两个对比鲜明的喻体作为喻证材料，通过“大炮轰蚊子”的比喻来表明作者对地方零食通报“大材小用”的质疑，可谓“喻巧而理至”。

再次，有助于强化评析的褒贬效应，启发读者的联想力。比喻是一种形象说理。形象是较容易寄寓和表达爱憎、褒贬等思想感情的。所以，我们在运用比喻说理时，要注意形象的感情色彩。对于新闻评论的写作来说，在考虑字面上感情色彩的基础上，更多的是分析形象和新内容及内在联系的褒贬性，注意形象与特定理境的关系，抓住形象的传神之处来恰当地说明道理。

---

① 杨燕明：《“零食通报”是“大炮打蚊子”吗?》，载《新京报》，2015年4月3日。

有些形象虽然在文学作品中具有中性、贬义或褒义特点，但在新闻评论中，有时作者却能反其意而用之，服务于说理。所以，评论者要根据说理的需要，恰当地选择喻体材料表达自己的思想感情。一些小言论尤其是杂文有时通篇借用形象发言，所以更要把握好喻体材料的褒贬意义，切不可以褒寓贬，或以贬寓褒，是非颠倒，毁誉混淆。

2015 年 5 月 14 日《长江日报》的一篇评论，用“千山万水”等来比喻市民行善捐赠过程中遇到的阻碍。“千山万水”本让人联想到旖旎风光，但在此评论中作者偏重其贬义部分，用此词语说明市民捐赠过程之艰难：

> 行善捐门面房，结果遭遇万重水、千重山。张阿姨有些不理解，各种税加起来竟达 17.6%。按照市场评估价，这间门面市值 40 万元，算下来缴税超过 7 万元。更要命的是，“奔波两个月，碰了不少壁”。她跑过敬老院、街镇。“他们这个推那个，留下电话等他们回复，至今没找我。没想到做件善事有这么折腾。”一言蔽之，没点锲而不舍的精神，这房子还真可能就捐不出去了。
>
> 行善本来就是有风险与成本考量的，有人怀疑你作秀，有人揣测你居心，但理性的制度应该一路绿灯，褒赏这种裨益公共利益的满腔热忱。如果制度垒砌了无数的门槛，让行善成为需要跨越万水千山的虚耗心力之举，它伤害的不仅是行善者的价值笃信，更生生在弱势者向上向暖的身子上，沉上“千斤坠”。①

上述例子表达的是贬义，“万重水、千重山”让人联想捐赠到过程的不易，定是阻碍重重，而这些阻碍体现在长时间的奔波以及制度的冗杂上。行善捐赠本是好事，理应一路绿灯，现实反而是一路“千山万水”的红灯，作者认为这是对行善者的伤害。在这个例子中，作者用一个词的褒贬寓指对一件事的褒贬态度，十分新颖独特。

比喻的思维特征表现在它的联想性、形象性和情感性。没有联想性，本体和喻体就无法联结，没有形象性也就没有比喻本身。没有褒贬分明的情感性也就难以使比喻产生强烈的褒贬效应。而形象性和情感性的结合则会更有力地启发读者的联想力。如下例：

---

① 邓海建：《行善的制度成本不该“千山万水”》，载《长江日报》，2015 年 5 月 14 日。

> 人人都不希望看到不文明行为出现，但社会还在发展之中，不可能每一个社会成员的文明素质都完美无缺。因此，让黑名单制度长出“牙齿”，既作为一种对不文明行为的惩戒，又起到对社会正能量的引导作用，势在必行。除了通过修法赋予黑名单制度更强的权威性和操作性之外，让全社会都参与到对不文明行为的谴责制止中来，才能让旅游黑名单真正落实到位，发挥应有的作用。①

说到“牙齿”，人们联想到的大概会是一种强硬的态度，野兽没了獠牙会失去其威力，制度缺乏执行力则会成为一纸空文。作者把黑名单制度的“落实工作”和制度的威慑力比作“牙齿”，批评目前的旅游黑名单制度是不完整的、缺乏威慑力的。作者认为只有制度得到各方协力拥护推广，真正得以落实才算是拥有了“锋利的牙齿”，才能发挥其威慑作用。借用比喻，作者的态度和情感均生动地表达了出来。

综上所述，以比喻辅助说理，有其独特的作用，在新闻评论中恰当地运用这种方法，有助于增强说理的生动性和深刻性的统一，进而增强吸引力和说服力。总之，以日常生活中可见可摸的事物作为喻体，运用多种比喻的方法，使所表述的抽象概念、论点或思想见解富有形象性和实体感，会使评论的说理变得浅显易懂，并且能诱发人们的联想。

当然，比喻本身也并非十全十美。因此，在运用中要注意比喻的贴切、恰当和新鲜，体现喻体和本体之间的相互联系。

2. 幽默的表现形式

新闻评论大多是庄严严肃的政治性论题，但并不妨碍运用幽默的表现方法。幽默是一种给人带来微笑而又意味深长的语言艺术，它反映人的思想和语言表达的机敏以及一个人的智慧。

胡乔木认为，幽默是一个人有很高的逻辑能力，把矛盾摆到一个尖锐的位置上，从而使文章具有一种特殊的说服力和感染力。幽默是对生活和事物最透辟的观察，是高级的逻辑和乐观的精神力量。具有幽默情趣的新闻评论作品，在说理的字里行间常常表现为精练、俏皮、含蓄、夸张，一言道破社

---

① 《期待“旅游黑名单”长出“牙齿”》，载《广州日报》社评，2015 年 6 月 23 日。

会生活中所萌芽的新生事物的内涵，道破普遍存在的矛盾、弊端的实质，使人在含笑或苦涩之中受到启发。

幽默的功能有很多方面。它可以用作善意的劝诫和批评，可以用作积极的赞誉和肯定，可以用作含蓄的义理和示义，也可以用作强烈的轻蔑和否定。在新闻评论中恰当运用幽默技法，将有助于增强说理论书的风趣、生动。幽默的方法也是多种多样的。

1）仿拟

仿拟，也就是依照旧有的词语、句子模拟出新的词语、句子，或有意识地更换现成词语中的某个词或词素，临时仿造出一个“反义词”，以形成对比，以利于显示事物间的矛盾，使言语显得奇趣，增强说理的幽默感。

比如2014年12月18日《南方周末》陈斌的评论《请专家慎言“拔拔鹅毛更健康”》的部分段落：

> 有一个新现象，许多专家学者免费出来站台，发明了各种各样的理念，告诉鹅们“拔拔鹅毛更凉快”、“拔拔鹅毛更健康”。言下之意，鹅们为了凉快，为了健康，忍受拔鹅毛的痛苦是值得的。就好比姑娘为了塑身，忍受节食与锻炼的痛苦不在话下。这样，政府为你拔鹅毛，几乎成了主动行善，不多拔点都说不过去了。

这篇评论将政府加税比喻为“拔鹅毛”，这拔的正是纳税人的“毛”。在一般人的认知里，会认为“鹅毛都是难拔的”，但是这篇文章里出现的“拔拔鹅毛更凉快”、“拔拔鹅毛更健康”，体现出专家学者为了支持加税而生编硬造出加税的众多好处。作者这里运用的仿拟的形式，仿的是平常人们口语中常用的“×××更健康”的句式，讽刺所谓学者专家不谨言慎行，一味强调加税好处的行为。

需要说明的是，运用仿拟必须注意：替换的词或词素要与原来的词或词素有一定的逻辑关系或者语音对应关系。如果替换的词或词素与原来的词或词素没有一定的逻辑关系，仿拟就不能成立。

20世纪80年代末，关于“望洋兴叹”的仿拟格式就曾因此发生过争论，现将代表两种不同意见的短文转录如下。这对什么情况下可以仿拟，什么情况不能仿拟提供了一个思考的空间。

望“文”兴叹?①

“望洋兴叹”一词，现在已经成为某些人制造新型成语的模式了，只需要把第二个字加换新的内容就行了。看起来是多么地容易而又有“新意”。

让我们看看这个成语的来历。《成语词典》曰：望洋，亦作“望羊”。仰视的样子。仰望海神而兴叹。又如《庄子·秋水》曰：……河伯始旋其面目，望洋向若而叹。清吴研人《糊涂世界》卷六中曰：……大概情形看了一看，亦觉得望洋兴叹了。《现代汉语词典》解释：望洋，抬头向上看的样子。至此，我们知道了望洋是个单纯词，如同徘徊、朦胧、葡萄等词一样，是不能拆开读的。

而往往有些记者编辑望文生义，更有加以发挥的。殊不知在制造新词的同时也制造了笑话。比如《人民日报》1987年12月24日《为商品房价暴涨忧虑》中有“望房兴叹”的字样；《人民日报》1988年9月2日《长春站的美与丑》一文中也写着“望票兴叹”；该报1988年9月11日《奥运拾零》中还有“望楼兴叹”。还可以举出一些。

倘若这样下去，倒真让人望“文”兴叹了！

用“望‘×’兴叹”有何不可②

读1989年第2期《新闻战线》上发表的《望“文”兴叹》一文，想谈点不同的看法。

对于成语，既不能滥用，更不能任意改动。但成语也像其他事物一样，不是僵化的，一成不变的，而是在实践中不断丰富、发展的。事实上，人们在实践中创造了很多新的成语，有些成语在使用过程中，其原来的意思和以后演变、借喻的意思就不尽相同。所以，成语虽然不能乱改，但“巧改”一下为自己所撰之文服务，或反其意而用之，或换其意而用之，只要用之得当，又何尝不可，不过在改动或换用之处，必须打上引号，以示借用，区别乱改。有时用得巧，不仅表达清楚，为人们所接受，而且增添文采，饶有风趣，为人们所喜闻乐见。例如，有一幅

① 巴义尔：《望“文”兴叹?》，载《新闻战线》1989年第2期。
② 乐长弓：《用“望‘×’兴叹”有何不可》，载《新闻战线》1989年第5期。

批评某些邮电职工任意抽拆报刊阅读，以致经常缺报短刊，损害读者利益的漫画，命题为《近水楼台先得“阅”》，画龙点睛，颇有“讽”味，也很有教育意义。

因此，我认为用了“望‘×’兴叹”，只要用得贴切、自然，那又有什么不好呢？正像《望“文”兴叹》这篇短文那样，自己不是在标题、结尾都这样用了吗？而且用得不是蛮妥帖吗？当然，祖国语言、词汇极为丰富，用字遣词切忌随人后，人云亦云，千篇一律，老是用那么几句话。

根据前面讲的替换的词或词素于原来的词或词素的逻辑关系以及语音关系，第一种意见是有道理的。但是现在人们已经不把“望洋”当做一个单纯词，而看作由两个词素组成的合成词，这似乎已是约定俗成了。所以，我们可以不必太拘泥，正像第二种意见所说的，只要用得贴切、自然，就可以用。当然也要注意不要滥用。

2）挖苦

挖苦是一种讽刺方法，运用机智诙谐的语言进行挖苦，常常会产生讥讽幽默的效果，给人以深刻的印象。据2014年10月媒体报道，五台山景区明清街一家较大酒店的“台蘑炖山鸡”售价400多元，服务员称，用的是优质台蘑。10月4日，山西省五台山风景区官方微博回应称：“市场经济时代，市场调节。只要是明码标价，你愿意买，他愿意卖，即可成交。”山西省物价局价格举报中心告诉记者：“明码标价，嫌贵就不要点，但不准强卖、宰客。”10月8日，《大河报》发表肖华的评论《“嫌贵别点”的答复更让人难以下咽》，在结尾处运用了挖苦的讽刺方法，收到了鞭辟入里的奇特效果：

在市场经济中，商品的价格很多由市场调节，但是市场也不是万能的。如果是万能的，恐怕也不会要物价部门了。在旅游景区，很多价格其实并不是市场能调节的，就拿餐饮业来说，如果一个景区内的所有餐馆在节假日前暗地联合起来提高价格，这就涉嫌垄断了，如果这样，即使“明码标价”、即使客人“愿意购买”，也无法掩盖违法的事实。

有关部门没有调查，没有拿出有根据的理由，就立即教训消费者，必须谴责。如果让这种思维蔓延，那么面对收费贵的投诉，教育部门就可以说“嫌贵就别读书”，卫生部门答复“嫌贵就别看病”，这不是让社会更乱吗？

作者在结尾处，将事情从餐饮业引申到教育、卫生等其他政府部门，通过反问以讽刺当地物价局做法之荒谬。

3）反语

反语，是使用与本意恰好相反的语言来表达本意的一种表述方式。字面上这样说，实则相反，似褒实贬，似是实非，当读者明白作者真实意图后，领悟到一种讽刺幽默的情趣。“反语”分为“正话反说”和“反话正说”两种。反语比直接说所表达的感情更深厚，更浓烈。正话反说含有褒义，往往用来表示对人的某种亲密和喜爱的感情；而反话正说含有贬义，往往带有强烈的鄙薄或讽刺的色彩，在新闻写作中多用于揭露、讽刺反面人物或者事情。

我们看 2014 年 7 月 14 日乔志峰发表在四川在线上的这篇《芮成钢为何抢了郭美美的“风头”》：

> （第二段）郭美美涉赌球被抓，一时间举国哗然，“小红妞”再掀波澜。然而好景不长，这份热度持续没多久，芮成钢被检方直接带走的劲爆消息爆出，立马将舆论注意力吸走大半，成为网络上最受关注的焦点。既生美、何生芮，这年头为上不了头条遗憾的，原来不止汪峰一个。
>
> （第三段）芮成钢为何抢了郭美美的“风头”？相信很多人都会想出一些原因，比如“实力”不同：美美再美，一介弱质女流，除了发嗲卖萌，未见其他本事。芮成钢则不然，背靠央视财经频道大树，身兼《环球财经连线》、《经济信息联播》等多个栏目主播，称得上是央视知名度最高的主持人之一，甚至被认为是“整个财经频道国际化的标志”……

“实力”本多是用于正面人物身上，但是通读全文，我们不难看到这篇评论中对芮成钢的“实力”的嘲讽意味，暗指他利用工作职务之便谋私利。作者用“既生美、何生芮”，本应该是实力的较量，但在这里变成对他俩谁更能够通过不合法、不为大众认同的方式取得经济利益、名气等。

3. 比较的表现形式

1）对比

对比是新闻评论写作中常用的一种说理方法。恰当运用这种方法，有助于揭露矛盾、统一褒贬、昭示本质、开掘事理。具体运用时，可将相反、相对的事物、见解、做法或同一事件中相反、相对的两个方面放在一起进行论述，形成是非得失的对照、高低优劣的反衬，进而在相互联系和比较中展开分析说理。它的益处就在于提高论点的说服力，增强说理论述的鲜明效应。

对比说理方法在具体运用时，如恰当地选择好对比物，或作由头、或作论据、或作铺垫、或作背景衬托，都会收到好的效果，呈现出一种特定的说理情境：用黑的衬托白的，用白的衬托黑的，用反面事例衬托正面事实，用消极的言行衬托积极言行，用错误观点衬托正确观点，等等，都有助于使正确的更显明朗，使丑陋的更显昭著。

我们来看下面这篇评论：

政府购买服务不是一锤子买卖①

（第三段）但是，为什么杭州能够主导成功，武汉等就会主导失败呢？从建立开始，杭州就设计了租赁系统的长效机制，而并非撒手让承办企业自由发展。杭州自行车租赁由当地国有企业公交公司运营，但是并非是运营企业孤军奋战。市城管办、各区政府、市建委是租赁系统“建设和管理协调小组”的成员单位，而城管、交警、公交、街道社区也参与到租赁点布局工作中。

……

（第五段）而在武汉，政府并未真正实现自行车公租系统的主导。政府仅在初期建设时投钱和投入公共资源，没有拿出长期监督的有效方案。而且运营企业是民营企业，公益事业与商业投资的边界模糊了，这才形成了公租系统瘫痪而运营企业赚钱的怪现象。当地民企鑫飞达运营的公共自行车项目具体财务情况，连主管部门都说不清，遭到媒体曝光后也没有采取措施督促企业整改。政府这种“超然”的态度，除了有

① 王钟的：《政府购买服务不是一锤子买卖》，载《中国青年报》，2014年10月25日。

管理失职的问题，还不禁让人怀疑是否有幕后交易。

这篇文章将杭州市政府和武汉市政府在自行车租赁系统建设维护进行集中对比，尤其是第三、第五两段，将二者的政府工作的优缺点展示了出来，收到的效果就是，在读者心目中，杭州市政府在起始阶段就开始着力建立起长效机制，而武汉市政府并未真正实现自行车公租系统的主导。通过对比，对照利弊得失，使文章的说理论证建立在有褒有贬、有立有破、黑白相映的特定情境之中，有助于明辨是非，明确何去何从，进而得出令人信服的结论。

2）类比

类比与对比一样，也是说理论述的一种方法。在具体写作中，运用类比方法就是将有相似特点的事物放在一起进行比较，从而将他们的共同的实质形象地显示出来。如果说，对比说理旨在将性质各异的客体放在一起对照，以形成是非得失的鲜明反差，侧重于求异；那么，类比评析则是重在对形式各异、性质类似的事物间的有机联系和分析比较，以显示相似之处，侧重于求同。

类比是否能够起到良好的针砭作用，往往同类比实体的选择是否恰当有直接关系。一般来说，可供类比的客观实体可以是人物、事物、典型形象，也可以是政治社会实体，不论是哪一种，类比的实体都应当具有典型性，而且要同类比的主题有着内在的本质的联系或有相似之点。请看这篇评论：

“末位领奖”是问责治政的偏差①

（第三段）给最差者“颁奖”示众当然不是“以资鼓励”，按当地官员说法是为了“督促激励”，并称，每季度都对全市各县区重点工作进行讲评，并颁发红黄牌。“有的县区在会上领取了黄牌后，领导会感到不好意思，在今后的工作中也会铆足干劲，争取在下一季度取得好成绩。”

（第四段）这有点像过去一些老师对付差生的办法，按成绩排名，排在前几名的学生上讲台讲学习经验，排在倒数的几名学生也上讲台，

① 李芗：《“末位领奖”是问责治政的偏差》，载《京华时报》，2014 年 10 月 25 日。

谈谈为什么考得这么差，末了，老师再用教鞭点点这些差生的脑袋，告诫全班同学，谁要向差生看齐也请上台来“思想交流”。用这样方法来教育学生，多半是黔驴技穷，找不到更好的办法来激发差生们的学习兴趣，只好用语言暴力来刺激。遗憾的是，暴力的结果往往是引发更暴力的对抗，差生学习成绩未见提高，破罐子破摔的情绪却蔓延开来。

这篇评论将渭南工作讲评会为考核末位颁最后一名奖和老师让差生上讲台反省进行了一个类比。它们的共同点是希望通过示众的方式迫使干部和学生为了“面子”考虑，取得政绩或是优异成绩。

由此可知，类比作为一种启发人们积极思维和逻辑推理从而水到渠成地做出判断的说理方法，它把形式不同、但本质有相似之点的客体同主体恰当地加以联系、分析、比较，有利于启发人们的联想，去更深一层地认识事物的本质。

三、典故性语言

典故本身就具备了一定的引人情节和形象因素，同时也蕴涵着深刻的哲理和智慧。这里所说的典故包括寓言、神话、文学、历史、成语典故等。在写作严肃并以逻辑思维为主要特征的新闻评论时，适当地引述能够说明论题的典故情节，有利于读者和作者一起领悟评论中的见解和内涵。

1. 用作立论的由头或者“借鉴”

引用典故，首先可以用作立论的由头。在评论写作中，由头作为特殊的论据，通常起到挑起话题、引发议论的发酵剂，或者作为孕育论点诱发思维的引线。2014 年 11 月 4 日，《环球时报》发表了中国红色文化研究会会长刘润为的新闻评论《我们为什么需要红色文化》。文章开头引用杨白劳的故事，作为红色文化的代表，让读者对红色文化能有更为直接具体的理解。

我们为什么需要红色文化

除夕夜，漫天风雪。躲债归来的杨白劳带回三样东西：二斤面、一对门神和二尺红头绳。民以食为天，面自然是生存的需要，然又不止于此。在中国北方的农村，大年除夕吃不上饺子，向来被看作丢面子的事情，所以爨下告罄的杨白劳才有了称回二斤面的慷慨。请门神，绝不可简单地以迷信视之，更为深层的是出于规避鬼蜮灾祸的需要。二尺红头绳虽极为简陋，却极为有力地表现了杨白劳父女按照美的规律安排生活的超越精神。

一要生存、二要安全、三要尊严、四要美化，这是中国劳动大众始终不渝的向往。然而，在一个被私有制撕裂的社会里，这种向往恰如肥皂泡，旋生即旋灭。由于黄世仁们的存在，杨白劳、喜儿“欢欢喜喜过个年”的希冀顷刻间化成了一场人间惨剧。是什么力量改变了喜儿们的命运？是共产党、八路军。自从来了共产党、八路军，杨格村贫苦农民就告别了精神上的被动状态，从而实现了由“把人变成鬼”到“把鬼变成人”的历史性转变。中国共产党领导劳动大众改变命运的伟大实践催生出《白毛女》这样的红色文化，这些红色文化又有力地推进了中国共产党领导劳动大众改变命运的实践进程。

2. 用作深化论述的“铺垫”

以引述典故作为论述的铺垫，也是使严肃的评论说理增强可读性的有效方法。这是因为，我们用典时往往是看中了其中蕴含的道理，而且这个道理和我们要表述的内容是一致的。能够把道理融入故事中，可读性就会大大加强。以 2014 年 9 月 24 日，《羊城晚报》毕晓哲撰写《愿“奢华”女书记真能“经得起查”》的第二、第三段为例：

（第二段）现实中，一些问题官员在某些“问题”被披露曝光之后，也是声称“经得起查”云云。如南京“九五至尊局长”周久耕，被“扒”出名表、名烟后就在媒体上“喊冤”，称自己戴的手表是假名牌，烟也不是常抽。但随着真相进一步揭开，最终证明这位局长是一名贪官。

（第三段）还有“微笑局长”杨达才，在“名表门”网络发酵后专门通过微博访谈回应“名表门”，并坚称：“这 10 多年来，确实买过 5 块手表，是我在不同时期自己购买的，是用合法收入购买的。已经向纪检部门做了汇报。”杨达才话音刚落，上级纪检部门就查了他个“屁滚尿流”，事实证明杨达才就是一名十足的贪官。

在这两段中，作者引用周久耕和杨达才贪腐两个典型事例，然后说，现实中，一些问题官员在某些“问题”被披露曝光之后，也是声称“经得起查”，从而引发出论点：“对于网络传言，身处舆论漩涡的当事人吉安市委书记王萍能及时回应质疑，这一行为值得肯定。不过，就公众和网民追问的“穿戴奢华的问题”，并不是主动回应和声称‘有能力购买、经得起查’就能澄清的。”

3. 作为印证论点的论据

引述典故作为印证论点的论据，往往能使严肃的论点变得具有说服情趣，由此萌发人们的联想和感悟。比如下面这篇文章：

据报道，2月1日上午，千万富豪陈光标钻进“易拉罐”走上南京街头，为销售自家生产的空气亲自站台，吆喝推销“台湾空气”和“井冈山空气”，宣传“新鲜空气现在很畅销”，称三个月前这些空气还不大好卖，但现在已经供不应求，已售出800万罐。

加缪的小说《鼠疫》中有一个名字叫科塔尔的人物。在全城市民饱受瘟疫之害的时候，科塔尔反而活得更加有滋有味，“鼠疫对科塔尔有好处。鼠疫使这个不甘孤独的人成了它的同谋者”。科塔尔在城里如鱼得水，“他开始疼爱这些飞不上天、出不了城的人们。比如，一有机会，他就向他们解释鼠疫并不像大伙儿所想象的那么可怕”。他弄不明白，为什么他们不想安安逸逸地过日子，而偏偏要自寻烦恼。空气商人同样在告诉人们，没有干净的空气可以呼吸，照样有神奇的罐头空气可以享用（据说有特别丰富的“负氧离子”），它甚至还有爱台湾和向往井冈山的红色爱国意义。他不仅要发国难财，而且要发红色的国难财。

并非人人都会相信罐头空气的神话。有人批评道，且不说罐头空气能否解决人不能短缺清洁空气的需要，制造空气罐头本身就可能是一种造成污染的工业。易拉罐需要铝，铝需要用大量的电来冶炼，发电要用煤炭，开采煤炭和煤炭发电都是造成空气污染的主要原因。因此，使用罐头空气是一种饮鸩止渴的愚蠢行为。①

---

① 徐贲：《空气污染是一种制度性“愚蠢”》，网易，2013年2月16日，http：//view.163.com/13/0216/09/8NQTFE8M00014MO9.html。

这篇评论的论点是：愚蠢不应该成为一种集体罪过，制造严重愚蠢的权力掌握在那些特别英明、特别有能力的少数人手里，而为严重愚蠢付出最高昂代价的却是那些最无助、最弱势的社会成员。而论据则是加缪的小说《鼠疫》中，在全城市民饱受瘟疫之害的时候，科塔尔却从中获利，进而引出论证。

4. 寓说理论证于引述典故之中

这种引述技法多见于杂文随笔中。在这种技法之中，论证是贯穿在典故之中的，引述故事辅助说理，有助于化抽象为形象，化严肃为生动，变枯燥为兴味，有助于发挥以理服人与以事感人相结合的综合效应，增强说理的力度和情趣。我们看下面这篇文章：

你若不勇敢　青春便老去①

（第一段）“红日初升，其道大光；河出伏流，一泻汪洋……”闲时重新捧读梁启超先生的《少年中国说》，仍被字里行间横冲直撞的方刚血气所打动。

（第二段）遥想当年，戊戌变法失败，人心委顿，梁启超先生一声滚烫的呐喊，激励着一代代年轻人为美好未来奋勇进取。如今，昔日的“老大帝国”早已一去不复返。在全面深化改革事业如火如荼的当下，中国仍然有如朝气蓬勃的少年。

……

（最后一段）《少年中国说》的时代，青年人不惜抛洒热血担起历史使命，而今，改革已为青年人创造事业鼓起风帆，年轻人更当思勇敢而为，方不辜负这段年华，这个时代。

这篇文章除了第一段和最后一段，中间的所有部分都在讲故事，虽然没有像我们熟悉的评论形式那样，或多或少都要讲点道理，但所有的判断、评价与道理都已经蕴含在故事的讲述过程中了。首段引用《少年中国说》血气方刚的措辞奠定慷慨激昂的基调，第二段引用戊戌变法失败后梁启超先生

① 长余：《你若不勇敢　青春便老去》，载《人民日报》，2014 年 10 月 28 日。

的有力呐喊，激励年轻人为美好未来奋勇进取。最后再次回到《少年中国说》这一话题，抒发“年轻人当勇敢而为，不辜负青春年华”。笃定而动人，充满励志正能量。由此可见引用典故或历史事件有助于新闻评论员直接抒发感情，增强感染力。

用典故实际上是讲故事的一种方式，不仅表现在传统的杂文随笔写作中，对于有的选题，作者又有着特殊阅历、知识修养，也是可以在新闻评论中使用的。如人民论坛的《西湖边的“两道风景”》就是这样一篇文章。从标题上看，是看不出它研究的是“倡导什么样的官风、政风，关乎国运的隆衰”的大话题。作为《人民日报》在要闻版上的思想评论，是不可能发表介绍景区风景文章的，此文如此谈“风景”一定有它的讲究。文章中介绍了西湖边上的两处风景——葛岭，呈东西向紧贴着西湖北岸。山不高，却是观西湖的好去处，登上岭顶，西湖风光尽收眼底。葛岭上有两处风景惹人注目：一处是位于葛岭西端的“岳庙”，另一处是位于东端的“后乐园”。两者相距不过几百米。

> “岳庙”，是为纪念民族英雄岳飞所建。“三十功名尘与土，八千里路云和月。”建炎年间，岳飞率领岳家军同金军大小数百战，所向无不披靡。当他准备直捣黄龙“行复三关迎二圣”时，却被十二道“金字牌”强行召回，并以“莫须有”罪名遭冤杀。后人很为他鸣不平，游客来杭州大都会到“岳庙”瞻仰一番。
>
> 葛岭东端的“后乐园”，早已颓圮，只留下几道残壁和当年叠园的山石。“后乐园”取自北宋名臣范仲淹的“先天下之忧而忧，后天下之乐而乐”。但他的主人，却是一个不折不扣的大奸臣——宋理宗年间的丞相贾似道。说到误国害民，他和秦桧相比也不遑多让。
>
> 这两道风景，是南宋国运兴衰的展示窗口；也是治国理政时如何选人、用人的活教材。高宗南渡之初，起用了岳飞、韩世忠等一干名将。那时的高宗，还记得“靖康之耻”，励精图治。于是，朝野上下，君臣用命。尤其是岳飞，以身作则，治军严明。他的“岳家军”“冻死不拆屋，饿死不掳掠”，连金人都哀叹“撼山易，撼岳家军难”。在岳飞带动下，河朔纷起，天下英雄云集，南宋也迎来了短暂的“中兴”。
>
> 自从岳飞被冤杀后，“众将莫敢言战”。曾是四大抗金名将的张俊竟协助秦桧推行乞和路线。“山外青山楼外楼，西湖歌舞几时休。”人

们埋首于风花雪月、饮宴悠游。到了贾似道把持朝政，更是把这种柔靡之风推行到了极致。贾似道的“后乐园”里天下奇花异草应有尽有，可他还不满足，又大兴土木，在湖边专门建了一个上船亭，让人设计了一种用盘车绞动的锦缆舟。理宗对贾似道也极尽迁就，答应他不用每天都来上朝，可以五日一朝，之后又改为十日一朝。于是，贾似道终日在湖上与一帮宫女、娼妓饮酒嬉戏。时人戏称：“朝中无宰相，湖上有平章。”

这样的官风、政风，带来了什么结果？南宋的中后期，基本上是苟延残喘，没有组织起一次像样的抵抗，签订了一个又一个“城下之盟”。德祐元年，贾似道兵败丁家洲，乘单舟逃奔扬州。次年，南宋都城临安沦陷！

“正邪自古同冰炭。”对于西湖边上的这两道风景，元朝诗人贡师泰这样评价：“葛岭东家是相门，当年甲第入青云。楼船撑入里湖去，可曾望见岳王坟。”诗中把亡国之相贾似道与精忠报国的岳飞放在一起比照，内中蕴涵发人深省。

在讲述了这么长的故事之后，作者表明了自己的观点——

的确，倡导什么样的官风、政风，关乎国运的隆衰。那么，怎样才能营造出良好的政风、官风？除了制定长策把世上最有才干、品德最淳良的人吸引到队伍中来，对那些“莠草”、“稗子”也必须清除。只有剔除杂草，庄稼才能茁壮成长。像南宋那样“劣币驱逐良币”，国家如何兴盛？

今天的时代已迥然不同，但道理却甚相通。我们党坚持正风肃纪、强力反腐，建设廉洁政治，正是为了使歪风邪气受到遏制，让清风正气得到弘扬。从根本上说，党风政风的清新，赢得的是党心与民意。①

这样的评论不好写，因为一要选择与所论选题相关的精美故典；二要作者有这方面的特殊经历、才干和身份（本文作者系人民日报社驻浙江分社

① 王慧敏：《西湖边的“两道风景”》，载《人民日报》，2015年12月25日。

资深记者）；三要媒体能够允许作者如此讲故事。提倡评论的多样化，可以探索试行。

四、数据性语言

运用数据性语言是一种行之有效的通俗化说理方法。它是通过对事物的数量统计、分析、演算、折合、比较，进而对事物作出说明和判断，找出其内在的联系，揭示其本质意义的一种科学的论证方法。在当今大数据时代，我们更要学会使用数据性语言。

在新闻评论的写作中，运用数据要注意如下问题：

一是目的性。就是为什么要运用这些数字，要让这些数字说明什么问题，表述什么道理，揭示什么规律，达到什么结果。

二是准确性。就是运用的数字必须准确真实，不能凭空想象，不能主观臆造，不能含水分。要保持数据的真实、完整、有效。同时，数字运用要恰当适时，不能该用的地方不用，不该用的地方滥用，以减少随意性和盲目性。

三是权威性。大数据时代，传播渠道的多元，使得数据也呈现出多样化的特点。在新闻评论的数据运用中，一定要选择权威机关发布的数据，这样才能有效地论证评论文章的论点，这是必须注意的。

四是时效性。这是由数字新闻的特性决定的。数字的选择、运用必须是最新的、最能反映事物本质的，防止把过时的旧数字当新数字使用，弄虚作假，掩人耳目。

数据是对具体事实的高度概括和凝练，它所包括的内容是十分丰富的。从管理的角度来说，数据是管理的基础，通过对数据的归纳综合分析，既可以为决策提供依据，又可以找出管理中的漏洞，为提高管理水平服务。正是由于数字新闻坚持以数喻理的原则，进行理性的思考、研究和取舍，数字才会在新闻中理性地表现人生，理性地表现社会，理性地表现生活，才会引导人们透过数字看社会，透过数字看变化，透过数字看本质。将数据性语言恰当地运用到新闻评论之中，可以使论点更为具体、论证更为有力。我们看下面这个例子：

为什么我建议增长目标下调至 7%~7.5%①

(第一段) 中国从2010年第一季度以来的连续十八个季度的增长减速，这是改革开放以后我们第一次碰到的情形，持续长达四年多的增长减速是不曾有过的。

(第二段) 在这种状况下，大家对中国发展的前景有很多忧虑。尤其在国外有一派观点认为，中国经济增长的减速是由于中国经济体制内部的结构性原因造成的，那些内因要解决起来相当不容易，因为涉及结构性改革，从国外的经验来看很难推行。

(第三段) 按照这种判断中国的经济增长速度会继续下滑，导致的结果可能会使改革开放这三十多年积累下来的矛盾总爆发，从而认为中国经济的崩溃是不可避免的。当然这是比较极端的，但对中国的前景非常忧虑的人还是不少。

(第四段) 中国常讲对症下药才能药到病除，持续的经济增速的下滑到底是什么原因造成的?

……

(第八段) 我并不否认中国作为一个转型经济和发展中经济，其体制机制必然存在许多需要改进的问题。但我个人认为，从2010年第一季度以来的增长速度下滑，更多的是由于外部性的、周期性的原因造成。

(第九段) 最明显的理由是：我国2010年的增长速度10.4%，2011年9.3%，2012年7.7%，2013年7.7%，同一个时间里，印度呢?2010年10.1%，2011年7.1%，2012年变成5.3%，2013年只剩下4.9%，和我们一样下滑，而且下滑的幅度比我们还厉害，总不能说因为中国的体制机制问题造成中国经济增长速度下滑，连带把印度也往下拉?

(第十段) 再来看，同样是金砖四国之一的巴西，2010年是7.5%的增长速度，2011年接近崩盘了，2.7%。2012年完全崩盘，只有0.9%的增长，2013年才恢复到2.2%。增长的态势和我们一样，下滑的幅度也比我们严重，同样不能说因为我们的体制机制造成中国下滑，

① 林毅夫：《为什么我建议增长目标下调至7%~7.5%》，载观察者网，2014年10月23日。

把巴西往下拉得更厉害。

（第十一段）新兴市场经济体有这样、那样的体制、机制问题，一些高收入、高表现经济体，像韩国，2010 年的增长速度是 6.3%，2011 年 3.7%，2012 年只有 2%的增长，2013 年恢复一点，不过是 2.8%。既然是高收入经济体，照理说存在的体制机制问题非常少，但是表现情形跟我们完全一样，下滑的幅度也比我们厉害。

（第十二段）新加坡，是一个了不起的国家，是现在亚洲地区唯一的人均收入超过美国的国家，也是二战之后，少数几个从中等收入进入到高收入并超过美国的国家之一。它在 2010 年增长速度是 14.8%，2011 年是 5.0%，2012 年是崩盘，1.3%。2013 年恢复到 3.7%。从这些高表现经济体来看，它的发展态势和我们一样，而且下降幅度比我们厉害。

……

（最后一段）所以，现在国有企业的改革来应该不会比上世纪 80 年代、90 年代难，要怎样进行？还是应该解放思想实事求是地针对问题解决问题，而不是简单地用一些现有的理论框架来套这些问题。

这是一篇充满数据说话的评论。文章的第二部分，作为经济学家的林毅夫引用世界银行《全球经济展望》中的数据作为例证，证明前面提出的观点："从 2010 年第一季度以来的增长速度下滑，更多的是由于外部性的、周期性的原因造成。"作者本人是经济学的权威，引用的数据又是他通过权威机构获取的权威数据，加上有力的认证，自然也就增强了本篇评论的说服力。

五、杂文的语言

1933 年，瞿秋白曾经编了一本《鲁迅杂感选集》。他在序言中说："急遽的剧烈的社会斗争，使作家不能够从容的把他的思想和情感镕铸到创作里去，表现在具体的形象和典型里；同时，残酷的强暴的压力，又不容许作家的言论采取通常的形式。作家的幽默才能，就帮助他用艺术的形式来表现他的政治立场，他的深刻的对于社会的观察，他的热烈的对于民众斗争的同情。不但这样，这里反映着五四以来中国的思想斗争的历史。杂感这种问题，将要因为鲁迅而变成文艺性的论文（阜利通——feuilleton）的代名词。

自然，这不能代替创作，然而它的特点是更直接的更迅速的反映社会上的日常事变。”①

“文艺性的论文”，是对杂文这种文体特点的极好的概括。这就是说，杂文既包含争论的因素，也有人说它是“文艺性”的政论。杂文首先是文学体裁的一种，但又不同于一般的文学作品，它还具有政论的品质。在现代散文中，凡侧重于议论说理而又具有形象生动、精悍灵活，或具有风趣幽默等特点的，都可以称之为杂文。

在现代文学史上，由于杂文发挥过特殊作用，并且由伟大的文学家、革命家鲁迅的参与奠基和开创，产生了深远影响，使杂文成为一种具有独立意义的文体。

1. 杂文的主要特点

1）文艺性与说理性的结合

杂文本身包含着两种必不可少的因素：一是它的说理性，二是它的文艺性。所谓说理性，指的是它的政论性，杂文要对社会现象、事件和事物作准确的分析，表明作者明确的观点和态度，要有严密的逻辑性；杂文把深刻的说理和形象的表达结合起来，一方面具有某些文学特色，一方面应具有议论文的特征。所谓文艺性，主要指它的形象性，就是叙事和议论要生动形象，要用文学的笔法，要有文学的语言，要有情趣和味道。

但是，杂文又不是一般意义的议论文。一般议论文有论点、论据、论证三要素，靠的是严密的逻辑推理，然后得出结论。而杂文借助于文学笔法、文学语言，用一连串形象或生动具体的事实来说明作者的观点。

我们看下面这篇短文：

林巧稚在考场上②

林巧稚原是厦门女子师范学校的学生，立志悬壶济世，1921年，她参加了北京协和医学院在上海的招生考试。考场上，有个女生突然晕倒在地，林巧稚立刻放下手上的笔，去救助那位不相识的女生，因而耽误了考试。从这份未完成的试卷上，协和医学院的考官看到了医者的精

① 瞿秋白编：《鲁迅杂感选集》，北方文艺出版社2006年版，序言。

② 吴非：《林巧稚在考场上》，载《新民晚报·夜光杯》，2012年9月25日。

神，破格录取了她。事实证明，协和的选择是正确的，学生只有明确医生的职责，学得专业技能之后才有可能疗世济民。1929年，林巧稚以优异的成绩毕业，留在协和医院当妇产科医生。太平洋战争爆发，北京协和医院被迫关门，林巧稚在胡同里租下几间房子，办私人诊所，继续行医，对贫苦的病人，不收分文，还多有资助。这位为了事业终身未婚的女性，在产房亲手接生的婴儿有四万多个。林巧稚的一生行医的光辉起点，可能就在她考场上放下试卷的那一刻。

我一直很奇怪，时下医务界存在不正之风，却难得有人宣传林巧稚的仁爱，很多青年都没听说过这个人。为什么没有人想到可以把她的事迹编进小学课本呢？我一直知道她是值得敬仰的中国人，所以我常把这件事告知学生，希望他们能知道，世上有比考试分数更重要的东西。

学校举办“清华北大自主招生选拔”答辩，请我做点评嘉宾。有个女生被评委问了这样一个问题：“你因为参加慈善活动，耽误了一门学科的检测，而这门缺考有可能影响到北大清华自主招生的面试资格，你是否会因此去找班主任说明情况？如果你去，你怎样说？如果你不愿去，又是缘于什么原因？”

我不觉得这道题有多高明，但我希望这个女生斩钉截铁地回答“我不去；没有原因”，那就太棒了。因为真诚地参加一次慈善活动，所受到的教育，以及所起到的作用，肯定要大于一次“学科检测”；如果学校不了解学生在做什么，也不想倡导真正的积极的人生观教育，名校的“面试资格”，不要也无妨。再进一步思考，这些年北大清华的“自主招生”在社会上究竟引领着什么样的教育观，对扭转应试教育倾向究竟起了什么样的积极作用，我真的没看出来。同时，我至今也没看到真正有价值的“学生社会服务记录”。

然而，这一回我很失望。那位女生大概没想到会有这样一个问题，虽然她进高中以来的考试成绩非常好，不过她可能没参加过什么“慈善活动”，她从不敢耽误任何考试和检测，也不明白“参加慈善活动”怎么会和“自主招生考试”形成对立，而且，她太想进北大清华了，于是当着全场六七百学生的面，她开始纠结起来。她小心翼翼地问评委：“如果我去说了原因，他们能让我参加面试吗？”评委说不知道。于是她左顾右盼，讲话开始结结巴巴，她始终说不清自己的选择。她为什么没有自己的“看法”或“观点”？她对想去的“北大清华”究竟有什么样的认识？——答题时间过了，她仍然苦恼地站在那里。

她不可能像我期待的那样去回答，因为她太在乎每一次“机会”了。什么“完善自我”呀，什么“服务社会”呀，在许多考试能手那里，往往不过是考试作文中的套话。所以，九十年前林巧稚在考场上放下试卷的那一瞬，依然是百年教育史上最美丽的影像。

这篇文章没有分别列出论点、论据、论证这三要素，只是用了两个事例对比，说明了作者鼓励的诚信精神。对比手法很明显，表达了作者对现世考场现象的不满和批判。巧妙地结合了说理与故事性，同时表达了一种强烈的讽刺。

下面举一篇笔者多年前写的一篇杂文：

“狼来了”又何妨①

本届亚运会上，我国体坛健儿奋力拼搏，特别是在有些我们原来较弱的项目上压倒对方，使我国的获奖金牌数远远超过上届，处于亚洲体坛领先地位。对此，举国上下，海内外中华儿女无不为之欢欣鼓舞。与此同时，在我国某些传统获奖项目中却出现了危机，如乒乓球比赛，男团失去了决赛的机会，女子双打又败于韩国拍下，金牌和奖牌被别人夺去了，于是乎，有人便做起文章，大呼“狼 来了”

自然界的狼来了，会叼小羊羔；体育比赛中“狼来了”，会夺走金牌、银牌、铜牌。作为牧羊人，作为运动员、教练员，当然应该提高警惕，增强敌情观念，根据“狼来了”的特点采取各项有效措施，亡羊补牢为时还不晚。羊丢了，奖牌丢了，还高枕无忧或幸灾乐祸，便有马大哈甚至心怀叵测之嫌，不足为取也。

然而，世界上的事很复杂，很多情况需从多方面来看才是，“狼来了”便为一例。

“狼来了”好不好？

其一，不好。由于“狼”先生的到来，把本来该我们夺取的奖牌夺去了或在我们摘取奖牌的征途中设下障碍。如果一路顺风，全部奖牌囊括，那该是多么风光的事呵。“狼来了”当然不好。

---

① 赵振宇：《“狼来了”又何妨?》，载《解放日报·朝花》，1990年10月11日。1990年12期《新华文摘》转载。

其二，正是由于“狼”先生的到来，才使我们领教了“狼”的各种招数，在和强手的对峙中暴露出我们的不足和弱点，找出差距，迎头赶上。因“亡羊”才去“补牢”，这不正是我们常说的“交学费”么？

“错误和挫折教训了我们，使我们比较地聪明起来了，我们的事情就办得好一些。”这难道不是“狼来了”的功劳么？从这个意义上说，还是时而有“狼先生”光临才好。

“狼来了”又好又不好，这似乎很矛盾。其实，世上的许多事都是这样对立的统一，这也是辩证法的实质和核心。当年，容国团先生不是也像“狼”一样，拼力一搏就把长期属于欧洲乒坛的世界冠军给“叼”回来了么？为此，容先生至今还受到国人特别是体育界人士的称赞。但也没有谁说过（谁也不敢说）胜家永远是我们，败者一定是别人。既然容先生可以“叼”别人的“羊”，那么又有什么理由不让别人“叼”我们的“羊”呢？你死我活的事在运动场上，也算正常现象吧。

“参与”是奥林匹克精神。正是在这种精神鼓舞下，亚细亚各国的“黑头发”们才聚汇于我国首都北京。正是在各国体坛健儿的共同努力拼搏下，才不断刷新亚运会纪录、亚洲纪录和世界纪录。试想一下，如果有朝一日，中华儿女囊括了亚运会和世界奥运会全部奖牌（当然是一种不可思议的假设），那么还有必要举办亚运会和世界奥运会么？

“狼来了”需要提防，但没有了“狼”就好了么？

当年，笔者在《长江日报》评论部工作。晚上在家观看亚运会的乒乓球比赛时，接到夜班领导的指示，要求在比赛结束后写一篇评论，对中国乒乓健儿的失利发表意见。长期以来，我们总是以自己的取胜为荣，特别是像乒乓球等一类的强项，有一种不获全胜不为荣的感觉。为此，我从如何看待“狼来了”，以杂文的笔调在夜班发稿前完成了任务。此稿后投《解放日报》，发表后还被当年的《新华文摘》转载。

2）论辩性与抒情性的统一

杂文都有很强的针对性，在论辩说理方面尖锐、泼辣，具有很强的战斗性。所以鲁迅说杂文是“感应的神经，攻守的手足”。杂文对于敌人，对于一切有害的事物，对于阻碍社会前进的旧思想旧习惯，是给予反响或抗争的思想武器，犹如“匕首”和“投枪”。从这方面看，杂文要旗帜鲜明地宣传道理，而对错误的、落后的、有害的思想和事物要进行批评说理，它的论辩性是很强的。杂文要辨别真假，分清是非，不能有含含糊糊的观点和吞吞吐吐、模棱两可的态度。但是杂文的说理和论辩跟一般的政论文章不同，杂文作者的感情可以更直接地流露和抒发，可以和读者交流，不仅做到以理服人而且应该以情动人。一般议论文当然也要求做到不仅以理服人而且要以情动人，但一般议论文往往通过说理来抒情，作者的感情寓于说理之中，理到情到，而杂文作者的感情可以强烈地表露出来，甚至可以如文学作品一样以作者主体的感情为线索，贯穿于全文始终。所以杂文具有强烈的抒情性，并且要求与论辩性相统一。

我们来看杂文报上登载的一篇《“作秀”与“做事”》文章——

套用奥运主题歌曲“北京欢迎你”、并用反讽手段“改编”的如下民谣在亚运会前夕频频流传：“我家的车很难开，一小时一公里；到了上下班的时候，更是恐怖时期……”对于这样的“负面宣传”，本以为广州的领导们会很反感，会想方设法“关掉”。然而我却看到，面对这样的“恶搞”，时任市委书记朱小丹主动公开说：“我没听过那歌，但是我看过那个词，前面都挺到位。这个《广州欢迎你》讲广州的交通拥堵问题，我个人觉得，有那么一点夸张，但讲的基本还是事实。”听那口气，平静而客观，不急不躁，实事求是。

其实，何止是面对“民谣”，在面对各种各样“民声”时（比如对免费公交的责难、对限行令的不满等），广州的领导们都不约而同地采用了这个姿态，以至于被人概括为“老实的政府，放肆的市民”。那么，这究竟是“宽广胸襟”展示呢，还是“作秀意识”指导？窃以为，要紧的是看动机和行动。

……

一项国际性的运动会，你说它是体育盛事吧，对！你说它是政治大事吧，也对！这后一个“对”并不是提倡凡事都要“政治思维”，但既然这项体育盛事必然牵连到国计民生，关系到一座城市和一个国家的整体形象，没有高屋建瓴的“政治意识”，也是缺乏大视野的。从这个意义上说，广州能够把“体育盛事”辐射出的“政治课题”、“民主课题”心平气和、大张旗鼓地予以探讨解决，有意无意地提升了“盛会经济”的综合价值，这是非常可喜和值得赞扬的。

也许，亚运会开始后，还会出现意想不到的问题，但只要政府下好“作秀”与“做事”的整盘棋，我们就不但会看到一次精彩的运动会，还会看到盛会“边际效应”的最大化。①

这篇文章的作者从第一段开始就使用了口语化的语言表达了自己的态度，“听那口气，平静而客观，不急不躁，实事求是”，这句颇具反讽意味，暗示官员“作秀”的话就像是作者在和读者交流讨论，代替读者说出他们心里想说的话。而针对广州政府是否真的“实事求是”，文章继而从“动机”和“行动”两个方面进行客观分析，起到了它辨别真假，分清是非的作用。以理服人之后，作者再次表达自己的观点，“作秀”与“做事”的主题得以凸显。

3）短小精悍而又含蕴丰富

杂文是以精短的篇幅面世的，以精粹的语言表达深刻的哲理、独到的思想，而且把这理性与有益的知识熔于一炉。读者能以很少的时间，得到较多的教益。杂文的形式极为灵活自由，不拘一格。但是它要求结构严谨集中，浑然一体，要求有内在的严密逻辑性。杂文的内容无所不包，无论政治、经济、历史、地理、人生、思想，天上地下，无所不谈。有时尖锐犀利，有时轻松活泼，但必须能给读者以启迪，给读者以智慧，也能给读者以身心的愉悦，使读者得到艺术的享受。

杂文的形式丰富多彩、不拘一格，可以是三言两语，可以是随感录，可以使随笔、短论，也可以是日记体、序跋一类，甚至是童话、寓言、散文诗等。

鲁迅先生在名篇《立论》中讲到一个故事：

我梦见自己正在小学校的讲堂上预备作文，向老师请教立论的方法。

“难！”老师从眼镜圈外斜射出眼光来，看着我，说。我告诉你一件事。

一家人家生了一个男孩，合家高兴透顶了。满月的时候，抱出来给客人看，——大概自然是想得一点好兆头。

一个说：“这孩子将来要发财的。”他于是得到一番感谢。

一个说：“这孩子将来要做官的。”他于是收回几句恭维。

一个说：“这孩子将来是要死的。”他于是得到一顿大家合力的

---

① 刘巽达：《“作秀”与“做事”》，载《杂文报》，2010年11月26日。

痛打。

说要死的必然，说富贵的许谎。但说谎的得好报，说必然的遭打。你……

“我愿意既不谎人，也不遭打。那么，老师，我得怎么说呢？”

“那么，你得说：‘啊呀！这孩子呵！您瞧！多么……。阿唷！哈哈！Hehe！he，hehehehe！’”

一九二五年七月八日

该文仅300多字，最初发表于1925年7月13日《语丝》周刊第三十五期。文章很短，但就是在这个短小的篇幅里，作者借自己儿时的一个“梦”，将那个时代人们是非曲直不能辨，敢于直言受排斥的丑恶现象刻画得淋漓尽致。关于这样“打哈哈……”的说法在鲁迅的多篇文章里都用过。时代发展到今日，有人用这个故事告知人们讲话要注意场合，也未尝不可，那已经离开了鲁迅原意了。

其实，在我们新闻评论写作中，有时也是可能学习使用短小精悍而又含蕴丰富的方式表达的。请看下面这篇短文：

在小市场，一位赶着小毛驴车的农民正在卖菜。我买他的黄瓜时，走来一个中年人，理直气壮地对农民说：“拿个塑料袋我装几根黄瓜！”农民没吭声，马上递过去，他装了些黄瓜，走人。

我好奇地问农民：“那人是你什么人？”“市场收费的！刚收了费，又过来拿人家东西，啥人啊。”我听了，直替那农民生气。“你不去找管他的人说说？”“那我可不敢！”农民说。

这种现象，人们唤做“小权力”。在市场上谋生计的人，是不敢招惹这种“小权力”的，只能以忍耐来掩盖心中的无奈。不然，招来的很可能就是被刁难，或是挨欺负。

“小权力”不仅在我看到的市场上有，在百姓去办事的一些地方也有所见，它无时不在伤害着人心。只有把“小权力”也关进笼子里，它才能真的服务于百姓。①

全文四段，短小精悍，前两段就像是作者日记或随笔，记述事件的经

① 秦连鸣：《伤人心的“小权力”》，载《人民日报》，2014年6月17日。

过，第三段总结社会现象，末段则是作者的感慨——“小权力”也要关进笼子里。丰富的内涵是本文的生命所在，这篇短文结构清晰、行文简洁却寓意深刻，即讲述了一件小事又以小而见大。

2. 杂文与评论的区别

（1）身份不同。报刊的评论，是以报刊的身份说话，而杂文则是以个人的身份说话。即使国务院哪个部委领导人写了杂文发表，也仍是以个人身份说话，而算不得报刊评论或部党组决定的。在杂文面前，人人平等。这一点本来很容易区别，读者对此也并未含混。常见有人写控告信，引报纸的社论或短评为据，指控某人违背了党的指示精神和政策，而从未见有人引杂文的话为据，来证明被控者是违背了党的政策和精神的。可见读者是确认两者的身份各不相同。

（2）角度不同。报刊的评论是从舆论机关的角度，告诉读者某种事情的意义，应该做什么，怎样做和为什么这样做；或者相反。而杂文则是从实际生活的角度，从人民群众的额角度，对某些值得谈论的事物，述说个人感受、见解和要求。前者是自上而下，即舆论机关根据已经分析集中了的群众意见，再向群众阐述；后者是由下而上，即直接发自群众的呼声，有着各不相同的作用。

（3）方式不同。评论一般要求严肃庄重，有话宜于“正经八百”地说。而杂文则应使应用“说闲话”的方式。某人想做一件不合道德准则的事，常常因为怕别人“说闲话”而踌躇再三。这个“说闲话”就是一种很厉害的舆论方式，是群众的是非议论，说长道短，予褒予贬。20 世纪 30 年代，杜重远主编的报纸上发表了一篇《闲话皇帝》，竟被国民党反动派逮捕入狱。可见“说闲话”的威力之大。

（4）路数不同。评论的基本路数是逻辑思维，抽象地说理。而杂文不能像评论那样用抽象的说理方法，而是要运用形象化的漫谈。要善于调侃种种形象，巧作驱使，信手拈来，涉笔成趣，融理于形象，化理入比喻。至于表现的方法，那就形形色色，靠作者善自为之乐。这不只是一个表现方法的问题，更重要的是思维方法的问题。杂文从构思到表达，都应有自己的路数，这路数就是形象思维与逻辑思维的有机结合，“二五之精，妙合而凝”。

上述种种不同，并不只是形式与方法的区别，而是质形兼具，从头到脚，整个都有区别。现在，报刊的评论，力求生动活泼，以博取读者的青睐，正在吸取一些杂文的优点，但却仍不失为评论，也并未侵入杂文的疆界，之所以如此，正是由于有着这种身份、角度、方式、路数的不同。

虽然评论和杂文有着种种不同，但是评论应该从杂文中吸取精华，比如在选材立意上，注意大中取小，因小见大；善于使用形象生动的语言和幽默讽刺的笔调；谈天说地，道古论今，纵横联系等。无论是写评论还是写杂文，都需要广泛学习社会，学习多方面的科学文化知识，才能思路开阔、耳聪目明，力求在每一篇文章里提出一点真知灼见，挖掘出生活深处给人的启迪。然后熟练地掌握和运用一些常用的写作方法，多写多练，逐步地驾轻就熟，就有可能达到信手拈来、涉笔成趣的境界。

随着网络媒体的发展，人们表达自己意愿的方式和渠道越来越多样，越来越快捷。杂文作为一种意见表达形式，似乎少了一些。笔者以为，学习掌握一些杂文的表达方式，在有的时候有的选题，还是可以产生好效果的。

一些评论工作者会认为，评论写得好不好，关键在于有没有好的选题，至于如何完美地遣词造句，并没有想象的那么重要。与遣词造句相比，精巧的构思、令人信服的事实依据、具有说服力的分析阐述乃至引人入胜的故事，似乎都更为重要。没有以上这些元素，评论工作者的文字再漂亮，也无非是一个美丽的失败。他们的文字可能会吸引一些受众的注意，但是他们很快就会发现整个作品的华而不实。但这是一个很大的误区。文字的魅力是绝对存在的，它往往能使一篇评论更上一层楼。一个非常普通的选题如果拥有美丽的文字、精美的画面，它就会成为一个好作品；一篇评论作品若有完美的文字表达、声画场面，会让受众回味无穷、久久难忘。大量的阅读经验证明，许多时候作者评论的对象以及他的主要观点都已经被读者们忘却了，但他在作品中曾经说过的某句话却深深地印在了读者的脑海中，时不时跳出来，成为读者自己的语言。这并不是什么不可实现的梦想，而应该成为每个新闻评论工作者最终的奋斗目标。

总之，评论语言无论经过多少次锤炼修改，都是不嫌多的。怎样写出好的语言，创作出好的作品，是每一个评论工作者终生不懈的奋斗目标。

第十一章

网络与新媒体评论

一、网络新闻评论

1. 网络媒体的发展与网络评论的兴起

1987 年 9 月 14 日，北京计算机应用技术研究所发出了中国第一封电子邮件：“Across the Great Wall we can reach every corner in the world.”（越过长城，走向世界）揭开了中国人使用互联网的序幕。1994 年，中国加入互联网。

自 1996 年开始，我国传统媒体尝试“触网”。央视网于 1996 年 12 月创建并试运行。1997 年，人民日报社、新华社 1997 相继创办网站。

1999 年 10 月，中宣部、中央外宣办联合发布了网络新闻宣传工作的第一个指导性文件《关于加强国际互联网络新闻宣传工作的意见》，明确网络新闻宣传工作发展的方向，完善互联网新闻宣传的规范管理等。2000 年 1 月，中宣部和国新办联合召开中国首次互联网新闻工作会议，对中国网络新闻传播业的发展作出重要战略部署。2000 年 4 月，国务院新闻办公室成立网络新闻管理局，负责统筹协调互联网络新闻宣传工作。在中央成立网络新闻管理局以后，各省、市、自治区也陆续设立相应的管理机构。多个省市相继创建地方重点新闻网站。2000 年上半年，以东方网、千龙网为代表的地方政府支持、地方媒体联合组建的区域性主流网络新闻媒体陆续创办。

作为对中央部署的呼应，人民日报网于 2000 年 8 月 21 日正式命名为人民网，定位为以新闻为主的大型网上信息发布平台；新华社网于 2000 年 3 月正式更名为新华网并改版，现已发展为由北京总网和分布于中国各地的 30 多个地方频道及新华社的十多家子网站联合组成的大型官方信息平台，是世界范围内最重要的中文网站之一。

2000 年 11 月，国新办、信息产业部联合出台《互联网站从事登载新闻业务管理暂行规定》。2000 年 12 月 27 日，新浪、搜狐正式获得国新办批准，具备在网上从事登载新闻业务的资格，成为国内首批获得该资格的商业网站。我国逐步形成了以媒体新闻网站、各级地方新闻网站、政府各部门网站、商业门户网站等为主的网站群。

2005 年 9 月，国新办、信息产业部联合发布《互联网新闻信息服务管理规定》，非新闻单位设立的互联网新闻信息服务单位，不得登载自行采编的新闻信息，包括有关政治、经济、军事、外交等社会公共事务以及有关社会突发事件的报道、评论。于是，具有互联网新闻信息服务许可证的商业网站重新出发，转向转载新闻信息，注重日常策划性评论专题，以寻求新的发展。

网络媒体的蓬勃发展，使得网络新闻传播也受到重视。2006 年，第 16 届中国新闻奖首次颁给网络新闻媒体，评选范围是经国务院新闻办批准的由新闻主管部门和新闻单位主办的具有登载新闻业务资质的新闻网站。这标志着网络新闻正式获得新闻行业的认可，被视为网络新闻发展的里程碑。

由于网络面向所有人开放，网络发言可以匿名发表，而且网络编辑审查并不苛刻，越来越多的人愿意通过网络媒体发表自己的看法和意见，各种在线评论、网络论坛、讨论区、BBS 讨论、新闻跟帖、网上调查、个人博客、朋友圈等逐渐兴起，使网络媒体日益成为普通民众表达意见和态度的极为方便的渠道，成为重要的意见市场。

2. 网络新闻评论的界定

对于网络新闻评论，学者们从不同的角度进行了界定。殷俊在《媒介新闻评论学》中这样定义：以互联网为载体，根据新近发生的新闻或存在变动的事实，用文字、链接、图片、影音等手段，发表的宣传性、意见性的主体化信息。① 蒋晓丽认为："所谓网络新闻评论，指的是在网络媒体上就新近发生的具有新闻意义的事实，进行迅速及时的评论，说明道理。实质上就是对网络新闻评论的采写和传播。"②严格意义上的网络新闻评论，包括文字、声音、视频、图片或几者相结合的多媒体形式，目前以文字评论形式居多。"③ 李舒认为："广义上的网络评论从本质上说是一种意见信息，是个

① 殷俊等：《媒介新闻评论学》，四川大学出版社 2005 年版，第 439 页。
② 蒋晓丽：《网络新闻编辑学》，高等教育出版社 2004 年版，第 292 页。
③ 柳泽花：《网络新闻传播实务》，华中科技大学出版社 2002 年版，第 179 页。

人或组织在网络媒体上首发的就新闻事件或社会现象、社会问题的见解。……狭义上的网络评论是指以完整的文章形态首发于网络媒体新闻网页上的评论作品。”①

通过参考上述学者对网络评论的界定，本书对网络评论作如下界定：在网络媒体上传播的、具有新闻评论性质的、以文字、图片或音视频等呈现的意见表达。网络新闻评论与传统媒体相比，具有截然不同的特征。

3. 网络新闻评论的特征

1）传播快速海量

网络传播速度之快令人惊叹，网络评论信息的传播同样如此。

2015年9月3日上午10点，纪念中国人民抗日战争暨世界反法西斯战争胜利70周年大会在北京天安门广场隆重举行。中共中央总书记、国家主席、中央军委主席习近平发表重要讲话，并检阅部队。习主席检阅部队时，很多细心的网友发出了疑问：“习主席向受阅部队敬礼为何使用左手？有什么讲究？”对此，有网友解释称，左手行军礼，叫制式回礼，是非现役军人检阅部队的标准敬礼姿势。“没有穿军装，不能对军人用右手敬礼。”还有网友搬出《道德经》来作解释。据称，《道德经》有言：“吉事尚左，凶事尚右。君子居则贵左，用兵则贵右。”“左手敬礼表示不尚武力。”中午，13：36分，新浪网军事频道转载《人民日报》的消息《习近平左手敬礼实为向官兵招手致意》：“其实，只是镜头角度误区，真实情况是，习近平在向三军将士招手致意。”这条消息发出10个小时之后，已经有37400多人参与评论，大部分是表达对祖国强盛的自豪、对大阅兵的支持。这种传播速度和信息传播量，是网络出现以前不可想象的。

2）评论形态丰富多样

网络新闻评论可以充分运用文字、图片、漫画、打油诗等各种形式来进行说理，其形态不断推陈出新，令人应接不暇，充满了想象力，洋溢着活力。

如2015年10月29日，中共中央第十八届五中全会公报宣布，全面放开二胎政策，这条消息顿时以各种方式疯传，各大网站首页都换上了这条最新消息，微信朋友圈中这条消息被刷屏。与此同时，各种相关评论喷涌而出，评论形态丰富，其中几张改编宣传画的图片非常引人注目，如图

① 李舒：《新闻评论》，中国人民大学出版社2013年版，第250页。

11-1 所示。

图 11-1a
http://www.rensheng2.com/1360000/1359743.shtml

图 11-1b
http://blog.163.com/m1325053432_1/blog/static/230908054201622211744703/

上述图片中，醒目的宣传标语变成了生二胎的号召，表达了对于国家全

图 11-1c
2016-06-14 http：//365jia. cn/news/2016-06-14/f06B47AC4D051DE3_ 4. html

面放开二胎政策的肯定态度。图片本身带有特定的时代痕迹，与相隔几十年的最新新闻信息相结合，具有滑稽、搞笑的效果，这种彩图加段子的评论形式，备受网友欢迎。

3）评论立场平民化

网络新闻评论天生具有平民化的特点，评论者不再是党媒的评论员，而是无数匿名网友，往往以“草民”、“平民”、“百姓”自居，其评论仅仅代表个人立场，不再是党和政府的代言人。因而出现很多接地气、草根化的意见表达。

网络新闻评论的草根性也许与网民的总体构成有关。据《第38次中国互联网络发展状况统计报告》，截至2016年6月底，我国网民依然以中等学历群为主，初中、高中（中专、技校）学历网民占比分别为37.0%、28.2%。而从职业结构来看，党政机关事业单位领导干部占0.6%，企业/公司管理者占13.1%，学生占25.1%，其余的均为普通人。这表明，中学文化程度的人超过网民的一半，普通百姓占了网民的大多数，这样的人员结构，使得网络评论更多地表达了平民的意见。

4. 网络新闻评论的常见类型

1）网络评论频道

网络新闻评论频道常被简称为“网络评论频道”或“评论频道”。一个网站往往分为多个不同领域的分支，评论频道就是其中专门承载评论信息的网站分支。2000 年 4 月，人民网改版，开设了全国网站第一个言论频道——观点频道。随后，网络媒体飞速发展，评论频道随即成为各个网站的常规板块之一，是网络新闻评论的集大成者。就好比一个评论信息汇聚的“总站”，评论频道往往聚合了各种评论专栏、评论专题、漫画和网友评论等。

新闻媒体门户网站的评论频道一直在网络评论中占有重要地位，倡导主流价值观，负有舆论引导的重任。其中，人民网的观点频道、新华网的新华网评、凤凰网的评论频道等，都是有突出影响力的评论频道。国内各省级媒体网站也将网络评论视为重点内容，一般开辟有评论频道。如湖南红网“红辣椒评论”、南方网“南方时评”、湖南日报集团华声在线“华声评论”、湖北日报报业集团旗下荆楚网“东湖评论”等。以“红辣椒评论”为例，自 2003 年改版以来，“红辣椒评论”始终关注与呵护草根自由发表评论的权利，坚持“发挥网络媒体优势，广泛反映民众声音、解读新闻现象本质”这一宗旨，力求用网络传递声音，在互联网上为广大爱好时评写作的人们搭建了一座交流与成长的平台。

截至目前，“红辣椒评论”已经拥有 1500 多位固定的评论作者，也是目前全国所有评论网站中最有影响力、最受作者关注的原创评论基地；斩获了第十七届中国新闻奖一等奖——新闻名专栏奖，荣获首届中国新锐媒体评论大奖年度媒体奖，且成为全国唯一一个被四次推荐为年度“中国互联网站品牌栏目”的栏目。“红辣椒评论”下设栏目：《马上评论》、《辣言辣语》、《谈经论政》、《社会纵议》、《文体娱教》、《杂感随笔》、《时论锋会》、《时评学院》、《幽默一刀》、《辣点专题》等。2015 年 7 月，由湖南人民出版社出版了红网副总编辑杨国炜主编的《时评之道——红辣椒评论编辑写作研讨精选》。

2013 年红网又推出了“论道湖南”的理论评论频道，获 2014 年度湖南新闻奖“新闻名专栏”。该频道围绕湖南省委省政府重大战略决策，以“凝智聚力、献策潇湘”为宗旨，推荐湖南名家，整合智力资源，全面创新献计献策新渠道，打造新型网络理论评论平台。该频道下设“兴湘时评”、“红观湖南”、“岳麓讲坛”、“潇湘策”、“名家访谈”、“综合简报”、“工作随笔”、“视点专题”等栏目。

商业门户网站中，网易、新浪、搜狐都相当重视评论板块的经营和打造，均设有专门的评论频道。

这些评论频道中，往往既转发传统媒体评论，也大力开办原创网络评论栏目。不仅欢迎并接纳众多匿名网友投稿，还吸引众多传统媒体的专栏评论家纷纷触网，同时网站也发挥创造精神打造原创栏目如专题评论等。

评论频道有一个显著的特点——由网站主导，网站设立评论栏目，经编辑审核来稿，最后才会发表；或者网站拟定话题，邀请专家或网民参与，在网站主导策划下如期进行。

网络评论频道由各类栏目组成，主要有各种时评栏目、图片/图表评论栏目、网络专题评论栏目、观点集萃式栏目、其他创新型评论栏目，以及转载报纸评论的栏目等。

网络评论频道的策划，主要包括以下方面：

一是评论频道的定位策划。一个网络评论频道好比一个独立小媒体，需要编辑找准定位、精心经营。应立足于网站的优势和特点，来策划其评论频道的定位，最终形成自己独特的风格。比如，人民网的观点频道以稳重、权威、精辟为特色，这与母报《人民日报》一贯稳重、权威有关，同时发挥了《人民日报》评论部人才济济的优势，成为人民网一个备受欢迎的板块。

二是评论栏目的设置策划。具体到各评论频道内部，需要考虑各类评论栏目的设置和策划，精心打造精品评论栏目。比如，人民网观点频道针对部分网民时间匆忙、喜欢浏览观点概要的特点，推出《观点 1+1》栏目，这个栏目从周一到周五每日推出，主张“观点各有不同，角度各有侧重”，每次精心两三个热门新闻事件作为选题，对每个选题摘录 1~2 篇其他媒体评论的观点，再加一段固定评论员“小蒋”的点评。这个栏目第一个优点是选题新、热，让受众一看就能掌握最新的热门话题；第二个优点是对媒体观点进行提炼和集纳，能让人直接看到精彩观点，直奔主题，节约了时间；第三个优点在于主持人小蒋的点评，时而诙谐，时而精彩，时而深刻。在主持人的精心打造下，《观点 1+1》已成为人民网的原创特色栏目。

除了各类时评栏目之外，网络专题评论栏目也是能够充分发挥频道特色、值得好好策划的一个板块。不少评论频道都设有网络专题评论栏目，如网易评论频道下设《另一面》，新浪网评论频道下设《新观察》，这两个栏目都是网络专题评论类型。甚至还有的评论频道将网络专题评论作为唯一着力点，如腾讯网，其评论频道打开之后，直接跳出来的就是《今日话题》这个网络专题评论栏目。截至 2015 年 6 月 10 日，腾讯网的《今日话题》已经推出 3186 期，是目前网络专题评论中生命力最强、最持久的一个，以其“用常识解读新闻”的理念，做出很多期别开生面的内容，成为腾讯网的特色栏目。

三是网络专题评论的策划。具体到每一个网络评论栏目的来说，最需要进行精心策划和准备的，就是网络专题评论了。尤其在选题环节，是网络专题评论制作的重要环节。选题恰当与否，决定了该期专题评论的受欢迎的程度。

网络专题评论的选题首先追求新闻性。腾讯网《今日话题》几乎每天更新，栏目组每天都要开选题会，先要把当天的热点报一遍，最后确定一个值得关注的话题，确定的依据主要是网友的兴趣和需求。以保证这个板块有网友持续关注，有可观的点击量。如 2015 年 6 月 10 日的选题是医疗问题，题目是《年收 75 亿医院让老乡们“肝儿疼”?》，有 5 万多名网友参与了这期专题的新闻立场调查，留下了 6800 多条留言与评价。可见，选择网友感兴趣的选题，才能激发他们进一步阅读和评论的兴趣。

网络专题评论的策划还要考虑内容的组织和页面设计。在内容组织上，应该充分发挥网络媒体信息海量、形式多样的优势，充分运用文字评论、视频音频评论、图片评论等多种手段，使网络专题评论呈现出多样化、立体化的特征。在页面设计上，应该充分考虑视觉愉悦效果，善用图片，注重美观。

2）网络论坛

论坛评论一般独立于评论频道之外，设立成与评论频道并列的意见发表区。为什么论坛评论不并入评论频道呢?这是因为论坛评论主要承担者深度互动的功能，主要以“发帖+评论”的方式进行。

论坛评论主要由网民主导：网民发帖子，引发其他网民的回应，形成对一个话题（一个帖子）的自发讨论。有的帖子受到网友的极大关注，参与人数众多，“盖楼”层数多；有的帖子无人理会，很快就“沉”下去了。在网民主动发帖时，网站基本上是“无为而治”的，工作人员只需要审核有没有违反法律禁止性规定的言论，不主动做主导性的工作（见图 11-2)。

但是目前新媒体兴起，网民有微博、微信等途径发表意见，到网络论坛发帖的热情降低，论坛版主需要自己发帖、制造话题，来吸引网友参与。甚至会提前征集话题，选择人气高的话题来发帖讨论。

几乎所有的网站都设立了论坛，目前比较有名的论坛评论有天涯社区、人民网强国论坛，新华网的发展论坛等。人民网“强国论坛”是中国网络媒体创办的第一个网上时政论坛，被称为“最著名的中文论坛”。2008 年 6 月 20 日，在《人民日报》创刊 60 周年之际，时任中共中央总书记、国家

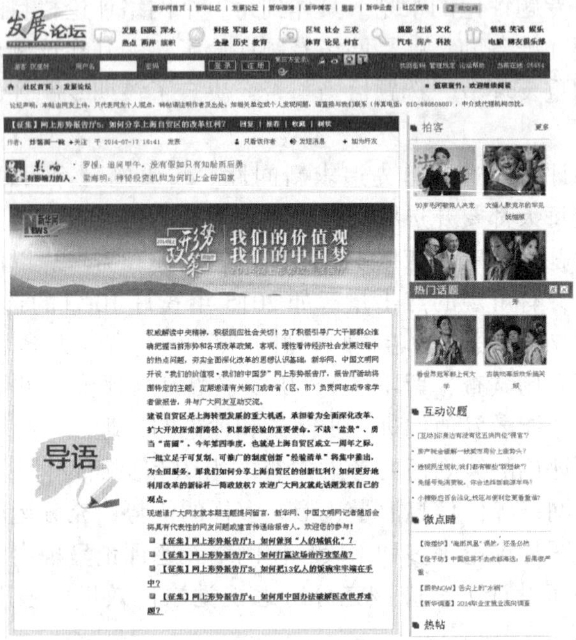

图 11-2 新华网发展论坛中征集话题的页面

主席、中央军委主席胡锦涛等来到人民日报社考察工作，并视察人民网。胡总书记在人民网强国论坛，通过视频直播同广大网民在线交流，他在回答网友提问时说：“虽然我平时工作比较忙，不可能每天都上网，但我还是抽时间尽量上网。我特别要讲的是，人民网‘强国论坛’是我上网必选的网站之一。”

天涯社区（www. tianya. cn）号称“全球最具有影响力的中文论坛”，以打造“全球华人网上家园”为愿景。天涯社区创办于 1999 年 3 月，因其开放、包容、充满人文关怀的特色，受到网民推崇，截至 2014 年 7 月，已经有 9257 多万注册用户，月覆盖用户超过 2 亿，拥有大量高忠诚度、高质量用户，互动原创内容丰富。

天涯社区有的帖子能达到几十万的点击量和几千条的回复量。如 2014 年 7 月 9 日 10：57 分网民 tingyu2014 发帖《2014 裸分家长致北京市教委信》，该帖截至 7 月 17 日已经有 326755 的点击次数，有 6902 条回帖。这个数据是相当惊人的，说明该帖子引发的讨论激烈，参与人数众多

（见图 11-3）。

图 11-3　天涯社区部分热帖目录截图

面对移动互联网时代，公司基于天涯社区无线客户端推出了“微论”产品，通过持续的创新打造全球移动兴趣社交平台。近期，天涯社区还大力布局旅游电子商务平台业务，推出了“天涯客”旅游电子商务平台，并成立了天涯客智慧旅游技术研发中心，致力于“智慧旅游”的产品和技术研发。

除了上述网络论坛评论之外，还有一些新兴独立网站评论也属于以互动为主的论坛评论。之所以被称为“新兴”，是因为形式上的独特，往往由网民发起一个问题，受邀人或者“路人”参与其中，来“回答问题”，表达观点。如知乎网、果壳网以“你问我答”的形式，对当今社会的各种热点问题以及科学知识提出问题，让网友自由发表自己的看法，既能很快引起热烈的讨论，又能从多个视角回答问题，颇受网友欢迎。这些网站还借助微博、微信等新媒体平台，方便网友从各个接口进入，使更多的人能够参与进来。

以知乎网为例，相关的行业人士会在知乎平台上发布一些专业性问题，然后可以指明请该行业的某位或者某几位专家对该问题进行解答，这些专家大多在知乎上拥有较高的信誉度和知识储备，虽然话语权不如一些意见领袖那样重，但同样能够在相关行业里起到作用，并且给其他网友以普及知识的作用。

这种类似于“百度知道”的提问回答式的讨论，不见得全部都是新闻评论性质的发言，但是这种新的发言方式，能让最好的“评论”获得最多的“赞”，一直高高屹立于页面的顶部。当然，也允许其他的争议存在，会一一列在获得最多赞同的评论的下面。

类似知乎这种新兴平台的还有很多，例如果壳（志趣科技网站）、妞博网等。这些网站还同时拥有微博、微信、豆瓣等官方账号，每天将最为热门的话题推送到微博和微信等 SNS 网络上，让更多的网友参与评论和讨论，在论坛讨论中进行口碑传播，不断提高网站的知名度。

3）网络专题评论

网络专题评论是最能体现网络媒体原创水平的评论板块，一般设在评论频道中，由网络媒体围绕某个热门话题或某个热门新闻事件展开的集纳式评论。目前已经成为各大门户网站打造品牌、展示原创能力的一个板块。

对网络专题的界定很多，但对网络评论专题，界定非常少，也许是因为，网络评论专题本身就是网络专题之一种。

千龙网前任总裁周科进认为，网络评论专题是网络媒体的一种重要表现形式，通常围绕某一特定主题（如突发事件或宣传主题），设计固定的专题页面，进行图片与文字、即时新闻与相关资料，有时还会有音视频的集中报道。①

有研究者认为，网络评论专题是设置在“评论”频道下的，由网站评论编辑部来策划的，围绕某一特定的评论话题，运用多种表现手段，对各方观点的评论集纳整理后，形成网站对话题的特有的观点，并以固定的页面呈现给受众的一种新的新闻表现形式。②

网络专题评论伴随着互联网的兴起而产生。2003 年前后，新浪、搜狐、网易已经发展壮大，号称三大门户网站。但这几家网站的新闻信息主要来自报刊等传统媒体资讯的转载。为了提高竞争力，同时也为了避免同质化，部分网络媒体试图在“原创”上做文章。2004 年前后，网易创办了“今语丝”的网络专题板块，栏目想要效仿鲁迅创办《语丝》杂志，以集纳同好的声音，来集中传递一种信息，所以将专题称为“今语丝”系列。之后，各大知名网站纷纷推出了自己独具特色的专题评论。腾讯网 2005 年 12 月推出《今日话题》；凤凰网推出《每日话题》，后改称《自由谈》；搜狐则推出

① 周科进：《网络媒体表现形式的集大成者》，载《新闻战线》2004 年第 6 期。

② 杜敏：《“网络评论专题”研究》，华中科技大学 2011 年硕士论文，第 12 页。

了《点击今日》。目前，网络专题评论已经成了许多网站的常设板块、必备内容。各个网站的专题评论频道或栏目各有特色，各自拥有一批忠实的读者群。

在各大网络专题评论栏目中，腾讯网《今日话题》属于创办较早，长期发展较为稳定，目前表现最为突出的网络专题评论。

《今日话题》于2005年12月创办，自2007年4月起几乎每天更新一期，周六周日也不例外，截至2014年8月31日已发布2902期，在几大网站的专题评论中更新最勤、推出总期数最多。该栏目的主导思想是“做专业的评论、用常识解读新闻”。《今日话题》选题来源宽泛，包括社会潮流、时尚文化、突发事件等不一而足。为进一步贴近“今日”二字，注重制作有关时事和社会热点问题的评论专题，其中不少选题属于网络热门事件，如“幼童香港便溺争端：无关文明有关情绪”、“万人抵制的‘逼婚’广告揭露了什么”、“‘最强大脑速算’，奇迹还是骗局”都成为《今日话题》探讨的话题（见图11-4）。

图11-4 “今日话题”页面首屏截图

最早创办专题评论栏目的网易，在2010年10月改版之后，提出“有态度的门户”的内容建设理念。其专题评论栏目《另一面》给自己的标注是：新闻没有告诉你的事。而《另一面》的官方微博标签是：“有态度的《网易另一面》——你所不知道的新闻另一面。”① 由此可见，对新闻进行另一种

① 《另一面》官方微博，http：//weibo. com/theo therside163？is_all＝1。

解读，是栏目的主旨和目标。

因此《另一面》，在追踪热点新闻事件的时候，往往会换一个角度，换一种思路来进行解读。如对台湾地沟油事件的解读，台湾警方 2014 年 9 月 4 日通报，查获一起以“馊水油”（即地沟油）等回收废油混制食用油案件。后查明经地下油厂提炼的地沟油，被强冠公司收购，再提供给下游 235 家业者，出货问题油数量为 782 吨；下游厂商总计 971 家，卫生局稽查已掌握问题油品流向 645 吨，地沟油事件席卷台湾食品行业，许多知名食品老厂“躺枪”。网易《另一面》第 1151 期以这个事件作为选题，但标题是“日本人没听说过地沟油”，针对有关台湾地沟油源自 60 年代的日本的说法进行了解读，认为这个说法没有依据，日本不可能产生地沟油，因为按日本法律规定，废弃食用油必须作统一回收，不可能再被食用。针对企业的废弃食用油从搬运到回收处理的整个流程都有管理单跟踪登记，一旦违规可判 5 年以下有期徒刑。日本家庭废弃食用油也不能倒进下水道，要先做固化处理，再作为可燃垃圾回收。日本政府出资鼓励家庭回收废弃油精炼，使用所制生物柴油的公共车辆会标明“这辆车用的油就是天妇罗油生产的”等广告语。借用日本对待废弃食用油的做法，事实上解读了我国地沟油之困。这个角度与众不同，的确是《另一面》的解读。网易《另一面》的这种另辟蹊径的解读思路在很多节目中都体现出来，如第 1145 期《美国医生对“医闹”：你不仁我须义》，议论 2014 年 8 月底，复旦大学附属儿科医院骨科主任马瑞雪宣称“将不再为‘医闹’女子的孩子提供继续治疗”的事情。第 1131 期《发达国家靠强制医疗责任险防“医闹”》，针对湖南湘潭产妇死亡事件展开议论。这些都采用了另辟蹊径的独特解读思路。

《另一面》值得称道的还有栏目组的勤奋和坚持，这个栏目从 2010 年开始创办，属于每日更新的栏目，截至 2014 年 8 月 30 日，已经推出了 1145 期节目。栏目的长期稳定，能够很好地吸引忠实受众（见图 11-5）。

这些网络专题评论栏目各有自己的特色，即便有时候会撞题或观点趋近，但因为各自不同的风格而做成了不同的专题。对于门户网站来说，做专题是对之前没有新闻采写权的一种补偿。同时由于各大门户网站竞争的需要，又促使网络专题评论成为了门户网站的必备内容之一。

网络专题评论最大的特点是围绕一个核心选题展开议论，议论的方式多种多样，可以是摘录传统媒体评论、网友自发评论、编辑发表意见等，可以通过文字、图片、音频、视频、超链接等多种形式进行。

网络专题评论在面对重大事件和重大问题时有自己的优势：可以多向

图 11-5 《另一面》首屏截图

度、多方面展开评论和解读，可以集纳多种看法和意见进行争鸣。但目前在有些网站并不太受重视，网络专题评论的潜力和前景尚有待开发。

4）博客评论

Web2.0 时代的到来，使“三客”——博客、播客、微客一度盛行。Web2.0 的核心技术就是让用户参与创造内容，网民能自主上传、发表自己想传播的各类信息。这一技术变革引发博客一度繁荣，有大量网民开通博客并在博客平台上自由发表意见和看法。

博客评论作为网络时代众多网民的一种发言平台，一直都发挥着作用，影响着成千上万网民的态度和意见取向。比如说，号称“天下第一博”的徐静蕾的博客，以及点击率排名靠前的韩寒、杨澜、李开复等等名人的博客，因为名人效应加上博客博文本身拥有的含金量和可读性，使得网民趋之若鹜，通过点击查看这些人的博客获取信息或者观点。李开复被尊称为中国的“青年教父”，与他在博客中频频发表谈人生、谈创业、谈生活等评论性质的博文密切相关，这些名人的博客有时候已经超出记录生活片段的个人日志，成为影响社会舆论的一分子。

博客的兴起还带动了首批“草根红人”，一些原本默默无闻的平凡网民，因为精彩的博文，逐渐积累起大批粉丝，成为网络上的“红人”。

在微博、微信兴起之后，到了2014年，博客已经大大没落了，很多博主纷纷在博客中公开自己的微博账号或微信号，表明自己已经转移“战场”，但仍有少数忠诚用户习惯性地使用博客。截至2014年6月，我国博客和个人空间用户规模为4.44亿，较2013年年底增加772万，增长率为1.8%。网民中的使用率为70.3%，比2013年年底略低。其中，博客的使用率为19.3%，用户规模为1.22亿；个人空间的使用率为65.1%，用户规模为4.11亿。

作为一个内容发布平台，博客的内容相对较长且缺乏与用户的互动，不能满足人们随时随地关注、发布信息的需求，逐渐被其他社交应用的功能所替代，在竞争中逐渐转变为小众化应用，如今博客的发展呈精英化、专业化的特点；个人空间的发展则恰恰相反，它保持与用户共同成长的产品创新能力，集合了当下流行的社交产品的多种功能，完成了向社交类应用的转型，满足了用户的社交需求，用户规模和使用率一直保持在较高水平。①

博客不能满足人们随时随地关注、发布信息的需求，这对于发布新闻信息来说的确是缺点，但对于发布新闻评论信息来说，不见得是缺点，特别是那些时效性要求不高、针对社会生活中的普遍问题和社会公众关注的社会话题的新闻评论，能够经过思考和沉淀，完整地在博客中呈现。

二、新媒体评论

1. 新媒体评论的兴起

随着网络技术发展日益成熟，新的传播形态层出不穷。随着手机加入互联网应用大军，手机报、微博、微信等不同传播平台纷至沓来。2010年被称为“微博元年”，2013年被称为“微信元年”。“新媒体”的概念被提出，并日益成为传媒学界业界关注的焦点。

什么是新媒体？学界、业界众说纷纭，有很多种定义。一种意见倾向于将通俗所说的网站和新媒体合二为一，统称为新媒体。另一种意见倾向于将网络与新媒体分开看待，网络媒体包括搜索引擎、网络电视、网络报纸、网络期刊、博客、播客、微博及各类网站等；新媒体主要指手机媒体和智能电

① 中国互联网络信息中心：《第34次中国互联网络发展状况统计报告》，2014年7月。

视，手机媒体包括短信彩信、手机报纸、手机期刊、手机图书、手机电视、手机微博等类型。新媒体的外延还会随着技术的发展而不断扩展。与传统媒体相比，新媒体的特征是：即时性、开放性、个性化、分众性、信息海量性、低成本全球传播、检索便捷、融合性等。但是新媒体的本质特征在于技术上的数字化、传播上的互动性。

本书采用后一种界定，因为网站与新媒体相比较，无论从呈现形态、内容设置还是阅读习惯等各方面都有区别。

网络与新媒体，已经成为不可分割、互相扶持、一起前行的一个整体。新媒体建立在网络的基础之上，离开了网络，无从谈新媒体。而目前网络亦融合新媒体，微博本来就有网络版，可以与手机同步；微信也可以在网络上查到内容，只是目前与手机微信尚不能对接。

目前，网络与新媒体正以不可思议的速度迅速蓬勃发展。2016 年 1 月 22 日，中国互联网络信息中心（CNNIC）发布第 37 次《中国互联网络发展状况统计报告》显示，截至 2015 年 12 月，中国网民规模达 6.88 亿，互联网普及率达到 50.3%，半数中国人已接入互联网。同时，移动互联网塑造了全新的社会生活形态，“互联网+”行动计划不断助力企业发展，互联网对于整体社会的影响已进入到新的阶段。

在 Web2.0 时代，互联网似乎成为一切活动的必备和所需，购物、求职、社交、娱乐等，越来越多的人已经熟悉并习惯于依靠网络和新媒体去获取资源、办理事务。

根据《中国新媒体发展报告（2014）》显示，自 2013 年以来，中国新媒体发展进一步呈现移动化、融合化和社会化加速的态势。在这种态势下，中国新媒体出现了四个显著的变化，基于新媒体的微传播已经成为促进中国社会发展的新动力：

第一，微传播成为主流传播方式。基于移动互联网的微博、微信、微视频、客户端大行其道，微传播急剧改变着中国的传播生态和舆论格局。

第二，传统媒体和新兴媒体正在加速融合。传统媒体纷纷推出新媒体战略，拓展传播空间，而新兴媒体凭借技术优势整合传统媒体资讯再传播，新媒体引发又一轮传媒革命。

第三，新媒体的社会化属性增强。功能不断拓展的新媒体正在快速向政治、经济、社会、文化各领域延伸。微政务成为创新中国社会治理的新路径。新媒体引发产业升级和互联网金融热兴。微交往、微文化正在推动社会结构变革和文化发展。

第四，新媒体安全成为最重要的国家战略。新媒体正在超越传统媒体成为跨越诸多领域的“超级产业”，而新媒体的安全问题日益成为各国国家战略考量的重点。

2013年以来，在顶层设计的强化下，中国新媒体在社会发展中的战略地位进一步凸显。中国正迈步从新媒体大国走向新媒体强国。①

中国互联网络信息中心预计，手机网民规模在2013年全年激增8009万之后，潜在手机网民已被大量转化，手机网民在网民中的占比已经处于相当高位，未来一段时间我国手机网民增长将主要依靠创新类移动应用迎合非手机网民潜在网络需求来拉动。而微信正是一种创新型的移动应用。

在新媒体蓬勃发展的同时，新媒体评论也随之兴盛起来。

目前尚没有发现对于“新媒体评论”这一概念所做的界定，只有少数相关的概念界定。如微博、微信等新媒体中所发表的评论被称为“微评论”，《深圳特区报》评论员邓辉林认为，微博上的评论只能叫微评，不能叫微评论，因为“微博只有评，没有论”。② 而《中国青年报》评论员曹林则持相反观点：“微评论虽然只有140字，但已经包含了一篇好的新闻评论所应该具备的所有要素：醒目的标题、独到的论点、形象的比喻、流畅的语言和清晰的论证。”③ 其实，无论微评论中有没有展开论证，只要它发表了意见和看法，符合新闻评论的界定，就可以算新闻评论之一种。

新媒体评论实际上就是新闻评论在新媒体中的发展，也就是通过新媒体传播的新闻评论，具体而言，新媒体评论就是通过新媒体传播的、具有原创性的，针对新闻事件或当前存在的社会问题发发表意见或态度的一种方式。新媒体评论可以是文字的，也可能是图片的，还可以是音频或视频的，或者以上几种方式的叠加。

2. 新媒体评论的特征

1）快速化

---

① 中国社会科学院新闻与传播研究所：《中国新媒体发展报告（2014）》，社会科学文献出版社2014年版，第1~10页。

② 邓辉林：《学者：微评论只有评没有论　只能叫微评》，载《中国新闻出版报》，2013年5月21日。

③ 曹林：《微评冲击下传统媒体评论的创新空间》，载《中国记者》2012年第9期。

新媒体最大的特点是传播快速，新媒体评论也相应地具有快速化的特点。平时我们可以看到，许多热门新闻事件一传出来，网络上各种议论马上就出来了，微信朋友圈被刷屏，可见新媒体评论传播之快。红网“红辣椒评论”频道有一个知名栏目《马上评论》，顾名思义，强调的就是评论的快速时效，经常新闻报道上午发表，该栏目下午就可以看到相关评论，这是以前的报纸评论所不可想象的。快速化是新媒体评论的优势，但也不能因为快而不放弃深度。

2）零碎化

零碎化是新媒体评论最突出的特征，相比较传统新闻评论有完整的论点、论据、论证，新媒体评论冲击人们对新闻评论的一贯印象。尤其是微博评论，限于140字，这样的意见表达是碎片化的、零零星星的。即便是逻辑严密论证充分的意见，也可能被微博的字数要求所切割分裂，同时被瞬间上传的大量其他信息冲击得支离破碎。更不用说，大部分微博发表意见时，并没有经过深思熟虑，而只是零碎的感受、即刻的想法。在各种各样数量巨大的跟帖评论中，更多三言两语的点评。

3）情绪化

新媒体评论叠加了人际传播网络和新闻信息传播网络，其传播中介是私人手机或其他移动终端，所以很多时候使用者并不觉得自己是在公共场合，从而在发表意见时往往会私人化、情绪化。我们时常会看到，对于引起民众公愤的新闻事件，新媒体评论中“杀”、“死”这样的字眼应接不暇。如对2014年山西男童被伯母挖眼事件，微信朋友圈里杀声震天。对于2015年微信朋友圈里疯传的“抢孩子”事件，很多人在微信中咬牙切齿、狂骂人贩子。这时候，理性的思考让位于感性的情绪发泄，评论有时候变成了对骂，脱离了理性的范畴。这种意见态度表达，成为新媒体评论的显著特征之一。

3. 新媒体评论的类型

1）微博评论

2010年号称微博元年，这一年的流行词汇就是“织围脖（微博）”，而后微博迅速流行开来，与博客相比，微博最大的优点就是内容短小、传播便捷、交流开放。微博总字数不超过140字，对篇幅的限制反而对人们是一种解放，使得再繁忙的人也可以随时抽空写上一两条。微博可以通过手机、电脑随时随地发动，方便快捷。此外，微博转发和阅读也很方便，意见交流是开放式的。这些优点促使微博很快普及繁荣。

而微博传播的内容中，有很大一部分属于新闻性的评论，即对新闻事件、热门社会话题、当前社会现象进行的议论和评价。任何人都可以通过微博评论，自由表达自己对事物的看法、对社会人生的感悟体会。虽然微博评论不一定那么专业和精辟，但是最重要的是实现了全民平等的话语交流。

随着微博平台的流行，众多传统媒体和从业者都向微博转移，纷纷开设官方微博或实名认证的个人微博，目前《人民日报》、《南方周末》、新华社等国内大小媒体，几乎都在微博上有官方账号，这些媒体官方微博的内容兼顾新闻和评论两大块。而新闻工作者更善于借助微博这个平台传播自己观点、扩大个人影响力。一些传统媒体评论员、新闻记者的实名认证微博，以其精到直率的点评，很快拥有大量粉丝，迅速发展成网络与新媒体领域的“意见领袖”。比如中国青年报社的评论员曹林，在微博上粉丝量逾 40 万之多；曾经的《南方周末》专栏评论人、《人物》杂志主编李海鹏，其粉丝量也有 16 万之多，这充分说明了微博评论的覆盖面和影响力。

除了传媒和传媒人的微博狂欢之外，还有很多不知名的民间人士，也因其在个人微博中发表意见和看法大受欢迎，很快发展成所谓的“草根红人”。

此外，众多企事业单位也纷纷开设官方微博，主要用于及时发布信息，树立和维护组织形象，必要时进行危机公关，等等，这些微博中也有少量评论性信息的发布。

微博评论已经成为微博传播中不可分割的重要内容。

2）微信评论

从 2011 年腾讯推出微信开始，微信就几乎在一夜之间占据了人们的手机。微信原本只是一款即时通信工具，用于手机用户之间发短信、发图片，还能分组聊天和视频对讲，最大的优势是费用非常低，几乎免费。因此很快替代 QQ 和电信联通等的短信功能，成为广受欢迎的手机应用。而微信平台不断推出新功能，直到最后公众平台问世，打破了微信的人际交往工具的局限，成为可以公开发布信息的媒体性质的平台，微信评论也应运而生。不少人在微信平台运作以评论为主要内容的自媒体，几乎所有的媒体都参与了微信评论。如今，微信评论日益繁荣，甚至不少传统媒体以微信评论作为媒体变革的突破口。

微信最吸引人的地方在于它几乎是免费的，用户只需要支付运营商流量费用。通过走 GPRS 流量，或者连接无线网络，可以发文字、音频、视频消息。微信比短信更方便，微信还具有实时对讲机、视频聊天等多种功能，微信发送图片、语音、视频非常方便。因此，一夜之间，人们都知道了微信。

微信的快速普及，得益于其方便新鲜的用户体验，也得益于2013年年底开始的“嘀嘀打车”微信支付推广活动和2013年除夕的“微信抢红包”活动。据腾讯财付通统计，除夕夜参与红包活动的总人数达到482万。

从2013年开始，微信俨然已经出现了替代微博的势头。微博用户开始下降，微信用户开始上升，据中国互联网络信息中心的调查，网民有从微博向微信转移的趋势。

微信官方的公开信息显示，截至2014年7月底，微信月活跃用户数接近4亿，微信公众账号总数580万个，日均增长数由去年的8000个上升至1.5万个。单是微信平台推广功能公测7月份期间，已有8000多个广告主、1000多个流量主参与其中。可见微信改版的影响面十分广。微信总用户超过6亿，而2012年8月微信公众平台的推出，使得这款手机应用从人际沟通工具拓展为公共信息传播平台，由此微信具有了媒体的性质。①

微信公众号的传播模式是“订阅—推送”：当用户关注了某个微信公众账号之后，它就会向你推送消息；取消关注，它就不会再推送了。这种传播模式具有精准传播的特点，虽然小众，但传播达到率高、传播效果好。

微信评论是指通过微信这种即时通讯应用所发送的，具有公共性指向、含有理性思考的评论性信息。依据评论主体的不同，微信评论有以下几种类型：

一是朋友圈微信评论。朋友圈微信评论是指在朋友圈内对各类新闻事件、热门话题等展开的评论，包括在朋友圈内直接发表评论、朋友圈好友的留言点评、朋友圈内发起群聊等发表意见和看法的评论信息。朋友圈微信评论类似于朋友私聊，优点是具有相当高的私密性，既然不是公开面向社会，言论便无拘束无限制，表态更真诚更直率。

微信朋友圈还有一个特别的功能是发起群聊，此时相当于一个小型的网上沙龙。发起人能够勾选决定哪些好友参加这次群聊，这样有助于按照不同类型的话题来组织不同的朋友展开讨论。

二是微信自媒体评论。微信兴起后，出现了一批以评论为专职的微信自媒体。他们充分发挥微信公众平台的传媒属性，以个人名义开通微信公众账号，相当于个人开设了一个媒体，通过优质内容来吸引志趣相投的订阅者，

① 《互联网前沿追踪：微信公开账号阅读数》，载《人民日报》，2014年8月7日。

每天向自己的订阅者推送某一类型的信息。他们各有自己的特色和风格，以过硬的内容吸引了相当数量的铁杆粉丝，有的因此淘到了微信的第一桶金。如微信公众号“罗辑思维”，属于知识性脱口秀节目类型，每周更新一期，每期由罗振宇就某一个知识性主题展开自己的梳理和评价。2013年，“罗辑思维”成了最火的自媒体，一年内粉丝数量达110万。“罗辑思维”还创造性地开创微信自媒体会员制之先河，率先尝试互联网收费模式，在不承诺任何会员服务的前提下，6个小时的时间内，有5500个会员自愿付费订阅，募集会费160万元。第二次招募付费会员，一天入账800万元，创造了微信自媒体的运营神话。“罗辑思维”的成功说明，微信自媒体评论有广阔的需求，有很大的发展空间。

但是，2014年8月7日，国家互联网信息办公室正式发布《即时通信工具公众信息服务发展管理暂行规定》，共十条。对即时通信工具服务提供者、使用者的服务和使用行为进行了规范，对通过即时通信工具从事公众信息服务活动提出了明确管理要求。这个规定被称为“微信十条”。其中第七条规定规定，“新闻单位、新闻网站开设的公众账号可以发布、转载时政类新闻，取得互联网新闻信息服务资质的非新闻单位开设的公众账号可以转载时政类新闻。其他公众账号未经批准不得发布、转载时政类新闻”。按照这一规定，所有微信自媒体都不能转载和发布时政类新闻。而在现行文件中，“时政类新闻”不仅包括新闻报道，也包括新闻评论。微信自媒体评论受到严重冲击。与此同时，各类传统媒体开设的微信评论迅速崛起。

三是媒体微信评论。媒体微信评论是微信评论中整体质量最高的部分，包括媒体以及媒体评论部官方认证的微信公众账号所发表的评论性信息。

媒体官方微信公众号大多发布的是新闻信息，但也会有部分评论信息。如《人民日报》微信订阅号的菜单包括“微博精粹”、“每日热点”、“特色栏目”三大板块，“特色栏目”又包括“人民时评”、“人民论坛”等栏目，主要转载当天纸质媒体的相应栏目内容，触击不同的菜单和子菜单，就会自动收到该板块当天的信息推送。

媒体评论部门官方微信以推送评论性信息为主，除了转载传统媒体的评论外，有的还会增加一些适合微信的其他评论。如《人民日报》评论部的官方微信“人民日报评论”，除了转载《人民日报》上《今日谈》、《人民论坛》、《人民时评》等报刊评论专栏外，还另外设有“高层”、“聊政事儿”等微信专栏。

此外，还有不少传统媒体评论部开设多个微信公众号，以便进行多样化探索，如《人民日报》评论部开设有“人民日报评论”、“侠客岛”、“沸腾”多个微信公众号。

媒体的评论部门入驻微信，能更好地进行舆论引导，在新媒体平台上有效缓解社会矛盾，在几亿网民中弘扬社会主义主流价值观，推进社会迅速稳定科学向前发展。

4. 如何做好新媒体评论

1）针对新媒体的传播特点进行评论信息生产

新媒体评论与传统媒体评论最大的区别在于传播平台的不同，不同的传播平台，对所传播的信息有不同的要求，因此，应针对新媒体的传播特点来进行评论信息的生产。

其中，微博传播平台的特点是短小精悍（140 字的字数限制）、发表方便。相应的，微博评论也具有短小精悍的特点。在 140 字的篇幅内，无法详细介绍新闻事件、社会话题等评论对象，也没有进行充分论证和深入分析的余地，必须直奔主题，用最精练的语言将自己的观点和意见表达清楚。对比评论员曹林发表在《中国青年报》上的评论，和他在自己微博上发表的微博评论，就可以看出这种区别（见图 11-6）。

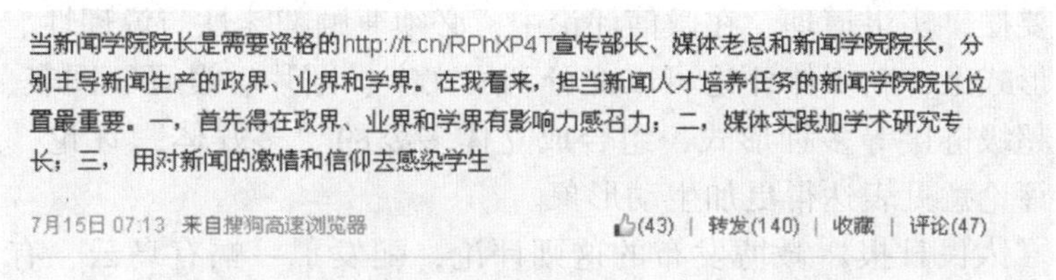
当新闻学院院长是需要资格的http://t.cn/RPhXP4T宣传部长、媒体老总和新闻学院院长，分别主导新闻生产的政界、业界和学界。在我看来，担当新闻人才培养任务的新闻学院院长位置最重要。一，首先得在政界、业界和学界有影响力感召力；二，媒体实践加学术研究专长；三，用对新闻的激情和信仰去感染学生

7月15日 07:13 来自搜狗高速浏览器 (43) | 转发(140) | 收藏 | 评论(47)

图 11-6 曹林微博截图（来源：新浪微博）

如图 11-6 所示微博，这条微博是《中国青年报》曹林对林治波当新闻学院院长一事的评价，林治波原为人民日报社驻甘肃记者站站长，由于曾在微博上发表否认 20 世纪 60 年代大饥荒的历史、赞美原重庆模式，被有些人视为“左派”。他被任命兰州大学新闻学院院长的消息传开后，曹林 2014 年 7 月 15 日在《中国青年报》发表评论文章《当新闻学院院长是需要资格的》，在自己的微博同步发表评论内容。但是，发表在报上的评论文章连标题一起共有 1382 字，在微博中仅用 140 字表达意见，还包括标题和链接网址。对比这条微博和同题评论，你会发现微博短短一百多字的确已经覆盖了

全文的主要观点，只是更精练、更简洁。

也有一些微博将一篇长文割裂成几个微博连续发，但这样有可能破坏观点的整体性，使得微博碎片化的缺点进一步凸显。

而微信则不受字数限制，甚至可以比报刊评论更长、更具有深度。但微信评论推送时需要考虑到手机屏幕的大小，每天的推送页面应设计简洁凝练，正好手机屏幕一个屏大小的篇幅，仅推送标题或摘要，如果受众有阅读兴趣，再点击阅读全文即可。

微信还要配图推送。微信公众账号“扬州日报”经过一段时间的摸索，将推送时间定于上午九时左右，使用户一上班就能接收到前一天的重要新闻和当天的重要新闻预告。经过考察，他们还发现，推送内容为一条主消息加四条辅信息为佳，以图文结合形式推送，这正好是手机屏幕所能显示的容量。①

“央视新闻”公众账号编辑团队经过多次调整，先后向订户推送过央视主持人口播语音信息、独家视频信息，最终形成了目前“早晚推送精选新闻图文专题，随时推送重大突发新闻独家资源，以图文素材为主，注重多媒体搭配”的推送模式。

2）兼顾趣味性与说理性

对于传统媒体来说，新闻评论一直是一件严肃的事情。评论有说理性的特性，要摆事实讲道理。在微信评论中，必须兼顾趣味性与说理性。

在形式上，新媒体评论可以充分利用文字、图片、漫画、图表、音频、视频、超级链接等多种形式，组合成立体多姿的“多媒体”评论，最大限度地使评论意见表达得更加生动形象。

如《人民日报》微博发布的这则评论，配发了一幅有乌云、有阳光的图片，充满寓意（见图11-7）。

从语言表达来说，新媒体评论拒绝官话、套话、空话。比如高度重视、明确要求、英明决策、擂响战鼓、着力打造、切实加强这样的词汇，带着浓浓的“官”味，很容易引起网民的反感。正如评论员曹林所说：“评论需要表达效率，而太装的辞藻设置了阅读障碍。”新媒体评论天然远离文绉绉、晦涩难懂的成语典故，青睐网络热词、滑稽搞笑的语言，正如某新媒体评论员自称“半个段子兽，半个评论猿”，道出了新媒体评论注重趣味性的表达特征。

① 周保秋：《微博公众平台建设“三部曲”》，载《传媒观察》2014年第5期。

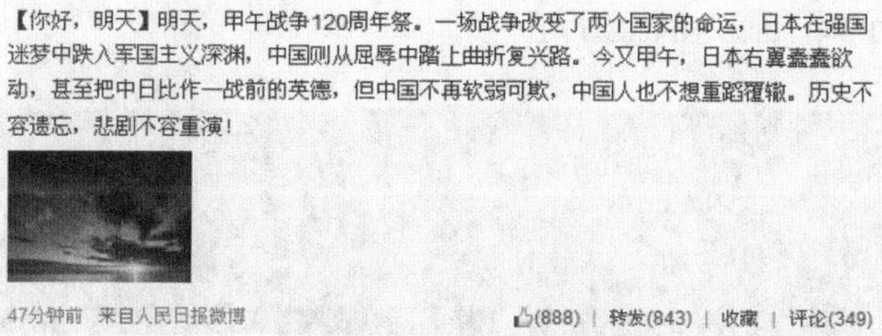

图 11-7 附带图片的微博评论

2015 年 10 月 27 日，国内外多家媒体报道了美国军舰进入中国南海岛礁 12 海里一事。一时间，议论纷起，《人民日报》评论部出品的微信公众号“侠客岛”推出评论的标题是《别怕，山姆大叔只是傲娇了》，这样的语言表达，在《人民日报》纸质版上是不可能出现的，而在新媒体平台，这样的表达才会让网友觉得亲切（见图 11-8）。

3）善于借力热门事件

网络新媒体时代，各种话题起起落落，有的会得到持久的讨论，有的很快就被遗忘。一般来说热点话题、有争议的话题更容易得到人们的关注。

如法国当地时间 2015 年 11 月 13 日晚 21 点多，巴黎爆发了令全世界震惊的恐怖主义袭击事件，造成至少 132 人死亡。其中，法兰西体育场附近发生 3 次爆炸；巴黎第 11 区的柬埔寨餐馆被恐怖分子开枪扫射；巴塔克兰音乐厅有 100 多人被劫为人质，而恐怖分子根本没有谈判的意图，直接朝在场民众肆意开枪扫射，时长达 10~15 分钟，整个剧院被“血洗”。这一重大消息立刻在全世界传开。《北京青年报》评论部的微信公号“团结湖参考”在北京时间 14 日下午 15：30 推送了 1 篇评论《巴黎恐袭引发疑问，我们的世界会好吗?》，15 日早上 8：04 再推出 2 篇评论《抱歉，我想不出更好的答案》、《枪响巴黎，欧洲的衰落令人悲伤》，16 日早上 8：30，第三次推出与此相关的评论《在不安的世界里，见义仍需勇为》。3 次推送均扣住这个新闻热点，而 3 天的阅读量依次落减，第一天的 1 篇为 44529，第二天 2 篇的阅读量分别为 37708 和 25590，第三天的 1 篇阅读量为 23282，可见，随着巴黎恐怖袭击时间热度的递减，评论的阅读量也在递减，也说明了紧跟热点的评论更容易受到关注（见图 11-9）。

争议性话题也同样容易获得关注。自己发起争议性的话题，或参与争议

【解局】别怕，山姆大叔只是傲娇了

(原创) 2015-10-27 今日湖图 侠客岛

"秀老二"

这事挺怪的。

一早醒来，一个美国朋友给我留言，说可了不得啦，西方媒体都在搞一个大新闻，说我们美国的船都打进你们中国南海了。

我揉了揉眼睛，确信是在21世纪的中国。国土全球第四，经济全球第二，中文全球第一，人口人类第一，老干妈宇宙无敌，大半夜睡不着刷微信的拉着小手能绕美国国境一圈。断无被打之虞好嘛。

稍作淡定之后，开始扒拉新闻。果不其然，拉森号军舰今天一大早进入南沙群岛渚碧礁12海里航行。

图 11-8 微信公众号“侠客岛”评论截图（网页版）

性话题的讨论，不失为一个提高被关注机会的好途径。“@人民日报”非常善于用这一招，比如下面这条微博，就是议论一件大家争论激烈的事情，一位老人将公交车上唯一的空位让给自己十六七岁的孙子坐下，然后指责旁边的人不让座位给自己（见图 11-10）。

“让座”本来就是一个全民性的话题，容易引发受众的共鸣。《人民日报》微博参与这一热门事件，更容易博得受众点击阅读。

4）勤于耕耘，持续发布

新媒体评论要想获得较高的人气和影响力，首先就要勤于耕耘，每天都有新内容、新信息，才能刺激粉丝不断光顾，成为黏度较高的铁杆粉丝，所发微博、微信的阅读量才能比较高。设想一下：一个几周甚至几个月不发表新内容，原有的粉丝还会那么“铁”吗？只要几次没有新内容，粉丝可能

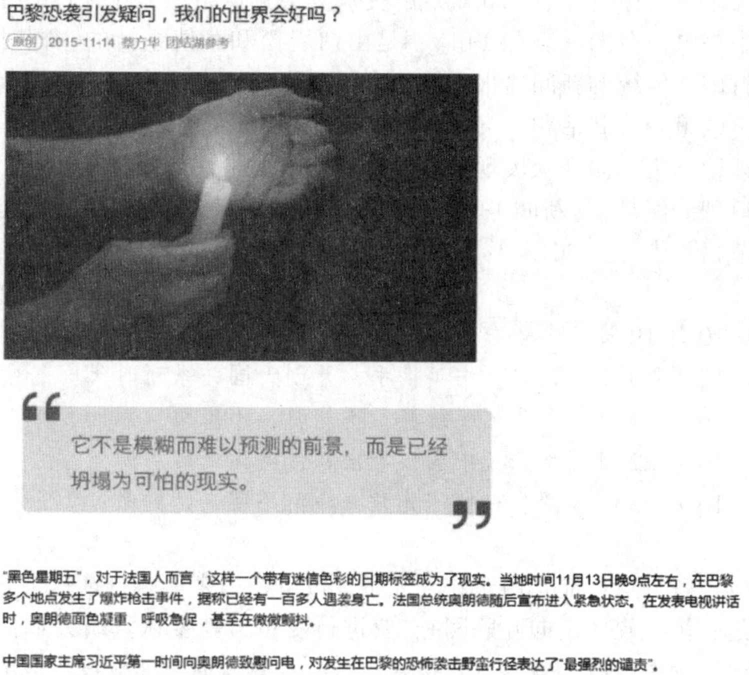
巴黎恐袭引发疑问，我们的世界会好吗？

原创 2015-11-14 蔡方华 团结湖参考

它不是模糊而难以预测的前景，而是已经坍塌为可怕的现实。

“黑色星期五”，对于法国人而言，这样一个带有迷信色彩的日期标签成为了现实。当地时间11月13日晚9点左右，在巴黎多个地点发生了爆炸枪击事件，据称已经有一百多人遇袭身亡。法国总统奥朗德随后宣布进入紧急状态。在发表电视讲话时，奥朗德面色凝重、呼吸急促，甚至在微微颤抖。

中国国家主席习近平第一时间向奥朗德致慰问电，对发生在巴黎的恐怖袭击野蛮行径表达了“最强烈的谴责”。

图 11-9 微信公众号“团结湖参考”评论截图

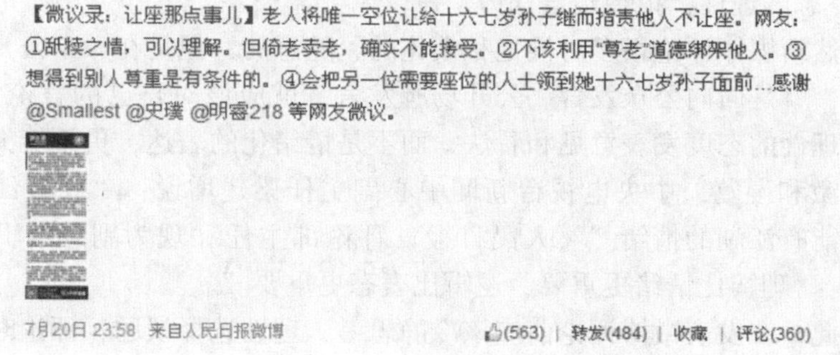
【微议录：让座那点事儿】老人将唯一空位让给十六七岁孙子继而指责他人不让座。网友：①舐犊之情，可以理解。但倚老卖老，确实不能接受。②不该利用“尊老”道德绑架他人。③想得到别人尊重是有条件的。④会把另一位需要座位的人士领到她十六七岁孙子面前...感谢@Smallest @史璞 @明睿218 等网友微议。

7月20日 23:58 来自人民日报微博 (563) | 转发(484) | 收藏 | 评论(360)

图 11-10 “@人民日报”的微博评论截图

就懒得再光顾了，甚至最后取消关注。

不但要勤于更新，更新的内容还应追求原创性。如果仅仅只是将原有的传统媒体的评论搬到新媒体平台上，受众则会觉得没必要订阅和关注；如果新媒体评论没有原创性意见和观点，受众则会觉得索然无味、日渐远离。

如中央电视台的《新闻1+1》，是由白岩松和董倩主持的一档时事评论栏目，打破了传统的新闻播报方式，大胆采取现场直播形式，每期节目从国内的时事政策、公共话题、突发事件中选取当天最新、最热、最快的新闻话题展开评论分析，向观众展现事件的全貌，解读事件真相，在观众心目中有良好的口碑。但是，《新闻1+1》开通的微信公众号，绝大部分推送的内容却只是节目预告。如2015年10月份某一周的微信内容标题：

10月19日　预告　无处安放的秸秆？
10月20日　预告　中英携手，开创大国关系新时代！
10月21日　预告　不敢腐，不能腐，不想腐，靠什么？
10月22日　预告　中国核电出口，英国之后去哪儿？
10月23日　预告　留守儿童，为何不留老师的命？

可以理解，这可能是由于缺乏人手，没有精力来认真打造这个微信公众号。但是，传统媒体走向互联网+，要进行变革，就要认真研究如何运用新媒体平台来发展自我，就要认真投入、苦心经营，而不能仅仅当成节目预告单；否则，除了抢占了一个微信号名称之外，这样的微信公众号有多少存在的意义呢？

5）态度理性，拒绝语言暴力

虽然新媒体评论很多时候是私人化的、随意的，但是在一个公开的平台上发表，就是面向公众发言。公开场所发言，就应该对自己的言论负责任，应该以理性的态度发表意见和看法，而不是情绪化的表达，更不能失去理性走向偏激和谩骂，中央电视台新闻中心副主任梁建增说："要有江山的情怀，不能有江湖的情绪。"《人民日报》评论部主任（现为副总编辑）卢新宁认为："理智比情绪更重要，逻辑比表态更重要。"

因此，在发表微博评论前应该冷静思考，理性选择议题；评论时避免冲动和情绪化，做出理性判断；写作时用语要中立客观，进行理性表达。

如"@南都评论"对于2014年马航飞机被导弹击落，荷兰遇难者遗体回国仪式的评价，就没有煽情、没有激动，而是冷静、理性的分析（见图11-11）。

而2014年的"方崔大战"，则是不冷静、不理性用语的典型。方舟子

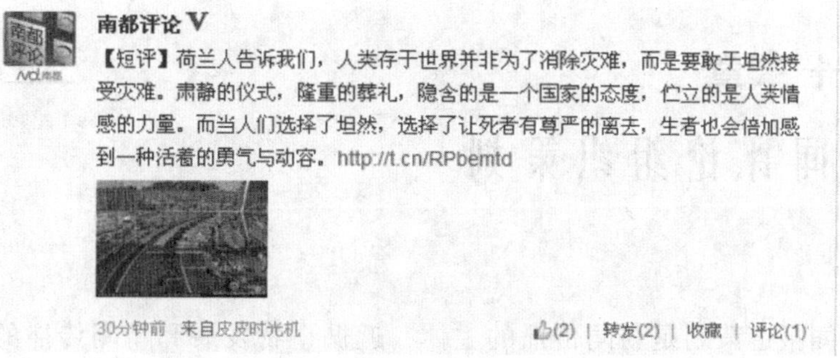

图 11-11 “@南都评论”截图，来源：新浪微博

和崔永元因为对转基因食品有不同看法，争论越来越激烈，甚至恶言相向，最终闹到法庭上。

有的网民由于自身文化素养所限和个人因素，喜欢在微博中宣泄、放纵、搞笑。甚至因此出现了网络“哄客”，他们通常匿名或以“马甲”的方式现身，发表具有明显的攻击性和嘲讽性的言论。有时候，失去理性的网民形成一边倒的片面意见，对意见不合者进行谩骂和语言围攻，使得其他网民不敢发声，集体偏离了理性的轨道，甚至出现其他极端情况。如 2013 年“林妙可受辱事件”，2013 年 3 月 29 日，林妙可一家人去一家面店吃拉面，当晚 7：14，“@林妙可”顺手发了一条带图的微博。“我替服务员来抻面，还挺有意思，吃起来更香了，有机会你们也试试自己动手抻面。”原本很健康很生活化的内容，却因受到一个名为“@山川青空”的博友的关注和转发，竟在无聊网友间引发了一些成人话题和不知所谓的露骨调侃！当晚 11 点左右，“@林妙可”连发两条微博，对网友评论表示愤怒，并要求微博网站净化环境。其实自从微博流行以来，微博论战、微博攻击的新闻就不绝于耳，成为微博评论中的负面成分。

本来，对事物有不同看法，是很正常的事情，应有求同存异的宽大胸怀，能够容忍不同看法，能够尊重不同看法，这样，思想争鸣才可能持久，思想才有活力，我们才可能在争鸣中越来越接近真理。

但是，一些非理性、情绪化、偏激的观点容易引发群体性的负面情绪，裹挟着大家卷入情绪的洪流，非但于事无补，反而有时候会对社会产生负面影响。要避免先入为主地在新媒体评论中加入个人情绪立场。在冷静思考、全面了解后再写评论，这样的评论才能有力量。新媒体评论应拒绝“语言暴力”，保持评论语言的干净，营造理性舆论环境。

第十二章 新闻评论组织策划

新闻报道策划是新闻传播的主体，遵循事物发展和新闻传播的基本规律，围绕一定的目标，对已占有的信息进行科学的分析和研究，着眼现实，发掘已知，预测未来，制定和实施相应的政策和策略，以求得最佳效果的创造性的策划活动。① 随着受众需求的日益增多和丰富，媒体竞争的日趋激烈和市场化，新闻单位实施新闻报道策划将会越来越多。消息、通讯的写作和一些公益活动需要策划，对新闻评论来说，也是少不了评论者和组织者的精心策划。本章主要介绍报纸和网络评论的组织策划。

一、报纸评论的组织策划

1. 报纸评论的表现形式

在研究报纸评论的组织策划前，报纸评论常见的几种表现形式有以下几种：

1）社论

社论是代表报社、杂志社或通讯社编辑部就某一重大问题发表的言论。政党机关报的社论代表主办该机关报的党的领导机关的意见。② 社论是报纸上最重要的评论。一般来说，它是针对中央的大政方针和重要的国际国内事件而写作的评论。20 世纪 50 年代曾任人民日报社总编辑和社长的邓拓同志说过："一个报纸有没有社论，是不是经常有社论，广大读者对社论阅读的情况怎样，这些都是重要的政治问题。我们有理由认为：社论是表明报纸政治面目的旗帜，报纸必须有了社论才具有完全的政治价值。"③ 1958 年 1

① 赵振宇：《新闻报道策划》，武汉大学出版社 2015 年版，第 7 页。

② 冯健主编：《中国新闻实用大辞典》，新华出版社 1993 年版，第 102 页。

③ 邓拓：《关于报纸的社论》，见《邓拓文集》，北京出版社 1986 年版，第 308 页。

月，毛泽东同志还专门就社论的写作问题给广西省委负责人写信，明确指出：“你们自已、宣传部长、秘书长、报社的总编辑，要共同研究。第一书记挂帅，动手修改一些重要的社论，是必要的。”① 由此看来，社论的重要性是不言而喻的。但是，在我们的报纸版面上，不仅是地方的党委机关报，就是中央的报纸也很少看得到社论文章。

现在我们的许多报纸很少发社论，究其原因，主要是对社论的期望值要求过高，总把它作为教育的角色。另外，现在不少报纸还恪守60年前延安时期的规则，即社论是代表党中央向下级发指令。这一现状必须改变。社论应该给人们以启发，而不是发指令。社论的话题要更加贴近群众，主流媒体应该尽快恢复社论版。② 现在已经有一些新兴报纸开始注意这一问题了。

2）评论员文章

评论员文章是一种比社论较低一点的言论，它也是代表编辑部就某一方面的工作或某一事件而发表的重要评论。评论员文章一般有两种形式，一种是不署名的评论员文章，一种是署名评论员文章。一般来说，不署名的评论员文章“官方”的色彩浓一些，而署名的评论员文章“民间”的色彩浓一些。为了强调贯彻落实的重要性时，一般刊发不署名的评论员文章，这样的文章常带有某种行政的或指导性的意见；而着重帮助人们端正思想认识，分清一些界限时，则常用署名评论员文章，这样的评论写作活泼，个人色彩较重，人们读起来较为亲切，有利于融洽双方关系。

在评论员文章中，有时根据需要安排一种署名“本报特约评论员”的文章。一般来说，刊发这类文章，大多是约请有关方面的负责人或有关方面的专家，就中央或地方的某项重要的文件和政策精神的贯彻落实，而进行的阐释和宣传。

我们曾对《人民日报》的社论、本报评论员作过调查③——

每遇重大节令、重要会议，或有其他重大事件发生，发表应景式评论几乎已成为中央党报和各级地方党委机关报的常规动作。“所谓‘应景文章’有两种，一是适应当时的情况、形势而写，一是迎合当时节令而作。”④ 被

① 转引自丁法章：《新闻评论教程》，复旦大学出版社2002年版，第230页。
② 周建明：《新世纪首届新闻评论高层论坛论文》，华中科技大学，2003年。
③ 李文学：《“应景评论”的调查与思考》，华中科技大学2014年硕士论文。
④ 赵振宇：《新闻评论通论》，清华大学出版社2014年版，第308页。

视作“政策风向标”和“官方代言人”的《人民日报》，由于其特殊的政治地位，发表在它上面的“应景评论”，无疑具有广泛地代表性。

第一，宣传的需要。“我们的各级媒体担负宣传任务，无论是召开重要会议、出台新的方针、政策，还是部署工作，总是能掀起热潮，出现‘万媒同声’的景象。”① 这是媒体宣传功能的表现。

第二，社会动员和组织公众的需要。媒体最大的宣传能量，就在于启迪公民的责任意识，激发他们参与公共生活的积极性和主动性。

第三，媒体自身“发声”的需要。作为媒体的灵魂、旗帜、心脏、眼睛和发声器的评论文章，相比其他报道形式，更能代表和反映出一个媒体的品格和理念，是每个想要打造自己公信力的媒体，不可或缺的组成部分。特别是遇到一些重大事件或重要节日，第一时间发表评论，表达媒体的观点和立场，已经成为惯例。这也成了“应景评论”缘何能长盛不衰的关键所在(见表12-1)。

表12-1 **配合形势类评论示例**

日期	标　题	作者
2012年		
2月2日	强化农业科技创新　确保农产品有效供给	社论
3月5日	忠实反映人民意愿　切实推动国家进步——热烈祝贺十一届全国人大五次会议开幕	社论
3月15日	乘势而上再谱发展新篇章——热烈祝贺十一届全国人大五次会议胜利闭幕	社论
4月11日	坚决拥护党中央的正确决定	本报评论员
7月27日	为新的荣誉和贡献努力拼搏——祝中国奥运代表团再创佳绩	本报评论员
8月13日	书写奥林匹克更大光荣——热烈欢迎中国体育代表团凯旋	社论
10月13日	保障城乡居民　促进公平正义	本报评论员
11月30日	用实干托起“中国梦”	本报评论员
12月10日	改文风　写新风	本报评论员

① 刘建明:《为“应景文章”诊脉》，载《新闻战线》2013年第2期。

续表

日期	标　题	作者
12月11日	在发挥优势中共圆中国梦——祝贺全国工商联十一大胜利闭幕	本报评论员
2013年		
3月3日	团结就是力量　民主才有活力——热烈祝贺全国政协十二届一次会议开幕	社论
3月13日	踏上新征程　开创新局面——热烈祝贺全国政协十二届一次会议胜利闭幕	社论
4月3日	转作风　正学风　改文风	本报评论员
4月25日	灾难中凝聚不屈的力量	本报评论员
6月7日	以公平的名义向高考致敬	李泓冰
6月27日	把梦想写在更高远的天空——热烈祝贺神舟十号凯旋	社论
9月27日	为实现中国梦凝聚起强大精神力量	本报评论员
10月31日	保障房政府主抓　商品房市场主导——论加快推进住房保障和供应体系建设	天山
11月13日	没有比脚更长的路	本报评论部
12月15日	积极稳妥引导城镇化健康发展	社论

组织策划配合形势的新闻评论，需要把握以下属性和特征：

首先，这种配合形势类的“应景评论”，其对“应景”的需求度，优先于其他评论价值。例如每年两会开闭幕式时所发的社论，尽管好评不多，但却年年俱在，并占据了媒体重要的版面或位置。

其次，这种配合形势类的“应景评论”，其“政治属性”优先于“新闻属性”。这类评论多为配合某项政治活动、某项方针政策出台做解读，政治意图大于新闻追求。

再次，这种配合形势类“应景评论”，相比于一般新闻评论注重“观点表达”，其更看重评论的建设性和引导力。即便是针对大的自然灾害、突发事件等所做的“应景评论”，其角度或着眼点，也都异于一般新闻时评。它多是站在政府角度，宏观论述，或安慰群众，或指导救灾（见表12-2）。

表 12-2 **应景节令类评论示例**

日 期	标 题	节令	作者
2012 年 1 月 1 日	让我们一起成就梦想——元旦献词	元旦	社论
2013 年 1 月 1 日	迈向充满希望的 2012——元旦献词		社论
2012 年 3 月 5 日	雷锋，这个名字不仅属于中国	雷锋纪念日	钟声
2013 年 3 月 5 日	你我心里都有一个雷锋		赖宁
2012 年 3 月 8 日	勇立时代潮头 展现巾帼风采	妇女节	本报评论员
2013 年 3 月 8 日	男女平等是一种现实权利		本报评论员
2012 年 5 月 1 日	做改革发展稳定的主力军——写在“五一”国际劳动节	劳动节	社论
2013 年 5 月 1 日	用劳动创造托起中国梦		社论
2012 年 5 月 4 日	让青春之光闪耀复兴之路：纪念中国共产主义青年团成立 90 周年	青年节	社论
2013 年 5 月 4 日	青年当向着社会出发		金 苍
2012 年 7 月 1 日	肩负人民期望 引领社会进步——热烈庆祝中国共产党成立九十一周年	建党日	社论
2013 年 7 月 1 日	永与人民同呼吸共命运——热烈庆祝中国共产党成立九十二周年		社论
2012 年 8 月 1 日	中国特色社会主义的坚强柱石——庆祝中国人民解放军建军 85 周年	建军节	社论
2012 年 10 月 1 日	奋进在充满希望的中国道路上——庆祝中华人民共和国成立 63 周年	国庆日	社论
2013 年 10 月 1 日	为现代中国凝聚梦想力量——热烈庆祝中华人民共和国成立 64 周年		社论
2012 年重阳节	重阳皓首话“余热”	重阳节	黄团元
2013 年 10 月 13 日	推动老龄事业与经济社会协调发展		本报评论员

每逢重要的时间节点，应“时”而评，已然成为各级媒体的常规动作和默契。如果对“节令类应景评论”再加详细考察，我们又可以将其归属

为两类：一是为自然节气（如24节气等）而作的“应景评论”；一是为纪念日（如国庆等）而作的“应景评论”。但不管是为“自然节气”，还是为“人文纪念日”而作的“应景评论”，它们除了保持“配合形势类‘应景评论’”的共性外，还在某种程度上，表现出自己的个性。

首先，此类“应景评论”有烘托节日气氛的作用。例如每到新年，各个媒体所刊发的“元旦献词”，其除了惯常的思想宣传作用外，还有烘托节日气氛、鼓励和动员群众的作用。如《人民日报》近几年的“元旦献词”：《迎接奋发有为的二〇一〇年》（2010）、《在把握机遇中迎接下一个十年》（2011）、《迈向充满希望的2012》（2012）、《让我们一起成就梦想》（2013）、《让今天的改革为明天铺路》（2014）、《为明天共筑常青基业》（2015）、《新开局要有新作为》（2016）等，题目本身就已经散发出浓浓的节日气氛，为元旦佳节增色不少。

其次，节令类“应景评论”还表现出周期性、重复性这样一个特征。因为相对于节令来说，基本都有固定的时间和内涵。所以，在写作时要特别注意，在表达立意、行文方式等方面要避免“年年岁岁‘节’相似，岁岁年年‘文’相同”的弊端。

2015年第2期《中国记者》杂志邀请华中科技大学新闻评论研究中心研究员张强博士，对当年元旦献词的时代特色和创新进行解析，对我们认识这个具有中国特色的评论品种会有更加深刻的感受和认识（见表12-3）。

表12-3 **2015年中国部分媒体新年献词一览表**

媒体	新年献词	媒体	新年献词
人民日报	为明天共筑常青基业	南方周末	你对美好的向往关乎国家的方向
新华社	满怀信心成就新的梦想	新京报	时间未老，理想仍在
光明日报	改革再破浪 法治更前行	南方都市报	十八岁，再次出门远行
经济日报	为梦想增添新动力	东方早报	在竞争中永生
中国青年报	最温暖的终端是人心	华商报	仰仗陌生的慈悲 铭刻生活的良善
求是	奋力推进“四个全面”	华西都市报	谢谢，有你在

续表

媒体	新年献词	媒体	新年献词
北京日报	更多担当 更大作为	北京青年报	祝福奔腾的时代
解放日报	拥抱变革	武汉晚报	追梦的力量
长江日报	相信美好的梦想和前程	深圳晚报	2015 愿每个人都被世界温柔相待
深圳特区报	2015，每一缕阳光都是新的	大河报	新常态孕育新希望
湖北日报	岁月浩荡成歌	新闻晨报	没有奇迹，只有足迹
广州日报	善哉斯水 滚滚吾前	重庆晨报	一日之计在于晨，一年之计在于新
经济观察报	我们要做的就是改变世界	新浪网	我们将这样描述世界
央视	有梦想，负重行	凤凰网	情怀依然沸腾
中国新闻周刊	欢迎来到不确定世界	政治家网	圆梦人，政治家
扬子晚报	共同的希望会让我们濡沫相帮	齐鲁晚报	新年献词
燕赵都市报	2015，惟愿你有更多机会享受幸福	三湘都市报	桃花依旧笑春风
都市时报	奋斗 2015，在希望的田野上	三峡晚报	2015，羊 洋 扬
京华时报	让观念引领我们的时代	楚天都市报	拥抱 2015
晶报	一起守候春天的请柬	楚天金报	为了你的明天你的笑

调查发现，2015 年度中国 40 家媒体的元旦新年献词，如果仅就单篇的写作水准和魅力而言，会发现它们中的绝大部分有可圈可点之处：党报党刊的新年献词在强调宏大叙事的同时，也濡染了足够的人文主义情怀与温度，感性、柔软的话语冲淡了意识形态叙事的冰冷色彩；而都市报的新年献词，在情怀营销方面总是不遗余力，意象性的价值书写，柔婉的话语风格，赋予新年献词一种迷人的品格。

然而，如果从比较的视角来审视中国媒体 2015 年度的新年献词，问题就来了：尽管它们由不同的媒体所生产，但新年献词无论从内容、情感、意象，还是形式、诉求、价值倾向，都有着强烈的同质性。几乎每家媒体的新年献词都在谈论梦想、理想、情怀、希望、幸福、新常态、打虎拍蝇、改革再出发……呈现出内容重复、抒情空洞的一面，某种意义上也彰显出当今新年献词“虚假繁荣”的特征。

作者指出：突破模式化窠臼，成为媒体新年献词普遍面临的当务之急。文体层面，应冲破评论和散文主导的局面，引入更多元的文体尝试。内容层面，不应一味地单向度铺陈“光明”、“希望”、“幸福”、“进步”、“乐观”、“跨越”、“伟大”等肯定性内容，亦应适度指出时代发展中不可能避免的一系列问题；从肯定和“问题”两个维度呈现中国的真实，而真实是最有力量的。情感层面，应极力避免心灵鸡汤式的情感倾向，坚决纠正情感上的矜夸与失控，为献词文本注入真正接地气和接人心的人文主义情怀。话语层面，不应迷恋华丽辞藻，而应以平实而不失优雅的写作风格，赢得受众的认可。①

3）短评

短评是指报纸上刊发的短小精悍的评论文章，一般是一事一议或配发的评论。短评的形式也有多样，有个人署名的小评论专栏，这是中央和地方报纸都普遍采用的一种形式，如《人民日报》的《今日谈》等。这类评论文章三五百字，时效性强，参与者多，很受读者欢迎。除此，还有专门与新闻报道相配合的编者按、编后等不署名的评论文章。这类评论大多由报社的编辑同志写作，他们在看了报道后觉得需要提请读者注意或强调的问题，于是用上几百字刊发一篇评论，起到画龙点睛的作用。

4）记者点评、述评文章

这是近些年来逐渐发展起来的一种评论形式。记者到了现场，在采访中，发觉新闻的背后还有许多问题需要研究说明。于是，在写作中，记者有的针对新闻事件进行评说，有的则是对一类现象进行报道和评论。记者点评和记者述评一类的评论文章，是将报道和评论两者融为一体的表达形式。在这种形式中，有的侧重于新闻事件的描述，有的则侧重于意见的表达，这些写法都因记者个人的素质和爱好各异，也因被报道的事件性质和情况而定。

记者点评和记者述评在现实中展示着它的特色和优势：

---

① 张强：《何以超越模式化——2015 移动互联网时代的新年献词解析》，载《中国记者》2015 年第 2 期。

第一，记者点评能更准确地表达自己的意见。记者是直接采访写作新闻的报道者，深入一线，对事物的把握相对他人来说要准确一些，对问题的认识要深刻一些。于是，由他们撰写此类稿件也更准确一些。

第二，记者点评可以增强时效性。一般来说，记者在写新闻报道时就已经酝酿好要评论的方面，往往是点评配同报道一起传到报社。当然，也有编辑指定记者写的情况（这正是因为记者比编辑更了解情况）。这样一来有利于编辑有更多时间处理新闻，不必再殚精竭虑评上几句（除非记者没有说到点子上）。

第三，记者点评也有一定的权威性。此类评论虽然不及本报评论员的权威性，但由于记者的特殊身份，它比一般的署名小评论的权威性又要强一些。

第四，记者点评有助于提高记者的理性思维。新闻评论以其逻辑严密、观点独到、论述深刻而著称，要求一般高于以感性思维为主的新闻报道。就事论理，就实论虚是其特征。记者经常锻炼写些评论有助于培养自己的逻辑思维、抽象思维，可以更好地把握新闻报道的规律，提高判断新闻价值的能力。①

5）系列评论

为了针对某一重大问题和事件而刊的一组评论文章，一般在 3 篇以上。系列评论所反映的问题比较重大，而且涉及面也较广，在一篇评论文章里很难说清楚、说完整，需要将重要的问题分割开来，一篇一篇地辨析和阐释。系列评论一般来说都是围绕一个大的主题，分成若干小题目来做，各篇独立成篇，又相互联系成为一个系统。

写作系列评论文章，要围绕主题而展开，不能形散神也散。系列评论的发表，能使读者从总体上对所阐释精神的把握，从具体方面又能加深印象。一般来说，报纸上的系列评论刊发次数不能太多，次数太多，势必会冲挤其他方面的单篇评论，减少评论的话题；每个系列评论的篇数也不宜太多，5~7 篇为宜。篇数太多，论述过细，就有啰唆累赘之感，相反收不到好效果；系列评论每篇刊的时间间隔不宜过长，一般三五天或一周间隔刊发一篇为宜。系列评论每篇之间间隔太长，就会削弱系统的整体效应。一般来说，做系列评论要事先确定主题和各分题目，安排写家分头操作，编辑部要在时

① 许海滨：《一种新兴的评论样式——记者点评》，载《采 写 编》2002 年第 1 期。

间和版面上予以保证。

2. 报纸评论的策划方式

上面主要介绍了一些评论的表现形式，这些形式都是为一定的主题服务的。随着新闻评论在报纸上重要性的加强，评论的策划也开始受到人们的重视。下面介绍几种报纸评论的策划方式：

1）大众参与评论

一般来说，评论员文章是评论员的专利，由评论员自己撰写。这些年来，有的报纸邀请社会各界群众代表人物，在深入基层的编辑的协助下，撰写富有理论思考的群众系列评论。这一新探索，不仅使编辑部原有“单向”引导舆论的评论专业人员扩充了“新军”，形成了自上而下和自下而上相结合的“双向”引导舆论的评论队伍；而且群众代表撰写的评论，更加密切联系了改革开放和建设大潮中群众关注的热点、难点问题，结合了当地的实际和个人的切身体会，运用通俗易懂的群众语言，通过事实说话论理的逻辑力量和先进榜样引导舆论。因此，这些为新闻评论注入了新的生机和活力，具有贴近性、可信性和吸引力。这种群众系列评论，不只是运用评论引导舆论方式上的创新，还充分体现了我们党的新闻工作走群众路线的优良传统在新的历史时期的发扬光大，同时也体现了人民群众既是改革开放和经济建设的主力军，又是形成正确舆论的主体。

大众参与式评论只能是报纸整个评论中的一部分，因为很多关于贯彻落实中央和地方领导机关精神指示的评论是无法由群众参与写作的。大众参与式评论的选题和撰稿人要精心选择，这是搞好参与评论的关键一环。以上两点是我们策划这一类评论时要注意的。

在广泛组织大众参与评论外，有的选题要经过编辑认真讨论并邀请有关专家撰写。如 2014 年 12 月 9 日，针对中央经济工作会议提出的中国经济工作的主要任务仍然是“促进经济持续健康发展和社会和谐稳定”。《人民日报》评论部编辑认为，要全面实现经济健康发展与社会和谐稳定这两大目标，需要三个“新”，即：主动适应经济发展新常态、创造新优势、做出新贡献。他们决定邀请同济大学财经与证券市场研究所所长石建勋撰稿。12 月 10 日，在评论版的专栏中刊发了石建勋的《中国经济需要三个“新”》一文。评论讲到作为最大的新兴经济体，中国坚持“稳中求进”，主动适应新常态，依靠改革创新和创造实现经济的转型升级，着力保障经济持续健康发展和社会和谐稳定，就是对全球经济可持续健康发展最大的贡献。

除了邀请专家参与评论写作外，还有不少的报纸开辟了与读者相互交流、沟通、探讨问题的参与性评论专版。这类专版一般有一个讨论主题，提前预告，参与者十分踊跃。在这些版面上，大到国家时政外交，小到个人情感波折，从最传统的伦理道德，到最前卫的流行时尚，都可以是圆桌的讨论话题。通过充满建设性讨论、发言和质疑，捍卫最大多数人的利益，改善城市的环境，改善市民的生活质量，推动这座城市的全面发展和社会进步。

在大众参与的评论中，"对话评论"也在兴起。如《人民日报》不定期对某一话题组织对话评论；《环球时报》在2014年12月推出了整版的对话评论《"反占中"联盟发言人：香港现在是"暴民逼民反"》。原来的《大家谈》刊发的文章都是每期一篇，一个作者，表达一种观点。《对话》则打破了这种惯例：一期栏目同时刊发两位作者的文章，两篇文章分别表达两种观点，"公婆"同时上场对话，互相举证辩论，让场下的裁判（读者）从他们的互相辩论中判断是非曲直。这种对论方式比过去单篇独论、自说自话的新闻效果，自是另辟蹊径，别有成功之处。①

在策划读者参与专版时，他们注意把握好新闻性、地方性和建设性。

所谓新闻性，是指话题由新闻事件或新闻事件引出的。主要表现在以下几个方面：第一类话题直接取材重大时政新闻，如"选举下岗，是社会进步还是误用权利"、"干部任前公示怎样才能有效"等讨论。第二类话题是新闻事件引起的社会现象，如"黑哨事件引起的裁判受贿腐败现象"、"如何规范中小学乱收费"、"我们该如何对待'网吧'"等。第三类话题从"时令"中产生，即从老百姓每个时期所关注的焦点中提出问题，交给读者讨论。如每年七、八月，高考都是全社会关注的焦点。组织"谁制造了越来越重的'名校情结'"、"估分填报志愿合理吗"的讨论，就会收到较好的效果。

所谓地方性，说的是该版涉及的话题大多与报纸的在城市发生的事件有联系，这样可以增强传媒与受众之间的亲密度，也有利于扩大自己的销售量。作为一张地方报纸不是说不能谈地方之外的事情，而是说它的报道内容毕竟和全国类的大报有不同。作为身居本地的读者和外地经过本地的读者，都想知道这座城市最近发生了些什么事。一张地方性的报纸，如果天天讨论的都是一些外地的焦点，就难免有隔靴搔痒之嫌。时间久了，就

① 巴晓芳：《观点竞争中的创新——以"对话型评论"的兴起为样本》，载《新闻前哨》2009年第6期。

会失去读者。

所谓建设性，就是要通过善意的批评、朴素的异议、平等的对话，从思想上澄清一些模糊认识，一点一点地推动社会进步和管理的完善，维护公众利益。如“谁制造了越来越重的‘名校情结’”、“估分填报志愿合理吗”、“如何规范中小学收费”、“水电欠费‘连坐’妥当吗”等，话题虽然尖锐些，但是由于讨论始终坚持了“建设性”的原则，照顾到了方方面面的意见，对促进地方的建设和发展起到了积极作用。

组织策划群众参与谈话类的评论专版特别要注意组织好选题。

选题的确定大体上可以考虑以下几点：一是受众关心的较为重大的问题，如中国承办 APEC 年度领导人峰会，中国在乌镇举办首届世界互联网大会，埃博拉病毒爆发，等等。由于问题重大，受众关心，专版组织好了，就能满足人们的求知欲望，同时也可以为大众提供一些知识性的服务。二是与受众联系较为密切的问题，如大学生招生、分配、就业的问题，下岗职工的再就业和医疗、保险问题，房屋建设中的质量问题、装修问题、环境问题、保安问题，城市居民的交通、卫生、饮食、物价问题等。类似这些民众的柴米油盐衣食住行，时时处处与大家有关，作为一个评论专版，不能不涉及这些问题。而且，这些问题会随着时代的变化不断发生改变，永远做不完。当然，选择这类话题，要注意处理好理论与实际的关系，现实与发展的关系，个人与集体、国家的关系等问题。一切从建设的角度出发，既联系实际，又说明道理，更指出发展的趋势，给民众以信心和鼓舞。三是要选择现实生活中暴露出来的矛盾和问题，如机构设置、人才培养、领导方法和官僚主义、形式主义、腐败现象等问题。这些问题有的是改革发展中出现的新问题，有的问题存在严重地阻碍着我国改革开放的进程，群众意见很大。一个负责任的媒体评论，自然要联系这些活生生的实际，组织大家参与讨论，针砭时弊、出谋划策、集思广益，这对提高民众的参与意识，监督和促进政府工作是大有好处的。自然，这类选题也要谨慎从事，积极对待。选择那些群众既关心，领导也想解决，经过上下努力又可以在较短时间内解决或改善的问题。千万莫要只图一时的快活，组织大家万炮齐放、轰轰烈烈，看似热闹，但又不能解决问题，有时候还给政府有效地解决问题增添麻烦，这是一切从事新闻工作者要注意的。四是采取多种方式组织选题。选题的内容涉及方方面面，版面的组织者可以到该选题主要涉及的部门或单位听取意见，组织选题。如可以到人大、政协、妇联、总工会及一些政府职能部门，与它们一起商量选题；也可以与电台、电视台和网站合作，发挥多种媒体的传播功能，产生互动效应。有可能还可走到基层单位直接听取意见，共商选题，这对于调动双方和多方的积极性是大有好处的。

2）个人署名专栏评论

近些来，在“本报评论员”文章研究创新和改革的形势下，不少报纸推出了自己的专栏作者，开辟了个人署名评论专栏。这里要特别介绍一下《杨柳青》专栏。

《杨柳青》是《河北日报》一版上的一个言论专栏，20年来，这个每篇千余字、不定期刊出、楷体字排版、手写体署名的个人专栏，已发文800余篇，共100余万字，其中多篇文章在省内和全国范围内获奖：该专栏1994年被《中国新闻年鉴》作为“新闻改革典型”予以介绍；1995年被评为河北省“优秀专栏”；1997年，该专栏主笔储瑞耕被评为第二届“全国百佳新闻工作者”；1999年获中国首届名专栏；2004年获“韬奋新闻奖”。

《杨柳青》的作者20年来写了大量群众关注的热点、难点问题，作者也经常到农村、厂矿作调查研究。在写作上尽量采用群众的视角，也正因为此，《杨柳青》才给人以亲切感和说服力。该专栏文章受欢迎还和作者具有敢于揭露丑陋坚持正义的勇气和胆识，敢于坚持真理，敢于讲真话有关。比如腐败现象，是党和人民都深恶痛绝的。腐败现象之一即为权钱交易，人民对此极为不满。一次《杨柳青》的作者与一“大款”相遇，那个“大款”一句“半夜叫狗可能叫不来，叫某某领导立马就到”的话，使他大为震惊，联系到媒体披露山西侯马市盗窃文物一案中少数领导干部与坏人勾结的情况，感到这种关系的肮脏和由此反映出来的问题的严重性，于是写了一篇《就领导干部同大款交朋友事向领导干部进一言》，而后又接连写了再进言、三进言、四进言。此系列言论一发，立即引起反响，读者说，党报敢正视这一问题，说明了我们党惩治腐败的决心。此篇评论被评为中国新闻奖二等奖。两个半月后《人民日报》刊发了中组部的文章《领导干部不能傍大款》。

个人专栏的成功，需要领导的支持和全体编辑部集体的努力。1996年的《关于战胜困难的通信》（10篇）、1997年的《关于形势的对话》（8篇）、1998年的《谈舆论监督》（4篇），几乎都是每日一篇，“雷打不动”。《乱定思痛》18论，《再就业六题》，也都是分三次突出、隆重地连续推出，效果非常好。其中1997年《再就业六题》获中国新闻工作者协会全国征文一等奖。2008年，《杨柳青》走过20年，光荣谢幕了。为此，河北省委宣传部为它开了座谈会，《河北日报》刊发了评介专版，出版了《杨柳青20

年》。储瑞耕将该书赠与笔者一本。在书的封面上印着这样一段话：1988.2—2008.2，一家省级党报，在要闻版上，开设一个署名言论专栏，由一个人主笔，持续20年，在中国报纸史上没有先例，这就是《河北日报》的“杨柳青”。让我们永远记住这段话。

新闻评论个人署名专栏兴起的现实告诉我们：新闻工作者应该也可以具备学者和杂家的品格。新闻工作者广泛地接触社会，接触群众，职业的敏感性使其能够获得比一般人要多得多的新闻信息即研究素材，只要他们有心观察，又注重自己的理论学习和文字修养，是一定能够做出成绩来的。近些年来许许多多获得“邹韬奋奖”、“范长江奖”、“百佳新闻记者奖”的同行们，他们中的不少人已是经济学、哲学、社会学、心理学、教育学、编辑学、书评学、出版学等方面的专家了，有的已成为知名的作家、诗人、评论家、杂文家、摄影家、画家、收藏家，等等。当然，要达此目的，也不是一日之功、心血来潮即可奏效的。它需要时时的观察、日日的研究、不间断的学习、不松懈的努力，有时还要经受时势风云的考验，有的可能坐上冷板凳。但是，“世上无难事，只要肯登攀”，成果总会有的。

个人署名评论已在国内的报纸上出现，但还不普遍。这里有两方面的因素，一是有的报社和有关方面的主管认为报纸评论是党的声音，岂可由个人主持？二是由个人主持是否突出了个人？而且个人专栏的作者需要有较高的政治、理论、新闻和文学素质，不是什么人都能承担的。加强对个人署名评论专栏的扶持，加强对名评论员的培养，将是一项长期而艰巨的工作，但是，有一点是可以肯定的，随着报纸日益走向市场，个人署名评论将会越来越多。

3. 调查性评论

新闻评论一个重要选题来源就是新闻报道。于是，在一些有新意的新闻报道后，时常会涌现一批内容相似或雷同的评论。它促进了时评的发展，但同时也限制了整个新闻评论的广泛性。近年来，有的报纸开始组织策划一种新的形式的评论，调查性评论。

与一般时评不同，调查性评论它所评论的对象并不来自媒体已有的报道，而是作者在深入调查之后，根据调查所得的内容，边公布调查的结果、边进行评论。这种调查性评论，能够改变当前时评纯书斋式的创作方式。写时评虽非易事，但其最大的不足就在于作者只需根据已有的新闻事件进行判断和评论，进而导致大多数评论者只关注媒体的报道，却不关心身边发生的现实事件；只重视对已有新闻事件的评论，却无机会通过自己的调查来获取社会生活中真实的情况。调查性评论，就是基于调查研究后进行的评论，其最为根本的要求便在于作者应当身体力行进行社会问题发现，再运用扎实的理论知识，阐述有益的主张和进步的见识。①

《人民日报》于 2016 年 3 月 20 日刊发了一篇记者冯华下农村调研后写的评论《农民何时不再蹭“热点”》。作者最近听到一则农民蹭“热点”的新闻。说的是中部某县的一个村子里，村头小超市开了一个供村民免费上网的 WiFi，这一开不要紧，村民纷纷来这里蹭“热点”，有的村民甚至夜里打着手电穿过半个村子来蹭网，更有人撺掇店主升级宽带。由此作者想起了前不久去农村调研的经历——

白天考察当地的农村信息化建设，在小镇的信息指挥中心座谈时，工作人员兴致勃勃地演示该地区的互联网信息系统平台，结果由于网速太慢，一个网页几分钟都打不开。晚上住在农家乐，WiFi 信号时有时无，需要移动着接收信号。干脆关掉 WiFi 使用 4G 流量上网，结果在北京无往不利的 4G 居然没有信号，只剩下微弱的 2G 信号在闪烁。

根据调研实际，作者提出了农村网络基础不健全的问题存在的：

农民蹭“热点”的热闹场面，充分说明农村对上网的巨大需求。另一个方面，也反映了农村网络基础设施不健全的现状。这也是城乡数字鸿沟中最大的差距。如果说大城市中的网络基础设施面临的问题是网速快和慢，那么广大农村面临的最大问题则是网络有和无。

作者在文中两处列举了调查数据：

（第四段）有多少地方没通宽带网络？统计数据显示，目前农村仍有约 3.8 万个行政村没有通宽带，还有 70% 以上的农民没有利用互联网。此外，农村网络基础设施薄弱还体现在网络信息体系不连通，孤岛现象普遍；农业物联网设备成本偏高，农民用不起、用不上；农村公共

① 方浩：《一种新的评论模式——调查性评论》，载《中国青年报》，2004 年 7 月 9 日。

信息村级服务站建设和设施设备配置滞后等。

（第七段）国务院去年就提出力争到2020年实现宽带覆盖98%行政村，还要完善农村及偏远地区宽带电信普遍服务补偿机制，支持农村及偏远地区宽带建设；今年的政府工作报告又做出承诺，2016年推进5万个行政村通光纤，让更多城乡居民享受数字化生活。

在此基础上作者进行了论述——

农业现代化的推进越来越依赖信息化的发展。利用信息技术，依托“互联网+”，传统农业和农村、农民正焕发出新的活力。电子商务成为经济发展新的增长点，对生产、流通、消费全过程产生深刻影响。

正因为信息化有如此大的魔力，才更需重视网络基础设施薄弱的问题。以前是“要想富、先修路”，如今在“互联网+”的时代，“信息高速公路”同样给农业、农村、农民提供了一个弯道超车的机会。宽带网络是信息时代为农民提供的基本公共服务，是促进农业现代化和农村信息消费的重要支撑。有了宽带，农民才能与城市居民一样享受到智慧医疗、远程教育、电子商务等信息化发展成果。

要让好政策落地生根，需要各地区、各部门协同推进、多措并举。从中央到地方都要加大资金投入力度，健全考核、激励、补偿等体制机制，充分调动地方政府和企业推进农村地区网络基础设施建设的积极性。还要运用好市场手段，鼓励竞争，消除各种隐性壁垒和市场分割，让民营企业和社会资本也能参与进来，发挥企业主体作用。在推动农村信息基础设施建设的过程中，政府要做好规划、引导工作，将信息化与新型城镇化、新农村建设有机结合，提高效率。此外，提速降费政策也应惠及农村，不能让农村成为“盲点”，满足农村地区对网络的需求。

作者在这里发表的意见，完全是凭借自己调查的第一手资料，这是无可替代的。因而这篇报道不仅有了独家性，评论也是因此而发，也具有了权威性。这是其他评论无法比拟的。

策划调查性评论，一般要注意以下两点：

第一，调查性评论提供的事实一定要真实可靠。事实是评论的前提，如果前提都错了或有些不实，那么，结论是无法叫人相信的。为达此目的，要刊发此类评论，一定要请有关该话题的专业人士，或与他们同行，或核实他们的资料，确保事实和数据准确无误。

第二，所发评论要公正全面。由于作者到了现场，有了第一手调查资料，独家的新闻和评论是有保证的。但是，由于有了调查，有了感受，有时候又容易产生片面的和主观的认识。既是媒体评论，就要从大众的利益出发，从公正全面的评价出发，处理好情感与理智的关系。作为一名编辑，此刻要处理好与作者的关系，既要鼓励作者大胆发表自己的真知灼见，又要把握评论的公正与全面。

调查性评论是一种新的评论形式，它不同于专业的调查报告和学术论文，在其形式上还需要不断地探索和发展。

4. 社论批评

这是近年来我国新兴报纸出现的新品种。以《新京报》为例，它在A2版和A3版分别开辟了两个言论专版，一个是社论和来信专版，刊发本报评论员撰写的社论、评论和刊发读者对该报新闻报道和办报理念、办报方式的感想和看法，以及给该报提出的各种意见和建议。另一版则专门刊发读者投稿。这些稿件要求“就最近的热点新闻撰写文字精练、文采飞扬的时事短评。文章要避免牢骚和情绪化，要言之有物，最好能具有建设性”①。

“社论批评”是在社论专版刊发的对本报社论进行质疑、批评、补充、改进的稿件。一张报纸，除了在读者言论专版上刊发读者的各种言论外，还在社论版刊发针对自己本报社论的批评文章，这是一种办报观念的转变，这是一种民主意识的增强，这是一种为更多读者提供讲坛的好形式。多少年来，不论是办报人还读报人，都形成了这么一种印象：社论是神圣不可侵犯的，不仅发表数量少（除党报外，其他报纸是不发表社论文章的），而且也是不能质疑更是不能批评的。从来就没有听说在自己的报纸上，就在刊发社论的版面上刊发来自外部的社论批评文章。

《新京报》公开就社论发表评论始于2003年，《新京报》曾多次征求意见，“鼓励欢迎读者在此栏目对本报发表的社论文章提出批评、质疑、补充、反对等意见”。在版面安排上，社论批评与社论同版刊登，一般位于来信社论版的下方，与上方的社论专栏相互呼应。来源上与其一般评论相似，多为专业人士，选题也继续“彰显法治和人文”的价值观，以法治建设中

① 转引自吴静：《报纸新闻评论舆论功能的嬗变》，载《新闻实践》2008年第11期。

的议题为主。

社论评论或反对或补充，不同观点的出现使评论更加多样，在一定程度上实现了观点的交流，改变了社论一家独大的局面，社论批评的开设满足了读者被尊重的心理需求，提高了读者的参与意识，多种观点的呈现也使编辑部的立场显得更加的客观公正，从而进一步提高了《新京报》的公信力。

如2014年6月19日，《新京报》刊发社论《“作弊入刑”方能威慑替考参与者》。社论所引用的由头是：“今年高考刚结束，央视就曝光出一起大规模跨省的‘替考门’事件。目前河南方面通报已查实违规违纪考生165人，其中替考127人。而被曝光替考考点的一位校长说，能组织替考的‘肯定不是一般人，防替考或作弊，关键还是管好人，替考利益链背后就是一条腐败链’。”

社论在对于河南替考问题进行分析之后指出：

> 因此，从立法上加大对替考组织者、策划者和公务人员参与者的法律成本，在《刑法》上加入相关罪名，在行政责任上加大处罚力度，使替考组织者和策划者得不偿失，不敢越雷池一步，才能真正杜绝“替考门”的再次发生。
>
> ……
>
> 此后每当出现严重的考试舞弊事件，都有舆论呼吁尽快出台考试法。但遗憾的是，这样一部被寄予厚望的法律，时至今日仍杳无音信。一再发生甚至愈演愈烈的替考舞弊现象，呼吁加快立法进程。只有依法惩治幕后公务人员的徇私舞弊行为，才能从源头、制度上杜绝考试作弊，捍卫考试制度的公平和公信。

6月22日，社论受到刘昌松律师的批评，他在《新京报》发表评论：《打击“替考”，刑法早有规定》——

> 其实，我国现行法律对“替考”相关人员的行为都有完善的罪刑规定。
>
> 其一，“替考”能成功操作，搞定主考、副主考、监考老师是关键。这些主监考老师一般都是国办中学的教师，属于刑法规定的国家工作人员的范畴。依刑法规定，国家工作人员利用职务上的便利为他人谋取利益，非法收受他人财物达5000元以上，即成立受贿罪。

其二，打点主监考老师，无疑由考生家长掏腰包。与上述主监考官成立受贿罪相对应，考生家长的行为则成立行贿罪。

其三，“替考”组织者帮替考者伪造指纹模、身份证、准考证的行为，则涉嫌成立伪造身份证罪、伪造国家机关证件、印章罪；帮助考生家长打点搞定主监考老师和有关招办人员的行为，又成立介绍贿赂罪。

《新京报》的“社论评论”及其他一些栏目的设置，在新闻界引起了反响，获得了好评：“《新京报》在A叠一版导读之后，用两个整版来刊登言论。这种对言论的高度重视与其发刊词中高扬的关键词‘责任感’相呼应，显示了力图更有力地对社会重大问题发言、推动社会进步的追求和魄力。”“相对于勇于和善于就重大问题发言的社论而言，《新京报》更具有创新意义和难能可贵的是开辟了‘社论批评’专栏，这在国内尚属首创，此举的意义不只是引起争鸣、探索真理，更在于打破了传媒与受众之间的单向传播模式，传媒主动放弃了观点的垄断地位和绝对话语权，主动与受众碰撞交流、平等对播。”“把言论从职业写作中解放出来，使之可能成为广泛参与的公民写作，营造了一个市民畅所欲言的舆论平台。《新京报》是南北嫁接的产物，它把南方报业在言论方面活泼、犀利的风气传承到北京，在《北京都市报》中开设置言论版之先，这种胆识背后所体现的对言论精髓的理解和对国际报业规律的把握，是值得业内同行关注的。”①

二、网络评论的组织策划

下面看一篇光明网评论员刘文嘉在网上写的评论《法律如不能保民，同样不能保官》②。评论从当天《中国青年报》的一篇报道谈起——

报道名为《贵州一县委副书记因受贿获刑11年，重审后检方撤诉》，主人公叫熊祖模，是贵州省遵义市道真县县委副书记。过去三年中，他的人生转了两次急弯，一次因滥用职权罪、受贿罪被判刑11年，一次因检方撤回起诉重获自由。检方撤诉后，他一直在“喊冤申诉”，请求组织“恢复名誉和工作”。现在争取到的结果是，工资已经补发，

① 久惠：《简评创刊不久的〈新京报〉》，载《新闻与写作》2004年第1期。

② http：//guancha. gmw. cn/2014-11/14/content_ 13834794. htm？tm=&e8。

但恢复工作和名誉仍遥遥无期。

熊祖模被调查和公诉的过程中，有些细节非常耐人寻味，甚至具备了一些典型性。比如，一项是起诉称“2009年11月初熊祖模在办公室收受李晓红一笔1.5万元贿赂”，熊祖模和李晓红的口供中对这一贿赂事实的“描述高度一致”，而熊祖模当庭出示的护照、机票、研修证书均显示，2009年11月1日至17日自己因公出国，在日本培训学习。

再比如，遵义中院一审判决熊祖模滥用职权、受贿罪成立后，熊案立刻成为遵义市和道真县的反腐典型案，即便在贵州高院以“事实不清、证据不足”裁定撤销遵义中院的一审判决后，遵义市党风廉政“警示教育月”活动的启动大会，仍然把熊案当成典型案进行了通报。有个黑色幽默可以顺带一提，在这次大会上总结熊案等“反面典型教训”的遵义市委书记，正是随后因贪腐落马的廖少华。

物证显示不可能出现的事情，当事人在审讯时口供“高度一致”，这多少都能让人们猜测到审讯时的环境、办案的程序。而还未到终审定案，地方政府就开始在政治上盖棺定论的情况，也从一个角度展示出了，公权机关到底是怎么看待司法程序的，又是怎么看待法的。有过类似经验或者仅仅读过同类新闻的人，大概都会明白这种审讯环境、执法程序、权力对法律的态度在中国基层的普遍性和典型性。

有人总结“文革”时刘少奇的遭遇，曾这样评论：法律如果保护不了公民，也同样保护不了国家主席。这个道理如果扩展开，就是：法律如果不能保民，也同样不能保官。一个百姓视野中的“县太爷”，隶属基层干部中最有实权和资源的科层，一旦与权力相剥离，就会立马还原为权益脆弱的普通公民，并反过来受到权力的挤压，独自承担执法、司法漏洞带来的成本。这样的例子再次重申，一个社会如果法治不彰，每个社会成员的生存环境长久看来都是一致的。

四中全会提出了180多项重要改革举措，依法行政、依法决策、法治政府、审判权和司法权独立公正行使等表述，表达了人们对法治建设的共同诉求。不知道各级地方干部对于推动改革的热情有多大，对于限权尊法的意义了解的有多深，正常推测，肯定有部分人会因为“不方便”、“自己改自己”而本能地排斥改革。如果是这样，建议他们将自己代入熊祖模的经历感受一下——法治当然利他，但说到底还是为了保护自己。

这篇网络评论紧扣十八届四中全会主题，结合当前法治实践中的热点问题展开评论，一下子引起了社会各界关注。文章刊发后，中国网、求是理论网、东方网等80多家中央及地方新闻网站积极转发此文，点击量超过43万次。文章话题在各大论坛也引起网友的热烈讨论，互动十分活跃，效果显著，获第25届中国新闻奖网络评论二等奖。

与其他评论形式相比较，网络评论有着自己的特征。例如，就言论的开放度而言，网络评论就更为及时、深刻、开放、尖锐。在这种背景下，对网络评论进行策划就不仅是可能的更是必要的。对网络评论进行策划能够不断提高全民的参与意识和参与程度，进而更好地推动和监督整个社会的良性发展。

网络是基于电子和通讯技术发展之上而发展起来的，是科技进步的产物。但它的意义已经远远超出了单纯的技术内涵，已经扩展至传媒领域。海量的信息、互动的方式使计算机网络成为广为称道的“第四媒体”，并日益深刻地影响和改变着人们的生活。2016年1月22日，中国互联网络信息中心（CNNIC）发布第37次《中国互联网络发展状况统计报告》显示，截至2015年12月，中国网民规模达6.88亿人，互联网普及率达到50.3%，半数中国人已接入互联网。同时，移动互联网塑造了全新的社会生活形态，“互联网+”行动计划不断助力企业发展，互联网对于整体社会的影响已进入到新的阶段。中国居民上网人数已过半，其中，2015年新增网民3951万人，增长率为6.1%，较2014年提升1.1个百分点，网民规模增速有所提升。

该报告同时显示，网民的上网设备正在向手机端集中，手机成为拉动网民规模增长的主要因素。截至2015年12月，我国手机网民规模达6.20亿人，有90.1%的网民通过手机上网。只使用手机上网的网民达到1.27亿人，占整体网民规模的18.5%。

从网民数量的这种跳跃式发展中，我们能充分地感受到互联网在我国发展之迅速。这种迅速发展的势头甚至使得互联网成为当今中国影响最广、增长最快、市场潜力最大的产业之一。网络媒体的迅猛发展除了单纯的技术意义外，它所带来的信息传递方式、信息传递速度、信息传送量以及反馈方式的变化更值得人们关注。

作为一种媒体，网络媒体具有其他媒体不可比拟的优越性：信息传播快、时效性强，容量大、覆盖面广，多媒体、超文本化，交互性、自由度大，等等。基于这些优越性之上，网络所承载的内容便呈现出不同于传统媒体内容的个性特征，其内容也是各式各样的：散文、小说、新闻、评论等。在这各种文体中，网络评论是最具代表性、最能体现网络精神的一种广受欢迎的文体。

从总体来看，网络评论主要有两种表现形式：一种专门开辟的言论频道，在某种意义上它类似于传统媒体的评论版。这些频道聚合了来自专职评论员的评论专栏和来自网友的网友评论，使整个频道呈现出一种百花齐放的局面。譬如：人民网的观点频道就有《网友说话》、《人民时评》、《观点碰撞》、《争鸣》、《学者新论》、《一语惊人》、《网友七日谈》等栏目；东方新闻网的《东方评论》则开辟了《东方时评》、《今日眉批》、《网友热评》、《媒体观点》等栏目。另一种形式则是网络论坛即BBS。所谓网络论坛，是指网民以固定的非真实姓名自由的叙述某些事件、表达自己的观点和意见并进行意见交换的基于网络技术之上的虚拟言论空间。在这个虚拟的言论空间里有着匿名的形式、广泛的自由和相同的兴趣。由于网络论坛言论所受的限制较小，网友和网友之间反馈的速度又非常快，因而网络论坛的言论表达是最活跃的言论方式，最容易形成某种舆论。除此之外，新闻跟帖也是网络评论的形式之一，能够及时的表达网民对该新闻事件或现象的看法。当然，在这些评论形式里最重要的当属名家专栏和网友言论了。

正是有了以上的各种表现形式，我们的网络评论才变得极其活跃。网络评论比起在报纸、广播、电视媒体上的评论来说，数量上有着不可比拟的优势。在目前，网络评论的稿件来源无非是两大途径：一是原创性稿件，二是转载自其他媒体（主要是报纸）的评论，而原创性稿件又有专职的评论员和网友两个来源。所以我们在他们的栏目设置中就可以找到对应点。例如新华网的“新华时评”就来自专门的评论员；“网友热评”则面向网友；“第一反映”、“刺猬台”主要也是面向网友；“观点碰撞”提出一个论题让网友围绕这个论题发表看法；“媒体精粹”则转载其他媒体包括纸质媒体的评论文章。

网络评论是随着网络的发展以及网络论坛的兴起而兴起的。与报纸评论一样，它也是一个完整的系统。网络评论的内容涉及社会生活的各个方面：网络影视评论、网络文学评论、网络时事政经评论等。网络评论的迅速发展是人们未曾想到的，它促进了社会的进步和发展。但同时，它也因自身的特点而产生一些问题，这是我们需要注意的。

目前，网络评论存在的主要问题有：其一，理性不足、偏激浮躁。评论讲究要有独到的见解、严密的逻辑，因而需要写作者具有深厚的知识底蕴，并尽可能地掌握充分的信息。但由于网络时评的“低门槛”，参与时评写作人员的水平参差不齐，难免有些“七嘴八舌”，加上来稿多网络编辑工作量大，质量要求也就有松无紧。

网络的虚幻性和自由性使得人们在网上的言论有事可以不受社会规范的制约，加上互联网管理的不严、把关人的匮乏，也为一些虚假言论、不负责任甚至是错误言论的横行提供了便利，造成不良的社会影响。因而提倡理性、戒骄戒躁时评才能获得发展。

其二，贪快求多 快速转载。社会现代化的一个衡量标志就是生活节奏的加快，表现在资讯方面也就是网络的兴起、手机短信发展。快节奏影响到媒介使得“速食时代”出现——从新闻快采快写发展到评论要讲求表达效率。另外，包括网络在内的各类媒体都以张扬的态度对待时评，时评版越开越多，稿酬越开越高。在名利的双重刺激下，贪多求快，片面的追求数量成为时评的最大缺漏。据称专业的时评作家一天至少可以写两篇时评，快手更是在短短一个小时内就能炮制出一篇时评。

同时，为了方便网友、读者各媒体都转载其他媒体的时评。在疯狂转载之下，我们在不同的媒体上很容易看到相同的评论。这样一来反而削弱了人们对时评的关注度。对时评写手而言，大多数情况下转载是没有经过本人同意的，属于侵权，在一定程度上也都会打击到时评作者的积极性。

其三，网上交流的不确定性。网络言论的最大问题就是参与言论各方缺乏一个共有的上下文（Context）支持。从全国范围看，目前上网人数的增长率仍旧很快，上网的人数还没有稳定下来。这就意味着大多数网民在论坛与人交流时，所遇到的人是不确定的，是陌生的，而且每天都在增长。具体来说，一个网民在与其他人进行讨论时，会不断有陌生人插进来，这些人不知道他曾经说过什么，因而产生了相互交流的困难。发言人为了尽量保证自己的话不被误读，就必须尽量避免修辞，尽量简洁。这样又可能误解对方的意思，造成新的交流的困难。

其四，网民言论的不负责性。网民参与网上言论的方式是模拟的，类似游戏。若讨论出现问题，受到冲击的只是一个虚拟的名字，而不会影响到本人。因此，网民要为自己的言论所负的责任则不如传统媒体。另外，网民发言的成本极其低廉，完成效率又很高。这就使得网民不需要严肃地对待自己的话语。在这种情况下，在网上公共言论空间进行理性的深入交流就不容易，而要想形成理性的公众意见就难上加难了。所以在网上常有情绪化、发牢骚的言论出现。对此，需要正确认识，积极引导。

网络资源浩如烟海，如何才能提起网民阅读评论的兴趣，甚至有指向地使他们喜欢上某个评论，这些都离不开策划。

策划不能随心所欲，必须遵循一定的规律，这就是事物发展规律和新闻传播规律。网络评论策划主要包括两大部分：一是评论写作本身的策划，二是在评论写作之外的技术性策划。

例如，凤凰网的《自由谈》，选题内容广泛，时效性强，评论视角的选择既有俯视全局的宏观视角，也有见微知著，从微观角度出发小事情窥见大问题、大道理的文本范例；既有站在全球的视角对其问题及事件的发展做出整体的判断，也有以区域视角为依托对事件的具体发展过程做详细评论(见图 12-1)①。

图 12-1 《自由谈》栏目截图

1. 网络评论的写作策划

写好网络评论不仅要遵守评论的一般规律和特点，同时也要符合网络传

① 樊洋：《凤凰网“自由谈”评论栏目的特色研究》，吉林大学 2012 年硕士学位论文。

播的特点。网络评论同样讲究谋篇布局，讲究遣词造句，讲究可读性。针对网络的特色，网络评论更要以评为主，引材为辅，朝着短评的方向发展，这样才能符合网民的阅读心理。同时，网络评论要勇于提出新观点，反映新思想，观点完全可以比传统媒体上的评论更尖锐，更具启发性，在题材选择和写法上不拘一格，嬉笑怒骂皆成文章。

第一，在选题上，网络评论写作策划必须紧扣现实、面向全局、小中见大。好的选题甚至能挖掘出当今社会所存在的问题，进而有力地推动不合理制度的废除。

与其他形式的评论一样，网络评论选题首要关注的是重大国事，同时，对现实生活中存在的不好的问题提出批评，对新涌现出来的好现象予以肯定和表扬，这些都是评论的重要选题。

第二，在立意上，网络评论必须旗帜鲜明地扬起自己的观点。观点和态度是评论文章存在的根本。而一篇文章是否有深度，就在于是否讲到了"点子"上，就在于立意深不深、新不新。没有思想，评论就没有活力，就会失去存在下去的意义。

第三，在写作上，网络评论必须有严密的逻辑、深入的推理。

2. 网络评论的技术性策划

1）品牌策划

网络评论置身于海量信息之中，因此，除了稿件本身要尽力提高质量外，与之相关的一些技术性问题也必须得到应有的重视。尤其是对网站编辑来说，这种技术性策划直接关系到所编辑文章的阅读率、读者的关注度甚至是整个网站的美誉度。

所谓技术性策划，是指脱离于写作自身之外的非写作的其他技艺的总和，它包括稿件的选用和组合、品牌的树立等多方面的问题。但目前的网络评论，人们往往只注重了评论的数量，而对与之相关的评论的组合方式、专题的制作等结构形式有所忽略，因而我们更有必要对此进行深入的探讨。

（1）个人品牌的树立。在网络中，除专门的评论员外还有一大批的业余写手，网民的广泛参与也使得网络评论具有了海量的特征。在这种情形下，一位评论家要想使自己的言论得到他人的理解和赞同，首要的是应该提起他人阅读该评论的兴趣。除了优秀的写作之外，树立起自己的品牌、靠品牌的影响力来吸引读者也是相当重要的一环。

当然，要树立品牌绝非易事，除了写作水平要高之外，还要注意的就是通过一系列的文章打响自己的“名字牌”。时评作者在发表评论时多是以自己个人的名字发表的，因而树立品牌也就是建立起自己名字的影响力和号召力。打响“名字牌”，首先便是要尽力地在各网站开辟自己的专栏，使自己的文章有个固定的发表场合，这样一来文章集中读者好查看，二来也使得文章不至于散乱，更容易形成一定的影响力。

（2）专栏品牌策划。各个网络时评版面都有着各自的操作方式，从而也就能树立起不同时评版风格。例如，东方网的《东方时评》注重时评写作的理论指导，专门邀请上海市新闻学会会长丁法章在网络上讲评论；人民网的《人民时评》分类详细，气势恢弘；东北网的《金虎时评》则更加注重组合效果；千龙网的《千龙评论》内容丰富，涉及面广。对这些评论专栏而言，它们都已经树立起了品牌，形成了相对成熟的风格。

2）网络评论的形式创新

（1）版面策划 。网络评论突破了平面媒体中单纯的版面拼合形式，增加了“链接”似的专栏聚合手段。作为一种信息技术，“链接”能将相关的文字进行聚合，从而产生专题的效应。

人民网《人民时评》版主要由四大块组成——政治、经济、国际、其他。这四个版面从上到下竖式排开，分别涉及不同的方面。这种形式类似于传统的报纸版面编排；另一种方式则是链接，譬如，《千龙时评》在文章的后面就会加上一个“千龙大会堂”的论坛链接。点击这个链接便能进入千龙网论坛并就此问题进行讨论。这种形式正是传统的平面媒体不具备的。

人民网“观点碰撞”频道下面可以细分为“新闻点击”、“评说链接”、“编辑留言”三大板块：“新闻点击”中主要叙述新闻事实，为整个栏目创造一个共同的论题；“评说链接”通过摘录其他媒体的评论文章从不同的角度和立场出发，就此事件进行评论，旨在树立一种对该事件的初步看法，进而引导评论向深处发展；“编辑留言”板块则是编辑针对该事件的一个简短认识，并以文字的形式广泛邀请网友参与讨论，大有一种“抛砖引玉”的气势。

在评论频道中，除了单纯性的文字记载外还有一类为大众喜闻乐见的评论形式——图片。将图片形式引入评论一方面更形象更直观，另一方面也顺应了读图时代的大趋势。这类图片有漫画、照片等形式，相同的是这些形式都具有很强的针砭时弊的社会批判功能，多从民间的立场和观点出发对社会生活和社会弱势群体生存状态予以关注，弥补文字表达上的不足。

笔者调查各大网站，发现一个有趣的现象：人民网在观点频道的首页专门开辟了一个漫画栏；新华网专门开辟了“图片”频道；东方网则在左上方开辟了漫画新闻专栏；千龙评论网在评论频道首页也开辟了漫画专栏。其中，新华网的图片频道更新相当及时，最多每隔一天更新一次，甚至有时还有多图更新。

（2）网络与他媒体的联动。网络与其他媒体的互动动合作，现在越来越多了。如凤凰卫视资讯台的《时事辩论会》。它是以辩论形式评论时事、结合主持人和现场嘉宾来一场火花四溅的争论。每期节目都设定好一个时事热点话题，并特意从大陆、香港或海外邀请“名嘴”参与，形成热烈的争辩气氛。由于整个节目定位于一个“辩”字，因而各方的观点就显得尤为重要，在此基础上，《时事辩论会》设置了中国移动和联通两个短信平台。这两个平台可以很好地汇集到普通网友的观点和看法，再将其中某些新颖、有代表性的观点放入节目中去，真正做到“通过多角度的辩论，使观众能洞悉事件的不同角度，对事件的真相本质会有更透彻的了解”。

中央电视台《共同关注》栏目在每期预告之后都会加上一个论坛链接“进入《共同关注》互动论坛”。

网络与报纸联动的方式多样，主要有：报纸评论从网络论坛中发现选题，网络转载报纸上的精彩评论，报纸评论为网友提供讨论话题，等等。

三、策划行动与反馈

新闻评论的组织策划是一个经历实践行动和反馈的过程，在行动中须注意以下几点：

1. 考虑选题的可行性

对一些反映社会问题的选题，必须首先考虑这一选题是否为政策所允许，文章提出的问题政府部门能否解决，能否较快较好地解决。作为一名评论者，体察民情，为民分忧，为群众排难，是十分应该的，但要有一个度。在很多情况下“欲速则不达”，为什么？就是因为我们考虑处理问题超越了一定的时间和空间。只凭一时的激情，只求一时的快活，只想一时的轰轰烈烈，这种评论策划是不可取的。

2. 兼顾方案的周密性

新闻评论策划是一个系统工程，作为策划者必须兼顾方方面面的关系，围绕我们最终的目标作最详尽的考虑。方案越细致，实施起来越得心应手，越有效率。为了保证策划方案的周密，我们应把目标看做是一个体系，它具有可分解性，在时间上分为不同的阶段，在构成上有不同的内容，在功能上有不同的作用。所以，当我们确立了一个总目标后，还必须制定若干个分层次的小目标或标准。总目标的实现不是一蹴而就的易事，必须经过多层次、多侧面、多阶段的多项分目标来实现。策划方案一经确立，就要有条不紊地展开，除非遇到特殊的意外变动，一般不要随意改变；否则，过于频繁地更改计划变更只会使实施者们筋疲力尽，无所适从。

3. 保证结果的有效性

结果的有效性，就是要看我们的行动能否达到预期的目标，取得最佳的社会效益和经济效益。如果大张旗鼓的行动到头来却与自己的初衷背道而驰，或收效甚微，那是得不偿失的，也是失败的。因此，保证结果的有效性，一来可以行动开始就与方案的要求相一致，不至于使行动过程偏离策划目标；二来可以充分调动参与者的积极性，为了让方案落到实处和不断优化而发挥自己的聪明才智。

新闻评论策划是一个有目标并追求最佳效果的策划活动。以最小的投入去获取最大的社会效益和经济效益应是策划者的行动起点和最终检验标准，策划者的一切行动都不能违背这个大方向。

4. 培养行动的团队精神

大凡评论策划，除了极个别的属个人行为外，大多需要集体的力量去共同完成。作为策划方案的实行者，除了需要有健康的心理、敏锐的洞察力、竞争的意识和丰富的知识外，还需要最大限度地调动参与者的积极性、创造性和主动精神，发挥团队效应。

一个好的团队，它的成员能够相互鼓励，相互支持，资源共享，能使每个人的工作和学习更上一层楼；大家重视对任务的完成和对部属的培养。人人重视知识的更新和提高，不会因为自己而使整体受到伤害。谨慎的成员会被推到较有风险的岗位上，胆大的成员会被提醒新的机会不一定能取代目前的职责；更为重要的是，这个团体具有自我校正的机能，当事情不对时，所有成员都会检讨，然后采取校正行动，提高工作效率。

5. 重视、收集信息反馈

为了确保落实方案，除了采取有效行动外，还必须重视、收集信息反馈。

在新的形势下，必须重视信息的反馈。在现代化管理中，既需要“扬长”这种正反馈，更需要“揭短”这种负反馈，而且在一定意义上这种负反馈显得更为重要。一般来说，进行评论策划总想得到好的回报，受到大众和社会的好评，这是应该和希望达到的。但是，天下凡事并非都和初衷相符。因为各种各样的内部与外部因素出现不利甚至完全相反的事情，也是可能发生的。对此，要有充分的心理准备。对于那些改进工作的意见和促进工作向好的方向发展的建议，我们也是需要认真地听取，用心地去研究改进的。畅通信息渠道，建立健全信息反馈机制，是保证和促进评论策划完善的重要保证。

6. 加强与作者、受众联系和互动

随着媒体评论专栏和版面的增多，为其撰稿的业余评论作者也开始增多了，这是一件好事。但是，从总体上来说，这个队伍还不强大，作者素质还需提高。另外，如何培养为本媒体服务、相对稳定的高水平的作者队伍，这也是一个艰巨的长期的工作，需要媒体认真对待。

既发动广大作者参与，又精心培养骨干作者，是评论编辑的一项重要工作。

除了在一定时间内媒体开展征文、讨论活动外，编辑部经常组织一些评论作者和读者的座谈、联谊、讨论会是很有积极作用的。编辑与作者、受众需要时常的联系和沟通，互通信息，交流情况、商讨选题，这样既可以保证编辑部的用稿需要，又可以联络感情，在编辑部需要某些特殊稿件时，能及时顺利地组织到上乘稿件。大凡有经验的评论编辑和有实力的媒体都会重视这方面的工作，有的媒体每年都要召开作者座谈会，有的媒体还专门评选优秀作者、热心读者和优秀文章，披红挂彩，予以奖励；有的媒体还召开优秀作者到外地参观、考察、开笔会。正是有了这样一些丰富多彩的联谊活动，才有效地结识一批熟悉本媒体需要、为本媒体撑门面的高水平作者队伍。这是需要媒体在人力和物力上作出安排的。下面是《文汇报》评论部主任范兵先生给笔者的一封信，从中可以看到一位评论编辑在工作中所表现出来的认真负责和组织周密的高度责任感——

各位大教授兼作者仁兄：您好！

这里呈上7—8月文汇时评文章，请指正并惠赐佳作。

本报10月中旬即将迎来大改版。这将是《文汇报》近10年历史上最大的一次改版。其实是“三改联动”，即改版、改制、改人。

我这里即将迎来的变化报告如下：

一是理论部与评论部正式合并，成为一个理论评论部，部门成员将由现在的6人扩充为10人。

二是《文汇学人》周刊将由原来每周一的4个大版面，改为每周五的16个小版面，算下来容量整整扩大了一倍。

同时在大报上保留每天发表的文汇时评栏目和不定期出版的论苑版，以及社论、本报评论员文章等工作。

这就意味着仅正式发表文字的审稿量就要达到每周至少9万字。与之相关的组织和管理工作的工作量都要比以往翻倍。目前报社仍让我兼任文汇时评栏目和《文汇学人》周刊主编，待时机成熟再让部门同志协助分担。

《文汇报》作为面向知识分子的报纸，把理论评论工作作为重头来抓，特别是把《文汇学人》周刊扩大一倍容量，这对我们提升报纸品格，做好理论评论宣传，更好地服务广大知识分子，是一个重大机遇。当然，身上的责任也更加重了。在此，我热切期望各位大教授兼作者仁兄给我们出主意出选题，提供线索，提供佳作。随着部门记者队伍的扩大，我们将派记者广泛参加各种论坛、座谈会和讲座，并提供相应的媒体服务，用更多的版面报道好各位学者个人及所在学校、科研院所的理论与学术新成果。

各位有时效性针对性的评论性随笔性短篇文章，可及时发表在每天刊登的文汇时评栏目；有一定理论性学术性的中篇长篇文章，可发表在每周出版的《文汇学人》周刊或不定期出版的论苑版。短平快与高大上兼容互进。总的一条是，两者都要充分体现思想性前瞻性，要有新知新视野，要有国际眼光和现实关怀。

新的《文汇学人》周刊的具体版面设置，等确定后再向各位具体汇报。而文汇时评栏目由于领导比较关注，且天天发稿，较有影响，所以请各位一如既往大力支持。

我的单位邮箱已更改为fanb@whb.cn，鉴于这个单位邮箱天天是公布在报纸上的，广告类垃圾邮件充斥，所以各位若有新作支持，请及时发我的手机邮箱：13501970929@139.com，可同时抄送单位邮箱。这样不容易误事。

期待各位惠赐大作。

《文汇报》理论评论部　范兵

2014年9月18日

这封约稿信，介绍了媒体调整发展变化的情况，让作者有的放矢，撰写适应媒体需要的好评论：

第一，理论部与评论部合并，增加每周的评论数量，这对党报发挥自身的舆论引导作用，更加深刻地宣传党的方针政策，更加密切地联系群众有着重要的积极作用。同时也可以扩大本报的影响力，为后续的发展奠定影响力基础。

第二，《文汇报》一直以来就是联系党的宣传政策和知识分子理论分析的重要纽带，此次改版，更加注重党与知识分子的联系，更好地鼓励知识分子为全面实现小康社会而鼓与呼。

第三，短平快与高大上相结合，是传统纸媒在新媒体冲击下一个重要的选择与机遇。根据市场变化作出自身适应性的改变，是一种顺势而为的态度。

第四，及时回复，交换意见。在当前信息传播迅速的前提下，新闻评论的写作速度也在提高，特别是一些时评稿件。有的作者积极性很高，在新闻事件发生后立即从事了写作并发出稿件，但有的媒体收到稿件后迟迟不予理睬。此举，不仅可能耽误稿件，影响评论的及时性，更重要的是伤害了作者，是对作者的一种不尊重。一篇文章可能不适应本媒体的需要，但是，另一家媒体却可能认为是好文章，这样的情况在评论界是常有的事。做评论编辑的，在可能的情况下，应予最快地回复作者，以便作者另作处理。

编辑与作者有时对一篇文章的看法不同，这也是正常现象。如编辑要作大的修改和调整，在条件许可的情况下，一般应和作者通气，征求他们的意见，以免稿件发表后引起作者的不悦，有的甚至会引起一些不必要的麻烦和纠纷。

在确定稿件可用的前提下，如觉原标题不妥，能为作者重新制作一个更好的标题。一般来说，这样的改动是不多的、不大的；文字内容只要不违反原则，尽量保留原文，作适当删节。责任编辑的把关，主要是从方针政策上把关，没有必要将原稿推翻，按着自己的思路重新撰写。如有大的调整和改动，在可能的情况下最好能与作者本人沟通。从出版法规的角度来审视这个问题我想也该如此；每个人都有自己的知识结构和写作风格，没有必要都统一在某个媒体某一位编辑的模式上，这样读者读起来也是不舒服的。

如何当好评论编辑，《人民日报》副总编辑、前评论部主任卢新宁女士在与笔者的交流中有过精辟论述。她认为，对于一篇文章，编辑的主要职责应该是判断选题、内容是否适合发表，并进行细致化的整理和修改。如果自己上手推倒重写，就属越俎代庖了。要当好责任编辑，有几个基本的原则需要把握。一是，要把合适的稿件放在合适的栏目、合适的位置。比如，如果觉得不适合《人民论坛》的风格和定位，也可以放在评论版刊发。二是，要认识到策划、把关、沟通才是编辑的第一职责。在需要进行大幅度调整时，应该与作者进行充分交流，从发表要求的角度给出建议。三是，要尽量尊重和保持作者风格和观点，没有政治性、常识性错误时，可改可不改的要少改。只有做到了这几点，才能保持丰富性和多元化，让党报评论版和评论栏目，真正变成“干部论政的平台、学者争鸣的空间、群众议言的广场”，在交流、交融乃至交锋中，共同传递“中国好声音”。

除了与作者的联系与互动外，当下，还必须重视与受众的联系与互动，开展一些有他们参与的联谊活动。建立便捷畅通的信息渠道，多听听他们的意见和建议，对改进和加强新闻评论是大有好处的。

第十三章
新闻评论工作机制及队伍建设

迅猛发展的新形势，要求建立新的评论工作机制和加强评论队伍建设，这是一个新课题。

一、时代呼唤“评论记者”工作机制

提出建立“评论记者”工作机制基于以下的几点考虑：

第一，信息传播的快捷性要求媒体不仅在第一时间发布事实，同时也要求在第一时间发表对这个事实的判断和评价。评论记者可同时承担这一重任，加快评论的传播时效。在普利策新闻奖的评选中，每年都有将揭露新闻事实和新闻评论融为一体的作品获奖。自然，这种作品称为消息还是评论，可能会给组织中国新闻奖的同行提出一个难题。但在各种学科信息相互融合的今天，不必拘泥于传统的文体分类。这又是一个话题，另述。

第二，评论必须依赖于事实，评论记者到事实的源头采访调查，可以更全面、更真实地把握事实，从而更深刻地领悟和揭示事实的本质，写出好评论。这种优势是其他非新闻从业人员无法比拟的，同时也提高了评论作品生产和发表的难度。从某种意义上来说，也有利于扼制目前评论界“靠百度和键盘写稿”的状况。

第三，将新闻事实和新闻评论融为一体，有利于培养记者深入实践、脚踏实地的作风和提高他们的理论和思辨素质，这对于提高整个记者素质是大有好处的。大凡从事过这样工作的记者都有深切的体会，在现代通信和交通工具发达的情况下，更需要提倡记者到生活中去，到社会实践中去。到不到新闻事实的第一现场，对于评论的写作者来说，感受是不一样的。建立这样的工作机制，对于贯彻落实“三贴近”和“走转改”的要求也是具有积极意义的。

设置“新闻评论部”，建立“评论记者”工作机制，是一个循序渐进的探索过程。有条件的新闻单位，可以从少数人做起，可以从少数部门做起，可以采取灵活多样的不同部门人员的交换机制。同时，制定对评论记者的评价和考核机制，开辟新的专栏，鼓励记者将自己培养成描述和评论的高手。建立“评论记者”工作机制可能有许多新的矛盾和问题，但是，只要我们做了，一切都是可以在实践中逐步解决的。

1. 评论记者的探索实践

“评论记者”作为一种理念、提法和实施，经历了一个理论和实践的过程。2006 年 4 月，第二届新闻评论高层论坛在华中科技大学召开。在这次会上，“评论记者”成为一个热点话题，引起大家的关注。新华社国内部副主编赵鹏介绍了新华时评创办以来的经验和应当遵循的原则。他说，新华时评的选稿标准是新闻性、时效性、思想性、针对性，不能坐而论道，必须有鲜活新闻事实。他总结说，好言论是从采访中产生的，是有价值信息和有价值观点的结合体。南京政治学院新闻系副教授、《现代快报》评论主编肖余恨认为，新闻评论应该是原创性的事实信息与再创性的观点信息的结合，媒体评论部应该设置评论记者。《新闻战线》编辑杨芳秀经过调查指出，《人民日报》当年前 3 个月所发表的 43 篇“人民时评”中，40 篇是《人民日报》记者、编辑所写。中央媒体的重要言论由一线记者写作的越来越多，一是因为了解，二是因为时效性。她认为，评论记者应该根据媒体的实际而设置。媒体既要评论员，也要发动记者成为评论员。《南方都市报》评论部提出，“一种更接近现代评论形态的操作模式是值得尝试的，那就是设立评论记者，以采访的方式获得先是的价值与内容，成为立论行文的背景”①。担任该报评论记者、编辑的何雪峰通过自己的经历解释了评论记者与深度报道记者的不同之处：评论记者的采访与言论表达是与本报立场相一致的，观点信息是经过筛选之后得出的；而深度报道记者则以事实第一为原则，追求客观公正。《南方日报》评论员周虎城则指出，在评论形态多元化的时代，评论写作中既要生活体验式评论员，也需要自身价值体系式评论员。《广州日报》理论评论部副主任刘平清博士认为，一个好的评论员可以是一个好的记者，但一个好的记者不一定是一个好的评论员。评论员应该首先做好记者工作。《东方早报》首席评论员鲁宁指出，称职的评论员应该做好两件事：一是要清楚自己处在一个什么样的时代，特别是对中国改革开放 28 年

① 李文凯：《南方都市报时评的理念与操作》，见《南方都市报》主编：《热言时代：南方都市报时评精选（第一辑）》，南方日报出版社 2006 年版，第 11 页。

来的发展有一个清晰的轮廓，能在宏观视野中认清中国当前所面临的形势和问题；二是评论员应多花一些事件去“接地气”，最好是有记者经历，不能做“键盘时评家”。当然，会上也有对此的不同意见，如苏州大学新闻与传播学院杨新敏副教授认为，记者以客观报道为宗旨，如果以评论员角色去做采访，不可避免会带有强烈的思想意识和个人情感，可能会影响报道的客观与公正。①

2007 年 3 月，为解决党报新闻评论工作普遍存在的时效性弱、内容老化、可读性差等问题，《嘉兴日报》邀请华中科技大学新闻评论研究中心参与组织策划，组建新闻评论部，推出“嘉兴时评”专栏和评论专版，并启动“评论记者”工作机制。该机制以“第一时间发布新闻、第一时间发表评论”为工作方针，以“让评论走出书斋”、“先采访后评论”、“调查的深度成就评论的高度”为核心理念，打破新闻实地采访和新闻评论写作互相隔离的传统弊端，强调评论记者紧扣嘉兴经济社会发展中的热点、难点问题进行深入采访调研，并以第一手采访到的材料为立论的依据和基础，使新闻评论言之有物、言之有理，具有较强的本地性、时效性和可读性，增强党报新闻评论的舆论引导力。

2008 年 5 月 24 日，“《嘉兴日报》评论记者工作机制与党报新闻评论工作创新研讨会”在中国记协举行。新闻出版总署报刊司副司长朱伟峰、中国记协书记处书记顾勇华、浙江省记协主席马雨农出席会议并致辞，来自人民日报社、新华社、中央电视台、光明日报社等近 20 家媒体的相关负责人以及部分高校新闻专业的专家学者出席会议。与会代表就“党报新闻评论功能再认识”、“党报新闻评论面临的困境和破解方法”、“如何创新党报新闻评论的工作机制”等议题展开探讨，并对《嘉兴日报》创新评论工作机制，推动党报新闻评论改革，提高党报舆论引导力的改革给予了高度评价。②

“评论记者”工作机制在嘉兴日报社和其他媒体经过 5 年的探索和实践后，卓有成效。2012 年 6 月 16 日，“新闻评论改革暨嘉兴时评五年研讨会”在北京新闻大厦举行。会议围绕“走基层、转作风、改文风”活动向纵深

---

① 陈栋：《“新世纪第二届新闻评论高层论坛”综述》，载《今传媒》2006 年第 5 期。

② 晋雅芬：《〈嘉兴日报〉打破传统模式先采访后评论》，载《中国新闻出版报》，2008 年 5 月 27 日。

推进的当下，新闻评论领域的改革如何进一步提升，地市级党报发何进一步完善评论记者工作机制等议题展开了深入探讨。与会人士对《嘉兴日报》实施党报新闻评论改革五年来所取得的成就给予高度评价，认为《嘉兴日报》是“走转改”活动的践行者，是评论改革的开拓者。与会者来自中国记协、《中国新闻出版报》、《光明日报》、新华社、《中国青年报》、《新京报》、《工人日报》、《经济日报》、《科技日报》、《中国记者》、《新闻战线》、《新闻与写作》、《新闻与传播研究》等报刊的媒体朋友和来自北京大学、中国人民大学、华中科技大学、浙江大学、中国传媒大学等高校的老师们。

在研讨会上，中国记协书记处书记顾勇华在翻看《嘉兴日报》出版的《时评 5 年》一书后，评价“评论记者工作机制是一项观念领先、措施得法、效果明显的积极探索”，认为这一机制打破了以往新闻实地采访与新闻评论写作相互隔离的弊端，以采访到的第一手材料作为立论的依据和基础，言之有物、言之有理，以强烈的现实针对性和思想启迪性增强了党报新闻的舆论引导能力。新华社高级编辑徐兆荣从事多年评论工作，他在 5 年前就曾关注《嘉兴日报》评论记者工作机制。时隔 5 年，他对《嘉兴日报》评论人的这份坚持和坚守充满了感动，“感谢他们能够坚持下来，为学界业界提供了这样一个持久的话题”。中国人民大学涂光晋教授在过去 5 年见证了《嘉兴时评》的成长。检视评论记者工作机制，她认为，发现新闻不是一两天的事情，但评论周期的问题、时效性的考验、地域性的要求以及本地、全省乃至全国媒体的竞争，使评论记者工作机制与这些现实问题形成了矛盾，如何平衡和化解这些矛盾是今后评论工作必须思考的问题。①

讨论仍在进行中，但实践却给我们以充分的证明。

据对 2007 年 1 月至 3 月的《人民时评》和《新华时评》两个名牌专栏刊发的评论调查，此间“人民论坛”共发表文章 56 篇，其中，由记者自己调查发现新闻并以此为由头写的评论有 31 篇（55. 7%），其他的为 25 篇（44. 3%）。如 1 月 22 日，刊发唐宋撰写的《领导干部的学习能力》一文，在第一段亮明观点“一个领导干部应具有多种能力，其中一个重要能力是学习的能力”后，紧接着在第二段，就应用作者在基层采访，所获取的各种新闻素材，以此进行论证：“在基层采访时，经常听到各种各样的说法。有的领导自我感觉良好，觉得不学习照样能干工作。有的领导身陷文山会海

① 晋雅芬、赵新乐：《新闻时评人的创新、困惑与坚守》，载《中国新闻出版报》，2012 年 6 月 19 日。

和迎来送往之中，忽视学习。有的领导觉得要学的东西太多，学也学不会，干脆‘躺倒不干’。还有的领导只重视‘拿文凭’、‘戴高帽’，用学习来装点门面，而不是用学习来推动工作。”

3月14日，刊发林治波撰写的《谁是新时代最可爱的人》。文章开头就是：“调研和采访，先后走了3个地方，结识了3个人：一是华西村的吴仁宝，二是蒋巷村的常德盛，三是青岛港的常德传。”接着，作者用了三段小文介绍了他们在农村、在企业如何带领村民和工人们创业致富的经历，最后，以此为基础阐述了新时代就是需要这样的带头人，他们就是新时代最可爱的人。

《新华时评》是《新华每日电讯》的一个品牌栏目，从开办以来就一直强调评论的新闻性。据调查，2007年1至3月，《新华时评》共发表文章75篇，其中，由记者自己调查发现新闻并以此为由头写评论的有53篇（70.6%），其他为22篇（29.4%）。

3月3日，南辰和石志勇发表《权衡春运得失，方知和谐无价》一文：新闻由头来自记者采访全国人大代表、西安铁路局常务副局长赵彦方，由此引出话题，论述火车票春运不涨价对社会和谐的积极意义。

3月26日，罗博和刘晓莉发表《求死的绝症女孩，其实很想活下去》一文：“记者在与李燕面对面交流之后，深深感到，李燕其实很想活下去。她之所以要选择死，是因为她‘想有尊严的死，不愿痛苦的活’。”可以看出，这个新闻首先是记者发现，记者通过与李燕详谈，获得幕后消息，然后发出一连串疑问，最终的落脚点是，怎么保护残疾人的合法权益。

我们调查了2015年1—4月份《人民日报》的《今日谈》栏目。其间共发表了32篇评论，其中含一篇征稿文章。在所发稿件中，有23篇都是人民日报社驻各地记者所写。如2月6日《提案当“提质”》一文，反映了某省开两会，政协公布了去年提案情况：委员提案1026件，其中40件涉嫌抄袭，数字一经披露，引起不少关注。作者就正是他深入一线，才发现了政协会议中的提案问题并发表评论：“‘抄袭提案’的存在，是一次警醒。担任政协委员是荣誉更是责任。政协拥有的重要话语权和广泛影响力，很大程度上取决于所提意见、建议的质量。各级委员尤应珍惜，把工夫下在平时，切莫辜负了肩上的责任。”再如2月27日刊发的《为“村干部坐班”点赞》反映的是，眼下一些地方农村“两委”换届结束，为化解“有事找村委，村委不见人”的尴尬，青海等地要求村干部轮流坐班，让村民有事找得到人。作者也是人民日报社驻当地的记者。评论是他根据自己在基层调研时所看到的新变化而发："作为村民的主心骨，村干部是解决急事、难事、麻烦事的关键人物，村民把他们视为可以信赖的自家人。尤其在空心村，老弱幼等群体更需要村干部有所作为。可以说，村干部轮流坐班，符合农村实际，符合农民需求，是务实惠民之举，群众当然满意。"

不论在中央媒体，还是在省市媒体或在都市报、晚报的众多评论专栏和专版里，我们已经看到了大量的评论员以记者的身份深入基层、深入生活、深入群众，发掘了一些具有可读性和可论述性的新闻事件和现象，由此写出了评论文章。

2. 建立"评论记者"工作机制是时代的新需求

长期以来，在我们的媒体中，特别是纸质媒体，大多有评论部，或评论理论部，或理论评论部，鲜有叫新闻评论部的。1995 年，中央电视台成立"新闻评论部"，带了一个好头。不仅首次将"新闻"与"评论"两个单词合在一起，更重要的是其推出的《焦点访谈》、《东方时空》、《新闻调查》和 2003 年新闻频道推出的《央视论坛》，将评论的形式作了根本性的改革——评论员到了新闻事件发生的现场，新闻评论是对现场发生事实的评论。在这里，客观性和主动性得到了很好的结合，独家报道（这里是广义的报道，包括描述和评论）成为可能。但是，《央视论坛》在自己的实践中越来越背离了自己的宗旨，终于在 2006 年的新一轮改版中被取消了，这不能不是我国新闻界的一件憾事。①

评论记者工作机制是时代的新需求。

其一，凸显新闻评论，适应网络媒体的发展形势。网络应用已从生活娱乐逐步向社会经济领域渗透，网民对网络信任和安全的要求也日渐提高。在"可用"的基础之上，构建"可信"的网络环境则是未来的必然趋势。

在这种新形势下，传统媒体受到了挑战，一是采制权开始削弱。采访已经不再是记者的专利，网络的交互性使网民掌握了采制信息的主动权，网民可以和新闻工作者共享新闻的第一手资料和背景资料。现在媒体已经出现了很多普通公民提供的新闻，他们用自己的相机、DV 机拍摄下新闻。这些人中的一部分还承担了"新闻线人"的角色。二是发布权开始出让。传统媒

---

① 赵振宇、杨璇：《"央视论坛"百期调查》，载《电视研究》2004 年第 4 期；赵振宇、王黎丽：《是思想交流还是政策服务》，载《采　写　编》2007 年第 1 期；赵振宇、王婧：《电视评论该怎样做》，载《中国广播电视学刊》2008 年第 3 期。

体对舆论的控制权和主导权大大削弱，任何一个网民与大众传媒一样拥有随时发布新闻的能力，而且突发事件报道权不再是大众传媒的专利。手机、个人网页、博客、播客等的日益普及也为个人传播提供了便利条件。三是交流权扩大。网络使跨文化传播突破了时空间隔，世界各地的人们共享信息成为可能，大众传媒"信息过滤器"的社会职能也将弱化甚至消失。

正是在这种形势下，从20世纪90年代后半期开始，中国媒体的竞争，已从信息量竞争阶段进入了"观点竞争"阶段。这其中很重要的一个原因就是，"观点"、"思想"等已成为新闻本身。新闻已不仅仅是最近发生的"事实"，还包括人们最近提出的"观点"，人们最近产生的"思想"，以及被人们最近发现的新思想和新观念。"不光是从理论上，从现实发展来说，媒介竞争已经到了资讯的解释、资讯的解读、资讯的整合的层面上，因此像社评、时评这样的题材，在现代报纸竞争当中，实际地位越来越提升。"① 不仅在纸质媒体，广播、电视上的评论节目也在增多，网络评论更是急骤增长，2006年的中国新闻奖评选第一次设立了网络新闻的评选，其中就包括评论栏目。评论记者的出现，可以发表更多更好代表本报实力和立场的评论，这无疑会使媒体的"思想竞争力"得到提升。

其二，设立评论记者，确保新闻媒体的社会责任。当下，时评写手增多，使新闻评论的质量受到了挑战。正像"新闻线人"增多给媒体既带来了新的资源又同时隐藏着危机一样，时评写手的如此庞大和如此熟练，既提供了大量的评论稿件，也存在着评论观点相同、写作模式一律、稿件满天飞，甚至出现严重差错的现象。打开当下的报纸，只要今天出现某一新闻，明天的评论版上就会出现几十篇上百篇标题相似、论述相似，甚至作者姓名相同的稿件（这里除了有写作者的问题外，也有编辑者的责任）。现代科学技术的发展，鼠标加键盘的运用，网站的开通，使大家有了想说话能说话的冲动和实现的可能，这也是民主政治的进步。普及是提高的基础，评论者的众多，评论写作的模式化，在一定时期是有好处的；但是，经过十多年的发展，这里面确实存在着大家都不愿意看到的现状：新闻的真实性遭到了挑战，写作者的事实来源皆是"据报载"，一旦来源错了，评论的观点自然也就对不了；评论的深刻性大打折扣。评论是以说理见长的，是需要知识、理论和独特的见解作基础的。而当今的时评作品，有很多是不符合这个要求

---

① 喻国明：《今日社评，以平民理解解读当日新闻》，载《北京青年报》，2002年7月15日。

的。大量不合要求的文字充斥我们的版面，这不是对人们的一种信息污染么？评论记者的增多，使媒体的社会责任和市场利益能够较好地统一，能更好地代表先进文化，为受众提供良好的精神产品。这也是广大受众所需要的。

其三，在采访中完成评论，突出报纸的地方特色。新闻报道和新闻评论的分众化、对象化和地方特色是当今世界媒体的一个发展趋势。有人对北欧丹麦、挪威和瑞典的报纸进行过调查，对英国的《伦敦报》、《休闲伦敦》，美国的《华尔街日报》、《基督教科学箴言报》，以及俄罗斯的《共青团真理报》、《议会报》等世界媒体进行了调查后发现，媒体从满足大众需求向满足部分人、满足某方面需求转变，从“大众”向“分众”转变；媒体的报道和服务越来越指向特定的对象；他们把新闻的采集重点放在地方新闻上，确保地方新闻构成该报的主要内容，力争使该报成为当地读者的首阅报纸，连广告都注意突出地方性。① 纵观当下时评，常常是时评写手写全国、全国写，削弱了媒体的地方特色。由于写手们关注的大多是具有轰动效应的新闻事件，于是他们的写作也大多是对全国事件或全国都知道事件的评论，要讲分众化、对象化和地方特色也就很困难了。一篇评论几乎可以在中国的任何一个地方的任何一家媒体刊发，进了图书馆，看到的报纸评论大多相似，这样的评论是没有什么竞争力的，对于促进我国的新闻评论和新闻报道也是没有什么好处的。提倡实施评论记者工作机制，有利于本报记者深入本地，了解本地发生的可供评说的新闻事实。由本地事实引发的评论，与本地域民众的生活联系更紧密，阐述的道理也更有利于人们所接受。这也是展现本报特色的一个好途径。

其四，提升评论记者素质，参与国际化报业竞争。2001 年，中国加入了世界贸易组织，这标志着中国的改革开放从此进入了一个新阶段，我国将在更广泛更深入的程度上参与经济全球化进程。与此同时，中国的新闻传媒也步入了世界文化交流的轨道，学习和借鉴发达国家的办报经验，其中包括写评论的经验对我们来说是很有必要的。从我国特别是南方报纸近年来的一些变化，已经展现出这种学习和改造的轨迹。具有 40 多年从事新闻实践和新闻教学经验的美国学者康拉德·芬克所著《冲击力——新闻评论写作教程》，已经在我国许多高校和新闻单位受到热捧。其中有很多篇章对于我们

---

① 祝寿臣：《世界新闻媒体六大发展趋势》，载《新闻记者》2007 年第 3 期。

认识评论记者工作机制是有帮助的①——

> 在评论写作过程中，搞好报道和调研；充分掌握事实真相和了解各种相互冲突的观点；把手头的问题考虑透彻，然后进一步鼓足勇气开始动笔……
>
> 你所选择的评论议题必须主要来源于读者的需求和愿望。
>
> 社论撰稿人最常发现议题的地方是自己的报纸或邻近的地方报纸上……
>
> 在寻找评论点时，最好的方式莫过于阅读、聊天、走路以及思考你的社区和读者生活中至关重要的问题。
>
> 不应允许任何撰稿人坐在社论部办公室里年复一年、月复一月地自我冥想。他们应该走出去同人们接触。
>
> 通过自己的调查研究，社论撰稿人必须对报纸的议题处理有所增益。不要止于对消息版的内容加以评论，应该进行能给读者以“附加值”的报道。

芬克在他的著作中不仅多次强调要深入实践作调查研究，还特别提出在评论中要有给读者“附加值”的报道。那么，什么是附加值的报道呢？以社论写作获得普利策奖的玛利亚·汉森说，读者要求“附加值”，就是要求在社论中有新的信息，而不仅只是有观点。② 评一个评论员，只是坐在编辑部里写文章，只能是“据报载”，而不可能有自己亲身经历而又经过精心选择的新闻事实报道给大家。这对读者来说，是一种遗憾。

通过采访调查写作评论，在评论中报道新闻事实，这不仅是新闻学著作中强调的，在美国及许多发达国家的报纸评论中已经有不少这样的评论和获奖作品。中国要走向世界，要参与和世界各国的文化交流，很多新闻报道的形式是值得我们学习借鉴的，其中就包括新闻评论的工作机制，许多报纸已经开始这样做了。

本节阐述的评论记者是新闻评论部的主体工作，其他如配合重大节假

---

① ［美］康拉德·芬克：《冲击力——新闻评论写作教程》，柳珊、顾振凯译，新华出版社2002年版，第6、42、45、47页。

② 转引自［美］康拉德·芬克：《冲击力——新闻评论写作教程》，柳珊、顾振凯译，新华出版社2002年版，第65页。

日、会议、传达重要文件等评论，可以不在此列。

3. 建立评论记者工作机制需要研究的几个问题

2007年1月5日，《嘉兴日报》在《人民日报》、《中国青年报》和《杂文报》上刊登的组建新闻评论部招聘部主任和评论记者的启事。启事提出的“不问学历高低、不问学科背景、不问年龄大小、不问性别男女”的“四不问”如石激浪，迅速吸引了全国各地新闻评论爱好者的“眼球”。到报名截止时，报名人数达到556人，其中本科生247人，硕士生63人，博士生2人。他们当中既有从业多年的评论员，又有自学成才的评论人才，也有初出茅庐的大学生。经过专家的严格筛选，最后，6名新闻评论部主任人选和8名新闻评论记者获得面试资格。最终有5人被该报录用，其中博士生1人，硕士生2人，本科生2人；年龄最大者39岁，最小者23岁；男士3人，女士2人，一位省级报纸评论部负责人出任该报新闻评论部主任。3月5日，该报在一版开辟了《嘉兴时评》专栏，该栏目追求“第一时间发布新闻，第一时间发表评论”，要求评论员在调查研究的基础上，在发布新闻的同时发表评论。当天刊发了该报“评论记者”撰写的调查式评论《呼唤另一种“转移支付”》。该篇评论说的是记者采访中发现，在嘉兴本该同等享受农村义务教育的学生，却因出生地不同而有不同的待遇。在一所1200多个小学生和初中生的学校里，只有50人的学杂费获得了减免，比例之低令人感慨，而且金额只有45元或70元，这个金额约相当于全额学杂费的十分之一。记者通过采访产生了两个疑问：为什么减免金额这么少？为什么政府规定了这么难满足的条件？采访回来，记者就此发表了意见，要求保护外来打工者的小孩上学所应该享受的同等待遇。

《嘉兴日报》虽然是一家地方报纸，但是他们识时务，把大局，敢于跨出创新这一步。他们“将秉持负责、理性、建设的评论原则，不刻意标新立异，不追求哗众取宠，不满足空泛之论，而是坚持新闻性与思辨性的结合，批判性与建设性的结合，激情与理性的结合，给新闻注入思想的生命和活力，在新闻评论中体现政治意识、大局意识、责任意识，体现《嘉兴日报》的办报理念和办报特色”①，笔者以为这种精神是值得肯定的。

新闻评论部的建立，评论记者的挂牌，毕竟是一个新事物。在实践中还有许多问题需要研究和解决。

---

① 《嘉兴日报》2007年3月5日一版，《“嘉兴评论”开篇辞》。

第一，如何处理评论记者和战线记者的关系？评论记者是没有战线的，可以跑工业，也可以跑农业，可以写教育，也可以写文化，自由得很，宽松得很。但是，对于那些有战线的部门和记者来说（目前情况下，还存在这样的对口部门和战线记者），这不是抢别人的饭碗吗？能够抢到吗？如何提高评论记者的新闻敏感，多发现新闻，多发现可以写评论的新闻，是当前成立新闻评论部的一个重要问题。

第二，如何处理新闻评论部和其他采编部门的关系？《嘉兴日报》在招聘评论记者时，除了其他条件外，在收入上比其他部门记者要高一些，在年终考核时要高出其他部门的20%。当一个评论记者，没有战线，获取新闻线索就要少一些，有了线索，还要择那些可以写、值得写的新闻，有了新闻，在此基础上还要发表评论也不是一件容易的事。所以，适当提高他们的收入是可以理解的。但是，部门之间的收入差距是否会影响该部门与其他部门的关系，这是政策的制定者需要思考的问题。《嘉兴日报》的做法是，鼓励报社各部门记者都动脑筋，出好稿，有能力的也可以动手写评论。凡是被评论部采用的新闻报道均要给予奖励。既写报道，又写评论，对于提高整个报社采编人员的素质是有好处的。

第三，如何处理评论记者与专家型作者的关系？随着评论写手的增多，不少报纸都邀请了各方面的专家学者作为本报的评论员。他们的加盟，使报纸的评论更具科学性和专业性，对提高受众的思想理论素质是大有好处的。但是，这一切均不能代替本报评论记者的功能。本报评论记者具有良好的新闻素养，熟悉本地的大政方针和实际情况，他们采写的评论一般来说，针对性更强，与本地受众的联系更紧密。而专家型评论员却缺少这一点。所以，既要发挥专家型作者的特长，又要保证本报评论记者的新闻性和接近性，相得益彰，应是我们的基本方针。

第四，如何处理消息报道和评论文章的关系？报纸自然要以新闻事件的报道为主，报社有很多人是从事这一工作的。要搞好新闻报道也不是一件容易的事，也需要不断提高本报记者的社会责任和业务素质。那么，评论记者呢？他们既是记者，他们就应和本报记者一样具有新闻记者的基本素质。但是，他们是“评论记者”，那么，他们的采访和调研就不仅仅只是为了发表消息报道，而是要选择那些可以和值得评论的新闻事实。如何处理评论记者和一般记者在选择新闻事实上的区别，也是一项需要研究和探讨的课题。笔者以为，评论记者选择的新闻，是能够给人们启迪或思考的事实，只有这样的事实才更适于评论记者们采掘。

“评论记者”工作机制毕竟是一件新事物，其间还有许多新问题需要研究，还有许多新的质疑需要解答。《嘉兴日报》的同志们进行了有效的探索，参阅他们撰写的《评论记者工作机制答问》或许能解答一些同仁们的疑问。①

除了评论记者工作机制外，不少媒体在新闻评论的生产实践中也摸索总结了一些可供学习借鉴的方法。如经过15年的磨砺、6次获中国新闻奖、多次获得中央领导表扬和广大读者喜爱的《人民日报》“任仲平”评论文章，他们在实践中形成了自己的一套工作方法。它的成员来自全报社，有社领导，有部主任，有资深记者、编辑，也有入社不久的年轻人。大家各有专长，平时各忙各的，任务一召唤，便跨部门选人组合，落实领军人，项目负责制，小组出初稿，集体来统稿。紧张作业，完成便散。②

建立怎样的工作机制，实施怎样的组稿方式，各地各种媒体可以根据自己的需要因地而宜、因人而宜，这也是一个需要在不断探索中研究的新课题。

二、建设一支可持续发展的评论队伍

新闻评论在现代新闻传播中，越来越发挥着重要作用，这是毋庸置疑的。但是，现在不少的新闻单位却推不出有分量的且有足够多的栏目、版面（或时间）的新闻评论，其中一个重要原因就是缺少高素质的新闻评论队伍。所以，从某种意义上来说，要想发展我国的新闻评论就必须首先加强我国新闻评论的队伍建设。只有人的问题解决了，其他方面的问题才可能迎刃而解。下面主要从新闻单位、业余作者和大学新闻教育三个方面论及评论队伍的建设。

1. 加强专业评论员队伍建设

媒体的评论是否繁荣，关键在于是否有一支很强的评论员队伍。而队伍建设又是一个系统工程，涉及方方面面的问题，大体可包括部门设置、版面安排、工作环境、奖励报酬等问题。中国现在已经加入了世界贸易组织，加强了与世界的交流和沟通，这其中就包括新闻传播业。欧美国家的报纸已经

① 陈健：《评论记者工作机制答问》，载《新闻前哨》2009年第1期。

② 张研农：《任仲平在路上》，载《新闻战线》2009年第3期。

有了几百年的发展历史，学习和借鉴他们的做法，或许会开阔我们的视野，促进我们做某些适宜中国国情的改革和调整。

1）加强人员配备和组织策划

欧美的报纸大多有两个言论版面，一个是社论版，专发本报评论员的文章；另一个是评论版，发表读者来信来稿。《纽约时报》是美国的一家大报，该报的社论版设主编1人（直接归发行人领导，并配行政助理1人），副主编1人（配行政助理1人），助理副主编2人，社论委员8人，共计14人。评论版，归社论版式主编领导，另设主编1人，来信编辑2人，国际事务评论家1人，其他专栏评论家5人，文化和社会专栏评论家1人，自由专栏评论家1人，共计11人。这样算来，该报从事社论和评论工作的总共有25人。

在美国报纸里，社论部是一个特殊的部门。这个部门的主编，从地位上讲与总编辑相当，他不受总编辑控制而直接归发行人领导。但从权力来看，他比总编辑小得多，仅管辖数十人和几个版。在《纽约时报》，总编辑不过问社论部的事，也不参加社论委员会的会议，而社论版主编也不参加新闻部门的编前会，更不会对新闻采访指手画脚。不过，两边的人员流动却是经常的，该报不少评论员就曾经是资深记者，获得过普利策奖的知名记者也大有人在。总编辑雷恩斯在担任此职之前，就是社论版主编。由社论版主编调任总编辑的，雷恩斯并非第一人。美国著名报纸的社论版和评论版还强调与各类利益集团划清界限，具体表现就是社论版和评论版绝不刊登任何广告。①

报纸上没有版面，广播或电视没有时间安排，要说到评论的繁荣只能是一句空话。我国现行体制，除中央和地方几家报纸设立评论部外（中央电视台设立的是“新闻评论部”），大多将评论与理论合在一起称为评论理论部。评论部的人员编制一般不多，真正从事评论写作的，少的仅一两个人，多的也不过三五个人。现在，从中央媒体到地方媒体，大多开始重视加强评论队伍建设，并取得一定成效。

《新华社2009年工作要点》明确提出了加强新华社评论工作的目标和思路：“完善言论报道工作机制，强化组织策划，着力加强新华社社评、新华社评论员文章和新华社特约评论员文章、重点评论栏目三个层面的评论报道，着力提高评论报道的及时性和针对性，在重大事件和热点问题报道中做到评论与消息同步推出，不断增加数量、提高质量，进一步增加我社言论报

① 辜晓进：《走进美国大报》，南方日报出版社2003年版，第52页。

道的影响力。”

《人民日报》评论部设立了5个处室：专栏室、要论室、政研室友、新媒体评论室、版面室。评论部的编制为30人，这可能是全国媒体中最强大的阵容。但目前只有17人，平均年龄37岁，每天要承担评论版7000字，以及《今日谈》、《人民论坛》、《报眼评论员文章》等近1万字及其他的评论写作、编辑任务。《人民日报》评论部现在把评论员按领域分对口，要求有专业积累，以降低新闻实践往往成为短板的制约。在招人上，基本不要学新闻的，而是分布法律、政治学、哲学、国际关系、中文等专业，学历上要求有交叉的、双学位的复合型人才。

《人民日报》在网络化生存和时评化锻炼中，不断提高评论员的“网商”和“舆商”。评论员队伍建设他们采用干中学，传帮带，老带新、新促老的方式，用好“80后”敏锐的新媒体触觉，用好“70后”的良好知识结构的年富力强，用好“60后”的采编经验、社会经验和理论积累，在“40后”、“50后”的领导下，教学相长，相得益彰，缩短了评论员成长的时间段。

中央电视台从2009年7月起建立评论员机制，专门成立评论员组，负责一支特约评论员队伍。当年7月27日，央视评论员队伍正式亮相《朝闻天下》，随后逐步出现在其他新闻节目中。2013年1月23日，央视评论员首次以直播连线形式出现在《新闻联播》。央视评论员队伍管理实施策划部评论员统筹安排。经过近几年的发展，央视评论员队伍基本把自己的评论员定义为：一个拥有某项专业背景，擅长媒体表达，能准确把握新闻背后的客观规律和走向，能通过深度解读来掌握新闻舆论场中的话语权，能体现国家电视台的权威性、影响力和推动力的人。目前活跃在央视的最主要的特约评论员中，媒体出身的占到一半左右，其他也都拥有媒体经验，有不少评论员之前已经以专家的身份活跃在屏幕上。目前央视有20多位主要特约评论员；另外拥有400人左右的专家库，其中有50~60位核心专家。

在评论员管理上，央视实行评论员值班体制，策划部评论员组对特约评论员实施管理，负责其在央视新闻中心所属节目中的统筹安排、内容设计、电视表现等。不过还没有对特约评论员实行专属战略，有央视特约评论员身份的人还经常出现在不同的电视节目中，甚至不同的电视台中。尽快构建一套成熟、客观、标准化的评论员选拔、培养、薪酬激励和经营管理机制，也是央视评论员队伍建设面临的挑战之一。①

有学者对2014年我国17家媒体评论部人员流动情况进行了调查，见表13-1。

表13-1 **17家媒体评论部人员流动表**

媒体名称	评论部规模	2014年人员流动	2014年版面变化
北京青年报	12人	增加4人	2014年年底，评论周刊停刊。每天见报的“每日评论”版不变
东方早报	3人	调出3人	减版：2014年3月起，每天两个版改为周一至周五每天一个版
长江日报	10人	增加3人	没有变化：每周6期，6个评论版
重庆日报	6人	调入1人，调出1人	没有变化：一周三个评论版，还有两个评论栏目：《今日谈》、《巴渝论坛》
凤凰网	4人	调入2人	加大原创力度，相当于传统媒体的评论版扩版，一周至少5篇原创评论
海峡导报	1人	没有变动	略有增加：周一至周五见报，见报时以1~2个版居多
河南商报	4人	没有变动	没有变化：周一至周六，每天一个版，但有时因广告和版面调整会影响到评论版
华商报	5人	调入1人，调出1人	略有缩减：每天半个评论版。2014年7月1日报纸改版，因为版式原因，版面容量变小
晶报	4人	调出1人	增加：每周增加了两个整版。每周评论版数12个，其中周一至周五每天两个版（周一当天有一个版是话题类的访谈版），周六、周日各一个评论版

① 新华社新闻研究所课题组：《新媒体环境下的评论报道创新——央视、〈人民日报〉等十一家媒体谈评论写作和改革》，载《岭南传媒探索》2013年第6期。

续表

媒体名称	评论部规模	2014年人员流动	2014年版面变化
南方都市报	13人	没有变动	大幅缩减：个论版和众论版从原来各一个版缩减成各半个版。周日见报的《评论周刊》从8个版缩减为4个版，有时甚至更少。社论版仍然是每天一个版，没有任何变动
南方日报	6人	调出1人	没有变化：每周2个理论版（周一、周六），4个评论版（周二至周五）
人民日报	20人（编制30人）	调入3人	没有变化：周一至周五，每天一个评论版；此外在其他版面有社论、评论员文章、《今日谈》和《人民论坛》等栏目
新华每天电讯	3人	招聘1人	没有变化：周一至周五，每天一版
新京报	8人	2人离开	有增有减：2014年2月24日《评论周刊》撤掉不办，但日常评论版由原来的两个版扩到三个版。周一至周五三个版，周六、周日两个版
新快报	2人	调入一个兼职	增加：周一至周五，每天一个评论版；2014年5月起，增加每周六一个漫评版，侧重漫画评论
燕赵都市报	5人	没有变动	增加：周二至周五增加一个评论版。每周12个版，其中周一1个，周二至周五每天3个，周六2个
羊城晚报	5人	调入1人，调出1人	没有变化：周二至周六每天一个整版，周一半个版

从表中可以看出，传统媒体评论部的规模并不大，除《北京青年报》、《长江日报》、《南方都市报》、《人民日报》这四家媒体的评论部人员在10人以上之外，其他媒体的评论员和评论编辑人数均是个位数，最少的如《海峡导报》（没有评论部）、《新快报》评论部，均只有1名专职评论人员。这样的评论队伍规模，在完成日常纸质版的评论版面编辑和写作任务之外，很难再安排足够的人力将该媒体评论部的声音传递到互联网上。

从2014年的情况看，传统媒体评论部的人员流动情况总体比较平稳，有较大动作的是《北京青年报》，评论中心新增2名评论员和2名评论编辑，专门服务于评论部的微信公众号“团结湖参考”。《北京青年报》评论中心2014年年底因为《评论周刊》停刊，将原有的两个部门：每日评论编辑部和评论周刊编辑部，调整为每日评论编辑部和微信公众号“团结湖参考”编辑部。同样加强传统媒体在新媒体平台上评论力量的是《东方早报》评论部，共调出3人去做新媒体项目“澎湃”，其中2人在“澎湃”做评论，1人做记者；《羊城晚报》评论深度部调出1人去报社的新媒体部；《华商报》深度评论部调出1人去做报社的APP。凤凰网评论部2015年也拟专门安排1人去做APP里的评论内容。

传统媒体评论部另一个值得关注的变化是评论与深度报道的融合：《羊城晚报》和《华商报》分别于2014年、2015年初将评论部与深度部合并，组成“评论深度部”和“深度评论部”。“评论”和“深度报道”这两个被视为传统媒体在新媒体时代主要竞争利器的融合。这样的融合会对新闻评论产生怎样的影响，学界还有待进一步观察。①

2）建立相对独立的写作机制，保障评论员的创造精神

评论写作是一种思想意识的表达，正如一百个人看哈姆莱特就有一百个不同的认识一样，对同一件事，不同评论员的看法和写作方式也不可能完全一样。新闻媒体应该保证评论员有思想和写作的自由度，为他们创造和提供较为宽松的创作环境。思想的自由是作为正常生活人的一个重要权利，我们不能剥夺或轻视这种宝贵的人权。

西方媒体大多是将新闻与评论严格分开的，如《华盛顿邮报》、《洛杉矶时报》等。据介绍，这样做的目的，是为了使新闻更加客观公正，使评论更加独立自主。根据美国报纸通行的游戏规则，新闻是客观的，由客观世界决定；而社论是主观的，必须体现报纸的立场。将两者分开，有助于更好地划清客观与主观的界限。在西方国家，有的报纸的评论代表报社的立场，有的则不是。如英国的《独立报》，他们的社论委员会里既有右翼的评论员，也有左翼的评论员，他们鼓励让各种观点共冶一炉。他们认为，要相信读者是有智慧的，他们可以在相互碰撞、相互挑战的观点中作出自己的选择。② 英国《太阳报》也有这样一位著名的专栏评论员、作家理查德。他

① 陈敏：《媒体融合背景下中国新闻评论之变》，载《新闻记者》2015年第5期。

② 唐亚明：《走进英国大报》，南方日报出版社2004年版，第110页。

的写作题材主要是政治或时事，而且，他的论调常常与报纸的立场相左。《太阳报》是支持工党的，但理查德所写的东西却常常是反对工党的，针砭时弊，唐突权要，常常令政府不高兴。这种与报纸立场的不一致，并未影响到理查德的写作。他们认为，专栏作家是自由于报纸的，不必担心他是否冒犯了主编。从某种程度上说，专栏作家所要做的就是去煽风点火，去搅和，去激发读者的反应。①

自然，西方媒体也不都是完全能够做到这一点，但是，这种评论写作的相对独立性，却给了评论员思想和写作的极大自由度。中国的国情不同，不能也没有必要完全照搬西方的那一套。但评论与新闻报道的相对分离（某种程度和某种范围），社论和评论员文章能够单独发表，这一点还是可实行的。现实的状况是，绝大部分社论和评论员文章为配合新闻报道而刊发，社论和评论员文章中很少有独立的新闻事实的披露。将评论处于一种被动地位，评论员文章仅仅承担配合义务的角色，这种状况是需要和可以改变的。评论员独立精神的培养，实际上是媒体自身特色品牌的铸造。正像英国《太阳报》专栏作家理查德一样，独立的思想和写作风格将会为自己的媒体争取一大批忠实的受众，这是一个媒体追求特色品牌的发展之路，我们可以学习和借鉴。

现在国内不少媒体的做法是，将评论作为一种配发言论（不少地方将消息、评论和照片三位一体作为对报道事件重视的一种规格），有的确实评出了新意和具有理论的深度，但也有不少评论文章只是对消息报道的一种强调，有的还只是一种重复。不仅没有起到画龙点睛的作用，有的反而起到画蛇添足的副作用。评论部作为一个独立的部门，它应有自己独立的采访对象和评论主题。如果能做到这一点或有一部分这样的职能，仅从扩大新闻源的角度来说，也是一种资源的开发。对于广大受众来说，实际上是花少钱获得了更多的信息，受众是会欢迎的。

在社论、评论的写作上，应反对公式化、一律化的写作模式，提倡更多地能体现评论员自己个人特色的写作风格。纵观多年来的中国新闻奖评论的评选，大凡获奖作品的写作方式也大多相同或相似，偶有例外，也会受到与会者的反复争议。我们的时代是一个千变万化的时代，媒体的形式多样，受众的爱好和兴趣也是多样，在这种情况下，我们有什么理由不允许最能展现自己风格的言论能更开放一些呢？应该有这样的机制，应该有这样的环境。

---

① 唐亚明：《走进英国大报》，南方日报出版社2004年版，第225页。

现在有的报纸已在着手这样的尝试，其他的报纸和媒体应有这样的紧迫感。

根植于南粤大地的《羊城晚报》，在写作方式上较为活泼、多元。当然也有一个尺度的问题。时评实际上有点杂文的色彩，在很大程度上是拼胆量的，在处理题材上和语言上都是这样。作为首席评论员，关键是知道该怎么把握分寸，有的时候开放一点，有的时候保守一点。在表达观点上要常做话语转换和柔化处理，碰到敏感的或者感觉有问题的文章，不该直接就否定掉。有的只是个别语言上的敏感，在意思没有根本变化的情况下换一种表达可能就通过了。《羊城晚报》的很多评论作者是可以认可这种柔化、脱敏处理的。这种方式需要和作者建立密切的、互信的关系。新媒体时代每个人都是评论员，和正式的评论员风格是不一样的，网民是一吐为快，哪怕发个问号、感叹号都是一种意见表达。其《围观》栏目旨在发出最精彩的评论，尽量保留网民评论的原汁原味。

创刊于2003年11月11日的《新京报》，提出评论的理念为：立于北京而怀远，彰显法治和人文，积极稳健有见地。核心理念是“法治人文”这四个字，这是恒定的价值观。他们变化的只是在机制、具体操作层面。第一，大大提高时效性。要求保证报道和评论必须同一天推出：不允许隔日再评论，以免滞后。《新京报》每天下午3点半开会研究热点，确定话题，由专业团队进行研究决策，而不再由一两个人拍脑袋作决定。第二，要求编辑记者随时跟踪网上新的变化，根据变化修订观点。很多政府部门的新闻发布会都在晚上召开，新闻报道在24小时不停地滚动播出，评论也是一样。否则，就是无效的。第三，从作者队伍来说，他们坚持开放式的理念，以前多是请专家学者写评论，现在增加了很多“业余写手”，如医生、教师、法官、律师等一线工作者，这个比例一直在增加。例如维C银翘片引发争议一事，他们就找了一位医生来写。过去遇到法律问题是找大学教授，现在会增加律师、法官。第一线的工作人员写的评论接地气，读者爱读。

《环球时报》的评论分量重、信息量大、强调多元化和开放性，注重所掌握知识的全面性，在文风上，要求说真话，直白。《环球时报》的社论是有立场的，其他的评论则采取开放态度。他们致力于提供一个开放平台，反映多元化声音，而不去预设立场和价值观，不能非黑即白。当然，他们对发表的评论也是有要求的：必须有新的视角、新的观点、新的材料，要穷尽材料，穷尽之后才知道什么没有说、什么不该说，要通过自己的判断加以表述。同时，一定要站在维护国家利益、推动国家和社会进步的角度。在评论文风上，我们强调要说实话、说人话，要直白，不说正确的废话。他们的评论坚持平衡性原则，尽可能做到各种观点之间的平衡，而不能完全由一种声音压倒其他。他们要求，报道多元世界，报道复杂中国。①

在融合媒体的大背景下，自媒体人的大量涌现，评论主体和评论标准日益多元化。微信公众号的如下特点受到评论员们的点赞：（1）观点的深度：有见识、有料、犀利、深入；（2）观点的稀缺性：原创、独特、有非主流见解；（3）表达的时效性：及时、第一时间表达观点，热点抓得准；（4）表达风格：语言调皮，有趣，写法上有创新；（5）和自身的相关性：是自己所在部门主办的；（6）传播的便捷性：适合微信朋友圈传播，文风贴合移动互联时代的阅读习惯，能在快速浏览中帮助人拓展思想维度。② 所有这些，都会对传统媒体新闻评论员的写稿方式有所影响和改变。

2. 加强业余评论作者队伍建设

随着媒体评论专栏和版面的增多，为其撰稿的业余评论作者也开始增多了，这是一件好事。但是，从总体上来说，这个队伍还不强大，作者素质还须提高。另外，如何培养为本媒体服务，相对稳定的高水平的作者队伍，这也是一个艰巨的长期工作，需要媒体认真对待。

培养和发展评论作者队伍的一个重要途径就是开展评论征文活动。如《人民日报》的《今日谈》专栏开设“从身边看变化”征文和南方周末评论版举办的“我和我的国家”征文。一次好的征文活动就是一次作者的动员和发现。每个人都有自己的故事。“从身边看变化”、“我和我的国家”征文的宗旨就是要让五湖四海的读者讲述自己的故事，从故事中论及自己与国家的关系。从地域上说，全国各省市区的作者都有，既有北京、上海、江苏、浙江、广东等大城市和沿海发达地区的来稿，又有西藏、云南、内蒙古、宁夏、青海等边远地区的来稿；从作者身份来看，四面八方各行各业的作者都有，既有科学家、企业家、作家等名人，又有普通的工人、农民、市民、解放军战士；从年龄上说，既有年过七旬的退休老人，也有十几岁的中小学生。一些作者一次就来稿五六篇，解放军上海某部专门为此还在内部搞了一次征文，精选出几十篇寄出。社会的变化无所不在，不同的地区有不同的情况，不同的身份有不同的经历，不同的年龄有不同的感受，作者的广泛

---

① 新华社新闻研究所课题组：《新媒体环境下的评论报道创新——央视、人民日报等十一家媒体谈评论写作和改革》，载《岭南传媒探索》2013 年第 6 期。

② 陈敏：《媒体融合背景下中国新闻评论之变》，载《新闻记者》2015 年第 5 期。

性也决定了题材的广泛性。为什么一次征文活动能够吸引如此多的作者参与，因为“从身边看变化”、“我和我的国家”这样的选题大家都有话可说，大家都有道理可论。所以，要组织好言论征文一定要策划好选题。

2015年3月，《人民日报》评论版在《大家谈》专栏中推出“践行核心价值观”专题，其目的就是希望“以更生动的形式更具体的方式把价值观传播给公众”，“让千千万万‘沉默的大多数’感受到核心价值的魅力”。在4月23日第二十个世界读书日之前，他们又推出“干部谈读书”专题，其目的，就是希望各级领导干部把读书作为一种生活方式和工作方式，在治国理政中巩固立身之本、夯实从政之基。4月份还在一版《今日谈》栏目中开展“‘实起来’难在哪”征稿活动，请广大读者以所见所闻的故事、鲜活生动的事例，来为“落实难”曝曝光、把把脉，共同探讨“如何实起来”的问题。

既发动广大作者参与，又精心培养骨干作者，是评论编辑的一项重要工作。

广西《玉林日报》的《道德论坛》是一个开放式的“群言堂”专栏。讨论的又是群众关心的身边事，因此许多文字水平不高的读者也乐于写上几百字参与讨论，这样就给编辑增加了工作量。为了让更多的读者、更多的观点“同坛竞说”，为了保证短小精悍的栏目形式，编辑必须花费大量的时间来筛选、修改稿件，有的稿件有时只选上一两句话，编辑却要将原稿反复读几遍。有的读者很想将自家身边的事交给读音讨论，但限于文字水平，不会写成文章，只好以书信的形式直接叙事。碰上这样的“信”，编辑觉得有讨论价值，就要将稿件重新改成符合栏目要求的评论形式。为此，编辑是要花费很大精力的，但也正是这样，有些名不见经传的一般作者就有可能培养成小有名气甚至很大名气的作者了。这也是干评论编辑的一份职责。为此，《道德论坛》被评为第三届中国新闻名专栏奖，对于一个地级市的报纸来说，这是不容易的。

3. 加强学校评论后备队伍的建设

媒体评论人才奇缺，一个重要原因就是新闻学院很少输送的合格新闻评论员。新闻学院是专门培养新闻人才的地方，自然也应承担培养新闻评论人才的责任。而现在的状况是，在大学里的评论教育还基本上是老一套，跟不上时代发展的需要。所以，在新闻学院加强新闻评论课的教学改革，加强在新闻学院对评论人才培养的重视，是从源头上解决评论人才奇缺的一个有效途径。

2003年10月，“新世纪首届新闻评论高层论坛”在华中科技大学召开。来自全国高校和媒体的50多位从事新闻评论教学和媒体评论写作的老师和评论员汇聚一堂，其中就谈到大学的新闻评论教学改革。

华中科技大学赵振宇提出，要走出对新闻评论的狭隘理解，即把新闻评论仅仅理解为新闻评论写作、党报评论和纸质媒体上的表现形式。他认为，应该从世界发展的大势中看待中国的新闻评论，从人与社会关系中看待新闻评论的作用和特性，从中西文化差异中看待中国大陆新闻评论的发展。

中国人民大学涂光晋认为，评论教学应该教学生有自己的思想，新闻学界缺乏比较好的评论教学方法，和文史哲领域相差太多，和传播学界的教学研究方法也有差距。现在高校评论教育的文本分析、评论写作教育方法意义不大，还用的是二十多年前的研究成果。新闻评论教育应放在整体教学体系中，培养具有理论水平，全面客观地看待社会的可持续发展的新闻记者和新闻评论员。

兰州大学冯渊源结合自己新闻评论教学实践提出，传统新闻评论教学中案例陈旧、重写作轻思考、教学手段单一化等缺陷，并提出评论教学重点应让学生用正确的逻辑模式去思考现实问题，锻炼客观、冷静分析事物能力。冯老师还强调分析新闻中的有效因素来写评论，并在教学精密化和议题设置、讲评作业等教学尝试中取得一定成绩。

天津师范大学许椿也认为，教思考比教写作重要，并强调新闻评论老师应该是学生的思想导师，老师应该注意引导学生全面认识社会问题，教育学生更多、更全面的责任感。

《新华日报》王向东在谈到大学生投身新闻评论工作的建议时认为，学生到工作单位后最好能发出自己的声音，独立思考应该是高校培养学生的目标。而中国人民大学周建明则建议学生毕业后最好还是先做记者，积累大量判断新闻背后价值的能力，这样才可能成为一个好评论员。

另外，南京政治学院王传宝、广西大学漆亚林、新疆财经学院刘红和李讲席、郑州大学吕文凯、同济大学柳珊也在关于新闻评论教学的讨论中进行了积极发言，提出了许多有益的建议和意见。①

讨论和碰撞都是初步的，大学新闻评论的教学改革已经摆在教育者的面前。从国际传媒来看，新闻评论相对于通讯报道等而言独立性更强，分量更重，很多报纸言论都是整版，甚至用评论主打头条。从国内来讲，全国700多家新闻院系虽然一般开设有新闻评论课，但在本科和研究生阶段却均无新闻评论方向的教学，课程设置单一化，目前评论教学尚无法满足媒体需要，评论人才缺口很大。

加强新闻学院的评论教学改革是一项系统工程，需要各方面的通力合作。通过一些学校成功的教学实践，可考虑从以下四个方面进行加强和改革：

第一，加强和改革本科生新闻评论课教学。本科阶段是青年学子由一般教育到专业教育的新阶段，此时的教育对他们以后的专业方向和素质的提高十分重要。现在大学的新闻评论教学很多还是陈旧的，既有教材的陈旧，也有教学方法的陈旧，大多沿用中文系教写作课的方式来教评论。教师未在新闻单位干过，或未写过新闻评论，新闻评论课主要是纸上谈兵，教授学生写作常识。对于新闻媒体面临的挑战和机遇，新闻单位体制发生了哪些变化，中西新闻评论有哪些差异，中国新闻评论发展的方向是什么，等等，所有这一切学生都不清楚。教学也只是从书本到书本，考试只是记忆背熟书本上的一些定义和解释就行了，就可得高分了。但学生一毕业，到了新闻单位仍然不敢或不会从事新闻评论的工作。

根据这一现状，大学本科的教学必须从体制上、教学内容和教学方法上都要作一些改进和改革。

在教学方法上，要学习和借鉴MBA，运用多媒体，搞好案例教学，讲清讲透每一个评论实例，用变化多端的新闻实践去阐释理论和理念；而不是用概念去串联案例，进行文字和逻辑的演绎。在师生关系上，要克服过去“你教我学”，“你问我答”的对立状况，实现师生的双向互动，将“要我学”的被动局面转变为“我要学”的主动状态，将“回答问题”注释论著，变成“共同研讨”探究现实。

扩大与媒体的相互交流，聘请更多的媒体资深评论家到新闻学院任教和

① 杨林：《新世纪首届新闻评论高层次论坛会议综述》，载《现代传播》2003年第6期。

兼职，同时提倡新闻学院的评论老师要熟悉新闻媒体，要熟悉评论写作，最好能写出较好的评论文章或制作较好的评论节目。

在有可能的情况下，积极组织学生到新闻单位的评论部见习，以增强感性认识和实际动手能力。参加社会实践，不仅对学生有帮助，对老师的教学也是一种检验，听听学生的反映，检查自己的教学和组织也是有好处的。加强对学生实习环节的重视，组织老师和学生在实践中共同提高，这是一个新课题，需要认真研究。

第二，加强新闻评论的社团组织，进行广泛的评论素质培养。现在，大学里大多成立了学生记者团一类的组织，对于培养学生的新闻素质是有好处的。在有可能的情况下，还可组织新闻评论团一类的组织，吸收更多学习工科、理科、医科、管理、法律、政治等多学科的学生参加培训。华中科技大学从 2001 年起，由新闻学院与学校党委宣传部共同组织成立了该校的新闻评论团。该校老校长、中国科学院院士杨叔子先生、宣传部长、新闻学院院长等出任评论团顾问，新闻系老师担任教练。评论团借用新闻学院的有利资源、学校校报、人文讲座、宣传橱窗等有利阵地，做好以下工作：

通过新闻评论团把校内有志于且有能力从事新闻评论写作的师生组织起来，依托校内四大媒体，宣传校党委的建校决策，积极正确的引导舆论；通过新闻评论团的写作，在全国各大新闻媒体宣传该校各方面工作的闪光点，扩大该校在全国的知名度；组建、开展好新闻评论团的各项活动，这本身就是一个新闻亮点，可以引起全国新闻媒体的关注，不断予以报道，提高该校在全国的美誉度；针对目前社会上新闻评论人才奇缺的现状，大力培养新闻评论人才，探索和改进新闻评论的写作与教学，在全国大学特别是新闻院校树立该校新闻评论的品牌优势，增强信誉度，有利于吸引生源和优势分配；弘扬该校重视人文精神，注重文理交叉的优良传统，配合学校中心工作，适时开展学生间的对话交流活动，活跃校内人文思想，引导人们关心政治，关心社会，创造良好的学习氛围与校园社区环境。2006 年成立“华中科技大学新闻评论研究中心”，邀请国内高校和媒体专家担任特邀研究员。

2012 年 3 月底，全国高校首份新闻评论报纸——《华中评论》在华中科技大学正式创办。此期《华中评论》由该校新闻学院 2010 级新闻评论班学生在老师的指导下独立完成。

这份由学生独立主办的评论报纸源于评论班学生们对“立言”的渴望，同学们希望有一个新的平台发出自己的声音。这个想法很快得到了导师们的鼓励和支持。在短短的十多天内，新闻评论班的同学利用课余时间采访、评论、编辑、排版，第一期《华中评论》按时出版了。此后，《华中评论》将每月出版一次，主要刊登当月热点新闻的学生评论观点，同时将涵盖校园内外名师、校友、社会名人等文章言论。

华中科技大学新闻与信息传播学院张昆院长在接受专访时说："我很赞赏同学们创办《华中评论》的尝试，它为同学们提供了一个自我锻炼、自我交流、切磋的平台。"同时，张昆院长对《华中评论》寄语："依靠自己，相信自己，开门办报，专业标准。"他表示："我们要把这样一个平台办成面向全国的、新闻院校的、评论爱好者的一个阵地，把这张报纸办成全国高校新闻评论爱好者的一个共同家园。"

参与《华中评论》的同学们都是第一次办报，为了一篇稿子斟词酌句、反复修改的过程虽然艰难，但是看到所有同学共同努力的成果、看到同学们思想的碰撞时，仍然觉得感受到了评论的力量。①

第三，开展评论特长生教育。根据评论员素质要求高，培养周期相对较长的特点，可考虑在大学阶段从有一定评论特长的本科生中挑选人才予以定向培养。特长生教育借用硕士生的培养方法，由具有一定教学和实践经验的老师指导，每位老师指导四至五名，老师的指导在院内计算工作量，予以考核。特长生除了撰写新闻评论作品外，还在老师的指导下，从事一定工作量的学术研究，这样有利于提高学生的理性思维和研究能力，以便更好地了解新闻评论的概况，从宏观上把握新闻评论的写作。从2005年开始，华中科技大学新闻学院已经开设新闻评论班，实施单独的培养计划。

新闻评论班设置一年的授课计划，上学期开设与一般新闻学院相同的新闻评论概论课，讲授新闻评论的基本知识，培养新闻评论写作的基本技能；下学期则开设8个专题课，每个专题16课时，一位老师讲授。这8个专题课是："新闻评论思想与思维"、"中外新闻评论比较"、"新闻评论名家名作评析"、"广播电视与新媒体评论"、"财经评论"、"法制评论"、"文艺评论"和"社会认识发现"专题。授课老师除了新闻学院外，还邀请了本校马克思主义学院和人文学院的老师参与授课。我们还在大二暑期执行"社会调查与评论实践"（计48课时）其目的就是通过实际历练，培养学生进行社会调查与制作新闻评论的实际能力，引导学生关心社会，勇于实践，砥砺意志，学会发现，培养高效率的动手能力。大三安排学生到媒体评论部门实习（3个月）。

---

① 赵振宇：《新闻评论通论》，清华大学出版社2014年版，第176页。

第四，加强研究生评论方向的培养。在研究生入校初就开始选择进行定向培养，由指导老师根据不同学生原来的学科背景和评论写作基础，与学生一起共同商定研究方向。经过几年的努力，已有硕士研究生完成了《新时期省级党报新闻评论研究》、《“央视论坛”百期调查》、《时评的复兴与公共领域的建构》及《中美社论写作比较》等论文。有博士研究生完成了新闻评论中的科学精神、民主意识、独立品格和宽容胸怀等方面的博士论文。在新闻评论高层论坛上，不少的学生参与会议，广泛拜师，采访知名评论家，撰写了介绍他们的专访文章。这些活动对扩大学生的学术视野，提高对社会认识的深刻性都是大有好处的。

上面介绍的是华中科技大学十多年来的探索和努力，尽管也有成效，但是，在很大意义上，它仍然是碎片化和缺乏扎实根基的，因为目前我国的教育体制、课程体系和现有条件，决定了新闻评论教育具有难以撼动的时代局限性。

那么，有没有一种可能可以尽量避免这种时代局限性呢？有，那就是建立更加专业化和体系性的“中国新闻评论学院”。

2012 年 11 月 29 日，中共中央总书记习近平，在参观“复兴之路”展览时的讲话中提到了“中国梦”的概念，笔者认为，建立“中国新闻评论学院”，也可以纳入“中国梦”的范畴之中。因为，新闻评论所代表的是话语权，中国新闻评论事业的盛衰荣辱，不能不直接影响到中国在世界话语权领域的地位与尊严。随着中国崛起步伐的加快，随着世界权力格局的重大转变，以新闻评论为代表的世界话语权的争夺，将变得空前激烈。如果我们还沿用陈旧的新闻评论教育模式，那么我们就很难占据优势地位。因此，我们应该具有创造性的眼光，整合资源，集中优势，排除困难，建立“中国新闻评论学院”，使其成为专门培养评论员（含深度报道记者）和评论老师的“黄埔军校”。这当然是一个需要付出热情和耐心的系统工程，也是需要克服各种认知和体制障碍的艰巨工程，但立足现在，瞻之未来，我们可以说，在高校中建立新闻评论学院（与新闻媒体合作），已是大势所趋。

评论学院有学历教育和培训教育两种方式。培训教育又分两种模式，一种是依照用人单位的要求，实施订单式培养，从新闻单位招聘学生进行转岗式的教学培养；另一种则是哪里来哪里去，对现在媒体和高校从事评论的人员进行脱岗培训。评论学院将请国内最优秀的大学教师和媒体评论员担纲授课，学员到媒体和大学进行评论实践。有了这样高规格、专业化、实践性的强化训练，是可以缓解目前中国新闻评论人才奇缺现状的。希望与有魅力有实力的媒体合作，共同开创这项新事业。当然，我们对困难也应有充分的估计，因为这种尝试，在世界上还没有先例，我们在做一项开创性的事业，只能摸着石头过河，排除万难、顽强前进，为中国新闻评论事业的进步，为中国社会的发展，而作出微薄却值得尊敬的贡献。①

三、建立促使评论人才成长的激励机制

时下，不少企业和单位推行“感情留人，待遇留人，事业留人”的激励机制，对于调动和稳定人才起到重要作用。人是社会中人，人们所奋斗的一切，都与他们得到的物质和精神利益相关。尽管在某些时候，对某些人来说，外部的利益刺激对他们无关紧要，但是，从长远来说，对大多数人来说，实行奖励，鼓励人们将自己的努力与其所从事的工作联系在一起，从中感受到一种物质和精神的享受，这总是很重要的。评论员工作，说起来是很重要的，但是，从事该项工作的人常常是不署名的，而且还要经常为领导机关和领导人撰写一些代表他们意见的奉命文章，有的单位评论员撰稿只算工作量而没有稿酬，等等。在一个媒体，评论员岗位物质和精神利益的相对“贫困”，很难吸引人们心甘情愿地从事新闻评论工作，即使已经从事该项工作的，也想离开它。此问题应引起媒体的高度重视。

美国《奥兰多前哨报》是一家有着一百多年历史的老报，2000 年该报第三次获得普利策奖，得主伯西亚先生进行了长达一年半的系列评论，总标题为“佛罗里达雁过拔毛”。伯西亚获奖后，《奥兰多前哨报》给予了极大关注，不仅将此次获奖经历写入报史，而且对这次获奖更是大造声势，整个报社兴高采烈。当普利策奖公布后，整个编辑部立即为伯西亚举行了一次盛大的庆祝会，发行人、总裁、总编辑等领导悉数出席。报社还为这次获奖出了个 16 页的特刊，封面是一个拳头提着一把钞票，在“正本清源”（righting a wrong）的大标题下，是几行大字：“《奥兰多前哨报》的一系列评论，直指那种将佛罗里达消费者变为牺牲品的贪婪商业。斗争是长期而艰巨的，但最终换来了公正变化、消费者的保护，以及我们的普利策奖。”特刊的第二页，是一幅庆祝酒会的大照片，上面可见发行人正向伯西亚的酒杯里倒酒，后面是欢笑的采编人员。特刊的其他部分主要用来刊登伯西亚获奖作品的部分内容。封底又是一幅彩色照片，上面是当时的总编辑约翰·海勒咧开

① 赵振宇：《新闻评论通论》，清华大学出版社 2014 年版，第 220 页。

大嘴笑着向伯西亚鼓掌致贺，背景里数不清的同事们也在鼓掌欢笑。该版的大标题是“我们新闻的优秀传统在继续”，下面一个围框的提要里写道：“《奥兰多前哨报》在12年内第三次获得了无上荣光的普利策奖。对于本报评论家伯西亚来说，这是他一年半的奉献以及100多篇激动人心的评论。”不仅如此，在2001年元旦报纸上，该报再次回顾了这件盛事，还刊登了伯西亚与他的母亲在同事们的包围下相拥而泣的照片。①

报社如此隆重的奖励和表彰，极大地鼓励和鞭策着伯西亚和他的同事们。也正是在这样良好的写作氛围里，美国的评论员能够独立地自由地撰写他们自己愿意写又写得好的评论来。

欧美报纸的评论员大多开有自己的专栏，如美国《费城问讯报》评论委员、国际事务专栏作家特鲁迪女士就有自己的专栏《世界情愫》。她不仅每周要为该专栏写稿，还要为评论版写其他文章和社论，工作量是很大的。自然，他们都有较高的地位，每人拥有自己的独立办公室，收入也比同资历的编辑记者高。② 英国《太阳报》主持社论评论专版的专栏作家理查德，2003年与该报签订了3年的合同，报酬高达100万英镑。③ 这种评论工作机制和激励机制，不仅鼓励着评论员写好稿，而且也促使评论员在长期的写作中可以形成自己的写作风格。这种风格对于形成报纸特色，吸引读者是大有好处的。如美国《芝加哥论坛报》的社论委员会委员、著名的专栏作家和评论家迈克，读者很喜欢读他的文章，他走到哪儿，读者就改订哪家报纸。他原来在《芝加哥太阳——时报》工作，后来该报被布莱克的美国出版集团收购后，迈克辞职进入《芝加哥论坛报》，带走了一批读者，使得该报的发行量进一步超过《芝加哥太阳——时报》。④

对于中国的媒体如何建立激励机制，调动评论员的积极性，从事了30多年评论工作的《人民日报》前副总编辑米博华在回答《中国记者》专访时说了这样一段话：评论的质量取决于评论人才的水平。我们强调队伍专业化，评论工作者应有较高的评论智商。热爱评论工作的未必适合写评论，而适合写评论的又未必喜欢这项工作。只有既热爱又适合，才算是较好的人才

---

① 辜晓进：《走进美国大报》，南方日报出版社2003年版，第171页。

② 辜晓进：《走进美国大报》，南方日报出版社2003年版，第333页。

③ 唐亚明：《走进英国大报》，南方日报出版社2004年版，第224页。

④ 辜晓进：《走进美国大报》，南方日报出版社2003年版，第222页。

配置。

关于队伍建设，以下几点很重要：（1）坚持不懈地进行党性锤炼，树立马克思主义新闻观，在任何时候、任何情况下，都应维护党的事业和国家利益。（2）理论联系实际，重在联系实际。（3）学习和研究党的方针政策，深刻理解，熟练掌握。（4）持续不断地加强文化建设，在工作中学习，把学习当工作，形成浓厚的学习氛围和良好的读书习惯。（5）提供实践舞台，尤其是给年轻同志提供写作重要评论的机会。（6）形成崇学重才的用人导向，对那些热爱评论工作、钻研评论业务、做出评论业绩的同志给予鼓励和褒扬。

队伍建设主要靠领导作表率，耳濡目染，潜移默化，通过在工作实践中点点滴滴地体现出来，形成传统、形成文化、形成良好的环境和机制。出作品、出人才是一个问题的两个方面，不可脱节。在实践中培训提高要比简单地开讲座、背条条来得更具体也更有效。①

这里说的是针对《人民日报》评论员的培养，要求较高。对于中国不同层次和类型媒体来说，也应朝着这个方向努力并结合各自媒体的特点，制定适宜有效的激励机制。

下面再谈一点有关评论员的署名问题。

长期以来，我国的评论员文章大多是不署作者姓名的，其原因，除“评论员文章代表报纸立场和态度”，不好署个人名字这一认识原因外，还和新闻界长期以来批判的所谓名利思想有关。“本报记者某某”，好像天经地义（但也有一段时间是不署名的），就是“为他人作嫁衣裳”的编辑，以及负责整个报纸的总编辑名字也开始在版面上出现了，为何单单评论员要隐姓埋名呢？似乎有点不公正、不科学。1986年6月，《中国青年报》率先开始发表署上作者真实姓名的本报评论员文章，1993年，《人民日报》也发表过署名的评论员文章。其他各报也有效仿的，但褒贬不一，终未在新闻界普遍实行。

评论员署名的做法到底有哪些好处呢？

其一，可以增强评论员文章作者的责任感。文章署上自己的名字了，文

① 《直面矛盾与热点，体现媒体责任担当——人民日报社副总编辑、资深评论人米博华就新形势下新闻评论的若干热点问题答本刊记者问》，载《中国记者》2012年第8期。

章的好坏、读者的反应如何，都将关系到作者的声誉。为此，文章作者更会精心钻研，提高各方面的素质，把文章写得更好。

其二，由于文章署上个人姓名，作者写作时便有了更大的自由度和宽松度，能以个人的思想、观点和口吻来行文谋篇，能用具有个性特色的表达方式把闪光的、最有价值的思想表达出来，增强文章的丰富内涵和感情色彩，提高宣传效果。

其三，可以缩短读者与作者的心理距离，增强亲切感。由于文章是个人署名的，读者见文又见人好似朋友之间在对话、谈心，愿意看，也愿意接受文章宣传的观点。即使对文章有不同意见，他们也会认为是作者个人的意见，不是报社的看法，从而减轻读者对整个报纸以至党政机关的抱怨和抵触情绪。

其四，有利于培养一支过得硬的评论员队伍。在报社找一位称职的记者、编辑，相对而言要好找些，而要找一位称职的评论员却不容易。新闻院校培养的学生到报社能够并愿意从事评论写作的很少，原因当然是多方面的，但评论员文章难写，而且写了又不署名，不能不是一条重要原因。提倡评论员文章署名，不仅有利于吸引更多的人从事评论工作，而且评论员之间也可以相互切磋、学习，有利于培养一支高素质的评论员队伍。评论员文章不署名，都是各报集体的产品，想交流、探讨也无对象可找。根据国外的经验，一个好的评论员就是一个亮点，对于提高本媒体的知名度，更好地吸引受众，扩大发行量或收听、收视率是大有好处的。

自然，评论员文章的署名也有一些技术问题。

要区别不同情况，把握好署名的数量。凡事都得掌握一个“度”，评论文章署名也是这样，不可一风吹，一刀切。对于传达中央或地方党政机关某些精神的评论，对涉及中央或地方有关政策、法令、规定的评论，对涉及民族、宗教、外事等方面的评论，对关系到我国外交路线、方针、政策和对重大国际事件的评论，等等，一般来说（请注意是“一般来说”，有些文章也是可以署名的），这样的评论员文章不宜署名。而对于人们（包括领导机关和执行部门，领导干部和广大群众）在政治、经济、文化、教育、社会和家庭生活等方面的各种思想认识问题，则以署名评论方式为好（有的也可以不署名）。由于报纸的宣传功能大部分表现在这些方面。所以，一般来说，在评论员文章中，署名文章的数量要多一些（可逐步达到这一指标）。

署名评论已开始在一些报纸实行了，愿能引起新闻界特别是中央及省市党委机关报总编们的关注和支诗；同时，对其实行和发展中的问题和趋势，也望能引起新闻界特别是总编辑和评论员的重视，对其进行科学的理性研究和探索。①

① 赵振宇：《应用新闻论》，湖北人民出版社 1997 年版，第 298 页。

第十四章
新闻评论者素质要求

2016年2月19日，习近平在党的新闻舆论工作座谈会上对新闻工作者提出新的希望和要求：要坚持党性和人民性相统一，把党的理论和路线方针政策变成人民群众的自觉行动，及时把人民群众创造的经验和面临的实际情况反映出来，丰富人民精神世界，增强人民精神力量。广大新闻舆论工作者做党的政策主张的传播者、时代风云的记录者、社会进步的推动者、公平正义的守望者。要转作风改文风，俯下身、沉下心，察实情、说实话、动真情，努力推出有思想、有温度、有品质的作品。

面对社会发展和媒体变化的新形势，新闻报道和新闻评论也要与之发生相应的变化。看不到这种变化，适应不了这种变化，就成不了合格的新闻人，更不能担当评论人的责任。这是当下新形势提出的新要求。这里说的新闻评论者，不仅包括在党报和电台、电视台等新闻单位工作的新闻评论员，也包括广大的业余评论作者，还包括在大学学习新闻评论的同学们。这里的素质要求是对一般的评论写作者而言，对于从事党报等评论写作的专业人士来说，还有特殊的要求。

一、新闻人的特质要求

不论是专业的，还是业余的，既然从事了新闻评论的写作就应该了解和掌握新闻工作者有别于其他职业者的一些特殊素质要求，这对提高我们的新闻评论写作水准是大有好处的。

形势的发展与变化，促使新闻工作者在社会中的角色地位发生重大变化：一是网络的交互性使网民掌握了传递信息的主动权，网民可以和新闻工作者共享新闻事件第一手资料和背景资料。“新闻热线”一类的栏目在不少媒体亮像，“新闻线人”作为一种新兴的职业也开始萌生。新闻报道赖以存在的新闻源，不再是新闻记者的专利，独家新闻的发现比以往更增加了难度。二是传统传媒对舆论的控制权和主导权在削弱，任何一个网民与新闻传媒一样拥有随时发布新闻特别是发表思想观点意见的能力，突发性新闻事件的报道和评论权已经从新闻传媒者的垄断中走向了大众。信息技术和新闻传播在世界各国和地区间的交流起着越来越大的作用。

形势的发展和变化对新闻人提出了更新更高的要求，我们的社会需要具有这样特质的新闻人。

1. 以新闻的敏锐和智慧发现故事

这种特质提出的要求是，记者发现新闻不再完全依靠“记者证”所显示的职业身份去获取。凭借记者证他可以和应该发现一般的新闻线索，但是这还不够。因为，一般的大众有时也能发现这些新闻线索。新时代的记者应该以深厚扎实的新闻素养，以最快的速度去甄别新闻源的真假和轻重，去发现和发掘那些不为常人甚至包括其他媒体很难发现的新闻线索及其背景材料。当今时代，只靠行政命令、计划指标去进行采访报道的人，从严格的意义上来说是不配做一个新闻记者的。在新闻报道中，老是比别人慢半拍，老是报道无新意的新闻或偶尔还有假新闻出现，这种媒体是无法在竞争中取胜，这样的记者也是不合格的。发现故事是新闻记者其他一切工作的前提，没有发现，其他一切都谈不上。

“敏锐”是新闻工作者的职业特征，而这种特征是以“智慧”为前提的。一名称职的新闻工作者，当然要熟练地掌握新闻学的基本知识，由此，才可能具备新闻人的“智慧”，比一般人更快地发现新闻。但是，仅此还不够。还必须学习和掌握广泛而扎实的社会科学知识，并将这些知识融入新闻学的知识之中，使其成为铸成新闻人特质的系统知识。这是一个长期不懈的学习和实践过程——凡是有志于从事新闻事业者（不论是专业的还是业余的）都要做好这样的准备。发现故事是我们进行描述和评论故事的基础，所以，谁要想比别人能更快更好地写出评论，就必须比别人能更快更好地发现故事。对于一般的业余作者来说，更需要特别加强这方面的训练。

2. 以新闻的视角和手段描述和评论故事

这种特质提出的不仅是新闻人工作的技巧，更是新闻人与其他职业人的区别。哲学家从思维和存在、精神和物质的关系上来看待世界，给我们揭示世界运行的规律，帮助人们更好地认识和改造世界；经济学家研究社会的物质生产和再生产活动，他们揭示的是社会生活中经济运行的规律，帮助人们能更好地认识、把握自己的经济生活，争取以较少的投入收获较丰盛的产出；文学艺术家用语言文字和其他形式（包括音乐、美术、舞蹈等）形象地反映客观现实，给人们以美的享受，等等。不同职业者以自身特有的职业特长为大众服务，这是职业角色的基本要求。虽然在新闻媒体上时常有新闻人扮演其他职业者的体验式报道，但是，这毕竟只是一种体验，而且这种体验是新闻人的职业角色派生出来的一种报道需要。新闻也需要反映客观世界，但是，他们与哲学家、经济学家和文学艺术家不同，他们擅长于用"新闻的视角和手段"。新闻人不是一般地反映世界，他们需要报道给大众的是有新闻价值的，能给大众一定的震撼、一定的回味、一定的启迪和一定的兴趣的信息，而这些信息又是凭借新闻人特有的表现手段，即用消息、通讯、特写、摄影、播音、图像、画面等形式和报纸、广播、电视、网络等载体来传播的。虽然学问家能撰写大部头的专著，文艺家能轻歌曼舞吟诗作画，但是，他们大部分不会或不善于从事新闻的写作和报道。新闻既然作为一种职业，它总是会有自己不同于其他职业的特殊要求的，这就是新闻人看待事物的视角不一样。世界上每时每刻都在发生着无数的事实，但并不是每一件事实都是可以和需要报道的。我们现在能够接受到的新闻报道特别是一些精彩的报道，为什么会受到大众的喜爱和欢迎，就是这些报道具有较强的新闻价值，新闻工作者按照新闻的规律和新闻报道的规律进行了选择和处理的结果。这种新闻人的特殊视角并不是一般人所能够具备的，即使是从事新闻的工作者，如果不努力加强学习和训练，也是很难掌握和提高的。用"新闻的视角和手段"描述故事不是一件容易的事。每年一次的全国好新闻评选竞争激烈就是一个明证。

除了描述故事，如何评论故事，在当前形势下显得更加突出和重要了。

2015 年 11 月 2 日，第 25 届中国新闻奖揭晓。在 4 篇特别奖中有一篇文字评论获奖，在一等奖中有 12 项获奖，在一等奖的 10 个名专栏中就有 4 个评论专栏，还有二等奖 12 项，三等奖 17 项。评论受到媒体的高度重视已是一种必然趋势。华中科技大学新闻评论团曾对中国入世后全国主要媒体的新闻评论作过调查后发现：新闻评论的分量更重；新闻评论的时效性更强；新闻评论的论题更广泛；新闻评论的指向多元化；监督的异地化和异时化；新闻评论形式的多样化；新闻评论队伍的专业化和学者化。①

现在，时评又成为新闻媒体关注的评论品牌，它的兴起对提高社会的宽松度、扩大公民的自主活动空间、提供理想的交流渠道产生了积极的作用。

① 赵振宇：《新闻评论的现状与特性》，载《城市党报研究》2004 年第 2 期。

可以这么说，随着科学技术和传播手段的发展和提高，媒体发现“独家新闻”是十分困难的；而新闻评论却是可以担当“独家发言”的重任。在媒介市场，话语权就是力量。在我们注重发现和发掘独家新闻的时候，千万莫要忘记或轻视新闻评论。一家有战略眼光的媒体，一个有思想的新闻记者，都会重视新闻评论和新闻评论的写作与制作。

学习和培养“新闻的视角和手段”这种特有素质，是新闻事业发展的需要，也是新闻人区别于其他职业人的重要标志。凡是想从事新闻评论写作的人士都应该和需要加强这方面的训练。

3. 以新闻的威力和魅力促使故事在有利于大众和社会的轨道上完善和圆满

随着科技进步和民主发展，新闻媒体在社会上越来越发挥出它的威力和魅力：扶正祛邪，揭露腐败，使一切社会的丑恶势力和不道德行为受到惩治和鞭笞；救助贫弱，弘扬光明，让我们的社会更加充满团结、友爱、和谐和希望——新闻媒体受到社会各界人士的广泛重视。

我们常说，人民创造历史。在创造历史的人群和进程中，就包括广大的新闻工作者在内。新闻工作者创造历史是以两种不同的方式来实现的。第一种是记者职业所需要的最基本要求，即用自己的笔、镜头、话筒、摄像机、网络等手段来真实地记录历史、反映历史，以满足受众知识、思想、情趣、休闲等方面的需要。在中外新闻史上，记载着许许多多叱咤风云的精英人物。人们永远不会忘记他们在记录和传播中国及世界的文明历史中作出的杰出贡献；另一种则是新闻工作者以职业者的形象公开地参与或以特殊身份隐蔽地深入某一事件和活动中，遵循客观事物发生发展的基本规律要求，与事件和活动的当事者一起促使事物向着策划者的旨意行进。由于有了记者的参与，由于新闻报道的威力和魅力，使得该项活动得以圆满和完善；在事件发生发展的过程中，由于记者的努力，使记者的旨意和当事者的意愿基本相符；由于有了新闻工作者的参与策划，可以更多地发现新闻，可以更好地报道新闻，从而使传媒自身水平不断提高，声誉不断扩大。新闻工作者勇于担当，善于传播，宣传“解放思想、实事求是”的思想路线，促使国家工作重心由“以阶级斗争为纲”向着以经济建设为中心转变；宣传报道了一大批焦裕禄、孔繁森、袁隆平、屠呦呦、阎肃、郎平式的先进模范人物，鼓舞人民士气；揭露审判了陈希同、陈良宇、薄熙来、周永康、徐才厚、令计划等一批腐败分子，坚守社会正义。正是由于新闻工作者的努力工作，以他们的特有方式促进我们的国家向着富强、民主、文明、和谐的目标发展。

新闻工作者不仅仅是一个文字工作者，担负着“访员”、“访事”的角色，由于职业的特性，从某种意义上来说，他们还是社会工作者。他们每天要在社会中生活，要与不同的社会成员接触。特殊的知识结构和工作方式，使他们发挥着智囊团的作用——他们参与政府的决策咨询；他们参与企业的规划发展；他们参与社区的文明建设；他们参与整个人群素质提高的活动之中。他们有选择地在那些适于做、可以做又能够做得好的事业中发挥着他们的聪明才智；同时，他们没有忘记自己的职责，将其参与的事件有选择地予以报道，使其为更多的受众所感知，从而更好地发挥新闻传播的作用。新闻工作者以自己特有的工作方式参与历史活动之中，创造着历史。历史在记录这些重大事件中，同样不能忘记新闻工作者的功劳！他们参与事件之中，关注公众利益，体现人文关怀；保护国家利益，强化舆论监督；完善事件过程，促生特色报道。在经济建设中，有因记者的牵线搭桥促使当地经济发展繁荣，而以参与记者的名字命名某某地名的；在捐资助学中，有因新闻扶贫建立希望小学，而以新闻单位的名字命名学校的；在抗击各种自然灾害的战斗中，在各种惩治犯罪见义勇为等突发事件中，都可以看到当代新闻工作者的身影，他们与广大人民群众一起谱写着一曲曲新时代的颂歌。新闻工作者在参与事件中策划报道，是新的时代新的形势对新闻传媒提出的新任务。为完成好这一重任必须加强对参与者的各方面的素质培养和训练，如认识客观规律，把握主观与客观的一致性；遵守法律和道德规范，恪守职业道德；精心选择，参与有度，等等，这同样是一项长期而艰巨的任务。①

2011 年，中宣部、中央外宣办、国家广电总局、新闻出版总署、中国记协五部门决定，在全国新闻战线组织开展“走基层、转作风、改文风”活动。通过开展活动，出现了一批优秀的新闻报道作品，新闻记者以人为本的意识得到强化，新闻规律被突出强调，新闻记者“用脚采写新闻”的职业意识被重新强调，等等。

自开展“走转改”活动以来，取得了很多成就，但是，仍存在一些亟待解决的问题，特别是有些新闻媒体和工作者对“走基层”出现教条式的理解，把新闻人的职责仅仅理解为“走基层”，把“走基层”简单地理解只是为了“转作风、改文风”。诚然，记者们走出了办公室，来到广阔的实践一线，确实可以让我们看到、听到、收集到平时不易把握的东西，这些活生

① 参见赵振宇：《新闻报道策划》第十五章，武汉大学出版社 2015 年版。

生的素材是新闻赖以生存和发展的源头。“走基层”有利于克服那些“身居闹市高楼大厦，只靠电脑鼠标打天下”的所谓现代化的生产方式。这些都是正确的、必需的。但是，我们也要切记，不要以为记者下了基层，写的文章就一定是按新闻规律办事了。时代发生了变化，昔日“夜宿农庄”可能会找到真新闻，但今天，还像往日那样住在农民家中，就可能不是什么新闻了。还有，下矿井、到部队、进医院、学校、居民小区、走边防哨所、南海诸岛等，记者的足迹是到了基层，但是，如果不按照新闻规律办事，还是找不到新闻或新闻价值不大。这是我们在开展“走转改”活动中需要注意的一个问题。

第二个问题是，现在有的媒体，一边开设“走转改”专栏，刊发记者们深入基层采写的鲜活新闻，同时，在版面（或栏目、节目）上，在报道中却有许多违背新闻规律的报道，这就有违中央开展这项活动的初衷了。打开报纸，我们可以看到众多领导同志的活动、报告、讲话大量占据一版、头条和大量的版面，其中有些是没有新闻价值或价值不大的。还有一些文章采访不深入，报道没有新意，标题不讲究，文章很长很长，形式主义严重，也就是说，这些稿件并没有按新闻规律办事，群众意见很大。按新闻规律办事，不仅仅表现在“走转改”的栏目或节目中，同时也要求我们处理好版面（时段）、写作（报道）等方面的问题，将其他更多方面的新闻报道做好，这是一个系统工程，我们都要兼顾好。

随着“走转改”活动的深入，我们有必要提出“到一线，循规律，出佳作”，将“走转改”活动向着纵深方向发展。

所谓“到一线”，就是到新闻发生的地方，到可以发掘新闻的地方。新闻并不只是表现在基层，高层也是新闻的多发地和富矿，在省市机关、国务院、中南海、联合国甚至太空都会有新闻。国家的路线、方针、政策的出台，有关公共人物、公共事件和内政外交方面的变动，都可能包含着重大新闻，它们都是我们新闻工作者时刻需要关注的地方。2012 年 12 月 6 日《长江日报》一篇《七常委参观“复兴之路”出行不封路》就是在武汉市委举办的学习十八大精神研讨会上抓到的“活鱼”，得到中国新闻奖的一等奖。如果说到新闻发生的地方报道新闻需要记者“腿长”、“腿勤”的话。那么，到可以发掘新闻的地方找新闻则更需要记者“动脑”、“脑勤”。我们常说，新闻“要抢”，有时新闻也是“要养”的，这里更需要媒体加强新闻报道的组织策划了。

所谓“循规律”，说的是一切新闻报道都要遵循社会发展的规律和新闻报道的规律。"走基层"应该这样，"到一线"也该如此，这里自然包含着"转作风"和改变其他一切不正之风。2013 年 10 月发生的《新快报》陈永洲事件对我们的启示是深刻的。①

新闻报道必须遵循社会发展的规律，它是新闻活动的基本前提。新闻记者只有敏锐把握时代发展的脉搏，才能够拥有真正的新闻敏感，并做好新闻报道工作。因为从根本上说，新闻敏感首先来源于对规律的把握。从我国社会发展的实践来看，我们对社会规律的认识是不断深化的：十二大提出了物质和精神两个文明建设；到中共十五大则提出政治、经济和文化三位一体的建设目标；十七大则确认了政治、经济、文化和社会四位一体的社会建设目标；十八大又加入生态文明建设，形成了政治、经济、文化、社会、生态五位一体的社会建设目标，这表明了我党对中国特色社会主义建设规律从认识到实践都达到一个更高的水平和层次。新闻记者只有敏锐感知和把握社会发展进步的"大势"，才能认识和做好新闻报道的每一件"小事"。新闻工作者只有把握社会发展规律才能提高发现问题、解决问题的能力，才能胜任新闻工作。②

新闻媒体的报道要做很多事，但是，在讨论研究和策划实践这些事情中，不能只顾一地之域、一时之间、一事之限而谋事，只从某一具体事情入手而忘了大局，只谈现象而忘了抓住事物的本质。我们不能简单地"就事论事"，更需要就"势"论事，即根据现在的形势和发展的趋势来认识我们所干之事；据"势"行事，即遵循形势的要求做好每一件具体事情；以事成"势"，即发挥聪明才智，创新方法和手段，使我们所干之事能积聚成势，从而达到坚持正确舆论导向，提高新闻舆论传播力和引导力。

新闻传播的整个事业，只有从这样的战略高度来审时度势，即仔细观察和分析时局，评价和把握发展趋势，才能做好我们所从事的每一项具体之事。所谓就"势"论事，据"势"行事，以事成"势"，就是要研究"事"后的"势"与"势"中的"事"，把握好"事"与"势"之间的辩证关系。

所谓"事"，说的是人类生活中一切活动和一切社会现象，有时也指单个的活动和表现；而"势"则是指一切事物力量表现出来的整体特性和趋向，形势是事物发展的当下状况，趋势则是事物发展的未来动向和走势。它

---

① 见中央电视台 2013 年 10 月 26 日《早间新闻》报道：《新快报记者陈永洲受人指使收人钱财发表失实报道》节目。

② 赵振宇：《做勇于担当，善于传播的新闻人》，载《中国记者》2016 年第 4 期。

们的性质由该系统诸事物背后的规律和本质所决定。我们讨论“事”与“势”就是研究和把握事物运动、发展、变化过程中个别与整体、当下与长远、具体与抽象的运动关系。

习近平在2013年8.19讲话中曾对宣传思想工作提出要求，一定要把围绕中心、服务大局作为基本职责，胸怀大局、把握大势、着眼大事，找准工作切入点和着力点，做到因势而谋、应势而动、顺势而为。这也应该是我们新闻报道和组织策划的最高境界。

所谓因事而谋，说的是对宏观世界的调控和把握，强调的是领导者“运筹帷幄之中，决胜千里之外”的战略能力。古人云：“不谋全局者，不足谋一域。”① 我们要从“势”的角度看待某一事的位置和作用，从而制定战略规划和举措。

应势而动，说的是在整体规划下的行动计划及行动举措，强调的战术能力。在干某一事情时需要在运动中兼顾上下左右轻重缓急的关系。

顺势而为，说的发现和掌握事物的本质特征，遵循事物发展和新闻报道的客观规律，强调的是媒体领导者和编辑记者的组织工作能力和工作效率。

就事论“事”，在很多情况下是少不了的，它是我们实现宏大目标的基础。“一室不扫何以扫天下?”但是，仅仅局限于某一事情而丢失对大局、大势的把握，就可能犯“井底之蛙”、“事倍功半”的错误；只有在“势”中办事，以事促“势”，以事成“势”，方能够开创大势所趋、势不可当、势如破竹的新形势，形成抢抓机遇、借机发力、事半功倍的持续发展新趋势。

就“势”论事、据“势”行事、以事成“势”，至少要做好以下几个方面的工作：

一是积小事成大事，聚大事成气势，由量变为质变，让我们的新闻媒体每时每刻的具体工作都符合中央和上级制定的大目标，与当前的发展形势相吻合相促进。不论是哪一类新闻媒体组织的哪一类新闻报道和活动，只有从国家和宏观的大事大势着眼，才能干好媒体每天的所谓小事和具体事。也只有在努力干好每一件具体细事的基础上，才能聚成大事形成气势，真正把握和体现正确的舆论导向。

二是在纷繁复杂、千变万化的事情中选择最能反映本地特色、时代特征、凸显本媒体优势、采编人员能够干得好的事情，集中人力、物力和智慧

① （清）陈澹然：《寤言二·迁都建藩议》。

将其办好，使其在有限的时空中产生势在必行的一种迅猛之力。在“事”与“势”的关系中，这项工作更重要。在做好“势”中之事时，也要注意做好那些与“势”看起来或暂时联系不大不紧的一般事，千万不要因一时的疏忽大意怠慢这些事，使其毁了大事从而影响到当前的“形势”和发展的“趋势”。千里之行始于足下，创新之举富有活力。这是我们实打实干、发挥聪明才智的展示舞台！

三是在处理“事”与“势”的关系中特别要注意对时间的认识和把握。马克思曾在《资本论》中说过：“时间实际上是人的积极存在，它不仅是人的生命的尺度，而且是人的发展的空间。”① 时间是物质存在的一种客观形式，它反映了物质存在和运动发展的一种状态。一切事物的发展变化都离不开时间，实现中国梦更是如此。要将“时间文明”纳入整个国家文明建设的系统中，特别要恪守“两个 100 年”的最大时间表，增强时间紧迫感，“就势论事”，“据势行事”，“以事成势”，“事势相融”，保障实现中国梦。这个理念要表现在我们全部的新闻报道和组织策划活动中。②

新闻报道一定要按新闻规律办事。首先是尊重新闻事实，其过程、细节等都必须真实、客观、全面；否则，就会造成新闻失实或者出现假新闻。新闻失实存在两种情况，一种情况是记者把明知不真实的事件或者是故意捏造的事件以新闻的形式报道出来；另一种情况是记者由于采访不深入、不细致或者受到客观条件的限制造成的部分新闻要素失实。不管是哪一种情况，都违反了新闻必须真实这个基本规律。

其次，新闻报道策划不能违反新闻规律。新闻报道策划是新闻传播的主体，遵循事物发展和新闻传播的基本规律，围绕一定的目标，对已占有的信息进行科学的分析和研究，着眼现实，发掘已知，预测未来，制定和实施相应的政策和策略，以求最佳效果的创造性的策划活动。③

在新闻竞争日益激烈的今天，策划是媒体竞争制胜之宝，这已经成为各种媒体的共识。但是，新闻报道策划的前提是尊重事实发展和新闻传播规律，离开这个基本准则，新闻策划就会异化为新闻炒作。新闻炒作不仅损害被报道对象和受众的权益，还直接损害新闻媒体的公信力。历史的教训是深

---

① ［德］马克思：《资本论》，人民出版社 1975 年版，第 365 页。

② 赵振宇：《就“势”论事，据“势”行事，以事成“势”》，载《新闻战线》2016 年第 4 期。

③ 赵振宇：《新闻报道策划》，武汉大学出版社 2015 年版，第 7 页。

刻的，必须引起新闻媒体及其从业人员的注意，警钟长鸣。

再次，积极探索新闻改革的途径，改进新闻传播活动。政治民主化、经济全球化和信息网络化是当今时代新闻传播的基本前提。新的传播环境要求新闻工作者和新闻传播的研究者都要不断研究新的传播环境和传播方式，开拓新的传播渠道，把握新媒体条件下的传播规律，在众声喧哗的时代争取舆论引导的主动权。新闻人必须不断研究新媒体的传播规律，研究新闻媒体受众的接受习惯和特点，不断拆除传统媒体和新媒体之间的传播藩篱，打通传统媒体和新媒体两个舆论场。

所谓“出佳作”，就是我们的报道必须客观、真实、全面，必须鞭笞邪恶、弘扬正气，必须有利于问题的解决和促进社会和谐持续发展。出佳作自然应该包括好的文风，但不仅于此。

什么样的作品是好作品呢？笔者认为，一件好的新闻作品既要有新闻价值，也要体现出社会价值。优秀的新闻作品应该为群众喜闻乐见，能够反映百姓的呼声，引起党和政府对急需解决的问题的重视，对社会进步有促进作用。群众对媒体感兴趣的前提就是媒体的新闻报道和新闻评论能够反映他们的呼声，代表他们的切身利益。因此，新闻工作者“要善于分析具体情况，看各阶层人民有什么困难、要求和情绪。要采取忠实的态度，把人民的要求、困难、呼声、趋势、动态，真实地、全面地、精彩地反映出来”①。

我们现在的一些报道存在的主要问题是形式主义严重，脱离群众，这也是新闻报道难以出现精品的重要原因。长期的新闻实践告诉我们，社会的发展动力可以来自对成功和经验的总结，也应该来自对失败和教训的吸取。新闻记者的监督报道可以提醒决策机关和领导者，使其言行符合公众期待，发现公共决策和政策执行的不足和漏洞，提醒有关部门及时改进和弥补。新闻先驱者普利策曾言：“假如国家是一艘航船，新闻记者就是桅杆上的瞭望手，他要及时发现暗礁和险滩，使航船能顺利航行。”②

优秀的新闻作品应该为党和政府的决策发挥好监测环境的功能，并促进社会在正确的轨道上运行。

在评价“出佳作”的标准上，需要探索和完善全面科学的评价体制。

---

① 刘少奇：《对华北记者团的谈话（一九四八年十二月二日）》，载《新闻战线》1982年第1期。

② 转引自刘浩生：《美国的新闻事业》，见《新闻研究资料（第二辑）》，中国社会科学出版社1980年版，第2页。

媒体人常爱说："金杯银杯，不如老百姓的口碑；金奖银奖，不如老百姓的夸奖。"但是，在新闻操作中却常常忘了这一条，只盯住中国新闻奖了。如何评价媒体的新闻作品，除了现行的中国新闻奖（评奖方法和内容也需要改革和完善）评价体制外，更应该注重广泛的民众评价和社会效果。社会效果则是检验新闻报道初衷和结果的唯一标准。社会效果包括两部分内容：一是社会影响，即报道后上级领导和主管部门的批示、肯定、嘉奖，这是很重要的；但更为重要的应是听众、观众、读者和网民的良性反映。二是报道对社会工作和人们思想意识所起的促进作用。这是新闻媒体和新闻人的一种社会责任和担当。奖励是社会对人们良好行为或成果的积极肯定的信息反馈——促使人们将这种行为保持和增强，加快人的自我发展和完善，为社会创造更大的效益。①

如何全面科学地制定奖励标准，这不仅涉及如何评价新闻作品，更关系到新闻媒体的生产体制、机制和新闻人的思维和运作方式，应该引起有关方面的注意，加强研究。

二、新闻评论人才面对新挑战

在讲述这一节内容前先读两篇新闻评论者的获奖感言，或许会对我们深刻认识时代要求大有帮助。

面对当前中国舆论场上一些评论"泛道德化"的倾向，作为主流媒体的新闻评论，如何在各种观点激烈交锋中挑起大梁？人民日报社评论部要闻版主编范正伟因撰写评论《公共辩论，求真比求胜更重要》② 获得第 25 届中国新闻奖一等奖。他的体会是——

媒体有责任引导公众理性思考

从城管现象、PX 项目建设，到爱国主义、中美俄关系，当今中国舆论场上总是有正反两方，各执一词，互不相让。这种"条件反射式"评论，往往超越了问题本身，不是从问题出发，而是凭借个人好恶、先入为主；是先有姿势、后谈知识；是先有结论、再到论据。仔细分析，背后往往是所谓"正义"，认为自己占领了道德高地，就可以居高临

① 赵振宇：《奖励的科学与艺术》，科学普及出版社 1989 年版，第 2 页。

② 中国记协网，http：//www. pingjiang. zgjx/text/693. htm，2016-03-11。

下、不容分说、真理在握。然而，倘若只有缺乏思考的道德表态，不仅于事无补、也会审美疲劳；而以道德绑架一切，则会混淆是非、将问题浅薄化。换句话说，热衷于姿势正确、挥洒着廉价眼泪，并不能真正认识并解决问题，甚至还会走向问题的反面。无论从现实还是长远来看，仅仅诉诸道德、将一切问题道德化，结果可能适得其反。如果道德评判成为“泛道德”评判，就可能妨碍国民理性思维的增强、国民健康心态的塑造、社会道德水平的提升。

不能把事实作为观点的“佐料”

有人的地方就有左中右。对待同一个话题，有不同观点是很正常的。但是，如果为了表达自己的观点，问题还没搞清楚就想象一个事实，或者截取自己喜欢的部分事实，让事实成为观点的“佐料”，新闻评论就会成为无根浮萍，要么随波逐流，要么忽左忽右。我们常说“真善美”，“真”是“善”和“美”的前提。经常看到这样的现象，一个“令人发指”的新闻刚出来，媒体一哄而上，义正辞严的批评、一腔热血的声援话音未落，新闻剧情就发生逆转，除了尴尬不说，还会损伤媒体的公信力、道德的感召力。当然，随着信息流动速度的加快，媒体在时效的压迫感下，有时候不得不对事实作出快速判断。但即便如此，我们并非没有选择。比如，至少可以明确一下消息来源，而不是盲目追求“首发”；至少可以多问几个为什么，而不是一味追求“新奇特”。还要明确，任何价值判断和利害判断，都要建立在事实判断的基础之上。“对事实的健全判断是一切道德的基础。”如果没有一个健全的事实观，就不可能有一个稳定而成熟的价值观。

恰当评判离不开专业素养的支撑

随着社会事务的公共化，我们今天要对更多的问题发表意见。对媒体人而言，这是一种机遇，但也不无风险。PX项目的毒性到底有多大？恒大违约在法律上怎么看？中国的物价到底高不高？反对“狗肉节”到底对不对？高调慈善是利大还是弊大？消防人员职业化可行不可行？……所有这些问题，都离不开专业判断，如果只是简单的好恶观感、鸡汤评论，外行会腻味、内行会耻笑。新闻有专业，同时也要敬畏其他专业，并时刻对“新闻无学”保持警惕。法律、政治、经济、环保……每个不同的专业，都凝结了人类的智慧，也总结了人类的教训。判断一个问题，如果能有内行的视角和视野，就不会隔靴搔痒，而能直抵本质。实现新闻评论的转型升级，除了改变“话语体系”，还要完善

“知识体系”。

一事当前，先问真假、再辨是非、后说利害。如果说事实是道德大厦的基座，专业就是道德大厦的钢筋。让情感与理性共鸣，让价值判断与事实判断辉映，让专业表达和专业判断结合，我们的道德追求才不会是空中楼阁、表面繁荣，我们的评论才能真正涵养社会理性、夯实道德根基。

评论堪称报纸的灵魂，然而，如果这个“灵魂”少有人看，甚至没有人看，评论自然也就失去了存在的价值，更何谈传播效果？如何让评论尤其是党报的评论好读好看，第25届中国新闻奖二等奖获得者、《中国青年报》编委兼评论部主任冯雪梅，结合她创作评论的实践，谈了她的一些思考——

想清楚评论写给谁看

我们预先设定的选题，是不是读者所关心的？那些涉及国家改革的重大政策举措和大事件的评论，如何找到读者关心的“切入点”“共鸣点”？

这其实涉及报纸的定位和读者对象，这是一个老话题。我们现在处在新媒体时代，新媒体既意味着传播的方式和手段发生了变化，从报纸到网络再到移动平台，也意味着读者对象越来越精准。研究一下粉丝数多的微信公号就会发现，内容细分越专业、受众对象越精准的公号，越有吸引力。这种受众越来越细分化的趋势，在报纸上恐怕还不能得以完全体现，但这却再次提醒我们思考：你的报道和评论是写给谁的？……

观点可以犀利但不失理性

什么样的评论读者爱看？犀利、有个性的。甚至有人说，无批评不评论。那么，评论的批评是为了什么？

《中国青年报》的报道和评论，曾经以敢说话出名，但这并不意味着我们是“傻大胆”，我所理解的评论个性，其中之一就是犀利但不失理性。评论的生命力在于它的理性。没有明确观点的评论不是好评论，但为了追求观点的鲜明而有所偏颇，一样也不是好评论。克制、冷静、理性，是一篇评论经得起时间检验、获得持久影响力的关键。

引导但不要自以为是

某种意义上，评论担负着引导舆论的责任。这种引导应该是顺势而为，潜移默化。我们通常说“以群众喜闻乐见的方式”，这种方式一定不是从宏大叙事到抽象概念，不是用“一二三四”去解读文件和讲话里的一个又一个“一二三四”，不是板着面孔训人，不是一厢情愿，自说自话。也就是说，有个性的评论，还应该有一层含义，就是引导但不自以为是。

全媒体时代，传播者与受众的身份，模糊又相互转变。不管是新闻传播也好，新闻宣传也罢，你说了，没人听没人看，就意味着失败。而传播或者宣传影响力的构建，又是一个综合工程，既取决于管理部门的理念和方法，传播方式与手段的更新，也取决于媒体人面对挑战时的自知与自觉。希望新闻人都能够坚守自己的职责与本分。①

像范正伟、冯雪梅这样的优秀评论员还有很多，他们从评论实践中悟出的道理对我们初学者来说是十分重要，也是管用的。对于一个学习新闻评论的学生来说，应该注意研究并努力在实践中提高自身的评论素质。

新闻评论是新闻学的一个组成部分，是一门理论性和实践性很强的科学，同时也是新闻工作者应当学习、研究和逐步熟练掌握的科学。新闻评论的水平高低往往成为衡量媒体水平的重要标尺。目前，我国新闻评论员素质参差不齐，新闻评论教学在国内尚未形成科学化的运作模式，在中国加入世贸组织和网络媒体发展的大背景下，当前国内新闻评论在传媒中反映的问题越来越多，培养高素质评论队伍事不宜迟。

华中科技大学从 2001 年开始实施新闻评论特色教育的探索：当年与学校党委宣传部联合成立华中科技大学新闻评论团，2005 年招收首届新闻评论方向班，2006 年成立华中科技大学新闻评论研究中心，这些举措在全国高校均为首创。十多年来，他们与媒体一起举办了多届新闻评论的高层论坛，受到学界和业界的好评。为了更好地抓新闻评论特色教育，他们广泛地向国内外专家们咨询办学方略，听取了他们的宝贵意见。总结这些意见和建议，对于进一步抓好评论特色教育是大有帮助的，对于不断提高新闻评论者

---

① 冯雪梅：《新媒体时代如何写出一篇好读好看的评论》，中国记协网，http：//pingjiang. zgjx. cn/text/692. html，2016-03-11。

自身素质也是大有裨益的。①

1. 新闻评论：培养什么样的人才

新闻评论随时代而演变，随着民主政治进程的推进，新闻评论的天地更加广阔，评论的环境更加宽松。就写作风格而言，新闻评论从纯之又纯的说理性文章发展到不再囿于新闻事实本体的调查性评论；就评论领域而言，新闻评论不再仅仅点评时政，而是广泛延伸到经济、文化、体育、科技、军事、国际等诸多领域；就体裁品种而言，新闻评论渐渐脱离议论文的大框架，形成一支较为壮观的力量……新闻评论的演变对新闻评论写作与研究者也提出了新的要求。今天的新闻评论人才，从总体上而言，素质要求比过去更加全面，即不仅要有政治家的责任感，还要有合理的知识架构和新闻工作者的敏锐。

专家学者们对培养目标提出了很好的建议：

一是认为新闻评论工作者应该具备良好的综合素质：有的提出既要有独到见解，又懂得服从服务于改革发展稳定的大局，最好是兼备政治家的责任感、学者的渊博和新闻工作者的敏锐。有的认为首先要有较丰富的文史哲知识、深厚的人文科学底蕴和一定的现代科学常识，其次要有逻辑的，修辞的知识，最后才是新闻传播的知识。有的坚持新闻评论者要有对历史事件、新闻事件的分类积累，有清晰的时空观念并密切关注时局的发展，对评论课题的来龙去脉全面掌握并加以认真思索。

二是认为培养目标应该分类，不能一刀切。提出培养目标分应用型人才和研究型人才两类，前者是为了向各类传媒输送评论员，更侧重培养学生的业务素质和动手能力，后者是为了向高校和科研单位输送研究型学者，更偏重培养学生的学术眼光和研究能力。有的学者说，不仅要考虑报纸对新闻报纸对新闻评论员的需求，还要考虑电子媒体和网络对评论员的需求。此外，仅就报纸而言，社论与专栏评论就有区别，体育评论与娱乐评论也不一样，这些在培养目标中都要体现出来。有的专家则从纵向对培养目标进行阐述，认为培养的初步目标是让学生胜任主流媒体的时评、短评等工作，并能写出在全国有影响的评论文章，长远目标是能胜任本报评论员及社论主笔工作。

从专家学者们提出的新闻评论者培养目标来看，他们对未来新闻评论者

---

① 参阅赵振宇、刘义昆：《据“势”行事，以事成“势”：新闻评论特色教育体系的构建与实施》，载《现代传播》2017 年第 8 期。

的素质要求是比较高的，既重政治思想素质，又求社会道德良心，还要求知识结构合理、知识积淀丰富并呈现出开放、递增、创新的状态。可见，培养出合格的新闻评论者非一日之功，学校的培养工作只是引领学生走入新闻评论的殿堂大门，至于进一步的登堂入室，还需要更长的时间、更多的历练和更辛勤的积累。

无论是新闻评论员、评论节目主持人、深度报道记者还是新闻评论研究型人才的培养，其方式必然不同于一般的新闻传播类专业人才的培养。就思维能力而言，新闻评论人才的水平要求更高；就知识门类而言，新闻评论人才的知识涵盖面更广；此外，对新闻评论人才在科学精神、民主意识、独立品格、宽容胸襟等方面的要求，也比对一般新闻传播类专业人才的要求更加严格。因此，必须瞄准能力素质目标，在教学、实践等方面探索创新，以非常规的手段培养合格的新闻评论人才。

就培养的具体方式，专家学者们提出了如下很多宝贵意见。

(1) 要实施课题型教学，在教学实践中探索积累新闻评论班的教学经验并形成系统的理论，以指导后续教学；

(2) 要夯实基础，可以通过讲授、研读或观摩名家作品以及专业基础课的教学来进行；

(3) 要强化实践，多开展实际的新闻评论写作与摄制，激励学生积极参与新闻采编、社会实践与社会调查；

(4) 可安排学生到媒体评论部实习或包干一个媒体专栏，或联系媒体著名评论员以“一对一”的方式帮带学生；

(5) 要先“统”后“专”，知识面的拓展和普通专业知识的学习应当在大一和大二完成，大三着重于学生专业知识和思想认识的深化，同时掌握新闻评论写作的技能和方法，即具备将所学的知识转化为撰写新闻评论的实际能力。

还有的专家学者建议采取本硕连读方式或在研究生中设立新闻评论班。

专家学者们提出的诸多培养方式，极富启发和创新意义，大致有夯实基础、课题教学、强化实践、联系媒体、分阶段推进四类。其中很多具体意见，比如请媒体的著名评论员以“一对一”方式帮带学生，采用本硕连读方式等，因种种原因，实施上存在一定难度。但是，要培养出优秀的新闻评论者，需要我们积极进取，多想办法，创造条件，将专家学者的建议尽快变成现实。

2. 新闻评论：应该读些什么书

学校来培养新闻评论人才，必须充分发挥学校的师资力量，狠抓课堂教学环节的质量，为学生提供最紧要、最精当的课程。社会实践环节固然相当重要，但在新闻评论教学中，社会实践环节的重要性还不能与其他新闻业务专业相比。毫不夸张地说，一名合格的新闻评论人才，必须具备思想家的素质。而其思想之深邃、洞察之敏锐、分析之张力，来自于其全面的知识架构。因此，有必要将新闻评论教学的课堂变成启发思想、训练思维、增长才识的互动练场。

对于课程设置，专家学者们提出了如下中肯的意见：

（1）文史哲的基础知识课在评论写作中很重要，有必要加强这方面的教学；

（2）有必要开设“言论史”方面的课程，以促进学生对世界评论发展过程的了解，对当代评论发展的了解；

（3）要开设思维逻辑训练、社会调查、时事政治等方面与新闻评论工作紧密相关的实用课程；

（4）从更为具体的角度提出，要设置语言文字训练和古典论说文名篇赏析课程，以解决当前新闻评论语言干涩的弊病；

（5）还有的学者从更高层面提出，应该开设新闻伦理学的课程，以提高新闻评论者的敬业精神与公正评论的态度和修养。

就目前来看，课堂教学始终是培养学生的重要环节，而课堂教学中最重要的内容仍然是知识的传授。在专家学者们的建议中，涉及文史哲、政治学、经济学、伦理学、时政、社会调查、思维训练以及研究方法等诸多课程。这些都是很好的建议，但为新闻评论工作奠定坚实基础的知识积累过程，更多的还是要靠学生在课余完成，这应该是一个有志于投身新闻评论领域学生们的自觉追求。

学制环境内的课堂教学起到的是一种“抛砖引玉”的作用，是要将学生导入新闻评论写作、编辑、研究的大门，却没有足够的时间用于传授各门类的具体知识。因此，要求学生在课堂之外勤于读书，广泛涉猎。可以说，课堂教学激起了学生的学习兴趣，启发了学生在新闻评论方面自我成长的思路，而包括知识积累、写作技巧等基本功的掌握，还需要学生在课外完成。而为学生设置科学合理的书目，可以使他们较快地具备写作一般新闻评论的知识功底，为他们的进一步成长奠定坚实基础。

专家学者们建议，要多读古今中外优秀言论范文、全国每年获奖的优秀评论作品、当代中国社会问题分析及时政方面的书籍以及文学、政治、法律、哲学、历史、经济、社会学、伦理学、社会心理学等方面的经典著作。

他们开出的具体书目有六大类：

一是新闻评论研究类，包括康拉德·芬克的《冲击力——新闻评论教程》、丁法章的《新闻评论学》、赵振宇的《现代新闻评论》、马少华的《新闻评论》、胡文龙的《中国新闻评论发展研究》等。

二是新闻评论作品类，如《杨柳青》、《邵飘萍选集》，以及人民出版社出版的《毛泽东选集》中的政论文等。

三为政治学类，如《马克思恩格斯全集》（第一卷）、马基雅维利的《君主论》、卢梭的《社会契约论》、丹尼斯·朗的《权力论》等。

四为哲学类，如黑格尔的《小逻辑》、列宁的《哲学笔记》、恩格斯的《自然辩证法》等。

五为社会学类，如北川隆吉的《现代社会学》、宋林龙的《西方社会学》、刘易斯·科塞的《理念人：一项社会学的考察》等。

六是新闻传播类，如小约翰的《传播理论》、麦克鲁汉的《理解媒介》、尼葛洛庞帝的《数字化生存》、陈力丹的《精神交往论》等。

对于新闻评论初学者而言，一般要经历学习、研究、模仿评论名家名篇的思考和写作过程，才能最终达到自成风格的境界。除此之外，还要广泛涉猎新闻评论可能涉及的各知识门类的书籍。至少，学生应该主攻自己将要从事的某一方面的新闻评论的相关知识类书籍。这是新闻评论者比新闻记者难做的地方，也是新闻评论者成就自我、实现自我的必由之路。

三、新闻评论者的素质要求

新闻评论者的素质要求，一直是人们关注的问题。有很多的学者对此进行了论述——

> 评论记者应有哲学的涵养、政治的才能、写作的技巧。①
>
> 评论记者决定立场是否正确持久，有赖于哲学的修养；决定见解是否深刻恰当，则全靠学识方面的修养，也可以说评论记者必须接受分工

① 程仲文：《新闻评论学》，上海力生文化出版公司 1947 年版。

专精的训练。①

一个评论家应有的形象是什么？我的回答是：他是一位具有专门学识的专家，也是一位头脑冷静，智慧卓越的通人；他是专家与通人的复合体，是一位理性主义者，经验主义者和实用主义者。②

对于评论工作者来说，除了具备新闻工作者的基本修养外，在某些方面还应该有更高的要求。他们必须不断地提高自己的思想觉悟和理论政策水平，知识渊博，目光敏锐，特别是要有运用马克思主义的原理分析和解决实际问题的能力。③

资深报人丁法章先生在其新著《新闻评论教程》中谈到评论工作者的基本素养时说："评论工作者究竟应当具备哪些基本素养呢？作为党报的评论工作者，首先应当是党的思想政治工作者，是具有真知灼见的政治家、目光敏锐的观察家、思想深邃的理论家和关心实际生活、充满激情的社会活动家。换言之，一个具有敏悟力、剖析力、表达力和知识面广的优秀评论工作者，应当具有政治家的热情和眼光，理论家的头脑和判断，社会活动家的活力和本领，杂家的智慧和博学，作家的技巧和感情。这样的评论员可以称为政论家。我们当然并不需要每个评论工作者都成为政论家，但是，应该以此作为目标，高标准地要求自己，刻苦磨炼砥砺自己，不断加强自身的素养。"④

《杨柳青》的作者储瑞耕，在总结自己的新闻特别是评论生涯时，提出了"一重三有"论。"一重"是重人格；"三有"是有作品，有理论，有影响。

所谓重人格，在涉及我们面对自身和社会两个方面的时候具体地体现出来。"穷则独善其身，达则兼济天下"（《孟子·尽心上》），"铁肩担道义，妙手著文章"（李大钊语），这些我认为都应当作为重要的参照系。

所谓有作品，说的是一个有志于从事新闻事业的人，一定要使名字活在自己的作品上。"有作品"，首先要有数量，然后要有质量。在互联网的形势下，发表作品还要有所创新，要有自己的特点。

① 林大椿：《新闻评论学》，台北学生书局 1982 年版。

② 王民：《新闻评论写作》，台北联经出版事业公司 1981 年版。

③ 范荣康：《新闻评论学》，人民日报出版社 1988 年版。

④ 丁法章：《新闻评论教程》，复旦大学出版社 2003 年版。

所谓有理论，是要求就自己的业务范围中的事情，有所总结，有所条理，有所“议”，有所“论”，“论”出点带有自己个人特色的道道来。

所谓有影响，既指作品也指作者，大致通过这么几个渠道、途径、方式反映出来：一是作品的发表和被转载，二是作品和作者的获奖，三是作品和作者在社会上产生的实际影响力（形成舆论或者进入他人的研究视野或者促使了实际问题的解决）。①

《人民日报》米博华先生结合他30多年的评论工作实践，着眼提高舆论引导能力和培养评论人才，提出两点意见：第一，作为党报评论工作者必须完成从一般意义上的文化人、知识分子到善于用政治家视角观察和思考问题的转变。评论的题材可以多种多样，经济、文化、体育、卫生、科教等，无论哪种题材的评论其实都有着鲜明的政治立场。评论员不是股评员，不是金融分析师，虽然也要涉猎股市、楼市、汇市，但其基本着眼点说到底还是百姓福祉、社会稳定和国家安全。不是说所有评论都必须和政治挂钩，但党报评论员必须有政治意识，这就是我们的职业特点。坦率地说，大部分刚刚从院校毕业的大学生和研究生这方面的意识还很不够。新闻学院培养的是通用人才，传授的是专业知识，虽然也有“新闻党性”的教学内容，但远远不够。因此在党报工作实践中，需要一个新闻价值观的重构过程，其目的就是要使党报从业人员懂得，评论员不仅是一个职业，更是一份事业，最大的自我价值实现，是给人民做事，为国家服务。

第二，面对复杂的社会现象和新闻事件，我们不仅要做出全面分析和正确论述，而且要对每篇言论对大局所产生的影响作出充分的判断和评估。新闻评论不是为评论而评论，更不是文字的秀场。因此，有几点尤为重要。一是立场鲜明。探讨问题和抨击时弊，我们首先要考虑对党和人民利益是否有利。二是谨慎稳重。撰述和编发评论，都要注意党报的性质和党报工作者的身份。三是注意效果。不能说立场观点是正确的评论，就一定效果好。选题要有针对性，论述要有思想性，表达要生动活泼。应鼓励创新，尊重多样性，包容不同风格，发挥评论员的特长和积极性。四是倡导“三深入”。深入，才懂得评论和实际工作必须紧密结合；才懂得许多矛盾和问题往往有复杂的历史和现实原因，不可简单化；才懂得是与非、对与错往往因时间地点

① 储瑞耕：《当今传媒人素质系列谈》，载《今传媒》2009年第4~7期。

的不同会呈现出错综复杂的状态，也会因条件的变化而发生转化。① 这些意见都是十分中肯和重要的。

上述前辈和专家从不同的角度出发，对评论者的素质作了不同的理解并提出不同的要求，这些都是很重要的。本书在学习和借鉴他人研究成果的基础上，并根据笔者长期从事新闻评论写作和教学的经历，以及本书对评论者的概定相对比较宽泛的前提下，提出以下几个方面的素质要求。

1. 政策观念

毛泽东同志早就说过，政策和策略是党的生命，政策为何如此重要呢？这是因为，人们的一切行动都必须根据一定的轨道进行。而政策是保障和规范人们的行动准则，哪些该做，哪些不该做，该做的事做了，有什么好处和奖赏，不该做的事做了要受到哪些损失和处罚。人们在行动前明白了这些准则，就能有效地规范自己的行动，以减少损失，提高效益。不论从道德生活和社会效果，还是从物质生活和经济效益上来说，都是十分重要的。

我们现在进行的是加入世界贸易组织以后的中国社会主义市场经济。这种体制的建立和发展，是在党和政府的科学领导组织下进行的。那么，党和政府的各项方针政策对于各个地区、企业、单位和团体、个人的影响至关重大。改革开放以来出现了这么一种情况，凡是经济发达的地区，关心国家的各项方针政策，特别是某些会议召开的前后。因为这些方针政策的出台或变化会直接、间接地影响他们的政治、经济、文化、家庭生活。为达此目的，媒体常用的形式有深度报道、专家访谈和调查报告一类的报道，除此，发表评论也是一种重要形式，如社论、评论员文章，还有广大读者的来论。

评论是一种思想观念的表达，评论文章的发表关系到对有关政策的理解和解读，宣传和解释，这对帮助人们有效地执行政策是大有好处的；有的则是对某项政策或条文的质疑或建议，这对于政策制定者修改和完善有关政策，是大有帮助的。不论是哪一种情况，这些评论文章的写作都需要作者有较高的政策观念和水平。

中国加入了世界贸易组织后，有许多这方面的报道和评论。此刻，我们需要学会讲好两句话：第一，过多地强调“中国特色”是不行的——我们

---

① 《直面矛盾与热点，体现媒体责任担当——人民日报社副总编辑、资深评论人米博华就新形势下新闻评论的若干热点问题答本刊记者问》，载《中国记者》2012 年第 8 期。

既然加入了世界贸易组织，就要遵守它的规章和要求；否则，进来干什么呢？世界贸易组织不允许有“特殊成员”。第二，在某些情况下，不强调“中国特色”也是不行的——世界贸易组织是由世界上不同地理、政治、经济、文化等因素而成的众多国家和地区组成。那么，在制定和执行有关世贸组织的相关条款时，就必须考虑和兼顾不同国家和地区的利益。既然如此，中国作为一个发展中的大国也有它的某些其他国家所不具备的特殊性。此时此刻，中国当然应该在遵守世贸组织大法的前提下，为着中国更是着眼于世界长远利益，提出自己的同时也应该是世界的意见、建设和举措。但现实中的情况却是，一些单位为了维护本部门利益，以所谓“国际惯例”的名义自定和出台的规章制度中，不少是站不住脚的。如有的所谓“国际惯例”实际上是少数国家和地区实行的规定，根本缺乏代表性，算不上什么“国际惯例”；有的是国际上过去通行的，现在早已被淘汰了；还有的在国外找不着，纯属子虚乌有。类似这些在政治、经济、文化领域发生的诸多现象，都涉及一些相关政策问题。

我们常说，无私才能无畏。一般来说，这是对的。但是，在新闻评论的写作中，如果不了解政策，评论写作不符合政策，这种“无畏”却是不利的。

政策是对现实社会实践规范化文字的总结，它对于保障人们的行动不受干扰，为人们的行为提供方便是很有好处的。评论者要随时注意政策的颁布和修改，首先要自己学习好相关的政策，理解政策的真谛。一些重要的会议、领导人的讲话、报道的典型事例和人物，都可能包含这样那样的政策因素，对于评论写作者来说，都要有心和认真研究。只有写作者学习了并读懂了这些信息，这样才能阐释好政策，帮助人们能更好地理解和执行政策。每项政策都有它的执行范围和条件，在新闻评论写作时，不要忘了这些基本前提。

同时，政策又是对以往社会实践的总结，它一经制定，就有某些方面或情节上的落后，有关方面又需要调查研究，广泛听取意见，着手下一次的修改或完善。这是一个不断循序渐进的过程，这也是一个永无休止的运动过程。所以，在评论文章写作时，时常会碰到事实与政策不相宜的情况。实事求是，反映真情，这是评论写作的基本要求；遵守法规，维护政策的严肃性，这也是新闻评论的行动守则。在现实生活中，这两者时常是矛盾的。对此，我们要辩证地认识和把握。在实际操作中，应将两者有机地结合起来：既要真实地反映情况，评论已经发展和进步着的现实，又不要过多地直接地发表与现实政策相悖的评论；既要维护政策的严肃性，又要与时俱进，真实反映活生生的现实，用满腔的热忱去促使有关方面思考和修正、完善相关的政策。这是一个需要大胆和细心的工作，草率不得，马虎不得。

2. 理论基础

我们先来读一篇获中国新闻奖的评论作品——

让法治托举起青年梦想①

十八届四中全会闭幕了，全会决定全面推进依法治国。

法治是一个国家走向现代文明的标志，也是改革成功与否的关键。只有在法治的轨道上推进改革，在法治的框架下规制权力、打击腐败，以法治的思维和方式治理国家，改革的各项目标、反腐败的“治标”和现代化的国家治理模式才有望实现，国家的未来、民众的幸福、个人的梦想，也才可能有所依托。

法治意味着对合法权利的保护，对公平正义的坚守，对可预期未来的庇佑。它不是一个宏大抽象的概念，而确确实实关乎每个人的福祉。中国梦是民族复兴的梦想，也是人民的梦，青年的梦。青年的中国梦就是在这个法治的国家里，无论出身如何、起点怎样，只要勤勉奋斗，就能实现自己的家国梦想。

创业中的青年，希望不被繁琐的审批所限制，不被非法权力所侵扰，小微公司的合法财产能得到保护；报考公务员的青年，希望在招考中公平竞争，不因莫名其妙的理由被挤掉；漂在大城市的青年，希望自己能享受平等的市民待遇；买房置业的青年，梦想房价平稳，不因变幻莫测的政策而忽高忽低……所有这些梦想，汇聚成我们共同的希冀——生活有尊严，未来有希望，幸福够得着。而这一切的基石，将是法治。

……

十八届四中全会提出，法律的权威源自人民的内心拥护和真诚信仰。人民权益要靠法律保障，法律权威要靠人民维护。青年是法治的受益者，享受了法治的福泽和护佑，他们更应该成为法治的倡导者和建设者，让法治精神公正司法成为自己的生活方式，自觉成为社会主义法治

① 冯雪梅：《让法治托举起青年梦想》，载《中国青年报》，2014年10月4日。

的忠实崇尚者、自觉遵守者、坚定捍卫者。只有在守法光荣、违法可耻的社会氛围里，约束权力的法治体系才能顺利运行，透明有序公平正义的环境才会形成，才可能让市场主体“法无禁止即可为”，让政府“法无授权不可为”。如此，你才有网上说实话的自由，不会因言获罪；你才能不“拼爹”，凭能力读大学、找工作，追求个人价值；你才能居住在你喜欢的城市里；你对美好生活的一切诉求和期许，才能有一个坚守的支点。

法治的精神就是规则精神，就是廓清不确定性，平等地给每个人可以预期的未来。在一个法治的国家里，权力才不会侵犯权利，政策才不会朝令夕改，公平正义才不会缺席。当十八届四中全会为依法治国提速时，青年的中国梦也就获得了更可靠的支撑；当法治成为执政党治理国家的方式，成为社会坚守的价值理念，成为公民的真正信仰时，法治社会也就如期而至，青年的中国梦也会被高高托举。

这篇评论刊发于党的十八届四中全会闭幕当天。文章围绕《中共中央关于全面推进依法治国若干重大问题的决定》，阐述了依法治国的重大意义，以及法治对社会进步。依法治国是个宏大主题，这里面涉及众多的法律问题和社会问题，评论员如果没有这方面的专业知识和对社会实践的深刻认识，就不可能在短时间里写出这样的好评论。而且，作为《中国青年报》的评论，本篇评论不是泛泛而谈，而是紧密联系中国青年发展的实际问题，特别论述了法治与青年的关系：青年是法治的受益者，享受了法治的福泽和护佑，他们更应该成为法治的倡导者和建设者。当法治成为执政党的治国理念，成为公民的真正信仰时，法治社会也就如期而至，青年的中国梦也会被高高托举。

这篇评论经上百家网络媒体转载，传播范围大，公众认同度高。文章针对青年群体，观点鲜明，行文生动，在发表后引发了全国各地各级团组织的学习热潮，对青年人认识十八届四中全会精神，以及依法治国的大政方略，起到了良好的舆论引导作用。我们常说应景的评论不好写，很容易写成一般化的空洞条文，但冯雪梅以扎实的理论功底和对青年对象的深入了解，使这篇评论获得了受众和专家的好评，获得了中国新闻奖二等奖。

马克思在论述德国革命时说过这样的话：“理论在一个国家的实现程度，决定于理论满足这个国家的需要程度。”“理论需要是否能够直接成为实践要求呢？光是思想竭力体现为现实是不够的，现实本身应当力求趋向思想。"① 恩格斯也说过这样的话："一个民族想要站在科学的最高峰，就一刻也不能没有理论思维。"② 这些导师的语录在很长的时间里是被人们广泛引用的，但是，在实践中却做得不够。

改革开放30多年来，我们常常以"摸着石头过河"和"不管白猫黑猫，抓住老鼠就是好猫"（有人将其概括为"摸论"和"猫论"）来鼓励人们大胆地闯、大胆地干。在改革开放的初期或许有它一定的可取性，但是，绝不能将其作为成功的经验总结到我们党和国家的执政理念中去。改革开放是一个新事物，我们没有成功的经验可借鉴，只有从自己的实际情况出发，鼓励人们大胆地闯大胆地干，摸索出一条适合中国国情方法来，这是十分必要的。但是，犹如闪电在雷鸣之前一样，理论的研究和探索也应该走在实践的前面；否则，再多的"学费"也是不够花的，花了也是冤枉的。早在70多年前的红军时期，毛泽东就讲过这样的话："我们不但要提出任务，而且要解决完成任务的方法问题。我们的任务是过河，但是没有桥或没有船就不能过。不解决桥或船的问题，过河就是一句空话。不解决方法问题，任务也只是瞎说一顿。"③

只有满腔热情，不问河的深浅宽窄就贸然下河，轻者打湿衣裤，重者还会丢掉性命。更为严重的是，在30多年中还有不少人就是扛着这样的"摸论"，以"交学费"为名，去谋一己之利或一地之利的。"过河"之前，我们为什么不研究一下"造桥"或"修船"的问题，让理论界的学者们讨论来争辩去，拿出几个方案让决策机关拍板呢？这样或许需要花一点"茶水费"，这样或许会需要一点时间，但是，只有科学的东西才是最终解决问题的。比起那些盲目的"过河"者来说，这样的"学费"会更少。④

理论是对实践的科学总结，是一种系统的知识体系，是我们行动的指南。新闻评论作者必须要有较为扎实的理论功底，这些理论一般包括马克思主义的基本原理，它是科学的世界观和方法论，它通过大量的事实材料和严密的逻辑论证，阐明了自然界、人类社会和思维发展的普遍规律。它以辩证

① 《马克思恩格斯全集》第1卷，人民出版社1956年版，第462页。

② 《马克思恩格斯全集》第20卷，人民出版社1956年版，第384页。

③ 《毛泽东选集》第1卷，人民出版社1991年版，第134页。

④ 赵振宇：《我们说了些什么——一个新闻学教授的历史回眸》，武汉大学出版社2009年版，第4页。

唯物主义和历史唯物主义、政治经济学、科学社会主义宏大的科学体系提示了人类社会的发展规律，是指导我们工作、学习和生活的科学指南。学习马克思主义，不能只会照抄照搬马克思恩格斯的著作，而是需要结合中国的国情，特别是发展改革中的中国国情，来说明中国的实际，来说明世界的实际，来说明中国与世界的关系。除此，评论作者还需要认真地不断地学习党和政府的一系列文件，了解党和政府颁布的方针政策。因为，这些文件和方针政策是一个时期整个国家或一个地方的行动准则，它对于整个国家或一个地方来说关系重大，它能在思想上提示人们，在行动上指导人们，它是我们一切实际工作的思想保证。

在新闻评论界，有很多这样的优秀分子，正是他们凭借着扎实深厚的理论功底，写出了许多精品佳作。理论基础打得是否扎实，关系到我们的评论文章能否写出深度和高度。新闻报道和新闻评论都讲究文章发表后要有震撼力，这种力量来自何处，就是来自作者的理论修养。谁要想自己的评论比别人棋高一着、高屋建瓴、独具匠心、新意迭出，谁就必须认真地、不懈地加强理论的学习。只有基础打得扎实，到评论写作时，才能驾轻就熟，应用自如。

评论者加强理论修养要注意以下几点：

其一，持之以恒，与时俱进。理论学习是一个长期的过程，不可能一蹴而就。虽然也有临时抱佛脚的情况，但是，系统地、全面地学习一些理论知识总是必需的。而且，这种学习一定要与现实生活的实际紧密联系，不能用那些已经被历史证明是过时的或错误的理论来指导评论的写作。

其二，用科学的理论说明现实生活。理论的生命力在于运用，在于它能说明和解释社会生活中的种种现象和问题，还是毛泽东说过的那句话，谁说明的问题越多，谁的本领就越大。我们学习理论的目的，不在于装门面吓唬人，而在于能够研究和说明现实生活中出现的种种问题，释疑解惑。这是一个广阔的领域，这是一个长期的过程，写作者应做好这样的准备。

其三，要经得起历史的检验。新闻记者特别是评论作者，不能人云亦云，随风摇摆，今天说是东，明天说是西，总是你有理。我们常说，实践是检验真理的唯一标准。谁的理论正确，谁的理论错误，不由谁说了算，社会实践是最好的检验官，一检验，一对照就清楚了，明白了。但是，我以为还要加上一句话，这就是：时间是检验真理的最终标准。世界的历史，中国的历史，都有这样的情况，一些当时看起来很正确的东西，时间一长，就发现不是那么回事了，有毛病了，不妥当了，甚至完全是错误的了。评论作者写文章，这个文章不仅能为当时的现实服务，同时也要经得起历史的检验：自己的观点或意见是正确的。自然，这也是一个不断学习和实践的过程，错了，认识了，改了就行。评论者要养成这样一种习惯，时常翻阅一下自己的作品，不时地检查和反思一下，过去的东西还有多少在今天看来还是正确的还是有生命力或很强的生命力。一个评论作者，争取多写一些经得起历史检验是正确的有生命力的好评论。这是一个理论基础问题，同时也是一个做人的道德问题，需要引起评论作者的注意。

3. 知识储备

新闻评论涉及的面广、问题多，没有广博的知识是不行的。新的时代对新闻人提出了许多新的要求。新闻工作者既要像前辈一样知识渊博，更要不断吸取人类文化宝库中的最新成果，以新知识新技术武装自己，这样才能不落队。他们不会因知之甚少而以讹传讹、误导受众；不会因语言和文化的障碍无法参与国际间的新闻竞争；不会因现代化操作技能的缺乏而影响新闻传播的时效……现代经济与社会发展的多元化急切需要专家型的记者和评论员。评论作者要以社会的视角研究和解读新闻事件，以新闻人的特质观察和评论社会。评论者要像专家学者一样有专业知识的积淀、有深刻的思维与准确的预见。他们能深入采访、细致调研，站得高，看得远。他们给予受众的不仅仅是新鲜的信息，还有思想的启迪和明智的引导。

学习和掌握丰富的知识是进一步培养思维能力和想象能力的基础，是开发智能的前提条件。没有丰富的知识，开发智能也就成了一句空话。评论作者的知识结构需要有整体性、变异性和自动调节性的特征。整体性指的是知识结合和组成的过程及知识的总量。人的知识总是不断丰富的，绝不会停止在一个水平线上。据英国技术监测专家詹姆斯·马丁推测，人类知识在目前每三年增加一倍。作为每天都处在学习环境之中的评论作者，其知识的总量增长得会更快。从这个意义上说，评论作者的知识结构是处于发展和变动之中的。这种变异性不仅是知识总量的增减，而且表现为结构本身的变化。各个层次的知识圈在知识总量中所占的比重会不断得到调整，这就体现了自动调节性。现代科学技术的迅猛发展，使人类积累的知识量以几何级数剧增，被称为“知识爆炸”。电脑功能的增强和日益普及，促使了电脑硬件研究和软件开发相关的新知识成果的迅速膨胀，并且带动形成一个崭新的产业——信息产业，以信息产业为标志的新的人类社会形态，被称为信息社会。在信息社会，不断地学习和掌握各种历史及现代科学知识是市场竞争中的一项重要内容。“柏林墙的倒塌和 Windows 操作系统的建立”被美国学者、普利策奖得主托马斯·弗里德曼称为碾平世界的 10 大动力之一。①

随着移动互联网、云计算、物联网、传感器等领域的蓬勃发展，智能移动终端的普及，数据呈现爆炸式增长。有一种说法，人类社会所产生的数据 90%是近两年生成的。在这种情况下，媒体人如何培养自己的数据素养就显得格外重要了。② 2016 年 3 月 15 日，韩国九段棋手李世石与谷歌 Alpha Go 围棋的人机大战，以 1∶4 失败。2017 年 5 月，中国棋手柯杰仍以 0∶3 败于 Alpha Go。由此产生了大量的报道和评论，对我们初学者是来说，这也是一次学习现代科学知识和如何面对新科学发表评论的好时机。

新闻事业变革发展的现实告诉我们：

其一，新闻工作者应该也可以具备学者的品格。新闻工作者的“学养”要像学者那样深厚。谈到新闻工作者要提高“学养”时，范敬宜同志特别强调记者要学点历史知识，“博古方能通今，博古为了通今”。原《人民日报》总编辑邓拓写的 152 篇杂文集《燕山夜话》，从社会科学到自然科学，从天文到地理，古今中外，无所不包，如果没有渊博的知识和学养，是写不出来的。新闻工作者除了具有丰富的历史知识外，还应对政治、经济、文化、科技等方面的知识都有一定的了解。评论作者应当具有强烈的求知欲望，对于新知识的出现极为敏感；通过从新知识中吸取营养使自己更加完善，并且通过知识更新来适应不断变化的环境，使自己的思维方式和掌握现代高新技术的知识，始终处于有关学科领域的最前沿。

其二，评论作者努力争当某一方面的专家。评论的工作性质决定了他们的工作接触面是十分广泛复杂的。由于其职业特性，要求他们的知识面要广要杂，但是，这丝毫不意味着编辑记者不能成为某一方面的专家。随着科学技术的进步和发展，各种学科和技术分工越来越细，评论作者如果对自己评论的对象或编辑的稿件不甚了了，是很难担当起评论作者和编辑。文化界有人提出“做学者型的作家”，新闻界提出“做学者型的记者”，是完全可以的，也是必需的。近年来全国涌现的许多获得“邹韬奋奖”、“范长江奖”、“百佳新闻记者奖”的记者们，他们中的不少人已是经济学、哲学、社会

---

① ［美］托马斯·弗里德曼：《世界是和平的：21 世纪简史》，何凡等译，湖南科学技术出版社 2009 年版，第 42 页。

② 沈阳、谈和：《媒体人应该怎样理解“大数据”》，载《新闻与写作》2015 年第 11 期。

学、心理学、教育学、编辑学等方面的专家了，有的已成为知名的作家、诗人、评论家、杂文家、摄影家、画家、收藏家等。当然，要达此目的，也不是一日之功、心血来潮即可奏效的。它需要时时地观察，日日地研究，不间断地学习，不松懈地努力，有时还要经受时势风云的考验，有的可能坐上冷板凳。但是，“世上无难事，只要肯登攀”，成果总会有的。

其三，评论者需要有广泛的兴趣爱好。马克思不仅有丰富的哲学、经济学、历史、法律等科学知识，还有很深的文学素养，对于海涅、歌德、莎士比亚、但丁、巴尔扎克、塞万提斯等著名作家和诗人的作品都熟悉，很多名句，他能背诵，可以随时引用。在科学上，马克思有很高的造诣，他研究过物理学、化学、地质学、天文学、生理学、解剖学。马克思还特别精通数学，他写的《数学手稿》，读过此书的数学家都感到很有科学价值。不仅如此，马克思还是一个杰出的语言学家，他不仅会德语、法语、英语、俄语，而且几乎能阅读欧洲一切国家的文学作品。这样广泛的兴趣，使马克思掌握了渊博的科学知识，使他的头脑武装得像一个智慧的宝库，“无论何时，无论任何问题，都可以向马克思提出来，都能得到你所期望的最详尽的回答”①。

评论写作是一项创造性很强的工作，它要求人们在时间和空间的领域里有着尽可能多的知识。广泛的兴趣对于人们达此目的是大有好处的。

4. 独立精神

新闻评论作为一种有形意见的表达，它要对评论的事件发表属于自己的、与众不同的、真知灼见的、能够引人思考、研究、共鸣或争鸣的意见。这些意见不受外界和其他舆论的影响，具有作者本人和媒体自身的独立性——当媒介市场激烈竞争，当媒体为新闻报道同质化而苦苦探寻解决之途时，评论的独立精神显得尤为重要。人云亦云，亦步亦趋，见风使舵、阿谀奉承不是新闻评论的风格，自然，它也不是评论作者的应有的品格。

1）独立精神首先要有自己的思想

黑格尔说过：人是靠思想站立的。一篇评论也需要有自己的思想。一个媒体，一篇评论文章，没有足够思想支撑，是难以立起来的。现在有的报纸越办越厚，但有价值的新闻不多，有思想的言论不多。当今时代，在知识经

① 转引自张召南、卢翰章：《伟大的精神 光辉的榜样》，载《政法论坛：中国政法大学学报》1981 年第 2 期。

济的大背景下，在传媒速度越来越快捷的形势下，读者已更加理智，深入了解事实成因及后果的欲求，正在逐渐取代对情绪宣泄和消遣的欲望。简单化报道和发表意见已难以激发人们的阅读欲，而视角独特、见解独到、说理透彻、思维方式新颖、富有知识张力的言论，才会受到读者青睐。

2）独立精神要发出自己第一声

18世纪英国的散文家哈兹里特说过这样一句话：“重复别人说过的话，再说一千次也平凡无奇。”一个思想者，要在自己思想成熟后敢于及时发出自己的第一声。

20世纪80年代中期，《人民日报》发表了评论员文章《鼓励大家讲心里话》，这是一篇好文章。文章写道：“对于一个执政党来说，能否听到人民群众的心里话，是事业成败的关键所在。人民群众能不能真正讲心里话，取决于人民对我们党的信任程度，标志着社会主义民主的发展水平。”① 文章还讲到，鼓励大家讲心里话，领导干部要带头，还要创造一个让群众畅所欲言的环境。这些都是不错的。但是，为什么人民群众还不敢或不愿意讲心里话呢？一个重要原因就是让大家讲心里话的地方少了。看完这篇评论后，笔者抓紧时间赶写了一篇评论《多提供讲心里话的地方》寄给了《人民日报》，不多久，《人民日报》就在一版的《每周论坛》（后改为四版《人民论坛》）发表了。笔者在评论里写道：“前几天，《人民日报》评论员写了一篇很好的文章：《鼓励大家讲心里话》。我以为，文章还应该有续篇，即‘多提供一些讲心里话的地方’。心里话只是关起门来讲是不行的。只在家庭里、同志间、座谈会上讲或是写在笔记本上是不够的。人民群众的心里话应该广泛、及时地反映在公开出版的报纸、杂志上，反映在广播、电视里，成为公开的舆论。这就需要在报刊上多提供一些能够讲心里话的场所，否则，再好的愿望也是难以实现的。”②

为达此目的，笔者在文章里论述了以下几个问题：一是党报的喉舌作用和桥梁作用应该是统一的；二是充分发挥人民群众的监督和反馈作用；三是读报和办报观念要同步转变；四是以切实措施保证讲话者的权益。这些观点，在今天看来，仍然是正确的。第二天，《光明日报》在一版显要位置全文转载了这篇评论，其他报纸也摘发了这篇评论，在社会上产生了一定的反响。

---

① 本报评论员：《鼓励大家讲心里话》，载《人民日报》，1986年7月21日。

② 赵振宇：《多提供讲心里话的地方》，载《人民日报》，1986年8月10日。

随着互联网的迅猛发展，在今天的中国，能听到各种声音。两会会场中代表、委员纵论国是，报纸杂志上不同思想交流探讨，新闻评论跟帖动辄上千条，网民随时写下 140 字微博……条条声轨，汇成合奏，呈现这个时代多元多样的复杂图景和蓬勃活力。我们迎来了表达的“黄金时代”，但仍有许多声音未被倾听。一方面，有些声音被淹没在强大的声场之中，难以浮出水面；另一方面，也有些声音只是“说也白说”，意愿虽表达，问题未解决。这些都可谓无效表达，有人称之为“沉没的声音”。这就是当下中国舆论界的现状。如何认识和如何解围这一难题，2011 年 5 月 26 日，《人民日报》发表评论员文章《倾听“沉没的声音”》。评论指出：“有利益的表达才有相对的利益均衡，有相对的利益均衡才有长久的社会稳定，尽可能多地倾听社会各方面的声音，对于维稳大有好处。以政府之力，维护弱势人群的表达权，使他们的利益能够通过制度化规范化渠道正常表达，这是共建共享的应有之义，是构建和谐社会的关键所在。”该文获 2012 年中国新闻奖评论一等奖。

近些年来，随着网络媒体的迅猛发展，公共话语空间的勃兴，折射出时代的进步。但与此同时，一些公共辩论的走偏，同一话题的分歧，成了互揭隐私的竞赛；网络争吵的激化，导致赤膊上阵的“约架”。类似现象，不仅拉低了公共辩论的价值，许多时候也冲破了法律道德的底线。2014 年以来，从“马航客机失事”，到“海南棉被捐赠”，再到“转基因论争”，公共辩论往往剑走偏锋：预设立场左右事实选择，站队逻辑取代是非判断，意气之争消解话题本身。对此，《人民日报》于 2014 年 7 月 28 日发表了该报评论员范正传撰写的评论：《公共辩论，求真比求胜更重要》。文章从近日发生的几天内，方舟子和崔永元因“转基因食品该不该吃”产生骂战，从微博转战至法庭，互指对方侮辱诽谤、侵害名誉的事件说起。评论指出——

……一场原本围绕科学命题的公共辩论，最终在互斥“流氓”、“骗子”的骂声中收尾，还是令人心生感慨。当严肃的科学探讨，变成关乎名誉尊严的捍卫之战；当对转基因的关注，成为“挺方还是挺崔”站队表态；当摊开手掌的公共辩论，成为攥紧拳头的相互攻击，这种戏剧性的结局，恐怕不是各方都愿意看到的。

……

捷克教育家夸美纽斯有句名言：“对于事实问题的健全的判断是一切德行的真正基础。”遗憾的是，在当下的现实中，许多时候事实还没搞清楚，就有了倾向性答案。……

或许在一些人看来，偶尔对事实的忽略“无伤大雅”，重要的是自己观念的先进，高尚的是对正义底线的捍卫。毫无疑问，宽容是有底线的，但这个底线，只能是法律道德，而不是一己的好恶。如果一边高呼自由，一边却对不同声音没有起码尊重，充满了智商和道德的优越感；如果一边宣称平等，一边却认为别人不配有发言资格，摆出一副真理在握、不容分说的姿态；如果一边反思“文革”，一边却像“文革”一样，动辄给别人扣上吓人的大帽子，非此即彼、非友即敌、非红即黑，这种辩论和交锋，除了固化成见、撕裂共识，恐怕不会有别的意义，更难以收获新的东西。

事实上，即便是错误的意见，其内容往往也包括着部分合理性。罗曼·罗兰说得好，“如果你想独占真理，真理就要嘲笑你了”。辩论的本质，不在于辩倒对方，而在于对真理的不懈探求；辩论的目的，不是让对方哑口无言，而是为了弄明白问题。想赢怕输是人之常情，但在公共辩论中，比输赢更重要的是，我们由此展现了什么，从中学到了什么；通过辩论，我们是否拓展了视野、开阔了思路、激发了思考。因此，我们期待，在公共辩论中，胜利的一方能够说，“我从对方身上学到了新的东西”；失败的一方能够说，“我错了，但却得到了真理”；围观的人们能够说，“我们又向真理迈进了一步”。

有人说，21世纪世界历史的最重要事件，可能是中国作为一个文明大国的重新崛起。从经济强国走向文明大国，呼唤着精神的勃发，观念的更新，理性的构筑。从社会来讲，这不仅需要探求真理的勇气，更需要探求真理的氛围；就个人而言，这不仅需要表达观点的技巧，更要和而不同的理念。惟其如此，我们方能搭建理性、建设性的讨论平台，提升中国社会的民主素养和公共精神，不辜负这个伟大的时代。

这篇评论，从关注方舟子和崔永元互诉名誉侵权的新闻出发，探讨公共辩论的规则和价值，剖析“雄辩”与“事实”的关系，并由此呼吁：在公共辩论中，放下偏见，先从事实出发；避免站队，共同探寻真知。文章的题材选择、文本表达、观点深度以及传播广度，体现了党报评论在传统政论之外新的生长点和竞争力，其观点同时在两个舆论场被广为接受。如何在众声喧哗中既旗帜鲜明、敢于亮剑，又努力弥合分歧、凝聚共识，传递正能量，这篇评论进行了有益的探索。

评论发表后，不仅得到了近百家报纸和网站的转载引用，获得了热烈响应，还引起许多媒体和论坛就此跟进评论。此文也入选了由凤凰网资讯中心评论频道组织发起，清华大学、中国人民大学、复旦大学等八大名校新闻学院院长评选的“2014年影响中国的十大评论”，同时也获得了中国新闻奖一等奖。一篇评论为什么能在民间和政府两个不同的评奖项目中同时获奖，选题、立意和论述的独特以及文字的讲究，不能不是其重要的因素。同时也告诉我们，党报特别是主流媒体，只要我们的评论关注社会，关注大众，我们的论述又符合评论的自身规律特别是具有自己的独特之处，这样的文章是会受到社会广泛好评的。笔者在新闻评论的课堂上，经常列举《人民日报》等党报评论说明这一点，需要同学们认真学习研究。

敢于发表意见，勇敢说出第一声，需要掌握政策，需要谨慎行事。这里要求作者以扎实的理论知识为基础，以新闻的敏锐发现问题，以较好的文学修养驾驭文章，尽量在最短的时间里出手。新闻报道要抢先，新闻评论在论述深刻、独到的前提下，也需要抢先。

3）独立精神要善于发表意见

善于发表意见是一种表达艺术，对于具有独立精神的评论作者来说，也是十分重要的。新闻评论者不能因为自己有思想，敢于讲话，就不管外部环境，不讲究文章的表达，那样也会使传播受阻或者难以被受众接受，不能收到好的传播效果。为此，要把握好“说者谁”、“对谁说”、“说什么”、“怎么说”四个方面的问题。

“说者谁”，说的是要弄清此时此刻自己发言的身份，如一位教授，在学校是老师，在家庭是父亲或丈夫，在小区是业主，在政府是咨询委员等。身份不同，说话的内容和方式也会不一样。

“对谁说”，要求研究受众职业、经历、现状等特点，注重评论的接近性，让评论做到有的放矢，收到成效。

“说什么”，讲的是研究受众需求，针对受众感兴趣的、存有疑惑的题材去形成评论作品，这样才能激起共鸣或形成争鸣。现在媒体的时评跟着焦点新闻、热点新闻走，就是这个道理。

“怎么说”，是讲注意选择合适的说理方式。其中应注意两点：一是文章要生动活泼但不能过分“调侃”；二是应研究和吃透理论，才能使文章立论高远、见解精辟并进入实践。

表达意见是一门科学。现在，国家已将“表达权”作为公民的一项重要内容予以保障，作为职业评论者来说，难道不更该加强表达意见的训练么？

善于发表意见是一种表达艺术，对于具有独立精神的评论作者来说，也是十分重要的。写评论的，不能因为我有思想，我敢于讲话，就不管外部环境，不讲究文章的表达，那样也是收不到好效果的。

新闻评论作者的素质要求是一个综合概念，也是一个系统工程，需要评论者毕生的努力学习和不断实践。

第十五章
新闻评论实践与思考

新闻评论是一门针对社会突发的、或有影响的、或引人关注的、或令人费解的事实、现象和问题，发表有思想、有理论、有逻辑的论述和解读。在今天信息资源日益增多，数据变化异常迅猛的形势下，把握好事实的真相，适宜地解读和评述当下的世界，是新闻评论者一项神圣的职责。本章结合本人对新闻评论操作中存在的问题，运用所讲授的评论知识，对如何做好新闻评论谈点反思和感悟，供同学们在评论实践中学习借鉴。

> 做学问要记住两句话：一要学会说“因为……所以……”，意思是要会讲道理，讲具有本学科本专业特点的道理，讲具有此时此刻和本人特征的道理。二要学会说“例如……”，自己说的一切道理都要有实例论证；对现实活生生的实例都能讲出“因为……所以……”，并说服人。

一、新闻发现是新闻评论的基础

新闻评论在新闻传播中发挥着重要作用。在这里，新闻评论必须依赖于事实，不论这个事实是现在、新近或将要发生的事实。事实是第一性的，评论是第二性的，后者是对前者的一种思想反映。

缤纷多彩、变化万端的新闻事实构成了我们生活的丰富世界。注意发现、观察、收集人们司空见惯但却有评论价值的新闻事实，是做好新闻评论的第一步。

2014 年 5 月 8 日，新华社发出通稿：武汉市政府发文倡导“时间文明”。报道中说，开展以“时间文明”为主题的相关活动，有助于城市的发展以及提升城市形象，也体现了武汉市“敢为人先，追求卓越”的城市精神。

通稿发表后，中央人民广播电台立即组织策划在“全球华语广播网”播出了该电台记者在英国、日本和非洲等地采访与时间文明相关的报道。《北京日报》、《沈阳日报》、《杭州日报》、《新民晚报》、《今晚报》、《长沙晚报》、人民网、新华网、新浪网等全国几十家媒体予以报道和评论。“记者了解到，倡导‘时间文明’活动源于赵振宇教授在2014年武汉市两会中的提议。当时，他通过多张照片，提出武汉市公共场合存在时钟不准，以及部分单位存在不能守时、惜时等问题。”（新华社报道）其实，引起对时钟的关注，提出“时间文明”理念更早是在2011年笔者出访美国时的一些感受——

到美国参加一个学术会议，有机会在美国东部地区的纽约、费城、华盛顿、波士顿和阿默斯特等地行走。在我们经过的繁华都市、幽静小镇，不论是道路还是景点，都会在醒目处悬挂着不同时代、风格各异的时钟或电子计时器，而且每座时钟都与当地的标准时保持一致。时钟的悬挂，不仅给人美的享受，还时时在给人们提醒，到达此处的时间是多少，两地间的时差是多少，还剩多少时间到达下一个目的地。总之，当人们在广袤的美国大地运动时，时间在处处与我们结伴而行。美国之行虽是走马观花，但对各处悬挂准时的时钟却是记忆深刻。

美国之行，时钟的悬挂和准确给我留下深刻的印象。但也有偶尔例外的情况发生。在一所大学的孔子学院参观时，我惊奇地发现上午11时，墙上的时钟却停摆在8点10分！会后我与中方副院长交谈，她说“没电池了”，我说“所有停摆都是这个理由”，“马上更换新电池”，“我相信”。

回国后，笔者将上述感受写了一篇评论《请挂好校准城市时钟》。评论中写道：“物质都是在一定的时空中运行的。社会的进步和发展，让人们越来越认识到时间的重要并发明生产了各式各样与时俱进的计时器具。尽管有了手机等计时工具，但城市悬挂摆放的时钟仍体现着时代的精神，记录着城市的发展。时钟，是一座城市的名片，是一座城市的标志。但是，稍加留心，就会发现我们城市许多以前悬挂的时钟有些因历史的久远或破损或摘掉或停摆。城市在一日千里地迅猛发展，却没了时钟的位置或是错误的记录，总给奋进的人们以某种缺失感。”

当下，我们的城市都在设计、规划、建设、装扮自己，正在进行一场“城市革命”，其目的就是要让居住的市民和来往的游客更舒适、更惬意。为此，笔者建议：其一，检查城市历史上已有的各种时钟，该修的修，该拆的拆，使其装修如旧，恢复其历史原貌。其二，在城市的重要场所和人群聚集的地方，如机关、学校、医院、商场、公园、车站、码头、机场和交通要道，增设各具风格、与所在地特色相符的时钟或电子计时器，让生活和穿行于这座城市的人们处处都感知时间的力量！其三，特别需要指出的是，对所有悬挂的时钟，一定要求与北京时间保持一致，不得有误，更不得停摆。这里主要说的是城市户外的时钟问题，对于那些需要悬挂时钟的诸多室内空间，也需要一并统筹考虑，办妥办好才是。

时钟问题，是大家都能感受到的普遍现象。但是，通过走出国门的深刻对比，却发现了问题，而且连在美国土地上的“孔子学院”也具有了时钟不准的“中国特色”！评论依赖于事实，而时钟不准的事实是大家都能感知和认同的，于是选题也就有了广泛性和代表性。

新闻评论作为社会舆论它力求对社会的发展和进步起到一定的积极作用。这种作用越大，它的价值就越大。评论虽然发表了，也引起城市管理部门的某种注意，但是，仅此还是不够的。作为新闻评论者，对此既要有一种心理承受力也要持续不断地跟进关注。

发现新闻的敏锐性，是新闻评论者应该培养和不断提升的基本素质。2014 年 1 月，笔者列席了武汉市政协会议。1 月 5 日，参加小组会议，发现会议驻地酒店的钟快了 10 分钟；6 日，乘坐会务组车辆时又发现，车上的钟慢了 10 分钟；到了主会场武汉剧院，发现当时时间已经 10 时多了，但剧院三楼的钟仍然停留在 8 时 14 分；7 日早上，再去武汉剧院开会，又特意去看了三楼的钟，发现钟仍然停在 8 时 14 分，我请人对照自己的手表拍下了照片。当天下午我参加了与市长的对话，将上午拍摄的照片和以前在美国拍摄的图片在会场上展示，提出了城市时钟不准的问题。

前一天就发现时钟慢了，为何要等到第二天才去拍照呢？这里有一个选择事实的时机问题。新闻人常爱说“抢新闻”，这是很对的。所谓抢新闻，一是抢对事实的传播，二是抢对事实背后观点的发表，“抢”是新闻人的常态。有的新闻除了抢，有时还需要“养”，即选择传播的合适时机和发表的最佳选题。因为大会安排 7 日下午要与市长对话，为了增强新闻的接近性，所以我选择了对话会的上午去拍照。

会后，市政府积极组织调研，听取各方面意见，也与笔者作过交流，于 4 月 29 日发出《关于开展倡导“时间文明”活动的通知》。通知要求，各区、各部门要高度重视开展倡导“时间文明”活动，营造全市上下倡导“时间文明”的良好氛围，引导群众广泛参与，自觉养成“时间文明”的良好习惯，树立识时、守时、准时、惜时的新风尚。

通知强调，各区、各部门要带头倡导“时间文明”，上下班、开会及参加社会活动要做到不迟到、不早退；领导干部要带头珍惜时间，提高工作效率，开短会、讲短话、讲管用的话。为群众服务的行政机关窗口、企事业单位要严格遵守服务作息时间，必要时要根据群众办事需求增设服务窗口，延长下班时间，减少群众排长队等候现象和往返多次情况的发生。

通知还明确提出并规定完成时间，即日起对公共场所的时钟、计时器开展一次全面检查。对具有历史意义、独特风格的时钟、计时器要尽可能地恢复原貌，保持其原有风格。

社会的进步，时代的发展，远不是一篇报道和评论就能奏效的，它需要新闻人的共同努力，需要全社会人群的配合，特别是管理部门的科学管理、工作部门的有效工作，而且是持续不断地坚持下去，方能达到目的。

新华社的通稿发出后，5月8日《长沙晚报》发表报道《时间文明，今天你讲了吗》——

> 调查数据：6成长沙人无严格守时习惯。长沙人守时习惯如何？昨日，本报记者在街头随机调查了50名市民，结果发现60%的市民认为长沙人没有严格的守时习惯。
>
> 调查同时显示，9成的长沙人愿意通过预约来与人见面、吃饭或享受其他服务。在预约服务时，长沙人履约率很低，通常只有20%的人能够在预约时间内到达。有趣的是，长沙人在打麻将时守时情况比其他时候都要好。

报道中除了采用新华社报道中关于笔者的建议内容外，还补充采访了湖南省社会学学会常务副会长方向新，他建议，倡导“时间文明”不能停留在表面，不能停留在文字，更应该在日常生活中身体力行。

5月22日《楚天都市报》刊发了记者调查：《时间文明 我们做到了吗?》

> 调查发现：公汽时钟误差半天。18日下午4时40分，在一辆810路公汽上，显示的时间为15时40分，慢了1个小时。19日，一辆817路公汽电子显示屏显示的时间，与北京时间相差近半个小时。部分地铁站的时钟也不够准确。
>
> 大楼电梯提前停电。昨日下午，说起几天前小区电梯提前停电的

事，家住武昌彭刘杨路金榜名苑小区的王女士还是一肚子气。“不是说好8点钟才停电吗，怎么提前20分钟就停了？”据该小区物业公司工作人员介绍，当日停电后，有3名业主因被困在电梯中而向物业求救。

延时服务成了摆设。“人社部门承诺周六提供延时服务，可是我到区社保处查询社保，却多次被告知周六不能提供服务。”家住江汉区的钱先生说。

在上述报道的同时，北京、沈阳、杭州等国内多家纸媒和网络转发新华社报道和发表自家评论。

新闻评论告知大众的可能不是改造社会的具体方法，而是一种理念，一种思维，一种思想，一种观念。“事”是新闻评论关注的当下，而“势”则是新闻评论研究的未来。我们不能简单地“就事论事”，更需要“就‘势’论‘事’”，把握事物发展的方向，把握好“事”与“势”之间的关系。

新闻评论主要靠理性的力量、真理的力量。一种理论要能说服人，必须讲出道理，说出“事”后的“形势”和“趋势”，使人信服。为此，我对什么是时间文明，它与全国人民努力实现的“中国梦”有什么关系等问题撰写多篇评论。

2014年3月13日《光明论坛》上发表了笔者写的《倡导“时间文明”新理念》。

所谓认识时间，就是掌握时间的本质和特性，从价值前提上把握时间的真谛。时间是物质存在的一种客观形式，它反映了物质存在和运动发展的一种状态。一切事物的发展变化都离不开时间，实现中国梦更是如此。

所谓珍惜时间，就是认识到时间的宝贵而珍视爱惜节省它。时间反映着物质运动过程的持续性、间隔性的矛盾统一和物质运动状态的顺序性。马克思说，任何节约归根到底是对时间的节约。一切对时间的浪费，都是对实现中国梦的怠慢和延误。

所谓恪守时间，就是遵守时间的规定性，即在一定的时间内到达、运动、完成某项规定性的工作或任务。守时是保证科学计划得以有效实现的前提，实现“两个100年”的中国梦，必须以守时为准绳。

继而，笔者在同年5月8日《人民日报》上发表《追逐梦想，需要时间文明》的评论。在2月10日《文汇时评》上发表《倡导时间文明 可以“马上有”》，文中阐明了时间文明对人们行为准则的要求——

其一，规定性，即在一定时间里规定要求做什么或不能做什么。

其二，信用性，即在规定时间里按承诺的要求予以行动。

其三，平等性，在规定时间里要求所有参与人员一视同仁、共同遵守，不得有违，也不能搞特殊化。

其四，有益性，即在规定时间里的所作所为，要有利于自己、他人和社会。

其五，层次性，即相同的时间里人们表现的素质差异。

现代社会提倡时间文明，它有利于我们处理好人与人、人与社会、人与自然之间的关系。在制定、遵循、提升时间文明的进程中，它不仅有助于追求个人道德完善，同时也有利于维护公众利益和公共秩序。

对时间文明的理解，如果仅仅停留在时钟和时间上还是不够的，还必须同中央提出的“中国梦”和全国人民为达此目标而作的努力奋斗结合起来。于是，笔者撰写了《实现中国梦要把握好“中国时间”与“中国效率”》的论文，刊发于《民主与科学》2013年第3期。

文章对“中国时间”作了阐释：一是以人类观察感知到的自然时间。按照国际通用的格林尼治时间的规定，北京时间就是中国时间。只有将各地方的计时标准与北京时间统一，才能规范和方便全国人民的生产生活和出行交流。二是与计划和管理相联系的社会时间。到中国共产党成立100周年的时候全面建成小康社会和到新中国成立100周年时建成富强民主文明和谐的社会主义现代化国家，这是实现中华民族伟大复兴之梦。“两个100年”是我们民族复兴的最大时间表。

所谓“中国效率”也应包含两个方面的含义，一是“中国速度”。办好中国的事情，妥善处理好当下复杂纠结的矛盾，关键在于发展。如果发展速度慢了或过快，那么诸多问题势必会尾大不掉，久而久之会对我们的改革开放事业造成重大不利影响。二是“中国公平”。“中国公平”要求在全体人民共同奋斗、经济社会发展的基础上，逐步建立以权利公平、机会公平、规则公平为主要内容的社会公平保障体系，努力营造公平的社会环境，保证人民平等参与、平等发展权利。

文章最后还特别强调，恪守“中国时间”，展现“中国效率”，必须坚决反对形式主义。实践是检验真理的唯一标准，而时间则是检验道路的终极标准。

上面介绍的是笔者关于“时间文明”理念的形成、提出及报道、评论的过程及引起的社会反响。其实，它的最初起因是笔者在国外的一次学术访问——如果没有当时对美国“孔子学院”时钟不准问题的关注，就可能没有后来对城市时钟的关注；如果没有在参加政协会议上把握时机与市长的对话进言，也就可能没有市政府发出“通知”在全市开展“时间文明”活动，自然也就没有后来新华社的报道及全国众多媒体的跟踪报道和评论，自然也不会有笔者对《倡导“时间文明”，保障实现中国梦》（刊载于《深圳特区报·理论周刊》2016年2月23日）的深层思考。新闻评论是对新闻事实的反映，先有显露的事实，后有跟进的评论，这是不错的。除此，我们更应关注那些不曾被人们注意，但确实蕴涵着可评可点的事实由头。只要我们认真关注并把握它，就有可能成为我们评论的一个亮点。法国著名雕塑家罗丹说过这样的话：生活中不是缺少美，而是缺少发现美的眼睛。借用这句话，我们可以说，评论中不缺少由头，而是缺少发现不一般由头的思想。

> 时下，新闻人都在研究新闻报道如何讲好故事，为什么呢，这是因为典型、新奇、有感染力的故事才能吸引人、打动人、引导人，提高新闻报道的传播作用。其实，新闻评论也要讲好故事。所谓讲好故事，就是把评论赖以存在的事实讲清楚讲明白，让它起到“事实胜于雄辩”的作用。

二、新闻评论也要讲好故事

白岩松说，“我一直觉得当下这种新闻的时代，不会讲故事的人，很难去做很好的传播”。柏拉图说过，谁会讲故事谁拥有世界。这句话其实挺深，历朝历代，很多人之所以能成事，都是因为会讲故事。我们开玩笑说，毛泽东比蒋介石会讲故事，故事讲得精彩，最后让那些贫苦大众用三轮车、独轮车，把共产党推到了天安门城楼。这是个寓意深刻的故事。时至今日，对于从事评论传播的新闻人或学习者来说，难道不该认真研究和讲好评论中的故事么？这可不是玩笑话。①

---

① 白岩松：《请给我讲一个好故事》，载《南方传媒研究》第49辑，南方日报出版社2014年版。

1. 讲好故事事半功倍

乐凯胶卷曾以“中国胶卷之王”扛起了民族感光工业的大旗，而泊头火柴则改写了国人依赖“洋火”的历史并凭借先进的技术在火柴行业长期领跑。但是，一旦追赶不上时代发展的潮流，再好的产品，再大的企业，也只能出局。聪明的评论人凭借身边发生的故事写出了中国新闻奖一等奖的好作品。

第23届中国新闻奖文字类评论特别奖和一等奖共三篇：《人民日报》的任仲平文章《转变，中国道路的历史性跨越》、《经济日报》的钟经文文章《崛起的中国势不可当》和《河北日报》的评论员文章《唯有走在变化之前——从乐凯胶卷停产、泊头火柴破产说开去》（2012年9月15日，李忠志）。后一篇评论，无论是文字篇幅还是写作团队的力量都不能和前两篇文章相比。但是，这篇1600字的评论能够与两家中央大报的力作一起获得大奖，除了评论者把握时代潮流，深刻阐述道理外，选择经典故事、有效讲好故事不能不是它的一项“特别之处”。

该评论一开始就讲述了两个故事：一则是2012年9月4日，乐凯胶片股份有限公司发布公告称，由于数码影像对银盐影像产品的冲击，决定停止彩色胶卷的生产。那么，乐凯是一家什么样的企业呢？乐凯前身是始建于1958年7月1日的新中国第一个胶片厂——保定电影胶片制造厂。乐凯曾一度与柯达、富士抗衡，号称世界三大彩卷之一。从生产我国第一代照相软片到研制出我国第一代彩色胶卷、彩色相纸，先后创造了中国历史上100多个“第一”，填补了中国一个又一个“空白”。

第二个故事是9月6日，河北泊头火柴有限公司举行资产处置拍卖会，最后一批设备被拍卖，这标志着亚洲最大的火柴厂彻底走进历史。泊头火柴的历史更为久远，它始建于1912年，时任民国代总统的冯国璋以四万元现洋入股公司，改写了国人依赖“洋火”的历史。1948年，泊镇永华火柴股份有限公司成为晋察冀边区乃至全国最早的公私合营企业之一。1950年5月，泊镇永华火柴股份有限公司归属国有。“泊头火柴”加快了发展步伐，迅速成长为中国乃至亚洲最大的火柴生产厂家。

乐凯胶片、泊头火柴曾享誉中国、影响世界，但就是这样的企业却在2012年9月时隔两日间先后停产和破产。故事的典型性，不仅能引起老人们的回忆，也会触动年轻人的思考——“再好的产品，再大的企业，一旦追赶不上时代发展的潮流，结果只有一个：出局。”——这是该篇评论要告知大众的第一个论点。

那么，数码浪潮的冲击，新型打火器的诞生，就一定意味着乐凯、泊头的灭亡么？评论推出了第二个论点：胶卷退出了舞台，生产胶卷的企业并非一定没落；火柴淡出了生活，生产火柴的企业也并非注定破产。为了说明这一观点，文章接着讲述了第三个故事——

飞利浦，这是荷兰人引以为傲的世界上最大的电子公司之一。100多年前，它以生产碳丝灯泡起家。而今，碳丝灯泡早已成为博物馆里的展物，按说飞利浦完全有理由退出历史舞台。可贵的是，飞利浦没有把自己局限在传统的照明领域，而是在20世纪的科技巨变中不断超越自我，先后发明了第一台电视机、卡式录音机、CD机等。如今的飞利浦不仅是全球第一大照明公司，还是全球第一大医疗系统公司、第一大电动剃须刀生产商，等等。

这是一个成功企业的创新故事。作者在讲完飞利浦的故事后，自然而然地引申出评论要表达的思想：在技术革命日新月异的时代，大者并非恒大，强者并非愈强，欲求基业常青，唯有求新求变，不断超越自我。

新闻评论不仅要推举成功之策，也要告知人们失败之训。接着，作者又讲了第四个故事——

故事的主角是举世闻名的柯达公司。柯达曾一度拥有世界胶卷市场2/3的份额，在很多企业绞尽脑汁调整乃至更替核心业务的时候，柯达却继续躺在胶卷丰厚的利润上睡觉，尘封了自己已经掌握的数码成像技术。当它被数字化浪潮拍醒时，已经时过境迁、大势已去。

这是一个失败企业的历史教训。作者通过一位企业家的感叹告诉人们这样一个道理："要打造百年老店就需要永远创新，守，永远守不住。"一扇门关上的同时，另一扇门往往已经打开；一个机遇消失的时候，另一个机遇或许正在招手。很多企业发现不了另一扇门，看不到另一个机遇，正是因为有"守"的惰性。在这方面，柯达是一个典型"教员"。

"早转型，就主动；晚转型，就被动。求新求变的意识和转型升级的压力，应当始终伴随着企业的发展成长。"这是该篇评论要强调的主要观点。

为此，作者又讲述了第五个故事——

> 享有“中国煤炭工业源头”盛誉的百年企业开滦集团。这些年，尽管挖煤让日子过得还不错，开滦却主动走上了转型之路，大力发展现代物流、文化旅游、高端装备制造等产业，非煤产业比重占到企业经济总量的78%。主动转型让百年开滦重新充满活力，2012年7月，开滦集团首次进入世界500强榜单，他们已经凭借转型跳出了资源型企业的兴衰周期律。这是一个中国企业的成功故事！

在一篇1600字的评论里，作者先后讲述了5个中外企业新近发生或已成历史的成败故事。这样的选择和安排并不比一篇纯粹论述的文章要轻松，但是，它的作用却要大得多。

“讲好故事事半功倍。”这是习近平总书记在一份信息简报上的批示。“在评论写作中，讲好故事同样会起到事半功倍的效果。我们在文中运用大量生动而有说服力的故事……这些叙述的运用不但增强了文章的说服力，也增强了文章的可读性。”该文作者李忠志博士从事新闻评论10余年，先后获得中国新闻评论三等、二等奖项，实属不易。他的这些经验之谈是值得肯定和提倡的（参阅2014年2期《新闻与写作》“人物访谈”专栏）。

2. 选择自己经历的故事，写出的评论更有说服力

所谓故事，是对过去发生的事实或事件的回忆与讲述。在新闻评论中，选择和运用故事除了作为事实论据论证主题外，有时也借以抒发作者的情感，为整篇文章的立论和论述起到铺垫和渲染的作用。新闻评论员要讲好故事，除了选择真实的故事、选择经典的故事外，还包括自己亲身经历的故事。社会上好多人会讲故事，不同学科、不同专业、不同方向的人也会讲故事。但是，评论者讲故事有着自己特殊的要求——所有的讲述都是为论证服务的，也就是说，我们所选择和讲述的故事都要发挥事实论据的作用，要成为支撑观点的有力助手。笔者应邀参加了武汉电视台举办的多场“电视问政”节目，并担任评论员。电视问政一个重要环节是对政府官员问责，电视台将原来采用现场举“笑脸牌”（代表满意）和“哭脸牌”（代表不满意），改为现场打分来确定工作优劣排名。窃以为这不科学，于是写了一篇评论：

如何看待现场观众表决①

今年的电视问政在民意表达上有个新变化就是除了以前的笑脸牌和哭脸牌以外，还为台下230位观众每人发了一部电子表决器，对现场主持人提出的问题投票。感谢电视台为电视问政的民主进程设置了科学的翅膀，表决器的运用让民意表达以科学、直观的数字图形表现出来，一目了然。如参加今年电视问政的十个突出问题整改情况的满意度打分如下：第一场，公安交管36.50%、养老承诺53.80%、治奢承诺63.70%；第二场，小餐饮小作坊安全28.44%、湖泊保护和污染治理33.30%；第三场，城市公共设施维护不及时48.30%、水电气服务46.50%；第四场，违法建设屡禁不止21.05%、工程建设领域管理不规范40.23%；第五场，中心城区与新城区接合部乱象59.29%（据2013年7月9日《长江日报》报道）。统计数字告诉我们，满意度过半的只有3项，过及格线60分的只有1项。这就是现场观众的真实感受，与武汉市在整改中的实际情况基本上是吻合的。民众对承诺单位和领导人的问责，不仅要表现在参与的过程中，还应表现在结果上。现在表决结果出来了，电视问政后，主办方应对现场观众满意率排名靠后、得分少的单位和领导人，结合掌握的实际情况，进行问责。只有这样才能展示工作平台的权威性，才能展示媒体和民众的力量！也只有这样，我们的电视问政才能上一个新台阶。用现代化的工具展示民意表达的满意度，这是一个进步。但是，其间也有不少问题需要研究。于是我在评论中提出改进意见——

其一，各场分数和名次不具备完全的可比性。因为投票的230名观众每天都是轮换的，每场整改的内容不一样，感受也会不同，得分和排名的情况也就会有不同。这一场的分数与另一场的分数不具备完全的可比性。但对同一场不同问题的得分或排名却是真实反映，需要引起有关方面的检讨和思考。

基二，对不同问题的打分会因主持人的提问方式和展示问题的画面不同，引起人们的不同反映。如第五场当各位嘉宾介绍了自己存在的问题及整改决心和举措后，主持人问，对台上嘉宾的表现以及上半年以来各承诺单位对整治城乡结合部乱象的践诺情况，台下的观众满意吗？请

① 原载《长江日报》，2013年7月13日，笔者在此略有改动。

按表决器——得到的满意率是59.29%，这是五场电视问政的第2高分。但是在同场稍前的“双违”建筑《天价别墅群凿山而建》短片播放、各位专家激烈抨击、相关责任人作了解答后，主持人问，大家对他的答复满意吗？台下的观众有什么意见，请按键——结果呢，满意率只有4.05%！这是期中五场问政的最低分。

时代总在进步，民意表达不仅体现在过程中，更体现在结果上。因为笔者在现场担任评论员目睹事情发生的经过，加之长期研究程序论的理论基础，所以此篇评论说服力强，被多家知名报刊转载。

3. 结合自身的工作经历写评论，更有感染力

2001年9月6日，笔者在《人民日报》副刊写了一篇随笔《当老师的感觉》。该文谈到一位媒体人转变为老师的感想和体会，有情节有思考，后来还获得了报社评的“金台奖”。十多年来，笔者在教学实践中不断学习，提高自己的教学水平。还撰写多篇教学论文，主持多项教改课题，先后获得学校的教学名师、华中学者和教育部评选的宝钢奖·优秀教师奖、国务院政府特殊津贴专家等多项荣誉。在实践中，笔者发现许多教学中存在的问题。为此，笔者写了多篇有关教学研究和改革的论文和评论，2014年写了一篇《老师们为上课做了些什么》（见2014年12月18日《中国青年报》）。

大学是干什么的，它是培养高素质人才的地方；教师是干什么的，教书育人是它责无旁贷的使命。为此，就必须要有一流的教学设备、器材、图书馆、实验室、运动场所等；必须有优先和充足的办学经费，不要让学校领导和教学人员为了筹钱而干一些与教学不相干的事情；更要强调的是，必须有全身心教书育人、师德为先的教师队伍，他们的一切为了学生，他们的所做为了一切学生。这样的好教师有不少，每年“教师节”的表彰大会上都能看到他们的身影，更有浙江大学、四川大学设百万奖金奖励课上得好的教师。这是时代对老师的要求。

……

为了上好课，教师们首先需要加强本课程的知识学习。在今天的“后喻时代”，我们还有多少东西是学生们不懂需要在课堂上由教师传授的？我们常说艺人们“台上三分钟，台下十年功”，而要让学生们能安静地用心地坐在课堂上学习，我们的教师难道不该多花一些时间和精力么？

为了上好课，认真备课是少不了的。了解学生的情况，听取他们的反馈，加上同行们的听课、切磋、交流都是需要时间和精力的。

为了上好课，还要与同学们打成一片，掌握和了解传授对象的课外活动情况，回答他们的问题，批改他们的作业，帮助他们选择参加适宜的社团活动和从事有效的学术研究和社会实践，这一切都是需要老师们花费时间和精力的。笔者曾以访问学者的身份造访过香港的大学，每当做完当天的功课离开大楼准备回家时，总能看到学院教师的办公室里还亮着灯，一打听才知道他们在为上课做准备。香港的大学教师们很少有那么多与上课无关的社会活动。

高校每年都要进行“教学评估”活动，或许会对提高教师们对课堂教学的重视，促使他们为打造一张张靓丽的学生名片而努力。但是，笔者以为这绝不是靠短时的教学评估就能奏效的，也不仅仅是教师们自己的事情，必须从宏观的教育体制上进行反思和改革。为此，笔者在评论中进一步提出改革的思路。

自己经历的事情，感受真切，论述起来也感染力强，自然就深刻得多。当然，自己经历的事情有时也会受到个人喜好、认识的局限。所以，要注意从整体上把握故事的真实性和客观性，防止以偏概全，更不能以私情谋取私利泄私愤。

4. 讲好故事也需讲究

评论中要把故事讲好，但也不是故事讲得越多越好。如果故事选取或讲述不当，不仅不会使文章添色，反而影响文章的说服力，让读者一头雾水，不知所云。

在论证中，故事与故事之间也是有联系的，先讲什么故事，后讲什么故事，也是有讲究的。不分时间的先后，不讲故事之间的逻辑联系随意列举，只能表示作者思维的混乱，于评论的论证也是没有好处的。

故事中反映的事实是新闻评论之“本”，如何选择和讲好故事关乎评论的深度和广度，可考虑以下几点：

一般来说，新闻评论中的经典故事选择可考虑以下几点：一是它的独特性，即该事例是其他场合所没有或很少见到的。此类事例的运用能够引起人们的注意和兴趣。二是它的针对性，即该事实的运用既能反映该类事物的现状，又能促进该类事物的改变和促进它的发展。三是它的时代性，即该事例的运用反映了当今时代的特征和特点，它能激起人们的共鸣；四是它的新闻性，即该事例是最近出现的事物，与评论写作的时间距离较短。越是新近发生的事情，对受众来说，越有吸引力。对于历史经典，赋予时代需要，同样也是受欢迎的。

简单的事情重复做，做好了就成了专家；
重复的事情坚持做，做到了便成了赢家。
复杂的事情简单化，有时可以取得更快的好效果；
简单的事情复杂化，只能平添更多的麻烦贻误时机。

三、把常识讲清楚是评论的基本功

面对社会现象、新闻事件、热点问题，细究一下就会发现诸多都是常识惹的祸。对此，我们应该问自己几个问题：什么是常识？是常识的问题为什么常常犯错？哪些问题虽然重要却不容易被想到？哪些问题人们大多知道却常常做不到？等等。在社会生活中常有人忘记常识甚至酿成大错，于是便有了常常讲常识的评论。

2009 年 6 月 29 日，郴州铁路列车相撞出轨交通事故，造成两列车相撞，3 人死亡、60 余人受伤、6 人重伤，京广大动脉遇险。据 2009 年 7 月 16 日中央电视台报道，发生在 6 月 29 日，郴州铁路列车相撞出轨交通事故的直接原因现已查明。这是一起因 K9017 次列车第二位车辆在南京浦镇车辆有限公司生产中，客车车间员工冯龙安装制动软管时，违反操作规定，在没有确认折角塞门内防尘堵是否全部取出的情况下，将制动软管与折角塞门相连，使防尘堵底盖遗留在折角塞门内，堵塞了制动主管风道，致使列车制动力突然丧失而造成责任事故。

这些年来，有很多人为的事故都不是被什么科技含量高深的技术所难，而是犯了最为简单的常识所致。从湖南凤凰大桥垮塌、杭州地铁工地塌陷，再到西宁巷工地坍塌和株洲高架桥倒塌，所有这一切都是在常识的圈子里犯错，在低级错误的台阶上环行——这是一个危险的信号！如果我们不重视常识问题的存在，不冲破存在怪圈的桎梏，错误将会来得更严重，对人们的损害将会更惨烈！为此，笔者于 2009 年 8 月 14 日在《人民日报》上发表了一篇评论：《让“常识”成为公众力量》。

常识的错误也不只表现在人们对社会实践事实的感知中，同时也表现在人们对社会运动和发展规律的认识中。最具代表性的是在20世纪70年代末粉碎“四人帮”后关于真理标准的大讨论。为此，《光明日报》发表了特约评论员文章《实践是检验真理的唯一标准》。特约评论员文章最后写道：“社会主义对于我们来说，有许多方面还是必然王国。我们要完成这个伟大的任务。面临着许多新的问题，须要我们去认识、去研究。躺在马列主义毛泽东思想的现成条文上，甚至拿现成的公式去限制、宰割、裁剪无限丰富、飞速发展的革命实践，这种态度是错误的，我们要有共产党人的责任心和胆略，勇于研究生动的实际生活、研究现实的确切事实，研究新的实践中提出的新问题。只有这样才能够逐步地由必然王国向自由王国前进，顺利地进行新的伟大的长征。”这些1978年发表的文章思想，在今天来说仍然是正确的或许它原本就是一个常识。

毛泽东早就说过这样的话：“真理只有一个，而究竟谁发现了真理，不依靠主观的夸张，而依靠客观的实践。只有千百万人民的革命实践，才是检验真理的尺度”① 和“真理的标准只能是社会的实践”②。革命导师这样的语录，对于经历过上个世纪“文化大革命”的人们来说，应该是耳熟能详的了。但是，为什么一到社会实践中，特别是在把握国家重要领导岗位、管理意识形态部门的官员中，“检验真理的标准只能是社会实践”、“任何理论都要不断接受实践的检验”等基本常识都忘记了呢？

常识是什么，它就是一个经过人们长期社会实践检验的能为大众所了解和掌握的普通的、基本知识。在人们咿呀学语的时候，大人们就开始教会孩子们掌握常识：吃饭的常识、睡觉的常识、游戏的常识和运动的常识。到了社会，又要学会并掌握待人接物的常识、安全保卫的常识、医疗保健的常识，还有应付灾难和识别假货、坏人的常识。到了学校、进了单位，还要接受一般的和各门各类的学习和工作的基本常识，它是我们立身建业的基础，它是我们向着更高目标迈步的台阶。

常识的问题是一个常讲常新、与时俱进的老话题，但要讲好它却不是一件容易的事。

《中国青年报》评论员曹林多年来参加全国“两会”，推出“曹林说

① 《毛泽东选集》第2卷，人民出版社1991年版，第663页。

② 《毛泽东选集》第1卷，人民出版社1991年版，第284页。

会”专栏评点“两会”中的热点难点问题，其中也有不少是多年讲、讲了多年大体相同的常识问题。如何面对这些话题进行评论，他在新著《时评写作十讲》中介绍了他的经验之谈。

有网友发现总理在“两会”时一直站着作了那么长时间的报告，认为总理一定很累，于是发帖建议：“为什么不给总理搬把椅子?”没想到一呼百应，网友纷纷在回帖中表示了对总理的敬意，有网友表示“想上去搬把椅子的人很多”。曹林敏锐地抓住了这个角度，重申了“领导是向代表作报告，不是向下级作指示”这个基本常识。

他在评论《为何不能给作报告的总理一把椅子》中写道：“作为总理，他清楚地知道自己此时置身于人大场景中的角色，他不是在向下级作指示和下达命令，而是向选举他当总理的全国人大代表报告工作，接受人大代表的评价和审议……向下级讲话可以坐着，但向监督自己工作的人大代表汇报工作时得站着，以示被监督者和汇报工作者的身份，以示对监督者和审议者的尊重。也就是说，让总理站着作政府工作报告，这不是一个疏忽和缺乏人性化，而是一种制度化的要求和仪式需要。总理站着和人大代表坐着，这不是一种简单的姿态，而体现着一种权力关系，反映着人民主权、议会至上政治架构。”①

每年“两会”，全国有6000多位人大代表和政协委员到北京人民大会堂审议和评议政府工作报告。他们的责任不是来听报告、受接见、谈感想、表示感谢之情的；而审议和评议政府的工作，找出工作报告中的不足、提出建议和意见，最终还要对政府工作报告、最高人民法院和最高人民检察院等报告行使投票权，决定它是否能够通过。但是，在我们看到的报道中却能经常读到这样的文字：“这是一个最好的报告”、“报告全面准确表达了我们的心声”、“说到我们心坎上”、“报告被多少次掌声打断”……评论告知大众，我们的代表听政府工作报告时，主要应该用审议和监督的眼光，而不能一味充满赞美地去热烈鼓掌。

常识在社会中的表现是多种多样的，有的是大家清楚，但却总爱忘记，需要时时变换角度予以提醒；有的则是正确的，却常常被有的人作了错误的理解，需要“拨乱反正”，让正确的常识牢记于心。

我们的国家经受过许许多多的灾难和痛苦，只有具备承受苦难的力量和

---

① 曹林：《为何不能给作报告的总理一把椅子》，载《新快报》，2008年3月6日。

勇气，才有可能超越苦难，真正从苦难中成长，吃一堑长一智，变得聪明起来。但在现实生活中却常有人爱在灾难后反思如何让“坏事变好事”，如在一场瘟疫之后，它能激励国民的精诚团结，强化对民众生命的珍视，推进政府信息公开制度以及官员的尽职尽责，唤醒公民的个人卫生意识，以及将促进国家公共卫生防疫体系建设，等等。

对此，《工人日报》评论员刘文宁认为：“这种似乎很讨巧的‘辩证法’，多有庸俗的成分甚至隐患极大。我们现在需要的不是以总结‘好处’而有意无意地淡化这场灾难的惨重，我们需要的是刻骨铭心、真真切切地记住这空前的灾难，忍着所有的创痛承认‘灾难就是灾难’，我们所付出的代价是惨重的。”“所谓直面灾难的勇气，绝不只是灾难来临时的恐惧与否，而是不逃避灾难，正视灾难，具有承受苦难的毅力与胸襟，勇于自责和忏悔，痛改前非。”① 她特别指出，动不动就是“坏事变好事”，骨子里是对灾难、对责任的一种逃避，想“大事化小、小事化了”，是变相的自我麻醉、自欺欺人。

一个好的意见表达者即使不能成为某一方面的专家、学者，也必须做到具有比较丰富的政治知识、经济知识、科技知识、文教知识、法律知识、工农业生产知识等，这样才能说出好的意见，写出好的评论，以理服人。此外，如要评说一个特定领域内的事件、问题，还需要有这个领域的专门知识。对于一些常说常新的老话题，采用新的理论知识予以说明，有时会更有力量，比如会风问题。

十八大召开后，中央政治局在改进工作作风、密切联系群众的《八项规定》中提出：“要精简会议活动，切实改进会风……提高会议实效，开短会、讲短话，力戒空话、套话。”

说到改革会风，我们经常可以读到这样的评论：要正会风，首先是提高与会者的认识；改会风必须精简会议；会议为啥多？一是机构臃肿会议多，二是官僚主义严重会议多，三是职责不清会议多，四是素质不高会议多，有会不到会，到会不听会，听会不懂会，懂会不会做，你说还要再开多少会……

开好各类的研讨会，必须事先设定一套科学严密的会议程序，建立起杜绝“空谈”、提倡“实干”的会议规则，只有这样，我们的研讨会才能真正

① 刘义宁：《“坏事变好事”是危险的自慰》，见《善意的分量》，中国发展出版社 2010 年版，第 88 页。

达到研讨的目的。

既然是“研讨”，就一定要有研究、有讨论；得摆事实、讲道理；要有激辩，有交锋。尤其需要提出问题、分析问题和解决问题的意见和建议。研讨会，不是报告会，不是宣讲会，也不是工作部署会，本义上，它是一个大家围聚在一起，就某些普遍性或紧迫性或矛盾复杂的问题，展开争锋却又不失理性和建设性的争鸣与探讨。其目的是为了更好地趋近真理和指导我们的工作，它是领导科学决策的首要前提。既如此，研讨会的程序设置，就应体现“问题”意识，而非“成绩”导向；应鼓励“多元”思维，而非“一律”思想；应营造“包容异质，打捞沉默声音”的氛围，而非修筑嗫嚅不言、趑趄不前的保守藩篱。除少数文件传达和领导讲话以外，这种精神应该贯穿研讨会的始终。①

要将常识的老话题讲出新意，不仅表现在人们的思想领域，也表现在日常生活里，如“生命在于运动”，是大家都认为是常识的命题，但是细究一下，也会发现问题：什么是生命，生命是蛋白质存在的一种形式。而蛋白质是天然的高分子有机化合物，它是由多种氨基酸组成，是构成生物体活质的最重要部分，是生命的基础。这些专业知识为我们重新解读“生命”提供了新视角：“生命在于和谐”。生命的和谐包括三要素：适宜的运动、均衡的营养和有效的休息。自然，要把这些新的“常识”讲清楚为大众所接受，还是要做很多功课的。这又是评论人的一项新任务。

《齐鲁晚报》评论员张金岭写了一本《无非是常识》（山东画报出版社，2010年版）的书。他在前言中说：“我把这个小册子名之为‘无非是常识’。意思是说我的思考和写作出发点和归宿无非是生活中的常情、常理和常识，我不过是把这些别人口头表达的东西用文字表达得更有条理、更清晰一些，有时也煞有介事地表达一点自己的‘见解’。这些东西，最终仍是每个人都能感知的常识而已，岂有他哉？但也许正是这些东西，恰恰是我们这个时代里最值得珍视的。”笔者十分赞同他的这番见解。

把常识讲清楚是新闻人特别是评论人的一项基本功。

敢为人先，追求卓越是创造者的精神。

在新闻人的字典里没有“等一下”的位置，一切成绩和成就需要“时刻准备着”的人争先而上。

---

① 赵振宇：《为研讨会设置科学程序》，载《长江日报》，2013年12月7日。

在信息骤增、碎片无限的时代，谁拥有比别人更多可用的知识，谁提出比他人更深邃独到的见解，其言说就更可能给人以耳目一新的感悟。

四、新闻评论也要抢、要养

在新闻报道中经常会看到这样的字样：本报记者几时几分“第一时间”到达现场进行新闻报道。那么，什么是“第一时间”呢？它应该包括这样两方面的内容，一是“不为人知”的时刻。在这一时刻，新闻记者通过生动、形象的文字、声音、图像等方式，描述该事物发生和发展的过程，让受众了解事实的经过。“新闻要抢”，这是新闻自身的特性要求，自然也是新闻人的职责所在。新闻报道要抢，抢什么呢？抢事实，这是新闻赖以存在的基础。这个事实除了一般的事实外，要特别关注事实的细节和事实的真相。“新闻要抢”这是新闻人大多懂得的道理。

除此，新闻还要养——由于种种原因新闻报道的时机还不适合，要等待最佳的报道时机；新闻报道的事实还不十分明了，需要核实、完善和丰富内容。在这种情况下，就不能一味地强调“第一时间”报道，而是要将已经到手的局部或大部新闻暂时“养”起来，等待或创造时机、完善内容予以报道。在新闻报道中，新闻的“养”有时比“抢”可能会更艰难更辛苦。

新闻报道要抢、要养，其实，新闻评论也要抢、要养。

新形势下的媒体竞争，大家都在争第一时间发布新闻事实，这是很重要的。随着现代科学技术的发达，这一点相对容易做到，同时，当大家都掌握此手段时，又难以争先了；但是，在第一时间发表新闻评论，却不是每一家媒体都能做到或做好的。在第一时间发表相对独特的、权威的、有影响力的评论，相对于发布新闻事实来说，更不是一件容易的事。所谓“第一时间”，除了不为人知的时刻，还包括不为人识的时刻。在这一时刻，评论员（评论记者）通过概念、判断、推理揭示蕴藏事实其中的真谛，以有形意见的形式来表现，告诉受众该事物发生的性质、原因、意义及发展的趋势。

2014 年 12 月 31 日 23 点 35 分，上海外滩发生踩踏事件，造成 36 死 47 伤。2015 年 1 月 1 日新华社即发表《大国崛起的伤痛》评论指出，上海的踩踏事件再次将中国真实的另一面呈现在世人面前。人均 GDP 堪比发达经济体的上海被认为是中国经济的“旗舰”，外滩闪耀的霓虹和耸立的高楼常常让到访者误以为身处“未来世界”。但 12 月 31 日子夜，惨痛的悲剧把人们拉回现实——最明亮的夜幕里呈现了最黑暗的瞬间。

血腥的灾难警示所有人，在中国崛起的进程中，不仅要追求经济发展，更要注意灾难防护，保障人的安全，始终把人民的福祉放在第一位。2015年是中国全面深化改革的关键之年。上海的灾难再次提醒我们，没有任何一种发展值得以人的生命为代价。

新华社以发表消息和通讯著称，自从2001年开办《新华时评》栏目以来，在全国众多的评论栏目中特别是与报纸相比，不仅有多篇作品获中国新闻奖，该栏目也获得中国新闻名专栏奖。2008年5月12日四川汶川爆发8级强烈地震，从地震当日到6月11日，1个月的时间“新华时评”就发稿133篇，发稿量相当于往常3个月的发稿总量。《新华时评》每天发稿4~5篇，最多的一天发稿10篇；5月12日，地震发生的当天20:29，新华网就发出了第一篇评论:《善用手机短信传播安民信息》，20:54发出第二篇评论《党和政府与震区人民心连心》，23:41发出第三篇评论:《及时披露权威信息是消除恐慌定心丸》。这组评论不仅在第一时间传播了党中央、国务院及全国各地的积极行动，给人民以安定和鼓舞，而且在第一和第三篇评论中都介绍了相关的背景资料，给受众更多的评论附加值。评论不仅要求提供理性的分析和判断，而且给大家提供了有利于认识深化的事实材料。“新华时评”努力将“不为人知”的事实和“不为人识”的判断融为一体，值得称道。

在上海外滩踩踏事件发生后，《新京报》迅速发表社论:《外滩踩踏事件，“最坏打算”去哪了?》。社论强调的是，外滩踩踏事件，凸显出当地有关方面“最坏打算”的缺失：在人群高度聚集地带的监控预警有纰漏，事发后缺乏应急预案。而对此事故，也理应有全面的调查和追责。

“新闻评论要抢”与“新闻报道要抢”两者有不同：报道要抢的是事实，是事实中的细节和真相；而评论要抢的则是运用概念、判断、推理和论述发表对该事实的观点和思想，这个观点和思想要符合该事实的整体和本质特征，特别是引用的事实不能有一丝一毫的差错和虚假。但恰恰是在这一点上，常有评论人因为抢而发生差错。

还是以上海外滩踩踏事件为例，荆楚网发表了一位作者的评论：

> 事故是如何发生的，原因正在调查。但从现场亲历者的说法来看，这起事故的发生纯属偶然。亲历者的说法是：外滩大楼上有人撒“美钞”引哄抢。果真是这样，这起事故本就是不该发生的呀！
>
> 首先要说的是撒“美钞”的一方。谁在撒“美钞”？谁同意你撒“美钞”？撒“美钞”的目的是干啥？明明当晚的人就很多，这不是故

意制造混乱吗？发生这起事故，造成这么多人死伤，撒“美钞”者难辞其咎。我们甚至可以认为，撒“美钞”者涉嫌故意伤害，必须追究法律责任。

再说哄抢“美钞”的一方。别人撒的不是真的“美钞”呀，而是代金券呢，何以如此勾人魂魄？即使是“美钞”，用得着我们用生命代价去哄抢吗？如果大家都理性、克制一些，如果哄抢者中有人提醒和警告一下，如果大家听从现场交警的指挥，悲剧或许就不会发生。……

由于撒“美钞”和抢“美钞”引起了这场悲剧，当事人当然该受到谴责。问题是，这是发生事故的真正原因么？请注意评论开篇的第一句话："事故是如何发生的，原因正在调查。"由于时间紧迫，在作者写这篇评论时“事故原因”还不明了，那么，评论的根据是什么呢，文中交代是“现场亲历者的说法”。是一位亲历者的说法，还是几位或很多亲历者的说法？这些说法都准确么？新华社、中新社的权威报道告诉了我们这样的关键事实：从空间上看，抛撒物所在的大楼距离观景台隔条马路至少在200米以外，加之当晚西风3、4级，“代金券”很难飘到观景台；从时间上看，“代金券”是在23:50撒下，而踩踏早在23:30就发生了。这是更为重要的，抛撒“代金券”在后，而践踏事件在前，两者没有因果关系。

新闻报道讲究真实，新闻评论也该如此。当事实都不存在或不清楚或与真相相悖时，任何评论都是无效的有时甚至会起到消极的副作用。在“抢时效”与“求真相”的选择中，“求真相”永远是第一位的。

2015年1月6日，是上海外滩踩踏事件的头七祭日。《光明日报》发表了一篇《城市如何让生活更美好》的报道，《中国青年报》发表了《城市应该让生活更美好》的评论，报道和评论都不约而同地采用了2010年上海世博会的主题“城市，让生活更美好”。在评论中，作者提出了“城市让生活更美好，就应该保持公共信息的透明和通畅”的观点。这次导致悲剧的一个原因是信息沟通出现障碍，跨年灯光秀活动往年都在外滩举行，2015年却突然改在了另一个地方——外滩源，而很多人不清楚这个信息。这导致人潮涌往外滩，官方却没有在这个地方布置足够能疏导人流的警力并采取措施。这篇评论虽然是在7天后发表的，但是在评论中却重提了上海世博会的主题和阐述有关信息透明畅通的问题，促使人们的思考更加深入。

《宁波日报》的老评论员张登贵曾写过一篇很好的体会文章：《评论写作：想好了再说》（载《新闻战线》2008年第9期）。这是他从事新闻和评论工作20余年的经验之谈，很有针对性。

为什么不能“想到就说”呢？他的体会是：

一是可能说得不准。社会现象纷繁复杂，事物之间又是广泛联系的。看到一个新闻，在对这个新闻的背景、社会意义甚至它的真实性都还没有弄清的情况下，就贸然发言，难免出错。在虚假新闻并不少见的现实状况下，想到就说还可能遭遇到假新闻。对假新闻的评论实际上起了扩散假新闻、扩大假新闻影响的负面作用。

二是可能说得不深。对一个新闻或一种社会现象的是与非，多数情况下，需要通过查看有关资料，请教有关专家，调动自己的知识积累，这都需要时间。仅凭直觉，即使这个直觉在方向上并不错，但说出来很可能是新闻本身已经说明了的，一般读者也都懂得的表层的是非和浅层的道理。

三是可能与人类同。新闻之“新”就包括与人不同的意思，评论就要争取发表一家新言、一家深言。想到就说，如果都是“英雄所见略同”，那就没有多少新意了。

那么，怎样才算“想好了”呢？

张先生以为，特别需要好好想一想的，至少有以下三件事：

一是由头。由头一定要准确，特别不能是假新闻。还应具有典型性。再就是应符合人们的认知程度，如果多数读者对此没有疑问和争议，就没有评论的必要。

二是主题。主题是评论的灵魂。主题提炼应当坚持现实的针对性、思想的深刻性和观点的前瞻性相统一。

三是写作时机。评论写作和发表的时机，直接影响到评论的社会效果。前面讲到评论与新闻一样，等待最佳时机的到来。

新闻报道求新，新闻评论求新，强调的都是一个“快”字。而“想好了再说”，它包含的是评论者的知识积累和运用，思想过程和表达，它追求的是一个“好”字。经济建设讲究“又快又好”，新闻评论也该如此。“又快又好”是个辩证统一体，需要评论人通过长期实践，用心感悟，力求“快”，争取“好”，“快”中求“好”，“好”中求“快”。当“快”与“好”发生冲突时，追求“好”永远是第一位的，这是新闻评论的本质所在，也是评论者的一种社会责任，须臾不可忘记。

现实问题是一切研究的源头；关注社会、参与实践、与时俱进是一切研究者的职责。

一个有良知、有社会责任感的知识人，应该是知识和文凭、关注和投入、批评与建设三者的完整统一。

五、学习领会和阐释文件精神

新闻报道要从大量的社会事件、事实、现象和问题中发现有新闻价值的东西，采写出来，传播出去。新闻评论则是要在此基础上，探究这些新闻事实背后的原因、源头和发展趋势，揭露其本质的东西，反映其规律性。那么，在我们国家的政治生活中，许多会议、文件、法规和领导讲话中，有很多重要精神是需要学习、领会和阐释的，于是这也就成为新闻评论选题的一个重要内容了。

1. 及时传达和解读上级精神

2015年2月2日，省部级主要领导干部学习贯彻十八届四中全会精神全面推进依法治国专题研讨班在中央党校开班。中共中央总书记、国家主席、中央军委主席习近平在开班式上发表重要讲话。《人民日报》和新华社迅速发表评论进行权威深入的解读。

在专题研讨班上，习近平在讲话中指出，全面建成小康社会、全面深化改革、全面依法治国、全面从严治党这“四个全面”每一个都具有重大战略意义。全面建成小康社会是我们的战略目标，全面深化改革、全面依法治国、全面从严治党是三大战略举措。“四个全面”之间是相辅相成、相互促进、相得益彰的关系。

2月4日，《人民日报》评论员以《担负起全面依法治国的重大责任》为题对讲话进行了解读。评论强调了各级领导干部在依法治国中的示范和引领作用：“各级领导干部要在思想上进一步重视起来，坚决纠正和解决法治不彰的问题；要在行动上进一步严格起来，做尊法学法守法用法的模范，自觉为全社会作出表率；要在根本问题上进一步明确起来，正确认识和把握党和法的关系，把党的领导贯彻到依法治国全过程和各方面，在建设法治中国的进程中，自觉担负起全面推进依法治国的重大责任。”

新华社2月5日发表《绝不允许“党大还是法大”伪命题干扰政治定力》的新华时评。评论针对一段时间以来，有人提出似是而非的观点，热衷于讨论“党大”还是“法大”的现象发表评论。“党和法的关系是政治文明建设和法治建设关系的集中体现，党与法治的关系是法治建设的核心问题。中国特色社会主义法治，是中国特色社会主义政治发展道路在法治领域的体现。党的领导是社会主义法治最根本的保证。法是党的主张和人民意愿的统一体现，党领导人民制定宪法法律，党领导人民实施宪法法律，党自身必须在宪法法律范围内活动，这是党的领导力量的体现，是中国特色社会主义法治建设不可撼动的政治逻辑。”

阐释中央文件或领导人讲话精神的评论有单篇的，更多的是系列评论。单篇评论大多是对文件作全面概括、突出要点进行阐述，而系列评论则是从文件或讲话所涉及的问题展开评论。那么，系列评论该写多少篇？纵观中国媒体的系列评论，有九评的，有八谈的，更多的是五论、六论，也有上、中、下三编的。篇数多少当然要以论述的问题而定，但是，短、实、新却是应该普遍遵守的。

2. 关注新提法，促进新发展

20 世纪 80 年代中期中央提出“决策科学化”，以克服行政决策的随意性。此后，笔者开始关注和研究程序理论，认为只有程序的科学化，才能保证决策科学化。

2002 年，党的十六大报告首次提出，“要着重加强制度建设，实现社会主义民主政治的制度化、规范化和程序化”。从“程序化”首次提出至今的十多年，我们党在“程序化”的提法上又有了新的变化。关注这些变化和发展，可以帮助我们更加深刻理论中央文件精神。

2007 年 10 月，党的十七大报告表述是：“坚持社会主义政治制度的特点和优势，推进社会主义民主政治制度化、规范化、程序化，为党和国家长治久安提供政治和法律制度保障。”

2012 年 11 月，在党的十八大报告中，在谈到全面建成小康社会时，特别强调：“加快推进社会主义民主政治制度化、规范化、程序化，从各层次各领域推进公民有序政治参与，实现国家各项工作法制化。”

2014 年 10 月 23 日，党的十八届四中全会《决定》指出：“善于使党的主张通过法定程序成为国家意志，善于使党组织推荐的人选通过法定程序成为国家政权机关的领导人员。”《决定》特别强调：“制度化、规范化、程序化是社会主义民主政治的根本保障。”

所谓程序，是指事物运动的某种次序或过程或环节。程序无处不在，比如广东人习惯先喝汤，后吃饭。科学研究表明，先喝汤有利于温和肠胃，促进新陈代谢，而且，先把汤喝饱了，饭自然就吃少了。喝汤的前后顺序的安排就是最简单的程序化问题。程序的优化调整，在不增加投入的情况下会促进事情的发展和优化。前不久，武汉媒体报道提倡“登机后排先上，可让旅客少站一会”，其实质就是讲的程序论。机场不增加任何设施和费用，只是改变一下旅客登机的先后顺序就能提高登机的效率，体现一种城市文明，可见程序的作用是很大的。①

在大千世界里，不论是自然的运动，社会的运动，还是人类的思维运动，无处不存在着程序。可以这么说，人们的一切努力和奋斗都在寻求一种程序，一种适应自然、社会和人的思维运动的程序；一切成功者的表现都在于不断地克服来自自身和外部的干扰或破坏，调适各种程序，使之系统运动趋于一种整体上的和谐完美。

程序化大体包括程序的科学性、程序的公开性和程序的合法性等方面的内容。

党的十八届四中全会《决定》强调：“制度化、规范化、程序化是社会主义民主政治的根本保障。”只有程序规范方能保证民主政治过程科学，才能保证我党的“依法治国”战略举措得以实现。

在民主政治建设过程中，包括民主的政治制度、运行机制、监督机制、决策机制、参与方式、实现方式、决策方式、决策程序等建设，任何一个环节都离不开民主和科学的运行程序，只有这样，才能实现民主政治建设的廉洁高效。

社会主义民主政治的制度化、规范化、程序化相互依存、相互作用，它要求党和政府的每一项工作都应该在合理、科学、有序的政治程序运行“轨道”上，按照法律办事，按照规范执行。

程序化的实现是一项长期的系统工程，需要在经济建设、政治建设、文化建设、社会建设、生态文明建设“五位一体”的总体布局中，不断提高组织管理者的素质和水平。同时，为了保证社会组织运动的程序化，还必须保证和加强对程序设置的监督，这种监督可根据不同的对象和不同的需要采用党纪检查、法律监督、行政监察、审计监督、群众监督和舆论监督等多种形式。

通过对“程序化”在党中央十多年文件中的变化，学习和关注我们党对程序化建设的重视和发展，有利于提高我们的认识，有利于促进此项工作

---

① 参见赵振宇：《程序的监督和监督的程序》，社会科学文献出版社 2008 年版。

的深入开展并取得成效。举一反三，我们在学习中央文件时，都应有这样的学习研究精神。只有这样，写出来的新闻评论才能出新意，见深度，有实效。如2015年7月15日在《北京日报》发表《为“集体讨论决定”设置保障程序》，就是从程序论的角度来阐述十八届四中全会“决定”中相关精神的。

3. 在持续不断中解读政策和理论

2012年11月8日，中国共产党第十八次全国代表大会在北京召开。细读大会报告，其中多次出现“继续”的字样。只是“继续”，只是对前一阶段工作的延续，看起来没有多少新提法，深究一下，其实里面包含的蕴意不少。

报告一开始就用了两个“继续”：“全党一定要牢记人民信任和重托，更加奋发有为、兢兢业业地工作，继续推动科学发展、促进社会和谐，继续改善人民生活、增进人民福祉，完成时代赋予的光荣而艰巨的任务。”

在报告第五部分“坚持走中国特色社会主义政治发展道路和推进政治体制改革”中写道：“必须继续积极稳妥推进政治体制改革，发展更加广泛、更加充分、更加健全的人民民主。”

报告的第十一部分，主题就是“继续促进人类和平与发展的崇高事业”。该部分写道：“中国将继续高举和平、发展、合作、共赢的旗帜，坚定不移致力于维护世界和平、促进共同发展。”后面的论述是“中国将始终不渝走和平发展道路，坚定奉行独立自主的和平外交政策”。“中国将始终不渝奉行互利共赢的开放战略，通过深化合作促进世界经济强劲、可持续、平衡增长。”这里虽然没有使用“继续”的字样，但“始终不渝”即是将前人举起的旗帜、走出的道路、坚持的理论贯彻到底、始终不懈的意思。①

在党的报告和文件中，多次提到“继续”，“继续”两字的含义颇深，贯彻落实的任务更大。所谓“继续”，说的是连续不断、不停止脚步的意思，是后一个阶段与前一时期相互联系的意思。强调“继续”，说的是在正确方针政策的指导下，我们才取得了举世瞩目的成就；今天，我们要想取得可持续增长，就必须“继续”坚持这些经过实践检验、行之有效的方针政策，毫不动摇，贯彻到底。

强调“继续”，说的是贯彻落实党的方针政策的艰苦性、艰巨性和复

① 胡锦涛：《在中国共产党第十八次全国代表大会上的报告》，载《人民日报》，2012年11月18日。

杂性。要有迎难而上、锲而不舍、不达目的誓不罢休的进取精神。要准备应对尔后可能出现的一切新的问题、矛盾甚至危机，使其化险为夷，转危为安。

强调“继续”，说的是我们党制定的方针政策是一个逐渐形成和完善的过程。一切党的组织、全体人民都有权利和义务在贯彻落实的实践中，不断地发现问题和认识问题，修正它、完善它，使其更加科学，更加完备，更有利于指导我们的各项工作。我们要反对那种墨守成规、因循守旧的保守思想，我们需要提倡和鼓励的是勇于质疑、敢于探索的创新精神。我们要敢于和善于在学习中发现问题，提出问题，解决问题。

强调“继续”，说的是事物发展都是在一个相互联系、相互促进的系统中进行。任何事物的发展都不是孤立的、单一的，它是在与他事物的联系和互动中发展并完善的。我们今天取得的成绩是在以前成绩基础上取得的，今天所做的一切也是为了尔后更长时间的工作打下坚实的基础。这是一个承上启下，承前继后的事业，全党和全体人民都需要在这个连绵不断的运动中做好自己能够做得好的事情。

强调“继续”，说的是面对未来，需要全党上下、全国人民患难与共、同舟共济，坚持一条正确的思想路线，排除和反对一切动摇、干扰我们正常工作的错误思想和行动。

“继续”是一篇大文章，让我们都来开动脑筋，坚持不断地继续做好它。“继续”是评论的一个大选题，只要我们关注它、研究它，与时俱进，就可以解读出许许多多有新意、有时效的好评论来。

4. 保证中央精神落到实处

根据党的群众路线教育实践活动的部署，各地党委常委会领导班子专题民主生活会都在有条不紊地进行着。媒体对民主生活会主要内容“原汁原味”的报道，“大家直奔主题，辣味十足，红了脸、出了汗、触及了思想灵魂”，让广大民众看到了党中央整改的决心。但是，在这个群众路线教育的重要环节却少了群众的参与。

怎样开好民主生活会，中央有着严格的要求。习近平总书记在全国党的群众路线教育实践活动开始时就强调，要以整风精神开展批评与自我批评，开好民主生活会，坚持开门搞活动。一开始就扎下去听取群众意见和建议，每个环节都组织群众有序参与，让群众监督和评议，切忌“自说自话、自弹自唱”，不搞闭门修炼、体内循环（新华社，2013年6月18日电）。在党的群众路线教育实践活动第二批部署会议上习近平再次强调，要更加注重发挥群众积极性，必须坚持开门搞活动，确保每个环节、每项工作都让群众参与、受群众监督、请群众评判（新华社，2014 年 1 月 20 日电）。

根据这一精神，笔者写了一篇《让群众参与民主生活会》，在 2014 年 12 月 17 日发表于《新华每日电讯》。该评论指出：民主生活会是群众路线教育实践活动中的一个重要环节，之所以要安排和搞好这一环节，是因为只有通过这个形式对作风之弊、行为之垢进行认真而不是敷衍，深刻而不是肤浅，全面而不是片面，实事求是而不是哗众取宠的大排查、大检修、大扫除，方能取得实效并保证持久。目前仅在领导成员之间进行批评与自我批评，固然有好处，但是，绝对不如与自己管辖、领导的下属和一般群众面对面地交流更直接、更有效。

> “开门搞活动”，邀请辖区的基层干部和群众参加民主生活会，他们对领导干部的批评与自我批评看得更清楚、更准确，帮助查找原因也更有效。领导干部面对他们的服务对象作自我批评，更不敢马虎和虚假。
>
> “开门搞活动”，真正发挥基层干部、群众的积极性，有了他们的热情参与和监督，帮助各级领导干部照镜子、正衣冠、洗洗澡、治治病，可以更好地保持党的先进性和纯洁性，巩固党的执政基础和执政地位具有更加广泛、深厚、可靠的群众基础。
>
> “开门搞活动”，民主生活会，要让群众叫好。这是坚持党性和人民性原则统一的具体表现。对上级党组织负责和对广大干部群众负责，这种统一性应表现在民主生活会和教育实践活动的全过程。

要让群众参加党的领导干部民主生活会，理论上是对的，但在实践中却很难实施。2015 年，根据中央部署，各地开展新一轮“三严三实”专题教育的民主生活会。如何改进民主生活会的形式和提高其质量，特别要让群众参与，这是个大问题。于是，笔者在《人民日报》2015 年 12 月 25 日评论版上又写了一篇评论《开好群众点赞的民主生活会》：

> 民主生活会大体包括两方面内容：一是批评与自我批评，找出存在的问题及分析存在的原因；二是针对这些已经发现和找出的问题，提出整改举措。不论是检查过去，还是面向未来，民主生活会的整个过程都

应按照中央的要求邀请群众参与其间，真正发挥群众参与监督、鞭策和集思广益的促进作用。

民主生活会不仅在于反思过去，更要前瞻未来，提出整改举措，将以后的工作做得更扎实、更有效。在这一环节上也是少不了群众代表参加的。

民主生活会邀请群众代表参加，他们会更深切地感受国家利益与自己前途的关系，同时也会对领导们的整改举措得当与否，作出有力的判断并提出可供选择的积极意见和建议。这是开好民主生活会的重要标志，不可小视。

民主生活会是“三严三实”专题教育活动一个关键环节，为保证群众代表参加活动不是做样子，走形式，必须公开会议议程、检查材料、整改发展规划、保障措施等，让群众有充足的研究和讨论时间，对群众的意见和建议有记载、有反馈、有落实。只有设置科学的会议程序，才能保障会议效果，经得起历史的检验。“群众是真正的英雄”是毛泽东同志在延安时期就说过的名言，经过70多年的历史包括前不久开展群众路线教育实践活动的检验，是颠扑不破的至理名言。今天我们做到了，做好了，群众就会认同，就会点赞！

运用新闻评论来阐释文件精神，首先是要深刻学习和领会文件和讲话精神。“以其昏昏，使人昭昭”是不行的。只有自己把中央的精神学习领会了，才可能写出好评论。真理有时是在“再坚持一下的努力之中”实现的。只要自己真正弄懂了，吃透了中央文件精神，就要坚信：自己的观点总有一天能够被媒体所接受而公开发表。

其次，从上级文件和领导人讲话中选题，要结合自己了解的情况，并找出自己特别有体会和认识的话题做文章。上级的文件、讲话往往很长，也有很多重要的内容，我们不可能面面俱到，也不可能写很长很长的系列评论。从个人写作而言，找出要点，突出重点，单篇突破，选择其中一句话，一个观点，一个提法都可以写出好评论。对于媒体而言，并非每次大会或讲话都要写系列评论。少而精的长篇评论，只要写得好，受众也是欢迎的；多而长、杂而滥的系列评论，看起来有气势，并非能达到好效果。

最后，结合文件写评论，一定要紧密结合现实生活的实际，找出与文件精神联系密切的突出问题写评论，这样才能做到有的放矢、收有成效。

实践是检验真理的唯一标准，而检验真理的实践则是一个长时间的历史过程。新闻报道的是正在发生的历史，历史记载的是已经过去的新闻。新闻人作为历史的记录者和评述人，所做的一切应经得起历史的检验。

六、评论要经得起历史的检验

人的思想是一个渐进发展的过程，它既与所处的时代有关，也与自身的思想运动有关。真实地记录这一切，于己于人于时代都是有好处的。尤其是当我们的思想随着时代的发展而变化时，以语言和文字的形式将我们的思想历程勾勒出来保存下去就更有价值了。新闻评论是对新闻事实、事件、现象、问题的一种有形意见表达，它对帮助人们明辨是非，针砭时弊，弘扬社会正能量是大有好处的。同时，它也要与事实一起接受历史的检验。

反映思想历程的著作应该尊重历史，对于记录历史的新闻评论，更应该谨慎从事。2014 年 5 月 4 日，习近平来到北京大学考察。他指出，青年的价值取向决定了未来整个社会的价值取向，而青年又处在价值观形成和确立的时期，抓好这一时期的价值观养成十分重要。这就像穿衣服扣扣子一样，如果第一粒扣子扣错了，剩余的扣子都会扣错。人生的扣子从一开始就要扣好。“扣好人生第一颗扣子”，对从事新闻评论者来说同样适用。人们的主观意识反映客观实际，不能保证时时事事都是正确无误的，但是，力求甄别事实真伪，争取思想反映实际，“想好了再说”，却是我们一开始从事新闻评论就需牢记于心的真理。

随着科学技术的发展，人们对于大自然的认识越来越全面和准确，与大自然相处也越来越亲密与和谐。但是，“天有不测风云”。在人与大自然的接触和交流中，还有许许多多不解之谜等待人们去破疑去解惑。新闻人既要在天灾人祸或自然现象迅即出现时，及时报道和评论，同时也要给变化莫测的自然之谜留下探索和想象的时空。

2014 年 3 月 8 日凌晨 2 点 40 分，马来西亚航空公司称有一架载有 239 人的航班号为 MH370 波音 777-200 飞机与管制中心失去联系。该飞机原定由吉隆坡飞往北京，应于北京时间 2014 年 3 月 8 日 6:30 抵达北京。马航已经启动救援和联络机制寻找该飞机。

2015 年 3 月 8 日消息：在 MH370 航班客机失踪一周年之际，马来西亚交通部长廖中莱承诺，在南印度洋海底的大面积搜寻仍将继续，如果当年 5 月底、即搜寻工作结束时一无所获，马来西亚、中国和澳大利亚将“重新开始”。

在世人关注的MH370马航失联的一段时间里，中国的新闻工作者克服重重困难，对这场罕见的空难进行了有效的报道和有见地的评论。但是，在报道和评论中却有许多不尽如人意的地方，特别是随着时间的推移，暴露的问题越来越多。

在MH370客机失联60个小时后，有篇评论《马航MH370一定可以找到》中这样写道：说失联已经很不准确了，应该说神秘消失更为准确一点，因为到目前为止，人类还没有得到关于这架承载了239条生命的大型客机的任何消息。

> MH370客机一定可以找到，需要的仅仅是时间。如果做一个比较乐观的估计的话，随着中美两国先进技术装备的不断投入，初步找到残骸、遗物或遇难者遗体，应该就在近几天之内。（http：//blog. sina. com. cn/u/2899659317. 2014-03-12　09:09:22）

作者说，在世界民航史上，在和平的年代里，还没有发生过大型民航飞机失联后始终没有下落的事，民航飞机失事后，少则数天，多则数年，总能找到下落，这是现代技术手段决定的——人类制造了飞机，也一定能够找到它。这种推论是有道理的，但是说“初步找到残骸、遗物或遇难者遗体，应该就在近几天之内”，显然是自说自话了，不说几天时间，一年过去了，到现在都没有找到任何有关MH370航班的重要和全部证据。所以，他的言论被现实所证伪。

面对众多情绪化的瞎想和指责评论，《中国日报》2014年4月2日刊发了商务部国际贸易经济合作研究院梅新育研究员的时评《理性对待马航MH370悲剧》，文章写道：

> 过去三周以来，马航MH370上239名机上人员，包括154名中国同胞的命运让所有中国人揪心。然而，时至今日，不论我们如何悲恸，还有多少细节未明，都无法改变马航MH370在印度洋坠毁，机上无人生还的惨剧。有关各方所能做的就是继续搜寻残骸，与马方继续协商以索取更多信息，并为遇难者料理后事。
>
> 但是我们不能让怒气压倒事实和理智。在事件进展过程中，从遇难者家属，公共舆论到政府，我们都需要遵守文明社会的基本规范，展现

大国风范。违背基本准则的不理性言行，即便是打着“保障合法权利”的名号，也于事无补。其效果只会适得其反，损害国家利益全局，让所有中国人为此次悲剧“买单”。

……

公共舆论不应在没有确凿证据的情况下就指责马方故意隐瞒信息。不论是通过官方渠道还是后续民事诉讼，我们都要用证据说话，依法办事，而不是靠“喧哗吵闹”，或乐此不疲地采取攻击性的非理性行为。

马航 MH370 航班失踪事件，不仅为近年来航空史上罕见，也是迄今为止地球上发生的不解之谜。中国政府对此十分重视，不仅在事故发生后迅即派出多艘船只积极参与搜寻，而且习近平主席在 2015 新年贺词中提道：“150 多名同胞下落不明，我们没有忘记他们，我们一定要持续努力、想方设法找到他们。”

马航事件还将继续进行着，它涉及的问题是诸多方面、纷繁复杂的。这里只想说，我们的评论该如何面对，能否经得起历史的检验。哲学家告诉我们：“天底下没有两片完全相同的树叶”、“人不能两次踏进同一条河流”。说的是世界的多样性和运动的复杂性，宇宙万物没有什么是“一模一样”的、绝对静止的和一成不变的，一切都在运动和变化着。面对多样变化的现实，不可用一种理论或用一般规律来判断它和说明它。既如此，评论赖以事实而存在，是第二性的，那么，我们的结论就要面对这些不定的事实作出适应它们存在的判断和推理。面对灾难和事故，有情绪是正常的，但情绪化是不可取的；有预测是应该的，但绝对化却是不该有的。

提倡独立发表意见讲真话，是评论者的基本品格和素质要求。但真话并不完全等同真理。经过实践检验发现评论之语不清新、不周全、不深刻以至有疏漏、有差错甚至整体错误的事也是时有发生的。因此，评论者时时回头看看自己的作品观点是否新颖、论据是否精当、论证是否缜密，是很有必要的。

面对“不测风云”的大自然和变化莫测的社会实践，评论者要在众多事实和信息中甄别真伪、衡量轻重、辨别优劣，说出他人未所言、不敢言、言不好的评论，是一个称职评论员时时记于心的行动准则。对评论作品的检验，不仅在于当下，更着眼于长远。

首先要用科学的态度、科学的方法去搜寻、确认客观材料。新闻评论除了用作评论由头或评论对象的事实材料外，还常常用到作为论据的事实材料、统计数据、科学原理。在搜集、引用事实材料、统计数据、科学原理的过程中，如果没有科学的态度、科学的方法，就会出现各种讹误，导致评论作品的失真、失实。在评论写作中，时常会碰到新闻记者报道有错在先的情况，但这不应该成为评论者为自己免责的理由。尤其是在事关重大比如国家发布大政方针、高层人物任免、突发重大事件的情况下，评论者应该更应以科学的态度、科学的方法来确认事实。在引用统计数据、科学原理时，应尽可能援引权威、可靠的资料，并做到多方比对，反复求证，精心推理，本着对受众负责，对自己作品负责，对历史负责的态度，掌握严谨、可靠、完备的相关信息。前几年北方某市发生6名警察与1名在校大学生冲突，最后警察将这名大学生殴打至死的事件报道。起初这一事件的消息是通过一家网站的论坛由网友发布的。按说，这一事件比较清楚。但事过几日一家省级电视台播放了现场监控录像，其中有死者生前两次打击警察的行为。“正是这段录像，让网络舆情转向，由几乎一边倒地痛斥警察，转而部分网友认为死者的一些行为也有激化矛盾的嫌疑。”一个看似简单不过的事实，因为包含着复杂的侧面，受制于诸多条件，人们作出了很多种不同版本的评论。而有时候被忽略掉的一小点事实碎屑，却恰恰可能是人们要形成某一方面判断的关键所在。价值判断的风险则更大。因为每个人都是凭借着主观的知识积累、道德观念、法律观念等个体意识来对事实作出价值判断的。个体的认识难免受到个体的经历、背景和思维方式、思想观念等的局限，因此，更容易脱离客观实际。鉴于事实判断和价值判断的风险，因此，很有必要让判断接受实践的检验。

其次是接受平权的争论，以平等的姿态参与讨论，包括对自己思想、观点的质疑。在网络这一新兴媒体方兴未艾的现代社会，不可能靠钳制他人之口来达到“一言独荣、万口齐喑”。而从追求真理这一点来说，评论者理应允许他人质疑自己的思想、观点。作者的观点创新就意味着对既有观点的突破，同理，评论者就该允许他人对自己观点的突破。即使别人的观点不正确，那也只能在争论中才能得以弄清。现在很多媒体的评论版面、节目编辑，都比较注重正反方观点的平衡。比如《南方周末》的《读者来信》栏目，明确提出：“投稿须有针对性，欢迎对本报报道进行回应，欢迎对本报提任何批评建议。”《新京报》在评论版上推出“社论批评”专栏，专门刊发对本报社论的不同意见和批评意见。《西安晚报》设置了一个栏目《甲方乙方》，发表就同一事件观点不同的评论稿件。这些都受到读者的欢迎。我们经常引用伏尔泰说过的话：“我可以不同意你的观点，但我誓死捍卫你说话的权利！”当我们不断吟诵这句话的时候，一方面回味其言语的精辟和意境的深邃，另一方面也需要从自己做起，让自己和他人的评论一起接受历史的检验。

再次是勇于自我否定，承认错误。新闻评论者在与他人的争论中，在发展着的事实面前，一旦发现自己以往的判断出现错误，就应该勇于承认。评论者勇于自我否定，首先要发现自己的错误。其中，有两个途径有助于发现自己的错误。其一是自我检视。评论者在自身的学习、思考中，思想、观点不断趋于成熟。在这种情况下，常能发现过去的浅陋或谬误；其二是接受他人对评论者观点的批判与质疑。评论者可以此为契机，反思自身观点，从而纠正错误，正本清源。新闻评论者和新闻记者一样，不是执法者，不能自己动手去铲除社会丑恶现象，使社会朝着良好方向发展，因此，他只能寄望于评论作品对人的错误思想的纠正来推动实践。如果新闻评论者自身都不能对自己思想、观点、论断中的错误有清醒的认识，并以谦逊的姿态来承认、改正错误，那他当然也就没有资格要求他人从其作品中受到思想触动、观点校正。从这种对比中来认识新闻评论者必须具备勇于否定自我、承认错误的品质，道理是显而易见的。

时间是检验新闻评论对错优劣的最终标准。马克思主义哲学认为，理性认识只有回到实践中，才能得到检验、修正、丰富和发展，才能指导实践、服务于实践，实现改造客观世界的目的。新闻评论的论说要符合历史唯物主义和辩证唯物主义的观点，在论述时遵守论说的一般规律；它的论说要有理论根据，而这种理论也是经过历史的检验，是科学的。评论者要养成这样一种习惯，时常翻阅一下自己的作品，不时地检查和反思一下，过去的东西还有多少在今天看来还是正确的、有生命力或有很强生命力的。一个评论作者，争取多写一些经过历史检验是正确的有生命力的好评论。这是一个理论基础问题，同时也是一个做人的道德修养问题，需要引起评论作者的注意。作为一个成熟的媒体，也应高度重视这一问题。

七、在“评论互动场”回答网友们提问

应《新闻与写作》杂志邀请，笔者从 2014 年第 9 期开始，在该刊开辟主持《评论互动场》专栏，与喜爱新闻评论的网友们互动，回答他们的问题，现摘录于下。

如何做强新闻评论？

郴州电视台记者：我是专程赶来参加会议的郴州电视台记者，作为一家地级市的媒体，我觉得没有做新闻评论的可能。我的问题就是：像我们这样的电视台时政新闻记者该如何做新闻评论？

赵振宇：第一，我要说明一下，以后介绍媒体时不要用“地级市”一词，可以叫湖南的中等城市或南部城市，按城市的大小或地域或特色的不同，不要用行政级别。这个意见我跟有些“地市报”老总说过，他们接受了。郴州电视台作为湖南“南大门”的城市台，如何把评论做起来是有难度的，这也就是我们新闻评论工作者该努力的方向。前几年我做了一项调查，中央电视台已经有了“本台评论记者报道”这种形式，这就说明全国的电视台也可以这样办。像你们郴州电视台，至少可试行“本台评论”这样的形式。

第二，你若有兴趣，如果碰到对某条新闻有些想法，可以在第一时间发布新闻的同时，发表新闻评论。你可以请台长在你的名字前面加上“本台评论记者报道”字样，这样，中央台的模式就在你们台出现了。如果郴州成功，湖南就可以推广，全国也可以学习了。星星之火，可以燎原嘛！届时我们可以总结你们的好经验。

某高校学生：在新媒体环境下，消息和评论都特别多，每个人每天都会浏览很多消息，但不一定看新闻评论，这种情况下评论如何扩大影响获得更多受众？

赵振宇：等你到媒体工作后就会慢慢知道，当你热爱一个东西的时候你就拼命地把它做大，但是你在做大的过程中不要影响别人也要有做大的欲望，给别人留一个发展的空间。另外，对于一家媒体来说，是消息做得更强，还是评论做得更好，这是总编辑考虑的问题。最关键的是，你的评论能不能有那么大的吸引力。

微博网友：移动互联网的兴盛给新闻评论带来什么样的变化？

赵振宇：互联网以它的速度、海量、自由、开放等，给我们带来诸多便利，但同时也带来了问题。因为多，所以真假难辨。多了并不见得好，需要自己判断是对还是错。这就考验我们选择、判断和解读的能力。选择就是挑选什么样的新闻报道，判断就是看其是好还是坏，解读就是探究其背后的故事和原因是什么。互联网时代，我们的主流媒体承担着更多的责任。

评论是教不出来的吗？

某高校老师：我教新闻评论十来年，有一个疑惑就是很多老师、同学认为评论是教不会的。我们经常说对一个事件要有自己独到的看法，但这个看法从何而来呢？大家就觉得这个问题是在课堂上无法解决的。

赵振宇：你刚才说的一句话也可以这样套用，评论家不是教出来的，文学家也不是教出来的，哲学家也不是教出来的，什么都是需要他自己认真学习后研究出来的。华中科技大学办评论班的时候就有人说，评论员不是培训班能教出来的。我说对。文学家也不是中文系教出来的，哲学家也不是教室里教出来的。但是有了评论班，它就创造出一种培养评论员的模式和机制。这里我要隆重介绍一下华中科技大学毕业的曹林，现在是中国评论界的曹林了。曹林曾经说过在大学没受过有关评论的培养，评论没法教，等等，但是恰恰是在说这番话的时候他写了一本《时评写作十讲》，他在谈体会的同时也在教别人如何写评论。据说书卖得很好，有机会大家可以看一下。所以，我认为这里存在理论和实践如何结合、如何讲好本学科的“因为……所以”和“例如……”。现在社会上经常出现一些重大新闻，电视台请的很多评论专家不是新闻学教授，以后如果能请新闻学院的老师来发表意见，这个时候我们的新闻学就值钱了，新闻人就立起来了。这个事情需要大家共同来努力实现。

如何平衡新闻评论中的主、客观因素？

某高校学生：赵老师您好，我有两个问题，第一个：有一句话说：在新闻报道中，我们总是离事实很近，但是离真相很远，这个事实中肯定就包括了真相和假象，那么在报道中如何尽快地或用最有效的手段剔除假象，报道真相呢？第二个：报道要尽可能客观和全面，评论的时候不可避免有自身的观点，或者说肯定有自身价值观的取向，那如何平衡？

赵振宇：你的两个问题很好，可以合为一个问题，就是怎么处理点和面、个别和一般的问题。我们经常说报道是客观的，评论是主观的，但实际上，选择什么去报道，同样是主观的。同理，评论就都是主观而不是客观的吗？显然也不是。评论的基础就是客观事实。大家一定要注重事实中的细节，细节在什么时候有用呢？在讲故事中是有用的。比如树叶，同样是树叶，但是如果这片叶子是经名人之手转赠来的树叶，那么，这片树叶本身就有故事了。如舒乙先生从老托尔斯泰明亮的庄园摘下几朵小野花做成书签送给巴金，就很有价值了。因为，巴金对老托尔斯泰很崇拜，要学习他晚年的言行一致。评论是不能离开新闻事实的，但只有新闻事实还是不够，需要用巧妙的方式把它呈现出来，所以我在这个“评论互动场”专栏写文章说过，对于评论者来说，一定要学会讲好故事。

一篇报道或评论是客观的还是主观的？大家千万不要被这个问题所困扰。你在研究这个问题的时候你本身就是主观的，到底什么是主观和客观，实际上你通过你的作品给大家一个全面的认识就可以了。当然这里面有很多事情还需要具体研究。

某高校学生：微博上有一个事件，一个1995年出生的男生网恋失恋了，在微博上直播自杀过程。有人认为男生直播自杀的行为会对女生造成道德绑架，请问关于道德绑架的新闻评论应该怎么写？类似的事件，如果报道，可能引起效仿，不报道，又可能造成对此现象的忽视、漠视，那主流媒体应不应该第一时间报道？

赵振宇：实际上在你的发言中就表达了你的观点，我基本赞同你的看法。从新闻的真实性、迅速性上我们应该报道，但是这又会对社会产生不好的效果。这里面就要找到最大公约数，就是说在这个时间和空间里，是报还是不报，是报少一点修饰一下还是赤裸裸地全部报道，这要视具体情况而定。如何做到对新闻事件有真实全面的报道，同时又不影响我们社会道德文明的发展，需要把握好社会发展规律和新闻报道规律之间的关系，还有新闻宣传和新闻报道之间的关系，新闻人要从社会担当的视角考虑问题。

陕西网友：从哪几方面入手才能做到源于事实又有理性的评论？

赵振宇：第一甄别事实的真假，抓住事物的本质特征；第二运用新闻学或其他学科知识说明所采用的具体事件；第三在阐述时力求以小见大，论述透彻，将情感与理智融为一体。

湖南某校同学：在新闻评论写作时，如何找出评论选题，有没有什么诀窍或技巧？

赵振宇：这是一个不断学习和实践的过程，可以找一些新闻评论教材看一下。我的体会是，可以从国家方针政策中找选题，从新闻报道中找选题，从有争论的话题中找选题，从自己亲身经历中找选题，从适于自己能够说得明、讲得清的问题找选题。

北京网友：“新闻评论是在新闻事实上发表观点和看法”，怎样才能做到评论不简单复述事实，而是要高于事实？

赵振宇：“新闻评论是在新闻事实上发表观点和看法”，这是新闻评论的属性所决定的，也就是说新闻事实是第一性，新闻评论是第二性，评论是不能离开事实的。但是，事实只是引发我们评论的前提，而不是全部。所以，在评论时，只能将报道中的事实提炼、集中，有选择性地运用，一切都要从评论的需要出发，而不是将已经报道的事实再重复一遍，那样是没有意思的。

吉林网友：批评类新闻评论怎样找切入点？

赵振宇：可以从两个方面考虑：其一是现实中反映的主要问题是什么，这个主要问题就是我们要评论的切入点；其二是评论者想要批评的主要问题是什么，只要是评论者已经确定的问题就应该是评论的切入点。在实际操作中，常常是将两者结合起来的。

怎样学习好新闻评论？

广东网友：我是一名大三的学生，我写的评论经常被老师评点为“观点不新颖”，我很苦恼，怎样才能克服这个毛病呢？

赵振宇：这是一个循序渐进的过程，要多阅读，在学习别人的作品中分辨出谁的评论写得好，新在何处；要多练习，在反复写作过程中，逐渐做到有一点新意和颇有新意。

天津网友：我对新闻评论很感兴趣，最近看了全国“两会”的新闻，有一些想法，但是又担心自己的评论不够高大上，请问对政治新闻的评论是不是要很严肃、很有高度？

赵振宇：“两会”的评论不都是高大上的东西。作为一名初学者，不要老盯着媒体的社论和评论员文章。很多时候、很多情况下是可以写一些自己熟悉、自己身边的事，又能引发人们的思考。多学习一下《人民日报》的《今日谈》是大有好处的。

武汉某校同学：我第一次听说“新闻评论要养”（见《新闻与写作》2015 年第 2 期），因为一般人们都说要快，要有时效性。我的问题是：我作为新闻专业的学生，本身不是社会人，主要还是在学校里面学习理论知识，我们应该如何“养”自己的新闻评论？

赵振宇：你说的不对，我们一来到这个世上，就是社会人。现在大量时间在学校学习，更需要我们时常利用回家、访友、办事和参加社会实践，加强对这个社会的认识。同时，也可以从大量的广播、电视、书报和网络中接受来自社会的各种各样的事实信息和观点信息。在当今大数据时代，我们更需要留心摘录、收集一些有价值的事实和观点资料，将其“养”起来，为尔后的评论写作而用。

广西钦州学院南宏宇：赵老师您好，刚刚您讲到对新闻评论的不同观点需要宽容，我就想到了亨德里克·房龙写的《宽容》，和您的观点不谋而合！您在报告中讲到了对和谐的理解，讲到了公民和老百姓的不同，讲到了“代”与“届”的差别，可以看到，就像那个屡战屡败和屡败屡战的例子，语言的信息结构对新闻评论的受众产生了信息接受的潜意识引导，那么现在我们在对新闻进行评论的时候，是不是可以对评论的语言再进行评论呢？谢谢！

赵振宇：新闻评论是一个信息密度较高、语言“凝练”的文本，这与它的论证性相关，也与语言的抽象度较高相关，还与它追求的表达效果相关。但是，凝练到什么程度？是不是密度越大越好？这就不仅考虑到表达的一方，还要考虑到接受一方。传播学中的“信息冗余”理论，对于我们认识这个问题有所启发。如，《人民日报》“给力”效应。

钦州学院蒙汝荣：赵教授，您好！我想问您，当我们写评论的时候，遇到想表达的内容与现实矛盾的时候，该怎么办？另外，我们大学生在写这种校园评论的时候应该注意点什么？请您给点建议，谢谢！

赵振宇：我们在写评论的时候，首先要弄清事实，这样才能更好地表达。我们想要表达的东西是正确的时候，就要敢于表达出来，但是，要注意方式，这就需要我们多了解我们国家的实际情况。另外，我很支持你们写校园评论，在写校园评论的时候要立足学校，平时要多关注校园热点。新闻评论也要讲好故事，就是把评论赖以存在的事实讲清楚讲明白，让它起到“事实胜于雄辩”的作用，我们的校园评论也是如此。

新闻本科13级学生林力：您刚才提到“评论是一种思维方式”，作为新闻学专业的学生，应该如何培养这种思维方式？

赵振宇：要做到感性与理性相结合，新闻采写和新闻评论虽然分开写，但是我们在练习、实践的时候应该把消息和评论杂糅在一起。平时也要细心观察身边的人和事，认真阅读新闻评论。

钦州日报社副总编田时胜：赵教授，您好！听了您的报告，我受到很大启发，现有两个问题向您请教：一是本地报纸评论如何做出本土特色？二是事实真相尚未完全得到披露时，如何发声？

赵振宇：首先回答第一个问题：挖掘地方文化特色，勇于发声，敢于发声。面对本地重大新闻一定要做好做透，“吃干榨净”，不留余地，充分利用本地特有的报道素材。自然风光、历史人物、人情世故、风物特产、人文古迹之类，都是得天独厚的资源，是这个地方独有的，在读者身边，与读者有着千丝万缕的联系。

第二个问题是尊重事实，根据官方已经发布的权威信息进行评论。要克制冲动，事实不清时不要仓促做出判断，有时保持沉默也是一种理性，要有等待事实的耐心。当然，从常识的角度做出推理，对事件本身相关疑点进行剖析与解读也是一种较为稳妥的做法。作为本地媒体应该发声，如果事实不是非常清楚，面对外界传闻，你也可多几种“假如”，最后看看你能猜中几个。

杨先情：媒体需求大量的新闻评论人才，关于这一点，高校也有同样的共识。作为新闻评论人才输出地之一，像我们这种地方高校，如何进行新闻评论人才的培养？

赵振宇：一方面要加强实践性教学环节，在教育安排和课程设置上，既注重理论讲授，又注重与实践相结合。另一方面要加强和媒体的合作，聘请实践经验丰富的媒体人员不定期地进校授课，现身说法，补充和扩大课堂教学的信息量，形成新闻传播院校和业界人士的良性互动。

网友1：赵教授您好，我是一名大二的学生。我们都知道，在新闻报道领域防范杜绝虚假新闻、不实报道可谓知易行难，时事评论就更是难上加难了。在如今这样一个信息高度膨胀的时代，时评应如何远离虚假与不实的泥淖呢？

赵振宇：你提的这个问题我已经在上面的论述中讲到了。我再强调一句，作为一名评论作者，不仅要学会评论，更要把自己当做一名新闻人，培养自己的新闻敏感，能够在众多纷纭复杂的事实中分辨真伪，找出该事实反映的主要和本质问题，这样才可能写好评论。

网友2：我平时看到的评论很多在讲大道理，但有的书本上和老师的课堂上又要求我们从细节入手，那么我们在写评论的时候，应该怎么做？

赵振宇：评论是讲道理或大道理的。但是，这个道理不是凭空而来的，必须针对社会生活中的有价值的具体事实而展开。这就要求我们关注生活中的某些细节，从中发现并揭示其蕴含的本质的、带有规律性的东西来。这是一个不断实践的过程，需要练习需要思考。

网友3：现在媒体上的评论良莠不齐，我们受众应该怎么选择？有时候，一件事却有两种相反的评论，让我读了陷入迷茫中，我该怎么做？

赵振宇：这是一个现实，并不奇怪。同时也对评论者提出了更高的要求：当多种评论出现时，我们不可随声附和、随波逐流，而要对多种观点和声音进行“去粗取精、去伪存真、由此及彼、由表及里”的梳理和甄别，通过概念、判断、推理产生自己的观点。在多次比较和辨别中提高自己的理论和思辨能力。

网友 4：我写新闻评论的时候，感觉有好多想法想说，写出来自己都感觉到很杂乱，我该怎么克服这个毛病呢？

赵振宇：这还是一个实践问题。碰到问题有很多想法，这很好。但要写一篇小评论，只能将这些众多想法捋一下，看哪些是最重要，哪些是自己感受最深、说理最好、论述最深刻的。其他的想法都可抛弃或留着再写一篇或下一次再写。

第十六章

新闻评论习作点评

新闻评论是一门实践性很强的学科，其理论要能科学有效地指导我们的运用。本章所举实例均系教学中同学们所做，它真实地反映了同学们对评论选题、立意、论证和标题上的认识和运用。这些作业中有做得好的、成功的，也有做得不好的、失败的，还有一些是可以探讨商榷的。对新闻评论的点评，也是仁者见仁，智者见智，会有不同的意见或相反的意见，这些都可以在探索中研究和提高。①

一、选题习作点评

选题一：厦门大学的学生设置“你丑你横行”标语

2015 年 6 月 18 日《羊城晚报》报道，日前，厦门大学学生完成一组实验：在绿化带内放置不同语气的交通警示标语，结果显示，无标语的横穿率为 70.02%，标语“请走天桥”的横穿率为 69.78%，而“你丑你横穿”的横穿率为 40.12%。数据的记录之下，让这次试验得出了一个结果：简单粗暴的标语效果最为显著。

点评：

文明标语的内容设计不同，其效果确实差异很大，正因如此标语的设计才显得如此重要。比如，“不要乱踩草坪”的效果肯定没有“别踩我，疼!”好，“请不要超速行驶”，也没有“超速越多，医院离你越近”直接而震撼。对于一个文明城市和人性化的社会，应该有人情味的管理，表现在警示标语上，理应和气而温馨。这才是对传统标语“创新”的方向，也是警示标语的应有之义。毕竟，人是天生有着情感渴求的社会动物，人与人之间尤其需

---

① 这些习作文字基本保持原状，引用时省去了作者姓名。点评针对存在的主要问题，以引起初学者的注意，没有严格按照中学作文逐字逐句批改的方式。习作中的粗体字为引起注意，( ) 内文字为删去，[ ] 内文字为修改和说明。

要情感的慰藉，只有在与人为善的氛围里，每个人心底的那份善意才能得到最大限度释放。因此，对于“你丑你横穿”这一事件，评论可以是多方面的。

选题二：复旦大学宣传片被指抄袭

2015年5月28日，复旦大学110周年校庆宣传片《To My Light》被指抄袭2014年东京大学宣传片《Explorer》。在紧急撤下3小时后，新版宣传片上线没多久又被指抄袭。一波未平，一波又起。5月30日，校庆Logo也被指抄袭。网友戏称，复旦大学可以改名叫“复印大学”。

点评：

这是一个大学校园事件，同学们会感兴趣。评论可从大学出现的抄袭，创新精神的匮乏折射的是整个民族的问题，但复旦大学毕竟是一所实力雄厚的百年名校，不能因为一个宣传视频的抄袭，就去批判其学校的官僚体制，从而否定整个复旦大学。如何在评论中不就事论事，去简单地批判复旦大学如何抄袭、如何没有大学精神，而是将事件原因归责于当事人工作失误，并由此引出对整个国内大学创新精神匮乏的反思，或许能够写出更有高度和深度的评论。

选题三：领导住房只有商品房价一半

在广西柳州市的柳江东岸，有一片专为市委、市政府、市人大、市政协领导建的住宅小区，名为河东苑。这里既临江又靠近新建的行政办公大楼，不远处是建设中的河东公园，地价居全市最高之列。小区环境幽雅，共有26幢楼房，每幢住两户，每户车库和花园俱全。其中正厅级6套，每套建筑面积340平方米，售价74万元；副厅级46套，每套建筑面积320平方米，售价71万元。平均每平方米售价2100多元，相当于周边商品房价的一半。

点评：

这是一个涉及领导干部的形象问题的报道。这篇报道反映的问题较多，有影响不好，有损干群关系、不利于党在人民群众心中形象的树立问题；有对74万元的购房巨款表示怀疑的问题；还有340平方米的住房面积违规的问题（广西壮族自治区人民政府规定厅局级领导干部住房建筑面积90至120平方米），等等。选择这类主题作评论，不宜铺得太开，面面俱到。而应细读报道，选择其中之一或自己特别熟悉的内容进行评论，这样才能做深做细收到好效果。

选题四：贵州省一月内发生三起楼房坍塌

贵阳市2015年“5·20”楼房坍塌致16人死亡；6月9日凌晨，遵义市汇川区高桥镇一居民楼垮塌，居民预警及时，迅速撤离到安全区域，没有造成人员伤亡。6月14日凌晨，遵义市红花岗区一栋9层居民楼发生局部垮塌。截至当日22时30分，现场救援工作结束，共造成4人死亡，3人受伤。

点评：

贵州省在间隔还不到一个月的时间，连续发生三起类似的事故，当地的应急除险机制，显然没有发挥应有的作用。有句俗语叫做“事不过三”，一旦频繁发生楼房坍塌事故，不仅是地质上有问题，更表明，相关方面的预警、除险机制也出现了问题。楼房“三连塌”已经发生，在第一时间抢险抢救之外，尤其要真正唤醒相关部门，别再在险境面前有半点拖沓，尽早排查清除地质隐患，尽早做好预警除险工作。

选题五：学校筹备校庆，学生也得送礼

近日，吉林省白城师范学院正在为筹办50周年校庆发愁。学校发愁是因为资金不足。为了保障校庆的顺利进行，学校于是决定动员师生捐款，但这样一来，又担心师生心存不满。据称，此次募集的资金主要是用于建设一个校园标志性建筑。同时，按照学校党委副书记的说法，凡出资捐助校园标志性建筑的学生老师的姓名都将刻在该建筑物上。

点评：

目前国家一再加大对高校的生活补贴，但是当地却要学生为校庆募捐，而且通过变相强制的方式执行，这种事情自然会引起社会的广泛关注。作为当代大学生，联系身边的事情发表意见，就会有更多的话讲，讲的话也会有学生特点。

选题六：又有5家广播电台被广电总局责令停播

继四川电视台和成都电视台之后，又有5家广播电台播出的低俗节目在13日被广电总局责令停播。包括湖北人民广播电台音乐频道、生活频道及尚未与湖北人民广播电台整合的楚天电台卫星频道、新闻频道；湖南人民广播电台经济频道和新闻节目；广东人民广播电台珠江经济台和南粤之声；贵州人民广播电台都市频道和经济节目；海南广播电视台新闻广播。

点评：

还一个洁净的夜晚给听众，是广大听众的希望。而广大学生群体是夜间听众的重要组成部分，低俗的节目对他们无疑是一个错误的引导，责令这些电台停播无疑是件好事。但是，作者选择的评论由头中却没有对这些电台播放低俗节目情况的介绍，由此而写评论就可能会出现泛泛而谈的情况。因为问题不明了，事情不具体，就很难做到有的放矢，切中要害。

选题七：《南方都市报》记者卧底高考查“枪手”

2015年6月7日上午，包括卧底记者在内的多名“枪手”正在江西南昌一些高考点参加考试。记者调查发现，他们均持有由“上线”提供的具有本人照片的“身份证”、“准考证”，部分证件户籍地显示为山东。与此同时，记者证实这些证件信息已存于江西教育考试院系统，照片为“枪手”本人。南都记者已向当地警方报案。

点评：

这无疑暴露出一些地方在防范高考替考上的麻木。对此，不能总是等到出了问题再来查，国家有关主管部门应当介入，通过分析归纳高考替考发生的原因，对于各地防范高考替考的制度设计，提出明确的要求，并建立明确的责任制。这样的制度还应公之于众，透明执行，让公众及时了解教育考试等部门的运行情况，让公众知道出了问题谁是第一责任人，只有这样才最大可能地杜绝高考替考现象。

选题八：四川剑阁县发通知摊派下属买土鸡

近日，四川剑阁县某学校的老师张华（化名）告诉《成都商报》记者，最近几天，他们突然接到上级部门的通知，县里有企业的土鸡滞销，要求学校的老师买土鸡，大家一片哗然。张华介绍，按照上级部门的要求，他需要购买20只鸡，每只鸡的价格是60元。他们被要求买的并不是活鸡，而是存放在冻库里面的。“对于这件事情，大家都是怨声载道，并不愿意购买。”张华介绍，因为是县里面下达的任务，所以大家不得不购买。

点评：

企业有难关，政府扶一把，应是分内之事，但若把政府帮扶等同于公职人员倾囊相助，怕是理解出了偏差。硬性摊派指标，往小处说是不闻职工心声，罔顾职工利益，往大了说是企业缺乏应对，当地政府无能为力，以不变应万变，风险应对、预案防控不过是一纸空文，效果更没有直接索捐来得实在、直接。根据《中华人民共和国公务员法》相关规定，任何机关不得扣减或者拖欠公务员的工资，剑阁当地以直接扣除工资的方式摊派土鸡，侵犯了机关和事业单位职工的合法权益，属于典型的公权侵害私权。

选题九：学校超市不再收冰冻费

某学校网站新闻频道近日发布一则消息，讲学校后勤集团商贸总公司下属的学生服务中心今后将不再收取两毛钱的冰冻费。看起来这真是有利于师生的一件事，因为消息中称“这是从昨晚座谈会上传来的好消息”、“同学们对此报以热烈的掌声”。

点评：

这是发生在大学校园的一件事：学生服务中心今后将不再收取两毛钱的冰冻费了。对于学生们来说，当然是件好事情。但是，这类问题所涉及的意义有限，很难写出有深度有新意的评论。而且，这样的文章很难在社会上的公开报刊上发表，因为社会上的读者对大学这一类的事件不了解，自然也引不起他们的关注。同学们关心和评论身边发生的事情，这是很好的。但是，我们需要培养的是从细节中发掘有价值的可供社会大众关注和思考的事件，而不是一般的生活琐事。自然，这样的事情，如果要写评论，鼓励一下，希望学校的后勤工作做得更好，也可以在校内网站和报刊上发表。

选题十：黑龙江庆安县火车站事件

2015年5月2日，黑龙江庆安县火车站候车大厅发生枪击事件，一名叫徐纯合的男子，被执勤民警开枪击倒死亡，引发民警用枪是否合理等争议。直到5月14日，权威报道指出：根据视频监控，徐纯合故意封堵火车站通道，阻止乘客进站；民警警告无果，徐对民警辱骂并用拳打，抢夺防暴棍并拳击民警；民警取出佩枪对其口头警告，徐继续用防暴棍抡打，民警开枪。调查认为，民警李乐斌开枪是正当履行职务行为，符合人民警察使用警械和武器条例及公安部相关规定。

点评：

这本是一次正当履行职务行为，却演变成一波三折的舆论事件，如果当地政府在应对舆论时能够处理得当，或许就能避免无谓的“次生灾害”。诚然，调查的过程需要分析所有的视频资料，需要走访已经四散天涯的车站旅客，需要进行非常专业的司法判断，这些都需要一个过程。但这不是一开始遮遮掩掩的借口。此事告诉我们，政府部门应对突发事件，应该有新觉醒、新思路，做任何事都要在全网络的假想下来判断，用符合明规则的思维去思考，在第一时间及时公布权威信息。希望我们的政府、社会和民众，都能更加理智、成熟。

二、立意习作点评

下面介绍两组因相同新闻报道而写出的不同评论。

评论背景：湖北省公安厅昨日公布，京山县公安局通过竞争考试，原有的150名股级干部被淘汰了91人，充实到基层民警队伍中。

据了解，京山县公安局原有干警521人，其中股级干部150人，副科级以上干部110人，官兵比例竟达到1∶1的状况，有的单位四五个干部领导一个兵，甚至一个单位“全警皆官”。官多兵少导致警察队伍中说话的人多，做事的人少，工作效率低下，攀比成风，违法乱纪现象时有发生。

为此，京山县公安局对原有的150个股级干部进行评审，经过26天竞争考试和严格审核，59名优胜者继续留任，其余91人则被免除原有股级干部职务，充实到民警队伍中。①

立意一：“减员”不该单拿股级干部开刀

据报载，京山县公安局为改变官兵1∶1的不合理比例，改变“做事人少，指挥者多”，工作效率低下等不良现象，从股级干部中考试竞争淘汰91人，副科级以上干部110人并未列入考核减免之列。

如此减免方式倒让笔者愕然。不单问官兵比例1∶1是如何形成的，反看公安局在裁减干部时做法就知不公平决然存在。既然是机构臃肿，确切而言是干部所占比重过大，那么，减少干部比重就不能单拿股级干部开刀！副科级以上干部110人比之于裁减所剩59名股级干部，仍有头重脚轻之感。从局部来看，虽行了裁减之举，但多位副科级以上干部领导少数股级干部这一现象依旧未走出先前困境。整合完善领导层机构设置，使其更合理化就应根据各级干部实际应占比重进行裁剪罢免，破除职位高低的差异，按客观有效的规律办事才是题中应有之意，否则不公正的“减员”一方面会引来怨

---

① 《京山公安局官兵比例1∶1　淘汰六成股级干部》，载《武汉晨报》，2004年8月24日。

声载道，另一方面“减员”达不到实际有利效果，减了等于白减。

点评：

这篇评论注意到了报道中的一个细节，即在公安局的干部减员中，只动了股级干部，而更高层次的副科级以上干部却没有动。副科级以上干部有110人之多，不动他们，干部队伍仍有头重脚轻之感。而且，这么多的副科级以上干部来领导59位股级干部也是一件麻烦事。不恰当的“减员”一方面会引来怨声载道，另一方面“减员”达不到实际有利效果，减了等于白减。所以，作者提出，整合完善领导层机构设置，按客观有效的规律办事才是题中应有之义。在评论的立意中，有时候从中发现别人不曾发现的问题，进行论述就是一个好角度，论述得好，也就成了一篇好评论。这种思维方式是需要在平时训练的。

立意二：该“淘汰”的应该是我们的选官制度

据报载，湖北省京山县公安局通过竞争考试将原有的150名股级干部淘汰了91人充实到基层民警队伍。

京山县此次淘汰干部是对公安系统长期以来存在“官多兵少”、“说话的人多办事的人少”痼疾的一个整治，但我们不禁会问，这些“冗官”当初是怎么产生的，是门槛太低，还是存在腐败问题？如果官僚体系内存在着不合理的干部选拔制度，那么诸如此类的“裁官风暴”恐怕年年都得刮上一次。要想让行政机构真正透明有效运行，首先应淘汰的应该是目前各地方存在的不合理的官员选拔制度。

完善干部选拔制度不仅能从源头上解决行政机关内部工作效率低下、攀比成风的难题，同时也能防止为晋升干部而带来的权钱交易、权色交易等一系列的腐败问题，是纯洁干部队伍的一项很重要的措施。

所以说，不合理的官员选拔制度犹如一个巨大的官员复制工厂，是一切问题之源，也是解决一切问题首选的突破口。

点评：

这篇评论没有对机构改革中的具体情况进行分析，而是直指目前存在的制度弊端。这样立意可以使文章着眼宏观，站得高，说得深刻。但是，也要防止另一种倾向，不管下面出了什么问题，都是制度造成的，都要将上面的制度狠狠地批一通，这样也不妥当。在现实生活中，如果遇到的实例情节很生动，则可从细节入手进行分析评论，最后论述到制度层面予以总结；如果情况一般化，则可直接从制度层面论述，但一定要借用新的理论和知识，这样才能给受众以新奇的感觉，从而增强说服力。

立意三：我想知道那是场怎样的考试

京山县将91名股级干部“下放”至基层是一件好事。但我在报道中只读到了“通过26天竞争考试和严格选拔”，没有发现关于考核细节的只言片语，想必该局领导对考核的选拔功能胸有成竹，但我不免替那些被淘汰者担心，这种考核科学吗？适合公安队伍的优胜劣汰吗？如果评审只是为了尽可能地淘汰只说话不做事的官员，那就可能导致淘汰扩大化，把一些本可继续当官的人贬到了基层，侥幸留任的官却自鸣得意。这些表现都不利于队伍建设的可持续发展。

点评：

这又是一个评论角度，它关注的是裁减股级干部的“考试”问题。报道中只说了一句“通过26天竞争考试和严格选拔”，那么这26天的考试选拔有哪些内容呢？这又是机构改革的一个关键。如果过程不科学，不仅不能把差者弱者淘汰，有可能还是某些官僚者打击报复下属的一个好机会。公开过程，完善干部考核、选拔、淘汰机制，也是机构改革中的一件大事。我们的评论，不仅要关注结果，也要关注过程，过程的不科学、不完善，结果必定是不好的；要想有一个好结果，必须从过程的科学化、程序化做起。举一反三，在其他的类似问题上，也该如此。

立意四：淘汰股级干部标准何在

在淘汰91名股级干部后，京山县公安局的官兵比例由1∶1降为1∶2，淘汰近六成股级干部对县公安局来说应该是一个“大动作”，而淘汰的标准是否合理，先把是否公正值得思考。

一句“经过26天的竞争考试和严格选拔”，把此举中最受关注的环节一笔带过。考试题目由谁拟定？内容涉及哪些方面？主考官由谁担任？结果是如何统计出来的？这些都是我们所关注的问题。降低官兵比例本为公安局的理所应当之举，官比兵多只能说明单位的风气不正，工作效率令人怀疑，倘若想扳回颜面，仅仅宣布部分干部被淘汰是远远不够的。公开选拔标准，每一环节的结果经过公示评议，避免主考官和参与者之间的裙带关系……让淘汰的过程透明化，这才是公安局需要花大力气去做的工作，才能让被淘汰的人心服口服地从事基层民警工作，才能让民众信服。仅用人数比例上的变化来糊弄群众的眼睛，无疑是“亡羊补牢，为时已晚”。

点评：

前一篇评论说的是淘汰过程，而这一篇关注的是过程中干部考核选拔的标准，使问题又进了一步。26天是一个过程，在这个过程中公安局的领导要做许多事情，但作者注意到干部选拔的标准这一重要环节。因为，如果标准不对头，不科学，那么，虽然经过26天的过程，也会出现任用错误和淘汰错误的问题。官员的数量虽然少了，但由于选拔的标准不对，也会产生负面作用，这也是我们改革中需要注意的。

立意五：希望京山县公安局改革渐进向前

京山县公安局通过严格考试，原有的150名股级干部淘汰了91人，充实到基层民警队伍中，笔者认为，这种解决冗官冗员的好方法应该不断推进、推广，渐进向前。

京山县原有的521名干警中，股级以上干部260人，比例为1∶1，91名股级干部到基层后，干部数量为169人，民警数量为352人，官兵比例仍高达1∶2。而且，此次被淘汰的只有股级干部，110名副科级以上干部没有变，警察队伍中仍是说话的人多，办事的人少。

当然，所有改革都不是一蹴而就的，我们能够想象京山公安局在淘汰91名股级干部中遇到的阻力，我们也相信他们改革的勇气和决心，希望这样的改革能不断深化，以更好地优化干部和警察的比例，优化干部内部不同级别干部的比例，更好地为民众服务。也希望京山的经验能为其他地方所用，推广开来，惠及更多的民众。

点评：

这篇评论的立意是不错的。我们的改革不能是一蹴而就的短期行为，而是一个关系到单位、地区以致国家的长远大事，不积极不行，草率从事大起大落也不行。作者对这次机构改革的具体情况进行了分析，发现尽管淘汰了91人，还有干部169人，110名副科级以上干部没有变，民警352人，官兵比例仍高达1∶2。要将这一现状做根本改革还需要做长期的循序渐进的努力。新闻评论作为一种意见的表达，其目的就是要有利于或促进社会的发展，写作者要有这样的立场；改革的路是崎岖的路、曲折的路，并不都是一马平川，评论者要有这样的行动和思想准备。在此基础上，我们的评论就会是一种积极、乐观、审慎、稳健的意见表达。这是初学者时时需要提醒自己的。

立意六：机构改革应该成为一种常态

据报道，京山县公安局为解决官兵比例过高的问题，组织了长达 26 天的竞争考试和严格审核，150 个股级干部仅有 59 人留任，淘汰率近 69%。

这次淘汰考试是一项有效解决人浮于事的举措，但是要注意到，在这个仅有干警 521 人的公安局中尚有副科级以上干部 110 人。他们有没有经过考核，为什么得以留任，是否存在工作效率低下的问题，有没有竞争选拔和审核的机制，这些都没有在新闻中得到反映。

竞争选拔应该是一个公正、公开、透明的过程，公务员的招录、去留机制应该得到全方位的立体完善，“退出”机制的建立有助于提高工作效率，这是不争的事实。

考核、审查制度应该全面地铺向整个干部群体，并成为一种常态，以固定的制度形式得以确定，才能长期有效地达到“减员增效”的效果，而不是一阵“清减”风吹过，“人浮于事”的现象又重生。工作效率才能切实地提高起来。

点评：

这也是一篇谈机构改革的文章。但是，它与上一篇不同，上一篇讲的是改革的进程要循序渐进，而这一篇是讲这种改革的做法要成为常态，要经常进行。只有改革成为一种常态，以固定的制度形式得以确定，才能长期有效地达到“减员增效”的效果，而不是一阵“清减”风吹过，“人浮于事”的现象又重生。只有改革成为常态，才能保证这次改革有效，巩固改革成果，也才能将本次未尽事宜进行到底。

上面的这些评论都是由京山县公安局淘汰 91 名股级干部引起，但论述的角度却各有不同。有的角度一般，但论述深刻，是好评论；有的评论选择新角度，能引起人们的关注；有的评论选择了新的知识，自然会引发人们的兴趣；还有的评论从产生的原因和发展的趋势来讨论，当然也是好角度。立意不仅有视野的不同，也有层次的不同，在写作时注意把握这两个方面，或将两者有效地结合，就可能产生好评论来。

评论背景：2015 年 5 月 11 日，武汉理工大学一副教授设置了学生从教授身上跨过环节，希望学生们敢做“向奥巴马扔鸡蛋”的人，敢于用真理否定权威，当晚该消息在微博传开。5 月 12 日，《武汉晚报》以“教授趴地求胯下之辱”为题对该事进行报道引发舆论热议。

立意一："胯下之辱"有助于打破传统师道尊严

近年来，一些教育工作者在教学方面的尝试，都注重强化师生互动。师生能否有益互动，必须突破看不见的身阶障碍，即传统意识中的师道尊严。被传统填鸭式的教育培养出来的学生，之所以缺乏创新思维，原因之一在于对师德权威言听计从，不敢质疑。显而易见，张副教授所做的，正是主动放下师道尊严，从而实现学生思维的"道德"解放。

此举也看不出对师道尊严有何伤害之处，换句话讲，过于强调仪式感，表面上看似维护了师道尊严，但这种依靠表面仪式制造的道德高地，能否真正赢得学生的尊敬值得存疑。倒不是说学生不应该尊敬老师，而是说老师的尊严首先来源于"传道授业解惑"，而非设立带电的"师德围墙"。

点评：

这篇评论从此举动受争议的地方、动机、对传统思维的突破以及当下一些让学生获得道德解放的尝试等几方面来谈，以老师主动放下师道尊严，寻求思维创新作为切入口，娓娓道来。评论主要是站在老师以及学校的角度看问题，看重动机以及为实现目的所作出的努力，在这些方面阐述得有理有据。但是，忽视了老师此举的效果，以及学生对此举的认可度等问题，如果在这些方面加以阐述，找到论据，评论会更让人信服。

立意二："胯下之辱"就能挑战老师权威？

这些老师的努力，显然是非常珍贵的。但是，在分数第一、正确答案得高分的治理结构内，这种努力因为非常珍贵而显得十分弱小，在很多情况下甚至培养了学生的双重人格：他们又要听话，又要创新。他们看不起这个结构，但又不得不去适应这个结构，而在这个结构之外又要去创造一个让自己的创新能力能够得以成长的小天地。如果这个人不是天生就有创新能力，他的弱小的创新种子，估计早就失去了发芽的能力。这时候，即使偶然遇到名师，给他们育秧的机会，他们要成长为创新人才，又谈何容易呢？

点评：

本文作者是教育界的一位学者，他在武汉理工大学副教授求"胯下之辱"这件事上，用制度分析的方法，肯定了事件中教授努力改变师生关系的动机，更指出，在现行的分数第一、正确答案得高分的治理结构下，这一行为不仅不能取得设想的效果，还可能导致学生的双重性格：学生既要听老师话，又要挑战老师。他指出最重要的还是要去改变现行的治理结构，形成一个多中心的治理结构，从一个大的外部范围改变老师绝对权威的状态。

立意三：教师“胯下之辱”难求学生反抗精神

这位教授的行为让人吃惊和不可思议。否定权威和反抗权贵的精神倘若如此轻易获得，实乃教育一大幸事。我国的学生和国外的学生比较起来，的确存在知识基础牢实而创新能力和质疑精神不足的毛病。学生缺乏创新和质疑精神，真正主要的原因恐怕还在于，升学率是衡量一切的标杆，而教师在各种考评的挟持下，也不得不对学生单纯进行知识灌输，而忽视对学生质疑和创造精神的培养。结果造成我们的学生年级越高，越没有想法。

教育不是培育一些储存知识的容器，也不是培养一些听话的木偶，而是培养有思想、有主见、热爱生活、探索世界的生动活泼的一个个人。而要培育出这样的学生，必先具有这样意识的教师。试想，一个只求胯下之辱的教师，能在精神上成为学生的引领人吗？

点评：

这篇评论不止于单纯地去评论这位教授求“胯下之辱”这件事本身，而是去探究造成学生质疑和反抗精神缺失的主要原因。作者认为，升学率作为衡量标准以及教师考评制度才是造成学生没有自己的想法的真正原因，之后提出解决措施，重要的是社会、学校喝教师在教育观、教学观和学生观上做出改变。评论最后表明作者的态度：不赞成老师这种“胯下之辱”行为。

立意四：学术精神与教师自求“胯下之辱”不搭调

培养学生的学术精神、健全人格，无惧权威和权贵的品质，只能在具体的学习、实践中自然而然实施和实现，不能前后割裂开来。如此，课时计划完成，学生下课，师生教学活动结束，却断然来一个“教师趴下、学生跨过”的怪异行为，真的让人大跌眼镜。起码，这是老师自己否定了自己的教育计划，是对自己学术观点的自我否定、自我反驳。最终只会让学生感到困惑。即便让学生否定权威、反抗权贵，也该平等对话，在论证中求真求实求前进或进步，而不该将老师弄趴下，上演这么一场粗浅的肢体软暴力，从而助长一种危险倾向。

点评：

这篇评论很明显是对教授此行为持批评的态度。文章首先将此行为说成是“行为艺术”虽然表面上是点赞，实际上是一种讽刺的意味。后面围绕学术精神这一主题展开：一是直接提出精神和牺牲人格的关系的质疑；二是对该教授教学方式的质疑；三是由小及大，从这件校园发生的事升级到社会氛围，提出这种求取“胯下之辱”的软暴力是不合时宜的。整篇评论多处用了疑问的方式，评论显得铿锵有力。

由一位大学老师在上课结束时求学生从自己身上跨过事件，引起了各方人士的争论。有对老师本人行为的评论，而这一评论又可以分为传道、授业、解惑等不同论点；有涉及课堂教学与科学研究关系的话题，还可以针对中国高等教育体制的问题来表明自己的观点，等等。总之，这是一个涉及教育的大选题，在决定选择这一话题做评论时，不要面面俱到，谈一点自己体会最深刻，举出最有说服力的论据，就可能是一篇好评论。

三、论证习作点评

论证一：刹不住的吃喝风

暑假实习一个月左右的时间，稿子没发多少，跟着老师反倒是吃了几次。每次出去采访，如果是大一点的活动，总会遇上饭局，其实吃得都不怎么愉快。

第一次是做《×××报》的社区行活动，低保咨询，与民政局联合办公。民政局的工作人员回答群众提出的对低保政策的疑惑，我们坐在旁边记录。开总结会议的时候，民政局的领导还像模像样地叫每个咨询人员把他负责解答的问题过了一遍，回答了记者的提问，然后就去吃饭。吃饭的时候，那人说他们已经把通稿拟好了，我们到时候直接发就行了。我当时听着就想，那我们来这一趟就是光做做样子，吃个饭吗？有点作秀的意思。后来也就整理了一下当天的咨询内容而已，稿子做得不深。

第二次是我个人去的，二七路二七大罢工总指挥部原址。据那里工作人员反映他们已经停水一个多月了，拆迁人员把附近的水管挖破，水白流了几千块钱，自来水公司干脆停水。去了之后，他们打电话给老师叫我们第二天去吃饭，推辞不掉，老师便带着我去了。原来是纪念馆的老职工聚会，我就奇怪了，他们聚会叫我们来做什么呀，完全不相干嘛，老师在回去的路上告诉我，今天他们请我们去好给他们找个由头吃饭，我恍然大悟。

后来，在采访的时候也遇到过很多次请吃饭的现象，大家都觉得这是习以为常的、理所当然的，我以为这样的饭局还是少点好，一来耽误时间，二来影响心情，人家低保户一个月才400元钱，甚至200元钱，你一顿公款消费一桌几百上千。人家纪念馆一个月都没水用，你这边上级单位心安理得的公款消费开聚会。人还是要有点良知嘛，我吃着那些饭局时都有点不安心啊。但老师更多的是无奈，我记得我的老师通常吃一点就离开，到别处等着我们再一起回报社。

官场上这样形形色色的吃喝更是屡见不鲜，也许暗藏更多的心机和利益在里面。但是我们如何能解决这些问题呢？看记者们都无法有力行使舆论监督的权力。

点评：

学生到新闻单位实习，遇到了这样的饭局不是吃完了就算了，而是有自己的想法，认为这种借机大吃大喝的现象不好。这是不错的。但是，这不是一篇评论文章。文章基本上是对自己参加两次吃饭活动的回顾和描述，虽然在文章结尾处也写道，“官场上这样形形色色的吃喝更是屡见不鲜，也许暗藏更多的心机和利益在里面”；但没有深入下去研究这些“饭局”背后存在的问题。对这种现象的存在还流露出一种无可奈何的情绪。

同学们到新闻单位和社会上实习，会亲身碰到或看到许许多多在学校经历不到的怪事。对这些事情，不能只停留在描述和气愤上，更重要的是要对这些现象进行研究，找出它们背后存在的原因和提出可参考的改进意见。这样的文章才是评论，这也正是评论的力量所在。

论证二：由扰民想到的

今年暑假我在一家报社实习。有天晚上，指导我的记者带我参与工商部门捣毁制假酒窝点的一次行动。我们到工商局时，电视台、报纸的记者已经到了不少，扛摄影机的、举着相机的、拿录音笔的……拿着自己的装备早已整装待发。那时了解到，工商局白天接到线报，准备晚上行动。

那个制假窝点在一条老旧的居民小巷中。当我们一群人出现在小巷口时，立刻引起了附近居民的注意，不少人甚至加入了我们的队伍。没料到的是，小巷没有路灯，虽然接到的线报告知了门牌，但在黑灯瞎火的弯曲巷子中，一群人一下子迷失了方向，来回走了不少冤枉路。当摄影记者打开摄影机上的照明灯一家家门牌找过去，找到时，已经过了半小时。只见那家黑灯瞎火一片，敲门也没人应。看到隔壁有微弱的灯光，又敲了半天门，出来了一位七十多岁的老年妇女。想起线报中说制假者有一对老年夫妇，工商局的干部第一反应是刚才敲错门了，带领一群人冲进了这户人家。结果除了个卧床的老年人和一些破陋的家具其他一无所有，再次陷入僵局后，工商局的干部索性带领一群人穿过这家又绕到了第一家的后门。总算看到有灯光，并在敲门进去后发现了那个制假窝点。

结局算是皆大欢喜了，工商局完成了工作，而媒体在第一时间采到了新闻。然而我始终忘不了的是，那一对老夫妇在一群人没什么解释就冲进并穿过他们家时惊恐的表情。他们本来与世无争地、默默地生活着，为何平白无故地要受到这种惊吓？在一群人不由分说冲进他们家时，也许他们以为来了群强盗。在“端”［**掉**］制假窝点的行动之后，也没有任何人想到要向他们道个（扰）［**歉**］，或者至少解释一下。难道他们就应该白白受此惊吓？

现在新闻行业竞争激烈，抢时间可以理解，可是，为了抢时间就可以如此扰民吗？况且在完成任务后，连解释一下的时间也没有吗？新闻本来是为了大众服务，传递大众的心声，现在如此扰民，是否与其宗旨矛盾呢？

此外，工商局的工作安排也是不成功的，事先没有摸清基本情况就贸然行动，甚至连窝点位置这样重要的信息也没弄清楚。幸亏最后是找到了。如果因为这样的失误而让制假者跑掉了，完全不排除这种可能。一旦发生了这样的情况，这个责任由谁来负？

点评：

这篇文章的题目是“由扰民想到的”，文章由自己参与一次工商部门捣毁制假酒窝点的行动想到执法者的责任问题。但是，文章的篇幅过多地描述了当时打假的行动过程，只是在文章的结尾处表达了自己的不满意。由扰民“想到的”内容太少了，这是不够的。

此类文章的毛病在于将新闻评论和新闻报道混为一谈。新闻评论需要介绍新闻事实，但是，这种介绍只是将其作为评论的由头而不是全部或大量地描述事情经过。写这类评论，可将事情的经过简要地介绍一下即可，接下来便要着重分析其中一点或两点意见了。如本篇评论就可以紧紧围绕打假与扰民的关系深入下去：打假是为了保护人民的利益，由此而扰民却是损害了人民的利益，两者是相悖的。这个观点说透了，就是一篇好评论。

论证三：谁该为堵塞交通的后果“埋单”

11月1日，武汉警方对不听劝阻，堵塞长江大桥交通的陆汉成给予刑事拘留处罚，对王见贻予以行政拘留7天，对其他参与者予以训诫。

陆汉成等人的行为严重影响了大桥的正常交通秩序，这固然极不理智，但我想问的是：为什么他们会因拆迁问题而这样做？谁该为这样的后果“埋单”？

如果有关部门及时解决拆迁问题，会有这样的事发生吗？“群众利益无小事”，政府对民意负责，关心群众利益是政府的重要职责，而在这个过程中，可以聚集起强大的信任资源，它虽无形，但却能整合并调动强大的社会力量，使社会和谐稳定地发展。而相反，不关心群众利益只会造成民众对政府的不信任，他们的利益受不到保护，不理智的做法便会滋生，大桥交通堵塞为不关心群众利益做法的后果找到了最好的阐述。

不将群众记在心里，就会有更多的陆汉成、王见贻冒出来！

点评：

这篇评论的观点是错误的。城市交通顺畅是社会稳定发展的重要保证，不能因为某些人的利益没有解决或不能满足就去堵塞交通，特别是关系到武汉这座特大城市交通的长江大桥，这是法律不允许的，也是与广大人民利益相悖的。

我们的社会还存在许多问题，其中就包括发展中的问题，也包括由于官僚主义、形式主义和贪污腐败造成的问题。写评论，当然要站在人民的立场上，为人民鼓而呼，对一切有损人民利益的反动或消极人物、事件进行抨击。这是新闻评论者的社会良知和职责，不容置疑。问题是，社会中发生的事情是十分复杂的，人们的利益需求也不都是正确的合法的。有些事情是需要深入了解后才能下结论，才能作判断，而解决问题可能又需要一个较长的时间。不能一有人闹事，就是领导的错，一有人误诊，就是医生的错，一有人被罚，就是警察的错，一有学生退学，就是老师的错。虽然，事情发生后，作为领导、医生、警察和老师需要认真总结，检查和改进自己的工作，但是，不能一出问题，将板子就打在这些人的身上。这是一种不正确的思想方法和思维方法，是需要引起初学者特别注意的。

论证四：浅论现代大学教育

“×××，圆你一个大学梦”经常我们会看到类似于此的广告语，何谓大学，曾经一位老师说过，有大师的地方才能称得上真正的大学，大师，蔡元培先生算是其中的佼佼者。

不知何时，大学如雨后春笋般在中华大地上崛起，各式各样，令人眼花缭乱，感触最深的莫过于那些望女成凤、望子成龙的考生家长［**家长们有什么感触呢，作者并没有交代**］，如果说有大师的地方才是真正的大学，那么是否可以套用一句没有大师的“大学”充其量只是高考后迈进的另一所学校，如同初中升高中一样。中国教育界当然不乏大师级的教者，可惜的是并不是每个学子都可以领略到他们的风采。大学生逃课是一种很普遍的现象，社会大多数人把矛头指向学生，认为他们沉迷于电脑、恋爱或其他，的确，学生自己应负主要责任；但有些教师恐怕也是难辞其咎的，上课呆板，不生动，照本宣科，完全没有自己的意见或主张，这样的讲授是不可能吸引学生的，因为在他们看来，这种课上不上无所谓，反正老师讲的课本上都有，加上老师一般不会为难学生，只要临考前磨磨枪，不快也光。

长辈们经常会说，过去的大学生一看就一副饱读诗书的模样，不过那时的大学生少。现在，大学生倒是一抓一大把，可多半是吊儿郎当的模样，懂的顶多是自己学的东西；不禁想起蔡元培先生时的北京大学，各式各样的大师“各霸一方”宣扬自己的思想，不受拘束，门下弟子多也是慕名而来，他们很幸运，在同一校园可以接受不同的思想。不能说是中国的教者现在已没有了那种气魄，也不能说是中国的学生现在已没有了那种激情，是中国的教育本身走上了封闭，有待于进一步开放。我相信，中国教育，尤其是大学教育必然会有一场巨大的变革。

点评：

一般来说，“浅论”、“再论”不是一篇新闻评论文章所能论述清楚的。这类课题是理论文章或学术论文所要研究和解决的选题，而不是新闻评论的任务。而且，这篇评论既没有新闻事实，也没有新闻现象，文章所要议论的问题是什么时候都可以进行的。关于中国的大学教育问题，涉及中国的政治、经济和文化传统等多方面的问题，而且做深入研究还要有教育学、管理学等方面的知识，作为一名大学生很难有这样的社会阅历和知识体系。所以，新闻评论不提倡选择这样的选题作评论。再看看这篇文章，讲的是大学里老师教学和学生学习的关系问题，上课与听课的问题，即便如此，文章也没有论述清楚。要议论这类问题，一般要有一个倾向性的意见，同时也要关注另一方面的问题，不至于偏颇。

论证五：党报，你怎样走入寻常百姓家？

实习的时候正遇上《××日报》（筹措）[**策划**] 走入寻常百姓家——进入报亭零售（的活动）。

以往的日报，今天你说会议，明天他谈致富，这本是件好事，大家可以交流交流对会议精神的领悟，学习学习经验。然而，它只是大篇幅刊登了会议内容、领导讲话，没有任何分析和说明；致富也只是富人事例、个人介绍、企业财务数目变化，大幅描写细之又细，一个事迹几个版面，没有多少实质性和建设性的内容，明显是一翻了版的黑板报。

在社会主义市场经济发展的今天，这样的报纸能够生存和发展吗？我们怎样才能让他走入寻常百姓家？

首先要做的是改变办报思想，再是改革内容。党报它不是上级传给下级的文件，它也只是普通的媒体，切忌有“我是领导，所以要高高在上”的感觉，切忌唱高调［**应一改空洞乏味**］。

市民看报，关注的是［**与自身利益**］相关的信息，如果没有就肯定不会看［**此话过于绝对。读者也喜欢看一些与自己虽然关系不大但却是有趣的新闻**］。所以我们的党报要争取贴近市民生活，向晚报［**学习，借鉴他们一些好的办报方法**］。这也就是为什么短短几年，子报《××晚报》影响远远大于日报的原因了。

点评：

《党报，你怎样走入寻常百姓家?》这是一个很好的题目，但同时也是一个很大的题目。自从晚报、都市报迅速发展以来，党报的现状与发展就成为人们关注的一个话题。这个话题涉及的内容很多，也很复杂，它既包括党报系列的管理体制问题，也包括党报内部的人事制度、报道方式、发行及经营等问题。这不是一篇短短的评论所能阐述清楚的。自然，要做这方面的评论也不是不行。需要寻找一个很小的切口，来谈党报如何才能走进寻常百姓家的问题。而本篇文章涉及党报改革问题，论述过于空泛，过于简单，不能给人们什么启迪。作者反对报纸讲空话唱高调，而他自己却犯了这个毛病。

在评论写作中，常有人犯这样的毛病：选题很重要，但里面却没有什么内容。为什么会产生这样的问题呢？一般来说，作者对这类问题有一定的感触或认识，但是，感触还不深刻，认识还不具体，根本原因还没把握。这一方面是理解力的问题，另一方面更重要的可能是与作者的职业经历有关。就像本篇文章的作者一样，他只是一个在读的大学生，或许到媒体实习过，或许听过别人对党报的议论，但自己没有切身的感受。一般来说，不要选择这些自己还不太熟悉的话题；如确实要写，也只宜选择其中某一个自己相对比较熟悉一点的问题来做文章，力求做深做透。

论证六：自我完善学说

我认为人应该以自我为中心，以自我完善为最终目标，无论做什么事，尽自己所能，满足自己。

其实在较多的时候，我们在为自己争取的同时就是做了自己最大的能力，为别人贡献，一个人只要无时无刻不忘完善自己，就会真正做到把别人的事当自己的事，才会用心去做一件事。当一个人自我完善到一定程度的时候，在他眼里，做好自己的工作最是应该的，帮助别人是应该的，尽量使别人幸福，自己就会幸福，这些看似只为自己的举动实际上就是无形中养成人生最伟大价值的实现习惯。

一个老是喊着为别人服务，舍己原则的国家，我们看到，由于人生来的自私性与人不可避免的利己性，使这个民族的人民反而对帮助别人奉献自己显得漠不关心甚至产生抵触。

我们何不反过来试想，提倡全民族的自我意识以"自我"开头，对社会贡献我会快乐，所以我贡献帮助别人我会快乐。

整天叫喊着为人民服务，为祖国的贡献为全人类的事业而奋斗，为什么呢？每个人都明白，都知道、都清楚，为了自己的最终利益、为了自己的某种心态，如果说为人民服务你不会觉得满足而只有痛苦，还会去做吗？如果说为祖国做贡献后，祖国富强了，你都一无所有，有用吗？你还会继续为祖国贡献吗？全人类的伟大事业最终还是包括人在内的一切人都实现了自己的目的。

点评：

这是一篇论及人生观和人的价值的文章。其中有些文字单独来看是对的，如人应该加强"自我完善"，"无论做什么事，尽自己所能"，"真正做到把别人的事当自己的事"等。但是，从整篇文章来看，其中心观点却是错误的。本篇文章从"自我为中心"出发，来论及与周围相关的一切：自我完善是为了"满足自己"；"帮助别人是应该的，尽量使别人幸福"，是为使自己幸福；我之所以要帮助别人，是因为"我会快乐"；"全人类的伟大事业"，最终还是为了实现自己的目的，等等。

世界上人是最为宝贵的，我们所做的一切都是为了人的生存和发展。在人类社会的发展进程中，要十分关注作为个体"我"的存在，因为人群都是由无数个个体的"我"组成的，没有了"我"，世界上的一切对"我"来说都是无意义的。很长一个时期特别是"文化大革命"时期，我们的国家是不重视尊重和保护个人权利和利益的。近二十年来，个人的权利开始得到了重视，全国人大第十届二次会议，审议了中华人民共和国宪法修正案，特别将"国家尊重和保障人权"写入了宪法，这也是新一届中央领导集体"以人为本"执政理念的重要体现。但是，这所有的一切，并不是提倡我们所做的全部都仅仅是为了"我"，我们在社会上一切活动的起点和终点都只是为了“我”——极端的个人主义是我们的社会不提倡也是有害于我们的社会的。在集体中发展自己，在与人与自然与社会的和谐互动中追求人的自我完善，这才是作为人的真谛。

新闻评论一定要注意观点的正确。这种正确的观点传播有利于人们的思考，给人以积极向上的促进，有利于社会的发展。对自己还未明了的事理不宜做文章，“以其昏昏”是不可能“使人昭昭”的；对于已经被证明是错误的东西，不能为了哗众取宠和标新立异仍然坚持写作，那样，于己于人都是没有好处的。

论证七：当国旗升起的时候

父辈们称我们是生在新社会、长在国旗下的幸福一代。相信每一个接受九年义务教育的人都不会忘记在升国旗时那庄严、肃穆的气氛，或行队礼或行注目礼，这已成为我们进行爱国主义教育重要的方式之一。

每天6:40，我们学校国旗班护旗队迈着刚健的步伐威武地走向旗台。当雄壮的国歌奏响时，踢足球的同学停止了射门，跑步的停下脚步，树林中晨读的小道上，站直了腰板，骑自行车经过的赶忙下车面向国旗……所有人的目光都凝聚在冉冉升起的国旗上。没有人要求，没有人监督，在一面五星红旗下人们的动作整齐一律。

理解了两军交战，人在旗在、人亡旗也要在的精神，谁又能统计出一面红旗曾鼓舞了多少人前仆后继，流血牺牲而在所不惜。国旗是一个国家的灵魂，是国家的标志。赵薇穿着军旗装事件曾炒得沸沸扬扬，使这位迅速走红的明星，身价暴跌。稍有点常识的人也知道服装上的图案，只为一些钱就出卖了自己的人格和国格，因小失大，在全国人民面前如何抬头?

点评：

这是一篇歌颂国旗的小散文，但不是新闻评论。

第一，它没有新闻由头，也就是说作者写这篇文章没有什么具体的新闻事件——升国旗，好多单位都有，该文记录的这一次升国旗也没有什么特殊的地方。作为新闻评论的由头，一般来说可有媒体上的报道，或自己听到看到或从其他渠道知道的新鲜事物，有时候新近发现的新问题也可以作为评论的起因。没有由头，也就没有评论的对象，这样的文章自然也就算不得新闻评论了。

第二，在此次升旗中也没有发生什么新的问题——评论没有释疑解惑的作用。评论虽然也举例说了演员赵薇之例，但也只是点到为止，并没有说明什么道理。评论是要表明自己的观点或意见的，没有明确的观点和意见就不能算是评论。关于国旗的评论或升国旗的评论是可以做的，但一定要举出人们在对待国旗的态度或做法上有什么问题或有什么新的变化，有的放矢才能取得评论的效果。

第三，关于演员赵薇一事，它是青年人的一时疏忽，尽管也有平时的学习修养问题，但她毕竟已经向媒体作了检讨。文章中说她“只为一些钱就出卖了自己的人格和国格”，也未免太重了。在评论中，不能为了说明自己意见的重要就不分青红皂白给人“扣大帽子”，上纲上线。这种思想是不对的，这样的文风也是不好的。

论证八：楼长该扣我们的钥匙吗？

我们学校的学生宿舍，每间寝室的钥匙都被楼长扣了一把，说是为了方便他们管理工作，比如抄水表，或是修柜子或水龙头什么的，但是他们没有想过，他们的这种做法会给我们带来什么忧虑。

同学们都去上课了，或是某些寝室没有人在，楼长要抄水表，我们又不知道他们何时来抄，于是，他们就用钥匙打开寝室门去例行公事。首先，他们擅自用钥匙打开我们的寝室门，从某种程度上侵犯了我们的居住权，即使是学校赋予他们的这个权利，那学校本身有没有这个权利呢？我们是交了食宿费的，我们享有该享有的一切权利。其次，楼长在寝室没有同学监督的情况下，他们抄的水表情况是否属实，我们无从知晓，楼长进了我们的寝室，抄了水表后，是不是马上离开，我们有自己的隐私权，有谁能保证楼长在寝室里什么都没有干吗？

这次我们搬了寝室，换了新锁，楼长找我们要了把钥匙，我们都不愿意，但别人都交了，我们又不好不交。他们说是为了我们的安全，难道把钥匙给他们，我们就能真正安全吗？仔细想来，也并非如此，楼长是学校雇的，他们的品质、道德、修养学校能够保证他们完全没有问题吗？即使没有问题，他们又能够随随便便出入我们的寝室吗？

其实，楼长要抄水表，或修东西什么的用得着独自进我们的寝室吗，他们可以规定一下每个月什么时候抄水表，在接近十一点的时候，哪个寝室会没有人呢？也可以规定修柜子、水龙头等的具体时间段，让同学们自己做好时间安排。

还有，楼长有没有进过我们的寝室，我们也不知道，要是寝室里的同学有谁丢了东西，让寝室的同学你猜我，我猜你，这对同学间的关系带来了一定的问题，假如丢东西的同学怀疑是哪一位，那位同学会受到重大的心灵创伤，这对同学无论是身心健康，还是发展前途都是不可忽略的绊脚石。

每个公民的权利都是不容侵犯的，我们也不例外。

点评：

这篇文章是就寝室的钥匙该不该交给管理员的问题展开的。作者从人的权利和同学之间的关系等方面来阐述自己的意见，有一定的道理。但是，评论是就某一具体事件而引发对这一类事件的看法和评价，而不能仅仅就此事论此事，那不是真正意义上的评论，给人的感觉只像是一封给校方的意见书。

需要指出的是，这篇文章在以我为代表的“我们”和以管理员为代表的“他们”之间展开，“我们”一词用了20次，“他们”一词用了13次，大量口语化的表述不是新闻评论的论述方式。这篇文章给人的感觉就是平时的谈话实录。在评论文章的写作中，要注意书面语言的运用，不能将我们平时的谈话原封不动地照搬上去。就是我们平时的讲话，这么多的“我们”和“他们”，听起来也够呛。学习评论，不仅要注意评论的写作上，而且在生活中也要注意培养和训练自己的表达方式。

四、标题习作点评

标题一：奸商奶粉，堵在中国妈妈心头的“结石”

中华民族自古就有尊老爱幼的传统，中国父母对儿女的关爱甚至让世人惊叹，最近，三鹿奶粉事件，无疑像一把尖刀刺伤了中国妈妈的心，而奸商的行径，也达到了令人发指的地步。

婴幼儿奶粉喂养的是中国的下一代，那些商人竟然为了利润到了这种丧尽天良的境地。这是市场经济的错误么？可是在金钱至上的西方国家也未见商人对孩子下毒手啊？难道要怪罪世风日下，人心不古？市场经济就应该排斥道德和诚信吗？当对金钱的追逐遭遇到良心的拷问时，为什么众多的商家无一例外地站到了人民的对立面？

于是，宏观控制有一次显示出了必要性，只是一味地追逐利润，不以国家政策加以调控，造就了今天千家万户揪心不堪的局面。什么时候奸商的奶粉真正达标，中国妈妈的心病才能慢慢散去。

点评：

这是一个好标题。三鹿奶粉事件是发生在2008—2009年涉及我国甘肃、陕西、宁夏、湖南、湖北、山东、安徽、江西、江苏等地婴幼儿患“肾结石”病症的恶性事件。原因就在于三鹿牌婴幼儿配方奶粉受到三聚氰胺污染，可导致人体泌尿系统产生结石。三鹿奶粉事件反映的问题当然有许许多多，本篇评论针对奸商的行径，指出这种奸商奶粉是堵在孩子母亲心中的“结石”，一个十分形象的比喻，说明了问题的严重性和危害性。三鹿奶粉的直接危害是引起婴幼儿肾结石，影响孩子的成长，而这一危害对母亲们来说，就是心头的“石头”！这个“石头”是从婴幼儿的“肾结石”借用过来的，恰到好处。

标题二：宽容，是一种大学之道，大国之道

3月底的武汉大学，是一片樱花的海洋，同时也是一片赏花人的海洋。今年的武大却因为一对穿和服的母女在樱花树前合影留念引来众人的围攻和指责，变得那么不和谐。

这对穿和服的母女的新闻报道一经发表，就引来了网友的广泛讨论，声讨声有之，声援者亦有之，沸沸扬扬，一时间炒得满城风雨，把原本两件衣服的小事提升到了中日两国民族仇恨的高度，而这些指责者，实在是有些不宽容了。

……

点评：

三月的武汉大学，因有人在樱花下穿和服照相引发了一场该不该穿和服照相和中日两国间的人民该如何相处的讨论。作者选取的角度是从大学之道而论，又从我国成功举办奥运会谈到大国之道。因为围观和指责母女的多是大学生和当地市民，他们正好是被评论的对象。而这个标题，从大学谈到大国宽容，正好符合这件事情的实质所在。评论标题不是不能涉及大学和国家，而是所举事件具有这样的性质，樱花事件恰恰符合这一要求。

标题三：即时通信市场，谁主沉浮？——谈QQ和MSN的竞争

在当今信息时代的中国，恐怕网民中无不认识一只叫QQ的小企鹅的，而附属于微软操作系统的MSN则和QQ势不两立，两者成为中国网络的两大主流即时通信软件。

最近，腾讯公司发布了QQ2005正式版，而微软也紧跟着发布了MSN8.06beta版，与之抗衡，两者都较之旧版本有所改进，尽显各自本领。

……

点评：

评论说的是当今通信市场上，两家软件公司的竞争。但是，这个标题却不是评论标题，倒是像一个通讯标题，即更多的是描述这场竞争状况，而没有作者自己对这场竞争的观点：或者是相煎何太急，或者是如此竞争为哪般，或者是唯有竞争才能取胜，或者是竞争要按规矩办事，等等。总之一句话，评论文章要表达自己的意见，要明确反映自己的观点，在标题上就应有所反映。

标题四：广场上的那些“狼”

去年寒假实习碰到这样一件事情：一对返乡的民工夫妇被执法人员追打，所有人仅仅是围观，直到我的实习老师制止，这对夫妇才免遭毒打。事情的起因是这样的，这对夫妇刚下火车，在广场上吐了一口痰，结果被这几个青年逮住了，夫妇认罚，但要求树警示牌，几个青年嫌他们啰唆，便大打出手，出现那一幕追打的场面。据调查，这几个青年是珠晖区市容监察大队聘请的几位协管员，说是协管员其实就是大队聘请的几个无业青年。他们闲得无聊，戴上市容监察大队的袖章，俨然一副执法人员的模样在广场上盯着那些回乡的农民工。

……

点评：

在生活中碰到这样的事，确实很气愤，也是评论的好选题。我们的评论应该从城市的管理体制，监管人员的职责，监管人员的素质和市民的道德修养多方面论述，标题自然也可以从上述方面产生。对于执法中的违法或野蛮行为，我们应该批评，应该指责。但是，不宜用如猫啊、狗啊、豺狼虎豹一类的动物去比喻他们，尽管在使用时打了引号，但是一提到“狼”，还是会让人们想起那个凶猛吓人的动物。将人与动物相比总是不太文明，这是我们做评论标题时需要注意的。

标题五：对我国报业集团的小认识

现代社会实施的是市场经济，我认为市场竞争的结果必然出现兼并，出现集团。现在我国的报业集团除主要日报外，还拥有多种出版物，同时开展多种经营活动，这样才能产生更大的经济效益和社会效益，形成一个信息产业集团。这越来越成为各大报业生存发展的一个趋势，但是我认为，建立报业集团不是仅仅去搞“强强联合”、“构建现代企业联合体”、“事业和企业两大系列、多元发展”等，组建报业集团还要注意解决各种问题。

……

点评：

这篇评论是关于组建报业集团中的问题，是我国文化体制改革中遇到的新问题。这类问题不是一篇评论所能奏效的，它涉及企业化管理中的各种问题，是一个理论与实践相结合的系统课题。这个标题起得不妥当：一是这类问题不宜做新闻评论，除非是碰到很有新闻性的事件；二是不能用“小认识”做标题。一篇评论不是让你来谈认识、谈体会，而是要表明你的观点、你的态度或你的建议。

标题六：从全国人大高票通过《物权法》看我国民主政治透明度

近日，在报纸上看到全国人大以高票通过《物权法》草案一消息，初闻之不免欣喜。该草案被提上人大议程并以高票通过，体现了我们的国家、社会对民生问题的关注。细看之，心中难免失望。又一次“高票通过”这样的字眼出现在我们的媒体上。类似地，“以绝对优势通过”，“一致通过”等提法在媒体上屡见不鲜。

……

点评：

这是一篇由《物权法》高票通过而引发的评论。作者在文章中对什么算“高票通过”，多大比例才叫“绝对优势通过”，是什么原因导致“一致通过”，为什么无人弃权或无人反对，由此联想到美国的大选，候选人获得多少票选，占多大比例等。其实这些问题都可以起一个好标题，如《什么叫“高票通过”》、《为什么会出现“一致通过”》、《美国大选中的百分比给我们什么启示》，而不是像现在这样，是一个太笼统的标题，很像一个理论标题。

标题七：把脉中国电影，巨星云集背后的空虚与羸弱

岁末的中国电影，以两部大制作的电影《满城尽带黄金甲》和《夜宴》粉墨登场。在热热闹闹的前期炒作后，带给观众的是质疑和失望：这样的大制作、高成本的电影让观众看到的除了片中的一些所谓的大腕明星，偶尔一些精美的画面之外，还有什么呢？复仇？乱伦？或血腥？

……

点评：

这是一篇电影评论。同学们学习评论可以选择自己熟悉的话题，如电影、电视、体育、音乐等做文章。但是，此篇评论的标题太大，不像一篇小评论，而是对中国的电影，不仅是现代而是自中国诞生电影以来形势进行把脉，予以诊断；同时探讨巨星云集背后存在的空虚和羸弱问题，这两个问题放在一篇小评论里是无法完成的。羸弱是一个很少用的书面文字，瘦弱的意思，将它放到标题里会让许多工作人看不懂。而且，这个标题太大、太长。不妨就事论事，针对正在放映的《满城尽带黄金甲》和《夜宴》中自己认为存在的某一个问题发表意见或与别人商榷，简单明了。

标题八：名人委员不可少，发挥专长是关键—— 驳“无参政议政能力的名人不能当委员”

在两会上，有人指出：“无参政议政能力的名人不能当委员。”而随后“名人委员提案只有小学水平”的讨论在网络上炒得沸沸扬扬。名人是否有能力参政议政，是否能代表人民坐在议会席上讨论国家大事。笔者认为：两会上不能少了名人的身影，名人更应该发挥自身的专长。

……

点评：

这是一篇驳论的文章。所谓驳论，就是批驳别人的意见或发表与别人意见相左的观点，一般来说，这样的评论受读者喜欢。从本篇评论的开头一段文字来看，作者强调了两方面的问题，一是“两会”上不能少了名人，二是名人要发挥自己的专长。应该说，这两方面的问题都是重要的。但是，网上议论的并不是要不要名人当代表、委员的问题，而是说名人、委员的素质太差的问题，他们该如何发表意见的问题。那么，评论应就其中一点，即名人该如何发挥作用做文章，标题可以只用后半部“发挥专长是关键”，这样的标题大家一看就清楚，也不用再起一个副标题了。驳论是可以用副标题的，但是报纸上的驳论，都是针对当时发生的引起人们关注的话题，一般来说可以不用，当然也有例外，这要视具体情况而定。

标题九：西方哲学东引的忧虑——浅谈存在主义与反台独斗争

两次世界大战的灾难与罪恶深深浸入人类思想的深邃，由此，在人们重新定位人生的目的和意义时，西方的存在主义思潮便蜂拥而至，席卷全球，给人类思想重新注入了一股定心剂。然而，它并不能解决人类面对的异质化，对中国人民反台独意识的淡化也避免不了嫌疑。

首先，存在主义学说无疑是人们对待事物无为主义的重塑，类似先秦时期孔圣人的无为而治的思想。……

其次，存在主义学说强调人的罪恶，把人性丑陋的一面展现得淋漓尽致。……

点评：

作者关心反台独的斗争，这是一件好事。但是，用什么理论说明台独不得人心，用什么道理去说明世界上只有和只允许有一个中国，却是需要研究的。作者在这里从两次世界大战后的存在主义谈起，显然离主题太远。而且，这个标题不是评论标题，而是一个学术研究的标题。在作评论标题时有这样的情况发生：有的同学读了几本学术方面的著作，接触到几个新的理论和观点，就拿来做论据和做标题，给人以很有学问的样子，这是新闻评论写作中不提倡的。即便是运用的新理论很对，也要用评论的语言和形式反映出来，不然，就会将新闻评论与理论文章、学术论文混为一谈。这是需要注意的。

标题十："武装"高考不如给高考减压

据报载，随着高考的来临，太原市成立了高考应急指挥中心，成员单位包括政府15个部门。省里某机关还发出通知，要求今年高考期间，除特别紧急公务外，所有公车一律停用以确保高考不受影响。

在笔者看来，这样兴师动众实际上是把高考涂抹得"面目可憎"，我们为何不能使之更加"人性化"一点呢？

"人性化"就是以考生利益为导向，在保证公平的前提下，满足考生的考试需求。然而这种"人性化"考试在我国还是"千呼万唤"难出来。每年都有考生因为迟到两分钟而丧失考试机会的，我们除了对他们表示同情还能多做些什么呢？这些考生的失误往往不单单是由于自身的疏忽，而且尽管我们的相关部门已做好精密筹划，也难免百密一疏，我们的正常做法不应只在考虑如何更加强化保障力度，这些过程上的谋划都会随各种变数而失去效用，唯一可行的方法在于，考虑如何保证所有考生都拥有稳定的考试权力。

所以笔者认为，与其把高考全部武装起来，不如拨开它的神秘面纱，还所有考生一个"人性化"的高考。

点评：

这是一篇由"太原市成立了高考应急指挥中心"的报道而写的评论。

那么，评论的内容是什么呢，看完评论我们清楚了，就是要提倡“人性化”的高考。什么是“人性化”的高考呢，就是说要允许考生的失误，不要因为迟到两分钟而不让考生进入考场。暂且不说这种“人性化”的高考能否实现，也不说这种“人性化”是否符合法规和多数人的利益，即便是要提倡和实施“人性化”的高考，现在起的标题与评论的内容也不相符。如果要阐述“人性化”的重要，那么，在标题上，就应该有“人性化”的字样出现。给高考减压和高考人性化，两者似乎有那么一点联系，但不是一回事。在起标题时要注意，不要把没有什么联系或稍有一点联系的东西扯在一起，甚至列进了标题。是什么就说什么，从标题上就看明白，这样的标题最好。

附录一

已出版新闻评论著作目录

（1985—2015年不完全统计）

时间	作者	书　　名	出版单位
1985	姚文化	《实用评论学》	新华出版社
	丁法章	《新闻评论学》	复旦大学出版社
1986	王振业	《新闻评论写作》	北京广播学院出版社
	邵华泽	《新闻评论写作漫谈》	长征出版社
1987	程世寿	《新闻评论写作教程》	华中理工大学出版社
	秦珪　胡文龙	《新闻评论学》	中国人民大学出版社
	郑兴东	《报纸编辑与评论》	中央广播电视大学出版社
1988	范荣康	《新闻评论学》	人民日报出版社
	于宁　李德民	《怎样写新闻评论》	中国新闻出版社
	程世寿	《典范新闻评论选析》	华中理工大学出版社
1989	秦圭	《新闻评论写作经验选编》	中国人民大学出版社
1991	李德民	《新闻评论探索》	人民日报出版社
1992	胡文龙	《小言论写作方法系列谈》	新华出版社
1993	邵华泽	《新闻评论探讨》	人民日报出版社
1995	王振业	《新闻评论写作教程》	中国广播电视出版社
1996	程仲文	《新闻评论学》	上海书店
	曾建雄	《中国新闻评论发展史：近代部分》	广西师范大学出版社
	郭步陶	《时事评论作法》	上海书店
	郭步陶	《编辑与评论》	上海书店
	李俊昌	《国际时评与写作》	新华出版社

续表

时间	作者	书　名	出版单位
1997	胡文龙　张继缅　涂光晋	《新闻评论》	中央广播电视大学出版社
	胡文龙	《现代新闻评论学》	四川人民出版社
	周永固	《新闻评论学原理》	武汉大学出版社
	仲富兰	《广播评论》	复旦大学出版社
1998	胡文龙　秦珪　涂光晋	《新闻评论教程》	中国人民大学出版社
	涂光晋	《广播电视评论学》	新华出版社
	杨新敏	《新闻评论学》	苏州大学出版社
	王兴华	《新闻评论学》	浙江大学出版社
	李德民	《新闻评论学讲义》	中国统计出版社
	肖燕雄	《新闻评论学基础》	湖南师范大学出版社
1999	程世寿　胡思勇	《当代新闻评论写作》	华中科技大学出版社
	邵华泽	《同研究生谈新闻评论》	人民日报出版社
2000	周建明	《新闻评论写作理论与实例》	中共中央党校出版社
	李德民	《评论写作》	中国广播电视出版社
	秦珪	《新闻评论写作》	武汉大学出版社
	姜淮超	《法制新闻评论学》	陕西人民出版社
2001	涂光晋	《新闻评论写作》	武汉大学出版社
	刘根生	《新闻评论范文评析》	新华出版社
	王振业　胡平	《新闻评论写作教程》	中国广播电视出版社
	周胜林　贾亦凡	《新闻评论写作》	福建人民出版社
	吴庚振	《新闻评论学通论》	河北大学出版社
2002	丁法章	《新闻评论教程(修订版)》	复旦大学出版社
	胡文龙	《中国新闻评论发展研究》	中国人民大学出版社
	王新兰	《新闻评论学》	甘肃教育出版社

续表

时间	作者	书　名	出版单位
2003	薛中军	《新闻评论》	上海大学出版社
2004	王振业　李舒	《新闻评论与电子媒介》	中国广播电视出版社
	薛中军	《新闻评论》	上海大学出版社
2005	赵振宇	《现代新闻评论》	武汉大学出版社
	殷俊	《媒介新闻评论学》	四川大学出版社
	李法宝	《新闻评论：发现与表现》	中山大学出版社
	杨新敏	《当代广播电视新闻评论》	中国广播电视出版社
	马少华	《新闻评论》	中南大学出版社
2006	马少华　刘洪珍	《新闻评论案例：思维训练与实战分析》	中南大学出版社
	韩立新	《新闻评论学教程》	郑州大学出版社
	宋立民	《新闻评论的审美诉求》	西南师范大学出版社
	王兴华　钟仲南	《新闻评论学》	浙江大学出版社
2007	柳珊	《当代新闻评论》	复旦大学出版社
	杨新敏	《新闻评论学》	苏州大学出版社
	李德民	《评论写作》	中国广播电视出版社
	新闻学	《经济新闻评论:理论与写作》	武汉大学出版社
	符建湘	《新闻评论》	湖南大学出版社
	杨新敏	《当代新闻评论学》	上海三联出版社
	王振业　胡平	《新闻评论写作教程》	甘肃文化出版社
	万晓红	《体育新闻评论》	北京体育大学
	仲富兰	《广播电视评论教程》	复旦大学出版
	马少华	《新闻评论教程》	高等教育出版社
2008	薛中军	《新编新闻评论》	上海交通大学出版社
	韩立新	《新闻评论学教程》	郑州大学出版社
	马少华　刘洪珍	《新闻评论案例教程》	中国人民大学出版社

续表

时间	作者	书　名	出版单位
2009	王振业　李舒	《新闻评论写作教程》	中国广播电视出版社
	赵振宇	《现代新闻评论(第2版)》	武汉大学出版社
	贾奎林　张雪娜	《新闻评论应用教程》	北京大学出版社
	杨新敏等	《网络新闻评论研究》	苏州大学出版社
	孙双玉　路国顺	《新闻评论学基础》	吉林大学出版社
	郑思礼	《现代新闻评论》	云南大学出版社
2010	刘保全	《获奖评论赏析：兼谈评论的写作技巧》	人民日报出版社
	高东	《新闻评论思维与写作》	化学工业出版社
	廖艳君等	《新闻评论》	清华大学出版社
	陈栋	《解码新时评：中国新闻时评的新发展(1996—2006)》	中国社会科学出版社
	吕智胜　陈信凌	《新闻评论》	北京师范大学出版社
2011	曹林	《时评写作十讲》	复旦大学出版社
	钟木该	《新闻评论学》	四川大学出版社
	包国强等	《财经新闻评论》	清华大学出版社
	赵振宇	《新闻评论研究引论：功能、品格、思维、发现》	中国人民大学出版社
	涂光晋	《时代之“声”：新时期中国新闻评论研究》	中国人民大学出版社
2012	马少华	《新闻评论教程(第2版)》	高等教育出版社
	丁法章	《当代新闻评论教程(第5版)》	复旦大学出版社
	赵振祥	《新闻评论学》	九州出版社
	程雪峰	《现代体育新闻评论学》	吉林大学出版社
	贾奎林	《新闻评论应用教程(第2版)》	北京大学出版社

续表

时间	作者	书　名	出版单位
2013	马少华	《什么影响着新闻评论：观点表达和说服方法的案例分析》	人民日报出版社
	李舒	《新闻评论》	中国人民大学出版社
	杨新敏	《新闻评论学（第4版）》	苏州大学出版社
	杜涛	《新闻评论：思维与表达》	知识产权出版社
	王松苗	《法治评论道与技》	中国检察出版社
	符建湘　杨山青	《新闻评论在当代的发展》	湖南大学出版社
	何志武	《视听评论》	北京大学出版社
	郝朴宁　覃信刚	《广播电视新闻评论 》	重庆大学出版社
	李法宝	《新闻评论发现与表现(第2版)》	中山大学出版社
	肖鸿波	《新闻评论学》	复旦大学出版社
2014	赵振宇	《新闻评论通论》	清华大学出版社
	汪言海	《新闻评论不神秘》	安徽大学出版社
	徐兆荣	《实用新闻评论写作教程》	北京大学出版社
	周旭东　唐远清	《新闻评论精要与案例评析》	中国传媒大学出版社
	谢明辉	《新闻评论研究》	人民日报出版社
2015	王蕾	《新闻评论研究导引》	南京大学出版社
	马少华	《开放的评论课堂》	高等教育出版社
	杨娟	《网络与新媒体评论》	北京大学出版社
	王明光　黄先义　顾杨丽	《当代新闻评论写作》	重庆大学出版社
	瞿巍	《体育新闻评论纲要》	世界图书出版公司
	戴俊潭	《新编新闻评论教程》	山东人民出版社
	刘川郁	《媒体评论学》	法律出版社
	赵凤山	《评论写作方法》	中国社会出版社
	秦珪	《新闻评论和新闻教育》	新华出版社

（杨娟　张维纳整理）

附录二

已发表新闻评论论文目录

（2008—2015年不完全统计）

2008年

金豪涞．美国精英评论与反恐战争：构架方法［D］．复旦大学，2008．

邓辉林．用新闻传播知识说明和服务于社会——访华中科技大学新闻评论研究中心主任赵振宇教授［J］．新闻与写作，2008，01：39-40．

陶克强．反映百姓心声 提出真知灼见——人民日报副总编辑米博华谈新闻评论［J］．新闻前哨，2008，01：24-25．

赵振宇，邓辉林．时评发展之动力——“新世纪第三届新闻评论高层论坛”综述［J］．新闻前哨，2008，01：36-38．

董岩．跟梁衡学新闻系列之二十一 评论是报纸的宝塔尖［J］．新闻与写作，2008，02：54．

赵振宇．创新新闻评论教学的实践与思考［J］．当代传播，2008，02：83-84．

闻娱．从专业训练走向公民素养——论新闻评论教育的金字塔模式［J］．新闻知识，2008，04：63-64．

赵振宇．民主进程中的公民意见表达——2008年中国新闻评论回眸［J］．新闻战线，2008，12：35-37．

涂光晋．多媒体生存·多功能延伸·多主体参与——改革开放30年新闻评论的发展与变化［J］．现代传播（中国传媒大学学报），2008，06：12-15．

赵振宇，邓辉林．新闻评论者的独立品格及培养初探［J］．国际新闻界，2008，12：56-60．

郑根岭．新闻评论新态势研究［J］．现代传播（中国传媒大学学报），2008，05：54-56．

殷俊，杨金秀．改革开放30年与新闻评论发展［J］．新闻知识，2008，11：18-21．

2009 年

赵振宇．新闻评论的新形势与“新华时评”的新突起［J］. 新闻爱好者，2009，03：6-7.

高传智．新闻评论中如何运用批判性思维［J］. 青年记者，2009，16：57-58.

陈家兴．新闻评论的舆论引导刍议［J］. 新闻记者，2009，07：12-16.

乔新生．新闻评论要科学使用数据［J］. 青年记者，2009，21：126.

赵振宇．喜看新闻评论发展的新趋势［J］. 新闻与写作，2009，09：1.

赵振宇．中国新闻评论繁荣和发展的基础［J］. 新闻与写作，2009，11：5-7.

曹林．假新闻的生产模式与评论假新闻的责任［J］. 青年记者，2009，22：59-60.

尹伟欣．避免假新闻基础上的评论［J］. 中国记者，2009，10：95.

刘洪珍．批判性思维及其在新闻评论创作中的应用［J］. 国际新闻界，2009，08：62-66.

赵振宇．“评论权”推动评论新发展——2009 年中国新闻评论回眸［J］. 新闻战线，2009，12：60-62.

张红力．了解新闻背景 做好新闻评论的三种有效途径［J］. 中国广播电视学刊，2009，12：63-64.

2010 年

苏蕾．从强公共性到弱公共性——我国媒体评论公共性话语建构［D］. 华中科技大学，2010.

赵文晶，陈秀玮．民生新闻评论指向的多元化研究［J］. 现代传播，2010，04：36-39.

苏蕾．繁荣的新闻评论实践与公共性的缺失［J］. 新闻知识，2010，02：9-11.

范兵．“专家时代”的新闻评论伦理初探［J］. 新闻记者，2010，08：20-23.

丁法章．我和新闻评论［J］. 新闻记者，2010，10：29-31.

赵振宇．日趋多样化的新闻评论发展态势——2010 年中国新闻评论回眸［J］. 新闻战线，2010，12：60-62.

2011 年

周怡，邢仔芹．我国新闻评论学著作（教材）出版的历史回顾［J］. 编辑之友，2011，01：61-64.

焦俊波．打通理论与实践，打造新闻评论特色教育——访华中科技大学新闻评论研究中心主任赵振宇教授［J］. 新闻记者，2011，04：39-42.

胡沈明．现代新闻评论宽容意识研究［D］. 华中科技大学，2011.

涂光晋，吴惠凡．表达·交流·争论·整合——新媒体时代新闻评论的变化与反思［J］. 国际新闻界，2011，05：16-23.

周建明．社会转型中的新闻评论与社会规范［J］. 国际新闻界，2011，06：76-79.

马少华．新闻评论写作与思想史阅读［J］. 新闻与写作，2011，07：67-68.

赵振宇，焦俊波．社会转型中的新闻评论——“新世纪第四届新闻评论高层论坛”综述［J］. 新闻记者，2011，09：79-81.

赵振宇．新闻评论少不了科学精神［J］. 新闻与写作，2011，12：68-71.

2012 年

赵振宇．社会转型中的新闻评论——2011 年中国新闻评论回眸［J］. 新闻战线，2012，01：77-79.

张玉川．对“新闻评论”一词的溯源与考证［J］. 国际新闻界，2012，01：101-105.

赵振宇．新闻评论离不开民主意识［J］. 新闻与写作，2012，03：81-84.

李舒．转型期新闻评论的政治传播功能及其实现［J］. 现代传播，2012，04：43-46.

赵振宇．新闻评论提倡独立品格［J］. 新闻与写作，2012，06：78-81.

胡沈明．新闻评论中的语言暴力［J］. 青年记者，2012，17：5-6.

赵振宇．网络时代传统媒体新闻评论创新的思考［J］. 中国记者，2012，07：31-32.

赵振宇．新闻评论也该有“宽容”的一席之地［J］. 新闻与写作，2012，09：83-86.

马少华．把握新闻评论中的语用倾向［J］. 新闻与写作，2012，07：62-64.

刘兢．新闻评论教学的跨学科视野与研究性思维［J］．新闻记者，2012，09：68-71.

文璐，吴长伟．直面矛盾与热点，体现媒体责任担当——人民日报社副总编辑、资深评论人米博华就新形势下新闻评论的若干热点问题答本刊记者问［J］．中国记者，2012，08：12-14.

马少华．论新闻评论中事实判断与价值判断的关系［J］．新闻与写作，2012，12：62-64.

曾建雄．转型期新闻评论功能的拓展与内容形式创新［J］．国际新闻界，2012，12：6-12.

2013 年

赵振宇．新闻评论发展的机遇和问题［J］．新闻与写作，2013，02：1.

丁法章．新闻评论在社会转型和公共话语中的独特功能［J］．新闻战线，2013，03：98-100.

李嘉．浅谈新闻漫画的评论功能［J］．新闻与写作，2013，04：53-55.

李舒．新闻评论“事实判断”失真的表现与应对［J］．中国记者，2013，04：88-89.

赵振宇．关于新闻评论改革的几个问题［J］．现代传播，2013，04：131-134.

何南．徐铸成新闻评论研究［D］．华中科技大学，2013.

陈栋，董子川．评论创新究竟难在哪？——新世纪第五届新闻评论高层论坛综述［J］．新闻研究导刊，2013，06：34-35.

马少华．当代中国新闻评论的“专业性”［J］．新闻与写作，2013，10：95-96.

马少华．假新闻的传播与评论者的责任［J］．新闻与写作，2013，09：92-93.

李舒，陈菁瑶．新闻评论与国家形象传播［J］．新闻大学，2013，04：45-49.

赵振宇，张强．新闻评论的正义观初探［J］．国际新闻界，2013，11：34-46.

强月新，刘莲莲．新世纪以来国内新闻评论研究的回顾与展望［J］．武汉大学学报（人文科学版），2013，06：129-135.

汤伟军．新传播环境下新闻评论的风险及突围——从“用事实说话”

到“事实即评论”［J］. 中国记者，2013，10：85-86.

2014 年

赵振宇 . 2013 年中国新闻评论回眸［J］. 新闻战线，2014，01：73-75.

杜涛 . 新闻评论的伦理体系建构［J］. 当代传播，2014，01：100-103.

张强 . 更新教育理念 多维解读评论——访华中科技大学新闻与信息传播学院赵振宇教授［J］. 新闻前哨，2014，06：43-45.

赵振宇 . 促进新闻评论的繁荣与发展——我写《新闻评论通论》［J］. 新闻与写作，2014，08：78-79.

赵振宇 . 新闻评论是情与理的统一体［J］. 新闻与写作，2014，11：79-82.

刘辛未 .“人民微评”的创新与面临的困境［J］. 青年记者，2014，24：91-92.

谢誉元 . 电视新闻评论节目困境与发展路径探析［J］. 中国记者，2014，12：77-79.

赵瑞琦 . 新闻教育专业化：五种能力的培养和提升——以国际新闻评论课程教学为例［J］. 中国广播电视学刊，2014，12：34-37.

王世华 . 网络评论再认识：概念、分类、特征及意义［J］. 编辑之友，2014，10：48-51.

高贵武，滕泽人 . 中国电视新闻评论中的人格化演进［J］. 国际新闻界，2014，10：119-131.

胡沈明 . 论当代中国新闻评论解读模式的变迁［J］. 江西师范大学学报（哲学社会科学版），2014，05：46-52.

彭鹏 . 中国新闻评论发展“理想图景”的构建研究［J］. 新闻界，2014，18：58-61.

2015 年

李微 . 新媒体背景下网络新闻评论的写作技巧［J］. 新闻知识，2015，01：21-23.

时统宇 . 国际新闻评论军事化的危害［J］. 青年记者，2015，01：91.

张敏 . 新闻评论监督司法的权利与限度［J］. 中国出版，2015，03：30-33.

赵振宇 . 评论互动场（五）新闻评论改革，从自身做起［J］. 新闻与写作，2015，01：81-84.

杨娟．如何促进微信评论的良性发展［J］．新闻与写作，2015，04：85-87.

邹欣，朱方．项目驱动教学法在新闻评论课程中的应用［J］．青年记者，2015，11：83-84.

钱铁群．网络评论语言的特点、功能及问题［J］．新闻战线，2015，05：131-132.

乔新生．2014 年中国新闻评论印象［J］．青年记者，2015，13：43-44.

陈敏．媒体融合背景下中国新闻评论之变——以 17 家媒体评论人访谈为基础的研究［J］．新闻记者，2015，05：36-42.

赵振宇．评论互动场（九）怎样认识和发展新闻评论［J］．新闻与写作，2015，06：82-84.

闫岩．人云亦云：在线评论对负面新闻感知的影响［J］．国际新闻界，2015，03：52-66.

赵振宇．评论互动场（十）把握好报道反映的本质问题［J］．新闻与写作，2015，08：79-82.

靖鸣，潘智琦．从理论高度审视新闻评论——读《新闻评论研究引论——功能、品格、思维、发现》［J］．新闻与写作，2015，08：90-92.

徐锋．评论的碎片化趋向与宏大叙事本能的博弈及互补［J］．传媒，2015，15：65-67.

肖珉．微媒体背景下新闻评论的教学实践［J］．青年记者，2015，23：93-94.

杨娟，赵振宇．新世纪中国新闻评论的发展与变化研究——以 36 份报纸评论版发刊词为例［J］．新闻大学，2015，04：60-68.

徐聪．全媒体时代党报评论引导力提升四策［J］．中国出版，2015，17：48-50.

尚媛媛，刘传红．大众媒介构建法治认同的维度与现实进路：以新闻评论为例［J］．中国地质大学学报（社会科学版），2015，06：137-143.

高明勇．评论的轨迹——1978～2015 年中国新闻评论简史［J］．青年记者，2015，30：9-13.

邓辉林．新舆论格局下新闻评论的社会价值［J］．青年记者，2015，30：16-17.

丁是钉．有话想好再说，新闻评论不能任性［J］．青年记者，2015，

30：24.

范敏．新闻评论研究的新问题在哪里——基于对新闻评论研究现状的文献分析［J］. 新闻知识，2015，11：22-24.

朱剑虹．新媒体环境下新闻评论教学模式探讨［J］. 青年记者，2015，32：97-98.

龚升平．微博在新闻评论教学中的应用［J］. 青年记者，2015，33：100-101.

（杨娟　张维纳整理）

第一版后记

我在报社工作了 19 年，其中大部分时间从事新闻评论的编辑与写作，后来调入大学，其中开的一门课也是新闻评论。在二十多年的评论生涯中，在中央、地方及境外报纸发表了数百篇评论和杂文，也撰写了十多篇有关新闻评论的论文，这些文章有的获过奖，有的产生过较大影响，应该说对新闻评论的情况有一些了解。但是，到了大学，才发现我国的新闻教育（其中包括评论教学）与媒体的实际要求相差很远，与现实的发展需要相差很远，这里既包括教学体制的问题，也包括教材和教学方法的问题。

新闻评论和新闻报道是两种不同的对客观事实的反映：新闻报道是对客观事物的表象的描述，它向人们介绍事物发生、发展的过程和原因及结果等。新闻报道向人们表达了一种无形意见，即将作者的意见蕴藏在对事实的描述之中，也就是我们常说的在消息报道中不能有太多的个人意见。而新闻评论恰恰相反，它的主要任务不是反映事实，而是对已经发生事实的判断和评价，表达的是一种有形意见，即将作者的意见直接表达出来。肯定什么，否定什么，赞扬什么，批评什么，必须旗帜鲜明，而且这些意见要有新意、有创见、有深度。对于同一件事情，新闻报道由不同的记者去写可以有高低优劣之别，但是，只要是真实的，这件事情的基本情况是不会有本质差别的。而新闻评论却不同，对于同一件事，新闻评论可以因作者的思想观念和评判标准的不同而产生多种不同看法和截然相反的意见。新闻评论课要教给学生的不只是一种写作技巧，它更应该教会学生掌握一种思想方法和思维方式，而这种方法和方式不只表现在对新闻事件的评判上，它更应表现在人们观察和认识社会的广泛实践中。作为一种素质教育，它是所有的社会人都需要学习和掌握的。这也正是当今媒介市场中各种评论兴起和繁荣的基础所在。所以，仅将评论列入写作的范畴，我以为是不科学也是不全面的。

以往很多的评论著作主要介绍的是党报评论员文章的写作，这是一种形势的需要。现在的媒介市场发生了很大的变化，不仅有党报系统，更有众多的都市报、晚报、专业报、新闻周刊等纸质媒体，还有更多的广播、电视和网络评论也在迅速发展。除了评论员文章，涌现出各种个人署名评论、专栏评论、图像评论和音响评论。形势的发展对新闻评论教学提出了新的要求。基于此，我试图将新闻评论课程设计为新闻评论形势、新闻评论思维、新闻评论写作、新闻评论策划和新闻评论队伍五个部分。自然，这种划分也是一种探索，需要在实践中不断丰富和完善。

在这里，我十分感谢华中科技大学新闻与信息传播学院院长吴廷俊教授的鼓励和支持。在我刚刚调入大学时，他就希望我能写一本适合当前形势的新闻评论的书，并在以后的多个场合都强调了新闻评论在当今媒体竞争中的重要作用，希望新闻学院能多培养一些受媒体欢迎的评论人才。在这种鼓舞和鞭策中，我不断地改进教学并思考着新闻评论著作的撰写。现在奉献给读者的这本书，是在我二十多年的媒体工作实践、多轮教学的经验总结和学习、借鉴已经出版的评论著作的基础上完成的。

2001年，由华中科技大学新闻与信息传播学院和校党委宣传部联合成立了全国高校的第一个评论组织——华中科技大学新闻评论团，由我和新闻系老师顾建明、何志武等具体组织，开展各项活动。本书的框架和部分内容得益于评论团的组建，受益于顾建明老师和何志武老师的智慧，研究生蓝晖焰、文晓音、杨璇分别参与了本书网络、广播和电视评论等章节的初稿写作，谨此表示谢意。

由我主编的这套丛书，是由新闻系老师柳泽花老师牵线促成的。由于意想不到的疾病使她退出了丛书的写作，我们深表遗憾。祝愿柳泽花老师早日康复！

丛书的出版得到了武汉大学出版社的支持。该社的蔡先保教授和王雅红、陶洪蕴女士对丛书认真负责的敬业精神，值得我学习。谢谢他们付出的辛勤劳动。

新闻评论是一个思想和观点碰撞交锋的领域，中国的政治民主化进程将会促使新闻事业和新闻评论不断发展。本书出版以后，希望得到从事新闻评论教学、研究工作的专家学者以及新闻媒体的编辑记者们的指点。

赵振宇

2005年1月　于武汉

第二版后记

《现代新闻评论》自2005年出版以来，已重印多次，受到读者的欢迎。其间，该书2008年申报普通高等教育“十一五”国家级规划教材，获得批准。经过一年多的努力，《现代新闻评论（第二版）》呈现在读者面前。本书在原来的基础上作了大的修改和调整。

根据形势的发展和变化，改写了第一章、第二章和第三章，增加了第四章中的“普利策新闻奖评论类奖项评析”一节，增写了第九章新闻评论的标题制作、第十章新闻评论的篇章结构和第十一章新闻评论的语言风格，增写了第十三章中的“建立新形势下的评论工作机制”一节。将第一版中的第二编新闻评论思维的四章内容删去，第四编新闻评论策划的四章内容压缩为一章。将原来的附录重新改写扩充为第十五章，分选题、立意、论证和标题四节进行习作点评，成为本书的一个创新和亮点。对全书的实例进行了更换，对论述进行了补充和完善。

新的形势使我们对新闻有了新的认识，所谓新闻是对新近发生或发现有价值事实及意义的信息传播。它通过报纸、广播、电视、互联网和新兴媒体，运用对事实过程的描述和对该事实性质判断、价值意义的评论让大众更深切地感受和领悟该事实。也就是说，新闻是包括新闻报道和新闻评论两部分内容的，也正是在这个意义上新闻评论越来越受到媒体的重视和受众的喜爱。随着形势的发展，一种新的评论工作机制开始进行探索，评论记者可以在自己的评论中首先发表新闻事实了。本书增加了一节关于评论记者工作机制的论述，力求说明这种发展的趋势。

笔者从事新闻评论的实践和教学有近30年的时间。在报社工作期间，其中大部分时间从事新闻评论的编辑与写作。后来调入大学，给本科、硕士和博士生授课，其中开的一门课也是新闻评论（或评论专题）。时代的发展对新闻学和新闻评论的教学提出了许多新要求，本书试图在理论联系实际上作一些努力，但还不够，还需要更多的有识之士加盟其中。

华中科技大学从2001年起就成立了全国高校的第一个新闻评论团，

2005年开设新闻评论班，2006年成立校级新闻评论研究中心，召开过三届新闻评论高层论坛，与媒体联手开展评论记者工作机制的实践探索，取得了一定的成绩。这些理论研究和实践创新，丰富了本书的内容，使其更具时代性和可操作性。2005级新闻评论班的同学们已经毕业了，他们和后几届评论班的同学们，参加了评论课的教学实践和改革，也为本书提供了许多有价值的文稿和习作，硕士生王婧（北京大学中文系保送生）撰写了本书的标题、篇章和语言风格的初稿。他们的参与为本书增添了青春活力和时代气息。

时代催生和促进着新闻评论的发展，新闻评论的教学应顺应这种形势的需要。本书的出版在此作了一点努力，希望得到各位方家的指点和帮助。

赵振宇

2009年8月于武汉

通信地址：武汉市　华中科技大学新闻学院

邮政编码：430074　电子邮箱：zzybox@163.com

第三版后记

2001年我由长江日报社调入华中科技大学任教至今转眼过去16年了。2005年，我调入大学后出版的第一部新闻评论教材《现代新闻评论》受到读者好评，并入选普通高等教育“十一五”国家级规划教材，2009年出版了该书的第二版。二版书虽在不断加印，但形势的发展却出乎异常的迅猛，很多观点、案例已经跟不上时代的需要。应出版社之邀，本人用两年多的时间对拙著作了修订和补充，出版了该书的第三版。

本书对第二版中章节均作了修改与调整，对第一、第二、第十五章进行了大篇幅的补充和完善。为适应形势的发展，新写了《网络与新媒体评论》和《新闻评论实践与思考》列为本书的第十一章和第十五章。由于篇幅所限，本书删除了二版书中的第四章“中西新闻评论比较”。

2016年2月19日，习近平同志在调研中央媒体并举行座谈会时，将传统的“新闻宣传”改为“新闻舆论”。这种提法的改变，不仅要求新闻工作者以新的思想和行动去报道新闻，更催促我们要站在舆论的高度去认识和做好新闻评论。新的形势对新闻工作提出新要求，大学的新闻学院也需要适应这种变化和发展，编写新的教材。

据中新社上海2016年2月27日电：中国信息通信研究院ICT深度观察报告会27日在上海举行并披露消息称，2016年中国网民数量达7.31亿人，其中手机网民数达6.95亿人，占比95.1%；预计2017年中国网民规模将接近7.6亿人，手机用户占比98%。网络应用已从生活娱乐逐步向社会经济领域渗透，网民对网络信任和安全的要求也日渐提高。在“可用”的基础之上，构建“可信”的网络环境则是未来的必然趋势。本书第十一章“网络与新媒体评论”就是在这种形势下特邀对网络媒体颇有研究并长期从事评论教学的新闻学博士、杨娟副教授撰写。第十一章从“网络媒体的发展与网络评论的兴起”谈起，介绍了“网络新闻评论的特征”、“网络新闻评论的常见类型”和“网络专题评论的策划”等内容。以手机媒体（手机短信彩信、手机报纸、手机期刊、手机图书、手机电视、手机微博等）和智能电视为代表的新媒体随着技术的发展而不断扩展。与传统媒体相比，新媒体所表现出来的技术上的数字化、传播上的互动性等本质特征，对此，第十一章提出了“如何做好新媒体评论”的新要求。

新闻评论是传者借用大众传播工具或载体，对正在、新近发生或发现的有价值新闻事实、问题、现象直接表达自己意愿的一种有理性有思想有知识的论说形式。新闻评论在报纸、广播、电视和网络等媒体上有不同的表现方式，或文字、或声音、或音像结合、或图文并茂，在新闻传播中发挥着重要作用。新闻评论的生产更要求我们必须理论联系实际，以新闻学科的知识和技术、手段和方式来服务于我们的社会。我是“文化大革命”后恢复高考的首届“七七”级大学生，1982 年毕业后分配到《长江日报》评论理论部工作到大学从事新闻评论教学已经 35 年了。结合自己从事评论写作和教学研究的实践，将其思考予以总结介绍给初学者，是本书的一个亮点。在本书第十五章“新闻评论实践与思考”里，我对以下问题进行了思考和总结：“新闻发现是新闻评论的基础”、“新闻评论也要讲好故事”、“把常识讲清楚是评论的基本功”、“新闻评论也要抢、要养”、“学习领会和阐释文件精神”、“评论要经得起历史的检验”等。应《新闻与写作》杂志邀请，我在“评论互动场”回答网友们提问，在第十五章选择部分内容刊发。以社会需求研究并发展新闻理论，以新闻理论知识说明并服务于社会，应是当下新闻人的一份神圣职责。我力求这样做并争取做好。

本书的第十六章是对学生在评论选题、立意、论证和标题制作中出现的问题进行点评。这是其他同类教材中没有的，对初学者很有帮助。

本书附录收集了近 30 年来出版的新闻论著、论文目录，可供教学、研究者参阅。

我工作的华中科技大学，是一座秉承“明德厚学，求是创新”办学理念的教育部直属全国重点大学。1983 年，在全国工科院校中第一个创办了新闻系。在一任任学校、学院领导的支持下，在新闻学院同仁和其他院系老师们的参与下，2001 年成立了华中科技大学新闻评论团，2005 年开办新闻评论方向班，2006 年成立华中科技大学新闻评论研究中心，均为全国高校首创。16 年来，学校的新闻评论特色教育，坚持理论与实践相结合，与业界密切合作并服务于社会，建设开放的教学平台，走专业教育与社团活动一体化、学科建设与人才培养并进、专业教育特色与校园文化品牌互生的发展之路，培养一大批新闻评论人才，活跃在媒体评论部和高校的评论课堂上，被媒体誉为中国“新闻评论的黄埔军校”。本书第三版的修改就是在这样的环境中进行的。杨娟博士参与了本书大量实际工作，张维纳硕士编辑了本书附录，陈诺班长带领2012级评论班的20位同学，与我一起在新闻评论的课堂上学习、探讨，更新和改写了本书的大量案例，贡献了他们的青春智慧！武汉大学出版社在十多年里先后出版本书和《新闻报道策划》（“十一五”国家级规划教材）、《我们说了些什么——一个新闻学教授的历史回眸》等。在此，一并表示感谢！

我们正在经历一个大的变革，新闻正在记录、报道和评论着历史。本书虽经努力，但与形势发展相比，还有不少差距，祈望得到诸位评论大家、读者朋友的批评指正。

赵振宇

2017年3月于武汉